lonely planet

Sardinien

Duncan Garwood

LAGO DI LISCIA & BINNENLAND DER GALLURA (S. 190)
Lange stand die Küste der Gallura im Mittelpunkt des Interesses, doch auch das Binnenland hat einiges zu bieten
GROTTA DI NETTUNO (S. 174)
Eine gespenstische Meereshöhle mit riesigen Stalagmiten und eindrucksvollen Lichtreflexen
ALGHERO (S. 159)
Algheros mittelalterliches Zentrum ist ein herrliches Labyrinth aus hübschen Gassen und wundervollen Piazzas
BOSA (S. 127)
Am Fiume Temo (Fluss Temo) erhebt sich die bunte Altstadt von Bosa und liefert ein perfektes Postkartenmotiv
ARCHÄOLOGISCHE STÄTTEN (S. 226, S. 227)
Tiscali, Serra Orrios und S'Ena 'e Thomes gehören zu den Archäologie-Highlights der Insel
CALA GONONE (S. 228)
Herrliche Meereshöhlen, tolle Strände und kristallklares Wasser zieren Sardiniens spektakulärsten Küstenstreifen
ORGOSOLO (S. 217)
Politische Wandgemälde und schräge Graffiti verschönern die grauen Steinwände in Orgosolo
Nach Genua; Marseille
Nach Bonifacio
Nach Fiumicino; Livorno; Civitavecchia
Nach Civitavecchia; Livorno; Genua
8°00'O
8°30'O
9°00'O
9°30'O
10°00'O
41°00'N
40°30'N
MARE TIRRENO
Isola Asinara
Parco Nazionale dell'Asinara
Cala d'Oliva
Isola Piana
Capo del Falcone
Spiaggia della Pelosa
Stintino
Golfo dell' Asinara
Porto Torres
Platamona Lido
Sassari
Alghero
Olbia
Nuoro
Tempio Pausania
Logudoro
Valle dei Nuraghi
Monti del
Costa Paradiso
Costa Smeralda
Isoladi Santa Maria
Isola Maddalena
La Maddalena
Parco Nazionale dell'Arcipelago della Maddalena
Isola Caprera
Santa Teresa di Gallura
Capo Testa
Palau
Porto Cervo
Isola Tavolara
Isola Molara
Golfo di Olbia
Golfo di Orosei
Monte Limbara (1359 m)
Monte Ortobene (955 m)
Monte Oddeu (1063 m)
Lago di Liscia
Lago di Coghinas
Lago Omodeo
Dorgali
Cala Gonone
Orosei
Siniscola
Oliena
Orgosolo
Macomer
Bosa
Castelsardo
Ozieri
Posada
Budoni
San Teodoro
Golfo Aranci
Capo Caccia
Grotta di Nettuno
Porto Ferro
Capo Marargiu
Cala Luna
Cala Goloritze
SS125
SS127
SS131
SS131dcn
SS133
SS199
SS291
SS292
SS389
SS392
SS672
SS128
SS129
SS132
SS131bis

SAN SALVATORE (S. 120)
In diesem fremdartigen Dorf wirkt alles wie in einem Italo-Western
SPIAGGIA DELLA PISCINAS (S. 93)
Die Dünen von Piscinas im Licht der untergehende Sonne sind ein Traum für jeden Hobbyfotografen
ULASSAI (S. 233)
Den Massen entfliehen in den Tälern und Wäldern in den Bergen rund um Ulassai
CAGLIARI (S. 57)
Cagliaris mittelalterliche Festung erkunden und in einem der vielen lebendigen Cafés relaxen
COSTA DEL SUD (S. 104)
Glasklares Wasser umgibt die sandigen Buchten entlang der atemberaubenden Costa del Sud
HÖHE ÜBER NN
1800 m
1500 m
1200 m
9000 m
600 m
300 m
0
LEGENDE
Autobahn
Hauptstraße
Landstraße
Verbindungsstraße
0
30 km
MARE DI SARDEGNA
MARE TIRRENO
MITTELMEER
Oristano
Iglesias
CAGLIARI
Isola di San Pietro
Isola di Sant' Antioco
Nach Civitavecchia; Genua
Nach Livorno
Nach Trapani; Palermo

Highlights

Sardinien gehört zu einem Land, das bis in den letzten Winkel erforscht ist. Doch diese Insel beweist, dass direkt vor unserer Nase immer noch Geheimnisse liegen, die es zu entdecken gibt. Sardinien ist berühmt für seine atemberaubenden Strände, die lockere Atmosphäre, seine rustikale Küche und die authentischen Feste. Hier die besten Travellertipps.

ANDREW PEACOCK

1 DIE STRÄNDE AM GOLFO DI OROSEI

Cala Gonone (S. 228) war überwältigend und die Höhlen haben mich einfach umgehauen. Wir haben die Grotta del Bue Marino (S. 229) besucht und mit dem Boot die tollsten Traumstrände angesteuert. Das Meer war grandios, einfach traumhaft und kristallklar.

Stefania Masella, Traveller, Italien

WADE EAKLE

2 ARCHÄOLOGISCHE LECKERBISSEN

Sardinien hat viele archäologische Highlights zu bieten, z. B. die faszinierenden Orte Serra Orrios und S'Ena 'e Thomes (S. 226). Bei unserem Besuch war Serra Orrios vollkommen menschenleer und einfach nur beeindruckend. Auch Tiscali (S. 227) ist herrlich, aber dafür braucht man einen Führer.

Alan Paddison, Traveller, GB

ULASSAI

Die Fahrt nach Ulassai (S. 233) dauerte ewig, aber die Landschaft war phantastisch. Während der drei Stunden dauernden Fahrt durch riesige bewaldete Täler begegneten uns nur fünf Autos. Über uns erhoben sich mächtige Felsen in der sengenden Sonne und ich fühlte mich so klein und einsam, als wären wir die einzigen Menschen auf der Welt.

Lidia Salvati, Traveller, Italien

3

ANDREW PEACOCK

DAMIEN SIMONIS

4 ALGHERO

Unser Spaziergang durch die Altstadt von Alghero (S. 159) war wie eine Reise in die Vergangenheit. In den gepflasterten Gassen kann man wunderbar dem Gedränge entfliehen und mit Einheimischen ins Gespräch kommen.

Paul Griffin, Traveller, GB

KAJAKFAHREN AUF DEM TEMO

Wir haben uns Kajaks gemietet und sind den Fluss Temo hinuntergepaddelt. In völliger Stille glitten wir durch hohes Schilfrohr über das Wasser. Das Beste war aber unsere Rückkehr nach Bosa (S. 127) am späten Nachmittag. Die Häuser strahlten wie poliertes Gold im Licht der untergehenden Sonne.

Sandra Haywood, Traveller, GB

5

DOUG MCKINLAY

CAGLIARI

Mein persönliches Highlight war ein Spaziergang über die Gassen von Il Castello (S. 61) in Cagliari. Hier gibt's viel Überraschendes und alte Kunstateliers zu entdecken und im Stadtteil Villanova lockt ein phantastischer Fisch- und Lebensmittelmarkt, der Mercato di San Benedetto (S. 73).

Alice Grigg, Traveller, GB

6

DALLAS STRIBLEY

RICCARDO SPILA / SIME/4CORNERS IMAGES

7

SPIAGGIA DELLA PISCINAS

Die Sanddünen am Strand von Piscinas (S. 93) sind großartig und eine perfekte Fotokulisse – ganz besonders im Licht der untergehenden Sonne.

Luca Antonelli, Traveller, Italien

DIE MEERESHÖHLEN DER GROTTA DI NETTUNO ENTDECKEN

Mit einem gemieteten Boot sind wir von Alghero über das türkisgrüne Wasser bis zur Grotta di Nettuno (S. 174) gefahren. Durch diese riesigen Meereshöhlen zu klettern, war einfach atemberaubend. Deckenhohe Stalagmiten spiegeln sich auf der glatten Wasseroberfläche und manchmal fühlt man sich wie in einer Kathedrale – manchmal auch wie auf dem Mond.

Korina Miller, Lonely Planet Autor, Kanada

WAYNE WALTON

8

9

SINIS-HALBINSEL

Ich habe mich sofort verliebt in die Sinis-Halbinsel (S. 119) mit ihren Stränden, Lagunen und der Ruine von Tharros (S. 120). Als ich nach San Salvatore (S. 120) fuhr, hab ich den Ortseingang glatt verfehlt. Ich konnte mir einfach nicht vorstellen, dass ein so schmaler Sandweg die Hauptzufahrtsstraße sein sollte. Alles hier wirkt fremdartig – von den seltsamen Pilgerhäusern bis hin zur staubigen Piazza. Ich habe sogar nach der Kirche gefragt – obwohl ich direkt davor stand.

Duncan Garwood, Lonely Planet Autor, Italien

DALLAS STRIBLEY

10

KÖSTLICHKEITEN

Das Essen war soo lecker. Ich habe Käse gegessen, der nach Rauch schmeckte, und ganz viel Fruchteis. Aber am besten war der Riesenteller Spaghetti direkt am Meer!

Simone Griffin, Traveller, 4 Jahre

AUSFLUG INS LANDESINNERE

Wir haben uns von den Stränden losgerissen und sind ins Landesinnere gefahren. Belohnt wurden wir mit tollen Ausblicken. Auf Felstrümmern inmitten einer Wildblumenwiese gönnten wir uns ein Picknick.

Caroline Haywood, Traveller, GB

11

PHILIP & KAREN SMITH

ORGOSOLO

Ich wusste, dass Graffitis in Orgosolo (S. 217) verbreitet sind, aber dass das gesamte Dorf eine einzige Galerie ist, hatte ich nicht erwartet. Botschaften zu Gesellschaft und Politik sowie apokalyptische Prophezeiungen zieren die Wände von Häusern und Cafés – und darunter sind die bizarrsten Wandmalereien, die ich je gesehen habe. Besonders verblüfft haben mich die Darstellungen des World Trade Center und von der Eroberung Bagdads. In diesem idyllischen, Bergdorf wirkten diese Bilder wie Nachrichten von einem anderen Stern.

Paula Hardy, Lonely Planet Mitarbeiterin

12

DALLAS STRIBLEY

PHILIP & KAREN SMITH

13

DIE STRÄNDE DER COSTA DEL SUD

Sardiniens Strände sind wirklich einmalig schön. Man muss sie einfach gesehen haben – vor allem die der Costa del Sud (S. 104) im Südwesten.

Hema Mistry, Traveller, GB

Inhalt

Regionalkarten

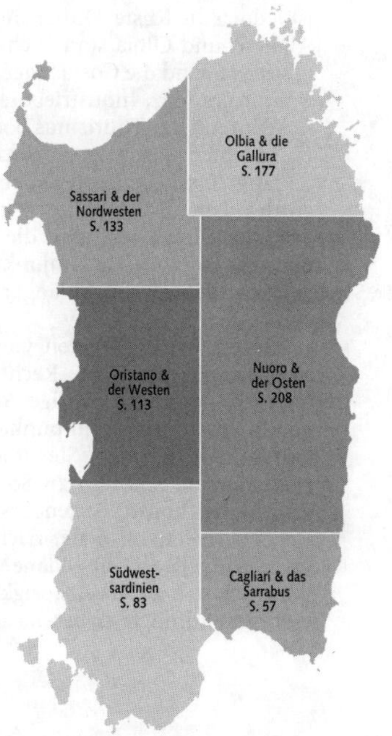

Reiseziel Sardinien

Obwohl Sardinien bei Urlaubern auf der Beliebtheitsskala weit oben steht, verströmt die Insel noch immer etwas Geheimnisvolles. Hinter der goldenen Fassade der protzigen Küstenorte und den spektakulären Stränden verbirgt sich ein vollkommen anderes Sardinien, eine Insel mit ursprünglicher Natur und einer stolzen Tradition. Gipfel mit schroffen Felsformationen, tiefe Täler und endlose Wälder prägen die Landschaft und über allem liegt eine gespenstische Ruhe. Fast 7000 *nuraghi* (Steintürme) sind über die Insel verstreut – stumme steinerne Zeugen einer prähistorischen Kultur auf der Insel.

Die Abgeschiedenheit im wunderschönen Inneren der Insel schnitt die Bewohner lange Zeit von der Außenwelt ab. Und auch heute noch ist diese Isolation spürbar – obwohl nun moderne Straßen die Ortschaften miteinander verbinden. Viele Dörfer im Binnenland waren durch das unwegsame und bergige Terrain auf der Insel jahrhundertelang abgekapselt. Daher sind ihre Bewohner zwar stets freundlich und hilfsbereit, Fremden begegnen sie aber häufig distanziert, und vielerorts ist das karge Inselleben immer noch harte Realität.

Die sardischen Behörden versuchen, das Binnenland aus seiner Isolation zu befreien, und die Insel als ganzjähriges Reiseziel zu etablieren. Phantastische Bedingung für Outdoor-Aktivitäten machen die Insel zu einem beliebten Ziel für Wanderer, Radler und Kletterer. Die regionalen Feste mit ihren Folkloredarbietungen und gastronomischen Leckerbissen sind weitere Highlights – und ein Ausdruck des sardischen Stolzes.

Die Hauptattraktion und Besuchermagnet Nummer eins auf Sardinien ist jedoch die Küste. Durch ein wachsendes Angebot an Billigflügen nach Alghero und Olbia sind auch die Besucherzahlen in den letzten Jahren gestiegen. Und die Costa Smeralda (Smaragdküste) ist das Traumziel von Politprominenz, Industriebossen und Medienzaren.

Während der Tourismus boomt, haben die übrigen Branchen ziemlich zu kämpfen. Nach zwei Wachstumsjahren stagnierte die Entwicklung Anfang 2008. Die Exporte der Öl-, Chemie- und Metallindustrie gingen zurück. Und die drohende Wirtschaftskrise lässt eine schwierige Zukunft erwarten. Erschwert wird die Situation durch den EU-Beschluss, nach dem die bis 2007 als konjunkturschwach eingestufte und entsprechend geförderte Region nicht länger im bisherigen Umfang unterstützt werden soll.

Regiert wird Sardinien von Ugo Cappellacci, der im Februar 2009 als Vertreter der Mitte-Rechts-Partei gewählt wurde. Er löste Renato Soru ab, dessen vierjährige Amtszeit zu Kontroversen und Spaltungen geführt hatte. Im Brennpunkt der Diskussionen standen ein Bauverbot an der Küste und eine Steuer auf Ferienhäuser und Luxusyachten. Beide Maßnahmen gehörten zu Sorus groß angelegtem Plan *(piano paesaggistico)* zur kontrollierten Erschließung der Insel. Doch das politische Pendel schwenkte wieder nach rechts, Soru ist nicht mehr da, und nun kann Cappellacci seine Pläne umsetzen. Für ihn haben die Bekämpfung von Armut und Arbeitslosigkeit Vorrang. Eine Rücknahme von Sorus Gesetzen kündigte er bereits an.

KURZINFOS

Bevölkerung: 1,65 Mio.

Fläche: 24 090 km²

Italiens BIP: 1,4 Billionen €

Sardiniens BIP pro Kopf: 18 570 €

BIP-Wachstum: 1,3 %

Inflationsrate: 4,75 %

Arbeitslosenrate: 11,8 %

Bevölkerungsdichte: 68 pro km²

Anzahl Schafe: 3 Mio.

Bevor es losgeht

Sardinien ist zwar „nur" eine Insel, aber eine sehr große. Selbst mit dem eigenen Fahrzeug werden viele überrascht sein, wie lange sie von einem Ort zum andern unterwegs sind. Vielerorts ist die touristische Infrastruktur recht dürftig, sodass sich eine gute Vorbereitung auf jeden Fall auszahlt. Wer wenig Zeit hat, organisiert Aktivitäten wie Wandern, Klettern oder Tauchen am besten vor der Ankunft. Allerdings kann das launische Wetter im Frühling und Herbst selbst eine sorgfältige Planung über den Haufen werfen.

Die zweifellos beliebtesten (und teuersten) Gegenden sind die Costa Smeralda, Alghero und Cagliari. Aber für Individualurlauber gibt es auch sonst viel zu entdecken. Obwohl die Insel gute Flug- und Fährverbindungen besitzt, kann ihre Popularität während der Sommersaison Probleme bereiten. Für Reisen im Juli und August muss lange im Voraus reserviert werden. Die beste Möglichkeit, Sardinien wirklich zu entdecken, bietet das eigene Fahrzeug. Bus- und Bahnverbindungen sind zwar zuverlässig, aber abseits der Küste und außerhalb der Saison nicht sehr häufig.

REISEZEIT

Sardinien ist berühmt für seinen sieben Monate langen Sommer. In guten Jahren kann das Badewetter mit Temperaturen um die 20 °C von April bis Ende Oktober dauern. Ausflüge ins Innere der Insel sind von März bis Juni besonders schön, da viele Städte dann ihre Schutzheiligen feiern (s. S. 17). Diese Festivals sind toll, allerdings muss rechtzeitig reserviert werden.

Die Durchschnittstemperatur liegt im Sommer bei 25 °C (im Inselinneren etwas höher) und im Winter bei 8 bis 10 °C (im Inselinneren und in Bergregionen niedriger). Niederschlag fällt hauptsächlich im Frühjahr und Herbst. Der Großteil kommt über den Gebirgen runter, wo er auf den höheren Gipfeln als Schnee niedergeht. Die Ebenen und Küsten im Osten und Süden sind deutlich trockener. Die ideale Zeit für Wanderungen im Gennargentu ist zwischen März und Juni, wenn die Wildblumen blühen und die Wiesen saftig grün sind.

Detaillierte Infos siehe Klimatabellen (S. 241).

Ab Mitte Juli dröhnt ganz Italien unter Millionen von Fahrzeugen, die in die Urlaubsregionen strömen – und Sardinien ist eines ihrer Hauptziele. Jeden Tag kommen Hunderttausende an – bis Ende August die Rückreisewelle beginnt. Sich den Massen anzuschließen ist wenig empfehlenswert. In diesen Monaten gibt's kaum freie Zimmer und sowohl die Preise als auch das Thermometer klettern in unerträgliche Höhen.

AN ALLES GEDACHT?

- Reiseversicherung, die alle geplanten Aktivitäten – v. a. Tauchen, Radfahren, Klettern usw. – abdeckt (S. 247)
- Personalausweis oder Reisepass (S. 248)
- Führerschein, Kfz-Papiere und grüne Versicherungskarte (S. 255)
- Steckeradapter
- Regenkleidung, warmer Pullover und robuste, wasserdichte Wanderstiefel für Trekkingtouren (S. 138)
- Schicke Outfits, um an der Costa Smeralda auszugehen

Es gibt deutliche Preisdifferenzen zwischen Hauptsaison (Ostern und Mitte Juni bis Anfang September) und der Nebensaison, in der selbst die populärsten Ferienorte ihre Preise senken. Zwischen November und Februar schließen manche ganz (vor allem Campingplätze). Wer in dieser Zeit reisen will, sollte sich unbedingt vorher schlau machen.

PREISE

Wie teuer ein Sardinienurlaub wird, hängt davon ab, wann und wohin man reist. Während einen der Aufenthalt in einem der Topresorts zwischen Juli und August in den Ruin treiben kann, werden viele überrascht sein, wie niedrig die Preise in der Nebensaison sind. Im Vergleich zum normalerweise teuren italienischen Festland schneidet die Insel auf jeden Fall gut ab. Erläuterungen zum Preissystem, das wir in diesem Buch verwenden, stehen im Kapitel Allgemeine Informationen unter den Punkten Unterkunft (S. 245) und Essen & Trinken (S. 237).

Sparsame Rucksacktouristen können schon mit 50 € am Tag auskommen, wenn sie in billigen *pensioni*/Hostels nächtigen, Lebensmittel im Supermarkt kaufen und in Pizzerias essen. Wer in einem komfortablen Mittelklassehotel übernachten, zwei ordentliche Essen am Tag genießen und ein Auto mieten will, sollte pro Tag durchschnittlich 120 bis 150 € kalkulieren.

WAS KOSTET WIE VIEL?

Fahrschein für den Stadtbus 1 €

Internationale Zeitung 2,50 bis 3 €

Kaffee und Hörnchen 2,50 bis 3 €

Portion Pasta 6 bis 8 €

Gelato 2,50 bis 4 €

REISELEKTÜRE

Trotz der umwerfenden landschaftlichen Schönheit und Vielfalt gibt es relativ wenig empfehlenswerte Reisebeschreibungen über die Insel. Ihr berühmtester Kommentator war D.H. Lawrence, dessen klar gezeichnetes Portrait Sardiniens einzigartig ist.

Das Meer und Sardinien D.H. Lawrence verfasste seinen klassischen Reisebericht über Sardinien nach einer sechstägigen Reise im Jahr 1921. Seine Sympathie für den ländlichen Inselcharakter mildert die herbe, stellenweise witzig vorgebrachte Kritik an Unterkunft und Küche.

Eine Reise nach Sardinien. Fotografien 1927 1927 reiste der Fotograf August Sander zusammen mit einem Kölner Kunsthistoriker, der eine Geschichte Sardiniens schreiben wollte, auf die Insel. Aus diesem Vorhaben wurde nichts, aber die umfangreiche Fotodokumentation der Reise vermittelt eindringlich ein Bild der Lebensverhältnisse des alten, vormodernen Sardiniens.

La civiltà dei Sardi (Die Zivilisation der Sarden; Giovanni Lilliu) Lillius Hauptwerk ist das Buch über Geschichte, Altertumsforschung und Kultur der Insel. Leider ist es nur auf Italienisch erschienen.

INFOS IM INTERNET

Camping Sardinien (www.campingsardinien.de) Informative Spezialseite für Camping auf Sardinien, u. a. mit Forum und Links zu den Plätzen.

Lonely Planet (www.lonelyplanet.de) Infos über Cagliari und Sardinien bietet das Thorn Tree Forum.

Mare Nostrum (www.marenostrum.it) Ein phantastisches Sardinien-Portal mit Infos zu Veranstaltungen, Ausstellungen, Festen, Hotels, Restaurants u. v. m. plus aktuellen News.

Region Sardinien (www.regione.sardegna.it; auf Italienisch) Offizielle Seite der Region Sardinien mit sehr umfangreichen Infos zur Insel.

Sardegna Turismo (www.sardegnaturismo.it) Sardiniens offizielle Tourismusseite ist umfassend, übersichtlich und voll umfassender praktischer und Hintergrundinformationen.

Sardinia Hike and Bike (www.sardiniahikeandbike.com) Ein guter Routenplaner für Wanderer und Radler mit Karten-Downloads; kategorisiert nach Gegend und Schwierigkeitsgrad.

Sardinia Point (www.sardiniapoint.it) Hier gibtís massenhaft Kulturinfo, aktuelle Termine, Rezepte und Unterkünfte.

Sardinien-Forum (www.sardinienforum.de) ist die deutschsprachige Seite zu Sardinien. Sie bietet eine Fülle aktueller Infos und Tipps zu vielfältigen Themen wie „Flug & Fähre, „Ferienhaus & Ferienwohnung", „Essen & Trinken", „Kultur", „Aktivitäten" sowie vielfältige Suchfunktionen. Zudem enthält sie ein Forum, in dem jeder Fragen stellen kann und fachkundige Antwort erhält.

TOP 10

DIE SCHÖNSTEN NATURSCHUTZGEBIETE

Die Landschaft Sardiniens wurde vor Schäden durch den Fortschritt weitgehend verschont. Dennoch ist ihr Schutz ein wichtiges Thema. Hier die schönsten Schutzgebiete der Insel.

- Der **Parco Nazionale del Golfo di Orosei e del Gennargentu** (S. 216) umfasst das Supramonte-Gebirge (S. 214) und den Golfo di Orosei (S. 224).
- Der **Parco Nazionale dell'Arcipelago di La Maddalena** (S. 193) besteht aus sieben größeren und rund 40 kleinen Inseln.
- Im **Parco Nazionale dell'Asinara** (S. 159) sind Albino-Zwergesel beheimatet.
- **Isola Tavolara** (S. 182) bietet kristallklares Wasser und phantastische Ausblicke.
- Vor der Halbinsel Sinis bietet die **Isola di Mal di Ventre** (S. 122) schöne Sandstrände.
- In den Wäldern der **Riserva Naturale Foresta di Monte Arcosu** (S. 107) lebt der *cervo sardo* (Sardischer Hirsch).
- **Olivastri millenari** (S. 190) ist ein Hain mit über 1000 Jahre alten Olivenbäumen am **Lago di Liscia** (S. 190).
- Die pittoreske Schlucht **Scala di San Giorgio** (S. 234) nahe Ulassai soll ihre Entstehung dem Hl. Georg verdanken.

DIE BESTE MUSIK

Seine kulturelle Isolierung hat Sardinien zum Mekka für Musikwissenschaftler gemacht. Eine gute Einführung in die eigentümlichen Klänge sardischer Musik bieten folgende CDs. Infos s. S. 38.

- *Suoni di Un'Isola* (2003) Eine Sammlung traditioneller *tenores* (gesungener Lieder).
- *Intonos* (2000) und *Caminos De Pache* (2005), Tenores di Bitti. Sardische Vokalmusik.
- *Launeddas* (2002), Efisio Melis und Antonio Lara. Historische Aufnahmen von Sardiniens Holzblasinstrument, den *launeddas*.
- *Alguimia* (2003), Franca Masu. Eine Homage an die Musiktradition von Alghero, gesungen im örtlichen katalanischen Dialekt.
- *Organittos* (1999), Totore Chessa. Gitarreninterpretation sardischer Volksmusik.
- *Sonos* (1988), Elena Ledda. Die populäre Sängerin interpretiert gemeinsam mit Freunden sardische Volksmusik.
- *Launeddas* (2003), Franco Melis. Traditionelle *launeddas*-Klänge von einem Meister.
- *Sardegna Canta* (1970), Maria Carta. Das erste Album der legendären sardischen Volksmusikerin.

DIE INTERESSANTESTEN BÜCHER

Sardinien überliefert seine Geschichten traditionell mündlich. In den Jahre nach dem Zweiten Weltkrieg brachte die Insel jedoch eine beachtliche Literaturszene hervor. Mehr Infos auf S. 39.

- *Schilf im Wind* (*Canne al vento*, 1913), Grazia Deledda
- *Cosima* (1937), Grazia Deledda
- *Meine sardischen Jahre (Diario di una maestrina*, 1957), Maria Giacobbe
- *Das Lösegeld (Il disertore*, 1961), Maria Giacobbe
- *Aller Honig geht zu Ende. (Tutto il miele è finito*, 1964), Carlo Levi
- *Padre Padrone* (1975), Gavino Ledda
- *Bakunins Sohn* (*Il figlio di Bakunin*, 1991), Sergio Atzeni
- *Der Tag des Gerichts* (*Il giorno del giudizio*, 1996), Salvatore Satta

Das virtuelle Sardinien-Reisemagazin (www.sardininen.com) bietet alle nur erdenklichen Infos und Tipps rund um die Ferieninsel. Öffentliche Verkehrsmittel und Unterkünfte können gleich online gebucht werden.

Sardinien-Shop (www.sardinienshop.de) Spezial-Internetshop zum Thema Sardinien mit einem breiten Angebot an Informationsmaterialien wie Reiseführer, Landkarten (auch Wanderkarten), Spezialkarten (Strände, Wein, archäologische Stätten, Tauchen etc.), Sprachführer, Bildbände, Kalender, Hirtenmesser usw.

Sarnow (www.sarnow.com) Website einer Zeitschrift mit gut geschriebenen Features über die Insel und zahlreichen Routenvorschlägen.

VERANTWORTUNGSBEWUSST REISEN

Auflistungen zum Thema umweltfreundlicher Tourismus stehen unter GreenDex auf S. 286.

2006 belegte Sardinien bei einer Umfrage des Reisemagazins *National Geographic* Rang 31 der 111 beliebtesten Ferieninseln. Gelobt wurden die herrlichen Strände und unverbauten Küsten, bemängelt die schlechten öffentlichen Verkehrsverbindungen und mangelhafte touristische Einrichtungen. Das trifft es ziemlich genau. Sardinien ist weithin unberührt und sein Verkehrsnetz ist unzureichend. Ob es tatsächlich an touristischen Einrichtungen mangelt, ist allerdings strittig. Gewiss: In manchen Gegenden – v. a. abseits der Küsten – sind sie quasi nicht vorhanden, in den großen Badeorten jedoch hervorragend. Die Herausforderung für Urlauber besteht heute darin, das Beste aus ihrem Aufenthalt zu machen und gleichzeitig zum Wohl der Insel beizutragen oder ihr wenigstens nicht zu schaden.

Schon die richtige Wahl der Unterkunft kann eine Rolle spielen. Viele große Ferienorte gehören internationalen Unternehmen, die sich erschreckend wenig um die sardische Wirtschaft scheren. Es gibt jedoch auch immer mehr von Einheimischen betriebene B&Bs und *agriturismi* (Unterkünfte auf dem Bauernhof). Sie bieten meist nicht den Komfort großer Hotels, sind dafür aber günstiger und oft phantastisch gelegen. Viele servieren außerdem hervorragendes Essen. Hilfreiche Internetseiten sind z. B. www.agriturismodisardegna.it mit *agriturismi*-Listen und Preisen sowie www.bed-and-breakfast.it.

Restaurants unter dem Label **Italian Slow Food** (www.slowfood.it) – mit einem Schneckenlogo gekennzeichnet – verwenden heimische Zutaten für traditionelle Speisen. Auch wer Märkte und gastronomische Feste besucht, unterstützt die heimischen Produzenten.

Verkehrsmittel sind auf Sardinien ein schwieriges Thema. Wer die ausgetretenen Touristenpfade verlassen will, braucht einen Mietwagen oder muss zu Fuß bzw. mit dem Fahrrad reisen. Die meisten großen Städte haben einen Fahrradverleih, und das Angebot an geführten Rad- oder Wandertouren wächst ständig. Viele der geführten Touren eröffnen Gegenden, die man auf eigene Faust wahrscheinlich nie zu Gesicht bekäme.

Außerdem gibt es zahlreiche Anbieter von Exkursionen und Aktivitäten (Wandern, Klettern, Höhlenklettern, Kajakfahren usw.). Selbst wer sonst von geführten Touren nicht viel hält, sollte diese nicht von der Hand weisen. Die sardische Wildnis wird leicht zur Herausforderung, und in unerschlossenen Gebieten besteht durchaus die Gefahr, sich zu verlaufen. Näheres steht unter Geführte Touren auf S. 256.

In jedem Fall sollte man natürlich die selbstverständlichen Grundregeln beachten: kein Wasser verschwenden, markierte Pfade nicht verlassen, Schranken respektieren, keine Wildblumen pflücken, Lagerfeuer nur an dafür vorgesehenen Grillplätzen entzünden und Schafen im Straßenverkehr stets Vorfahrt einräumen.

Festkalender

Der sardische Terminkalender ist vollgepackt mit Ehrentagen für Schutzheilige, religiösen Festtagen, Trachtenprozessionen, verrückten Pferderennen und Jazzfestivals. Infos zu gastronomischen Festen stehen auf S. 48

JANUAR

FESTA DI SANT'ANTONIO ABATE 16. Jan.

Nach der Wintersonnenwende begrüßen viele Dörfer Nuoros den Frühling mit großen Freudenfeuern. Besonders bemerkenswert sind die in Orosei, Orgosolo, Sedilo und Paulilatino.

FESTA DI SANT'ANTONIO ABATE – MAMUTHONES 16.–17. Jan.

Ein heidnischer Brauch findet in Mamoiada statt. Ein Dutzend Stadtbewohner hüllt sich in Felle und zieht – halb Mensch, halb Tier – die Straßen entlang. Sie werden rituell verfolgt von acht *issokadores* in historischen Gendarmenuniformen.

FESTA DI SAN SEBASTIANO 19. Jan.

Ähnlich wie das Sant'Antonio-Festival. Auf der ganzen Insel entzünden die Menschen Freudenfeuer für San Sebastiano.

FEBRUAR

CARNEVALE In der Zeit vor Aschermittwoch

Viele Städte haben traditionelle Karnevalsriten. Mit am interessantesten sind die symbolische Verbrennung einer französischen Soldatenfigur in Alghero, die unheimlichen *mamuthones* in Mamoiada, die Kostümvorführungen in Ottana und die Bewohner von Bosas, die sich gegenseitig unter der Gürtellinie beleuchten.

SA SARTIGLIA Fastnachtsdienstag & der So davor

Oristano inszeniert ein Mittelalterfestival mit kostümierten Reitern, farbenfrohen Paraden und Ritterspielen. Santu Lussurgiu und Sedilo veranstalten recht chaotische Pferderennen.

MÄRZ/APRIL

PASQUA Ostern

Die Karwoche ist auf Sardinien sehr wichtig und wird überall mit Prozessionen und Passionsspielen begangen; v. a. in Alghero, Castelsardo, Cagliari, Iglesias und Tempio Pausania.

FESTA DI SANT'ANTIOCO 2. So nach Ostern

Dieses viertägige Fest zu Ehren des Schutzpatrons von Sant'Antiocos wird mit Kostümfestzügen, Tanz, Konzerten und Feuerwerk begangen.

MAI

FESTA DI SANT'EFISIO 1.–4. Mai

Am 1. Mai wird die Holzstatue des Hl. Ephisius in einer farbenfrohen Parade mit einem Ochsengespann durch Cagliari gezogen. Der Heilige wird nach Nora gebracht und am 4. Mai – im Rahmen weiterer Festlichkeiten – wieder abgeholt.

FESTA DI SANTA GIUSTA 14.–18. Mai

In der gleichnamigen Stadt südlich von Oristano wird vier Tage lang mit Paraden und Musik gefeiert.

CAVALCATA SARDA Vorletzter Sonntag im Mai

Hunderte Sarden ziehen in traditionellen Gewändern durch Sassari, um den Triumph über die Sarazenen 1000 n. Chr. zu feiern. Zum Abschluss der Parade zeigen waghalsige Reiter ihre eindrucksvollen Künste.

JUNI

FESTA DELLA MADONNA DEI MARTIRI Mo nach dem 1. So im Juni

Die Bewohner von Fonnis hüllen sich in traditionelle Trachten und ziehen mit einem Bildnis der Jungfrau Maria von der Basilika aus durch die Stadt.

JULI

S'ARDIA 6.–7. Juli

Dieses wilde Rennen erinnert an den Sieg des römischen Kaisers Constantin über Maxentius im Jahr 312 n. Chr. Eine unbändige Horde exzellenter Reiter galoppiert rund um die Kapelle von Sedilo, die zu Ehren von Constantin errichtet wurde.

L'ISOLA DELLE STORIE, FESTIVAL LETTERARIO DELLA SARDEGNA 1. Juliwoche

Seit seiner Einführung 2006 genießt das dreitägige Literaturfestival von Gavoi einen enormen Erfolg. In und um die nette Stadt an einem See der Barbagia-Hochebene finden Lesungen, Autorengespräche und Konzerte statt.

FESTA DELLA MADONNA DEL NAUFRAGO 2. So im Juli

Diese Prozession findet vor der Küste von Villasimius statt, wo eine Statue der Jungfrau Maria am Meeresgrund liegt, um schiffbrüchiger Seeleute zu gedenken.

FESTIVAL DEL CINEMA ITALIANO DI TAVOLARA Mitte–Ende Juli

Freilicht-Filmvorführungen vor der stimmungsvollen Kulisse kahler Felsgipfel auf der Isola Tavolara.

NARCAO BLUESFESTIVAL Letzte Juliwoche

Die ansonsten eher unspektakuläre Stadt Narcao veranstaltet Sardiniens bestes Bluesfestival und lockt große, internationale Künstler und deren leidenschaftliche Anhänger.

AUGUST

ESTATE MUSICALE INTERNAZIONALE DI ALGHERO Juli & Aug.

Konzerte an verschiedensten Orten beleben das mittelalterliche Zentrum von Alghero.

FESTA DI SANTA MARIA DEL MARE 1. So im Aug.

Bosas Fischer ehren die Jungfrau Maria mit einer Flussparade, bei der alle Boote ihr Bildnis tragen. Die Feierlichkeiten dauern vier Tage.

MATRIMONIO MAUREDDINO 1. So im Aug.

In Santadi stellen kostümierte Stadtbewohner auf der zentralen Piazza eine maurische Hochzeit nach. Die fröhlichen Brautleute fahren in einer traditionellen Kutsche vor, die von einem kräftigen Bullen gezogen wird.

I CANDELIERI 14. Aug.

Das große Ereignis in Sassari. Traditioneller Höhepunkt ist die *faradda*, bei der die neun Zünfte der Stadt, begleitet von Trommel- und Flötenklängen mit riesigen hölzernen „Kerzen", durch die Straßen paradieren.

FESTA DELL'ASSUNTA 15. Aug.

Dieses Festival in Orgosolo ist eines der bedeutendsten der Barbagia mit Prozessionen religiöser Bruderschaften und farbenprächtigen Frauentrachten.

ESTATE MEDIOEVALE IGLESIENTE Mitte Aug.

Seit Mitte der 1990er-Jahre gibt es in Iglesias den beliebten „Mittelaltersommer", der in der *Corteo Storico Medioevale* (einer mittelalterlichen Parade in historischen Gewändern) gipfelt.

TIME IN JAZZ Mitte Aug.

Ein großes Musikfest mit Jazzjams, Tanzveranstaltungen, Morgenkonzerten und Weinproben. Zentrum ist Berchidda. In Olbia, Tempio Pausania, Oschiri und Ozieri gibt es aber ebenfalls Auftritte.

FESTA DEL REDENTORE vorletzter oder letzter So im Aug.

Die größte Kostümprozession Sardiniens wird von Reitern und Tänzern begleitet. Am 28. August gibt es eine Fackelwanderung durch Nuoro und am Morgen des folgenden Tages einen Pilgerumzug zur Erlöserstatue auf dem Monte Ortobene.

SEPTEMBER

FESTA DI SAN SALVATORE 1. So im Sept.

Mehrere Hundert weiß gekleidete, junge Menschen starten von Cabras zur Corsa degli Scalzi (Barfußrennen), einem 8 km langen Wettlauf zum Weiler und Naturschutzgebiet San Salvatore.

FESTA DI NOSTRA SIGNORA DI REGNOS ALTOS Mitte Sept.

Die Bewohner von Bosas Altstadt schmücken die Straßen zu Ehren der Jungfrau Maria mit riesigen Palmwedeln, Blumen und *altarittos* (Votivaltären).

DEZEMBER

NATALE Weihnachten

In der Vorweihnachtszeit stehen Prozessionen und religiöse Veranstaltungen auf dem Programm. In vielen Kirchen sind kunstvolle Krippen, sogenannte *presepi*, zu sehen. Heiligabend selbst wird ganz beschaulich im engsten Familienkreis gefeiert.

Reiserouten

KLASSISCHE ROUTEN

SIEBEN KÖNIGSSTÄDTE **Zwei Wochen/Von Cagliari nach Castelsardo**

Los geht's in **Cagliari** (S. 57), Sardiniens Hauptstadt, wo man ein paar Tage einplanen sollte, um die Straßen von **Il Castello** (S. 61) und das Viertel **Marina** (S. 65) zu erkunden. Unbedingt sehenswert ist auch das **Museo Archeologico Nazionale** (S. 62); Kids wird der **Strand von Poetto** (S. 68) begeistern.

Richtung Westen geht's danach weiter zum sardischen Bergbauzentrum **Iglesias** (S. 84) und vorbei an der riesigen **Grotta di San Giovanni** (S. 89). Es lohnt sich, die traumhafte **Costa Verde** (S. 92) und die Dünen an der **Spiaggia della Piscinas** (S. 93) zu besuchen, bevor man dann **Oristano** (S. 113) erreicht, das nicht weit von der phönizischen Ruinenstadt **Tharros** (S. 120) liegt.

Weiter landeinwärts geht's zu den Nuraghen von **Santa Cristina** (S. 125) und zur **Nuraghe Losa** (S. 126), mit einem kurzen Abstecher nach **Santu Lussurgiu** (S. 123), wo es hervorragendes Essen gibt. Nach einem Besuch im mittelalterlichen **Bosa** (S. 127) steht das katalonisch-geprägte **Alghero** (S. 159) auf dem Programm. An den Klippen am **Capo Caccia** (S. 174) führen steile Treppen hinab zu einer riesigen Meereshöhle, der **Grotta di Nettuno** (S. 174).

In Sardiniens zweitgrößter Stadt **Sassari** (S. 133) sind der **Duomo di San Nicola** (S. 145) und das **Museo Nazionale Sanna** (S. 136) besonders sehenswert. Letzte Station ist schließlich **Castelsardo** (S. 155) an der Nordküste.

Diese 285 km lange Route führt durch die sieben Königsstädte Sardiniens, zu den berühmtesten Archäologiemuseen und entlang einer reizvollen Küste. Zwei Wochen sind ausreichend; wer eine Woche mehr hat, kann die Strände der Costa Verde richtig genießen und die Gegend um Oristano erkunden. Züge und Busse verbinden alle Städte an dieser Route.

ALTES UND MODERNES

Ein bis zwei Wochen/ Von Alghero bis zur Costa Smeralda

Egal, ob man Promi-Badeorte oder die Stille romanischer Kirchen bevorzugt, in Sardiniens Norden ist alles möglich – vom Bad in karibikblauem Wasser bis zu langen Wanderungen durch uralte Korkwälder.

Alghero (S. 159) ist mit seinen gepflasterten Straßen und honigfarbenen Gemäuern ein wunderschöner Ausgangspunkt für diese Route. Die Klippen des **Capo Caccia** (S. 174) sind von hier aus mit einem Tagesausflug zu erreichen und für das leibliche Wohl sorgen die stilvollsten Restaurants (S. 167) der Insel.

Im Norden bietet das abgeschiedene **Stintino** (S. 157) einen der schönsten Strände der Insel, die **Spiaggia della Pelosa** (S. 159), und den **Parco Nazionale dell'Asinara** (S. 159). Cityflair und hervorragende Restaurants verspricht das weiter landeinwärts gelegene **Sassari** (S. 133), und im ruhigen Logudoro-Tal warten die romanischen Kirchen **Basilica della Santissima Trinita di Saccargia** (S. 151), **Chiesa di San Michele e Sant'Antonio di Salvenero** (S. 151), **Chiesa di Santa Maria del Regno** (S. 151), **Chiesa di Sant'Antioco di Bisarcio** (S. 151) und **Chiesa di Nostra Signora di Castro** (S. 151) am Ufer des Lago di Coghinas.

Die SS127 führt in nordöstlicher Richtung durch die Korkwälder rings um **Tempio Pausania** (S. 201). Dann geht's zum Shoppen nach **Aggius** (S. 204), wo fast 80 % der sardischen Teppiche produziert werden, auf Erkundungstour durch das surreale **Valle della Luna** (S. 204) und auf den **Monte Limbara** (S. 203)

Im Nordosten gibt es zahlreiche Ausgrabungen zu entdecken, besonders rund um **Arzachena** (S. 188), von wo bereits die Lichter von **Porto Cervo** (S. 184) zu sehen sind; und wer eine üppige Reisekasse hat, kann das süße Leben an der Costa Smeralda genießen. Zum Abschluss der Tour geht's dann zum Insel-Hopping durch den **Parco Nazionale dell'Arcipelago di La Maddalena** (S. 193).

In einer Woche sind diese 265 km locker zu schaffen. Wer jedoch an den Stränden relaxen und die bewaldeten Hänge um Tempio Pausania erkunden möchte, kann auch 14 Tage damit füllen. Am besten reist man mit einem eigenen Fahrzeug, die wichtigsten Städte sind aber auch mit öffentlichen Verkehrsmitteln erreichbar.

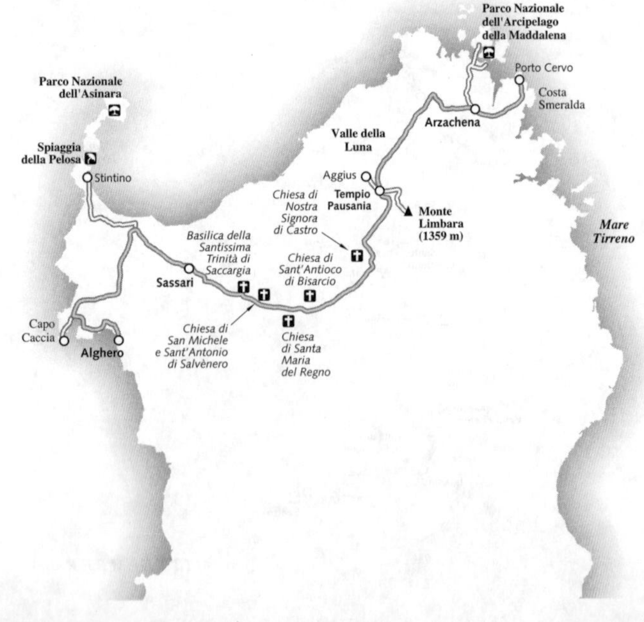

DAS FELSIGE INSELINNERE

Zwei Wochen/Von Nuoro nach Tortoli

Diese Strecke führt durch Sardiniens spektakulärste Landschaft, den Parco Nazionale del Golfo di Orosei e del Gennargentu im Herzen der Insel.

Auftakt der Tour ist **Nuoro** (S. 207), Hauptstadt der Barbagia-Hochebene und Geburtsort der berühmtesten sardischen Schriftstellerin, Grazia Deledda. Hier lohnt sich zunächst das **Museo Deleddiano** (S. 209) und das **Museo della Vita e delle Tradizioni Sarde** (S. 207). Danach geht's weiter nach **Oliena** (S. 214), das für seinen Rotwein bekannt ist.

20 km östlich liegt das muntere **Dorgali** (S. 225), idealer Ausgangspunkt für Naturausflüge und die Besichtigung der Nuraghen-Stadt **Serra Orrios** (S. 226) und der **Grotta di Ispinigoli** (S. 226), die den zweitgrößten Stalagmiten der Welt beherbergt.

Von hier ist es eine Berg- und Talfahrt zum Ferienort **Cala Gonone** (S. 228) am **Golfo di Orosei** (S. 224). Er bietet Sardiniens eindrucksvollste Küstenstreifen, Traumstrände wie **Cala Luna** (S. 228) und **Cala Mariolu** (S. 229) sowie die tiefblaue Meereshöhle **Grotta del Bue Marino** (S. 229). Erreichbar ist das alles nur mit dem Boot.

Weiter südlich führt die SS125 durch spektakuläre Felsformationen zum Bergpass Genna 'e Silana. In der Wildnis westlich der Straße liegen das Nuraghen-Dorf **Tiscali** (S. 227) und die **Gola Su Gorruppu** (S. 226), eine tiefe Felsschlucht, die auch oft als Grand Canyon Europas bezeichnet wird.

Zurück auf der Hauptstraße geht's durch die unscheinbare Stadt Baunei auf das bizarre Hochplateau **Altopiano del Golgo** (S. 233). Dort laden zwei gute Restaurants zu einem unvergesslichen Mittagessen ein.

Am Ende der Straße liegt **Tortoli** (S. 230), ein gewöhnlicher Urlaubsort, in dem man schlagartig in die Realität zurückgeholt wird.

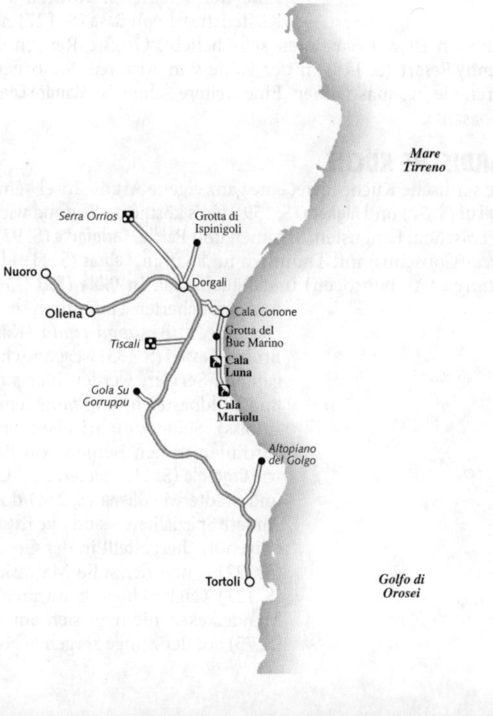

Diese 180 km lange Route führt zu verborgenen Schluchten, prähistorischen Dörfern, einem herrlich, unberührten Küstenstreifen und traumhaften, einsamen Stränden. Mit dem eigenen Auto sind zwei Wochen dafür ausreichend.

MASSGESCHNEIDERTE TOUREN

SPRITZIGE VERGNÜGEN

Sardiniens 1849 km lange Küste und das wilde Inselinnere bieten vielfältige Möglichkeiten für Outdoor-Aktivitäten: Trekking- oder Mountainbikestrecken, Kletterwände, Tauchreviere, Höhlen und Windsurfstrände.

Top-Surf-Spot ist ohne Frage **Porto Pollo** (S. 192), wo der Wind durch die Bocche di Bonifacio (Meerenge zwischen Sardinien und Korsika) fegt. Hier kommen auch Kitesurfer, Segler und Taucher auf ihre Kosten. Gefragt sind außerdem das **Capo del Falcone** (S. 158) und die **Sinis-Halbinsel** (S. 119).

Tauchern hat Sardinien allerhand zu bieten: die Schiffswracks im **Golfo di Cagliari** (S. 69), die Unterwasserwelt vor der Küste von **Alghero** (S. 159), die Grotta di Nettuno (größte Mittelmeerhöhle), einen Unterwasserberg am **Capo Carbonara** (S. 78) und die römischen Ruinen von **Pula** (S. 105).

Auch die Möglichkeiten für Aktive an Land sind unerschöpflich. Auf dem **Supramonte** (S. 214) kann man wandern, mehrere Höhlen bieten endlose Herausforderungen für Hobbyforscher, und der 45 km lange *selvaggio blu* am **Golfo di Orosei** (S. 224) gilt als härtester Wanderweg Italiens. Die Felswände rund um **Ulassai** (S. 233) und **Cala Gonone** (S. 228) sind ein wahres Paradies für Kletterer.

Radfahrer kommen ebenfalls nicht zu kurz. Eine der leichteren Routen ist die reizvolle Küstenstraße von **Bosa** (S. 127) nach Alghero.

Reiten ist auf Sardinien sehr beliebt. Größte Reitschule ist das **Horse Country Resort** (S. 119) in der Nähe von Arborea. Sie organisiert Ausritte durch die Piscinas-Dünen. Eine weitere Schule ist **Mandra Edera** (S. 126) nahe Abbasanta.

SARDISCHE KÜCHE

Die sardische Küche bietet eine ganz eigene Art die Insel kennenzulernen. In **Cagliari** (S. 57) und **Alghero** (S. 159) gibt's köstliches Seafood wie Streifenbarben, Meeräschen, Langusten, Sardinen und Paëlla. **Carloforte** (S. 97) ist bekannt für *casca* (Couscous) mit Thunfisch und Safran, **Cabras** (S. 119) für Meeräschen, *bottarga* (Äschenrogen) und Räucheraal. In **Olbia** (S. 177) gibt's gefüllten und geräucherten Tintenfisch sowie galluresische Gerichte, z. B. *suppa cuata* (Käse und Brot in Brühe). **Sassari** (S. 133) ist spanisch und genuesisch geprägt. Serviert werden hier *panadas* (Fleisch- und Wildpasteten) und *fainè* (ein pizzaähnlicher Imbiss). Seine kulinarischen Traditionen zeigt Sardinien in den Bergen von Barbagia. Dörfer wie **Orgosolo** (S. 217) bieten erstklassigen *pecorino* und Städte wie **Oliena** (S. 214) duftenden Honig. Andere Spezialitäten sind *bue rosso*-Rind, scharfes Olivenöl – hergestellt in der Gegend um **Seneghe** (S. 122) – und der süße Malvasierwein aus **Bosa** (S. 127). Cagliari bietet Süßwaren aus Honig und Mandelkekse, die man sich am besten im **Durke** (S. 75) auf der Zunge zergehen lässt.

Geschichte

Im Laufe seiner verworrenen Geschichte spielte Sardinien meist nur eine Nebenrolle in den Schlachten und Plänen der großen Mittelmeermächte. Seine Erzvorkommen und die strategisch wichtige Lage sorgten zwar für einen ständigen Zustrom unerwünschter Besucher, doch die fremden Kolonialisten hatten es nie leicht. Die endemische Malaria und das felsige Inselinnere machten ihnen schwer zu schaffen. In jüngerer Zeit kam Sardinien vor allem durch Banditentum und Tourismus in die Schlagzeilen.

DAS RÄTSEL VOM PRÄHISTORISCHEN SARDINIEN

Ist Sardinien das legendäre, versunkene Atlantis? In seinem 2002 erschienenen Buch *Le Colonne d'Ercole. Un' inchiesta (Die Säulen des Herkules: Eine Untersuchung)* kommt der italienische Journalist Sergio Frau zu genau diesem Schluss. Es ist zwar nicht so einfach, diese Theorie zu belegen, doch dass sie überhaupt diskutiert wird, ist symptomatisch für eine Insel, deren Ursprünge von der traditionellen Geschichtsforschung kaum erhellt wurden.

Wann kamen die ersten Siedler auf die Insel und vor allem woher? Mit diesen Fragen beschäftigen sich Forscher schon seit Jahrhunderten. Die wahrscheinlichste Hypothese besagt, dass sie im Altpaläolithikum an der sardischen Nordküste landeten. Seitdem 1979 bei Perfugas Steinwerkzeuge entdeckt wurden, diskutieren Archäologen begeistert über Frühmenschen, die bereits um 350 000 v. Chr. vom italienischen Festland hierher gekommen sein sollen. Es wird vermutet, dass sie aus der Toskana stammten, auch wenn es weitere Zuwanderungswellen aus Nordafrika und von der Iberischen Halbinsel über die Balearen gegeben haben könnte. Genetiker wollen dem Rätsel durch die Untersuchung sardischer Erbanlagen auf die Spur kommen. Dabei sind sie in bestimmten Regionen des Inselinneren auf eine verbreitete Mutation gestoßen, die sonst nur in Skandinavien, Bosnien-Herzegowina und Kroatien zu finden ist. Eine Erklärung gibt es dafür bislang nicht.

Die Internetseite www.sarnow.com bietet eine gute Einführung in die sardische Frühgeschichte. Die historischen Verknüpfungen zwischen Kunst, Handwerk und Kultur der Insel werden hier faszinierend erläutert.

Ein Paradies in der Jungsteinzeit

Woher die frühen Siedler auch gekommen sind, offenbar fühlten sie sich auf der Insel wohl. In der Jungsteinzeit (8000 bis 3000 v. Chr.) lebten auf Sardinien mehrere erfolgreiche Stammesgemeinschaften, und die Insel muss für sie ein wahres Paradies gewesen sein. Es gab dichte Wälder mit zahlreichen Tieren, Höhlen für Unterschlupfe und reichlich Weide- und Ackerland. Zudem barg die sardische Erde üppige Obsidianvorkommen. Dieses dunkle Vulkangestein, das für die Herstellung von Werkzeugen und Pfeilspitzen genutzt wurde, avancierte schnell zum begehrtesten Handelsgut

ZEITACHSE

350 000 v. Chr.

Einfache Steinwerkzeuge belegen erste menschliche Zivilisation auf Sardinien. Es ist nicht genau bekannt, woher die frühen Inselbewohner stammen, vermutlich jedoch aus der Toskana oder von der Iberischen Halbinsel.

4000–2700 v. Chr.

Rund um Ozieri entstehen Siedlungen. Kupfer wird als Handelsware getauscht. Die ersten *domus de janas* (Felsengräber) entstehen. Archäologen bezeichnen diese Epoche als Ära der „Ozieri-Kultur".

1800–500 v. Chr.

30 000 sardische Nuraghen werden erbaut; die meisten werden als militärische Wachtürme genutzt.

des Mittelmeerraums. Sogar in Frankreich wurden Bruchstücke des „schwarzen Goldes" aus Sardinien gefunden.

Das meiste, was wir heute über diese frühe Inselbevölkerung, die sogenannte Ozieri-Kultur (oder San-Michele-Kultur), wissen, verdanken wir Höhlenfunden aus der Gegend um Ozieri. Tonscherben, Werkzeuge und Kupferbarren belegen Kenntnisse über Erzverhüttung und die künstlerische Begabung dieser Menschen. Ihre *domus de janas* (wörtlich „Feenhäuser"; in Fels gehauene Grabstätten) bezeugen zudem komplexe Totenrituale.

Alles liegt im Stein

Für Laien mögen die Steinringe, die weite Teile des sardischen Binnenlands bedecken, absolut rätselhaft erscheinen, doch Archäologen lesen in ihnen wie in einem Buch. Da es keinerlei schriftliche Zeugnisse gibt (woraus Wissenschaftler übrigens folgern, dass die frühzeitlichen Sarden gar keine Schrift kannten), gehören sie zu den wenigen Hilfsmitteln bei der Entschlüsselung der Geheimnisse der Nuraghenkultur.

La Civiltà dei Sardi (Die Kultur der Sarden) von Giovanni Lilliu ist *das* Buch über die mysteriösen Nuraghenbauer.

Rund 7000 *nuraghi* (Steintürme) soll es auf der Insel geben. Die meisten wurden zwischen 1800 und 500 v. Chr. erbaut. Ihr Zweck ist nicht eindeutig geklärt. Genauso wenig weiß man, wie sie errichtet wurden. Es wird jedoch vermutet, dass sie einem militärischen Zweck dienten. Im 2. Jahrtausend v. Chr. waren Metallwaffen weit verbreitet und gewaltsame Konflikte zwischen den Siedlungen nahmen zu.

Die ersten *nuraghi* waren freistehende Bauten mit einfachen Kammern im Inneren. Mit der Zeit wurden sie immer größer – die größte ist die Nuraghe Santu Antine (S. 152) mit 25 m Höhe – und immer komplexer mit aufwendiger Raumaufteilung und labyrinthischen Gängen. Später wurden um die großen Wachtürme Mauern gezogen, in deren Schutz kleine Dörfer entstanden. Eindrucksvollstes Beispiel hierfür ist der bienenstockartige Komplex der Nuraghe Su Nuraxi (S. 110) bei Barumini.

Funde mykenischer Keramik auf Sardinien und nuraghischer Töpferwaren auf Kreta weisen auf frühe Kontakte und regen Handel mit anderen Kulturen hin. Für die Existenz einer heidnischen Naturreligion auf Sardinien sprechen die *pozzi sacri* (Brunnenheiligtümer). Sie wurden ab etwa 1000 v. Chr. erbaut und so angelegt, dass sie jedes Jahr zur Sonnwende das Licht einfingen. Diese Bauten demonstrieren eindrucksvoll, über welch ausgeklügelte Techniken diese Menschen bereits verfügten. Eines der herausragendsten Beispiele ist das Brunnenheiligtum Santa Cristina (S. 125).

Manche Historiker behaupten, Sardiniens Nuraghen seien vom seeräuberischen Volk der Shardana erbaut worden, von dem in frühen ägyptischen Inschriften berichtet wird.

Die wahrscheinlich aufschlussreichsten Erkenntnisse über die Nuraghenkultur liefern die *bronzetti* (Bronzefiguren), die in vielen Archäologiemuseen auf Sardinien zu sehen sind – besonders in Cagliari (S. 62) und Sassari (S. 136). Wissenschaftler glauben, dass diese primitiven Darstellungen von Schäferkönigen, Kriegern, Bauern und Seeleuten dekorative Opfergaben in Nuraghentempeln waren.

1100 v. Chr.

Die Phönizier gründen die – heute weitgehend im Meer versunkene – Stadt Nora an der Südwestküste. Neben Karalis (Cagliari) und Tharros zählte sie zu den wichtigsten Handelsorten.

227 v. Chr.

Sardinien wird zur römischen Provinz, doch die Karthager ergeben sich erst 216 v. Chr. Die Römer bauen Straßen und erweitern die Zentren von Karalis (Cagliari), Nora, Sulcis, Tharros, Olbia und Turris Libisonis (Porto Torres).

456 n. Chr.

Der Niedergang des Römischen Reichs treibt die Vandalen nach Sardinien. Byzantinische Chronisten – wohl nicht die objektivsten – beschreiben die 80 Jahre ihrer Herrschaft als Leidenszeit für die Inselbewohner.

EIN SPIELBALL FREMDER MÄCHTE

Aufgrund der strategischen Position, seiner reichen Bodenschätze (Silber und Blei) und des fruchtbaren Bodens war Sardinien lange Zeit ein Spielball der großen Mittelmeermächte.

Die ersten, die kamen, waren die Phönizier (aus dem heutigen Libanon). Diese Meister der Seefahrt hatten bereits Kolonien auf Sizilien, Malta, Zypern und Korsika errichtet, sodass Sardinien für sie als weiterer Stützpunkt naheliegend war. Der genaue Zeitpunkt ihrer Ankunft ist nicht bekannt, semitische Inschriften deuten jedoch darauf hin, dass die ersten Phönizier bereits um 1100 v. Chr. aus Spanien in Nora eintrafen.

Zunächst lebten sie relativ harmonisch mit dem einheimischen Nuraghenvolk zusammen, das den Neuankömmlingen die Küste offenbar gerne überließ. Die Phönizier gründeten dort Siedlungen wie Karalis (Cagliari), Bithia (nahe dem heutigen Chia), Sulci (heute Sant'Antioco), Tharros und Bosa. Als sie jedoch landeinwärts vorstießen, um sich die lukrativen Silber- und Bleiminen im Südwesten unter den Nagel zu reißen, setzten sich die Einheimischen zur Wehr. Es folgten Kämpfe und 650 v. Chr. der Bau der ersten phönizischen Inlandsfestung am Monte Sirai – nicht ohne Grund, wie sich bald zeigte: Bereits 509 v. Chr. attackierten aufgebrachte Sarden mehrere phönizische Lager.

Die Phönizier baten Karthago um Unterstützung. Die Karthager gewährten diese Hilfe gern und eroberten gemeinsam mit den Phöniziern große Teile der Insel – aber nicht alle. Denn wie sie zu ihrem Leidwesen feststellen mussten – und die Römer später auch –, war in der rauen Bergregion der heutigen Barbagia der Widerstand gegen Eindringlinge heftig.

Karthago gegen Rom

Es waren weniger die Phönizier als die Karthager, die Sardinien zum Zankapfel der Mittelmeermächte machten. Im 6. Jh. v. Chr. begannen die nordafrikanischen Karthager, den Griechen die Vorherrschaft über den Mittelmeerraum streitig zu machen. Als die Griechen einen Stützpunkt auf Korsika errichteten, kam es den Karthagern gerade Recht, dass die Phönizier sie um Hilfe bei der Unterwerfung der aufständischen Inselbewohner baten. Das ermöglichte es ihnen, die Insel zu kontrollieren und ihre Verteidigung gegen die wachsende römische Bedrohung auszubauen.

Die ambitionierte Römische Republik strebte die Kontrolle des gesamten südlichen Mittelmeerraums an und musste sich dabei zwei großen Herausforderern stellen: den Griechen und den Karthagern. Nachdem sie die Griechen geschlagen hatten, wandten sie sich 241 v. Chr. dem von Karthago kontrollierten Sardinien zu.

Bestärkt vom Sieg über Karthago im Ersten Punischen Krieg (264–261 v. Chr.) fielen sie auf der Insel ein. Was die Legionäre jedoch für leichtes Spiel gehalten hatten, erwies sich schnell als ziemlich böse Überraschung.

600 n. Chr.

Barbagia ist die letzte Region, die durch die Byzantiner zum Christentum bekehrt wird. Aber viele heidnische Bräuche sind bis heute lebendig und werden im Rahmen von Festen zelebriert.

1000–1400

Sardinien wird in vier (Provinzen) aufgeteilt. Die bekannteste ist Giudicato d'Arborea mit Eleonora d'Arborea als Regentin und Oristano als Zentrum. Die *giudicati* werden später dem Reich der Pisaner und Genueser einverleibt.

1015

Flotten aus Pisa und Genua beteiligen sich an der Abwehr arabischer Streitmächte und kämpfen dann jahrelang selbst um die Kontrolle über Sardinien. Ende des 13. Jhs. werden drei Viertel der Insel vom Festland aus regiert.

Die italienische Internetseite www.lamiasardegna.it (teilweise auf Englisch) ist Geschichtsführer und Reisebericht zugleich. Ihr Verfasser hat es sich zur Aufgabe gemacht, Sardinien der Welt näher zu bringen.

Sowohl die Sarden als auch deren einstige Gegner, die Karthager, machten ihnen das Leben zur Hölle. Immer wieder mussten sich die Römer gegen Aufrührer behaupten – v. a. in der Bergregion von Gennargentu, die sie wegen des erbitterten blutigen Widerstands des dortigen Hirtenvolkes „Barbaria" nannten.

215 v. Chr. schlossen sich die Sarden unter ihrem Häuptling Ampsicora den Karthagern an und zogen mit ihnen in den Zweiten Punischen Krieg gegen die römische Herrschaft. Die Rebellion war jedoch nur von kurzer Dauer. Schon im Jahr darauf wurde sie in der zweiten Schlacht von Cornus (s. S. 124) niedergeschlagen.

Die Römer gestalteten nun die neu eroberte Insel nach ihren Vorstellungen. Trotz der grassierenden Malaria und häufigen Angriffe durch die Einheimischen bauten sie die Karthagerstädte weiter aus, schufen ein Straßennetz und organisierten ein effizientes Landwirtschaftssystem. Die Zahl der ursprünglichen Inselbewohner schrumpfte unter ihrer Herrschaft dramatisch. 177 v. Chr. wurden rund 12 000 Sarden getötet und weitere 50 000 als Sklaven nach Rom verschleppt. Viele Adelsfamilien überlebten, wurden römische Staatsbürger und sprachen nun Latein. Insgesamt blieb die Insel jedoch ein unterentwickeltes, ausgebeutetes und unterjochtes Territorium.

Pisa gegen Genua

Im 9. Jh. entwickelten sich die Araber zu einer der führenden Mächte im Mittelmeerraum. Nachdem sie große Teile Spaniens, Nordafrikas und Siziliens erobert hatten, attackierten sie im 9. und 10. Jh. immer wieder das von den abwesenden Byzantinern regierte Sardinien mit seinen reichen Bodenschätzen. Als die Macht der Araber Anfang des 11. Jhs. allmählich schwand, gewann das Christentum an Einfluss. 1015 bat Papst Benedikt VIII. Pisa und Genua, Sardinien im Kampf gegen die gemeinsame islamische Bedrohung zu unterstützen. Die ehrgeizigen Prinzen von Pisa und Genua witterten eine Chance und erfüllten diesen Wunsch des Papstes gerne.

Damals war Sardinien in vier autonome *giudicati* (Provinzen) aufgeteilt. In den 300 Jahren zwischen dem 11. und 14. Jh. stritten fast ständig rivalisierende Festlandsmächte um seinen Besitz. Zunächst gewannen die Pisaner im Norden der Insel die Oberhand. Die Genueser beherrschten den Süden – vor allem um Cagliari und Porto Torres. Die *giudicati* wechselten dagegen die Seiten, wie es ihnen gerade passte. Doch trotz der Intrigen und Rivalitäten war dies eine Zeit erstaunlicher Blüte. Sardinien übernahm die mittelalterliche Kultur des Festlands, und einflussreiche Klöster sorgten mit aller Macht dafür, dass die Sarden den römisch-katholischen Glauben fanden. Die romanischen Kirchen der Pisaner im Nordwesten sind bis heute ein eindrucksvolles Vermächtnis jener Zeit.

1297

Unter katalanischem Druck gründet Papst Bonifatius VIII. das Regnum Sardiniae et Corsicae (Königreich von Sardinien und Korsika) und erklärt Jakob II. von Aragon zum König.

1392

Eleonora d'Arborea, die sardische Volksheldin und Herrscherin über Arborea, erlässt die Carta de Logu, das erste Gesetzbuch der Insel. Es regelt Bodennutzung, Frauenrecht und Besitzfragen.

1400–1500

Unter katalanisch-aragonesischer Herrschaft führen Landbesitzer, die außerhalb Sardiniens residieren, hohe Steuern ein. Sie überlassen die Bevölkerung Hungersnöten und der Pest, die 50 % der Inselbewohner dahinrafft.

Spanien & die Savoyer

Die Herrschaft Spaniens ab Anfang des 14. Jhs. war ein besonders düsteres Kapitel in der Geschichte Sardiniens. 1297 hatte Papst Bonifatius VIII. das *Regnum Sardiniae e Corsicae* (Königreich von Sardinien und Korsika) gegründet und es als Lehen an die Herrscher von Katalonien und Aragon übergeben. Er hatte gehofft, dass die Spanier daraufhin ihre Ansprüche auf Sizilien aufgeben würden. Leider existierte das versprochene Königreich nur auf dem Papier, weshalb sich die Aragonier ihre Macht über die unbeugsamen Inselbewohner hart erkämpfen mussten. Ihre Landung an der Südwestküste 1323 war der erste Akt eines Dramas, das rund 400 Jahre andauern sollte.

Geschichtsbücher zu Sardinien sind meist dicke, trockene Wälzer und *Archaeology and History in Sardinia from the Stone Age to the Middle Ages: Shepherds, Sailors and Conquerors* von Stephen L. Dyson und Robert J Rowland (nur auf Englisch) macht da keine Ausnahme.

Unter der Krone von Aragon war die hoffnungslos verarmte, sardische Bevölkerung weitgehend sich selbst überlassen, hatte horrende Steuern zu zahlen, und die Insel blieb weiterhin unterentwickelt. Mitte des 17. Jhs. begann die spanische Macht zu schwinden, und nach dem Tod des erbenlosen Habsburger Königs Karl II. stand Sardinien 1700 wieder einmal zur Disposition. Im nachfolgenden Spanischen Erbfolgekrieg kämpften Österreich und französische Bourbonen um die Überreste des Habsburger Reichs. 1708 besetzten österreichische Streitkräfte mit Unterstützung englischer Kriegsschiffe die Insel. In der Zeit danach wurde Sardinien wiederholt zwischen Österreich und Spanien hin- und hergereicht, ehe es schließlich an das Herzogtum Savoyen fiel.

Die Herrschaft der Piemonteser (von 1720 bis zur Einigung Italiens 1861) war zwar auch kein Zuckerschlecken, doch im Gegensatz zu ihren spanischen Vorgängern schauten die savoyischen Machthaber in ihren Regierungsgebieten auch nach dem Rechten. Die Insel unterstand einem Vizekönig, der im Großen und Ganzen für Ordnung sorgte.

1847 war es mit dem unabhängigen Status Sardiniens unter einem Vizekönig endgültig vorbei. In der Hoffnung auf gerechtere Gesetze und ähnliche Reformen wie in den savoyischen Festlandgebieten, forderte eine sardische Delegation die „perfekte Einigung“ des Königreichs Sardinien mit dem Piemont. DemWunsch wurde entsprochen und zur selben Zeit überschlugen sich die Ereignisse andernorts auf der italienischen Halbinsel. Unterstützt von König Karl Emanuel gelang es Giuseppe Garibaldi (s. S. 196) in mehreren gewagten Schlachten, Sardinien an das italienische Festland anzuschließen und schließlich 1861 das vereinigte Königreich Italien zu gründen.

Der italienische Revolutionsheld Giuseppe Garibaldi starb am 2. Juni 1882 auf seiner Privatinsel, der Isola Caprera, im Arcipelago di La Maddalena.

KAMPFGEIST

Das ausgesprochen stolze Volk der Sarden war stets von einem unbändigen Kampfgeist beseelt. In der Vergangenheit sind sie deshalb immer wieder als David gegen ständig wechselnde Goliaths angetreten.

1409

Bei der Schlacht von Sanluri unterliegt das Fürstentum Arborea endgültig den Aragoniern. Ein Jahr später fällt Oristano.

1478

Am 19. Mai wird bei Macomer der sardische Widerstand gegen die aragonesische Herrschaft niedergeschlagen. Die sardische Streitmacht unter Marquis Leonardo de Alagon von Oristano ist der iberischen Armee nicht gewachsen.

1708

Während des spanischen Erbfolgekriegs – einem europaweiten Kampf um das führerlose Königreich Habsburg – nehmen englische und österreichische Truppen König Felipe V. Sardinien ab.

GERECHTIGKEIT & GLEICHHEIT FÜR ALLE

In der langen, leidvollen Geschichte Sardiniens spielt Eleonora d'Arborea (1340–1404) eine ganz besondere Rolle. Sie gehörte zu den genialsten Herrschern der Insel und war berühmt für ihre Weisheit und Menschlichkeit. Oft wird sie deshalb als sardische Boudicca oder Jeanne d'Arc bezeichnet.

Eleonora wurde 1383 nach der Ermordung ihres Bruders Hugo III. und dessen Tochter zur Giudicessa von Arborea. Umgeben von Feinden (ihr Ehemann saß in Aragon in Gefangenschaft), beschwichtigte sie die Rebellen und kämpfte 20 Jahre lang für Arboreas Unabhängigkeit in einer unsicheren Welt.

Ihre bedeutendste Leistung war die 1392 veröffentlichte Carta de Logu. Dieses Gesetzbuch, basierend auf dem römischen Recht, war der Sozialgesetzgebung seiner Zeit weit voraus. Der Entwurf dazu stammte von ihrem Vater Mariano, aber es war Eleonora, die ihn überarbeitete und vervollständigte. Der Kodex wurde – sehr zur Freude der Inselbewohner – auf sardisch veröffentlicht und legte den Grundstein für ein aufkeimendes Nationalbewusstsein. Zum ersten Mal wurden wichtige Bereiche wie Landnutzung und Berufungsrecht gesetzlich geregelt. Den Frauen wurden darin zahlreiche Rechte zugesprochen, etwa im Heiratsverweigerungsrecht und – von enormer Bedeutung für die ländliche Gesellschaft – im Besitzrecht. Alfons V. war so beeindruckt, dass er das Gesetz 1421 auf die gesamte Insel ausweitete. Dabei blieb es bis 1871.

Eleonora hat nie erfahren, wie einflussreich ihre Carta de Logu wurde. Sie starb 1404 an der Pest. Nur 16 Jahre später wurde Arborea von Aragon besetzt. Bis heute gibt es in der Geschichte Sardiniens keine Persönlichkeit, die mehr geachtet wird, als Eleonora.

Die einsame Provinz

Die sardische Heldin Eleonora d'Arborea (1340–1404) ist ein Sinnbild für die tief verwurzelte Kämpfernatur der Inselbewohner. Sie war die Königin von Arborea, einem der vier *giudicati* der Insel – neben Cagliari, Logudoro (oder Torres) im Nordwesten und Gallura im Nordosten. Wegen ihrer Unbeugsamkeit gegenüber Pisanern, Genuesen und Aragoniern wurde sie zur Symbolfigur des sardischen Widerstands.

Ende des 13. Jhs. war Arborea der einzige *giudicato*, der nicht den Pisanern oder Genuesen unterstand. Seine unerschütterlichen Einwohner weiteten ihr Einflussgebiet sogar noch aus. Zu seiner Blüte unter König Mariano IV. (1329–1376) und Eleonora umfasste das Reich die heutigen Provinzen Oristano und Medio Campidano sowie große Teile des Barbagia-Berglands.

Anfangs unterstützte Arborea die katalanisch-aragonischen Eroberungen von Cagliari und Iglesias. Doch damit war es vorbei, als klar wurde, dass die Spanier es auf die ganze Insel abgesehen hatten. Von 1383 bis 1404 kämpfte Eleonora erbittert gegen die Aragonier, doch niemand lebt ewig, und ihr Tod ebnete den Weg für den gegnerischen Sieg. 1409 wurden die Sarden in der Schlacht von Sanluri geschlagen, 1410 fiel Oristano und 1420 fügten sich die erschöpften Herrscher von Arborea schließlich ins Unvermeidliche und verkauften ihre Provinzen an die Katalanen.

1720

Viktor Amadeus II. von Savoyen wird König von Piemont und Sardinien. Vorher gehörte die Insel den Österreichern, dann den Spaniern, dann ging sie wieder an Österreich, wieder an Spanien und schließlich an die Savoyen.

1795–1799

Nachdem die Piemonteser Machthaber ein Ersuchen nach mehr Selbstbestimmung ablehnen, kommt es zur Revolte. Aufständische gehen in Cagliari auf die Straßen und töten hohe savoyische Beamte. 1799 ging der Revolution die Puste aus.

1823

Um Landbesitz unter der Bevölkerung zu fördern, wird das Gesetz „Delle Chiudende" erlassen. Land wird nun demjenigen zugesprochen, der es einzäunt, und Nutzungsrechte werden aufgehoben. Das Gesetz führt zu Aufständen.

DAS ERWACHEN DER SARDISCHEN IDENTITÄT

Der Erste Weltkrieg war für Sardinien ein wichtiger Wendepunkt. Diese Schreckenszeit forderte sehr viele sardische Opfer und rüttelte das Volk politisch auf. Soldaten, die als ungebildete Bauern in den Krieg gezogen waren, kehrten 1918 als selbstbewusste politische Bürger zurück. Viele schlossen sich der neu gegründeten Partito Sardo d'Azione (PSd'Az; Sardische Aktionspartei) an, deren Hauptziel eine unabhängige Verwaltung der Insel war.

Gegründet wurde die Partei 1921 in Oristano von Emilio Lussu und seinen Mitkämpfern der Brigata Sassari (dem sardischen Regiment, das im Ersten Weltkrieg gekämpft hatte). Sie nutzte das aufkeimende politische Interesse und das Regionalbewusstsein, das sich auf der ganzen Insel ausgebreitet hatte. Die Sarden waren schon immer ein stolzes Volk, doch bevor sie gemeinsam in die Schützengräben geschickt wurden, hätten sie kaum ein inselweites Interesse gemeinsam verfochten. Nun sahen viele Sardinien als eigenständige Region mit eigener Kultur und eigenen Interessen.

Doch das Unabhängigkeitsstreben war nur einer der Grundpfeiler des Parteiprogramms. Es verknüpfte auch soziale Themen (Forderung nach sozialer Gerechtigkeit und Schaffung von landwirtschaftlichen Genossenschaften) mit den Grundsätzen des freien Markts (liberale Wirtschaft und Aufhebung staatlicher Protektion) zu einer sardisch geprägten Sozialdemokratie.

Rund 90 Jahre später existiert die Partei noch immer (für eine italienische Partei wirklich beachtlich!). 2004 bis 2008 war sie ein kleiner Koalitionspartner in der Regierung von Renato Sorus. Bei den Wahlen 2008 trat sie als unabhängige Partei an und gewann 1,5 % der sardischen Stimmen.

Tapferkeit & Banditentum

Im frühen 20. Jh. war Sardiniens kämpferischer Geist weithin bekannt. Der Beitrag der Insel zu Italiens Feldzügen im Ersten Weltkrieg ist legendär. 1915 wurde die Infanteriebrigade Sassari (s. S. 145) gegründet und in die Nordostalpen ausgesandt. Das Regiment bestand fast ausschließlich aus Sarden und konnte sich bei den unerbittlichen Kämpfen in den Schützengräben schnell profilieren. In Relation zur Einwohnerzahl hatte Sardinien die meisten Frontopfer aller italienischen Regionen zu beklagen und das Regiment wurde mit vier goldenen Ehrenmedaillen ausgezeichnet.

Zwischen 1960 und 1992 wurden in Italien 621 Menschen entführt; 178 davon auf Sardinien.

Ein weniger ruhmreiches Kapitel ist das sardische Banditentum, das Ende des 19. Jhs. nahezu epidemische Ausmaße annahm. Im Mai 1899 schrieb die *New York Times*: „Endlich begreift die italienische Regierung den ernstzunehmenden Anstieg der Straßenräuberei in bestimmten Inselteilen – vor allem in der Provinz Sassari – und verstärkt die Strafverfolgung der Verbrecher." Diese Bemühungen waren allerdings von Anfang an ziemlich aussichtslos, da Armut und harte Lebensbedingungen dem Banditentum im 20. Jh. einen idealen Nährboden verschafften. Die Stadt Orgosolo im wilden Bergland der Barbagia galt als Brutstätte der Gesetzlosigkeit, und bis in die 1990er-Jahre diente das unwegsame Bergland Kidnapperbanden als Zuflucht.

1847

Das bis dahin unabhängige, von einem Vizekönig regierte Sardinien wird mit dem Königreich Piemont vereinigt. Ab diesem Zeitpunkt wird die Insel von Turin aus regiert.

1903

In Montevecchio und ein Jahr später in Buggerru beginnen Bergarbeiterstreiks aufgrund schlechter Arbeitsbedingungen, die zum Teil blutig niedergeschlagen werden.

1915

Die Brigata Sassari (Sassari-Brigade) wird gegründet und in den Ersten Weltkrieg entsandt. Die sardischen Soldaten schlagen sich heldenhaft, müssen aber schwere Verluste einstecken: 2164 Tote und 12 858 Verletzte oder Verschollene.

MALARIA, DER SCHLIMMSTE FEIND

Vittorio de Setas ergreifender Filmklassiker *Banditi a Orgosolo (Banditen auf Sardinien)* von 1961 beschreibt das harte, sardische Landleben Mitte des 20. Jhs.

Sardinien hatte Jahrtausende lang unter immer neuen Invasoren und ausländischen Herrschern zu leiden, doch die schlimmste Bedrohung war bis 1946 die Malaria.

Wissenschaftler nehmen zwar an, dass diese Krankheit bereits seit Urzeiten hier auftrat – manche behaupten sogar, die *nuraghi* wären ursprünglich als Schutz gegen Moskitos errichtet worden –, doch erst mit der Ankunft der Karthager im 5. Jh. v. Chr. wurde sie zum ernsten Problem. Um das landwirtschaftliche Potenzial der Insel besser nutzen und Weizen anbauen zu können, rodeten die Kolonialherren die Auenwälder. Die Folge waren Überschwemmungen und stehende Gewässer, die ein ideales Brutgebiet für die Mücken waren. Verschärft wurde das Problem durch das Eintreffen nordafrikanischer Soldaten, von denen viele mit Malaria infiziert waren.

In den 1940er-Jahren litten 60 % der Sarden an Malaria.

Als die römischen Einheiten im 3. Jh. v. Chr. die Kontrolle über die Insel errangen, war Sardinien eine berühmt berüchtigte Malariabrutstätte und seine *mal aria* (schlechte Luft) galt als todbringend. Dessen ungeachtet folgten die Römer dem karthagischen Beispiel und fuhren fort, den fruchtbaren Boden zu erschließen. Die Campidano-Ebene entwickelte sich mit Sizilien und dem besetzten Nordafrika zur Kornkammer für das gesamte Römische Reich.

Verwahrlosung & Armut

Über die Jahrhunderte hinweg war die Malaria ein Grund (wenn auch nicht der einzige) für die Rückständigkeit Sardiniens. Ein weiterer war die schiere Gleichgültigkeit. Unter spanischer Herrschaft (14.–18. Jh.) waren weite Inselteile im Besitz von Aristokraten, die sich nicht um das Land scherten, solange sie nur Steuern kassieren konnten. Die sardischen Bauern führten weiter ihr traditionelles Leben, ohne dass sich jemand in ihre Lebensweise einmischte (Ackerbau im Flachland, Viehzucht in den Bergen). Für technische Fortschritte interessierte sich niemand.

Auch als unter der Herrschaft von Piemont 1835 der Feudalismus abgeschafft und der Landbesitz reformiert wurde, änderte sich kaum etwas. Die einfachen Leute konnten schlicht die Steuern für das neu erworbene Land nicht aufbringen und mussten es wieder an die ursprünglichen Besitzer verkaufen, von denen sie es gerade erst erworben hatten. Das Landreformgesetz von 1823, das öffentliches Land in Privatbesitz überführte, mag wirtschaftlich gut gemeint gewesen sein, doch die besitzlosen sardischen Bauern und Schäfer verloren dadurch ihr Nutzungsrecht für das Gemeindeland.

Die ärmlichen Verhältnisse begünstigten die Ausbreitung von Malaria. Auch nach der italienischen Einigung (1861) blieben alle Bemühungen, die Krankheit auszumerzen, erfolglos.

1921

Gründung des Partito Sardo d'Azione (Sardische Aktionspartei) durch die Brigata Sassari. Ihr Ziel ist die regionale Autonomie und die Politisierung der sardischen Bevölkerung.

1928–1938

Mussolinis Plan, Italien wirtschaftlich unabhängig zu machen, beschert Sardinien große Veränderungen: Bewässerungssysteme, Infrastruktur- und Landsanierungsprojekte werden gestartet und neue Städte gebaut.

1948

Sardinien wird zur halbautonomen Region unter der Regionalversammlung Giunta Consultativa Sarda. Die Regionalregierung kontrolliert weiter die Bereiche Land- und Forstwirtschaft, Stadtplanung, Tourismus und Polizei.

Das Sardinienprojekt & die Ausrottung der Malaria

Bis Ende des 19. Jhs. glaubte man, die Malaria werde durch schlechte Luft übertragen. Die arme Landbevölkerung hatte keine Ahnung, dass sie von den Moskitos infiziert wurde, mit der sie ihre dunklen, stickigen Hütten teilte. Noch 1946 bezweifelten die Menschen, dass die Auslöschung der Moskitopopulation auch das Ende der Krankheit bedeuten könnte.

Das Sardinienprojekt – die größte Anti-Sumpffieber-Kampagne aller Zeiten – wurde 1946 mit Mitteln der amerikanischen Rockefeller-Stiftung gestartet. Über vier Jahre lang wurden von 32 000 Helfern auf der Insel 10 000 t DDT versprüht. Die Wirkung zeigte sich sofort: Während 1946 noch 75 000 Malariafälle gemeldet wurden, waren es 1951 nur noch neun.

Dennoch hatte das Projekt auch Kritiker und bis heute stoßen Wissenschaftler auf Auswirkungen des massiven Pestizideinsatzes. Immerhin, ein Bericht im US-Magazin *Cancer Research* konnte 2005 einen Zusammenhang zwischen DDT und diversen Krebserkrankungen ausschließen.

Die von einem Lehrer aus Oristano gestaltete Internetseite www.minesofsardinia.com bietet einen etwas anderen Blick auf die sardische Geschichte. Im Mittelpunkt steht der Bergbau.

UNTERIRDISCHE SCHÄTZE

Die Bodenschätze sind zwar heute fast völlig erschöpft, aber in der sardischen Geschichte spielte der Bergbau eine maßgebliche Rolle. Im Südwesten der Insel erinnern unzählige verlassene Minen und Schächte an die einst blühende Industrie.

Sardiniens ehemals reiche Bodenschätze wurden bereits im 6. Jh. v. Chr. ausgebeutet. Obsidian war eine Haupteinnahmequelle der frühen Ozieri-Kultur und ein gefragtes Handelsgut. Später erschlossen die Römer und Pisaner bei Iglesias und Sarrabus große Blei- und Silbervorkommen.

Blütejahre

Die Blüte des Bergbaus auf der Insel begann Mitte des 19. Jhs. 1840 wurde ein Gesetz erlassen, das dem Staat (den regierenden Savoyern) die Rechte an sämtlichen Bodenschätzen zusprach, während das Land an der Erdoberfläche in Privatbesitz blieb. Zusammen mit dem wachsenden europäischen Rohstoffbedarf für die industrielle Expansion führte dieses Gesetz zu einem Boom.

Ende der 1860er-Jahre gab es auf Sardinien 467 Blei-, Eisen- und Zinkminen, und auf ihrem Höhepunkt deckte die Insel 10 % des Weltbedarfs an Zink. Investitionen aus dem Ausland ermöglichten den Bau von Schulen, Krankenhäusern und sogar ganzen Städten. Außerdem wurde die Elektrizität eingeführt.

Doch auch wenn die materiellen Bedingungen verbessert wurden, blieb das Leben der Kumpel unverändert hart und nicht selten kam es zu Arbeiterunruhen. 1903 wurde in Montevecchio im Südwesten Sardiniens gestreikt und ein Jahr später in Buggerru. Die Sozialistenbewegung nach

Die Bergarbeiter von Iglesiente streikten immer erst ab September, wenn die Früchte des wilden Feigenkaktus reif waren. Dann konnten sie während der Verdienstausfälle ihre Familien damit ernähren.

1946–1951

Mit dem Sardinienprojekt gelingt es, die Malaria auf der Insel auszurotten. Die US-Armee versprüht – finanziert von der Rockefeller-Stiftung – 10 000 t DDT. Die Auswirkungen sind bis heute nicht vollständig erforscht.

1950–1970

Sardinien ist einer der Hauptbegünstigten der *Cassa per il Mezzogiorno,* einem Entwicklungsfonds für Süditalien. Fortschritte in Landwirtschaft, Bildung, Industrie, Verkehrs- und Bankwesen können die Auswanderung nicht stoppen.

1962

Der Aga Khan gründet das *Consorzio della Costa Smeralda* und erschließt einen schmalen Küstenstreifen im Nordosten. Die Smaragdküste bringt der Insel einen Touristenboom und lockt Europas Jetset an die legendären Strände.

dem Ersten Weltkrieg versuchte daraufhin, die sardischen Minenarbeiter stärker zu politisieren – allerdings ohne großen Erfolg.

Faschismus & Fall

Nach der weltweiten Rezession infolge des Börsencrashs von 1929 erlebte die sardische Bergbauindustrie unter den Faschisten so etwas wie eine neue Blüte. Die Förderung in Montevecchio wurde gesteigert und die Kohleminen von Sulcis stießen an ihr Limit. 1938 wurde für die Arbeiter des Kohlenreviers Sirai-Serbariu im Südwesten der Insel die Stadt Carbonia erbaut.

Während des Booms nach dem Zweiten Weltkrieg blieb die Produktivität der Bergwerke konstant, doch die Nachfrage ging rapide zurück. Regelmäßige Finanzspritzen konnten den Verfall nicht stoppen. Hohe Produktionskosten, niedrige Rohstoffqualität und sinkende Metallpreise verschlimmerten die Lage. Eine Mine nach der anderen wurde geschlossen. 2008 war schließlich nur noch das Bergwerk Nuraxi Figus bei Carbonia in Betrieb.

SELBSTBESTIMMUNG

1994 war *L'Unione Sarda* die erste europäische Zeitung mit Online-Angebot.

Die Sarden hatten in ihrer Geschichte selten die Freiheit ihr Schicksal selbst zu bestimmen, doch seit 1948 genießt die Insel eine Autonomie, die sie mit nur vier anderen italienischen Regionen teilt.

Nach dem Zweiten Weltkrieg war Sardinien schwer angeschlagen. Die Insel war zwar nie besetzt, aber Bombenangriffe der Alliierten hatten 1943 drei Viertel von Cagliari zerstört. Noch schlimmer war die durch den Krieg bedingte Isolation. Die Fähre zwischen dem Festland und Olbia wurde stillgelegt und nahm ihren täglichen Betrieb erst 1947 wieder auf.

Infolge der politischen Unruhen im Italien der Nachkriegszeit – 1946 wurde durch ein Referendum die Monarchie gestürzt und eine parlamentarische Republik gegründet – erlangte Sardinien 1948 seine Autonomie. Die Insel erhielt ein Regionalparlament und konnte ihre regionale Politik selbst bestimmen. Der Autonomie waren jedoch Grenzen gesetzt und die Bestimmung von außen dauerte weiter an.

1950 wurde Sardinien zu einem der Hauptprofiteure der Cassa per il Mezzogiorno erklärt, einem Entwicklungsfond für die rückständige Wirtschaft Süditaliens. In den folgenden Jahrzehnten wurden auf der Insel Milliarden von Lire investiert, die aber aufgrund schlechter Verwaltung nicht immer gut angelegt waren. So haben beispielsweise die petrochemischen Fabrikanlagen von Porto Torres, Portovesme und Sarroch nie die erhofften Arbeitsplätze geschaffen und bilden heute teure und stinkende Schandflecke in der Landschaft. Beim Zusammenbruch dieser Industrie nach den OPEC-Ölkriegen in den 1970er-Jahren mussten große Teile der Belegschaft entlassen werden, was für die gesamte Insel einen Konjunkturrückgang bedeutete. Und zu allem Übel gerieten auch die Minen von Iglesiente in Schwierigkeiten und wurden schließlich Mitte der 1990er-Jahre stillgelegt.

Studenten der marxistischen Theorie büffeln heute, was der Sarde Antonio Gramsci während seiner Gefangenschaft in Turin in seinen *Gefängnisheften* niedergeschrieben hat.

1985

Der in Sassari geborene Francesco Cossiga wird zum italienischen Präsidenten gewählt. Der umstrittene Politiker war Innenminister, als die Roten Brigaden (eine linksextreme Terrororganisation) 1978 Ex-Premier Aldo Moro töteten.

1999

Die EU erklärt Sardinien zu einer der wenigen Regionen Europas, die zur „Entwicklung und strukturellen Verbesserung" einer Finanzspritze bedürfen. Bis heute fließen EU-Gelder; 2007 wurden sie allerdings gekürzt.

2004

Renato Soru, Gründer des Internetproviders Tiscali und Milliardär, wird zum sardischen Präsidenten gewählt. Mit einem Bauverbot an den Küsten (bis 2 km landeinwärts) und einer Steuer auf Feriendomizile und Yachten sorgt er für Furore.

Landwirtschafts- und Verwaltungsreformen griffen nur langsam, und unterm Strich verbesserte sich zwar die Lebensqualität zwischen den 1950er- und 1980er-Jahren, aber nach wie vor gab es ernste Probleme. Deutlichstes Zeichen dafür war die Auswanderungswelle Ende der 1940er-Jahre. Durch das Fernsehen entdeckten die Menschen, dass bessere Lebensbedingungen andernorts möglich waren, und viele junge Männer verließen die Insel. In den 1960er-Jahren zogen 10 % der Inselbevölkerung aufs italienische Festland oder nach Westeuropa.

TOURISMUS & DER SARDISCHE BILL GATES

Erst durch den Tourismus wurde Sardinien in der Welt bekannt. Vor der Ausrottung der Malaria Mitte des 20. Jhs. kamen fast nie Besucher hierher, zumindest nicht mit friedlichen Absichten. D. H. Lawrence unternahm 1921 seine berühmte Sardinienreise und beschrieb daraufhin eine triste Insel, gezeichnet von Armut und Isolation. Würde er heute zurückkehren, fände er ein gänzlich anderes Bild vor. Armut gibt es nach wie vor – gerade im bäuerlichen Landesinneren – und Arbeitslosigkeit bleibt ebenfalls ein großes Problem (2008 waren 11,8 % ohne Beschäftigung), aber ansonsten hat sich die Insel fast völlig verändert.

1921 reiste D. H. Lawrence in sechs Tagen von Cagliari nach Olbia. Daraufhin schrieb er seinen gefeierten Reisebericht *Das Meer und Sardinien*, der voller amüsanter und mürrischer Gedanken zur Insel steckt.

Bevor sie Ende der 50er-Jahre „entdeckt" und von einem Konsortium wohlhabender Ausländer erschlossen wurde, war die Nordostküste der Gallura nicht mehr als ein einsamer felsiger Landstrich, von dem sich kaum die paar Hirten ernähren konnten, die hier lebten. Heute gehört die Costa Smeralda (Smaragdküste) zu den schillerndsten Reisezielen überhaupt – gleichermaßen beliebt bei der russischen Oberschicht, bei Promis und bei reichen Fußballstars. Alghero an der Nordwestküste hat sich zum populären Badeort entwickelt und wird von diversen europäischen Billig-Airlines angeflogen.

Die rasante Entwicklung hat jedoch ihren Preis. Die meisten betrachten den Tourismus als einen Segen, aber es gibt auch Stimmen, die bezweifeln, dass dieser Segen von Dauer sein wird. In seiner jetzigen Form ist der Fremdenverkehr ein Sommergeschäft, das sich weitgehend auf die Küstenregionen beschränkt und das lange vernachlässigte Inland kaum mit einbezieht. Auch um die Umwelt machen sich viele große Sorgen. Beobachter warnen vor einer Verschandelung der Natur, die das touristische Kapital der Insel ist – ein Argument, das Regionalpräsident Renato Soru wohl im Hinterkopf hatte, als er 2004 ein Bebauungsverbot für einen 2 km breiten Streifen entlang der Küste erließ.

5 der 20 italienischen Landesteile haben autonomen Status: Sardinien und Sizilien sowie die Alpenregionen Valle d'Aosta, Trentino-Alto-Adige und Friuli-Venezia Giulia..

Die Jahre unter Soru

Der Selfmade-Milliardär Renato Soru, der auch als sardischer Bill Gates bezeichnet wird, ist die zentrale Figur in der jüngeren Geschichte der Insel. Er wurde 1957 als Sohn eines Hausmeisters und Ladenbesitzers in Sanluri

2005

Die autonome Region Sardinien wird neu unterteilt. Zu den ursprünglich vier Provinzen Cagliari, Sassari, Nuoro und Oristano kommen vier weitere hinzu: Olbia-Tempio, Ogliastra, Carbonia-Iglesias und Medio Campidano.

2008

Nach 36 Jahren zieht sich die US Navy aus dem Arcipelago di La Maddalena zurück. Ihre Präsenz war zuvor umstritten: Befürworter betonten die wirtschaftlichen Gewinne, Kritiker das Risiko durch die Atom-U-Boote.

2008

Sardinien stellt im November 2008 als erste italienische Region auf Digitalfernsehen um. Bis dahin konnten die Inselbewohner RAI-Kanäle (öffentlich-rechtliche Sender Italiens) nur mithilfe eines Digitaldecoders empfangen.

Laut der Zeitung *La Nuova Sardegna* zahlte der italienische Premierminister Silvio Berlusconi nach Einführung der „Luxussteuer" für seinen Erstwohnsitz in Porto Rotondo 50 000 € Abgaben.

geboren und gründete 1998 die Internetfirma Tiscali, mit der er zu einem der reichsten Männer Italiens wurde. 2003 ging Soru in die Politik und wurde im Jahr darauf zum Regionalpräsidenten gewählt. Diese Position behielt er bis Februar 2009.

Wie in der rasanten IT-Branche, zögerte Soru nicht, seine Vorstellungen schnell und gradlinig umzusetzen, was aber auch viele Kritiker auf den Plan rief. Neben seinem Bebauungsverbot an der Küste (s. Kasten S. 55) führte er eine „Luxussteuer" ein, die u. a. Yachten, Privatflugzeuge, Ferienhäuser und Hotelaufenthalte betrifft. Nach eigener Auskunft wollte er die Besucherzahlen begrenzen, um die Natur zu schützen. Kritiker warfen ihm vor, die Touristen zu verjagen.

Was wird – abgesehen von diesen Kontroversen – von Sorus Regierungszeit in Erinnerung bleiben? Einer seiner nachhaltigsten Erfolge war sicher, dass die amerikanische Atomkriegsflotte nach 35-jähriger Präsenz aus dem empfindlichen Arcipelago di La Maddalena abgezogen wurde. Doch auch bei diesem Thema schieden sich die Geister: Umweltschützer und Soru-Fans applaudierten, während Geschäftsleute den Abzug der zahlungskräftigen Seeleute beklagten.

2003 lief das amerikanische U-Boot *USS Hartford* nahe der US-Basis im Arcipelago di La Maddalena auf Grund.

Sorus Engagement in der IT-Branche weckte bei vielen die Hoffnungen, Sardinien könnte so etwas wie ein neues Silicon Valley im Mittelmeer werden. Doch davon ist bis jetzt nur wenig zu spüren.

Kultur

Als D. H. Lawrence schrieb, Sardinien sei „verloren zwischen Europa und Afrika … nirgends wirklich zugehörig", lag er nicht ganz falsch. Denn Sardinien gehört den Sarden! Die Geschichte mag anderes suggerieren, aber Jahrhunderte kolonialer Unterdrückung konnten dem ursprünglichen Stolz und der melancholisch-geduldigen Beharrlichkeit der Inselbewohner nichts anhaben. An der Oberfläche lassen sich die Sarden nichts vom Überschwang, der Gewandtheit und der Leichtlebigkeit der Festlanditaliener anmerken. Sie sind nett und gastfreundlich, aber auch stets ein wenig ernst und reserviert. Im Gegensatz zu anderen Inselbewohnern schauen sie nicht so sehr nach außen und sind nicht ständig auf der Suche nach neuen Wegen oder nach Möglichkeiten, die Insel zu verlassen. Die Bewohner Sardiniens scheinen ganz in ihrer Vergangenheit zu ruhen und ihre Kraft aus einem tiefen Selbstbewusstsein zu schöpfen.

Was die Sarden eint, ist ihr ausgeprägter Gemeinsinn, ihr Respekt vor Traditionen und ihre Leidenschaft für eine gute *festa*. Doch von einer einheitlichen regionalen Identität zu sprechen, hieße, die Geografie der Insel außer Acht zu lassen.

ISOLATION & VERSCHLOSSENHEIT

„Wir haben das Meer nie gesehen, auch wenn es über die damaligen Straßen nur etwa 150 km entfernt lag", sagt Maria Antonietta Goddi aus Cagliari, die ihre frühe Kindheit in Bitti verbracht hat, einer staubigen Stadt im Inselinneren nördlich von Nuoro. Heute liegen nur etwa 50 Straßenkilometer zwischen Bitti und dem Meer. Doch bis vor Kurzem war der Ort noch eine Welt für sich und vom Rest der Insel durch unwirtliche Berge und eine schlechte Infrastruktur abgeschnitten.

2007 starb die älteste Frau Italiens, Rafaella Monni, mit 109 Jahren in Arzana in der Provinz Ogliastra. Fünf Jahre zuvor war der 112-jährige und damals älteste Mann der Welt, Antonio Todde in Tiana, in der Provinz Nuoro, gestorben.

Ähnlich erging es Hunderten anderen Gemeinden im Inselinneren, die auf sich selbst gestellt waren, da die zuständigen Behörden sie nicht erreichen konnten oder wollten. Diese Isolation förderte Verschlossenheit und Unsicherheiten gegenüber Fremden, aber auch die Erhaltung der Traditionen. Viele Städte besitzen eigene Dialekte, Feste und kulinarische Besonderheiten, die sich ohne äußere Einflüsse entwickeln konnten. Die Abgeschiedenheit des Inselinneren verschärfte auch die tiefe Kluft zwischen Küste und Binnenland. Tourismus und Industrialisierung konzentrierten sich sehr viel stärker auf die Küstenstädte als auf das Hinterland. Zwischen modernen Städten wie Alghero, Sassari, Olbia oder Cagliari und dem traditionellen Lebensstil der Dörfer im Inselinneren liegen Welten.

Diese großen Unterschiede wirken sich aber nicht nur nachteilig auf das Leben im Inselinneren aus. So existieren laut Maria Antoinetta Goddi im Binnenland der Insel weit weniger patriarchalische Strukturen als im übrigen Sardinien. Hier behaupten sich die Frauen und genießen weitaus mehr Respekt. Beobachter werten dies als Zeichen für eine ausgewogenere Gemeinschaftsform.

So hart die Isolation für ihre Bewohner auch war, sie hat der Insel ein paar einzigartige Qualitäten beschert. In den letzten Jahren sind Forscher wie die Heuschrecken über Sardinien hergefallen, um den unvermischten Genpool der Insel zu untersuchen (s. Kasten S. 36). Die einzigartigen Musiktraditionen versetzen Musikwissenschaftler in Erstaunen und Linguisten studieren Sardo (oder Sardu), die Muttersprache der Sarden und Italiens meist gesprochene Minderheitensprache. Ursprünglich entstammt sie dem Lateinischen, das die Römer im 3. Jh. v. Chr. auf die Insel brach-

Sardisch, die Muttersprache der Insel umfasst 67 Dialekte.

DAS GEHEIMNIS EINES LANGEN LEBENS – ES SIND DIE GENE

Die Bewohner der Bergprovinz Ogliastra waren lange von der übrigen Welt abgeschnitten und heirateten nur untereinander. Dadurch entstand ein bemerkenswert reiner Genpool, eine wahre Goldgrube für Genetiker.

In den letzten Jahren wurden hier drei große genetische Studien durchgeführt: das Shardna-Programm zur Untersuchung genetischer Einflüsse auf Krankheiten wie Nierensteine, Asthma und Diabetes; die ProgeNIA-Studie zu den genetischen Ursachen von Herzkrankheiten im Alter und ein Projekt der Universität Sassari zur Erforschung genetischer Faktoren für die Langlebigkeit.

Rund 150 der 1,6 Mio. Einwohner Sardiniens sind über 100 Jahre alt – das sind durchschnittlich doppelt so viele im Normalfall. Fünf davon leben im Dörfchen Ovadda (1700 Einwohner). Frühere Studien führten das hohe Alter vor allem auf Umweltfaktoren und die Lebensweise zurück (der heimische Wein Cannonau enthält besonders viele Procyanidine, die für den herzstärkenden Effekt des Rotweins verantwortlich sind), während Forscher der Universität Sassari die Gene für den zentralen Faktor halten. Eine Forschergruppe unter Professor Luca Deiana ermittelte bei Ovaddas Hundertjährigen eine Reihe genetischer Gemeinsamkeiten. Noch ist nicht klar, wie diese ins Puzzle passen, doch die Forscher sind zuversichtlich, dass sie damit das Geheimnis eines langen Lebens ein wenig lüften können.

Nur am Rande sei bemerkt, dass sardische Wissenschaftler 2008 meldeten, das für den Haarausfall von Männern verantwortliche Gen isoliert zu haben. Hoffnung für alle Glatzköpfe.

ten. Sardo umfasst vier Hauptdialekte: Logudoresisch (im Nordwesten), Campidanesisch (im Süden), Gallurisch (im Nordosten) und Sassaresisch (in der Region Sassari). Diese Dialekte werden durch ausgeprägte örtliche Besonderheiten zusätzlich kompliziert. So spricht man in Alghero eine Abart des Katalanischen und auf der Isola di San Pietro eine Variante des Genuesischen aus dem 16. Jh. Die Dialekte von Gallura und Sassari spiegeln die Nähe zu Korsika wider.

WIRTSCHAFT

Bis in die 1950er-Jahre war Sardinien ein armer Teil Italiens ohne eigene Rechte. Die touristische Erschließung stand noch bevor und der Kampf gegen die Malaria war gerade erst gewonnen. Die überwältigende Mehrheit der Inselbevölkerung lebte auf dem Land und 22 % der Sarden waren Analphabeten. Die meisten Menschen schlugen sich in kleinen Bauerndörfern durch, wie sie es immer getan hatten. Die Aufbauhilfen der Nachkriegsjahre haben zwar die Landschaft tiefgreifend verändert, an den Grundproblemen der Insel jedoch wenig geändert.

Armut zieht sich wie ein roter Faden durch die gesamte sardische Geschichte. Auch heute ist sie nach wie vor ein Problem, aber weniger offenkundig. Eine im August 2008 veröffentlichte Studie belegt, dass das Durchschnittseinkommen auf der Insel von 1999 bis 2007 um 2,9 % zurückgegangen ist. In dieser Zeit verdienten die Sarden bei einem Jahreseinkommen von 13 286 €, 3000 € weniger als der Landesdurchschnitt.

Hauptleidtragende des Abwärtstrends waren die Landarbeiter, die im globalen Konkurrenzkampf bestehen müssen. Ende 2007 trat eine Gruppe desillusionierter Bauern, Schäfer und Fischer in Hungerstreik, um auf ihre desolate Lage aufmerksam zu machen. Ihr akutes Problem war die geforderte Rückzahlung von günstigen Krediten, die ihnen die sardische Regierung 1988 gewährt hatte, die aber von der EU im Nachhinein als rechtswidrige Zuschüsse eingestuft wurden. Kurz vor dem Streik hatten italienische Gerichte gerade Landversteigerungen zur Deckung der Kredite gebilligt.

Die Sarden sind es gewöhnt, sich nur auf sich selbst zu verlassen. Die Familie genießt daher einen hohen Stellenwert. Allmählich ändert sich diese

Einstellung, doch viele Familien halten an dem klassischen Modell fest, nach dem die Frau zu Hause bleibt, während der Mann den Lebensunterhalt verdient. Diese strikten Geschlechterrollen sind durch eine praktische Arbeitsteilung entstanden. Die Männer zogen mit dem Vieh auf die Weiden, während Frauen für Haushalt und Kinder zuständig waren. Heute sind diese Rollenverhältnisse jedoch mehr ein Ausdruck von Tradition und sozialen Konventionen, als eine praktische Notwendigkeit.

Sardische Jugendliche – ebenso wie ihre Altersgenossen auf dem Festland – verlassen ihr Nest gewöhnlich später als die Nordeuropäer, meist erst mit der Heirat. Oft wird darüber geschmunzelt, doch vor allem arbeitslose junge Leute haben aus finanziellen Gründen schlicht keine andere Wahl, wenn sie ihrer Insel nicht ganz den Rücken kehren wollen.

Rund 500 000 Sarden sollen über die ganze Welt verteilt leben. Viele sind in den 1950er- bis 1980er-Jahren ausgewandert – die meisten nach Norditalien, aber 150 000 auch in andere europäische Länder. Heute stellt die Abwanderung nicht mehr ein so großes Problem dar. Doch die Jungen Leute aus den Dörfern im Inselinneren zieht es immer noch als Saisonarbeiter an die Küsten oder in die italienischen Skigebiete.

FESTE, FASTEN & FOLKLORE

Die eigentlich eher konservativen und zurückhaltenden Sarden feiern ihre Feste mit großer Ausgelassenheit. Bei diesen wilden und spektakulären Veranstaltungen treten die traditionellen Glaubensvorstellungen der Bevölkerung deutlich zutage, eine Mixtur aus Mythen, Religion und Folklore.

Die Religion ist auf der Insel tief verwurzelt. Die *sacri pozzi* (Brunnenheiligtümer) der Nuraghensiedlungen belegen naturreligiöse Praktiken aus dem 2. Jahrtausend v. Chr. Das Christentum wurde im 6. Jh. von den Byzantinern eingeführt und entwickelte sich schnell zur bevorzugten Religion. Heute spielt der Glaube der Sarden bei Straßenfesten ebenso eine Rolle wie im Gottesdienst. Viele der größten Inselfeste sind beliebten Heiligen gewidmet. Der Bedeutendste ist der Hl. Ephisius, ein frühchristlicher Märtyrer und Sardiniens Schutzheiliger, dem Cagliaris Maifeierlichkeiten gewidmet sind.

Überall auf der Insel stehen *chiese novenari*, kleine Provinzkapellen, die nur an wenigen Tagen im Jahr zu Patronatsfesten geöffnet sind. Sie sind häufig umgeben von *cumbessias* (oder *muristenes*), einfachen Unterkünften für Pilger, die von außerhalb anreisen, um die Kirchenheiligen zu ehren.

Der Film *Sonetàula* aus dem Jahr 2008 von Salvatore Mereus erzählt die Geschichte eines Jungen, der in den Bergen Sardiniens in Kriminalität und Blutfehden abrutscht.

SA FEMMINA ACCABADORA

Die Gestalt der *sa femmina accabadora* (auch *agabbadora*) ist eine Erscheinung zwischen Folklore und Wirklichkeit. Aufgabe dieser Frau war es, den unheilbar Kranken in abgelegenen Dörfern *„la dolce morte"* (einen süßen Tod) zu bescheren. Inoffiziell war Euthanasie jahrhundertelang ein fester und akzeptierter Bestandteil des ländlichen Lebens. Behörden und Kirche verurteilten sie zwar, unternahmen aber nichts dagegen. Die letzten Fälle wurden 1929 in Luras und 1952 in Orgosolo gemeldet.

Sa femmina wurde von Angehörigen des Sterbenden „beauftragt" und kam nachts – durch eine für diesen Zweck offen stehende Tür – ins Haus; verschleiert und ganz in schwarz gekleidet. Sie erlöste den Patienten in aller Stille mit *sa mazzola*, einer Art Hammer aus Olivenholz. Dann verließ sie das Haus wortlos und ohne einer Menschenseele begegnet zu sein. Für ihre Arbeit wurde sie nie bezahlt, da es gegen christliche und heidnische Grundsätze verstoßen hätte, für den Tod zu bezahlen.

Im Museo Etnografico Galluras in Luras (S.204) ist eine *mazzola* ausgestellt.

Die Kulturseite www.marenostrum.it informiert über bevorstehende Veranstaltungen und Festivals wie Kunst-Retrospektiven und Filmvorführungen.

Ostern gehört zu den höchsten Feiertagen. Auf der ganzen Insel werden in dieser Zeit Feste veranstaltet, von denen viele spanische Einflüsse bekunden. In Castelsardo, Iglesias und Tempio Pausania gibt es – ähnlich wie in Spanien – nächtliche Prozessionen von mit Kapuzen vermummten Mitgliedern religiöser Bruderschaften.

Die Religion ist jedoch nur ein Aspekt der Spiritualität auf der Insel. Daneben lebt der jahrhundertealte Bauernglauben mit seinen einrucksvollen Figuren bei vielen Festen weiter. Die faszinierendsten Gestalten sind die *mamuthones* und *issokadores* von Mamoiada (S. 218) sowie die *boes* und *merdules* (S. 218) von Ottana. Die Ursprünge dieser mystischen Verkörperungen uralter Ängste und heidnischer Überlieferungen sollen bis auf prähistorische Zeiten zurückgehen, und bis heute warten die Sarden Jahr für Jahr sehnsüchtig auf ihr Erscheinen. Die sardische Folklore mit ihrem Aberglauben und den heidnischen Mythen ist keineswegs nur ein Phänomen der ärmeren und ungebildeten Bevölkerungsschichten. Sie ist das gemeinsame Kulturerbe aller Sarden.

Jede der 370 Ortschaften der Insel hat ihre eigene traditionelle Tracht.

Für Besucher sind die Feste häufig der Schlüssel zu einem besseren Verständnis der Menschen. Die prachtvollen Trachten und Schmuckstücke der Frauen demonstrieren eindringlich den hohen Stellenwert der Handwerkskunst. Traditionelle Aktivitäten wie Pferderennen und Ringen oder Wettkampfspiele wie Jocu de Sa Murra (s. Kasten S. 219) geben den Männern die Gelegenheit, ihren Mut und ihre Fähigkeiten unter Beweis zu stellen.

KUNST & KULTUR

Musik

Von äußeren Einflüssen lange Zeit isoliert, ist die sardische Musiktradition mit nichts auf der Welt vergleichbar. Heute inspiriert die uralte Musik der Insel eine neue dynamische Szene, die unterschiedlichste Elemente miteinander verknüpft.

Die Internetseite www.tenoresdibitti.com bietet Informationen und Hörproben der bekanntesten traditionellen Gruppen Sardiniens.

Wichtigstes Element der traditionellen sardischen Musik sind die klassischen Männerchöre. Der *canto a tenores*, eine der ältesten bekannten Formen des polyphonen Gesangs, wird von einem vierstimmigen Männerchor vorgetragen. Diese *tenores* setzen sich zusammen aus *sa oghe*, (Solist und Leadsänger), *su bassu* (Bass), *sa contra* (Alt) und *sa mesu oghe* (Countertenor). Über die Ursprünge des *canto* ist kaum etwas bekannt. Es wird jedoch angenommen, dass die einzelnen Stimmen an Naturgeräusche angelehnt sind. So erinnern *contra* an das Blöken der Schafe, *bassu* an muhende Kühe und *mesu oghe* an das Pfeifen des Windes.

DIE LAUNEDDAS *Barnaby Brown*

Obwohl dieses faszinierende, dudelsackähnliche Instrument auch auf irischen und schottischen Felszeichnungen aus dem 10. Jh. zu sehen ist, haben seine hypnotischen Bronzezeitklänge nur auf Sardinien überlebt.

Früher verlangte es fast übermenschliche Disziplin, das Spiel auf der *launeddas* zu erlernen. Wirklichen Unterricht gab es nicht, und so mussten die Schüler von Festival zu Festival reisen, um den Meistern die Kunst abzuschauen, die diese sorgfältig hüteten. Dass die Tradition bis heute lebendig geblieben ist, verdanken wir den Aufnahmen, die ein junger Däne zwischen 1957 und 1962 gemacht hat.

Bis in die 1930er-Jahre hatte jedes Dorf einen *launeddas*-Spieler, der von den örtlichen Junggesellen für sein Bleiben gut bezahlt wurde. Grund dafür war der sonntägliche *ballu*, eine Art Singletreff auf der Piazza. Leider haben Mussolinis Reformen diese Tradition ausgelöscht.

Barnaby Brown ist ein launeddas*-Spieler.*

Der *Canto a tenores* ist besonders im Zentrum und Norden der Insel verbreitet. Die meisten bekannten Gruppen kommen aus der Region Barbagia. Am berühmtesten sind die Tenores di Bitti, die sogar für Peter Gabriels Label Real World Aufnahmen eingespielt haben und auf Weltmusik-Festivals vertreten waren. Weitere gefragte Chöre kommen aus Oniferi, Orune und Orgosolo.

Ein ähnlicher, aber eher liturgischer Gesang ist der *canto a cuncordu* ebenfalls mit vier Männerstimmen. Zu hören ist er in Castelsardo, Orosei und Santu Lussurgiu.

Sardinien hat auch einige große Sängerinnen hervorgebracht; v. a. Maria Carta ist eine Insellegende des 20. Jhs. Die Diva der katalonischen Enklave Alghero ist Franca Masu, und noch bekannter sind die volkstümlichen Melodien von Elena Ledda. Sologesang wurde im Süden traditionell von *launeddas* und im Norden von Gitarrenklängen begleitet.

Die *launeddas* sind Sardiniens Nationalinstrument (s. Kasten links). Besonders beliebt ist dieses schlichte Blasinstrument aus drei Schilfrohren bei Dorffesten im Süden. Wer keins der Feste besuchen kann, sollte sich die legendäre CD *Launeddas*, von Efisio Melis und Antonio Lara zulegen. Weitere große Namen auf diesem Gebiet sind Franco Melis, Luigi Lai, Andria Pisu und Franco Orlando Mascia.

Interessante Einblicke in die sardische (und korsische) Musikszene bietet Andy Kershaw unter www.bbc.co.uk/radio3/worldmusic/onlocation/corsica.shtml. Aufnahmen traditioneller Inselmusik gibt's auch auf der Seite www.sardegnaturismo.it.

Poesie

Wie die meisten Kunstformen Sardiniens war auch die Poesie nie ein Teil der populären Kultur. Sie ist ein Teil der gehobenen regionalen Kultur und brachte im 19. Jh. eine frühe Form von Sprechgesangwettbewerben hervor: die sogenannten *gare poetiche* (Dichterwettstreit). Bei Dorffesten traten zwei Gegenspieler zum improvisierten rhythmischen Wortwechsel an, der sarkastisch, ironisch oder auch beleidigend ausfallen konnte. Die Zuhörer waren begeistert und steuerten gern ihre eigenen Verbalattacken bei. Aufgeschrieben wurde kaum etwas, aber es gibt CDs von Remundo Piras und Peppe Sozu, einem klassischen Duo aus der Mitte des 20. Jhs.

Bis heute finden in vielen Bergdörfern solche bardischen Wortwechsel statt, und es gibt zwei bedeutende Dichterwettbewerbe auf der Insel: Ozieris Premio di Ozieri (S. 151) und Seneghes Settembre dei Poeti (S. 123).

Der bekannteste sardische Lyriker ist Sebastiano Satta (1867–1914), der in seinen Werken *Versi Ribelli* und *Canti Barbaricini* die raue Schönheit seiner Heimat preist.

Tanz

Auf der ganzen Insel beliebt sind Feste mit traditionellen Volkstänzen, die als *ballo sardo* (Sardentanz) oder *su ballu tundu* (Rundtanz) bezeichnet werden. Es gibt Hunderte von verschiedenen Varianten, aber die meisten beinhalten Kreis- oder komplexe Linientanzformationen. Manche glauben, es gebe eine Verbindung zwischen dem *ballo sardo* und dem katalonischen *sardana* (Volksrundtanz) im Nordosten Spaniens.

www.isoladellestorie.it bietet alle Infos zu Sardiniens literarischer Topveranstaltung, Gavois Festa Letterario di Sardegna.

Literatur

Die ländliche sardische Gesellschaft besitzt keine große Literaturtradition. Erst Anfang des 20. Jhs. gab es einen Wendepunkt, als 1926 Grazia Deledda (1871–1936) den Nobelpreis gewann. In der Folge tauchten immer mehr talentierte Autoren wie aus dem Nichts auf. Ihre Texte sind unsentimentale

BOTSCHAFTEN AN DER WAND

Die sardischen *murales* (Wandbilder), Vorläufer der Graffitikunst, entstanden in den 1970er-Jahren und entwickelten sich zur beliebten Kunstform. Aus den Studenten- und Arbeiterunruhen von 1968 hervorgegangen, hatten sie häufig politische Inhalte, widmeten sich aber auch der ureigenen Inselkultur. Besonders Orgosolo (S. 217) ist für seine über 150 *murales* berühmt, die zum Großteil das Werk einheimischer Studenten sind. Sie behandeln gesellschaftliche Themen von der Landreform über Arbeitslosigkeit bis hin zu den großen Problemen Hunger, Krieg und Terrorismus. Auch San Sperate, gleich bei Cagliari, hat viele sehenswerte Wandbilder zu bieten.

Beschreibungen des Inselebens und zeigen, wie sich die Sarden selbst sahen und sehen.

Unbestrittener Star der sardischen Literatur ist Grazia Deledda. Ihr Werk ist inspiriert von den Eifersüchteleien und dem harten Alltag in Nuoro, wo sie ihre Kindheit verbrachte. Alle ihre Werke sind stark von der unmittelbaren Umgebung der Autorin geprägt. So auch ihr bekanntester Roman *Canne al vento (Schilf im Wind)*, der den Abstieg der Aristokratenfamilie Pintor in die Armut beschreibt.

In den 1930er-Jahren wurden Sardiniens *cantadores* (Poeten) von den Faschisten verboten, da ihre Angriffe auf Kirche und Staat als gefährlich und subversiv eingestuft wurden.

Der ebenfalls aus Nuoro stammende Salvatore Satta (1902–1975) wurde vor allem mit *Il giorno del giudizio (Der Tag des Gerichts)* berühmt, einer satirischen Schilderung des Kleinstadtlebens, die häufig mit Giuseppe di Lampedusas sizilianischem Klassiker *Il gattopardo (Der Leopard)* verglichen wird.

Ein Zeitgenosse Sattas, Giuseppe Dessì (1909–1977), wurde mit *Il disertore* bekannt. Darin beschreibt er die Geschichte eines Schäfers, der im Ersten Weltkrieg von der Armee desertiert, in seine sardische Heimat zurückkehrt und dort in den Konflikt zwischen Pflichtgefühl und eigener Moral gerät.

Eines der berühmtesten Nachkriegswerke ist *Padre Padrone*, Gavino Leddas nüchterne, autobiografische Beschreibung seiner Kindheit als Schafhirte. Später gab es dazu eine von Kritikern gelobte aber wenig erfolgreiche Verfilmung durch die Brüder Taviani, in der sie die Bitterkeit von Armut und Elend darstellen.

Die Wirren des politischen und sozialen Lebens im Nachkriegsitalien sind das zentrale Thema in *Il figlio di Bakunin (Bakunins Sohn)*, dem einzigen übersetzten Buch von Sergio Atzenis (1952–1995). Wie Deledda vor ihm beschreibt dieser große Autor der jüngeren sardischen Literaturgeschichte eine Gesellschaft, die sich nicht mit bequemen Moralvorstellungen und simplen politischen Annahmen greifbar machen lässt.

In jüngerer Zeit hat Sardinien auch eine Reihe guter Krimiautoren hervorgebracht. Einer von ihnen ist Flavio Soriga (geboren 1975), der mit *Diavolì di Nuraio* im Jahr 2000 den Preis Premio Italo Calvino gewonnen hat. Sein neuestes Werk *Sardinia Blues* (2008) spielt in einem modernen Milieu mit arbeitslosen Akademikern, Diskonächten und verlorenen Träumen, in dem sich Tausende junger Italiener wiederfinden.

Grazia Deleddas teilweise autobiografischer Roman *Cosima, die Jugend einer Dichterin* vermittelt eine gute Vorstellung vom Leben in einem sardischen Bergdorf im späten 19. und frühen 20. Jh.

Traditionelles Kunsthandwerk

Wie es sich für eine bäuerlich geprägte Insel gehört, hat Sardinien eine lange kunsthandwerkliche Tradition. Doch während früher zweckmäßige Alltagsgegenstände hergestellt wurden, sind es heute vorwiegend Dekoartikel. Die Metallarbeiter um Santu Lussurgiu etwa, die traditionell landwirtschaftliche Geräte herstellten, fertigen heute dekorative Lampen, Tore und Bettgestelle. Auch die Teppichweber von Castelsardo und Messerschmiede von Arbus verkaufen ihre Produkte heute vorwiegend als Souvenirs.

Die Qualität ist jedoch nach wie vor hoch und manche Angebote sind wahre Schnäppchen. In Cagliari und Alghero gibt's z. B. guten Filigranschmuck zu kaufen; Alghero ist für die Verarbeitung von Edelkorallen berühmt. In Ulassai werden Wandteppiche gefertigt und die Gegend um Oristano ist berühmt für die Herstellung von Keramiken nach jahrhundertealten Methoden. Weitere Einkaufstipps stehen auf S. 243.

Essen & Trinken

Die bodenständige sardische Küche ist einzigartig und doch unverkennbar italienisch geprägt. Sie vereint Tradition mit neuen Einflüssen. Vor allem im Inland wird sehr viel Fleisch gegessen. Die Menschen hier waren bis vor Kurzem von den Küsten abgeschnitten und die Küche richtete sich nach den Bedürfnissen der Hirten. Schwein und Lamm wurden einfach am Spieß über Wachholderholz gegrillt; das Brot war leicht, damit die Hirten es im Rucksack tragen konnten, der *pecorino* wurde hart getrocknet, um lange haltbar zu sein. Die Armut der Insel ließ keine Verschwendung zu: Eselswurst, Innereien-Sandwiches, Pferde-Carpaccio und Blutwurst waren beliebte Delikatessen.

An der Küste spielen natürlich auch Fisch und Meeresfrüchte eine große Rolle und es gibt zahlreiche regionale Spezialitäten: Thunfisch auf der Isola di San Pietro, *bottarga* (Rogen der Meerbarbe) in der Lagunenstadt Cabras und *aragosta alla catalana* (Hummer katalanischer Art) in Alghero. Ein klassisches – aber nicht einmaliges – Beispiel kulinarischer Kolonisation ist Algheros katalanisch geprägte Küche (die Stadt stand jahrhundertelang unter aragonischer und spanischer Herrschaft). Das *cascà* der Isola San Pietro ist eine Abwandlung des nordafrikanischen Couscous, und das örtliche Fladenbrot *farinata* ist genuesischen Ursprungs. Viele Süßspeisen der Insel weisen arabische Einflüsse auf.

Doch ob importiert oder einheimisch, Grundlage der sardischen Küche sind beste Zutaten: Obst, Gemüse, Getreide und Fleisch werden direkt auf der Insel erzeugt und sind einfach köstlich.

ANTIPASTI

Antipasti vom Festland haben nie ihren Weg in die sardische Küche gefunden, doch andere italienische Einflüsse sind spürbar. *Antipasto di terra* (regionale Vorspeisen) umfassen selbst gebackenes Brot, getrocknetes Fleisch, Räucherwurst, Käse, Oliven, Pilze sowie gekochte, rohe und eingelegte Gemüse.

An der Küste gibt's Vorspeisen aus dem Meer wie dünn geschnittene *bottarga* mit Olivenöl und Cagliaris berühmte *burrida* (marinierter Katzenhai).

TOP TEN AGRITOURISMUS

Authentische sardisches Essen probiert man am besten in einem *agriturismo* (Unterkunft auf einem Bauernhof). Es gibt Hunderte davon auf der ganzen Insel. Hier unsere Favoriten:

- **Arcuentu** (S. 93) Mittagessen in der Wildnis der Costa Verde.
- **Su Pranu** (S. 120) Frisch gebratene *porceddu* auf der Sinis-Halbinsel.
- **Porticciolo** (S. 175) Freundlicher Bauernhof bei Alghero.
- **Rena** (S. 189) Ländliche Zuflucht von den Massen an der Costa Smeralda.
- **Romanzesu** (S. 214) Absolut authentischer Rückzugsort nördlich von Bitti.
- **Guthiddai** (S. 215) Zauberhafter, weiß gekalkter Schlupfwinkel in den Felsen des Supramonte.
- **Nuraghe Mannu** (S. 229) Juwel mit Terrasse und Ausblick auf die Küste von Orosei.
- **Li Licci** (S. 190) Verborgen zwischen Eichen im grünen Herzen der Gallura.
- **Su Boschettu** (S. 109) Ein Festessen mit frischem Käse im bäuerlichen Kernland Sardiniens.
- **Tenuta Lochiri** (S. 205) Elegantes Restaurant in himmlisch stiller Umgebung.

Außerdem werden *frittelle di zucchine* aufgetischt, Omlett gefüllt mit Zucchini, Brotkrumen und Käse.

BROT

Dank hochwertigem Hartweizen und uralten Knettechniken können die Sarden mit Hunderten von Brotsorten aufwarten, von denen jede für ihre Region oder Stadt typisch ist.

Am bekanntesten ist das Schäferbrot *pane carasau* oder *carta da musica* (Notenpapier). Es wurde im 9. Jh. von den Arabern eingeführt und erinnert ein wenig an indische Papadams. Das hauchdünne und lange haltbare Brot war ideal für die Schäfer auf der Weide. Es ist v. a. in den Regionen Gallura, Logudoro und Nuoro zu finden. Mit Olivenöl bestrichen und gesalzen ist es ein köstlicher Snack, der sich *pane guttiau* nennt. Das gehobenere *pane frattau* wird häufig als Vorspeise serviert. Dazu wird *pane carasau* mit Tomatensauce, geriebenem *pecorino* und *uovo in camicia* (weich gekochtem Ei) verfeinert.

Das verbreitete *civraxiu* (si-wra-ksju), ein großes, rundes Weißbrot mit knuspriger Kruste und weichem Inneren, stammt aus der Region Campidano. Ganz ähnlich ist auch *tundu*. Eine weitere verbreitete Sorte ist das an nahöstliches Fladenbrot erinnernde *spianata* oder *spianada*. In Sassari bieten die Imbisslokale *fainè*, ein Fladenbrot aus *farinata* (Kichererbsenmehl), das vor Jahrhunderten durch die Ligurer aus dem Nordwesten Italiens eingeführt wurde.

Von den Spaniern stammen *panadas*, leckere kleine Pasteten mit Füllungen von gehacktem Lamm oder Schwein bis hin zu Aal.

In *Cucina della Sardegna. Kulinarische Entdeckungen auf Sardinien* werden 15 Restaurants mit typischen Inselgerichten und dem passenden Wein vorgestellt.

KÄSE

Die Schafzucht ist ein wichtiger Bestandteil des Insellebens. Es verwundert also kaum, dass auch die Kunst der Käseherstellung ein hohes Niveau erreicht hat. Sie hat hier seit fast 5000 Jahren Tradition, und Sardinien produziert heute rund 80 % des italienischen *pecorino*. Gourmets können ihn hier in allen Aromen und Konsistenzen genießen: vom harten, würzigen *pecorino sardo* bis hin zu geräucherten Varianten, cremigem Ziegenkäse (*ircano* und *caprino*), Ricottas und Spezialitäten wie *canestrati*, der mit Pfefferkörnern und Kräutern gewürzt ist.

Fiora sarda wird nach einem jahrhundertealten Rezept hergestellt und frisch, geräuchert oder gebraten verzehrt. Traditionell besteht dieser beliebte Käse aus Schafmilch, es gibt aber auch Varianten aus Kuhmilch wie *fresa* oder *peretta*. Die gefragtesten Ziegenkäse sind *caprino* und der *crema del Gerrei* aus Ziegenmilch und Ricotta.

Nur die unerschrockensten Feinschmecker werden sich an *formaggio marcio* oder *casu marzu* heranwagen, wörtlich „Gammelkäse" – inklusive Maden!

Das Kochbuch *Sardegna a tavola* verrät die besten sardischen Rezepte mit Übersetzungen ins Deutsche.

SUPPEN

Auf Sardinien gibt es mehr Suppen und Fleischbrühen als in irgendeiner anderen italienischen Region. In diesen Gerichten kommen einheimische Gemüse und Getreide besonders gut zur Geltung, besonders wenn die Suppe einen charakteristischen Geschmack z. B. durch Fenchel, dicke Bohnen, Kichererbsen oder Spinat enthält. Der große Unterschied zwischen *suppa* (oder *zuppa*; Suppe) und *minestra* (Brühe) besteht darin, dass für Letztere statt Brot Suppennudeln verwendet werden.

Sardische Suppen sind nicht selten eine vollwertige Mahlzeit, etwa die kräftige *pecora in cappotto* (Schaffleischbrühe mit Kartoffeln, Zwiebeln und getrockneten Tomaten), die in Barbagia gegessen wird, oder die gallurische

ZUM AUSPROBIEREN ...

- *Cordula* – Lamminnereien gegrillt, frittiert oder gedünstet mit Erbsen.
- *Granelle* – Leicht angebratene, geschnittene Kalbshoden im Teigmantel.
- Pferdefleisch oder Eselswürste.
- *Tataliu* oder *trattalia* – Geschmorte oder am Spieß gebratene Innereien von Kalb, Lamm oder Ferkel.
- *Zimino russo* – Gegrillte Innereien (Herz, Zwerchfell, Leber, Nieren usw.) meist vom Kalb.
- *Zurrette* – Schafsblutwurst mit Kräutern und Fenchel im Schafsmagen gekocht (ähnlich dem schottischen Haggis).

suppa cuata (Brot- und Käseschichten in einer leckeren Fleischbrühe, im Ofen überbacken).

Minestra kann *gallina* (Huhn), *piselli con ricotta* (Erbsen und Ricotta), *ceci* (Kichererbsen) und *lenticchie* (Linsen) enthalten. Andere Suppen basieren häufig auf Fenchel oder Endivie.

PASTA

Eine gute Auswahl herzhafter, sardischer Rezepte enthält Gian Paolo Careddas Buch *Gastronomia in Sardegna*. Es informiert über alle Grundlagen der sardischen Küche.

Sardinien geht alles auf ganz eigene Art an – so auch seine Pastarezepte.

Die schweren, muschelförmigen *malloreddus* bestehen aus Grieß und sind mit Safran gewürzt. Sie werden gewöhnlich zu *salsa alla campidanese* (Würstchen und Tomatensauce) serviert und sind auch unter dem Namen *gnocchetti sardi* bekannt. Eine weitere typisch sardische Kreation sind *fregola*, körnige, an Couscous erinnernde Nudeln, die häufig in Suppen Verwendung finden.

Ebenfalls beliebt sind die Ravioli-ähnlichen *culurgiones* (für die es unzählige Schreibweisen gibt). Sie sind typischerweise mit Ricotta oder *pecorino* gefüllt und werden in einer Tomaten-Kräutersauce serviert. *Culurgiones de l'Ogliastra* aus Nuoro sind mit Kartoffelpüree und manchmal auch mit Fleisch und Zwiebeln gefüllt. Gereicht werden sie meist in Tomatensauce mit etwas *pecorino*, Olivenöl, Knoblauch und Minze.

Bei *maccarones furriaos* handelt es sich um zusammengeklappte Pastaplatten mit einer Sauce (häufig aus Tomaten) und überbackenem Käse. Der Teig für *maccarones de busa* oder einfach nur *busa* wird um Stricknadeln gewickelt, um seine typische Form zu bekommen.

Andere verbreitete Pastasorten sind *pillus* (feine Bandnudeln) und dünne *filindeu*, die als Suppennudeln dienen.

FLEISCH

Auch Sardiniens fleischliche Genüsse haben ihren eigenen Stil. Drei Spezialitäten sind besonders zu erwähnen: *porceddu* (Spanferkel), *agnello* (Lamm) und *capretto* (Ziegenkitz). Sie werden mit mediterranen Kräutern gewürzt und am Spieß gebraten. Am bekanntesten ist *porceddu* (oder *porcheddu*), das bei schwacher Hitze so lange geröstet wird, bis die Haut aufplatzt. Dann lässt man es eine Weile auf einem Bett aus Myrtenblättern ruhen.

Um Beweise zu verbergen, brutzelten sardische Banditen ihre gestohlenen Schweine in Erdgruben auf großen Lagerfeuern. Diese verbreitete Technik nennt sich bis heute *carraxiu*.

Agnello wird besonders im Dezember gegessen, ist aber ganzjährig zu bekommen. Ein Klassiker in ländlichen Gegenden ist *carne a carrarglu* (wörtlich „Fleisch im Loch"). Dabei wird das Fleisch in Myrte gewickelt und zwischen heißen Steinen in einem Erdloch gegart. Auf dem Land soll es noch zubereitet werden, ist aber eine Rarität.

Auch *capretto* ist selten auf Speisekarten zu finden, in den Bergen aber noch verbreitet und wird mit Thymian gewürzt.

Die Sarden haben eine Vorliebe für Federwild, Kaninchen und Wildschwein. Eine köstliche Sauce zu all diesen Fleischgerichten ist *al mirto* aus roter Myrte.

Außerdem gibt es auf Sardinien unzählige Innereienrezepte, die aber nur selten von Restaurants für Touristen zubereitet werden (s. Kasten links).

FISCH & MEERESFRÜCHTE

Die Sarden betonen, dass sie traditionell *pastori, non pescatori* (Schafshirten, keine Fischer) sind. Cagliari, Alghero und einige andere Küstenstädte haben traditionell auch Meeresfrüchte; andernorts kommen sie von außerhalb.

Ganz oben auf der Liste der Spezialitäten steht Hummer (von März bis August zum Fang freigegeben), besonders in Alghero, wo er als *aragosta alla catalana* mit Tomaten und Zwiebeln serviert wird. *Muggine* (Meerbarbe) ist an der Küste von Oristano besonders beliebt und *tonno* (Thunfisch) auf der Isola di San Pietro. *Cassola* ist eine herzhafte Fischsuppe ähnlich der *zuppa alla castellanese* von Castelsardo – nur mit mehr Tomaten.

Auch in Cagliari haben Fisch und Meeresfrüchte eine lange Tradition. Hier gibt es Spezialitäten von Seebrasse bis Barsch. Die bekanntesten basieren auf dem *gattucio di mare* (Katzenhai). Venus- und Herzmuscheln, Tintenfisch und Krebse stehen ebenfalls auf der Speisekarte – und im Marschland von Cabras auch Aal. Sehr lecker sind auch *orziadas* (frittierte Tentakel von Seeanemonen mit Grießpanade).

SÜSSSPEISEN & DESSERTS

Anders als auf Sizilien, wo süße und sahnige Desserts groß geschrieben werden, ist die sardische Welt der Süßspeisen seit jeher von den natürlichen Aromen der Insel geprägt. Das Rezept für *amarettes* (Mandelkekse) etwa hat gerade einmal drei Zutaten: Mandeln, Zucker und Eier. Und doch sind die Kekse herrlich leicht und saftig. In Quartu Sant'Elena gibt es ein etwas komplexeres Rezept (mit Mehl und Vanille) für *mustazzolus*, die an unsere Lebkuchen erinnern.

Sardiniens begehrtester Honig wird aus Pollen des *corbezzolo* gewonnen, einer Herbstfrucht, die der wilden Erdbeere ähnelt.

Andere Süßwaren und Gebäcksorten gibt's nur zu bestimmten Zeiten. *Ossus de mortu* (Totenknochen) werden an Allerheiligen serviert, und

EIN DESSERT FÜR JEDE STADT

Süßigkeiten, Torten, Kuchen und Plätzchen – Sardiniens Dessertangebot ist überaus vielseitig. Neben den Inselspezialitäten bietet jeder Ort auch noch seine ganz eigenen Leckereien.

„Jede Stadt hat ihre eigenen Rezepte", erklärt Maria Antonietta Goddi, eine von vier Schwestern, die zusammen mit ihrer Mutter, der formidablen Signora Maurizia, in Cagliaris Hafenviertel den traditionellen Süßwarenladen Durke betreiben.

„So wird der *dolce* (Nachtisch) *papassino* (von papassa, was Rosine heißt) auf ganz Sardinien zubereitet, aber überall anders. Sehr unterschiedliche Beispiele kommen aus Torralba, Benetutti, Bitti und Selargius in der Provinz Cagliari. In Selargius wird er zum Beispiel mit Zimt und *vino cotto* (Glühwein) bereitet."

Diese Variationen reflektieren häufig die Geschichte der jeweiligen Gegend, in der sich traditionelle Rezepte mit ausländischen Einflüssen vermischten. „Das Zentrum und der Süden der Insel sind stark arabisch beeinflusst – hier kommen Orangenblüten, Zimt und Vanille zum Einsatz. Im Norden wird viel *vino cotto* und *vino selvatico* (Wein aus Wildpflanzen) verwendet. Für *casatinas* nimmt man in Zentralsardinien den intensiven *pecorino*, während wir hier in Cagliari gerne Ricotta verwenden – häufig mit Safran."

„Dann wäre da noch *torrone* (Nougat), das es auch auf Sizilien gibt. Doch in Sardinien wird es völlig ohne Zuckerzusatz hergestellt und enthält nur Honig, Eiweiß, Mandeln und Walnüsse."

Mehr Informationen zu Durke auf S. 75.

pardulas (mit Ricottafüllung und Safran) sind ein traditionelles Ostergebäck. Nach der Weinlese gibt's Leckereien wie *papassinos de Vitzi* (Mandel-Rosinengebäck) und *pabassinas cun saba,* Rosinengebäck mit Mandeln, Honig, kandierten Früchten und Traubensaft. Ein ausgezeichneter Konfekt ist *coffettura:* winzige Taschen mit fein geschnittenen Orangenschalen und Mandeln in Honig. Sie werden häufig bei Hochzeiten gereicht.

Die bekannteste Nachspeise der Insel sind *seadas* (oder *sebadas*), eine Art süßes Gebäck gefüllt mit Kleie, Orangenschale und Ricotta oder saurem Käse und mit *miele amaro* (bitterem Honig) beträufelt. Ähnlich verbreitete ist nur *crema catalana*, eine sardische Karamellcreme.

Wer es nicht süß mag, beendet seine Mahlzeit mit einer sardischen Käseplatte und einem Glas sardischem Likör.

WEIN

Obwohl er seit Jahrtausenden getrunken wird, ist sardischer Wein außerhalb seiner Heimat kaum bekannt. Das ändert sich jetzt allerdings, denn die Winzer arbeiten daran und die Qualität verbessert sich. Sie senken den hohen Alkoholgehalt traditioneller Weine und produzieren leichte, trockene Weißweine und qualitätvolle Rotweine.

Die Website www.winecountry.it informiert trocken und zuverlässig über alle bekannten sardischen Weine.

Die bekanntesten und erfolgreichsten sardischen Weine sind der weiße Vermentino, der vorwiegend im Nordosten produziert wird, und die Rotweine Monica, Carignano und Cannonau.

Insgesamt ist sardischer Wein recht günstig. Markenweine gibt's schon ab 10 bis 15 € die Flasche. Erhältlich sind die guten Tropfen entweder direkt beim Erzeuger oder von einer *cantina sociale* (Winzergenossenschaft). Oft wird eine *degustazione* (Weinprobe) angeboten. Auch viele *agriturismi* produzieren eigene Weine, die oft überraschend überzeugend und günstig sind.

Die Restaurantpreise für guten Wein sind regional verschieden: in den teureren Gegenden (Alghero, Costa Smeralda usw.) kostet die Flasche ab 15 €, in den günstigeren Regionen um 10 €. Ein Liter *vino della casa* (Hauswein) kostet um 5 bis 8 €.

Wie alle italienischen Weine unterliegen auch die sardischen einer strengen Klassifizierung. Es gibt vier Hauptkategorien: DOCG (*denominazione di origine controllata e garantita,* in einem bestimmten Gebiet nach bestimmten Auflagen angebaut und vor dem Abfüllen von einem Komitee kontrolliert), DOC (*denominazione di origine controllata,* in einem bestimmten Gebiet nach bestimmten Auflagen angebaut), IGT (*indicazione geografica typica,* in einem bestimmten Gebiet angebaut) und *vino da tavola* (Tafelwein). Die Kategorie muss auf jeder Flasche klar angegeben sein. Sardiniens Winzer produzieren aktuell einen DOCG-Wein (Vermentino di Gallura) und 19 DOCs.

Vermentino – der weiße Spitzenreiter

Vini d'Italia von Gambero Rosso ist ein hervorragender, jährlich in deutscher Sprache erscheinender Führer zu italienischen Weinen. 2250 Produzenten und 18 000 Weine werden darin enzyklopädisch genau aufgelistet.

Die im 18. Jh. auf Sardinien eingeführte Vermentino-Traube gedeiht auf dem sandigen, granithaltigen Boden des Nordostens ganz hervorragend. Der beste Wein dieser Region ist der aromatische, weiße Vermentino di Gallura, Sardiniens einziger DOCG. Er hat einen etwas herben, leicht mandelartigen Nachgeschmack und sollte vorzugsweise jung als Aperitif oder zu Fisch genossen werden.

Vermentino wird auch außerhalb des DOCG-Gebietes von Gallura angebaut, trägt dann aber nur das Prädikat DOC. Eine ausgezeichnete Auswahl dieser sehr guten Weine bietet die Cantina del Vermentino (S. 204) im Dörfchen Monti zwischen Olbia und Tempio Pausania. Auch die preisgekrönte Cantine Argiolas (S. 76) produziert einen erstklassigen Vermentino.

EIN TROPFEN VOM GUTEN? *Duncan Garwood*

Es ist 10 Uhr morgens und ich bekomme einen *mirto* angeboten. Freundlich lehne ich ab. Ich möchte niemanden kränken, aber so früh auch noch nicht mit den harten Sachen anfangen. *Mirto* ist das sardische Nationalgetränk, ein milder, aber gehaltvoller Likör aus den duftenden Früchten des Myrtenbusches. Meist ist er dunkelrot, manchmal aber auch weiß.

Der *mirto* ist jedoch nur die Spitze des Eisbergs. Die Sarden brennen ihre Schnäpse aus allem, was zur Hand ist – etwa aus *corbezzolo* (eine Herbstpflanze ähnlich der wilden Erdbeere), Kaktusfeigen und Basilikum. Es gibt auch eine lokale Variante von *limoncello*, einem süßen, alkoholischen Getränk auf Zitronenbasis – ähnlich dem besser bekannten Likör von der Amalfiküste.

Der merkwürdig benannte *filu e ferru* (Eisendraht) ist recht heftig. Ähnlich wie Grappa wird er aus Traubenschalen gewonnen und kratzt in der Kehle. Er hat einen Alkoholgehalt um 40 %, einige Hausgebrannte bringen es auf bis zu 60 %.

Zedda Piras ist eine bewährte Marke für *mirto* und *filu e ferru*.

Exzellenten Nuragus di Cagliari mit dem Etikett Selegas gibt's ebenfalls von der Cantine Argiolas. Dieser alte, trockene Weißwein soll von den Phöniziern eingeführt worden sein und gehört zu den beliebtesten Getränken der Insel.

Mit Sardiniens Rotweinen ein langes Leben genießen

Die bekanntesten sardischen Rotweine werden aus der Cannonau-Rebe gekeltert. Sie wird auf der ganzen Insel angebaut, besonders jedoch im Gebirge um Oliena (S. 214) und Jerzu (S. 233). Diesen schweren Tropfen, der besonders zum Braten passt, genießen die Einheimischen schon seit Jahrhunderten. Untersuchungen haben ergeben, dass Cannonau-Weine besonders viel Procyanidin enthalten – einen der herzstärkenden Stoffe des Rotweins. Das könnte vielleicht die hohe Lebenserwartung der Menschen in der Provinz Nuoro erklären (s. Kasten S. 36).

Eine gute Flasche 1998er Turriga kostet rund 60 €.

Die Kellerei Antichi Poderi (S.233) in Jerzu ist ein guter Ort, um den kräftigen, roten Nepente di Oliena (14,5 %) zu kosten, den schon der Dichter Gabriele D'Annunzio in höchsten Tönen gelobt hat. Wer es leichter mag, probiert einen der neueren Verschnitte wie den Dule.

Einer der am meisten gepriesenen Cannonaus ist der vollmundige Turriga von Argiolas, der regelmäßig Preise gewinnt. Weitere hervorragende Rotweine von Argiolas sind der weiche Perdera Monica und der würzige Costera.

Im Herzen des südwestlichen Bezirks Sulcis produziert die Cantina Santadi (S. 96) kräftige Carignano-Weine. Besonders empfehlenswert sind Roccia Rubia und Grotta Rossa, die beide dort erhältlich sind und gut zu herzhaften Fleischgerichten passen.

Sardiniens renommiertester Erzeuger ist Sella e Mosca (S. 173) nahe Alghero. Neben einem breiten Angebot unterschiedlichster Weine produziert sie den namhaften Marchese di Villamarina und einen guten, fruchtigen Capocaccia. Auch der dortige Schaumwein Torbato Terre Bianche ist eine gute Wahl.

Die Weine der Nebbiolo-Rebe, die im 18. Jh. von den Piemontesern eingeführt wurde, sind ebenfalls einen Versuch wert.

Um sich vor Steuern zu drücken, verbergen die Sarden ihren hausgemachten *acquavita*. Die Verstecke werden mit Eisendraht *(filu e ferru)* markiert. Daher auch die Bezeichnung des Getränks.

Süßes zum Dessert

Seit der Römerzeit wird auf Oristanos Schwemmland der Vernaccia angebaut, einer der berühmtesten sardischen Weine. Am bekanntesten ist er als bernsteinfarbener, Sherry-ähnlicher Tropfen, der als Aperitif oder zu Gebäck wie *mustazzolus* gereicht wird. Es gibt ihn in neun Varianten: vom

DER KULINARISCHE TAGESABLAUF

Wie in ganz Italien ist eine gemütliches Frühstück *(colazione)* auf Sardinien nicht üblich. Die Sarden nehmen Cappuccino und *cornetto* (Croissant) gerne im Stehen. Schäfer, die draußen unterwegs sind, beginnen den Tag eher mit Brot und Hartkäse.

Der *pranzo* (Mitagessen) ist hingegen allgemein ein gern gepflegtes Ritual. Nicht alle Arbeitnehmer können über Mittag nach Hause fahren, doch die Geschäfte auf der Insel schließen alle für drei bis vier Stunden, um jedem ausreichend Zeit zum Essen und Verdauen zu lassen. Eine volle Mahlzeit besteht aus *antipasto* (Vorspeise), *primo piatto* – meist eine Cremesuppe, Pasta oder Risotto – und *secondo* mit Fleisch oder Fisch. Abseits der Küstenregionen wird grundsätzlich Fleisch bevorzugt, häufig gebraten oder als Eintopf. Abgeschlossen wird ein Essen *alla sarda* (im sardischen Stil) mit Käse und *digestivo*, z. B. Grappa – heutzutage sind aber auch Dessert und Kaffee üblich.

Die *cena* (Abendessen) fiel traditionell eher leicht aus. Doch angesichts sich ändernder Arbeitsgewohnheiten wird das Abendessen zunehmend zur Hauptmahlzeit.

trockenen, stillen bis hin zum gereiften, aufgespritzten Weißwein. Am besten probiert man ihn in der Cantina Sociale della Vernaccia (S. 117) gleich außerhalb von Oristano.

Ein weiterer edler Tropfen, der Malvasia (Malmsey), wird gerne mit Bosa in Verbindung gebracht, da er in den umliegenden Planaragia-Hügeln angebaut wird. Er wächst aber auch bei Cagliari (Malvasia di Cagliari). Der Malvasia di Bosa, ein wohlschmeckender, honigfarbener Dessertwein, ist in der Gegend von Bosa weithin erhältlich.

DIE FESTE FEIERN WIE SIE FALLEN ...

Die Sarden brauchen keinen großen Anlass für ein ausgelassenes Fest. Aus ihrer von Armut und Isolation geprägten Geschichte entwickelte sich ein ausgeprägter Stolz auf örtliche Traditionen. Viele davon zelebrieren sie im Rahmen fröhlicher Feste und *sagre* (Volksfeste, bei denen eine bestimmte Spezialität im Mittelpunkt steht). Sie beruhten ursprünglich auf dem Bauernkalender und boten den Dorfbewohnern die seltene Gelegenheit, sich zu treffen und mit ihren prächtigsten Trachten und besten Rezepten zu glänzen. Zu diesen Veranstaltungen gehören Imbissstände, Wein und oft auch Livemusik.

Der sardische Festkalender hat das ganze Jahr über einiges zu bieten, doch am meisten wird um Carnevale (die Zeit vor Aschermittwoch, dem ersten Tag der Fastenzeit), Pasqua (Ostern) und Natale (Weihnachten) gefeiert.

Den optimalen Jahresauftakt für Freunde von Fisch und Meeresfrüchten bietet Algheros Sagra del Bogamarì (S. 165), bei der zwischen Ende Januar und Februar der einfache, aber delikate *riccio* (Seeigel) gefeiert wird. Zwei Feste drehen sich ganz um den Thunfisch: das Girotonno-Festival (S. 98) Ende Mai in Carloforte und die Sagra del Tonno (S. 95) von Portoscuso im Juni.

Die Internetseite www.sarnow.com hilft, die Feinheiten der sardischen Küche zu verstehen, und bietet einen Überblick über die Spezialitäten der einzelnen Regionen.

Wer es süßer mag, geht nach Tonara in der Barbagia di Belvi. Dort wird seit 1979 bei der Sagra del Torrone jedes Jahr im März der Nougat gefeiert.

Der muntere Bergort Aritzo (S. 221) in der Barbagia war jahrhundertelang Sardiniens Eislieferant. Sein legendäres Zitronensorbet kann bei der Festa de San Carapigna Mitte August probiert werden. Am letzten Sonntag im Oktober fallen ganze Scharen in die Stadt ein, um bei der Sagra delle Castagne (Kastanienfest) Maronen zu futtern.

Bei der Rassegna del Vino Novello (Feier des neuen Weins) werden die edlen Tropfen gekostet, diskutiert und verkauft. Sie ist Sardiniens wichtigste

Weinveranstaltung überhaupt und wird jeden November in Milis (S. 122) abgehalten.

KOCHKURSE

Auf Sardinien gibt's nicht so viele Kochschulen wie in anderen Regionen Italiens, dafür aber etliche sonstige Veranstalter von Kochkursen: etwa die Cooperativa Gorropu (S. 227) im Hochland um Dorgali, Lu Aldareddu (S. 179), ein reizvolles B&B bei Olbia, und das Hotel Lucrezia (S. 122) im Flachland nördlich von Oristano.

Einige Spezialveranstalter organisieren auch Kochreisen nach Sardinien. Einer davon ist **Terra e Mare** (www.sardinien-geniessen.de), eine deutsche Agentur, die ihren Gästen die sardische Küche nahebringen will. Interessierte lernen anhand von „Omas" Hausrezepten die Zubereitung der klassischen Landküche: von Antipasti über Hauptgerichte bis zum Dessert. Zum Programm gehören auch einige sardische Likörspezialitäten wie Mirto und Vernaccia sowie die Herstellung hausgemachter Wurstspezialitäten wie Schinken und Salsiccia. Ein Kurs dauert zwei bis drei Tage und kostet pro Person 220 € inklusive Speisen und Getränke.

Ein amerikanisches Unternehmen, das kulinarische Aufenthalte in Orosei (S. 208) an der Ostküste arrangiert, ist **Ciao Laura** (www.ciaolaura.com). Ein viertägiger Kurs inklusive Unterkunft kostet 625 €.

SPRACHFÜHRER ESSEN

Für alle, die schon immer den Unterschied zwischen *cavallo* und *capretto* erfahren wollten. Auch zum besseren Verständnis der sardischen Küche sind ein paar Sprachkenntnisse hilfreich. Hinweise zur Aussprache stehen im Kapitel „Sprache".

Was heißt … ?

Ich möchte einen Tisch reservieren.
Vorrei riservare un tavolo. — Wo-rei ri-ser-va-re un ta-wo-lo

Ich hätte gerne die Speisekarte.
Vorrei il menù, per favore. — Wo-rei il me-nu per fa-wo-re

Haben Sie eine deutsche/englische Speisekarte?
Avete un menù (scritto) in tedesco/inglese? — A-*we*-te un me-nu (*skri*-to) in te-des-ko/in-*gle*-se

Was können Sie empfehlen?
Cosa mi consiglia? — *Ko*-sa mi kon-*si*-lia

Ich würde gerne eine hiesige Spezialität probieren.
Vorrei *una specialità di questa regione.* — *Wo*-rei u-na spe-scha-li-*ta* di *kwe*-sta re-*dscho*-ne

Bringen Sie bitte die Rechnung.
Mi porta il conto, per favore? — Mi *por*-ta il *kon*-to per fa-*wo*-re

Ist die Bedienung im Preis enthalten?
Il servizio è compreso nel conto? — Il ser-*wi*-zio e kom-*pre*-so nel *kon*-to

Ich bin Vegetarier.
Sono vegetariano/a. — *So*-no we-dsche-ta-*ria*-no/a (m/f)

Ich bin Veganer.
Sono vegetaliano/a. — *So*-no we-dsche-ta-*lia*-no/a (m/f)

Essglossar

acciughe	a-*tschu*-ge	Anchovis
aceto	a-*tsche*-to	Essig
acqua	*a*-kwa	Wasser
acqua minerale	*a*-kwa mi-ne-*ra*-le	Mineralwasser
aglio	*a*-lio	Knoblauch
agnello	a-*nie*-lo	Lamm

alimentari	a-li-men-*ta*-re	Lebensmittelgeschäft
animelle	a-ni-*me*-le	Bries
aragosta	a-ra-*go*-sta	Hummer
arancia	a-*ran*-tscha	Orange
arrosto/a	a-*ro*-sto/a	gebraten
asparagi	as-*pa*-ra-dschi	Spargel
birra	*bi*-ra	Bier
bistecca	bis-*te*-ka	Steak
bollito/a	bo-*li*-to/a	gekocht
bottarga	bo-*tar*-ga	Meeräschenrogen
brioche	bri-*osch*	Frühstücksbrötchen
burrida	bu-*ri*-da	Katzenhai mit Pinienkernen, Petersilie und Knoblauch
burro	*bu*-ro	Butter
calamari	ka-la-*ma*-ri	Tintenfisch
capretto	ka-*pre*-to	Ziegenkitz
carciofi	kar-*tscho-fi*	Artischocken
carota	ka-*ro*-ta	Karotte
carta di musica	*kar*-ta di *mu*-si-ka	dünnes, knuspriges Brot
cassoeula	ka-so-*ue*-la	Wintereintopf mit Schweinefleisch
cavallo	ka-*wa*-lo	Pferd
cavolo	*ka*-wo-lo	Kohl/Kraut
ceci	*tsche*-tschi	Kichererbsen
cefalo	*tsche*-fa-lo	Meeräsche
coccoi di sautizzu	ko-*keu* di so-ti-tsu	Rauchfleischplatte
coniglio	ko-*ni*-lio	Kaninchen
cordulas	kor-*du*-las	Innereien am Spieß
cornetto	kor-*ne*-to	Croissant
cotto/a	*ko*-to/a	gekocht
cozze	*ko*-tse	Muscheln
culurgiones (oder *culorzones*)	ku-lur-*dscho*-nes	Ravioli mit Käse- und/oder Kartoffelfüllung
fagiano	fa-*dscha*-no	Fasan
fagiolini	fa-dscho-*li*-ni	Brechbohnen
fegato	*fe*-ga-to	Leber
finocchio	fi-*no*-kio	Fenchel
formaggio	for-*ma*-dscho	Käse
forno a legna	*for*-no a *len*-ja	Holzofen
fragole	*fra*-go-le	Erdbeeren
frittata	fri-*ta*-ta	Omelett
fritto/a	*fri*-to/a	frittiert
frutti di mare	*fru*-ti di *ma*-re	Meeresfrüchte
funghi	*fun*-gi	Pilze
gamberoni	gam-be-*ro*-ni	Garnelen
gelateria	dsche-la-te-*ri*-a	Eisdiele
granchio	gran-kio	Krebs
(alla) griglia	(a-la) *gri*-lia	gegrillt
insalata	in-sa-*la*-ta	Salat
latte	*la*-te	Milch
lenticchie	len-*ti*-kie	Linsen
limone	li-*mo*-ne	Zitrone
malloreddus	ma-lo-*re*-dus	Grießklöße
manzo	*man*-tso	Rindfleisch
mela	*me*-la	Apfel
melanzane	me-lan-*dza*-ne	Aubergine

melone	me-*lo*-ne	Melone
merluzzo	mer-*lu*-tso	Kabeljau
miele	*mie*-le	Honig
mirto	*mir*-to	Myrtenbeeren
muggine	*mu*-dschi-ne	Meeräsche
olio	*o*-lio	Öl
olive	o-*li*-wa	Olive
panadas	*pa*-na-das	pikante Pastete
pane	*pa*-ne	Brot
panna	*pa*-na	Sahne, Rahm
panino	pa-*ni*-no	Brötchen
pasticceria	pa-sti-tsche-*ria*·	Konditorei
patate	pa-*ta*-te	Kartoffeln
pepe	*pe*-pe	Pfeffer
peperoni	pe-pe-*ro*-ni	Paprika
pera	*pe*-ra	Birne
pesca	*pe*-ska	Pfirsich
piselli	pi-*se*-li	Erbsen
pizza al taglio	pi-tsa al *ta*-lio	Pizzastück
pollo	*po*-lo	Hähnchen
polpo	*pol*-po	Oktopus
pomodori	po-mo-*do*-ri	Tomaten
porceddu	por-*tsche*-du	Spanferkel
prosciutto	pro-*schu*-to	Schinken
riso	*ri*-so	Reis
ristorante	ris-to-*ran*-te	Restaurant
rosticceria	ros-ti-tsche-*ria*	Imbiss, der Fleischgerichte verkauft
rucola	*ru*-ko-la	Rucola
sale	*sa*-le	Salz
salsiccia	sal-*si*-tscha	Würstchen
sebadas	se-*ba*-das	Gebäck mit Ricottafüllung
sedano	*se*-da-no	Sellerie
seppia	*se*-pia	Tintenfisch
spinaci	spi-*na*-tschi	Spinat
spuntino	spun-*ti*-no	Imbiss
tavola calda	*ta*-wo-la *kal*-da	Lokal im Stil einer Kantine
tonno	*to*-no	Thunfisch
tramezzino	tra-me-tsi-no	Sandwich
triglia	*tri*-lia	Rotbarbe
trippa	*tri*-pa	Kutteln
uovo/uova	*wo*-vo/*wo*-va	Ei/Eier
uva	*u*-va	Weintrauben
vino *(rosso/bianco)*	*wi*-no (*ro*-so/*bian*-ko)	Wein (rot/weiß)
vitello	vi-*te*-lo	Kalb
vongole	*von*-go-le	Venusmuschel
zucchero	*tsu*-ke-ro	Zucker
zuppa (oder *suppa*)	*tsu*-pa	Suppe oder Brühe

Natur & Umwelt

Mit 24 000 km² ist Sardinien die zweitgrößte Mittelmeerinsel nach Sizilien. Geologisch ist sie älter als das italienische Festland und ihre Granit- und Basaltgebirge haben mehr Jahre auf dem Buckel als die Apenninen und die Alpen. Das Bergland macht 68 % der Insel aus und die vier sardischen Flüssen Tirso, Flumendosa, Coghinas und Mannu zerlegen sie in einen Flickenteppich unterschiedlicher Gebirgsmassive.

Der packende Streifen *Padre Padrone* der Taviani-Brüder spielt in der düsteren Atmosphäre des Berglands im Inselinneren.

Im Osten erhebt sich das Gennargentu-Massiv, heute der bedeutendste Nationalpark der Insel. Es ist zwar nicht besonders hoch – sein höchster Gipfel, Punta La Marmora, misst 1834 m –, aber seine zerklüfteten Felsformationen sind uralt. Das Gebiet ist durchzogen von Canyons, Flüssen und Höhlen. In den Niederungen wachsen Steineichen und Ahornbäume, an den Hängen Wachholdersträucher, Stechpalmen und Eiben.

Zu den Highlights der Insel zählen ganz sicher ihre Wälder. Besonders schön sind die dichten Korkwälder rund um Tempio Pausania und der Stein- und Korkeichenwald im Schutzgebiet von Monte Arcosu südwestlich von Cagliari, der mit 36 km² der größte Stein- und Korkeichenwald im gesamten Mittelmeerraum ist.

Sardiniens Landschaften stecken voller Überraschungen. Dunkle Wälder können plötzlich in weite Ebenen übergehen, die sich „in der Ferne verlieren", wie D. H. Lawrence schreibt. Die Campidano-Ebene zwischen Cagliari und Oristano ist das größte dieser Plateaus und liefert einen Großteil der Weizenproduktion Sardiniens. Ganz anders und wesentlich älter ist die *Giara,* ein riesiges Basaltplateau, über das ständig der *maestrale* (ein Nordwestwind) hinwegfegt und wo wilde ponygroße Pferde leben, die auf Sardisch *achettas* heißen (auf Italienisch *cavallini*). Die *giare* in Siddi, Serri und Gesturi sind besonders bemerkenswert.

Sardiniens 1849 km lange Küste ist eine der ursprünglichsten im gesamten Mittelmeerraum und bietet die unterschiedlichsten Landschaften – von den hohen Klippen im Osten bis zu den ausgedehnten windgepeitschten Dünen im Westen. Im Süden und Westen hat die Küste außerdem zahlreiche Salzpfannen, Marschen und Lagunen zu bieten. Die größten sind Santa Gilla, westlich von Cagliari, sowie Stagno di Cabras und Stagno di Sale Porcus auf der Halbinsel Sinis. Diese geschützten Lagunen sind die Heimat von rund 10 000 Flamingos. Mit einer Gesamtfläche von 121 km² machen sie fast die Hälfte aller italienischen Feuchtgebiete aus.

TIERE & PFLANZEN

Von anderen Regionen weitgehend isoliert, hat sich die sardische Tier- und Pflanzenwelt auf ganz eigene Weise entwickelt. Viele Arten sind nur hier und auf der Nachbarinsel Korsika beheimatet. Erosion und Abholzung haben große Schäden hinterlassen und die Jagd ist nach wie vor ein beliebter Zeitvertreib. Doch, was diese Probleme betrifft, ist die Situation ist nicht ganz so ernst wie im restlichen Süditalien.

Tiere

In Sardiniens Bergen sind die unterschiedlichsten Tierarten heimisch. Eine davon ist der dunkele *cervo sardo* (Sardischer Hirsch), der die Wälder des Gennargentu, Monte Arcosu und Monte Sette Fratelli durchstreift. In den 60er-Jahren war diese Art beinahe ausgerottet, aber unter den wachsamen Augen des WWF ist die Population mittlerweile auf rund 700 Tiere angewachsen.

LEKTIONEN FÜR DIE ERSCHLIESSUNG DES INSELINNEREN

Regionale Projekte im kleinen Maßstab – das, so Simone Scalas, ist das Rezept für eine Wiederbelebung des lange vernachlässigten Inselinneren. Mit **Sardinia Hike & Bike** (www.sardiniahikeandbike.com, auch auf Deutsch) gehört er zu den umweltbewussten Reiseveranstaltern, die damit begonnen haben, die unberührten Wildnisgebiete Sardiniens für den Tourismus zu erschließen.

„Im Gegensatz zur Küste ist das Inselinnere das ganze Jahr über interessant," sagt Simone. Allerdings stehen sämtlichen Bemühungen, dem Inland neues Leben einzuhauchen, festgefahrene Probleme entgegen, allen voran die Landflucht. Denn aus den Orten im Binnenland ziehen noch immer viele der jungen Leute als Saisonarbeiter an die Küsten oder in die Skigebiete der Alpen. Simone ist jedoch der Meinung, dass sich die Menschen im Landesinneren die Entwicklung an den Küsten zum Vorbild machen werden.

Forte Village (ein riesiges, luxuriöses Ferienzentrum an der Südküste bei Pula) ist ein gutes Beispiel: „Vor 10 Jahren kamen etwa 90 % der dort Beschäftigten aus Pula. Dann begannen die Bewohner der Stadt, selbst Restaurants, B&Bs und Hotels zu eröffnen und heute muss kaum noch jemand aus Pula weggehen, um Arbeit zu finden."

„Das Konzept der *albergo diffuso* ist beispielsweise eine tolle Initiative zur Neubelebung der historischen Stadtkerne. Diese Hotels erstrecken sich über mehrere renovierte Altbauten, sodass sich die Rezeption im einen und die Gästezimmer 300 m weiter im nächsten befinden können."

„Unser Reichtum ist Sardiniens wunderbare Landschaft. Leider ist das den meisten Sarden nicht klar. Viele glauben noch immer, Entwicklung hieße, bauen, bauen, bauen."

Weitere größere Säugetiere, die auf Sardinien leben, sind der *cinghiale sardo* (Sardisches Wildschwein), eine kleine Wildschweinart, die Walnusshaine und die Wälder der tiefer gelegenen Berghänge bevorzugt. Die Jagd hat ihre Zahl über die Jahre schrumpfen lassen, und um den Bestand zu sichern, wurden größere Festlandexemplare ausgewildert. Die Kreuzung brachte eine neue, größere Rasse hervor, aber das echte Sardische Wildschwein ist immer seltener zu sehen.

Auf dem Hochplateau der Giara di Gesturi gibt es frei lebende *achettas* (eine kleine Wildponyrasse, die nur hier vorkommt). Noch ungewöhnlicher sind jedoch die Albinoesel des Parco Nazionale dell'Asinara im Nordwesten. Auf der Isola Asinara sind 500 Mufflons beheimatet, die zu den ältesten Bewohnern Sardiniens zählen. Wegen ihrer Furcht einflößenden, geschwungenen Hörner (die traditionell für Messergriffe verwendet werden) wurden diese Wildschafe von den Einheimischen verfolgt und standen vor Kurzem am Rande der Ausrottung. Doch heute sind sie in den Bergen des Landesinneren wieder zahlreicher.

Die Insel ist ein Paradies für Reptilien – es gibt jedoch keine einzige Giftschlange.

Auch Kleinsäuger wie Marder, Wildkatzen, Füchse und Hasen sind auf der Insel vertreten, und an die trockenen Strände der Südwestküste kommen Meeresschildkröten zur Eiablage.

Vögel

Sardinien liegt an einer der wichtigsten Vogelzugrouten zwischen Europa, Asien und Afrika und ist ein Paradies für Ornithologen. Von September bis März sind auf der Insel Tausende von Flamingos zu Gast und nisten in den *stagni* (Lagunen) bei Oristano und Cagliari.

Zu ihnen gesellen sich Schwärme anderer Arten wie Reiher, Kraniche, Löffler, Kormorane, Seeschwalben, verschiedene Watvögel, Enten etc. Rund 200 Vogelarten (ein Drittel aller europäischen Arten) machen bei ihren Zügen im Frühjahr und Herbst auf der Insel Station.

Die offizielle sardische Tourismuswebsite unter www.sardegnaturismo.it (auch auf Deutsch) ist eine ausgezeichnete Informationsquelle zu Geografie, Flora und Fauna.

Anstelle von Enten und Kranichen beherrscht im Binnenland eine beachtliche Zahl von Greifvögeln (größtenteils ebenfalls Zugvögel) den Luftraum. Stein- und Habichtsadler ziehen im Frühling und Herbst ihre

Kreise über der Insel – ebenso wie Rabengeier, Bartgeier und Wanderfalken. Auf der Isola di San Pietro gibt es eine semipermanente Kolonie des seltenen Eleonorenfalken, der nach Königin Eleonora d'Arborea benannt wurde, die ihn bereits 1400 unter Schutz stellte. Der Gänsegeier lebt in einer Kolonie an der Westküste zwischen Alghero und Bosa.

Pflanzen

Um die Wildblumen Sardiniens blühen zu sehen, empfiehlt sich ein Besuch im Frühjahr – der April ist für diese Zwecke normalerweise der beste Monat.

In den höher gelegenen Wäldern Zentral- und Nordostsardiniens wachsen hauptsächlich verschiedene Eichenarten, v. a. die Korkeiche (s. Kasten unten).

> Die Griechen glaubten, der Verzehr einer bestimmten sardischen Pflanze führe zu tödlich endenden Lachkrämpfen. Daher der Begriff sardonisch.

Bergblumen wie die seltene Pfingstrose (oder „Rose des Gennargentu") verleihen den unwirtlichen Gipfeln bei Bruncu Spina und Punta La Marmora etwas Farbe, während in tieferen Lagen v. a. die typisch mediterrane *macchia* wächst. Sie besteht aus den unterschiedlichsten Pflanzenarten wie Stech- und Besenginster, Wachholder, Heidekraut und Erdbeerbaum. Auf den grassbedeckten Teilen der *macchia* gedeihen unter anderem Veilchen, Immergrün und Lavendel sowie verschiedene Iris- und Orchideenarten. Die wohl bekannteste Pflanze dieser Mittelmeervegetation ist der allgegenwärtige *mirto* (Myrte).

Viele Strände an West- und Südküste sind von Pinien gesäumt. Palmen sind hingegen selten und meist importiert. Eine Ausnahme ist die sogenannte Zwergpalme, deren Blätter zum Flechten von Körben verwendet werden.

NATIONALPARKS

Sardinien hat drei Nationalparks, zwei Regionalparks und etliche Schutzgebiete (meist am Meer), die insgesamt 4 % der gesamten Inselfläche umfassen.

> Wanderer sollten sich einen guten Naturführer zulegen, etwa den Kosmos-Naturführer *Die neue Kosmos-Mittelmeer-flora* von Ingrid und Peter Schönfelder.

Der größte Nationalpark ist der Parco Nazionale del Golfo di Orosei e del Gennargentu, der große Teile der Provinz Nuoro einnimmt und Teile von Le Barbagie (S. 216), Supramonte (S. 214) und Golfo di Orosei (S. 224) einschließt.

Der Parco Nazionale dell'Arcipelago di La Maddalena (S. 193) umfasst alle Inseln der Inselgruppe im Nordwesten. Die Isola Caprera – über einen Damm mit der Isola Maddalena verbunden – ist ein eigenes Naturreservat.

Der jüngste Naturpark ist der Parco Nazionale dell'Asinara (S. 159), eine ehemalige Gefängnisinsel.

SARDISCHER KORK AUF EINEM ABSTEIGENDEN AST?

Kork ist für Sardinien eine wichtige Einnahmequelle und die immer häufiger verwendeten Flaschenverschlüsse aus Kunststoff bedrohen Arbeitsplätze.

Nach einer Studie des WWF von 2006 könnten die Korkwälder im westlichen Mittelmeerraum durch den steigenden Einsatz der Plastikkorken in den nächsten 10 Jahren um drei Viertel schrumpfen. Die Auswirkungen auf Sardinien wären verheerend. Die Insel liefert 80 % der italienischen Korkproduktion, und in den Städten Calangianus und Tempio Pausania im Norden der Insel ist die Korkindustrie der wichtigste Arbeitgeber. Jährlich werden rund 120 Doppelzentner Rinde von den Korkeichen geerntet und großteils an Weinabfüller verkauft.

Der Rückgang verursacht aber nicht nur wirtschaftliche, sondern auch ökologische Probleme. Die Korkernte schadet den Bäumen nicht (es wird lediglich die äußere Rinde abgeschält, die wieder nachwächst), doch mangelnde Pflege könnte zum Absterben der Wälder führen. Niemand weiß, wer die Wälder pflegen soll, wenn nicht die Korkhersteller. Und ohne eigenen Nutzen werden sie das kaum tun.

KAMPF FÜR DIE KÜSTE

Die Entwicklung der Küste ist derzeit *das* heiße Eisen auf Sardinien. Der frühere Regionalpräsident Renato Soru hat mit zwei Maßnahmen zum Schutz der Küste und der Förderung des lang vernachlässigten Landesinneren eine Kontroverse ausgelöst.

Zunächst erließ er 2004 ein umstrittenes Bauverbot in einer 2 km breiten Küstenzone. Dieses Gesetz namens *salvacoste* (schützt die Küste) erregte, wie zu erwarten war, heftige Proteste unter Bauunternehmern und konservativen Politikern, die Verluste für die Insel prognostizierten.

Das Problem spitzte sich zu und im Oktober 2008 gab es ein Referendum über die Aufhebung des *salvacoste*. Da jedoch die Wahlbeteiligung zu gering war, scheiterte das Referendum und das Gesetz blieb in Kraft.

Mindestens genauso umstritten war die Einführung der „Luxussteuer" im Jahr 2006. Sie wird bei Zweitwohnungen von Nicht-Einheimischen sowie bei Yachten und Privatflugzeugen fällig. Die Spaltung in zwei Lager kam nicht überraschend: Der Formel-1-Manager Flavio Briatore – an der Costa Smeralda kein unbekanntes Gesicht – führte die Proteste an. Es kam zu Klagen vor Gericht, die heute noch verhandelt werden.

Jetzt hat der neue Präsident Ugo Cappellacci eine Revision der Gesetze Sorus angekündigt.

Eines der wichtigsten Naturreservate ist die vom WWF geschützte Riserva Naturale Foresta di Monte Arcosu (S. 107) südwestlich von Cagliari.

Zu den Meeresschutzgebieten zählen Capo Carbonara im Südosten, die Sinis-Halbinsel und die vorgelagerte Isola Mal di Ventre, die Isola Tavolara und die nahe gelegene Punta Coda Cavallo sowie die Isola Budelli im Parco Nazionale dell'Arcipelago di La Maddalena.

UMWELTPROBLEME

Das aktuelle Modewort auf Sardinien ist Nachhaltigkeit. Vor allem der Tourismus ist in den Brennpunkt des politischen Interesses gerückt. Die Verantwortlichen haben gemerkt, dass die Küsten geschützt werden müssen, und fördern daher umweltverträgliche Entwicklungsmodelle.

Die Nuraghe Su Nuraxi ist Sardiniens einzige Unesco-Weltkulturerbestätte.

Seitdem in den 1960er-Jahren ein Konsortium rund um den Aga Khan die Costa Smeralda in Beschlag genommen hat, konzentriert sich Sardiniens Tourismus auf die Küste. Doch die Entwicklung der Badezentren an Nordost- und Südküste hat die Landschaft dauerhaft geschädigt. Nun gibt es Bemühungen, die Erschließung der Küsten zu bremsen und mehr Investitionen ins Landesinnere zu lenken, was jedoch ein kontroverses Unterfangen ist (s. Kasten oben).

Einer der wenigen Vorteile der permanenten Vernachlässigung der Insel in der Geschichte ist die Tatsache, dass es hier bis in die 1960er-Jahre kaum vom Menschen verursachte Umweltprobleme gab. Hauptsorgen waren vor allem Wasserknappheit, Abholzung und die Auswirkungen der vom *maestrale* verursachten Winderosion. Sie alle sind noch immer aktuell (v. a. die Frage der Wasserversorgung), aber es sind weitere hinzugekommen.

Die rapide Industrialisierung und der Übergang von der Agrar- zur Dienstleistungsgesellschaft hatten tiefgreifende Auswirkungen. Die Landflucht in die städtischen Ballungsräume wurde in den 60er-Jahren durch den Bau petrochemischer Anlagen und die Ansiedlung anderer Schwerindustrien (besonders in Porto Torres, Portovesme, Sarroch, Arbatax und südlich von Oristano) ausgelöst. Diese Industriezentren in ländlichen Notstandsgebieten haben nur wenig zur wirtschaftlichen Entwicklung der Insel beigetragen, dafür aber die Verschmutzung von Luft und Wasser gefördert. Bisher sind die Anlagen noch in Betrieb, doch seit der Ölkrise der 70er-Jahre und dem Ende des Bergbaus in Iglesiente verkommen sie immer mehr zu hässlichen Zuschussbetrieben.

Cagliari & das Sarrabus

Cagliari ist seit mehr als 2000 Jahren eine Hauptstadt und zeigt mit großem Stolz seine lange Geschichte. Elegante Boulevards, neogotische Paläste und Jugendstilcafés zeugen von einer Stadt mit Stilbewusstsein, und über allem thront das imposante Stadtschloss.

Bei all seiner historischen Bedeutsamkeit und dem kosmopolitischen Ambiente bleibt Cagliari aber stets das, was es schon immer war – eine pulsierende Hafenstadt mit einer bodenständigen und rauen Atmosphäre voller Leben. Cagliari wurde nicht aufgebretzelt, um den Touristen zu gefallen – und genau das macht die Stadt so interessant.

Die im 8. Jh. v. Chr. von den Phöniziern gegründete Siedlung wurde von den Römern ausgebaut, die ein gewaltiges Amphitheater aus den Kalksteinfelsen schlugen und Cagliari zu einem der wichtigsten Handelshäfen im Mittelmeerraum machten. Später, im Mittelalter verpassten die Pisaner der Stadt ein Facelifting: Sie bauten Festungen und verwandelten Cagliari in ein Denkmal für ihre Feldzüge. Die Resultate ihrer Baumaßnahmen sind bis heute zu bewundern.

Die Einwohner von Cagliari genießen ihre Stadt in vollen Zügen und legen vor dieser historischen Kulisse eine Lebenslust an den Tag, die im krassen Gegensatz zur Distanziertheit anderer sardischer Kleinstädte steht. In den Restaurants und Trattorias mischen sich ungezwungen Touristen unter die Einheimischen, und am frühen Abend trifft sich alle Welt in den Cafés. Eine relativ große Studentenszene sorgt außerdem dafür, dass auf den Piazzas immer was los ist.

Aber nur einen Katzensprung von der Stadt tut sich eine andere Welt auf. Das Hinterland des Sarrabus ist eine ungezähmte Wildnis, und die märchenhaften Strände von Villasimius und der Costa Rei sind – von den Hochsommermonaten abgesehen – praktisch menschenleer.

HIGHLIGHTS

- Die mittelalterlichen Gassen und Museen in Cagliaris Zitadelle **Il Castello** (S. 61) erkunden und anschließend einen *aperitivo* auf der **Bastione San Remy** (S. 73) genießen
- Meeresfrüchte schlemmen in einem der beliebten Restaurants im Stadtviertel **Marina** (S. 65) in Cagliari
- Die Nacht durchtanzen am Strand **Poetto** (S. 68), Cagliaris Sommerspielwiese
- Sonne genießen an den Stränden der **Costa Rei** (S. 80) und mit dem Boot über das Wasser vor dem **Capo Carbonara** (S. 78) gleiten
- Wanderstiefel schnappen und eintauchen in die Stille des **Monte dei Sette Fratelli** (S. 79)

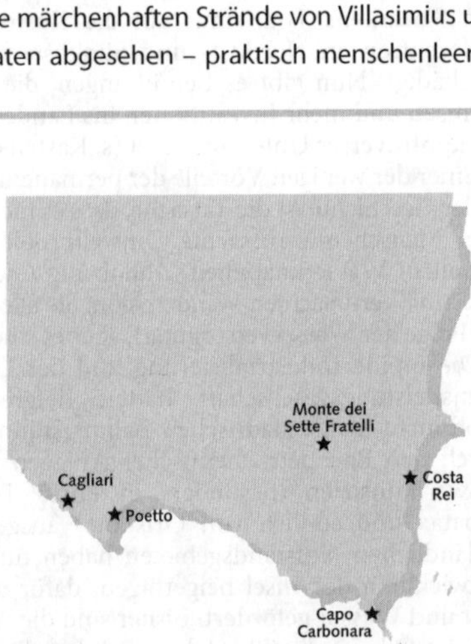

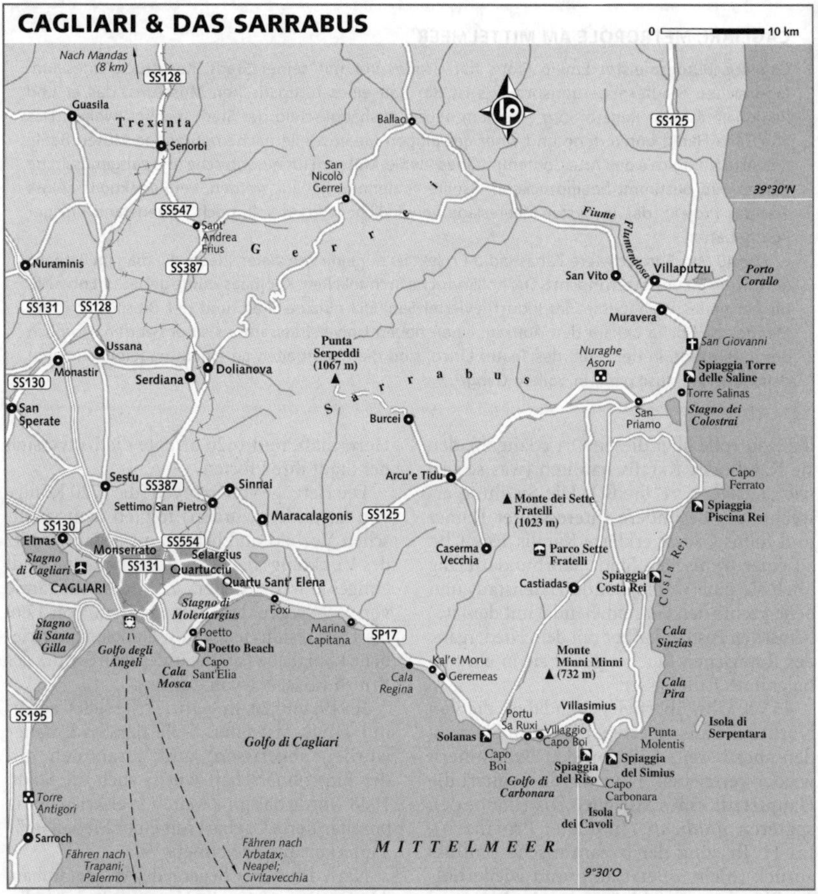

CAGLIARI

159 310 Ew.

Viel schöner als mit dem Flugzeug ist die Anreise in Cagliari auf dem Seeweg. Wer auf einer Fähre in den Hafen gleitet, bekommt die Stadt in ihrer ganzen Pracht zu sehen. Ein Gewirr goldfarbener *palazzi*, Kuppeln und Fassaden erstreckt sich bis zum felsigen Herzstück von Cagliari, dem Il Castello. Seit dem Mittelalter thront die wehrhafte Zitadelle über der Stadt, als unmissverständliche Warnung an ungebetene Gäste. Unten am Wasser flitzen Autos an stattlichen Gebäuden vorbei, Schulkinder drängeln sich auf Fußgängerwegen und Verkehrspolizisten mit weißen Mützen pfeifen Rasern auf Motorrollern hinterher. Alles ist genau so, wie es sich für eine quirlige Hafenstadt am Mittelmeer gehört.

Mehr als 2000 Jahre Geschichte sind nicht spurlos an Cagliari vorbeigegangen. Die Stadt hat archäologische Fundstücke und Ruinen, herrliche Kirchen und mehrere ausgezeichnete Museen zu bieten. Ein Stück östlich der Stadt liegt der Strand Poetto. Seine gut besuchten Bars und das klare blaue Wasser stehen im Sommer im Mittelpunkt des Geschehens.

GESCHICHTE

Die Phönizier ließen sich im 8. Jh. v. Chr. in der Region nieder. Eine Stadt entwickelte sich aber erst, als die Karthager um 520 v. Chr.

CAGLIARI, METROPOLE AM MITTELMEER

Cagliaris Bürgermeister Emilio Floris hat Großes vor mit seiner Stadt. Kernstück eines umfangreichen Stadterneuerungsprojekts ist der Bau eines futuristischen Museums, das er und Regionalpräsident Renato Soru zu einem neuen Aushängeschild der Stadt machen wollen. Das von Zaha Hadid entworfene und einer gewaltigen Meereswelle nachempfundene Museo Betile dell'Arte Nuragica e dell'Arte Contemporanea (Betile-Museum für nuraghische und zeitgenössische Kunst) wird bestimmt beeindruckend – sollte es denn je gebaut werden. Bei Redaktionsschluss war das Projekt, das in bester Meereslage verwirklicht werden soll, noch Gegenstand hitziger Politdebatten.

Das 40 Mio. Euro schwere Zaha-Hadid-Projekt ist nur eine von vielen Ideen, die man im Rathaus gern in die Tat umsetzen möchte. Der holländische Architekt Rem Koolhaas wurde gebeten, Entwürfe für ein neues Wohngebiet im Industrieviertel Sant'Elia einzureichen, und der Brasilianer Paulo Mendes da Rocha bekam den Auftrag, einen neuen Universitätscampus zu entwerfen. Nördlich der Innenstadt, in der Nähe des Teatro Lirico, sind die Bauarbeiten an einem nagelneuen Parco della Musica (Musikpark) in vollem Gange.

die Kontrolle über diesen Ort erlangten, den sie Karel oder Karalis nannten (was so viel wie „felsiger Ort" heißt). Die Siedlung erweckte das besondere Interesse der Römer und Julius Caesar erklärte Karalis 46 v. Chr. zu einer römischen Stadt. Jahrhundertelang blieb sie eine wohlhabende Hafenstadt und beherrschte den Getreidehandel mit dem italienischen Festland. Aber mit dem Niedergang des Römischen Reiches geriet sie in ein turbulenteres Fahrwasser.

455 n. Chr. überfielen Vandalen, die von Nordafrika aus agierten, die Stadt. Sie wurden aber bereits 533 von den Byzantinern wieder vertrieben. Nun wurde Cagliari die Hauptstadt eines von vier Distrikten, den späteren *giudicati* (Judikate; Provinzen). Im 11. Jh. ging der byzantinische Einfluss zurück (nicht zuletzt aufgrund wiederholter Plünderungsfeldzüge der Araber) und Cagliari und die anderen Distrikte wurden praktisch autonom.

Das sprach sich bei den aufstrebenden rivalisierenden Seemächten Genua und Pisa herum. 1258 nahmen die Pisaner die Stadt ein, befestigten das Castello-Gelände und ersetzten die angestammten Bewohner durch Bürger von Pisa. Ein ähnliches Schicksal erwartete die Einwohner von Cagliari im Jahr 1326 bei der Machtübernahme durch die katalanischen Aragonier. 1348 grassierte der Schwarze Tod, der auch in den folgenden Jahrzehnten immer wieder zuschlug.

Mit der Vereinigung Spaniens gegen Ende des 15. Jhs. fielen auch die Katalanen unter die spanische Krone. Cagliari erging es besser als den meisten anderen Inseln unter spanischer Herrschaft, und 1620 öffnete die Universität der Stadt ihre Pforten.

Die Herzöge von Savoyen (die 1720 Könige von Sardinien wurden) folgten dem spanischen Vorbild und behielten Cagliari als Sitz des Vizekönigs bei. Als solcher hatte die Stadt einiges durchzustehen, z. B. die Aufstände von 1794 gegen das Haus Savoyen. Von 1799 bis 1814 residierte die von Napoleon vertriebene königliche Familie unter dem Schutz der British Royal Navy in Cagliari.

Im 19. und 20. Jh. entwickelte sich Cagliari nur langsam weiter. Teile der Stadtmauer wurden abgerissen, und zusammen mit der Einwohnerschaft wuchs auch die Stadt. 1948 wurde das im Zweiten Weltkrieg heftig bombardierte Cagliari mit einer Medaille für Tapferkeit ausgezeichnet.

Nach dem Krieg begann der Wiederaufbau. Als Cagliari 1949 zur Hauptstadt der halbautonomen Region Sardinien innerhalb der neuen Republik Italien erklärt wurde, war er schon teilweise abgeschlossen. Seither hat sich rund um die Lagunen und entlang der Küste bis nach Sarroch im Südwesten ein Großteil der sardischen modernen Industrie, insbesondere die Petrochemie, angesiedelt.

ORIENTIERUNG

Der Hafen sowie der Bahnhof und Busbahnhof von Cagliari liegen direkt an oder in der Nähe der Piazza Matteotti, wo sich auch die städtische Touristeninformation befindet. Am Platz vorbei verläuft die breite Via Roma. Sie ist Teil der Hauptverkehrsstraße nach Poetto und Villasimius im Osten sowie nach Pula und zur Südküste Richtung Westen.

Von der Piazza Matteotti geht man am besten schnurstracks ans Wasser zum Kaufhaus La Rinascente, einem prima Orientierungspunkt. Hier beginnt der Largo Carlo Felice, der breite Boulevard, der zur Piazza Yenne hinaufführt, dem Hauptplatz im Zentrum von Cagliari. Östlich vom Largo Carlo Felice liegt das malerische Viertel Marina, wo sich viele Unterkünfte und unzählige Esslokale befinden. Auf der anderen Seite des Largo Carlo Felice erstreckt sich der Stadtbezirk Stampace den Hang hinauf bis zum römischen Amphitheater.

Die Skyline Cagliaris wird vom Viertel Il Castello beherrscht, das im Mittelalter das Stadtzentrum bildete. Nördlich der Piazza Yenne gibt es einen Aufzug, der nach Il Castello führt, wo die besten Ausblicke und wichtigsten Museen warten. Richtung Nordosten liegt das etwas modernere Stadtviertel Villanova.

Nach Osten erstreckt sich die Stadt bis zu den *saline* (Salzpfannen) und zum Strand Poetto; im Westen breiten sich die Häuser am Nordufer der riesigen Lagune Stagno di Santa Gilla aus.

PRAKTISCHE INFORMATIONEN

Buchläden

Ubik (Karte S. 68; ☎ 070 65 02 56; Via Roma 63; ⏲ Mo–Sa 9–20.30, So 10–13 & 16.30–20.30 Uhr) Hat eine gute Auswahl an Inselkarten und -stadtplänen.

Geld

Banco San Paolo (Karte S. 68; Via Sassari) Besitzt einen Geldautomaten; weitere gibt's im Bahnhof.

Mail Boxes Etc (☎ 070 67 37 04; Viale Trieste 65/b; ⏲ Mo–Sa 9–13& Mo–Fr 16–19.30 Uhr) Vertretung der Western Union.

Internetzugang

Intermedia Point (Karte S. 68; Via Eleonora d'Arborea 4; 3 € pro Std.; ⏲ Mo–Fr 10–13 & 15.30–19.30 Uhr)

Lamarù (Karte S. 68; ☎ 070 66 84 07; Via Napoli 43; 3 € pro Std.; ⏲ Mo–Sa 9–20 Uhr)

Medizinische Versorgung

Farmacia Dr Spano (Karte S. 68; ☎ 070 65 56 83; Via Roma 99; ⏲ Mo–Fr 9.30–13 & 16.30–19.50, Sa 9–13 Uhr)

Guardia Medica (☎ 070 609 52 02; Via Talete) Notarzt-Telefonnummer.

Ospedale Brotzu (☎ 070 53 91; Via Peretti 21) Das Krankenhaus befindet sich nordwestlich der Innenstadt. Wenn's kein Notfall ist, mit Bus 1 von der Via Roma erreichbar.

Notfall

Polizeiwache (Karte S. 60; Questura; ☎ 070 6 02 71; Via Amat Luigi 9)

Post

Hauptpost (Karte S. 68; ☎ 070 605 41 23; Piazza del Carmine 28; ⏲ Di–Fr 8–18.50, Sa 8–13.15 Uhr)

Reisebüros

CTS (Karte S. 60; ☎ 070 48 82 60; Via Cesare Balbo 12) Filiale des nationalen Jugendreiseveranstalters.

Viaggi Orrù (Karte S. 68; ☎ 070 65 98 58; www.viaggiorru.it; Via Baylle 111; ⏲ Mo–Fr 9–13 & 13.15–19.45, Sa 9.30–13 Uhr) Ein effizientes Reisebüro, das Fähr- und Flugbuchungen erledigt und Ausflüge organisiert.

Touristeninformation

Touristeninformation (Karte S. 68; ☎ 070 66 92 55; Piazza Matteotti; ⏲ 8.30–13.30 & 14–20 Uhr) Die einzige in der Stadt.

Wäschereien

Lavanderia Ghilbi (Karte S. 68; Via Sicilia 20; 4 € pro 6 kg Wäsche; ⏲ 8–22 Uhr)

SICHERHEIT

Cagliari ist eine sichere Stadt, aber nachts sind einige Ecken mit Vorsicht zu genießen. Auf den Treppen zur Bastione San Remy und in dem kleinen Park am unteren Ende der Viale Regina Margherita etwa hängen immer wieder Betrunkene und Drogenabhängige herum. Reisende laufen überall auf der Welt Gefahr, beklaut zu werden und sollten deshalb die üblichen Vorsichtmaßnahmen einhalten. Dazu gehört auch, nichts in Fahrzeugen liegen zu lassen.

SEHENSWERTES

Die meisten Sehenswürdigkeiten von Cagliari konzentrieren sich auf die vier Innenstadtbezirke Castello, Stampace, Marina und Villanova. Sinnvollster Ausgangspunkt für die Besichtigung ist das Gelände von Il Castello oben auf dem Hügel, wo es die renommiertesten Museen der Stadt und umwerfende Ausblicke gibt. Im Westen, hoch oben auf dem Hügel in Stampace, befindet sich Cagliaris beeindruckendes Amphitheater, einer der wenigen sichtbaren Überreste der römischen Vergangenheit der Stadt. Der Grundriss der Stadt und die älteren Gebäude gehen auf die Pisaner zurück, aber die Spanier bereicherten Cagliari um das schmucke Viertel Stampace. Unter den

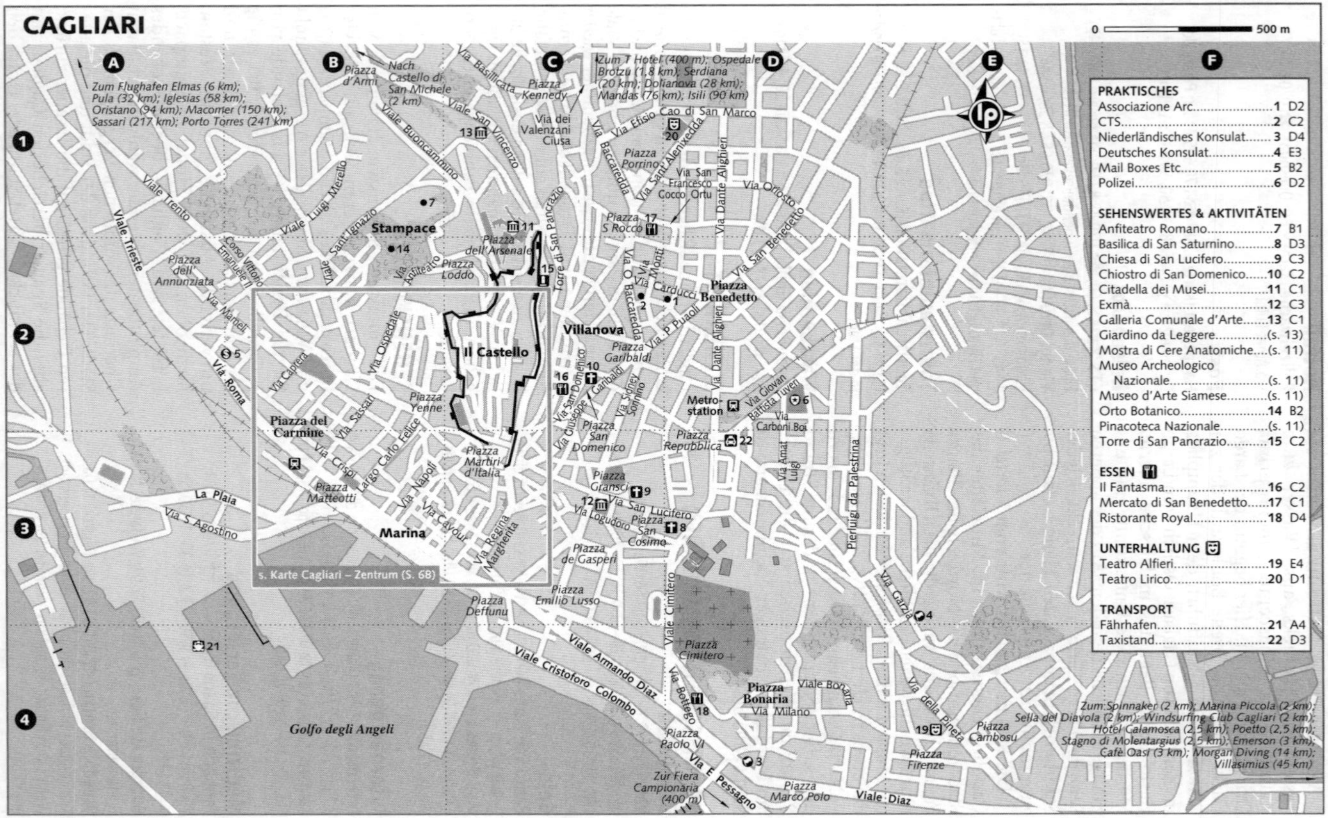
CAGLIARI
0 500 m
Zum Flughafen Elmas (6 km); Pula (32 km); Iglesias (58 km); Oristano (94 km); Macomer (150 km); Sassari (217 km); Porto Torres (241 km)
Nach Castello di San Michele (2 km)
Zum T Hotel (400 m); Ospedale Brotzu (1,8 km); Serdiana (20 km); Dolianova (28 km); Mandas (76 km); Isili (90 km)
Zum Spinnaker (2 km); Marina Piccola (2 km); Sella del Diavola (2 km); Windsurfing Club Cagliari (2 km); Hotel Calamosca (2,5 km); Poetto (2,5 km); Stagno di Molentargius (2,5 km); Emerson (3 km); Café Oasi (3 km); Morgan Diving (14 km); Villasimius (45 km)
Zur Fiera Campionaria (400 m)
s. Karte Cagliari – Zentrum (S. 68)
Stampace
Il Castello
Villanova
Marina
Golfo degli Angeli
PRAKTISCHES
Associazione Arc. 1 D2
CTS 2 C2
Niederländisches Konsulat 3 D4
Deutsches Konsulat 4 E3
Mail Boxes Etc. 5 B2
Polizei 6 D2
SEHENSWERTES & AKTIVITÄTEN
Anfiteatro Romano 7 B1
Basilica di San Saturnino 8 D3
Chiesa di San Lucifero 9 C3
Chiostro di San Domenico 10 C2
Citadella dei Musei 11 C1
Exmà 12 C3
Galleria Comunale d'Arte 13 C1
Giardino da Leggere (s. 13)
Mostra di Cere Anatomiche (s. 11)
Museo Archeologico Nazionale (s. 11)
Museo d'Arte Siamese (s. 11)
Orto Botanico 14 B2
Pinacoteca Nazionale (s. 11)
Torre di San Pancrazio 15 C2
ESSEN
Il Fantasma 16 C2
Mercato di San Benedetto 17 C1
Ristorante Royal 18 D4
UNTERHALTUNG
Teatro Alfieri 19 E4
Teatro Lirico 20 D1
TRANSPORT
Fährhafen 21 A4
Taxistand 22 D3

Piemontesen dehnte sich Cagliari im 19. Jh. nach Osten aus. Deren Hinterlassenschaft, Villanova, protzt mit breiten Straßen und imposanten Piazzas.

Il Castello

Die von den Pisanern und Aragoniern erbaute mittelalterliche Festung von Cagliari prägt das Erscheinungsbild der ganzen Stadt. Schroffe weiße Steinmauern umschließen die ehemaligen befestigten Residenzen der Aristokraten und religiösen Autoritäten. Die Anwohner nannten sie Su Casteddu, ein Begriff, der früher auch die ganze Stadt bezeichnete. Die Mauern lassen sich am besten aus der Ferne bewundern – ein geeigneter Ort dafür ist z. B. das römische Amphitheater auf der anderen Talseite im Westen.

Türme & Festungsmauern

Die Pisaner bauten nur zwei Türme, und einer davon steht noch: der 1307 als Wehrturm gegen die Belagerung der Aragonier erbaute **Torre dell'Elefante** (Karte S. 68; Via Università; Erw./Kind 4/2,50 €; ⌚ April–Okt. Di–So 9–13 & 15.30–19.30 Uhr, Nov.–März 9–16.30 Uhr). Der nach der Elefantenskulptur beim furchteinflößenden Portikus benannte Turm war in früheren Zeiten die reinste Horrorshow. Die Spanier köpften hier die Marchese di Cea und ließen ihr abgeschlagenes Haupt 17 Jahre lang herumliegen! Außerdem dekorierten sie die Säulengänge mit schaurigen laternenähnlichen Käfigen, in denen die Köpfe exekutierter Gefangener aufbewahrt wurden. Der zinnenbewehrte Oberstock wurde 1852 hinzugefügt und zur Unterbringung politischer Gefangener genutzt. Wer heute hinaufsteigt, kann die Aussicht bewundern, die den Inhaftierten damals vergönnt war.

Drüben beim Nordosttor der Zitadelle steht der Zwilling des Elefantenturms, der 36 m hohe **Torre di San Pancrazio** (Karte S. 60; Piazza Indipendenza; Erw./erm. 4/2,50 €; ⌚ April–Okt. Di–So 9–13 & 15.30–19.30 Uhr, Nov.–März 9–16.30 Uhr). Der 1305 fertiggestellte Turm wurde am höchsten Punkt der Stadt errichtet und bietet einen weiten Ausblick auf den ganzen Golfo di Cagliari.

Innerhalb der Befestigungsmauern enthüllt die Stadt ihre mittelalterlichen Schätze. Die hohen Mauern von Universität, Kathedrale, Museen und pisanischen Palästen fügen sich wie Puzzleteilchen in das Labyrinth schmaler Gassen ein. Zwischen den ehemals hochherrschaftlichen Altstadthäusern trocknet heute allerdings die Wäsche auf den Leinen, und viele der Gebäude wirken nicht gerade sehr einladend. Doch langsam kehrt das Leben in die Gegend zurück, und in den letzten Jahren haben hier zahlreiche Geschäfte, Bars und Cafés geöffnet, die Studenten und schickes Publikum gleichermaßen magisch anziehen.

Die Festung lässt sich auf unterschiedlichen Wegen erreichen; am spektakulärsten ist der über den monumentalen Treppenaufgang. Er führt von der belebten Piazza Costituzione hinauf zur **Bastione San Remy** (Karte S. 68). Die ehemalige Bastion innerhalb der Stadtmauer dient inzwischen als Aussichtsplattform. Man kann auch hinter der Piazza Yenne die **Scalette di Santa Chiara** (Karte S. 68), oder – noch besser – den Aufzug am Fuß der Scalette nehmen.

GHETTO DEGLI EBREI

Früher war die Gegend nördlich des Torre dell'Elefante, zwischen Via Santa Croce und Via Stretta, Cagliaris **Ghetto degli Ebrei** (Jüdisches Ghetto). Unter spanischer Herrschaft wurde aber die gesamte jüdische Gemeinde 1492 des Landes verwiesen, und heute ist von ihr kaum noch etwas erhalten. Ghetto degli Ebrei heißt hier mittlerweile nur noch ein aufgemöbeltes **ehemaliges Soldatenquartier** (Karte S. 68; ☎ 070 640 21 15; Via Santa Croce 18), in der wechselnde Ausstellungen gezeigt werden. Bei Redaktionsschluss war es aber gerade wegen Renovierungsarbeiten geschlossen. Nach der Vertreibung der Juden wurde auf den Trümmern der Synagoge die **Chiesa di Santa Croce** (Karte S. 68; ☎ 334 178 54 33; Piazzaetta Santa Croce; ⌚ Führungen So 10.30–12 Uhr) errichtet.

Diese Seite von Il Castello hat am meisten Flair. Die Cafés an der Via Santa Croce bieten traumhafte Ausblicke, und die engen Straßen sahen wahrscheinlich schon im Mittelalter so aus. Wer einen Augenblick Zeit hat, sollte einen Blick in das von einer wunderschönen Kuppel gekrönte Foyer des universitätseigenen **Istituto di Architettura e Disegno** (Institut für Architektur & Design; Karte S. 68; Via Corte d'Appello 87) werfen.

CITADELLA DEI MUSEI

Der Hauptmuseumskomplex von Cagliari steht am Nordende von Il Castello. Vier Museen wurden hier behutsam in die

Überreste des alten städtischen Waffenlagers integriert und rollstuhlgerecht ausgestattet.

Museo Archeologico Nazionale

Unbestrittener Star unter den vier Museen ist das **Museo Archeologico Nazionale** (Karte S. 60; ☎ 070 68 40 00; Piazza dell'Arsenale; Erw./erm. 4/2 €, inkl. Pinacoteca Nazionale 5/2,50 €; Di–So 9–20 Uhr). Es ist das beste archäologische Museum auf Sardinien und zeigt Exponate aus mehreren Jahrtausenden, darunter im Erdgeschoss eine hervorragende Sammlung kleiner nuraghischer *bronzetti* (Bronzefigurinen).

Da es keine schriftlichen Zeugnisse gibt, sind diese Bronzen unschätzbar wertvolle Schlüssel zu Sardiniens geheimnisvoller nuraghischer Kultur (ca. 1800–500 v. Chr.). Insgesammt wurden rund 400 Bronzen entdeckt, viele an Stätten mit religiöser Bedeutung. Experten schließen daraus, dass es sich wahrscheinlich um Votivgaben handelt. Die Statuetten in Form von Stammeshäuptlingen, Kriegern, Jägern, weiblichen Figuren und Tieren sind stilistisch primitiv, aber bemerkenswert ausdrucksstark. Es gibt sogar kleine Modelle der *nuraghi*, der uralten Turmgebäude aus Stein.

Die Ausstellung im Erdgeschoss ist übersichtlich und chronologisch angeordnet. Die Besucher wandeln von der prä-nuraghischen Welt der Stein- und Obsidianwerkzeuge, rudimentären Keramiken und molligen Fruchtbarkeitsgöttinen zur Bronze- und Eisenzeit und weiter zu den *nuraghi*. Danach folgen Ausstellungstücke zu den Phöniziern und Römern, das Modell eines *tophet* (geheiligte phönizische oder karthagische Begräbnisstätte für Kinder und Babys), Scherben von Terracottavasen sowie Glasschalen, Skarabäen und Schmuck aus den alten Städten Karalis (Cagliari), Sulcis, Tharros und Nora.

Im 1. und 2. Stock ist Ähnliches zu sehen, hier sind die Artefakte allerdings nicht nach dem Alter sondern eher nach Regionen und Stätten sortiert. Zu den Highlights gehören römische Mosaiken und Statuen, Büsten und Grabsteine aus Cagliari sowie eine Münzsammlung.

Pinacoteca Nazionale

Über und hinter dem archäologischen Museum befindet sich die **Pinacoteca Nazionale** (Karte S. 60; ☎ 070 68 40 00; Piazza dell'Arsenale; Erw./erm. 2/1 €, inkl. Museo Archeologico Nazionale 5/2,50 €; Di–So 9–20 Uhr) mit einer Ausstellung, die sich der Kunst des 15. bis 17. Jhs. widmet. Viele der beeindruckendsten Werke sind *retablos* (kunstvolle Altaraufsätze, wie sie in Spanien üblich waren), die von katalanischen und genuesischen Künstlern für hiesige Kirchen angefertigt wurden.

Unter den Werken von bekannten sardischen Künstlern stechen die vier von Pietro Cavaro heraus, dem Begründer der sogenannten Stampace-Schule und wahrscheinlich der bedeutendste Maler Sardiniens. Darunter sind eine ergreifende *Deposizione* (Kreuzabnahme) und Porträts des Hl. Petrus, Hl. Paulus und Hl. Augustinus. Auch der Vater des Malers, Lorenzo, und sein Sohn Michele sind vertreten. Ein weiterer namhafter sardischer Künstler war Francesco Pinna, dessen *Pala di Sant'Orsola* hier ausgestellt ist. Diese Bilder zeigen eher spanische und italienische Einflüsse als typisch sardische Besonderheiten, aber es findet sich auch eine kleine Auswahl sardischer Maler des 19. und 20. Jhs. wie Giovanni Marghinotti und Giuseppe Sciuti.

Mostra di Cere Anatomiche

Das **Mostra di Cere Anatomiche** (Karte S. 60; Piazza dell'Arsenale; Eintritt 1,55 €; Di–So 9–13 & 16–19 Uhr) ist eine Art Gruselkabinett nach dem Vorbild Madame Tussauds mit 23 anatomischen Wachsmodellen. Der Florentiner Clemente Susini fertigte zwischen 1802 und 1805 die bizarren, aber anatomisch korrekten Figuren an. Dazu gehören ein Schädel, an dem die Haut zurückgeklappt wurde, damit das Gehirn und das restliche Innenleben zu sehen sind, und der Querschnitt durch den Leib einer Schwangeren, komplett mit Gebärmutter und Fötus.

Museo d'Arte Siamese

Mit einer Sammlung asiatischer Kunst rechnet im mittelalterlichen Herzstück von Cagliari wahrscheinlich niemand, aber genau das findet sich im **Museo d'Arte Siamese** (Karte S. 60; ☎ 070 65 18 88; Piazza dell'Arsenale; Erw./erm. 4/2 €; Juni–Sept. Di–So 9–13 & 16–20, Okt.–Mai Di–So 9–13 & 15.30–19.30 Uhr). Die ausgesprochen erlesenen Stücke sind ein Geschenk von Stefano Cardu an die Stadt. Der aus Cagliari stammende Ingenieur lebte viele Jahre in Thailand (ehemals Siam). Neben chinesischen Porzellanvasen aus der Ming- und Qing-Ära sind Seidenmalereien, japanische Statuetten und ein paar grausige Thai-Waffen ausgestellt.

CATTEDRALE DI SANTA MARIA & UMGEBUNG

Die sonnenüberflutete **Piazza Palazzo** mitten im Viertel war früher den religiösen Oberhäuptern der Stadt vorbehalten; heute parken hier Autos. Über dem Platz thront die **Cattedrale di Santa Maria** (Karte S. 68; ☎ 070 66 38 37; www.duomodicagliari.it; Piazza Palazzo 4; ⌚ Mo–Fr 8–12.30 & 16.30–20, Sa & So 8.30–13 & 16–20 Uhr), Cagliaris imposante Kathedrale aus dem 13. Jh. Abgesehen vom viereckigen Glockenturm ist von der ursprünglichen gotischen Bauweise kaum noch etwas übrig. Ihre überwiegend barocke Innenausstattung verdankt sie einem radikalen Umbau Ende des 17. Jhs., und die saubere pisanisch-romanische Fassade stammt aus dem 20. Jh. Sie ist eine Imitation, die zwischen 1933 und 1938 hinzugefügt wurde.

Das ehemals gotische Kircheninnere liegt heute unter einer dicken Schicht barocken Dekors verborgen. Leuchtende Fresken schmücken die Decken, und die drei Kapellen zu beiden Seiten des Mittelschiffs sind bis zum Bersten gefüllt mit verschnörkelten Verzierungen. Der Effekt ist sowohl im positiven als auch negativen Sinn überwältigend. In der dritten Kapelle rechts, der Cappella di San Michele, wird das Ganze auf die Spitze getrieben. Ein gut aufgelegter Erzengel Michael, der sich (der Barockmode entsprechend) im Auge eines Wirbelsturms befindet, schmettert dort Teufel in die Hölle.

Es gibt aber auch weniger pompös gestaltete Teile. Die zwei kunstvoll aus Stein gehauenen Kanzeln beiderseits des Haupteingangs wurden zwischen 1158 und 1162 von Guglielmo da Pisa gefertigt. Ursprünglich bildeten sie eine Einheit im Duomo von Pisa, bis die Pisaner sie 1312 Cagliari schenkten. Der etwas übereifrige Architekt Domenico Spotorno, der für das barocke Facelifting der Kirche im 17. Jh. verantwortlich war, machte zwei Teile daraus. Die großen Steinlöwen, die das Fundament bildeten, wurden abgetrennt und wanderten zum Altar, wo sie heute noch stehen. Rechts vom Altar befindet sich das ziemlich mitgenommen wirkende *Trittico di Clemente VI.* Manche schreiben es der Schule des flämischen Malers Rogier van der Weyden zu.

Auf der anderen Seite des Alters liegt der Eingang zur **Aula Capitolare**, der Krypta, in der viele Gräber der Savoyen erhalten werden. Mit seinen reichlichen Verzierungen und phantastischen Schnitzereien ist das aus dem Fels gehauene Gewölbe ein echter Hingucker.

Weitere Schätze aus der Kathedrale sind im **Museo del Duomo** (Karte S. 68; ☎ 070 65 24 98; Via del Fossario 5; Eintritt 4 €; ⌚ 10–13 & 16.30–19 Uhr) ausgestellt, darunter zwei außergewöhnliche Stücke: das *Trittico di Clemente VII*, ein aus dem 15. Jh. stammendes Werk des flämischen Malers Rogier van der Weyden, und der *Retablo dei Beneficiati*, der im 16. Jh. in der Schule von Pietro Cavaro geschaffen wurde.

Neben der Kathedrale steht die Erzbischofsresidenz, der **Palazzo Arcivescovile**, und daneben der hellgrüne **Palazzo Viceregio** (Karte S. 68; Palazzo Regio; ☎ 070 409 20 00; ⌚ 8.30–14 & 15–19 Uhr), in dem einst die spanischen und savoyischen Vizekönige residierten. Heute dient er als Versammlungsort der Provinzregierung, außerdem finden hier regelmäßig Ausstellungen und im Sommer auch Konzerte statt.

Stampace

Im Mittelalter war Stampace das Arbeiterviertel von Cagliari, und hier, im Schatten des drohenden Kastells, lebten die Sarden in qualvoller Enge. Im 14. Jh., unter der Herrschaft der Aragonier, war es den Bewohnern verboten, nach Eintritt der Dunkelheit das Schlossgelände zu betreten. Wer dabei dennoch erwischt wurde, wurde mit dem Segensspruch *stai in pace* (ruhe in Frieden) über die Schlossmauer geworfen. Dieser Satz prägte den Namen Stampace.

Der Mittelpunkt des Viertels, besser gesagt der gesamten Innenstadt, ist die Piazza Yenne. Der kleine Platz, der nur Fußgängern vorbehalten ist, wird von einer **Statue** (Karte S. 68) von König Carlo Felice geschmückt. Sie markiert den Anfang der Staatsstraße „Carlo Felice" (SS131), der bekanntesten Hinterlassenschaft aus der Regierungszeit des Monarchen. An Sommerabenden ist auf der Piazza Yenne der Bär los. Dann amüsieren sich die Jungen und Unternehmungslustigen der Stadt in den Bars und Cafés. In Stampace gibt es außerdem einige wichtige Kirchen, einen Botanischen Garten und oben am Hang Cagliaris römisches Amphitheater zu entdecken.

CHIESA DI SANT'EFISIO

Trotz der bescheidenen Fassade und des schlichten barocken Inneren hat die **Chiesa di Sant'Efisio** (Karte S. 68; Via Sant'Efisio; ⌚ Di–So

9–13 & 15.30–19.30 Uhr) große Bedeutung für die Einwohner der Stadt. Sie hat keine ästhetischen oder architektonischen Highlights zu bieten, einzig ihrer Verbindung zum Hl. Ephisius, dem Schutzheiligen von Cagliari, hat sie ihren Stellenwert zu verdanken. Ephisius war ein römischer Soldat, der zum Christentum konvertierte und enthauptet wurde, weil er sich weigerte, seinen Glauben zu verleugnen. Er steht im Mittelpunkt von Cagliaris bunten 1. Maifeierlichkeiten (s. S. 70). Ein Bildnis des Heiligen, das normalerweise in der zweiten Kapelle rechts untergebracht ist, wird dann auf einer wunderbar verzierten *carozza* (Kutsche) durch die Stadt gefahren. Der Wagen steht ebenfalls in der Kapelle, die aber nur mit Erlaubnis des Küsters besichtigt werden kann.

Im Laufe der Jahrhunderte hat der Heilige immer wieder seine schützende Hand über die Stadt gehalten. 1652 rettete er die Bevölkerung vor der Pest – dafür erhielt die Kirche ihre Marmorverkleidung – und 1793 vertrieb er Napoleons Flotte. In der Mauer unter einem Gemälde sind sogar französische Kanonenkugeln eingearbeitet. Das Bild zeigt, wie der Hl. Ephisius einen Sturm entfacht, der die Kriegsschiffe in die Flucht schlägt.

Seitlich der Kirche befindet sich der Eingang zu der Krypta, wo der Hl. Ephisius eingesperrt gewesen sein soll, bevor er in Nora (in der Nähe von Pula) exekutiert wurde. In Stein geritzt steht dort zu lesen: *Carcer Sancti Ephysii M* (Gefängnis des heiligen Märtyrers Ephisius). Auch die Säule ist zu sehen, an der Ephisius während seiner Gefangenschaft angeblich angekettet war.

CRIPTA DI SANTA RESTITUTA

Ein Stückchen weiter die Straße hinunter steht die **Cripta di Santa Restituta** (Karte S. 68; ☎ 070 640 21 15; Via Sant'Efisio; ⏲ Di–So 10–13 Uhr), die bereits seit vorchristlicher Zeit in Gebrauch ist. Die riesige, gruselige Naturhöhle, in der das Echo stetig fallender Wassertropfen nachhallt, war ursprünglich eine heidnische Opferstelle und wurde im 5. Jh. zur Heimat der Märtyrerin Restituta und zum Treffpunkt der frühen Christen von Cagliari. Später nahmen die orthodoxen Christen sie in Beschlag – die Überreste ihrer Fresken sind heute noch zu sehen – und gaben sie im 13. Jh. schließlich auf. Im Zweiten Weltkrieg diente sie als Luftschutzkeller, aber nicht sehr erfolgreich, denn viele der Menschen, die im Februar 1943 hier Unterschlupf suchten, kamen ums Leben. Die Graffiti aus Kriegszeiten an den Höhlenwänden sind einen näheren Blick wert.

CHIESA DI SAN MICHELE

Die **Chiesa di San Michele** (Karte S. 68; ☎ 070 65 86 26; Via Ospedale 2; ⏲ Mo–Sa 8–11 & 18–21, So 7.30–12 & 19–21 Uhr) wurde schon 1538 geweiht, bekannt ist sie jedoch für ihr verschwenderisches Dekor aus dem 18. Jahrhundert. Es gilt als das herausragendste Beispiel für sardische Rokokokunst. Das Spektakel beginnt schon draußen mit der dreibögigen Barockfassade und setzt sich fort in der weitläufigen, mit Kolonnaden versehenen Vorhalle und im prächtigen Kirchenschiff. Vor dem Betreten des Inneren sollte man sich kurz Zeit nehmen und die massive, von vier Säulen gestützte Kanzel im Atrium betrachten. Sie wurde zu Ehren des spanischen Kaisers Karl V. erbaut und nach ihm benannt. Hier oben soll er eine flammende Rede gehalten haben, bevor er sich zu einem erfolglosen Kriegszug gegen arabische Freibeuter in Tunesien aufmachte. Das achteckige Kircheninnere ist prachtvoll. Rund um die zentrale Kuppel, die mit leuchtend bunten Fresken verziert ist, sind sechs verschwenderisch ausgestaltete Kapellen angeordnet. Besonders interessant ist die Sakristei, in die man über die letzte Kapelle links gelangt. Sie ist mit lebendigen Fresken und kostbaren Holzintarsien ausgestattet.

CHIESA DI SANT'ANNA

Die größte und uninteressanteste Kirche in Stampace ist die **Chiesa di Sant'Anna** (Karte S. 68; Piazza Santa Restituta; ⏲ Di–So 7.30–10 & 17–20 Uhr). Wie aus dem Nichts taucht sie plötzlich vor dem Betrachter auf, und ihre Ehrfurcht gebietende sandfarbene Fassade erhebt sich drohend über einem kleinen Platz. Im Zweiten Weltkrieg wurde sie größtenteils zerstört und danach originalgetreu wieder aufgebaut. Grundsätzlich handelt es sich um eine Barockkirche, aber die ionischen Säulen, die in die geschwungene Fassade getrieben wurden, verleihen ihr einen Hauch von neoklassischer Strenge.

ANFITEATRO ROMANO

Das spektakulärste römische Monument Cagliaris ist das **Anfiteatro Romano** (römisches Amphitheater; Karte S. 60; ☎ 070 65 29 56; www.

anfiteatroromano.it, auf Italienisch; Viale Sant' Ignazio; Erw./Stud./Kind bis 6 J. 4,30 €/2,80 €/frei; ⌚ April–Okt. Di–So 9–13.30 & 15.30–17.30 Uhr, Nov.–März Di–Sa 9.30–13.30 & So 10–13 Uhr). Dieses Amphitheater stammt aus dem 2. Jh. n. Chr. Es wurde aus dem Felsen hoch oben am Hügel Buon Cammino gehauen, in der Nähe des Nordeingangs zu Il Castello. Obwohl viel vom ursprünglichen Theater über die Jahrhunderte geplündert und als Baumaterial verwendet wurde, ist noch einiges übrig, das die Phantasie beflügeln kann. Während seiner Glanzzeit versammelten sich hier bis zu 10 000 Menschen – praktisch alle Bewohner von Cagliari –, um Kämpfen beizuwohnen, bei denen Gladiatoren gegeneinander und manchmal auch gegen wilde Tiere antraten. Im Sommer wird dem Amphitheater etwas von seiner ursprünglichen Bestimmung zurückgegeben: Dann werden hier Sommerkonzerte veranstaltet. Während der Konzertsaison kann es vorkommen, das die Anlage für Besucher geschlossen ist. Aber das ist kein Grund zur Verzweiflung, denn von der Straße aus hat man einen guten Blick über die Anlage.

ORTO BOTANICO

Gleich unterhalb vom Anfiteatro liegt der **Orto Botanico** (Viale Sant'Ignazio; Karte S. 60; Eintritt 2 €; ⌚ April–Okt. Mo–Sa 8.30–19.30 & So 8.30–13.30 Uhr, Nov.–März Mo–Sa 9–16 Uhr), einer der berühmtesten botanischen Gärten Italiens. Er wurde 1858 angelegt, erstreckt sich über fünf Hektar und hat fast 3000 Pflanzenarten zu bieten, darunter 500 Spezies tropischer Gewächse und 16 Palmenarten. Seite an Seite mit einheimischen Johannisbrotbäumen und Korkeichen wachsen Bäume aus Asien, Australien, Afrika, Nord- und Südamerika. Über das Gelände verstreut liegen uralte Ruinen, eine alte punische Zisterne, ein römischer Steinbruch und ein römisches Aquädukt.

PALAZZO CIVICO

Der neogotische **Palazzo Civico** (Karte S. 68; ☎ 070 677 70 49; Via Roma) an der Piazza Matteotti, auch Municipio genannt, ist das Rathaus von Cagliari. Nicht ganz stilsicher und pompös, aber kein bisschen protzig wurde es zwischen 1899 und 1913 erbaut und nach der Bombardierung von 1943 originalgetreu rekonstruiert. In den Sälen im Obergeschoss befinden sich Arbeiten verschiedener sardischer Künstler, darunter auch von Pietro Cavaro. Einlass nur nach Voranmeldung.

Marina

Das charmante Viertel Marina wird im Westen vom Largo Carlo Felice und an der Küste durch die Via Roma begrenzt. Ein Erkundungsbummel lohnt sich auf jeden Fall, jedoch nicht so sehr aufgrund spezieller Sehenswürdigkeiten (die sind eher spärlich gesät), sondern wegen der authentischen Atmosphäre in den schmalen, schummrigen Gassen mit Künstlershops, Cafés und Esslokalen jeglicher Couleur. Die Orientierung ist einfach, denn die Gässchen verlaufen alle im römischen Schachbrettmuster.

Mitten im Viertel befindet sich das **Museo del Tesoro e Area Archeologica di Sant'Eulalia** (MUTSEU; Karte S. 68; ☎ 070 66 37 24; Vico del Collegio 2; Eintritt 4 €; ⌚ Di–So 10–13 & 17–20 Uhr). Es zeigt eine umfangreiche Sammlung religiöser Kunstwerke und verfügt über eine archäologische Abteilung, die sich über eine nahezu 200 m² große Fläche unterhalb der benachbarten **Chiesa di Sant' Eulalia** erstreckt. Die Hauptattraktion hier ist ein 13 m langer Abschnitt einer freigelegten römischen Straße (zwischen dem 1. und 2. Jh. n. Chr. erbaut). Fachleute nehmen an, dass sie zum nahe gelegenen Hafen führte. Die Ausgrabungen sind noch in vollem Gange, deshalb ist bald mit weiteren Enthüllungen aus der Tiefe zu rechnen.

In der Schatzkammer im Obergeschoss lagern die unterschiedlichsten religiösen Artefakte, von exquisiten Priestergewändern und Silberobjekten bis zu mittelalterlichen Codices und anderen kostbaren Dokumenten. Gezeigt werden zahlreiche kunstvolle Holzskulpturen und außerdem ein Ecce-Homo-Gemälde, das den Körper von Christus nach der Geißelung abbildet. Das Werk soll aus der Hand eines flämischen Künstlers des 17. Jhs. stammen.

Ein kurzer Spaziergang den Hügel hinauf führt zur **Chiesa di Santo Sepolcro** (Karte S. 68; ☎ 070 66 37 24; Piazza del Santo Sepolcro 5; ⌚ 9–13 & 17–20 Uhr). Das Highlight in dieser Kirche ist ein riesiger vergoldeter Altaraufsatz aus Holz aus dem 17. Jh., der eine Statue der Jungfrau Maria umgibt.

Villanova

Östlich von Il Castello erstreckt sich Villanova, das unattraktivste der vier historischen Stadtviertel Cagliaris. Diese Ecke der Stadt war ursprünglich ein Künstlerviertel, das weit über die Stadtgrenzen hinaus wirkte. Heute ist es aber längst dem Verkehr und der modernen Bebauung zum Opfer gefallen. Zu sehen gibt's hier nicht viel, aber die alten Straßen zwischen der Ostseite des Schlosses und der Piazza San Domenico sind perfekt für einen Bummel. Mit dem Rücken zum Platz steht der gotische **Chiostro di San Domenico** (Karte S. 60; ☎ 070 66 28 37; Via XXIV Maggio 5), eines von mehreren sakralen Bauwerken in diesem ehemaligen Kirchenbezirk; Zugang nur auf Anfrage. Wer sich besonders für Kirchen interessiert, geht einfach auf der Via San Lucifero weiter nach Osten zum Parco delle Remembranze. Dahinter befindet sich eine der ältesten Kirchen Sardiniens, die Basilica di San Saturnino.

Über dem Viertel erhebt sich der Monte Urpinu, dessen Hänge von einem großen öffentlichen Park bedeckt sind. Die Salzmarschen **Stagno di Molentargius** auf der anderen Seite des Bergs sind ein ausgezeichnetes Vogelbeobachtungsgebiet.

Östlich der Innenstadt

In der Gegend unmittelbar östlich von Villanova liegen zwei der wichtigsten religiösen Stätten von Cagliari.

BASILICA DI SAN SATURNINO & CHIESA DI SAN LUCIFERO

Die **Basilica di San Saturnino** (Karte S. 60; ☎ 070 65 98 69; Piazza San Cosimo; ⌚ Mo–Sa 9–13 Uhr), eine der ältesten Kirchen Sardiniens, ist ein herrliches Beispiel frühchristlicher Architektur. Die mit einer Kuppel versehene Basilika mit dem Grundriss eines griechischen Kreuzes wurde im 5. Jh. über einer römischen Nekropole erbaut. An dieser Stelle befand sich einst das Grab von Saturninus, einem hoch verehrten Märtyrer. Der Legende nach wurde Saturninus 304 n. Chr. während der Christenverfolgung unter Kaiser Diokletian enthauptet.

Im 6. Jh. ließ Fulgentius von Ruspe, ein tunesischer Bischof im Exil, hier ein Kloster erbauen. 1098 verwandelte eine Gruppe von Vittorini-Mönchen aus Marseille das Kloster in den heutigen romanischen Kirchenbau. Seither wurde die Basilika immer wieder entscheidend verändert, besonders nach einer Plünderung 1662, als man Baumaterial für die Cattedrale di Santa Maria benötigte, und zuletzt nach heftigen Bombenschäden während des Zweiten Weltkriegs.

Gleich gegenüber, auf der anderen Seite des schattigen, modernen Platzes, steht die barocke **Chiesa di San Lucifero** (Karte S. 60; Via San Lucifero 78). Hinter der Kirche befindet sich eine Krypta aus dem 6. Jh. Sie beherbergt das Grab des Hl. Lucifer, dem ersten Erzbischof von Cagliari. In früherer Zeit gehörte das Areal zu einem römischen Friedhof. Die Grabstätte ist nicht zu besichtigen, aber ihre strenge Fassade aus dem 17. Jh. ist einen Blick wert.

EXMÀ

Das in Cagliaris *mattatoio* (Schlachthaus) aus dem 18. Jh. untergebrachte **Exmà** (Karte S. 60; ☎ 070 66 63 99; Via San Lucifero 71; Ausstellungen 3 €; ⌚ Juni–Sept. Di–So 10–13 & 17–22 Uhr, Okt.–Mai Di–So 9–13 & 16–20 Uhr) ist ein hübsches Kulturzentrum. Eine Dauerausstellung zeigt die Details der Schlachthausrestaurierung, aber besser bekannt ist das Zentrum für seine zeitgenössischen Kunstschauen und Fotoausstellungen. Im Sommer finden hier oft Openair-Konzerte statt.

SANTUARIO & BASILICA DI NOSTRA SIGNORA DI BONARIA

Die **Santuario di Nostra Signora di Bonaria** (Karte S. 60; ☎ 070 30 17 47; Piazza Bonaria 2; Spenden erbeten; ⌚ Mo–Sa 6.30–11.45 & 16–18.45, So 6.30–12.45 & 16–19.45 Uhr) auf dem Hügel Bonaria östlich der Innenstadt ist eine extrem beliebte Wallfahrtskirche. Aus aller Welt kommen Gläubige hierher, um Nostra Signora di Bonaria zu huldigen, einer Statue der Jungfrau Maria in einer Nische hinter dem Altar (Näheres s. Kasten rechts). Im 14. Jh. soll die Holzfigur ein in Seenot geratenes spanisches Schiff gerettet haben, und bis heute bitten Matrosen die Madonna um Schutz vor den Gefahren auf dem Meer. Über dem Altar hängt ein winziges Elfenbeinschiffchen aus dem 15. Jh. Angeblich verraten seine Bewegungen, aus welcher Richtung der Wind im Golfo degli Angeli weht.

Weitere Modellschiffe sowie andere Votivgaben und eine goldene Krone von Karl Emanuel I. sind im **Museum** (☎ 9–11.30 & 17–18.30 Uhr) der Wallfahrtskirche zu sehen, das durch den kleinen Kreuzgang zu erreichen ist. Dort werden auch die mumifizierten Leichen von vier an der Pest gestorbenen katalanisch-aragonischen Adligen aufbewahrt. Ihre auf wundersame Weise konservierten Körper wurden in der Kirche gefunden.

Ursprünglich war die Wallfahrtsstätte Teil einer sehr viel größeren, von den Katalanen 1323 erbauten Festungsanlage. Von den Bauten jener Zeit ist kaum noch etwas

FRISCHE LUFT & HIMMLISCHE GNADE

Als 1323 die katalanischen Aragonier anrückten, um Cagliari einzunehmen, wurde schnell klar, dass das kein Kinderspiel werden würde. Deshalb schlugen sie klugerweise ihr Lager an den luftigen Hängen des Montixeddu auf. Später erhielt es den Namen Bonaria (*buon'aria*, was so viel heißt wie „gute Luft"). Während der dreijährigen Belagerungszeit wurde aus dem Camp eine Festung mit eigener Kirche.

Nachdem die Aragonier 1335 die Pisaner hinausgeworfen und die Stadt eingenommen hatten, luden sie die Mercedari-Mönche aus Barcelona ein, neben der Kirche von Bonaria ein Kloster zu errichten. Dort residiert der Orden heute noch.

Die Mönche von Bonaria hatten Jahrhunderte lang gut damit zu tun, christliche Sklaven aus den Fängen moslemischer Piraten freizukaufen. Außerdem halfen sie der genuesischen Gemeinde Tabarka in Tunesien und verfrachteten sie auf die Isola di San Pietro. Aber dass das Kloster heute eine internationale Pilgerstätte ist, verdankt es eher einer schlichten Holzstatue der Jungfrau Maria mit dem Jesuskind, die im Santuario di Nostra Signora di Bonaria (s. S. 66) untergebracht ist.

Der Legende nach wurde die Statue im 14. Jh. an den Strand gespült, nachdem in Seenot geratene spanische Matrosen sie über Bord geworfen hatten. Mönche fanden die Madonna am Strand direkt vor ihrem Kloster. Sie war nicht nur völlig unversehrt, sie hielt obendrein eine brennende Kerze in der Hand.

Im Laufe der Zeit entwickelten christliche Seefahrer eine besondere Zuneigung für Nostra Signora di Bonaria, der sie alle möglichen Wunder zuschrieben. Die spanischen Konquistadoren benannten sogar eine spätere Hauptstadt (Buenos Aires in Argentinien) nach ihr.

übrig, abgesehen von dem verstümmelten Glockenturm, der als Wachturm diente, und einem Gotikportal.

Rechts von der Wallfahrtskirche steht die viel größere **Basilica**, die auch heute noch ein Wegweiser für heimkehrende Seeleute ist. Mit dem Bau wurde 1704 begonnen, aber dann ging das Geld aus. Ihre offizielle Fertigstellung erlebte die Basilika erst 1926. Bald darauf, im Jahr 1943, machte eine Bombe der Alliierten kurzen Prozess mit der ganzen Pracht. Inzwischen ist das Bauwerk originalgetreu wieder hergestellt, dank einer langwierigen Restaurierung, die erst 1998 abgeschlossen war.

Nordwestlich der Innenstadt

GALLERIA COMUNALE D'ARTE

Wer sich auch nur ein kleines bisschen für moderne sardische Kunst interessiert, sollte die **Galleria Comunale d'Arte** (Karte S. 60; ☎ 070 49 07 27; Viale San Vincenzo; Erw./Stud./Kind bis 6 J. 6 €/2,60 €/frei; 🕑 April–Okt. Mi–Mo 9–13 & 17–20 Uhr, Nov.–März 9–13 & 15.30–19.30 Uhr) nicht verpassen. Sie zeigt eine umfangreiche Sammlung von Werken auf der Insel beheimateter Künstler wie Tarquinio Sinni (1891–1943). Seine humorvollen *contrasti* (Kontraste) zeigen schwer bekleidete sardische Mädchen neben durchgestylten Backfischen und verdeutlichen so die Spannungen zwischen traditioneller sardischer Lebensweise und den neuen Freizügigkeiten einer modernen Welt, die sich rasend schnell verändert. Ein weiteres Highlight sind die Arbeiten von Giuseppe Biasi (1885–1945). Seine Ölgemälde sind anschauliche Abbildungen des Lebens auf Sardinien in einem Stil, der die kühnen Pinselstriche eines Gauguin mit der stimmungsvollen Atmosphäre von Degas verbindet.

Die Galerie, die in einer neoklassischen Villa nördlich von Il Castello untergebracht ist, wird auch eine hervorragende Auswahl zeitgenössischer Werke gezeigt. Außerdem beherbergt sie die Collezione Ingrao, mehr als 650 italienische Kunstwerke aus der Zeit von Mitte des 19. bis Ende des 20. Jhs. Zusätzlich gastieren häufig Wanderausstellungen, die Arbeiten zeitgenössischer Künstler präsentieren.

Der farbenfrohe **Giardino da Leggere** (Lesegarten; 🕑 Mo–Sa 9.30–16, So bis 13 Uhr) draußen vor der Galerie ist ein nettes Plätzchen für eine Erholungspause.

CASTELLO DI SAN MICHELE

Die wuchtige, dreitürmige spanische Festung **Castello di San Michele** (Castillo de San Miguel; Eintritt 3–10 €; 🕑 April–Okt. Di–So 10–13 & 17–21 Uhr, Nov.–März

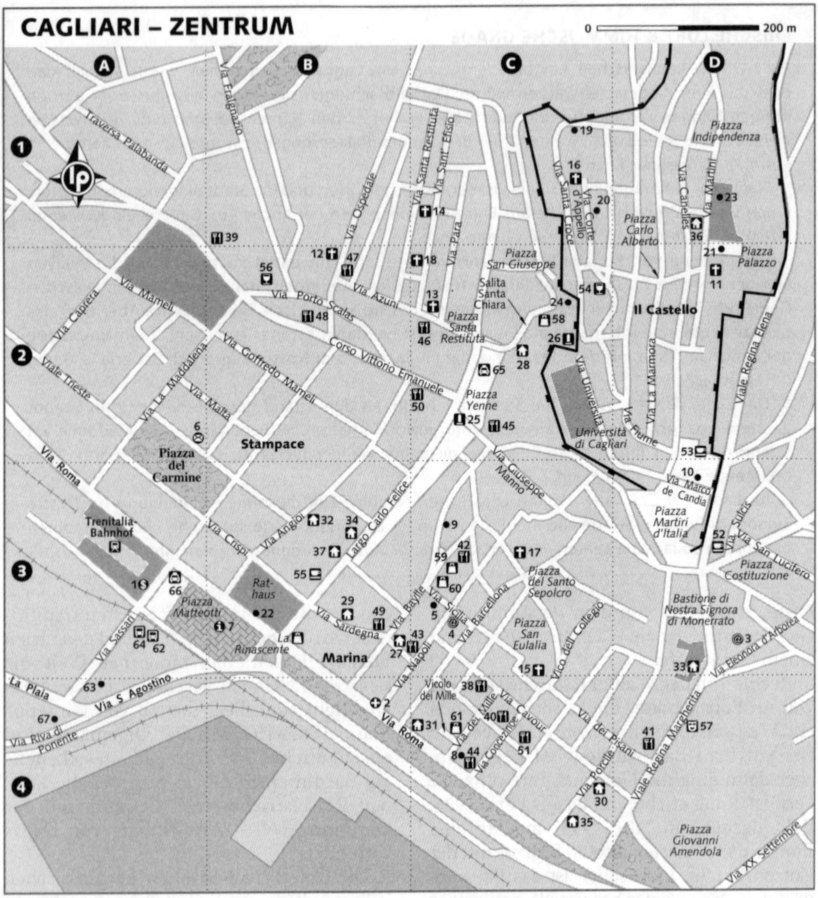

Di–So 10–13 & 15–18 Uhr) nimmt eine beherrschende Position nordwestlich der Innenstadt ein. Sie wurde im 10. Jh. zum Schutz von Santa Igia erbaut, der Hauptstadt des Giudicato di Cagliari. Am bekanntesten ist der Bau aber, weil er im 14. Jh. die Luxusresidenz der Familie Carroz war. Das Schloss wird jetzt als Ausstellungsort und Konferenzzentrum genutzt; der Eintrittspreis richtet sich nach den aktuellen Veranstaltungen. Das Gelände ringsum ist ein friedliches grünes Örtchen, an dem man sich vom Lärm der Stadt erholen kann.

Der Stadtbus Nr. 5 fährt von der Via Roma bis zum Fuß des Hügels an der Via Bacu Abis. Von dort geht es auf einer geteerten Straße 800 m hinauf zum Schloss.

Poetto & Sella del Diavola

Von der Innenstadt aus lässt sich Cagliaris berühmter Strand **Poetto** ganz leicht per Bus erreichen. Der Poetto, einer der längsten Sandstreifen Italiens, erstreckt sich über 6 km hinter dem grünen Promontorio di Sant'Elia. Aus dem Alltagsleben der Stadtbewohner ist er nicht mehr wegzudenken, schon gar nicht im Sommer. Dann schlägt die Stadtjugend hier ihre Lager auf; tagsüber ist Sonnenbaden angesagt, nachts steigen Partys. Den langen Sandstrand säumen Rummelplatzbuden, Restaurants, Bars und Diskos. Viele davon sind gleichzeitig *stabilmenti balneari* (private Strandclubs), die z. B. Duschen und Umkleidekabinen sowie Sonnenschirm- und Liegestuhlverleihe anbieten. Die Preise be-

PRAKTISCHES
Banco San Paolo........1 A3
Farmacia Dr Spano........2 B4
Intermedia Point........3 D3
Lamarù........4 C3
Lavanderia Ghilbi........5 C3
Hauptpost........6 A2
Touristeninformation........7 B3
Ubik........8 C4
Viaggi Orrù........9 B4

SEHENSWERTES & AKTIVITÄTEN
Bastione San Remy........10 D3
Cattedrale di Santa Maria........11 D2
Chiesa di San Michele........12 B2
Chiesa di Sant'Anna........13 C2
Chiesa di Sant'Efisio........14 C1
Chiesa di Sant'Eulalia........15 C3
Chiesa di Santa Croce........16 C1
Chiesa di Santo Sepolcro........17 C3
Cripta di Santa Restituta........18 C2
Ghetto degli Ebrei........19 C1
Istituto di Architettura e Disegno........20 C1
Palazzo Arcivescovile........21 D2
Palazzo Civico........22 B3
Palazzo Viceregio........23 D1
Scalette di Santa Chiara........24 C2
Statue von Carlo Felice........25 C2
Torre dell'Elefante........26 C2

SCHLAFEN
Affitacamere Arcobaleno........27 B3
Albergo Aurora........28 C2
Albergo La Perla........29 B3
B&B La Marina........30 C4
Hotel A&R Bundes Jack........31 C4
Hotel Quattro Mori........32 B3
Hotel Regina Margherita........33 D3
La Terrazza sul Porto........34 B3
Old Caralis B&B........35 C4
Residenza Kastrum........36 D1
Sardinia Domus........37 B3

ESSEN
Antica Hostaria........38 C4
Crackers........39 B1
Da Lillicu........40 C4
Dal Corsaro........41 D4
Disizos........42 C3
I Sapori dell'Isola........43 C3
Il Buongustaio........44 C4
Isola del Gelato........45 C2
L'Osteria........46 C2
La Vecchia Trattoria........47 B2
Monica e Ahmed........48 B2
Ristorante Italia........49 B3
Ristorante Quattro Mori........50 C2
Trattoria Gennargentu........51 C4

AUSGEHEN
Antico Caffè........52 D3
Caffè degli Spirti........53 D2
Caffè Librarium Nostrum........54 C2
Caffè Svizzero........55 B3
Il Merlo Parlante........56 B2

UNTERHALTUNG
Box Office Tickets........57 D4

SHOPPEN
Antica Enoteca Cagliaritana........58 C2
Durke........59 C3
Loredana Mandas........60 C3
Sapori di Sardegna........61 C4

TRANSPORT
ARST-Bushaltestelle........62 A3
CIA Rent A Car........63 A4
FMS-Busterminal........64 A3
Taxistand........65 C2
Taxistand........66 A3
Tirrenia........67 A4

ginnen bei 15 € für einen Schirm und zwei Liegen.

Das begehrteste Stück ist das Südende. Dort liegt die malerische **Marina Piccola**, Yachtclub und Freilichtkino (nur im Juli und August) zugleich. Über der Marina erhebt sich der Promontorio di Sant' Elia, der gemeinhin nur als **Sella del Diavolo** (Teufelssattel) bekannt ist. Der Volksglauben besagt, dass auf dieser Landzunge ein legendärer Kampf zwischen Luzifer und dem Erzengel Michael stattgefunden hat. Im Laufe der Schlacht wurde Satan vom Pferd gestoßen und sein Sattel fiel ins Meer. Dort versteinerte er allmählich und bildet nun die Spitze des Landvorsprungs. Große Teile des Areals gehörten zwar dem Militär und sind für die Öffentlichkeit tabu, aber es gibt trotzdem einige schöne Spazierpfade.

Zum Poetto fahren die Busse PF, PN oder PQ von der Piazza Matteotti.

AKTIVITÄTEN

Natürlich wird am Poetto Wassersport groß geschrieben, und die meisten Strandclubs vermieten Kanus. Der **Windsurfing Club Cagliari** (☎ 070 37 26 94; Viale Marina Piccola; www.windsurfingclubcagliari.it) mit Sitz an der Marina Piccola bietet unterschiedliche Kurse an. Ein Anfängerkurs mit sechs Einzelstunden kostet 150 €, sechs Freestyle-Unterrichtsstunden kosten 200 €.

Im **Golfo di Cagliari** wimmelt es von Schiffswracks aus dem Zweiten Weltkrieg. Das macht ihn zu einem Paradies für Taucher. **Morgan Diving** (☎ 070 80 50 59; www.morgandiving.com) organisiert Tauchtrips zu den meisten dieser Wracks (35–80 €) und darf auch Tauchgänge im Meeresreservat Villasimius durchführen. Das Büro dieses Veranstalters liegt an der Marina Capitana, 14 km östlich von Cagliari, aber man kann auch telefonische Absprachen treffen.

GEFÜHRTE TOUREN

Mariposas (☎ 333 590 90 24; www.mariposas.it, auf Italienisch) bietet nahezu alles an – von Touren durch Cagliaris Untergrund über Einkaufstrips bis zu Spezialitäten- und Weinverkostungen. Der Veranstalter organisiert auch Ausflüge nach Nora, Tauchgänge in Villasimius oder einen Tagesausflug in die Bergwerke des Iglesiente.

CTM Open (☎ 348 090 92 40; Erw./Kind 4–12 J./Kind bis 4 J. 10 €/5 €/frei) bietet eine Hop-on-hop-off-Bustour durch Cagliari an. Abfahrt ist an der Piazza Yenne; im Sommer halbstündlich zwischen 10 und 13 sowie zwischen 16 und 19.30 Uhr, im April, Mai, Juni und Ende September stündlich. Englischsprachige Kommentare werden angeboten. Die Tickets, die im Bus verkauft werden, gelten den ganzen Tag.

FESTE & EVENTS

Der wichtigste Termin im Festkalender von Cagliari ist die **Festa di Sant'Efisio** zwischen dem 1. und 4. Mai. Am Eröffnungstag bevölkern Tausende Cagliaritani die Straßen, um dem Bildnis des Hl. Ephisius, dem Schutzpatron von Cagliari, ihre Referenz zu erweisen. Das Standbild wird in einem Triumphzug auf einem Ochsenkarren durch die Stadt gefahren. Gegen Ende, wenn sich die kostümierte Prozession langsam auflöst, bleibt nur noch ein Häufchen Hartgesottener zurück, das die Statue auf ihrer 40 km langen Pilgerreise nach Nora begleitet. Den besten Blick auf das Treiben bieten die Tribünenbänke, die rund um die Piazza Matteotti und am Largo Carlo Felice aufgebaut werden. Tribünenkarten (5–15 €) gibt's bei **Box Office Tickets** (s. S. 75).

Auch zum **Carnevale** im Februar lässt man sich in Cagliari nicht lumpen. Und in der **Karwoche** findet zwischen der Chiesa di Sant'Efisio und der Kathedrale in Il Castello eine Prozession statt, die von Männern mit Kapuzen begleitet wird.

SCHLAFEN

Für eine so unglaublich geschäftige Hafen- und Landeshaupthauptstadt ist das Übernachtungsangebot von Cagliari ziemlich enttäuschend. Die meisten Innenstadthotels liegen im Viertel Marina oder in der Nähe des verkehrsreichen Largo Carlo Felice. Wer kein passendes Hotel findet, sollte es mit einem der B&Bs probieren, die immer mehr in Mode kommen, und von denen viele ein ausgezeichnetes Preis-Leistungs-Verhältnis bieten. Auf der Website des Vereins **Domus Karalitanae** (www.domus karalitanae.it) sind zahlreiche B&Bs aufgeführt.

Budgetunterkünfte

Albergo La Perla (Karte S. 68; ☎ 070 66 94 46; laperla1@virgilio.it; Via Sardegna 18; EZ 40–45 €, DZ 50–55 €, 3BZ 75–81 €;) Das bescheidene, gerade generalüberholte Hotel mit einem Stern bietet schlichte, relaxte Zimmer mitten im Viertel Marina. Die Rezeption befindet sich in der Küche des Eigentümers im 1. Stock. Die Gäste müssen ihr Gepäck bis in die 2. oder 3. Etage schleppen, denn dort liegen die ordentlichen Zimmer, alle mit Klimaanlage, Satellitenfernseher und Bad. Keine Kartenzahlung.

Albergo Aurora (Karte S. 68; ☎ 070 65 86 25; www.hotelcagliariaurora.it; Salita Santa Chiara 19; EZ 41–46 €, DZ 60–68 €, EZ mit Gemeinschaftsbad 32–37 €, DZ 48–55 €;) Das kleine, einladende Hotel befindet sich in der Nähe der Piazza Yenne. Die in die Jahre gekommenen pastellfarbenen Zimmer mit freiliegenden Ziegelsteinwänden sind nicht edel, aber hell, geräumig und preiswert. Der einzige echte Nachteil dieser Unterkunft ist der Lärm aus den nahe gelegenen Bars. Klimaanlage kostet 8 € extra.

LP Tipp **La Terrazza sul Porto** (Karte S. 68; ☎ 070 65 89 97; www.laterrazzasulporto.com; Largo Carlo Felice 36; pro Pers. 25–35 €;) Dieses umwerfend exzentrische, gay-freundliche B&B ist nur einen Steinwurf vom Hafen entfernt. Eigentümer Franco hat seine fabelhafte Obergeschosswohnung in ein freundliches Kleinod mit drei Gästezimmern, voll ausgestatteter Küche und einer sonnigen Dachterrasse verwandelt. Das Dekor ist fröhlich und ausgefallen: überall Modellautos, gerahmte Flugzeugbilder und ein riesiges Gemeinschaftsbadezimmer mit Kerzenleuchter und winzigem Designerwaschbecken. Ein weiterer Bonus: Frühstück ohne Zeitlimit.

B&B La Marina (Karte S. 68; ☎ 070 67 00 65; www.la-marina.it; Via Porcile 23; EZ 40 €, DZ 70–75 €;) Ein preisgünstiges B&B im bezaubernden Marina-Viertel. Das nicht mehr ganz junge Besitzerehepaar hält alles gut in Schuss; die vier Zimmer mit Deckenbalken sind makellos. Den Gästen stehen zwei gemeinschaftliche Frühstückszimmer mit Kühlschrank zur Verfügung.

Sardinia Domus (Karte S. 68; ☎ 070 65 97 83; www.sardiniadomus.it, auf Italienisch; Largo Carlo Felice 26; EZ 45–55 €, DZ 70–85 €, 3BZ 108–120 €, 4BZ 130–144 €;) Das sauber geführte B&B ist in einem hohen Palazzo am Largo Carlo Felice untergebracht. Es bietet unverputzte Steinwände und sechs einladende Zimmer mit Liberty-style-Einrichtung. Der Geräuschpegel kann allerdings ziemlich störend sein. Die Gastgeber haben noch sechs andere Zimmer im Cagliari Domus, einem zweiten B&B im gleichen Stockwerk.

Hotel A&R Bundes Jack (Karte S. 68; ☎ /Fax 070 66 79 70; www.hotelbjvittoria.it; Via Roma 75; EZ 48–58 €, DZ 76–88 €;) Diese altmodische *pensione* ist die beste Budgetunterkunft am Meer. Sie wird von einem gesprächigen älteren Herrn geführt und hat große Zimmer mit hohen Decken, robusten Familienmöbeln und glänzenden Murano-Leuchtern. Keine Kartenzahlung möglich.

Mittelklassehotels

Hotel Quattro Mori (Karte S. 68; ☎ 070 66 85 35; www.hotel4mori.it, auf Italienisch; Via Angioi 27; EZ/DZ 75/85 €; P) Das ziemlich gewöhnliche Drei-Sterne-Hotel weiß, wie man sich einen guten ersten Eindruck verschafft. Aber leider reicht der Charme der geschwungenen Lobby nicht bis in die an ein Krankenhaus erinnernden Korridore und enttäuschend kahlen Zimmer. Interessant für Autofahrer: Die Parkgebühr von 8 € in der Hotelgarage ist günstiger als auf einem Straßenparkplatz.

Old Caralis B&B (Karte S. 68; ☎ 349 29 12 853; www.oldcaralis.it; Via Porcile 11; EZ 40–70 €, DZ 60–90 €) Das gemütliche B&B liegt in Spaziernähe zum Hafen und Bahnhof. Es ist in einem Palast aus dem 19. Jh. untergebracht und bietet zwei Gästezimmer. Sie sind zwar nicht gerade die größten der Stadt, aber geschmackvoll mit Holzmöbeln und bequemen Betten eingerichtet.

Affitacamere Arcobaleno (Karte S. 68; ☎ 070 684 83 25; www.soggiornoarcobaleno.com; Via Sardegna 38; EZ 60–70 €, DZ 80–90 €) Das schlichte Gästehaus in einer belebten Straße voller Trattorias und Restaurants bietet in seinen netten Backsteinzimmern ein gutes Preis-Leistungs-Verhältnis. Die Mitarbeiter sind freundlich; WLAN gibt es auch.

Residenza Kastrum (Karte S. 68; ☎ 349 522 03 15; www.karel-bedandbreakfast.it, auf Italienisch; Via Canelles 78; EZ/DZ/3BZ 70/90/100 €, Suite 90–130 €) Ganz oben in Castello und mit entsprechend umwerfender Aussicht liegt dieses raffinierte B&B. Es umfasst vier Zimmer und eine Zwei-Zimmer-Suite in einem stilsicher modernisierten Apartment. Der Aufstieg vom Hafen hierher ist nicht ganz ohne, aber bei all den Bars und Cafés direkt vor der Tür ist der Spaßfaktor hoch.

Hotel Calamosca (☎ 070 37 16 28; www.hotelcalamosca.it; Viale Calamosca 50; EZ 54–60 €, DZ 84–95 €, 3BZ 101–111 €; P) Cagliaris einziges Strandhotel liegt rund 2 km von der Innenstadt entfernt mit Blick auf eine winzige Höhle. Die Zimmer sind sonnig und geräumig, und für 10 € extra kriegt man eines mit Meerblick. Die gleiche Aussicht lässt sich auch von der Rundumterrasse genießen. Zu erreichen mit Bus PF oder PQ von der Piazza Matteotti bis zum Fußballstadion und dann weiter mit Bus Nr. 11.

Spitzenklassehotels

Hotel Regina Margherita (Karte S. 68; ☎ 070 67 03 42; www.hotelreginamargherita.com; Viale Regina Margherita 44; EZ 135–148 €, DZ 180–370 €; P) Der abweisende Betonbau lässt von außen nicht erahnen, dass es sich um eines der Tophotels von Cagliari handelt. Der Service ist zuvorkommend und effizient, und die lachsfarbenen Zimmer sind mit allen Annehmlichkeiten ausgestattet.

T Hotel (Karte S. 60; ☎ 070 474 00; www.thotel.it; Via dei Giudicati; Zi. 99–410 €) Dieses Hotel in einem schwer zu übersehenden Turm aus Stahl und Glas ist eine moderne Bereicherung für Cagliaris Skyline. Sein geräumiges, flughafenähnliches Foyer hat eine im Boden versenkte Bar, elegante Ledersofas und einen plätschernden Springbrunnen zu bieten. Die Zimmer sind klar und modisch eingerichtet: schnörkellose, moderne Möbel, Badezimmer mit Mosaikfliesen und diskreter technischer Schnickschnack.

ESSEN

Dass die Cagliaritani leidenschaftlich gern essen gehen, ist kein Geheimnis. Die Stadt hat eine hervorragende Auswahl an Esslokalen, vom billigen Kebab-Imbiss über die Trattoria an der Ecke bis zum edlen Nobelrestaurant. Auf Sardinien geht alles ein bisschen formeller zu, deshalb ist es immer gut, einen Tisch reservieren zu lassen, vor allem am Freitag- und Samstagabend. Richtig voll wird's gegen 21.30 Uhr; im Sommer essen die Leute meistens noch später.

Vorsicht: Viele der besseren Restaurants haben im August für eine gewisse Zeit geschlossen.

Restaurants

MARINA

In den engen Gassen des Marina-Viertels wimmelt es von Restaurants, Trattorias, Bars und Schnellimbissen. Manche Lokale haben es eindeutig auf Touristen abgesehen, aber auch die Einheimischen gehen gern in dieser Ecke essen.

Trattoria Gennargentu (Karte S. 68; ☎ 070 67 20 21; Via Sardegna 60; Hauptgerichte um 20 €) Dieser Laden macht von außen nicht viel her, aber das Essen in dieser schnörkellosen Trattoria ist hervorragend, und die Tische sind schnell besetzt. Die Speisekarte bietet jede Menge Pasta- und fleischlastige Hauptgerichte, aber besonders lecker ist das Seafood. Tipp: *tonno alla carlofortina,* kalte Thunfischhappen in einer süßen Tomaten-Zwiebelsauce.

Il Buongustaio (Karte S. 68; ☎ 070 66 81 24; Via Concezione 7; Hauptgerichte um 25 €; Mo abends, Di & Aug.

geschl.) Diese gut besuchte Trattoria bietet nicht nur köstliches Seafood und üppige Fleischgerichte, sondern auch ein ausgezeichnetes Preis-Leistungs-Verhältnis. Die Speisekarte wechselt entsprechend der Saison, aber einige leckere Klassiker gibt's immer, z. B. *spaghetti alla bottarga* (mit getrocknetem Hirschfleisch).

Da Lillicu (Karte S. 68; ☎ 070 65 29 70; Via Sardegna 78; Hauptgerichte um 28 €; Mo–Sa, Ende Aug. geschl.) Die altehrwürdige Trattoria ist eines der renommiertesten Lokale Cagliaris und fast immer voll. Wer einen Tisch ergattern kann, darf sich auf traditionelles sardisches Seafood in Reinkultur freuen, z. B. *burrida* (in Weißweinessig marinierter Katzenfisch mit Nüssen).

Ristorante Italia (Karte S. 68; ☎ 070 65 79 87; Via Sardegna 30; Hauptgerichte um 30 €; Mo–Fr & Sa zum Abendessen, Mitte Aug. geschl.) Auch wenn die bunt zusammengewürfelten Fische im Fenster ziemlich traurig dreinschauen, genießt das Lokal bei den Einheimischen einen guten Ruf – nicht wegen der Einrichtung, die schon bessere Tage gesehen hat, sondern wegen der bodenständigen, gut zubereiteten Fischgerichte. Am Besten hält man sich hier an Produkte der Region: knuspriger *fritto misto del golfo* (gebratener Fisch aus dem Golf von Cagliari).

Antica Hostaria (Karte S. 68; ☎ 070 66 58 60; Via Cavour 60; Hauptgerichte um 40 €; Mo–Sa, im Aug. geschl.) In diesem einladenden Restaurant treffen sich die oberen Zehntausend der Stadt bei klassischer italienischer Küche und in gemütlicher Umgebung. Die antiken Möbel und die mit Fotos geschmückten Wände passen gut zum traditionellen Speisenangebot, das verschiedene Fleisch- und Fischgerichte umfasst. Wer ein echtes sardisches Essen mit Zutaten aus dem Meer und vom Lande genießen möchte, bestellt zuerst *pennette con tonno fresco e gamberi* (Makkaroni mit frischem Thunfisch und Garnelen), gefolgt von einem saftigen Steak.

Dal Corsaro (Karte S. 68; ☎ 070 66 43 18; Viale Regina Margherita 28; Hauptgerichte 50–55 €; Mo–Sa, im Aug. geschl.) Diese Feinschmeckerbastion ist eine feste Institution in der Stadt. Gestärkte Tischtücher, silberne Weinkühler und elegante Pärchen bilden die Kulisse für den Auftritt der unglaublich köstlichen Küchenkreationen. Sardische Zutaten kommen in kreativen Gerichten wie *raviola di cipolla e pecorino semi stagionato* (Zwiebelravioli mit gereiftem *Pecorino*) so richtig zur Geltung.

STAMPACE

Am Corso Vittorio Emanuele, der bei der Piazza Yenne beginnt, gibt es jede Menge Restaurants und Bars; vor allem im Winter ist hier einiges los. Gute Restaurants finden sich auch im Gewirr der Nebenstraßen.

LP Tipp **Monica e Ahmed** (Karte S. 68; ☎ 070 640 20 45; Corso Vittorio Emanuele 119; Hauptgerichte um 25 €; So abends geschl.) Eine Topadresse für schmackhafte Meeresfrüchte zu erschwinglichen Preisen. Monica begrüßt ihre Gäste mit einem Lächeln und verwöhnt sie anschließend mit einer verlockenden Auswahl an Seafood-Köstlichkeiten. Los geht's am besten mit einem überreichlichen Antipasto aus frischem Tintenfisch, *ricci* (Seeigel), Muscheln und Hummer in Vinaigrette. Danach sollte man *spaghetti ai frutti di mare* (mit Muscheln, Krabben und Semmelbröseln) probieren. Falls dann noch etwas Platz ist: Die gegrillten Scampis sehen zum Anbeißen aus.

LP Tipp **L'Osteria** (Karte S. 68; ☎ 070 311 01 68; Via Azuni 56; Hauptgerichte um 27 €; Sonntagabend geschl.) Wer Wert auf ansprechende Einrichtung, freundliche Bedienung und authentische Gerichte legt, ist in dieser genialen Trattoria genau richtig. Hier stimmt einfach alles, von den blanken Backsteinwänden und den tönernen Weinkrügen bis zum warmen, mit Olivenöl beträufelten Brot und dem traumhaften Essen. Die *fettucine con pesce spada, carciofo e menta* (Bandnudeln mit Schwertfisch, Artischocken und Minze) sind märchenhaft, und die Meringue mit Sahne und Erdbeeren ist bei aller Schlichtheit ein echter Gaumenschmaus.

Crackers (Karte S. 68; ☎ 070 65 39 12; Corso Vittorio Emanuele 193; Hauptgerichte um 30 €; Do–Di, Ende Aug. geschl.) Crackers bringt ein Stück Piemont nach Sardinien. Seine Spezialität sind norditalienische Klassiker wie *brasato al Barolo* (in Barolowein geschmortes Fleisch) und Kesselfleisch mit Senf. Außerdem gibt's viele verschiedene Risottos, ein paar ausgezeichnete vegetarische Antipasti und eine sorgfältig zusammengestellte Weinkarte.

Ristorante Quattro Mori (Karte S. 68; ☎ 070 65 02 69; Via Angioi 93; Hauptgerichte um 35 €; Di–Sa, Ende Aug. geschl.) Das auf regionale, sardische Kost spezialisierte Lokal ist eine der kulinarischen Bastionen von Cagliari. Es ist normalerweise rappelvoll mit lautstarken, zufriedenen

Gästen, die bei den Riesenportionen Antipasti und dem knackfrischen Seafood ordentlich zulangen. Ohne Reservierung geht hier gar nichts.

La Vecchia Trattoria (Karte S. 68; ☎ 070 65 25 15; Via Azuni 55; Hauptgerichte um 40 €; ⏲ Mittagessen Di–So) Trotz der grenzwertigen Innenausstattung – rot-weiß karierte Tischdecken, rustikale Holztische und Fischereigeräte – ist dieser Laden ein Lieblingslokal der Hauptstädter. Er ist hübsch gelegen und hat sich auf Cagliaritani Cuisine spezialisiert, bei der die unterschiedlichen Geschmacksrichtungen aus *terra e mare* (Land und Meer) eine perfekte Symbiose eingehen. Die Gäste können sich entweder drinnen oder draußen auf der Terrasse hinter der Hecke niederlassen.

AUSSERHALB DER INNENSTADT

LP Tipp **Il Fantasma** (Karte S. 60; ☎ 070 65 67 49; Via San Domenico 94; Pizza 6,50 €; ⏲ Mo–Sa) In dieser tollen Pizzeria abseits der Touristenpfade wird die beste Pizza von Cagliari gemacht. Es ist ein lautes, gewölbeartiges Lokal mit wackligen Tischen und einem fleckigen roten Muster auf den Backsteinwänden. Die freundlichen Kellner bahnen sich mit Tellern voll glühend heißer Pizza aus dem Holzofen stoisch ihren Weg durch die chaotische Menge. Wer nicht reserviert, muss höchstwahrscheinlich Schlange stehen.

Ristorante Royal (Karte S. 60; ☎ 070 34 13 13; Via Bottego 24; Hauptgerichte um 30 €; ⏲ So nachmittags & Mo geschl.) Das toskanische Restaurant liegt in einer schlichten Wohnstraße östlich der Innenstadt. Hierher kommen die Cagliaritani, wenn ihnen nach einem handfesten Florentiner Steak und anderen saftigen Fleischbatzen zumute ist. Mit Fisch hat man's hier nicht so, aber es gibt eine Menge fleischlose *contorni* (Beilagen) und ein paar tolle Desserts.

POETTO

Den Strand von Cagliari säumen Sommerbars, Imbisslokale und Restaurants. Letztere werden von den Einheimischen *chioschi* (Kioske) genannt. Von November bis März (Molluskensaison) ist hier am meisten los. Dann stellen Fischer an der Strandstraße Buden auf, in denen sie Seeigel und Venusmuscheln verkaufen. Bezahlt wird nach der Anzahl der auf dem Tisch zurückgelassenen Schalen.

Spinnaker (☎ 070 37 02 95; Via Marina Piccola; Hauptgerichte um 45 €; ⏲ Mai–Sept. Di–So) Das Lokal an der Marina Piccola ist der Sommerableger von Dal Corsaro. Angesichts der Hafenlage ist es kein Wunder, dass sich der Laden auf Seafood bester Qualität spezialisiert hat. Gäste, die Pizza bevorzugen, gehen einfach in die Pizzeria im Untergeschoss.

Selbstversorger

Wer sich gern selbst ein leckeres Lunchpaket zusammenstellen möchte, geht in eines der *salumerie* (Feinkostgeschäfte) im Viertel Marina und besorgt sich ein ordentliches Stück *pecorino sardo* (sardischen *pecorino*-Käse) sowie ein, zwei Scheiben geräucherten Schinken in einem frischgebackenen *panino* (Brötchen). **I Sapori dell'Isola** (Karte S. 68; ☎ 070 65 23 62; Via Sardegna 50) zum Beispiel ist für diese Zwecke eine gute Anlaufstelle, ebenso **Disizos** (Karte S. 68; Via Napoli 72), wo handgemachte Pasta und leckere *seadas* (Konditoreiwaren) verkauft werden.

Gaumenfreuden ohne Ende gibt's auch auf dem **Mercato di San Benedetto** (Karte S. 60; Via San Francesco Cocco Ortu; ⏲ Mo–Sa vormittags), Cagliaris historischem Lebensmittelmarkt.

Eiscremefans sollten sich unter die abendliche Menge im **Isola del Gelato** (Karte S. 68; ☎ 070 65 98 24; Piazza Yenne 35; ⏲ Di–So 9–2 Uhr) mischen. Die mächtig angesagte Eisdiele hat eine unglaubliche Auswahl an Schleckereien auf Lager, darunter Lowfat-, Soja- und Joghurteis sowie *semi-freddo*, eine köstliche, halbgefrorene Mousse.

AUSGEHEN

In der Innenstadt gibt es tolle Cafés, besonders in Hafennähe und oben in Il Castello. Vom traditionellen Lokal mit Holz- und Messingeinrichtung bis zur angesagten, trendigen Bar ist alles vertreten. Meistens herrscht schon um die Mittagszeit ganz schön Betrieb – an vielen Orten werden dann kleine Mahlzeiten und Snacks serviert. Der nächste Besucheransturm beginnt am frühen Abend.

Die Kneipenszene konzentriert sich auf die Piazza Yenne und den Corso Vittorio Emanuele, im Sommer zieht es aber alle hinaus nach Poetto.

Innenstadt

Antico Caffè (Karte S. 68; ☎ 070 65 82 06; www.anticocaffe1855.it; Piazza Costituzione; Pastagerichte 10 €; ⏲ 7–2 Uhr) Das älteste Café von Cagliari liegt leider an einer verkehrsreichen Straßenkreuzung,

DER ALLIGATOR

Massimo Carlottos Lebensgeschichte ist so spannend wie der Plot in einem seiner Kriminalromane – und tatsächlich lieferte sie auch den Stoff für eines seiner Bücher.

Im Alter von 19 Jahren, während der Duce in Italien herrschte, wurde er Augenzeuge des Mordes an Margherita Magello. Auf die 25-jährige Studentin war 59-mal eingestochen worden. Dieses Erlebnis und seine Folgen verarbeitete er in dem Roman *Il Fuggiasco (Die Wahrheit des Alligators)*. Mit Magellos Blut besudelt rannte Carlotto los, um die Polizei zu holen, die ihm prompt den Mord in die Schuhe schob. Anschließend wurde er zu 18 Jahren Gefängnis verurteilt. Auf den Rat seiner Anwälte hin tauchte Carlotto unter. Er flüchtete nach Frankreich und von dort nach Mexiko, wo er sechs Jahre lang von Menschenrechtsaktivisten versteckt und versorgt wurde, bevor er sich schließlich stellte. Dank einer internationalen Kampagne wurde er 1993 entlassen, und der italienische Präsident entschuldigte sich in aller Form bei ihm.

Im Gefängnis sammelte Carlotto die Stoffe für seine lebensechten und schonungslosen Krimis, die er jetzt schreibt. Sein berühmtester Held ist der Alligator, dessen Geschichten Carlotto mit Hilfe echter Gerichtsverfahren, über die er gehört und gelesen hat, schuf.

Der Protagonist ist in groben Zügen Carlotto selbst nachempfunden; er fährt sogar den Škoda, den Carlotto früher besaß (weil viele Leute behaupten, das Auto, das in Italien am seltensten kontrolliert wird). Der Spitzname des Helden stammt von dessen (und Carlottos) Lieblingscocktail: sieben Teile Calvados auf drei Teile Drambuie, zerstoßenes Eis und ein Stückchen Apfel. Kreiert hat ihn ein Barmann in Cagliari (Caffè Librarium Nostrum, s. unten), wo Carlotto heute lebt. Der Hype um den Cocktail ist mittlerweile auf Bars in Rom, Mailand und Neapel übergeschwappt. Angeblich schafft niemand mehr als vier davon.

Fünf von Carlottos Büchern sind ins Deutsche übersetzt worden, darunter *Die Wahrheit des Alligators* (2008), *Die dunkle Unermesslichkeit des Todes* (2007) und *Arrivederci Amore, Cia* (2008). Buchbestellungen unter www.massimocarlotto.it. Alle fünf ins Deutsche übersetzten Romane sind bei Amazon erhältlich.

aber das stört die Einheimischen nicht. Sie essen hier mittags Salate und Pasta oder treffen sich auf ein gemütliches Plauderstündchen zum Kaffee. Tische stehen draußen auf einer kleinen Terrasse und drinnen zwischen poliertem Holz und Messing.

Caffè Svizzero (Karte S. 68; ☎ 070 65 37 84; Largo Carlo Felice 6; 🕙 Di–So) Das Liberty-Style-Lokal am unteren Ende des Largo Carlo Felice ist schon seit Beginn des 20. Jhs. aus der Kaffeehauskultur von Cagliari nicht wegzudenken. Das mit Fresken verzierte Café wurde vor fast 100 Jahren von ein paar Schweizern gegründet; von Tee bis Cocktails ist alles zu haben.

Caffè Librarium Nostrum (Karte S. 68; ☎ 070 65 09 43; Via Santa Croce 33; 🕙 Di–So 7.30–2 Uhr) Diese moderne Bar in Castello bietet eine der besten Aussichten der ganzen Stadt: Von den Sitzgelegenheiten oben auf der mittelalterlichen Festungsanlage eröffnet sich ein herrlicher Panoramablick. Bei ungemütlicherem Wetter bleibt immer noch der Rückzug ins Lokal mit Backsteinwänden und zum Trost ein Alligator-Cocktail, der zu Ehren des Helden der Romane von Massimo Carlotto kreiert wurde (s. Kasten oben). Ab und zu gibt's auch Livemusik.

Caffè degli Spiriti (Karte S. 68; Bastione San Remy; Grillgerichte 17 €, Pizza 6,50 €; 🕙 9–2 Uhr) Am besten schnappt man sich eine Hängematte, lehnt sich zurück und genießt die Atmosphäre in dieser stilvollen Loungebar auf der Bastione San Remy. Innen geben Schwarz und Backstein den Ton an; draußen sitzen gut gelaunte Menschen unter einem Zeltdach auf schwarzen Lederhockern, schlürfen Cocktails und mampfen Pizzas.

Il Merlo Parlante (Karte S. 68; ☎ 070 65 39 81; Via Porto Scalas 69; 🕙 Di–So 19–3 Uhr) Das in ein schmales Gässchen unweit der Corso Vittorio Emanuele eingezwängte Lokal ist das einzige in Cagliari, das einer Studentenkneipe nahekommt. In dem Laden geht es nicht gerade zimperlich zu. Die Gäste erwartet Lagerbier vom Fass, Rock aus der Anlage und ein junges, ausgelassenes internationales Publikum.

Poetto

Emerson (☎ 070 37 51 94; Viale Poetto; 🕙 Winter 9–18 Uhr, Sommer 8–14 Uhr) Das nahe der vierten Bushaltestelle gelegene *chioschi* ist nicht nur eins der angesagtesten Etablissements am Wasser, sondern auch Cocktaillounge, Restaurant und Strandclub zugleich. Entsprechend ist das Angebot: Es gibt Pasta, *aperitivi*, Livemusik und Sonnenliegen.

Café Oasi (☎ 070 338 08 48; Viale Poetto, 4. Haltestelle; ⌚ Mo–Fr 9–23, Sa & So bis 2 Uhr) Es gibt Schlimmeres, als den Abend auf einem cremefarbenen Sofa zu verbringen, während für Nachschub an eiskalten Getränken gesorgt ist und einem die Meeresbrise durchs Haar streicht. Das schicke Strandrestaurant, ebenfalls in der Nähe der vierten Bushaltestelle, kann aber auch für ein Mittag- oder Abendessen (rund 35 €) angesteuert werden.

UNTERHALTUNG

Infos zum aktuellen Veranstaltungsprogramm der Stadt kann man entweder in der Touristeninformation erfragen oder dem Lokalblatt *L'Unione Sarda* entnehmen. Onlineinformationen gibt's unter www.sardegnaconcerti.com und www.boxofficesardegna.it, Eintrittskarten bei **Box Office Tickets** (Karte S. 68; ☎ 070 65 74 28; www.boxofficesardegna.it; Viale Regina Margherita 43; ⌚ Mo–Sa 10–13, plus Mo–Fr 17–20 Uhr).

Konzerte

Die meisten großen Konzerte finden im Sommer statt. Zu den Veranstaltungsorten gehört z. B. das **Anfiteatro Romano** (S. 64), wo im Sommer ein buntes Programm mit Comedy, Musik und Tanz geboten wird. Eintrittskarten zu Preisen zwischen 10 und 70 € sind bei Box Office Tickets (s. oben) zu haben.

Rockkonzerte berühmter italienischer Bands und manchmal auch Auftritte internationaler Gruppen finden unter freiem Himmel in der **Fiera Campionaria** (Viale Diaz 221) im Ostteil der Stadt statt. Tickets kosten normalerweise ab 20 €. Nähere Infos bei Box Office Tickets.

Theater, klassische Musik & Ballett

Die Musik-, Tanz-, Opern- und Theaterszene von Cagliari kann sich sehen lassen. Saison ist normalerweise von Oktober bis Mai, aber manche Bühnen haben auch einen Sommerspielplan.

Teatro Lirico (Teatro Comunale; Karte S. 60; ☎ 070 408 22 30; www.teatroliricodicagliari.it; Via Sant'Alenixedda; ⌚ Kartenschalter Di–Sa 8–14 & Di–Fr 18–20 Uhr) Die Spielsaison im namhaftesten Klassikkonzertsaal Cagliaris dauert von Oktober bis Mai; Opern- und Ballettvorführungen kommen zwischen April und Dezember auf die Bühne. Das Programm ist ziemlich traditionell, aber anspruchsvoll, und die Konzerte sind gut besucht.

Teatro Alfieri (Karte S. 60; ☎ 070 30 22 99; Via della Pineta 29) Im Alfieri wird viel klassisches Stadttheater gezeigt. Manchmal ist auch eine griechische Tragödie oder ein zeitgenössisches Stück dabei, die Bühnensprache ist aber ausschließlich Italienisch. Eintrittskarten kosten 10 bis 20 €.

Exmà (Karte S. 60; ☎ 070 66 63 99; Via San Lucifero 71) Dieses Kulturzentrum veranstaltet das ganze Jahr über Konzerte im kleineren Rahmen, überwiegend Jazz und Kammermusik. Im Winter finden sie in einem kleinen, mit Holzbalken verzierten Konferenzraum statt; im Sommer verlegt man die Veranstaltungen in den Hof.

SHOPPEN

Cagliari ist nicht gerade eine Shoppingmetropole. Hier gibt's erfrischend wenig touristische Souvenirgeschäfte (aber natürlich gibt es auch hier ein paar davon) und erheblich weniger Designerklamotten-Boutiquen als in anderen italienischen Städten vergleichbarer Größe. Dafür verstecken sich in den Ecken und Nischen der Stadt reizende kleine Kunstgewerbeläden, besonders im Marina-Viertel.

Durke (Karte S. 68; ☎ 070 66 67 82; www.durke.com; Via Napoli 66) Eine Schatzkammer wie aus *Tausendundeine Nacht*, vollgestopft mit erlesenen sardischen Süßigkeiten und Konditoreiwaren. Genau der richtige Laden, um im letzten Moment noch ein Geschenk für die Lieblingstante mit einer Schwäche für Süßes einzukaufen. Das hier angebotene Gebäck wird ausschließlich nach überlieferten Rezepten zubereitet. Es ist etwas ganz Einzigartiges, und absolut frei von Konservierungs- und künstlichen Geschmacksstoffen. Manche der besten Sorten bestehen ausschließlich aus Zucker, Eiern und Mandeln.

Sapori di Sardegna (Karte S. 68; ☎ 070 684 87 47; Vico dei Mille 1) In diesem entspannten Kaufhaus in Hafennähe kann man sich mit Käse, Wein und hübsch verpackten *dolci* (Süßwaren) eindecken. Falls im Gepäck kein Platz mehr sein sollte: Die ausgesuchte Ware wird auch in alle Welt versandt; einfach die Mitarbeiter fragen.

Antica Enoteca Cagliaritana (Karte S. 68; ☎ 070 66 93 86; Scalette Santa Chiara 21) Liebhaber eines guten Tropfens haben bestimmt eine Menge Spaß beim Durchstöbern der Regale dieses Weinladens am Rand der Piazza Yenne. Neben Weinen aus Sardinien und vom italienischen Festland sind auch ein paar Tropfen aus Australien, Chile und Argentinien vertreten. Man kann sich auch ein Weinpaket nach Hause schicken lassen.

Loredana Mandas (Karte S. 68; ☎ 070 66 76 48; Via Sicilia 31) Wenn's was ganz Besonderes sein soll, sollte man dieser Juwelierwerkstatt einen Besuch abstatten. Interessierte können Loredana bei der Herstellung der exquisiten und filigranen Schmuckstücke zuschauen, für die Sardinien so berühmt ist, und anschließend vielleicht selbst eins käuflich erwerben. Ein Paar goldene Ohrringe schlägt mit 160 bis 1000 € zu Buche.

Wer Märkte mag, wird die Sonntage in Cagliari lieben. Am ersten Sonntag im Monat gehen die Cagliaritani beim Antiquitäten- und Sammlermarkt auf der **Piazza del Carmine** (Karte S. 68) auf Schnäppchenjagd. Die Woche drauf wandern die Antiquitäten den Hügel hoch zur **Piazza Carlo Alberto** (Karte S. 68), wo sie auch am letzten Sonntag im Monat wieder auftauchen. In Il Castello wird zudem an jedem Sonntagmorgen (außer im August) auf der **Bastione San Remy** (Karte S. 68) ein Flohmarkt abgehalten.

AN- & WEITERREISE

Flugzeug

Cagliaris **Flughafen Elmas** (CAG; ☎ 070 211 211; www.sogaer.it) liegt 6 km nordwestlich der Innenstadt. Es gibt Flugverbindungen mit Städten auf dem italienischen Festland, wie Rom, Mailand, Bergamo, Bologna, Florenz, Neapel, Turin und Venedig sowie nach Palermo auf Sizilien. Außerdem werden weiter entferntere Ziele wie Barcelona, Brüssel, Luton, Paris und Stuttgart angesteuert. Im Sommer gibt es zusätzlich Charterflüge.

Die wichtigsten Fluggesellschaften, die Elmas anfliegen:

Air One (AP; ☎ 199 207 080; www.flyairone.it)
Alitalia (AZ; ☎ 06 22 22; www.alitalia.it)
British Airways (BA; ☎ 199 712 266; www.britishairways.com)
easyJet (U2; ☎ 899 234 589; www.easyjet.com)
Lufthansa (LH; ☎ 199 400 044; www.lufthansa.com)
Meridiana (IG; ☎ 89 29 28; www.meridiana.it)
Ryanair (FR; ☎ 899 678 910; www.ryanair.com)

> **ABSTECHER: SERDIANA**
>
> Rund 20 km nördlich von Cagliari liegt das Bauernstädtchen **Serdiana**. Hier ist einer der renommiertesten Weingüter Sardiniens beheimatet, die mehrfach ausgezeichnete **Cantine Argiolas** (☎ 070 74 06 06; www.cantine-argiolas.it; Via Roma 28–30; Führungen Mo–Fr 9–13 & 15–17 Uhr). Wer die Cantina besuchen möchte, ruft einfach an und vereinbart einen Führungstermin.
>
> Von Cagliari nimmt man die SS554 nach Norden und nach rund 10 km die SS387 nach Dolianova. Nach weiteren 10 km biegt man auf den Abzweig nach Serdiana ab.

Schiff/Fähre

Der Fährhafen von Cagliari liegt unweit der Via Roma. **Tirrenia** (Karte S. 68; ☎ 892 123; www.tirrenia.it; Via Riva di Ponente 1; Mo–Sa 8.30–12.20 & 15.30–18.50 Uhr), der wichtigste Reeder, unterhält das ganze Jahr über Fährverbindungen nach Civitavecchia (48 €, 16½ Std.), Neapel (45 €, 16¼ Std.), Palermo (50 €, 14½ Std.) und Trapani (50 €, 11 Std.). Tickets werden am Hafen oder in Reisebüros verkauft.

Näheres s. S. 251.

Bus

Vom Hauptbusbahnhof an der Piazza Matteotti, **ARST** (Azienda Regionale Sarda Trasporti; Karte S. 68; ☎ 800 865 042; www.arst.sardegna.it, auf Italienisch), fahren Busse in die nahe gelegenen Orte Pula (2,50 €, 50 Min., stündl.) und Villasimius (3 €, 1½ Std., Mo–Sa 6-mal tgl., So 2-mal) sowie Oristano (6,50 €, 1 Std. 35 Min., 2-mal tgl.) und Nuoro (14,50 €, 2½–5 Std., 2-mal tgl.). Ticketverkaufsstelle ist McDonald's auf dem Platz.

FMS (Karte S. 68; ☎ 800 04 45 53; www.ferroviemeridionalisarde.it, auf Italienisch) unterhält Busse nach Iglesias (4 €, 1–1½ Std., 7-mal tgl.), Carbonia (5,50 €, 1½ Std., 7-mal tgl.), Portovesme (5,50 €, 2 Std., 1-mal tgl.) und in die Gegend von Sulcis. Sie fahren am Hauptterminal an der Piazza Matteotti ab; Fahrkarten werden in dem Café im Bahnhof verkauft.

Ebenfalls an der Piazza Matteotti starten die Busse von **FdS** (Ferrovie della Sardegna; ☎ 070 34 31 12; www.ferroviesardegna.it, auf Italienisch) nach Sassari (17 €, 3¼ Std., 3-mal tgl.); die Tickets gibt's im Busbahnhof. Ein Bus (Abfahrt an der Piazza Matteotti) von **Turmo Travel** (☎ 0789 214 87; www.

TRENINO VERDE

Eine der besten Arten, das Landesinnere von Sardinien zu erkunden, ist eine Fahrt mit dem **Trenino verde** (www.treninoverde.com) – jedenfalls für Reisende, die es nicht eilig haben. Die langsame, von einer Diesellokomotive gezogene Schmalspurbahn von Ferrovie della Sardegna (FdS) zuckelt durch einige der unwirtlichsten Gegenden der Insel. Unterwegs hält sie in gottverlassenen Bauerndörfern. Es gibt vier Touristenstrecken: von Mandas nach Arbatax; von Isili nach Sorgono; von Macomer nach Bosa und von Nulvi nach Palau. Außerdem stehen mehrere öffentliche Zugverbindungen zur Verfügung, darunter eine U-Bahn/Eisenbahnlinie zwischen Cagliari, Mandas und Isili.

Die spektakulärste der Touristenrouten ist die kurvenreiche Strecke von Mandas nach Arbatax. Sie durchquert das abgeschiedene Hochland des Parco Nazionale del Golfo di Orosei e del Gennargentu.

Von der U-Bahnstation an der Piazza Repubblica in Cagliari führt eine U-Bahnlinie nach Monserrato. Dort gibt es Umsteigemöglichkeiten in Züge nach Mandas. Von Mandas aus geht es zweimal täglich nach Arbatax an der Ostküste.

Der *trenino verde* verkehrt zwischen Mitte Juni und Anfang September.

gruppoturmotravel.com) fährt täglich nach Olbia (18 €, 4¼ Std.); die Fahrkarten dafür sind in der McDonald's-Filiale zu haben.

Auto & Motorrad

Die wichtigste vierspurige Autobahn der Insel, die SS131 Carlo Felice, verbindet die Hauptstadt mit Porto Torres via Oristano und Sassari. Die SS130 führt Richtung Osten nach Iglesias.

In der sommerlichen Feriensaison herrscht auf der Küstenstraße nach Osten und Westen sehr viel Verkehr.

Zug

Der Hauptbahnhof von **Trenitalia** (Karte S. 68; www.trenitalia.it) befindet sich an der Piazza Matteotti. Züge fahren nach Iglesias (3,30 €, 1 Std., 10-mal tgl.), Carbonia (3,75 €, 1 Std., 6-mal tgl.), Sassari (13,65 €, 4 Std., 5-mal tgl.) und Porto Torres (14,60 €, 4¼ Std., 2-mal tgl.) via Oristano (5,15 €, 1–2 Std., stündl.). Auf einer Nebenstrecke geht's nach Olbia (14,60 €, 4¼ Std., 4-mal tgl.) und Golfo Aranci (15,80 €, 5–7 Std., 5-mal tgl.) via Oristano oder Chilivani.

FdS (☎ 070 34 31 12; www.ferroviesardegna.it, auf Italienisch) unterhält eine U-Bahnlinie von der Piazza Repubblica nach Monserrato. Dort gibt es Umstiegsmöglichkeiten in Züge nach Dolianova, Mandas und Isili.

UNTERWEGS VOR ORT

Die Innenstadt von Cagliari ist klein genug, um sie zu Fuß zu erkunden. Der Marsch hinauf nach Il Castello hat es zwar in sich, aber es gibt einen Aufzug am unteren Ende der Scalette di Santa Chiara hinter der Piazza Yenne.

Auto & Motorrad

In der Innenstadt zu parken, ist teuer. Das Halten an den Straßenparkautomaten – innerhalb der blauen Begrenzungslinien – kostet 1 € pro Stunde. Ansonsten steht noch ein großer Parkplatz neben dem Bahnhof zur Verfügung, wo ein Auto für 1 € pro Std. oder 24 Std. lang für 10 € abgestellt werden kann. Die Parkdauer ist unbegrenzt.

Autofahren im Zentrum von Cagliari macht keinen Spaß, aber angesichts der Topografie der Stadt (ein hoher Hügel) ist es vielleicht nicht verkehrt, für einen oder zwei Tage einen Motorroller auszuleihen. **CIA Rent a Car** (Karte S. 68; ☎ 070 65 65 03; www.ciarent.it; Via S Agostino 13; 🕐 Sommer tgl. 8.30–13 & 15.30–20 Uhr, Winter Mo–Sa) vermietet Fahrräder, Motorroller und Pkws ab 10/30/39 € täglich. Auf der Piazza Matteotti befindet sich eine Niederlassung von **Hertz** (Karte S. 68; ☎ 070 65 10 78; Piazza Matteotti 8; www.hertz.it; 🕐 8.30–13 & 15.30–19.30 Uhr), und am Flughafen sind verschiedene andere Autoverleihfirmen vertreten.

Bus

Busse von **CTM** (Consorzio Trasporti e Mobilità; ☎ 070 209 12 10; www.ctmcagliari.it, auf Italienisch) fahren durch die Stadt und in die Umgebung. Mit diesen Bussen lassen sich einige abgelegenere Sehenswürdigkeiten erreichen, und sie sind sehr gut geeignet, um zu den Stränden Cala Mosca und Poetto zu gelangen. Ein Standardticket kostet 1 € und gilt 90 Minuten, eine Tageskarte ist für 2,30 € zu haben.

Die nützlichsten Strecken:

Bus 7 Von der Piazza Matteotti hinauf nach Il Castello und zurück.

Bus 10 Von der Viale Trento via Corso Vittorio Emanuele zur Piazza Garibaldi.

Bus 30 oder 31 Am Hafen entlang und hoch zur Wallfahrtskirche in Bonaria.

Bus PF, PN or PQ Von der Piazza Matteotti zum Poetto-Strand.

Vom/zum Flughafen

ARST-Busse fahren von der Piazza Matteotti zum Flughafen Elmas (2 €, 10 Min., 32-mal tgl.) von 5.20 bis 22.30 Uhr. Abfahrt zwischen 9 und 22.30 Uhr zu jeder vollen und halben Stunde.

Eine Taxifahrt kostet um 25 €. Für's Parken am Flughafen muss man 1 € für die erste Stunde, 2,50 € für zwei Stunden und 9/18 € für die ersten 24 Stunden hinlegen, je nachdem, welchen Parkplatz man benutzt.

Taxi

Taxistände gibt es an der Piazza Matteotti, Piazza Repubblica und der Largo Carlo Felice. Per Taxiruf erreichbar sind:

Quattro Mori (☎ 070 400 101; ⌚ 24 Std.)

Rossoblù (☎ 070 66 55; ⌚ 5.30–2.30 Uhr)

Taxiamico (☎ 070 826 060; ⌚ 24 Std.)

DAS SARRABUS

Östlich und nördlich von Cagliari erstreckt sich das Sarrabus, eine der am wenigsten besiedelten und erschlossenen Gegenden Sardiniens. Mittendrin erheben sich die mit grünem Buschwerk überzogenen Gipfel des Monte dei Sette Fratelli – ein märchenhaft urwüchsiges Gebiet, durch das einige der letzten noch verbliebenen Sardischen Hirsche streifen.

An der kahlen, hügeligen Küste führt die SP17 auf und ab wie eine Berg- und Talbahn. Sie eröffnet spektakuläre Ausblicke auf das schillernde Meer und führt an schönen Höhlen wie Cala Regina, Kal'e Moru und Solanas vorbei. Ein paar Kilometer vor Villasimius zweigt eine Straße ab, die über die Halbinsel nach Süden zum Capo Carbonara, dem südwestlichsten Punkt Sardiniens, führt.

CAPO CARBONARA

Die Spitze des Kaps ist zwar Militärgebiet und für Privatpersonen tabu, aber die Gewässer rund ums Capo Carbonara sind zum **Meeresschutzgebiet** (www.ampcapocarbonara.it) erklärt worden, das man mit einem autorisierten Tauchveranstalter besuchen darf. Das Reservat umfasst die Isola dei Cavoli, den Secca dei Berni und die Isola di Serpentara im Meer direkt vor Villasimius. **Morgan Diving** (☎ 070 80 50 59; www.morgandiving.com) mit Sitz am Porto Turistico in Quartu Sant'Elena, ist einer der lizenzierten Anbieter, ebenso **Air Sub** (☎ 070 79 20 33; www.airsub.com; Via Roma 121) in Villasimius. Beide organisieren Tauchtouren zu verschiedenen Stellen in der Umgebung, so auch zum **Secca di Santa Caterina**, einem phantastischen Unterwasserberg. Je nach Location und Schwierigkeitsgrad ist mit 35–90 € pro Tauchgang zu rechnen.

Am Westrand der Halbinsel befinden sich ein Yachthafen und die Überreste eines spanischen Turms, die **Fortezza Vecchia**, wo wechselnde Ausstellungen gezeigt werden. Südlich des Turms gibt es ein paar Strandabschnitte zu entdecken. Der Hauptstrand in dieser Ecke der Halbinsel ist aber die **Spiaggia del Riso**. Die Ostseite wird von der Lagune **Stagno Notteri** beherrscht. Im Winter halten sich hier oft Flamingos auf. An der dem Meer zugewandten Seeseite erstreckt sich vor polynesisch blauem Wasser ein wunderbarer Strand, die **Spiaggia del Simius**. Die Lagune reicht bis nach Villasimius.

VILLASIMIUS

3320 Ew.

Das ehemals stille Fischerdörfchen Villasimius, umgeben von Nadelbäumen und *macchia*, hat sich zu einem der beliebtesten Ferienorte im Süden Sardiniens entwickelt. Im Sommer geht's hier hoch her, im Winter ist dagegen tote Hose.

In unmittelbarer Nähe der zentralen Piazza Gramsci liegt die **Touristeninformation** (☎ 070 793 02 71; www.villasimiusweb.com; Piazza Giovanni XXIII; ⌚ Mo & Do 10–13 & 15.30–18.30, Di & Mi 10–13, Fr 10–13 & 16–19 Uhr). Die Mitarbeiter informieren darüber, welche Aktivitäten vor Ort geboten werden.

Die Hauptbeschäftigung der meisten Besucher besteht allerdings darin, in den Souvenirläden herumzustöbern und die lockere Ferienatmosphäre zu genießen. Die einzige Art Sehenswürdigkeit ist das kleine

MAL ALLES HINTER SICH LASSEN

Zwischen dem städtischen Trubel von Cagliari und dem einsamen Monte dei Sette Fratelli (1023 m) liegen Welten. Es ist der höchste Punkt der abgeschiedenen Region Sarrabus und eines der drei letzten noch verbliebenen Rückzugsgebiete des *cervo sardo* (Sardischer Hirsch). Der über die SS125 erreichbare Berg ist ein hervorragendes Wanderrevier. Die Bandbreite der Wanderpfade ist riesig. Hier gibt's alles, vom gemütlichen Sonntagswaldspazierweg bis zur heftigen, 12 km langen Kraxeltour auf den **Punta Sa Ceraxa** (1016 m).

Wanderkarten gibt's in der Caserma Forestale Campu Omu, einer Forststation in der Nähe der Abzweigung von der SS125 nach Burcei. Oder man kontaktiert die **Coop Monte dei Sette Fratelli** (☎ 070 994 72 00 oder 070 860 76 12; www.montesettefratelli.com, auf Italienisch; via Centrale) in Castiadas, ein paar Kilometer von der Costa Rei landeinwärts.

Von Burcei führt ein einsames Sträßchen 8 km hoch zum **Punta Serpeddi** (1067 m), wo sich ein Ausblick über das ganze Sarrabus bis nach Cagliari und weit aufs Meer hinaus eröffnet.

Museo Archeologico (Archäologisches Museum; ☎ 070 793 02 90; Via Frau; Erw./erm. 3/1 €; Mitte Juni–Mitte Sept. Di–So 10–12.30 & 21–24 Uhr, sonst Di–Do 10–13, Fr–So 10–13 & 17–19 Uhr). Es zeigt eine Sammlung römischer und phönizischer Artefakte sowie alle möglichen Gegenstände, die in einem im 15. Jh. gesunkenen spanischen Schiff gefunden wurden.

Am Porto Turistico, rund 3 km außerhalb des Ortszentrums, bietet **Harry Tours** (☎ 338 377 40 51; www.harrystours.com) Bootsausflüge (65 € pro Pers. inkl. Mittagessen), Tauchgänge (ab 36 €) und Charterboote (1600–5000 € pro Woche).

Die **Festa della Madonna del Naufrago** wird am letzten Sonntag im Juli mit einer prächtigen Meeresprozession gefeiert. Sie endet an einer Stelle vor der Küste, wo zum Gedenken ertrunkener Seeleute eine Statue der Jungfrau Maria auf dem Meeresboden ruht.

Schlafen

Spiaggia del Riso (☎ 070 79 10 52; www.villaggiospiaggiadelriso.it; Località Campulongu; Pers. & Zelt 16 €, Autos 4 €, 4-Pers.-Bungalows 60–150 €; Mai–Okt.; P) Der in der Nähe vom Porto Turistico in einem Pinienhain gelegene große Campingplatz hat Zeltstellplätze, Bungalows, einen Supermarkt und einen Kinderspielplatz. Im Hochsommer wird er höllisch voll, dann ist ohne Buchung nichts zu machen.

Albergo Stella d'Oro (☎ 070 79 12 55; Fax 070 79 26 32; Via Vittorio Emanuele 25; EZ/DZ 50/105 €, HP pro Pers. 82 €; P) Eine der seltenen ganzjährig geöffneten Unterkünfte im Ort. Die freundliche *pensione* hat schlichte Zimmer und ein ausgezeichnetes Seafood-Restaurant (Hauptgerichte 25–30 €). Ein weiteres Plus ist die Lage: rund 50 m von der zentralen Piazza Gramsci.

Stella Maris (☎ 070 79 71 00; www.stella-maris.com; Località Campulongu; HP pro Pers. 155–255 €; Mitte April–Nov.; P) Das einladende Ferienhotel an der Straße zum Porto Turistico liegt in seinem eigenen Nadelwäldchen an einem schneeweißen Strand. Die Zimmer sind stilvoll mit sardischen Textilien und geschmackvollen Möbeln gestaltet, und den Gästen stehen hervorragende Einrichtungen zur Verfügung.

Essen

Ristorante La Lanterna (☎ 070 79 16 59; Via Roma 62; Hauptgerichte um 30 €; Mo zum Mittagessen geschl.) In direkter Nachbarschaft von zwei Fischläden. Da ist es kein Wunder, dass sich das einladende Restaurant auf Meeresfrüchte spezialisiert hat. Highlight des Hauses ist *spigola alla vernaccia* (in Vernaccia-Wein gedämpfter Zackenbarsch), aber auch das Seafood-Risotto ist klasse. Im Sommer werden Gäste auch in dem kleinen Garten bewirtet.

Ristorante Carbonara (☎ 070 79 12 70; Via Umberto I 60; Hauptgerichte ca. 30 €; Do–Di) Das rund 150 m von der Touristeninformation entfernt an der Hauptstraße gelegene Lokal ist ein altbewährter Renner. Auf der Speisekarte steht auch Fleisch, aber in Gerichten wie *spaghetti con aragosta* (mit Hummer) und gegrillten *gamberoni* (Riesengarnelen) spielt Seafood die Hauptrolle.

An- & Weiterreise

Das ganze Jahr über verkehren von Montag bis Samstag sechs (sonntags zwei) ARST-Busse zwischen Villasimius und Cagliari (3 €, 1½ Std.). Von Mitte Juni bis Mitte September fahren bis zu sieben Busse täglich.

Wer einen eigenen fahrbaren Untersatz mieten möchte (was keine schlechte Idee ist, weil die meisten Strände ein paar Kilometer außerhalb liegen), wendet sich an **Edilrent Simius** (☎ 070 792 80 37; Via Roma 77). Die Mietfirma verleiht Fahrräder (6,50–10 € pro Tag), Scooter (30–55 €) und Autos (63–80 €).

COSTA REI

Entlang der Südostküste Sardiniens verläuft die Costa Rei. Das Beste hier sind die langen weißen Sandstrände und die Ferienunterkünfte.

Von Villasimius nimmt man die Küstenstraße SP17 nach Norden. Die Straße verläuft zwar ein paar Hundert Meter von der Küste entfernt, aber die ausgeschilderten Strände sind auf Schotterstraßen, die von der Hauptstraße abzweigen, recht gut zu erreichen. Dort warten dann kristallklares Wasser und die eine oder andere Snack- & Cocktailbar.

Rund 25 km hinter Villasimius liegt **Cala Sinzias**, ein schöner Sandstrand mit zwei Campingplätzen. Wer 6 km weiter fährt, landet im eigentlichen Ferienort Costa Rei. Es ist ein Urlauberdorf mit Ferienbungalows, Geschäften, Bars, Clubs und ein paar austauschbaren Esslokalen. Die **Spiaggia Costa Rei** ist ebenso wie die Strände südlich und nördlich ein fabelhafter weißer Strand, an dem sich unfassbar klare, blaugrüne Wellen brechen.

Der **Butterfly Service** (☎ 070 99 10 91; Via Colombo; www.butterflyservice.it; ⌚ Mo–Sa 9–13 & 16–19.30, So 10–13 & 16.30–19.30 Uhr) im Ort ist eine Allzweckagentur. Hier gibt's alles, vom Internetzugang (8 € pro Std.) über Leihfahrräder (15 €) und Motorroller (35 €) bis zum Autoverleih (75 € pro Tag). Außerdem werden verschiedene Ausflüge entlang der Küste und zum **Parco Sette Fratelli** (20–90 €) angeboten.

Nördlich des Ortes, an der **Spiaggia Piscina Rei** geht es weiter mit blendend weißem Sand und türkisfarbenem Wasser. Direkt dahinter liegt ein umzäunter Campingplatz. Zwei weitere Strände erstrecken sich an der Küste bis zum **Capo Ferrato**. Vom Kap führen mit dem Pkw befahrbare Karrenpfade Richtung Norden.

Die Unterkünfte im Ort sind ziemlich unglamourös, aber das **Albaruja Hotel** (☎ 070 99 15 57; www.albaruja.it; Via Colombo; DZ 98–198 €, HP pro Pers. 65–119 €; ⌚ Mitte April–Mitte Okt.; Ⓟ) bietet bequeme, weiß gekachelte Zimmer in einer Reihe von Ferienhäusern. Am Südeingang zum Resort liegt der **Camping Capo Ferrato** (☎ 070 99 10 12; www.campingcapoferrato.it; Pers./Zelt 12/10,20 €, 4-Pers.-Bungalow 43–95 €; ⌚ März–Okt.). Der einladende Campingplatz hat direkten Zugang zum Strand.

Der gleiche ARST-Bus, der Cagliari mit Villasimius verbindet, fährt weiter bis zur Costa Rei. Er braucht für die Strecke ungefähr eine halbe Stunde.

NURAGHE ASORU

Ein Stück weiter die Küste hinauf befindet sich die Nuraghe Asoru. Es ist die sehenswerteste *nuraghe* in Südostsardinien, wo Stätten von archäologischem Interesse eher spärlich gesät sind. Er steht an der Nordseite der SS125, rund 5 km landeinwärts von San Priamo. Sein zentraler *tholos* (konisch-überdachter Rundbau) ist noch ganz gut erhalten. Aber wer schon einige der bedeutenden *nuraghi* Sardiniens gesehen hat, wird von diesem hier nicht überwältigt sein.

MURAVERA & TORRE SALINAS

5035 Ew.

Das im Delta des Flusses Flumendosa gelegene Muravera ist kein besonders spannender Ort, und es gibt nicht wirklich einen Grund hier anzuhalten. Doch das Bauernstädtchen ist für seine Zitrusfrüchte bekannt, und das wird am zweiten Sonntag vor Ostern mit der **Sagra degli Agrumi** (Zitrusfrüchtemesse) gefeiert.

Südlich der Stadt, zu Füßen eines spanischen Wachturms breiten sich die Lagunen und Strände von Torre Salinas malerisch aus. Es ist eine wunderschöne, fast unberührte Gegend, und ihren Mittelpunkt bildet der **Stagno dei Colostrai**, ein Flamingo-Winterquartier. An der dem Meer zugewandten Seite der Lagune liegt die **Spiaggia Torre delle Saline**. Das ist nur der erste von mehreren umwerfenden Stränden mit nahezu perfektem Badewasser, die sich entlang der Küste nach Norden bis zur Mündung des Flumendosa erstrecken.

Das von sattem Grün umgebene **Cosi in Mare...Come in Cielo** (☎ 070 99 91 23; www.torresalinas.com; Via del Mare, Località Torre Salinas; 3BZ 80–130 €) ist ein einladendes B&B in der Nähe der Spiaggia Torre delle Saline. Es ist mit Antiquitäten und Gemälden ausstaffiert, hat vier Gästezimmer, eine Gästeküche und eine breite Veranda mit Blick auf den Strand.

Etws Ordentliches zu essen gibt's in Muravera, und zwar im **Ristorante Pizzeria**

Su Nuraxi (☎ 070 993 09 91; Via Roma 257; Pizzas ab 5 €, Hauptgerichte um 28 €) an der belebten Hauptstraße. Es ist ein ungezwungenes Lokal, wo herzhafte Fleischgerichte und gute Pizzas aufgetischt werden.

Unter der Woche fahren drei ARST-Busse von Cagliari via Villasimius nach Muravera (5,50 €, 3 Std.). Es gibt auch schnellere Verbindungen durchs Landesinnere (5,50 €, 1 Std. 40 Min., Mo–Sa 5-mal, So 2-mal).

Südwestsardinien

Was den Südwesten so unwiderstehlich macht, sind seine traumhaften Strände. Die naturbelassenen Sandstrände der Costa Verde, die tropischen Gewässer der Costa del Sud und die Höhlen des Iglesiente – das alles sind Highlights, und es gibt noch viel mehr zu entdecken.

Südwestsardinien besteht aus unterschiedlichen Regionen, und jede einzelne hat ihren eigenen Charakter. Iglesias und die umliegenden Hügel bildeten früher das Bergbauzentrum der Insel. Viele der Bergwerke führen heute ein zweites Dasein als Touristenattraktion.

Die vorgelagerten Zwillingsinseln San Pietro und Sant'Antioco begeistern Besucher jeweils auf ihre Art. San Pietro besticht durch seine beschwingte Atmosphäre und Sant'Antioco mit seinem bodenständigen Charakter und archäologischen Erbe. Sant'Antioco, das von den Phöniziern besiedelt und dann von den Römern übernommen wurde, war früher ein wichtiges Handelszentrum, ähnlich wie die Stadt Nora, deren Ruinen an der Südküste zu bestaunen sind.

Im Binnenland, mitten in der Region Marmilla, befindet sich die größte *nuraghe* (bronzezeitlicher Steinturm) Sardiniens, die in der UNESCO-Liste des Kulturerbes geführte Nuraghe Su Nuraxi. Sie gehört zu den meistbesuchten Highlights der Insel. Die Geschichte des Turms reicht bis in das 2. Jahrtausend v. Chr. zurück . Der in Trümmern liegende Nuraghen-Komplex Genna Maria ganz in der Nähe ist auf den ersten Blick weniger grandios, aber trotzdem bedeutend.

An den Regionen im Inland ist der Fortschritt größtenteils unbemerkt vorübergezogen und die touristische Infrastruktur ist begrenzt. Aber die Reize der Küsten sind den geschäftstüchtigen Investoren nicht verborgen geblieben. An der Südwestküste gibt es deshalb einige luxuriöse Ferienresorts, die mühelos mit denen an der Costa Smeralda mithalten können.

HIGHLIGHTS

- Auf einer Piste abseits der Zivilisation zu einem der wilden, windgepeitschten Strände der **Costa Verde** (S. 92) fahren
- In der prähistorischen Grabstätte **Necropolis del Montessu** (S. 96) den Hauch längst vergangener Tage spüren
- Den Wildpferden auf Sardiniens Tafelberg, der Hochebene **Giara di Gesturi** (S. 110), ganz nah kommen
- Sich in Iglesias während der **Settimana Santa** (S. 87) die herrlich-schaurigen Prozessionen mit Kapuzenmännern ansehen
- Die elektrisierenden Eleonorenfalken beobachten, in der **Cala Fico** (S. 100), einer Höhle auf der hinreißenden Isola di San Pietro

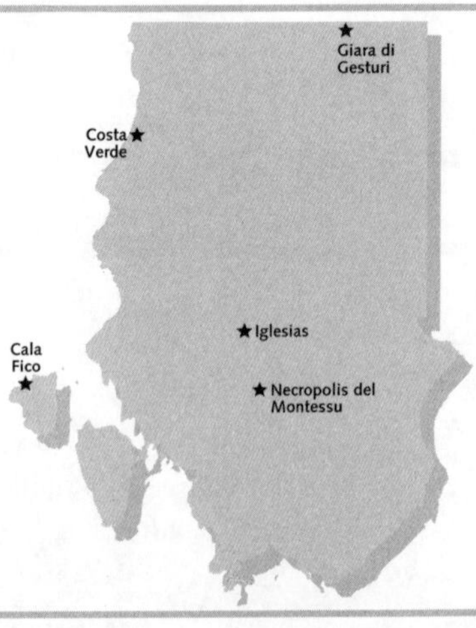

SÜDWESTSARDINIEN

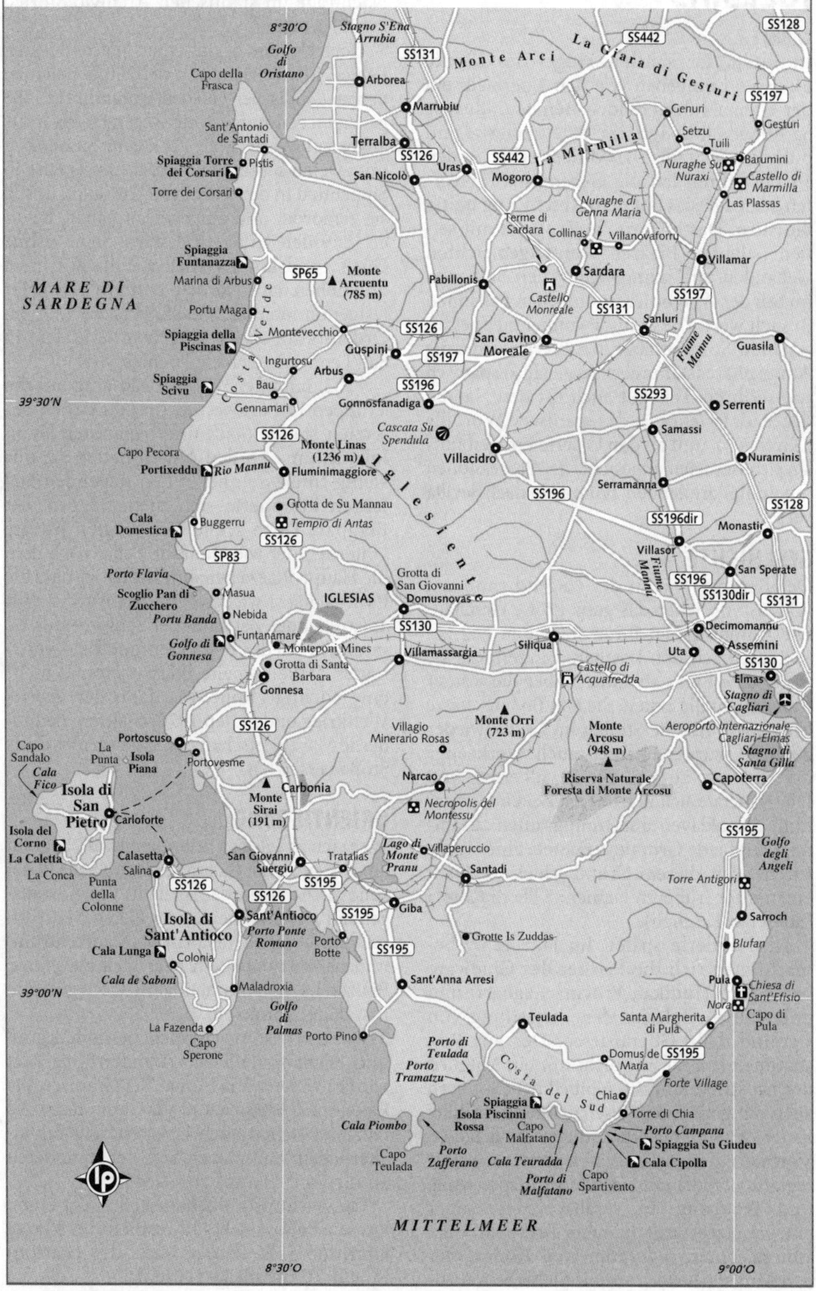

SÜDWESTSARDINIEN

IGLESIAS

27 800 Ew.

Inmitten der sanften Hügel des Monte Linas und umgeben von den Überbleibseln der ehemals florierenden Bergbauindustrie Sardiniens liegt Iglesias, eine moderne und pulsierende Stadt. Das Minensterben in den 1970er-Jahren hat die Gegend hart getroffen, aber Iglesias bot dem Abschwung mutig die Stirn. Das historische Zentrum mit seinen belebten Piazzas, sonnengebleichten Gebäuden und schmiedeeisernen Balkonen im Stil der Aragonier ist auf jeden Fall einen Besuch wert. Die Stadtbewohner zieht es an warmen Sommerabenden hierher und die Atmosphäre ist mindestens genauso spanisch wie sardisch. Das gilt auch für den Namen der Stadt (*iglesias* ist das spanische Wort für „Kirchen"), und an den Osterfeiertagen fühlen sich Besucher angesichts der Prozessionen mit dumpf grollenden Trommeln nach Sevilla versetzt.

GESCHICHTE

Der Bergbau war in der Gegend rund um Iglesias von jeher das ganz große Geschäft. Die Römer gaben ihrer Stadt den Namen Metalla, nach den kostbaren Erzen, die sie am Monte Linas abbauten. Aber die Römer waren nicht die ersten, die hier Bodenschätze gewannen: Als die Stollen im 19. Jh. wieder geöffnet wurden, kamen auch Werkzeuge der Katharer zutage. Die Bevölkerung von Iglesias setzte sich in früheren Zeiten in erster Linie aus Sklaven und Immigranten zusammen, und jede Gruppe errichtete eine eigene Kirche. Aus diesem Grund erhielt die Stadt einen ihrer früheren Namen: Villa di Chiesa (Stadt der Kirchen).

Jahrhunderte später, im Jahr 1257, bemächtigten sich die Pisaner des Giudicato di Cagliari (Judikat; Provinz Cagliari) und unterstellten Iglesias der Verwaltung von Ugolino della Gherardesca. Der aus Pisa stammende Graf war nicht nur ein Mitglied der papstfreundlichen Ghibellinen, sondern auch ein gerissener Geschäftsmann. In kürzester Zeit organisierte er die Stadt nach dem Vorbild einer toskanischen *comune* (selbst regierten Stadt) mit eigener Rechtsprechung und Währung. Er verabschiedete sogar ein Gesetzesstatut namens Breve di Villa Chiesa, einen revolutionären Kodex, der den Minenarbeitern soziale Sicherheiten zugestand. Das Dokument kann man sich auf Nachfrage im städtischen Archivio Stòrico (S. 86) ansehen.

Doch Ugolino beging einen folgenschweren Fehler: Er wechselte von den Ghibellinen zu den mailändischen Guelfen, woraufhin er 1288 gefangen genommen und wegen Hochverrats angeklagt wurde. Man steckte ihn zusammen mit zweien seiner Söhne und Enkelsöhne in Sippenhaft in den Turm von Gualandi. Er soll sie ermordet und aufgegessen haben, bevor er 1289 den Hungertod starb. Seine Söhne Guelfo und Lotto verließen Villa di Chiesa und flohen nach Norden. Lotto wurde später festgenommen und Guelfo verstarb 1295 im Ordenshospital der Ritter von Jerusalem in San Leonardo de Siete Fuentes.

1323 landeten katalanisch-aragonische Truppen in Portovesme. Im Jahr darauf besetzten sie die Stadt und benannten sie in Iglesias um. An den Minen hatten sie nur wenig Interesse und in den folgenden 500 Jahren kümmerte sich niemand um den Bergbau. Doch schließlich sorgten private Unternehmer wie Quintino Sella (nach dem die Haupt-Piazza benannt ist) dafür, dass die Bodenschätze wieder gefördert wurden. Als aufstrebendes Zentrum der Schwerindustrie in einem wieder erstarkten und bald vereinigten Italien spielte Iglesias einmal mehr eine wichtige Rolle, bis dann der Zweite Weltkrieg und in den 1970er-Jahren die moderne Marktwirtschaft der Stadt vernichtende Stöße versetzten.

ORIENTIERUNG

Wer sich in Iglesias orientieren will, beginnt am besten an der Piazza Quintino Sella in der südöstlichen Ecke der Altstadt. Von hier ausgehend durchschneidet der Corso Matteotti das *centro storico* (historisches Stadtzentrum) und passiert dabei ein paar kleinere Plätze: Piazza La Marmora, Piazza Collegio und Piazza del Municipio.

Das *centro storico* ist nicht besonders groß und leicht zu Fuß zu erkunden. Begrenzt wird es von der Via Roma, Via Gramsci, Via Eleonora d'Arborea und Via Campidano. An Letzterer stehen noch Überreste der mittelalterlichen Stadtmauer, von der in anderen Straßen nichts mehr zu sehen ist.

Die wichtigste Bushaltestelle liegt einen kurzen Fußmarsch südwestlich der Piazza Quintino Sella in der Nähe der Giardini Pubblici (Öffentliche Gärten).

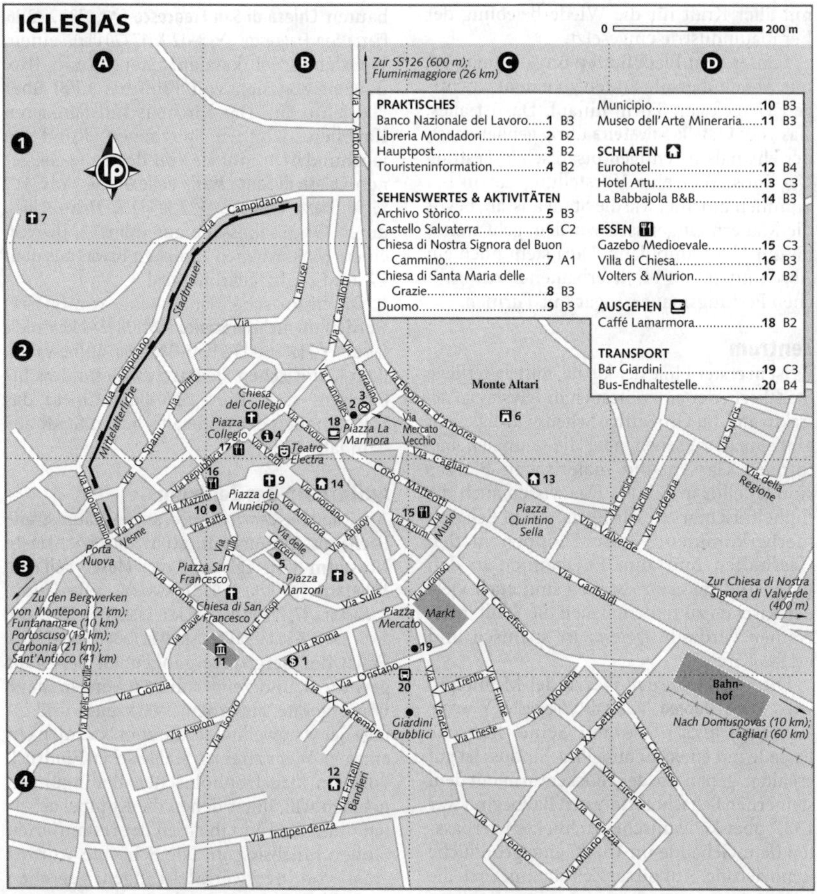

PRAKTISCHE INFORMATIONEN

Banco Nazionale del Lavoro (Via Roma 29) Hat einen Geldautomaten.

Hauptpost (Via Mercato Vecchio; ⌚ Mo–Sa 8–13.15 Uhr)

Libreria Mondadori (☎ 0781 2 37 77; Piazza La Marmora; ⌚ 9–13 & 17–20.15 Uhr) Der kleine Buchladen verkauft Stadtpläne, Landkarten und Reiseführer.

Touristeninformation (☎ 0781 25 25 39; Via Verdi 2; ⌚ Mo–Fr 10–13 & 18–20 Uhr) Die offiziellen Öffnungszeiten werden nicht immer eingehalten.

SEHENSWERTES

Piazza Quintino Sella & Umgebung

Große Teile des modernen Iglesias stammen aus dem 19. Jh., einer Zeit, in der die Minen zum letzten Mal richtig viel Geld für die Stadt abwarfen. Dieser letzte Boom wurde durch eine Gesetzesänderung eingeläutet, die es einer Interessengemeinschaft vom italienischen Festland erlaubte, die Bergwerke aufzukaufen und wieder in Betrieb zu nehmen. In dieser turbulenten Ära wurde die mittelalterliche Stadtmauer größtenteils abgerissen und auf einem ehemaligen Acker vor den Toren der Stadt die weitläufige Piazza Quintino Sella angelegt. Sie entwickelte sich bald zum beliebtesten Treffpunkt der Stadt, und auch heute noch wimmelt es hier während der allabendlichen *passeggiata* (Spaziergang) von Menschen. Die Statue mitten auf dem Platz wurde zu Ehren von Quintino Sella (aus der berühmten Winzerfamilie Sella e Mosca) errichtet. Der sardische Staatsmann hatte sich mit aller Kraft für die Wiederbelebung der Bergbauindustrie eingesetzt.

Hinter dem Platz führen ungleichmäßige, mit Abfall übersäte Stufen zu einem wuchtigen viereckigen Turm hinauf. Das ist alles, was vom **Castello Salvaterra** übrig geblieben ist, der ehemals mächtigen pisanischen Festung Ugolinos. Wer eine Vorstellung davon bekommen möchte, wie die Stadt aussah, bevor die Mauern eingerissen wurden, geht weiter bis zur Via Campidano. Dort steht noch ein Abschnitt der im 14. Jh. erbauten nordwestlichen Festungsmauer, sogar mit Türmen.

Zentrum

Es ist in erster Linie der kleine, mittelalterliche Stadtkern, der einen Besuch in Iglesias so attraktiv macht. Großartige Sehenswürdigkeiten gibt's nicht zu sehen, aber die schmalen, autofreien Gassen und malerischen Piazzas sind tadellos in Schuss. Das wissen auch die Einheimischen zu würdigen, die in Scharen hierherkommen – zum Shoppen in den Geschäften und zum Entspannen in den Bars. Und im *centro storico* sind auch viele der Kirchen zu finden, denen die Stadt ihren Namen verdankt (*iglesia* ist spanisch und heißt „Kirche").

Die Ostflanke der Piazza del Municipio wird vom **Duomo** (Piazza del Municipio; ⌚ wegen Renovierung geschl.) beherrscht. Seine hübsche Fassade mit einem Schuss Pisa-Einfluss ist gut erhalten, genau wie der Glockenturm mit dem steinernen Schachbrettmuster. Baubeginn war 1337, aber katalanische Architekten verpassten dem Gebäude im 16. Jh. eine gründliche Renovierung. Aus dieser Zeit stammt auch die üppige Ausstattung im Innern. Ein Highlight ist der vergoldete Altaraufsatz, in dem früher Reliquien des Hl. Antiochus aufbewahrt wurden. Ursprünglich befand er sich auf der Isola di Sant'Antioco, wurde aber im 17. Jh. zum Schutz vor Piratenüberfällen nach Iglesias verfrachtet. Und obwohl die Kirchenleute im 19. Jh. gezwungen wurden, die Reliquien wieder an die Kathedrale von Sant'Antioco zu überstellen, schafften sie es irgendwie, den Altar zu behalten.

Gegenüber dem Duomo, auf der anderen Seite des Platzes, steht der Bischofspalast. Und den Westrand der Piazza ziert der elegante, neoklassische **Municipio** (Rathaus). Keines der beiden Gebäude kann besichtigt werden.

Vom Platz aus geht's auf der Via Pullo zur zierlichen, aus rosarotem Trachyt erbauten **Chiesa di San Francesco** (☎ 0781 2 42 26; Piazza San Francesco; ⌚ 8–12 & 17–20 Uhr), einem Paradebeispiel katalanischer Gotik. Ihre Bauzeit zog sich von 1300 bis 1500 über 200 Jahre hin. Das Kirchenschiff flankieren Kapellen zwischen Spitzbögen. Rund ein Jahrhundert trennt sie von der nahe gelegenen **Chiesa di Santa Maria delle Grazie** (☎ 0781 2 25 04; Piazza Manzoni; ⌚ 7.30–12 & 17.30–20 Uhr), deren Originalfassade aus dem 13. Jh. von einem pinkfarbenen barocken Etwas aus dem 17. und 18. Jh. gekrönt wird.

Die historischen Dokumente von Iglesias werden im **Archivio Stòrico** (☎ 078 12 48 50; Via delle Carceri; ⌚ Mo–Fr 9–13 & 15.45–18.15 Uhr) aufbewahrt, dem historischen Stadtarchiv. Besonders interessant ist das Breve di Villa di Chiesa, das Statutenbuch der mittelalterlichen Stadt aus dem Jahr 1327.

Außerhalb des Zentrums

Am Rand des *centro storico*, an der Hauptstraße Richtung Innenstadt, steht das wichtigste Museum von Iglesias, das **Museo dell'Arte Mineraria** (☎ 0781 35 00 37; www.museoartemineraria.it; Via Roma 47; Eintritt frei; ⌚ Juli–Sept. Fr–So 17–21 Uhr, April–Juni Sa & So 18–20 Uhr, Okt.–März nach Voranmeldung). Es ist der Bergbauvergangenheit der Stadt gewidmet und zeigt rund 70 verschiedene Fördergeräte, außerdem Werkzeuge und einige Schwarzweißfotos, die zum Nachdenken anregen. Wer sich einen realistischen Eindruck von den klaustrophobischen Bedingungen machen will, unter denen die Kumpel arbeiten mussten, kann in einen der restaurierten Stollen hinabsteigen. Die Schächte wurden einst von Bergwerkslehrlingen gegraben und als Trainingsgelände für Bergleute genutzt; im Zweiten Weltkrieg dienten sie als Luftschutzbunker. Im Obergeschoss ist eine Sammlung von rund 8000 sorgfältig beschrifteten Versteinerungen und Mineralien aus Sardinien und der ganzen Welt zu sehen.

Es gibt zwei weitere Kirchen, die eine Besichtigung lohnen. Im Nordwesten der Innenstadt steht hoch oben auf einem Hügel die weiße **Chiesa di Nostra Signora del Buon Cammino**. Von hier eröffnet sich eine herrliche Aussicht über die Stadt.

Auf der gegenüberliegenden Seite der Stadt erhebt sich die **Chiesa di Nostra Signora di Valverde**, eine weitere uralte Kirche. Das rund 15 Minuten zu Fuß von der Piazza Quintino Sella entfernte Gebäude weist kaum noch etwas von seiner ursprünglichen Gestalt im 13. Jh.

auf, abgesehen von der eleganten Fassade. Mit ihren zwei Reihen von Blendarkaden im pisanischen Stil ähnelt sie dem Duomo.

FESTE & EVENTS

Die Woche vor Ostern ist eine gute Zeit für einen Aufenthalt in Iglesias. Während der **Settimana Santa** (Karwoche) feiert die Stadt ihre spanischen Ursprünge und religiösen Traditionen mit einigen gruseligen Prozessionen. Zwischen Kardienstag und Karfreitag ziehen jede Nacht mit Kapuzen verhüllte Gläubige mit Kerzen und Kruzifixen in der Hand durch die Stadt. Im Mittelpunkt des Zuges stehen Bildnisse von Jesus Christus und der Jungrau Maria, und das Ganze wird von langsamen, finsteren Trommelschlägen begleitet.

Viel fröhlicher geht es beim **Estate Medioevale Iglesiente** (Mittelalterlicher Sommer von Iglesias) zu, einer Veranstaltungsreihe zu unterschiedlichsten Themen mit vielen Kostümen und Fahnenschwenkern. Zu den Highlights gehören ein zweitägiges Turnier im Bogenschießen und ein langer Trachtenumzug am 13. August.

SCHLAFEN

Iglesias ist weder eine große Touristenstadt noch ein wichtiges Handelszentrum. Deshalb müssen Besucher preisgünstige Unterkünfte mit der Lupe suchen.

La Babbajola B&B (☎ 347 614 46 21; www.lababbajola.it; Via Giordano 13; 25–27,50 € pro Pers.) Ein schlichtes, gemütliches B&B im *centro storico*. Angeboten werden ein Miniapartment und drei große Doppelzimmer, jedes in hellen Farben gehalten und geschmackvoll möbliert. Gästen stehen eine Küche und ein Fernsehzimmer zur Verfügung. Ein eigenes Bad hat allerdings nur das Apartment.

Hotel Artu (☎ 078 12 24 92; www.hotelartuiglesias.it; Piazza Quintino Sella 15; EZ 46–60 €, DZ 78–90 €, HP 60–70 € pro Pers.; P ❄) Im Mittelpunkt des Geschehens gelegenes, zweckdienliches Mittelklassehotel. Hinter der scheußlichen Zementfassade verbergen sich ordentliche, moderne Zimmer, ein beliebtes Restaurant und freundliche Mitarbeiter. Es lohnt sich, die 3,50 € mehr für einen hauseigenen Parkplatz auszugeben, denn Straßenparkplätze sind in Iglesias Mangelware.

Eurohotel (☎ 078 12 26 43; www.eurohoteliglesias.it, auf Italienisch; Via Fratelli Bandieri 34; EZ 60–80 €, DZ 80–110 €; P ❄) Dieses Eurohotel, das in der kitschigen Kopie einer pompejanischen Villa untergebracht ist, kann man nicht übersehen. Mit seinem pompösen Eingangsportal und den geschwungenen Balkonen sticht es neben den nichtssagenden Gebäuden ringsum sofort ins Auge. Innen wird die Sache konsequent weitergeführt: Die Zimmer sind mit einem bunten Mix aus goldenen Stühlen, Murano-Leuchtern und finsteren Ölgemälden ausstaffiert.

ESSEN & AUSGEHEN

Volters & Murion (☎ 078 13 37 88; Piazza Collegio 1; Mittags-/Fleisch-/Meeresfrüchtemenü 11/25/33 €, Hauptgerichte um 20 €; ⏲ Di–Fr) In dem freundlichen Esslokal unweit vom Duomo gibt's alles Mögliche, vom Hamburger mit Pommes über Pasta in gut gewürzter Tomatensauce bis zu Meeresfrüchten. In der Ecke flimmert der Fernseher, an der Theke plaudern Einheimische – ein ungezwungenes Plätzchen sowohl zum Essen als auch für ein Gläschen am Abend.

Gazebo Medioevale (☎ 078 13 08 71; Via Musio 21; Mittagsmenü von der Tageskarte 13 €, Hauptgerichte um 25 €; ⏲ Mo–Sa) Super Preise und leckeres Fleisch vom Grill – keine schlechte Kombination. Dazu kommen eine ansprechende Inneneinrichtung mit unverputzten Backsteinwänden voller sardischer Masken und – warum auch immer – einem Didgeridoo sowie eine günstige Lage. Keine Kartenzahlung möglich.

Villa di Chiesa (☎ 078 12 31 24; Piazza del Municipio 8; Tagesmenü 15 €, Hauptgerichte um 25 €; Di–So) Das Lokal mit Tischen auf der Piazza del Municipio und der traumhaften hausgemachten Pasta ist schon lange eines der beliebtesten Restaurants in der Stadt. Wichtige Eckpfeiler der Speisekarte sind die fabelhaften *culurgiones*. Hinter dem unaussprechlichen Namen verbergen sich mit Ricotta, Spinat und Safran gefüllte Nudelteigtaschen. Außerdem gibt's *sebadas* (leichtes, mit Käse gefülltes und mit Honig überzogenes Gebäck) und abends auch Pizza.

Caffè Lamarmora (Piazza Lamarmora 6; ⏲ 6–13 & 15–21.30 Uhr) In diesem aus dem *centro storico* nicht mehr wegzudenkenden Café wird köstlicher starker Kaffee gekocht. Es ist nicht schwer zu finden – einfach nach dem hohen, mit Werbeschildern im Stil der 1930er-Jahre versehenen Gebäude Ausschau halten. Seltsamerweise macht es aber um die Mittagszeit zu, was betriebswirtschaftlich betrachtet nicht besonders clever ist.

AN- & WEITERREISE

Bus

Die Ankunfts- und Abfahrtshaltestelle aller Intercitybusse befindet sich am Giardini Pubblici, auf der Seite der Via Oristano. Fahrplanauskunft und Fahrkarten gibt's in der **Bar Giardini** (Via Oristano 8; Mo–Sa 5.30–14.30 & 15.30–21 Uhr) auf der anderen Straßenseite. Es fahren Busse nach Cagliari (4 €, 1–1½ Std., 7-mal tgl.), Carbonia (2 €, 45 Min., 8-mal tgl.) und Funtanamare (1 €, 20 Min., 11-mal tgl.).

Auto & Motorrad

Die Anfahrt über die vierspurige SS130 von Cagliari geht schnell (weniger als 1 Std.). Auf den anderen Straßen dauert die Fahrt nach Iglesias um einiges länger. Von Süden her trifft die Küstenstraße SS195 von Cagliari kommend auf die SS126 von Isola di Sant'Antioco, die dann via Carbonia nach Iglesias führt. Von Norden her kommt die SS126. Sie verläuft südlich der Provinz Oristano bis Guspini und dann durch die Berge via Arbus und Fluminimaggiore.

Zug

Bis zu zehn Trenitalia-Züge verkehren täglich zwischen Iglesias and Cagliari (3,30 €, 1 Std.).

RUND UM IGLESIAS

BERGWERKE VON MONTEPONI

Wer sich ein wenig für die industrielle Vergangenheit von Iglesias interessiert, wird von dem gewaltigen Bergwerkszentrum Monteponi fasziniert sein. In dem ausgedehnten, stillgelegten Areal, 2 km westlich von Iglesias, schlug das schwarze Herz der Bergbauindustrie im Iglesiente – eine Region, die zu den wichtigsten Blei-, Zink- und Silberabbaugebieten Sardiniens zählte. Die Arbeit in den Minen begann erstmalig im Jahr 1324 und wurde danach mehrmals unterbrochen und wieder aufgenommen, bis 1992 der gesamte Betrieb auf die andere Talseite nach Campo Pisano verlegt wurde.

Heute haben Besucher die Möglichkeit, sich die Galleria Villamarina anzuschauen – ein Tunnel der 1852 gegraben wurde, um die beiden wichtigsten Gruben der Zeche miteinander zu verbinden. Wer an einer Führung teilnehmen möchte, wendet sich an die Kooperative **IGEA** (☎ 0781 49 13 00; www.igeaminiere.it, auf Italienisch; Erw./unter 12 J. 8/4,50 €; Mo–Fr 8.30–17 Uhr).

Besucher ohne fahrbaren Untersatz können einen Stadtbus der Linea B nehmen, der achtmal täglich von der Via Oristano in Iglesias abfährt (0,70 €, 20 Min.).

GROTTA DI SANTA BARBARA

Ein paar Kilometer weiter auf der Straße nach Carbonia liegen die stillgelegten Blei- und Zinkminen San Giovanni. In den 1950er-Jahren wurde hier bei Routinegrabungen die **Grotta di Santa Barbara** (☎ 0781 49 13 00; www.igeaminiere.it, auf Italienisch; Erw./Kind 12/6 €; Mo–Fr 8.30–17 Uhr) freigelegt, eine bis dahin unbekannte Tropfsteinhöhle. Dunkelbraune Kristalle und weißer Kalzit bedecken die Wände des riesigen Gewölbes; Stalaktiten und Stalagmiten vermitteln den Eindruck eines gespenstischen unterirdischen Waldes. Besichtigung nur nach Voranmeldung.

FUNTANAMARE

Der Strand, der Iglesias am nächsten liegt, befindet sich bei Funtanamare (auch Fontanamare geschrieben). Der lange goldene Sandstreifen vor einer Kulisse aus Dünen und fruchtbarem Ackerland ist ungeheuer beliebt. Dass er trotzdem nur selten überfüllt ist, hat er seinen Ausmaßen zu verdanken. Starke Winde machen ihn zu einem Surferparadies, besonders wenn der *maestrale* (Nordwestwind) bläst.

Von Iglesias fahren bis zu elf Busse täglich zum Strand hinab (1 €, 20 Min.), und Autofahrern stehen zahlreiche Parkplätze zur Verfügung. Weitere fünf Busse fahren zu einer Stelle namens **Plage Mesu**, weiter südlich am gleichen Strand.

DOMUSNOVAS

Die unscheinbare Ortschaft Domusnovas, rund 10 km östlich von Iglesias an der SS130 Richtung Cagliari, liegt mitten in einem der aufregendsten Klettergebiete Sardiniens. Die Landschaft ringsum hat jede Menge Kalksteinfelsen, -klippen und -höhlen zu bieten, von denen viele ideal für den Klettersport geeignet sind. Ungefähr 440 Routen warten sowohl auf Anfänger als auch auf fortgeschrittene Bergsteiger – von leichten Kletterwänden bis zu Respekt einflößenden Überhängen mit Schwierigkeitsgrad 7c. Experten zufolge sind die Klima- und Felsbedingungen zwischen

Herbstanfang und Frühlingsende am besten. Ausführliche technische Informationen finden sich unter www.climb-europe.com/sardinia and www.sardiniaclimb.com.

Die 4 km nördlich von Domusnovas gelegene, an der Hauptstraße ausgeschilderte **Grotta di San Giovanni** (9–21 Uhr beleuchtet) lohnt unbedingt einen Abstecher. Die 850 m lange Grotte wurde erst vor rund zehn Jahren für Fahrzeuge geschlossen – bis 2000 konnte man tatsächlich einfach mit dem Auto durchfahren. Falls der Magen knurrt oder die Kehle trocken ist: Beim Parkplatz am Eingang gibt's ein Restaurant mit Bar.

Zwischen Iglesias und Domusnovas verkehren täglich acht Busse (1 €, 15 Min.).

DAS IGLESIENTE

Die Gebirgslandschaft nördlich und westlich von Iglesias ist wunderschön und wirkt fast schon etwas gespenstisch. Üppiges Buschwerk hüllt die stillen Hänge in ein grünes Daunenbett, und verwaiste Häuser erinnern eindrucksvoll an die florierenden Bergbaugemeinden, die hier einst das Bild prägten. Von der dramatischen Steilküste eröffnen sich herrliche Blicke aufs Meer.

Alle Städte in dieser Region standen in irgendeiner Beziehung zum Bergbau. Führungen durch die alten Stollen veranstaltet die Kooperative **IGEA** (0781 49 13 00; www.igeaminiere.it, auf Italienisch). Der sardische Anbieter hat es sich zur Aufgabe gemacht, das Interesse an der Geschichte der Region aufrecht zu erhalten, indem er Besucher an Orte führt, die sonst in Vergessenheit geraten wären. Im Juli und August bekommen auch unangemeldete Gäste manchmal die Chance, an einer Führung teilzunehmen. Eine Reservierung ist aber auf jeden Fall ratsam, da die Anreise zu den Orten unglaublich zeitraubend ist.

DIE KÜSTE

Nebida

Spektakuläre Ausblicke eröffnen sich, wenn man von Funtanamare die Küstenstraße SP83 nach Norden nimmt. In halsbrecherischen Berg- und Talkurven erreicht die Strecke nach 5,5 km das kleine, ziemlich triste Dorf Nebida. Die ehemalige Bergarbeitersiedlung erstreckt sich hoch über dem Meer entlang der Küstenstraße. Hauptgrund für einen Stopp hier ist die atemberaubende Aussicht vom **Belvedere**, einem Panorama-Ausblick, der über einen umzäunten Spazierpfad entlang der Klippe zu erreichen ist. Die Küstenlandschaft wird von dem 133 m hohen **Scoglio Pan di Zucchero** (Zuckerbrotklippe) dominiert, dem größten der *faraglioni* (Meeresfelsen), die vor der majestätischen Kulisse der schroffen Steilküste aus dem glasklaren blauen Wasser emporragen. Unten liegt die **Laveria Lamarmora**, die leere Hülle eines Gebäudes, in dem einst, als Nebida noch ein Minendorf war, Mineralien gewaschen und gesiebt wurden. Von der Hauptstraße aus windet sich ein Pfad zu dem Waschhaus hinab.

Rund 500 m weiter nördlich zweigt eine kleine Straße zur **Portu Banda** ab, wo es einen kleinen Kieselsteinstrand gibt.

Wer das Meer näher erkunden möchte, kontaktiert **Marco Salerni** (329 792 00 93). Der Veranstalter organisiert von Nebida aus Tauchtrips für 25 € pro Person, Ausrüstungsleihgebühr nicht inklusive.

Das **Pan di Zucchero** (0781 4 71 14; www.hotelpandizucchero.it; Via Centrale 365; EZ 40–45 €, DZ 50–55 €) in der Nähe des südlichen Dorfeingangs ist ein freundliches Hotel in Familienbesitz. Die Zimmer sind sauber und schlicht möbliert. Zum Haus gehört ein Restaurant, wo ordentliche Portionen frischer Meeresfrüchte aus der Region aufgetischt werden. Direkt neben dem Hotel führt eine steile Gasse zu einer hübschen sandigen Höhle hinunter.

Die Regionalbusse, die zwischen Iglesias und Masua verkehren, halten in Nebida (1,50 €, 30 Min., 11-mal tgl.).

Masua

Ein paar Kilometer weiter nördlich liegt Masua, ebenfalls ein ehemaliges Bergbauzentrum. Von oben betrachtet, erscheint der Ort alles andere als einladend, aber völlig uninteressant ist er nicht.

Auf dem Weg in die Ortschaft hinab führt die Straße an einem verlassenen Minenkomplex vorbei zu einem Strand, der zwar nicht der beste Sardiniens ist, aber mit seiner umwerfenden Aussicht auf den Scoglio Pan di Zucchero durchaus etwas hat.

Das Highlight in Masua ist allerdings der einzigartige Bergbauhafen. Bis in die 1920er-Jahre hinein wurde das meiste im Iglesiente geförderte Erz auf einfache Segelschiffe verladen, die an die Strände gezogen wurden. Anschließend segelten die Boote nach Carloforte (auf der Isola di San Pietro), wo

SÜDWESTSARDINIEN

SÜDWESTSARDINIEN

die Ladung auf Frachtschiffe verteilt wurde. Diese Verladepraxis fand ein Ende, als 1924 zwei 600 m lange Tunnel in die Felshänge bei Masua gegraben wurden. Durch den tiefer gelegenen Schacht wurden Zink und Blei über ein Förderband aus den unterirdischen Lagerstätten ans Tageslicht gebracht und mithilfe eines genialen mobilen „Arms" schnurstracks in die unten vor Anker liegenden Schiffe transportiert. Durch den oberen Tunnel wurden die Erze in die unterirdischen Depots verfrachtet. Eine Führung des Veranstalters **Porto Flavia** (☎ 0781 49 13 00; www.igeaminiere.it, auf Italienisch; Erw./Kind 8/4,50 €; 🕑 Aug. 9, 10.30 & 12 Uhr, sonst nur nach Absprache) dauert ungefähr eine Stunde. Um den Eingang zu finden, geht man am besten erstmal hinunter zum Strand. Von dort führt eine Straße wieder zurück nach oben und anschließend ungefähr 2,5 km um die Küste herum.

Dieselbe Straße führt auch zu einer schattigen Aussichtsplattform mit Blick über den Scoglio Pan di Zucchero.

Cala Domestica

Hinter Masua steigt die Straße rapide an und windet sich in Haarnadelkurven um den Monte Guardianu nach Buggerru. Strandfans sollten 5 km vor Buggerru dem Wegweiser nach Cala Domestica folgen. Die Straße endet unten an einem Parkplatz; gleich daneben in einer Bucht befindet sich zwischen schroffen Klippen ein Sandstrand. Das Wasser hier ist herrlich blau und manchmal gibt es auch eine ordentliche Brandung. Über einen felsigen Pfad rechts vom Strand gelangt man zu einem kleineren, geschützteren Nebenstrand.

Es gibt einen Parkplatz, auf dem im Sommer rund 4 € pro Tag verlangt werden (das restliche Jahr über ist er meist kostenlos, weil dann kaum jemand herkommt). Eine Snackbar hinter dem Strand sorgt für das leibliche Wohl.

Buggerru & Portixeddu

1120 Ew.

Der angesagte Ferienort Buggerru mit seinem kleinen Hafen und vielen Ferienapartments ist das größte Dorf an diesem Küstenabschnitt. Es liegt eingebettet zwischen den natürlichen Felswänden eines tiefen Tals. Buggerru wurde 1860 gegründet und entwickelte sich zu Beginn des 20. Jhs. zu einer wichtigen Bergarbeiterstadt mit 12 000 Einwohnern. Lange Zeit war die Ortschaft nur auf dem Seeweg erreichbar. Diese Tatsache zwang die Einwohner schon früh, in vielen Bereichen für sich selbst zu sorgen – Buggerru besaß bereits vor Cagliari und Sassari eine eigene Stromversorgung, außerdem ein Krankenhaus, eine gemeinnützige Versicherungsgesellschaft und ein kleines Theater. Trotzdem waren die Bedingungen für die Kumpel hier nicht gerade paradiesisch. 1904 legten sie die Werkzeuge nieder und streikten – es war der erste in Sardinien jemals verzeichnete Streik.

Informationen zur Stadt und Umgebung bietet die **Touristeninformation** (☎ 0781 5 40 93; 🕑 10–12 & 18–20 Uhr) an der Küstenstraße SP83.

Wer nicht nur der Lieblingsbeschäftigung der hiesigen Surfer nachgehen will, d. h. am Strand abhängen, kann bei der **Società Mormora** (☎ 328 883 33 40) unten am Porto Turistico (Touristen-Hafen) ein Boot mieten und die ehemaligen Minen von Buggerru, die **Galleria Henry** (☎ 0781 49 13 00; www.igeaminiere.it, auf Italienisch; Erw./Kind 8/4,50 €; 🕑 Aug. 9, 10.30, 12, 14, 15.30, 16.30 & 17.30 Uhr, sonst nur nach Absprache), besuchen. Was diese einstündige Tour zu einem besonders beeindruckenden Erlebnis macht, sind die Ausblicke vom Rand der Felsklippen hinab aufs Meer.

Hinter Buggerru klammert sich die Straße ein paar Kilometer hoch oben an die Kante der Steilküste, um schließlich die langen, sandigen Abschnitte der **Spiaggia Portixeddu** zu erreichen, einem der schönsten Strände in dieser Ecke. Er erstreckt sich über 3 km an der Küste bis zum Rio Mannu, dem Fluss, der das Ende der Küste von Iglesiente markiert.

Das Übernachtungsangebot in der Gegend ist begrenzt, aber der **Camping Ortus de Mari** (☎/Fax 0781 5 49 64; Erw./Zelt 8/11,50 €; 🕑 Ende Mai–Sept.) hat ein paar primitive Campingeinrichtungen. Er liegt ein Stückchen nordöstlich vom Strand, ungefähr 1 km vom Abzweig Capo Pecora entfernt.

Im pinkfarbenen **Hotel Golfo del Leone** (☎ 0781 5 49 52; www.golfodelleone.it; Localita Caburu de Figu; EZ/DZ 55/85 €, HP pro Pers. 66,50–80 €) dagegen, rund 1 km hinter dem Portixeddu, erwarten die Gäste sonnige Zimmer mit Meerblick. Der Service ist freundlich und die hilfsbereiten Mitarbeiter können Reitausflüge organisieren. Im angeschlossenen Restaurant wird einwandfreie Regionalkost für etwa 25 € pro Kopf serviert.

DAS LANDESINNERE

Fluminimaggiore

3050 Ew.

Ein malerischer, aber schwindelerregender 26 km langer Abschnitt der SS126 führt in spitzen Kurven von Iglesias nach Fluminimaggiore, einem tristen Städtchen mit zwei Museen und ein paar einfachen Esslokalen. Längst ist aus der Ortschaft das Leben gewichen, und wie in Orgosolo in Zentralsardinien beklagen die Einwohner den traurigen Zustand auf Wandgemälden überall im Ort. Viele der Bilder werfen einen nostalgischen Blick auf das goldene Minenzeitalter.

Die Kleinstadt selbst ist kaum von Interesse, doch in ihrer Nachbarschaft liegen die eindrucksvolle Grotta de Su Mannau und der römische Tempio di Antas.

Bis zu zehn Busse am Tag verbinden Iglesias mit Fluminimaggiore (2 €, 45 Min.). Wer die beiden folgenden Stätten besuchen möchte, bittet den Busfahrer, an der Hauptstraße zu halten. Die restlichen zwei Kilometer müssen dann zu Fuß zurückgelegt werden.

GROTTA DE SU MANNAU

Ein paar Kilometer südlich von Fluminimaggiore und bereits an der SS126 ausgeschildert, befindet sich die **Grotta de Su Mannau** (☎ 0781 58 04 11; www.sumannau.it; Erw./erm. 8/4,50 €; 🕑 Ostern–Okt. 9.30–18 Uhr, sonst Reservierung erforderlich). Es ist die größte bislang entdeckte Höhle dieser Art im Iglesiente. Bei der Standardtour geht es 50 Minuten lang zu Fuß vorbei an einem kleinen Teil der Höhlenhighlights. Sie führt durch mehrere Gewölbe mit Höhlenseen und den sogenannten Archäologischen Saal. Ausgrabungen dort haben ergeben, dass er einst als Tempel für Wasserzeremonien diente. Die Führung endet am Pozzo Rodriguez (Rodriguez-Brunnen), wo eine beeindruckende, 8 m hohe Säule steht. Es handelt sich um einen Stalaktiten und einen Stalagmiten, die „zusammengewachsen“ sind.

Es werden aber auch aufregendere Exkursionen angeboten, an denen auch unerfahrene Höhlenforscher teilnehmen können. Sie bieten die Möglichkeit, spektakuläre Gewölbe wie den Weißen Saal oder das bunt schillernde Wasser des Pensile-Sees zu besichtigen. Wer sich einer sechs- bis achtstündigen Tour anschließt, wird mit dem Juwel von Su Mannau belohnt, dem Jungfrauen-Saal, wo phantastische Aragoniten und große, schneeweiße Hänge aus verhärtetem Kalzium zu bewundern sind. Diese Exkursion ist die schwierigste, und Teilnehmer müssen einen Neoprenanzug anlegen, um durch die verschiedenen Engpässe und Röhren zu schlüpfen.

Die Touren müssen im Voraus beim Höhlenbüro organisiert werden. Die Kosten richten sich nach der Exkursionsdauer und der Teilnehmerzahl.

Wer eine Unterkunft sucht, kann das **Ostello Su Mannau** (☎ 347 009 53 67; www.ostellosumannau.com; Zi. 50–70 €) an der namenlosen Straße zur Grotta de Su Mannau aufsuchen. Es ist ein ruhiges Drei-Sterne-Hotel, rund 200 m vom Parkplatz der Grotte entfernt. Die Zimmer sind hell und sauber, und die Lage in einem stillen Wäldchen inmitten von viel Grün ist absolut idyllisch.

TEMPIO DI ANTAS

An einer hübschen, bewaldeten Stelle, 9 km südlich von Fluminimaggiore, erhebt sich schon seit dem 3. Jh. n. Chr. der sandfarbene **Tempio di Antas** (☎ 0781 58 09 90; www.startuno.it, auf Italienisch; Erw./Kind 3/2 €; 🕑 Mai–Okt. tgl. 9.30–18.30 Uhr, Nov.–April Fr, Sa & So 9.30–15 Uhr) in majestätischer Einsamkeit. Kaiser Caracalla ließ ihn auf den Grundfesten eines aus dem 6. Jh. v. Chr. stammenden punischen Heiligtums errichten, das seinerseits auf einem noch viel älteren Nuraghen-Komplex erbaut worden war. In seiner römischen Gestalt war der Tempel Sardus Pater geweiht, einer lokalen sardischen Gottheit, die von den Nuraghenvölkern als Babai und von den punischen Gläubigen als Sid, Gott der Krieger und Jäger, verehrt wurde.

Nachdem er jahrhundertelang dem Verfall überlassen wurde, ließ man den Tempel zwischen 1967 und 1976 umfangreich restaurieren. Besonders bemerkenswert sind die alten ionischen Säulen, die ausgegraben und wieder aufgestellt wurden. Zu Füßen dieser Säulen sind noch Überreste des karthagischen Vorgängertempels zu erkennen, den die Römer dem Erdboden gleichmachten, um ihre eigene Version zu errichten.

Zwischen dem Ticketbüro und dem Tempel führt ein schmaler, als *sentiero romano* (römischer Weg) ausgeschilderter Pfad in rund fünf Minuten zu den spärlichen Überresten der ursprünglichen *nuraghe*-Siedlung. Auf diesem Pfad soll man angeblich nach weiteren 1½ Stunden zur Grotta de Su Mannau kommen, aber das haben wir nicht ausprobiert.

Der Fußmarsch von der Hauptstraße bis zum Tempio dauert ungefähr eine halbe Stunde.

COSTA VERDE

Die Costa Verde (Grüne Küste), einer der traumhaften, ungezähmten Küstenabschnitte Sardiniens, erstreckt sich vom Capo Pecora nach Norden bis zum kleinen Urlaubsort Torre dei Corsari. Ihr Name stammt von der grünen *macchia* (einer mediterranen Buschvegetation), die einen Großteil des bergigen Hinterlands bedeckt. Es ist eine Region von wilder, atemberaubender Schönheit, die mit umwerfenden Stränden gesegnet ist. Die besten lassen sich nur über Schotterpisten erreichen, die mit einem Mietwagen nicht immer ganz leicht zu bewältigen sind. Aber das heißt auch, dass die Strände weitestgehend frei von störender Bebauung sind. Die Strände der Costa Verde zählen zu den natürlichsten und unberührtesten auf ganz Sardinien.

Es gibt keine Straße, die der Costa Verde auf gesamter Länge folgt. Reisende, die von Portixxedu nach Norden fahren wollen (wer die Highlights dieser Gegend sehen will, sollte dies unbedingt tun), müssen zunächst auf der SS126 landeinwärts Richtung Arbus und Guspini fahren.

VILLACIDRO

14 600 Ew.

Rund 9 km südöstlich von Arbus führt eine kleinere Straße zu einem Ort, dessen Name aus einem Buch von Tolkien stammen könnte: Gonnosfanadiga. Nach weiteren 6 km auf der SS196 ostwärts kommt die erste von zwei Abzweigungen nach Villacidro. Das berühmteste Erzeugnis dieser ländlichen Kleinstadt ist ein Likör auf der Basis von gelbem Safran. Am Rand der kurvenreichen Landstraße taucht ungefähr 2,5 km vor Villacidro ein Wegweiser zum Wasserfall **Cascata Su Spendula** auf. Er wird von gebieterischen Felswänden und einem dicken Gürtel aus Bäumen eingerahmt. Seinen überschwänglichen Versen nach zu urteilen, die der nationalistisch gesinnte italienische Dichter Gabriele d'Annunzio diesem Ort widmete, hat er ihn wohl eher im Winter besucht!

ARBUS

6780 Ew.

Der Ort Arbus, der sich an die Ausläufer des Monte Linas schmiegt, besitzt eines der originellsten Museen Sardiniens. Sein **Museo del Coltello Sardo** (☎ 070 975 92 20; www.museodelcoltello.it, auf Italienisch; Via Roma 15; Eintritt frei; ⌚ Mo–Fr 9–12 & 16–20 Uhr) in der steinernen Altstadt unweit der zentralen Piazza Mercato widmet sich der uralten sardischen Kunst der Messerherstellung. Gegründet hat das Museum Paolo Pusceddu, dessen *s'arburesi* (Messer aus Arbus; s. Kasten S. 154) zu den hochwertigsten der sardischen Messer gehören. Im Untergeschoss sind Signor Pusceddus historische Messersammlung und einige seiner gelungensten Stücke zu bewundern.

An der Hauptstraße beim östlichen Ortseingang liegt das freundliche **Hotel Meridiana** (☎ 070 975 82 83; www.wels.it/hotelmeridiana; Via della Repubblica 172; EZ 35–41 €, DZ 65–77 €; P ✱ ♿). Es bietet ein gutes Preis-Leistungs-Verhältnis und 26 moderne, sommerliche Zimmer, einige mit Blick auf die Stadt. Im Restaurant im Untergeschoss wird eine gute Pizza gebacken.

Das am gegenüberliegenden Ende von Arbus befindliche **Ristorante Sa Lolla** (☎ 070 975 40 04; Via Libertà 225; Hauptmahlzeiten rund 25 €; ⌚ Do–Di) genießt bei den Einheimischen einen guten Ruf. Gäste müssen es nur irgendwie schaffen, die Gartenzwerge auf den Tischen zu ignorieren, denn die Küche zaubert köstliche Lammgerichte und üppige Portionen dampfender Pasta auf den Tisch.

Arbus ist mit ARST-Bussen von Cagliari zu erreichen (4,50 €, 2 Std., Mo–Sa 6-mal, Sa 2-mal). Die Fahrt dauert aber verhältnismäßig lang.

MONTEVECCHIO

Umringt von bewaldeten Hügeln und Granitfelsen liegt die **Miniere di Montevecchio**. Das von der Unesco als Kulturerbe gelistete Bergwerk war früher die wichtigste Zink- und Bleimine Sardiniens. Die riesige, inzwischen im Verfall begriffene Anlage war bis 1991 in Betrieb. Obwohl die meisten Menschen inzwischen das Weite gesucht haben, gibt es hier noch ein kleines Städtchen mit einer Handvoll Bewohnern.

Wer die Zeche besichtigen möchte, muss sich entweder an die Kooperative **IGEA** (☎ 0781 49 13 00; www.igeaminiere.it, auf Italienisch; Erw./unter 12 J. 6/3 €; ⌚ Mo–Fr 8.30–17 Uhr) wenden, oder an die

STRÄNDE DER COSTA VERDE

Vom Capo Pecora kommt man über Portixeddu und dann nach Nordosten über die SS126 bis zur Abfahrt Richtung **Gennamari**, **Bau** und **Spiaggia Scivu**. Wer aus nordöstlicher Richtung kommt, sieht die Wegweiser auf der rechten Seite, 13 km von Arbus entfernt. Dieser schmalen Bergstraße folgt man in die windigen, von mediterranem Gestrüpp überwucherten südlichen Höhenzüge auf eine Höhe von ca. 450 m, bis das Meer in Sicht kommt. Fünf Kilometer vor dem Strand ist links die Spiaggia Scivu ausgeschildert. Geradeaus würde man bei einem Hochsicherheitsgefängnis landen – einer der Gründe, warum Scivu so lange nicht erschlossen wurde.

Die Straße endet an einem Parkplatz, wo nur im Sommer ein Kiosk und ein paar Süßwasserduschen in Betrieb sind. Auch für Sonnenschutz muss selbst gesorgt werden (Sonnenschirm oder Zelt), denn Schatten ist hier Mangelware. Der Spaziergang zum Strand führt über 70 m hohe Dünen. Von ihnen aus lässt sich der Strand in seiner gesamten Länge bewundern.

Der andere berühmte Strand der Costa Verde ist die **Spiaggia della Piscinas**, rund 3,7 km nordöstlich der Spiaggia-Scivu-Abzweigung an der SS126 (Einfach die Ausfahrt Ingurtosu nehmen). Die Fahrt ist an sich schon die Strapazen wert: Die Straße führt in ein Tal hinab, vorbei an den verwaisten Gebäuden, Wohnhäusern und Maschinen einer Bergarbeitersiedlung aus dem 19. Jh.

Nach 9 km Feldweg taucht eine Gabelung auf. Wer den Abzweig nach links zur Spiaggia della Piscinas nimmt, erreicht nach weiteren 20 Minuten auf einer holperigen Piste den Strand. Hinter dem breiten Strandband erheben sich 30 m hohe Dünen, die „Wüste Sardiniens". Im Sommer beleben ein, zwei Bars die Szenerie und versorgen Badegäste mit Duschen, Sonnenschirmen und -liegen.

Kooperative **G. Fulgheri** (☎ 070 934 60 00; www.coopfulgheri.it, auf Italienisch; Führungen 8 €; ⏲ Sa & So 10 & 11 Uhr). Letztere veranstaltet auch Ausflüge in die dicht bewaldete Landschaft rund um den **Monte Arcuentu** (785 m), eines der letzten Rückzugsgebiete des *cervo sardo* (Sardischer Hirsch).

Von Montevecchio bahnt sich die SP65 in engen Kurven ihren Weg durch die romantische grüne Wildnis bis Torre dei Corsari. Unterwegs passiert man zwei ausgezeichnete *agriturismi* (Bauerngasthöfe).

LP Tipp **Agriturismo Arcuentu** (☎ 070 975 81 68; Localita Monte Arcuentu; Hauptgerichte um 25 €) liegt 6 km außerhalb von Montevecchio, nicht weit von der SP65. Dieser Bauernhof ist bestens geeignet für ein königliches sardisches Festessen. Das Schlemmermahl für 25 € besteht aus Antipasti, einer Wahl aus zwei Pastagerichten, vegetarischen Beilagen, Obst, Dessert, Kaffee und einem *amaro* (ein bittersüßer, alkoholhaltiger *digestivo*). Zur Zeit der Recherche gab es noch keine Gästezimmer, aber nach Auskunft des Besitzers könnten bereits fünf fertig sein, wenn dieses Buch auf dem Ladentisch liegt. Unbedingt vorher reservieren.

Agriturismo L'Aquila (☎ 347 822 24 26; www.aglaquila.com; Localita Is Gennas Arbus; Zi. pro Pers. 30 €, HP pro Pers. 42–55 €) ist ähnlich und hat gemütliche, rustikale Gästezimmer. Einfach beim Wegweiser von der SP65 abbiegen und rund 2,5 km dem Feldweg folgen.

TORRE DEI CORSARI

Der nördlichste Punkt der Costa Verde, der Torre dei Corsari, ist ein kleiner, aber aufstrebender Ferienort. Mit seinen schmucklosen modernen Gebäuden und der hässlichen Zement-Piazza macht er nicht gerade einen idyllischen Eindruck, aber der Strand ist gut. Der ungefähr 1,5 km lange, breite sandige Küstenstreifen erstreckt sich zwischen türkisblauem Wasser und hohen Dünen, die in grünes Buschland übergehen. Am Südende des Strandes verwittern die Ruinen des Wachturms, der dem Städtchen seinen Namen gab. Das nördliche Strandende, auch unter dem Namen **Pistis** bekannt, ist mit einem beachtlichen Fußmarsch oder einer 8 km langen Autofahrt über **Sant'Antonio di Santadi** zu erreichen. An beiden Strandenden gibt es einen kostenpflichtigen Parkplatz.

Torre dei Corsari ist ein Sommerbadeort. Wer im Winter herkommt, wird viele geschlossene Hotels und Restaurants vorfinden.

Brezza Marina (☎ 338 367 68 86; www.brezzamarina.it; Viale della Torre; EZ 30–60 €, DZ 45–110 €) Brezza Marina bietet Zimmer und Apartments in verschiedenen Ecken der Ortschaft, die das ganze Jahr über zu haben sind. Größe und Qualität sind unterschiedlich, aber meistens handelt es sich um schlichte, weiß gekachelte Unterkünfte mit einfachen Gartenmöbeln und dem Allernötigsten. Frühstücksbons kosten 2,50 €.

SÜDWESTSARDINIEN

SÜDWESTSARDINIEN

Verdemare (☎ 070 97 72 72; www.verdemare.com; Via Colombo; Zi. 70–158 €; ⏲ Ostern–Nov.; ❄) Das wunderschöne Hotel liegt in einer üppigen Grünanlage, bietet eine große Terrasse mit Blick aufs Meer in der Ferne und helle, kühle Zimmer. Klimaanlage kostet 3 € extra, aber die kann man sich auch sparen: Einfach das Fenster öffnen und unters Moskitonetz kriechen.

Hotel Caletta (☎ 070 97 71 33; www.lacaletta.it; DZ 90–148 €, HP pro Pers. 78–106 €; ⏲ Ende April–Sept.; P ❄) Das große Drei-Sterne-Hotel steht auf einem Felsvorsprung mit Meerblick. Die Zimmer sind mit den üblichen Annehmlichkeiten ausgestattet. Zur Anlage gehören ein Pool, der wie ein Bumerang geformt ist, und eine kleine Disko. In der Zeit um Ferragosto (15. August) gilt ein Mindestaufenthalt von zwei Wochen.

Selbstversorger finden alles Notwendige im **Supermarkt** (☎ 070 97 72 45; Piazza Stella Maris; ⏲ 9–13 & 17–20 Uhr) am zentralen Platz, nicht weit vom Wachturm.

Im Juli und August fährt täglich ein ARST-Bus vom Busbahnhof in Oristano nach Torre dei Corsari (4 €, 1½ Std.).

CARBONIA & UMGEBUNG

Südlich von Iglesias entfaltet sich rechts und links der SS126 eine flachere, wenig eindrucksvolle Landschaft, die sich bis zur zweitgrößten Stadt des Südens erstreckt: Carbonia. Der Ort ist ein lebendes Denkmal für die fehlgeschlagenen Ambitionen der Faschisten. Besuchern hat er heute nur wenig zu bieten, abgesehen von zwei bescheidenen Museen und einem für die faschistische Bombast-Architektur typischen Stadtplatz. Ganz in der Nähe, am Monte Sirai, lässt sich ein Blick in die Vergangenheit der Insel werfen.

Im Westen liegt Portovesme, Anlegestelle der Fähren zur Isola di San Pietro.

CARBONIA

30 300 Ew.

Wer sich nicht für faschistische Architektur oder Industriegeschichte begeistern kann, wird wahrscheinlich nicht lang in Carbonia bleiben. Mussolini gründete diese moderne Stadt, die von Anfang an unter keinem guten Stern stand, zwischen 1936 und 1938 zur Unterbringung von Grubenarbeitern aus der benachbarten Kohlenzeche Sirai-Serbariu. Seither waren die Geschicke der Stadt eng mit Kohle verbunden – nicht umsonst ist ihr Name eine Ableitung der italienischen Bezeichnung für diesen Rohstoff, *carbone* –, und die Zechenstillegungen im Jahr 1972 trafen sie mit voller Härte. Seither hängt die Stadt gewissermaßen in der Luft, kämpft mit einer hohen Arbeitslosigkeit und hält sich dank des Einzelhandels irgendwie über Wasser.

Carbonias Mittelpunkt ist die Piazza Roma, ein typischer Marktplatz im faschistischen Baustil. Dominiert wird er vom robusten **Municipio** und der bleichen **Chiesa di San Ponziano**, deren Glockenturm aus dunkelrotem Trachyt angeblich eine Kopie der Basilika in Aquilea in Norditalien ist.

Einen kurzen Spaziergang entfernt liegt das wichtigste Museum von Carbonia, das **Museo Archeologico Villa Sulcis** (☎ 0781 66 50 37; Via Napoli 1; Erw./Kind 3/2 €, inkl. Museo di Paleontologia e Speleologia & Monte Siria 5/3 €; ⏲ April–Sept. Mi–So 10–20 Uhr, Okt.–März Di–So 9–14 Uhr). Es ist in der ehemaligen Residenz des städtischen Minendirektors untergebracht und beherbergt eine bescheidene Sammlung archäologischer Fundstücke, die überwiegend vom Monte Sirai stammen.

In der Nähe befindet sich das **Museo di Paleontologia e Speleologia** (☎ 0781 69 10 06; Piazza Garibaldi; Erw./Kind 3/2 €, inkl. Museo Archeologico Villa Sulcis & Monte Siria 5/3 €; ⏲ April–Sept. Mi–So 10–20 Uhr, Okt.–März Di–So 9–14 Uhr), das einzige Museum für Höhlenforschung auf Sardinien. Es bietet jede Menge Highlights für Höhlenforscher und solche, die es werden wollen. Die Ausstellung umfasst Fossilien, Mineralien und alle möglichen geologischen Kuriositäten, die in verschiedenen Höhlen auf Sardinien gefunden wurden.

Nicht ganz so speziell sind die Ruinen der phönizischen Festung am **Monte Sirai** (☎ 0781 66 50 37; Erw./Kind inkl. Museo Archeologico Villa Sulcis & Monte Sirai 5/3 €; ⏲ April–Sept. Mi–So 10–20 Uhr, Okt.–März Di–So 9–14 Uhr), rund 4 km nordwestlich von Carbonia auf der anderen Seite der SS126. Ursprünglich 650 v. Chr. von den Phöniziern aus Sulci (dem heutigen Sant'Antioco) erbaut, wurde die Anlage ein Jahrhundert später von den Katharern übernommen. Von der Festung selbst ist nicht viel übrig. Trotzdem lassen sich die Umrisse einer karthagischen Akropolis mit Wehrturm ausmachen. Außerdem gibt es eine Nekropole sowie ein Tofet, eine geheiligte phönizische oder karthagische Begräbnisstätte für Kinder und Babys, zu sehen. Die Aussicht von hier ist umwerfend.

Die Festung ist mit Bussen von Carbonia aus zu erreichen; Abfahrt und Ankunft ist bei den Portalen an der Via Manno. Fahrkarten werden in der Bar Balia in der Viale Gramsci Nr. 4 verkauft. Es bestehen Busverbindungen nach Iglesias (2 €, 45 Min., 8-mal tgl.) und Cagliari (5,50 €, 1½ Std., 7-mal tgl.) sowie in zahlreiche Ortschaften der Region.

PORTOSCUSO & PORTOVESME

5350 Ew.

Nähert man sich der Küste, wird die Landschaft nicht gerade schöner. Aus der platten Ebene ragen die Schlote eines riesigen Kraftwerks in den Himmel. Hinter dem unansehnlichen Bau erstreckt sich aber kein ausgedehntes, übelriechendes Industriegelände, auch wenn es auf den ersten Blick so aussieht. Sobald die Küste erreicht ist, stellt man fest, dass sich die Industrieanlagen auf Portovesme beschränken, einen Ort, der zwei Kilometer östlich von Portoscuso liegt. Portoscuso selbst ist ein attraktiver Fischereihafen, gekrönt von einem Turm aus der Zeit der Spanier und umgeben von einem Labyrinth romantischer Gassen. In Portovesme befindet sich der Hauptterminal für die Fähren zur Isola di San Pietro.

Infos gibt's bei der hilfreichen **Touristeninformation** (☎ 0781 50 95 04; Via Vespucci 16; 🕑 Sommer Mo–Sa 10–12 & 18–20.30 Uhr, Winter Mo–Fr 18–20.30 Uhr) von Portoscuso in der Nähe des Hafens.

Im Städtchen selbst kann man eigentlich nicht viel mehr unternehmen, als durch die gepflegten Straßen zu spazieren und das relaxte Ambiente zu genießen. Allerdings gibt's einen ordentlichen **Sandstrand**, und von dem bulligen, aus dem 16. Jh. stammenden **Wachturm** (Eintritt frei; 🕑 Juni–Sept. tgl. 18–20.30 Uhr) eröffnet sich ein toller Ausblick.

Wer aber Anfang Juni herkommt, wird feststellen, dass das Städtchen total kopfsteht. Dann findet nämlich das alljährliche **Sagra del Tonno** (Thunfischfest) statt, bei dem sich Einheimische und Besucher gleichermaßen über Thunfischgerichte hermachen. Portoscuso ist einer der wenigen Orte in Sardinien, wo der Thunfisch noch mit althergebrachten blutigen Methoden gefangen wird.

Hotel Mistral (☎ 0781 51 20 63; www.hotelmistral.191.it; Via De Gasperi 1; EZ 42–54 €, DZ 60–77 €; 💻) Ein zwangloses Drei-Sterne-Hotel mit acht Zimmern über einer gut besuchten Eckkneipe. Die geräumigen, geschmackvoll eingerichteten, limonenfarbenen Gästezimmer haben moderne Bäder und Satellitenfernsehen.

La Ghinghetta (☎ 078 150 81 43; laghinghetta@tiscali.it; Via Cavour 26; EZ 130–135 €, DZ 130–140 €, HP 130–175 €; 🕑 Mai–Okt.) Das Hotel verbindet auf geniale Weise Charme, Komfort und gute Küche. Das Haus mit Blick auf den Strand besitzt einladende Zimmer im Nautikstil, die in einer Reihe weiß getünchter Fischerhütten untergebracht sind, und ein viel gepriesenes Restaurant. Seine kulinarische Spezialität sind Meeresfrüchte, Menüs kosten ab 65 €.

Ciccittu Pizzeria (☎ 0781 51 20 01; Via Amerigo Vespucci 6; Pizzas 6 €, Hauptgerichte rund 20 €; 🕑 Mi–Mo) In der gemütlichen Pizzeria wird eine gemischte Küche mit Pizza, Pasta und Meeresfrüchten geboten. Der vor der Küste gefangene Thunfisch taucht in zahlreichen Antipasti und Hauptspeisen auf und ist auf jeden Fall lecker.

Nach Portoscuso und ins benachbarte Portovesme fahren FMS-Busse von Iglesias (2 €, 30 Min., stündl.) und Carbonia (1,50 €, 35 Min., 14-mal tgl.). Fahrkarten werden in den Zeitungskiosken am oberen Ende der Largo Matteotti verkauft.

Saremar (☎ 0781 50 90 65; www.saremar.it, auf Italienisch) schippert bis zu 15-mal täglich zwischen 5 und 21.10 Uhr (im Sommer zusätzlich um 23.10 Uhr) von Portovesme nach Carloforte (auf der Isola di San Pietro). Die Überfahrt dauert rund 30 Minuten und kostet 2,60 € pro Person und 7,60 € pro Pkw. Im Sommer sollte man auf lange Warteschlangen gefasst sein.

TRATALIAS

Es ist kaum zu glauben, aber das verschlafene Tratalias war früher einmal der religiöse Mittelpunkt der gesamten Sulcis-Gegend. Als Sant'Antioco im 13. Jh. aufgegeben wurde, verlagerte man die Erzdiözese von Sulcis in dieses Dorf und errichtete die imposante **Chiesa di Santa Maria** (☎ 0781 69 70 03; Eintritt 1 €; 🕑 Di–So 9.30–12 & 14.30–17.30 Uhr). Die eigenartige romanische Kirche überragt die wenigen Überreste der *vecchio borgo* (Altstadt). Nachdem in den 1950er-Jahren Wasser aus dem nahe gelegenen Lago di Monte Pranu in den Baugrund zu sickern begann, zogen die Anwohner weg. Zur Zeit der Recherche wurde das *vecchio borgo* gerade in ein Kunst- und Kunstgewerbezentrum mit einem Museum und einem kleinen Hotel verwandelt.

SÜDWESTSARDINIEN

ABSTECHER: VILLAGGIO MINERARIO ROSAS

An der Hauptstraße nach Narcao zeigt ein Wegweiser zum **Villaggio Minerario Rosas**, der modernen Ausgabe der Bergwerke von Rosas, die bis zu ihrer Schließung 1978 eine wichtige Blei-, Kupfer- und Zinkquelle waren. Es handelt sich um eine faszinierende Anlage mit rostigen Fördermaschinen und schweren Holzbauten. Seltsamerweise hat das Museum aber nur selten geöffnet, und oft ist weit und breit kein Mensch zu sehen. Davon sollte man sich aber nicht abschrecken lassen, denn es ist ein wundervolles abgeschiedenes Plätzchen und notfalls kann man immer noch um die Steingebäude herum oder auf den einsamen Pfaden in die steinige Hügellandschaft hinaus wandern.

Tratalias ist am einfachsten mit dem Auto zu erreichen. Die Altstadt liegt 4 km östlich abseits der SS195 direkt an der Straße.

NARCAO

Die rund 15 km nordöstlich von Tratalias entfernte Kleinstadt lohnt einen kurzen Abstecher wegen ihrer *murales* (Wandgemälde), die Szenen aus dem Leben in den hiesigen Minen darstellen. Die zweite Attraktion des Ortes ist das jährliche **Narcao Blues Festival** (☎ 800 88 11 88; www.narcaoblues.it), eins von Sardiniens Top-Musikevents. Es findet immer am letzten Juliwochenende statt, 2009 bereits zum 19. Mal. Im Rahmen des Festivalprogramms finden Blues-, Funk-, Soul- und Gospelkonzerte von hervorragenden amerikanischen Künstlern statt. In den vergangenen Jahren zählten dazu beispielsweise die gefeierten Blind Boys of Alabama.

Agriturismo Santa Croce (☎ 349 879 11 39; www.agriturismosantacroce.net; Localita Santa Croce; EZ 22–30 €, DZ 42–56 €), gleich am Stadtrand, vermietet Zimmer in einem pinkfarbenen Bungalow an der Straße. Außerdem hat es ein tolles Restaurant (Tagesgerichte 10–22 €; Abendessen nur nach Reservierung), wo Regionalküche auf den Tisch kommt, z. B. Fleisch von Lämmern und Schweinen aus eigener Haltung.

MONTESSU

Die **Necropolis del Montessu** (Erw./Kind 5/3 €; 🕒 Juni–Sept. 9–20 Uhr, Mai bis 18 Uhr, Okt.–April bis 17 Uhr), eine der größten und namhaftesten archäologischen Stätten Sardiniens, liegt versteckt in einer fruchtbaren Landschaft in der Nähe von Villaperuccio. Die in ein felsiges, natürliches Amphitheater eingebettete Stätte geht auf die Ozieri-Kultur (ungefähr 3000 v. Chr.) zurück. Es gibt hier 35 primitive Gräber, die von den Einheimischen als *domus de janas* (wörtlich „Feenhäuser") bezeichnet werden. Viele scheinen kaum mehr als ein Loch in der Mauer zu sein, aber manche sind mit wunderbaren geschnitzten Reliefs versehen. So lassen sich etwa bei der **Tomba delle Spirali** deutlich ein Spiralrelief und stilisierte Ochsen erkennen.

Der Fußweg vom Ticketschalter zur Hauptstätte ist 500 m lang. Steigt man die Stufen hinauf, die vom Weg abgehen, liegt unmittelbar rechter Hand die **Tomba Santuario**, eine rechteckige Vorhalle, und dahinter drei Öffnungen, die den Blick auf ein halbrundes Grab freigeben. Auf dem Pfad weiter nach rechts gelangt man zu einer Ansammlung von Gräbern und anschließend zur Tomba delle Spirali.

Wer von Villaperuccio hierher fahren möchte, nimmt die Straße nach Narcao und orientiert sich dann an den Wegweisern auf der linken Seite. Es sind ungefähr 2,5 km.

SANTADI

Weinliebhaber können sich in Santadi, einem belebten Landwirtschaftszentrum ein paar Kilometer östlich von Villaperuccio, an den hiesigen Tropfen gütlich tun. Die Stadt ist die Heimat des größten Weinguts von Südwestsardinien, der **Cantina Santadi** (☎ 0781 95 01 27; Via Cagliari 78; www.cantinadisantadi.it; 🕒 nach Absprache). Zu den hier produzierten Rotweinen gehören die hochgelobten Tropfen Roccia Rubia und Grotta Rossa.

Eine Vorstellung davon, wie die Dorfbewohner Anfang des 20. Jhs. lebten, vermittelt das **Museo Etnografico 'Sa Domu Antiga'** (☎ 078 195 59 55; Via Mazzini 37; Eintritt 2,60 €; 🕒 Di–So 9–13 & 15–17 Uhr), wo ein für die Region typisches Dorfbauernhaus rekonstruiert wurde.

Wie viele andere Kleinstädte zelebriert Santadi seine Traditionen mit viel Hingabe. Am ersten Sonntag im August versammeln sich die Einwohner zur **Matrimonio Maureddino** (Maurenhochzeit), ein Kostüm-Hochzeitsfest mit Volkstänzen, Ess- und Trinkgelagen. Auf dem Höhepunkt der Ereignisse werden die Braut und der Bräutigam auf einem *traccas* (einem von roten Ochsen gezogenen Wagen) zum Hauptplatz kutschiert.

Fünf Kilometer südlich von Santadi liegt die **Grotte Is Zuddas** (☎ 0781 95 5741; www.grotteis-zuddas.it, auf Italienisch; Erw./Kind 8/5 €; 🕒 April–Sept. Mo–Sa 9.30–12 & 14.30–18 Uhr, Okt.–März 12–16 Uhr, So und feiertags 9.30–12 & 14.30–18 Uhr). Auch diese Grotte gehört zum spektakulären Höhlensystem der Insel. Besonders sehenswert sind die Sinterbildungen in der Haupthöhle. Kein Mensch weiß, wie diese seltsam gewundenen Formationen zustande kommen. Eine Theorie besagt, dass die Luftströmungen in der Höhle auf Wassertropfen einwirken, die von Stalaktiten fallen, und solche Spiralen entstehen lassen.

VORGELAGERTE INSELN

Die beiden vorgelagerten Inseln an der Südwestküste, Isola di Sant'Antioco und Isola di San Pietro, haben völlig unterschiedliche Gesichter. Die größere und erschlossenere Isola Sant'Antioco ist nicht sehr touristisch und hat nur wenig von der Schönheit zu bieten, die gemeinhin mit kleinen Mittelmeerinseln verbunden wird. Die Isola di San Pietro liegt eine knappe halbe Bootsstunde entfernt. Mit ihren pastellfarbenen Häusern und bunten Fischerbooten, die übers Wasser tanzen, ist sie weitaus attraktiver.

ISOLA DI SAN PIETRO

Die mit einer eleganten Hauptstadt und malerischen Küstenstreifen gesegnete Isola di San Pietro ist ein extrem begehrtes Sommerferienziel. Die bergige, rund 15 km lange und 11 km breite Trachytinsel wurde nach dem Hl. Petrus benannt. Er soll hier angespült worden sein, als er auf dem Weg nach Karalis (das heutige Cagliari) in einen Sturm geraten war. In noch früherer Zeit nannten die Römer die Insel Accipitrum, aufgrund der vielen verschiedenen Falkenarten, die hier zu Hause sind.

Ihren einzigartigen Charakter und ihre unverwechselbare Atmosphäre verdankt die Isola di San Pietro ihren genuesischen Einwohnern, die 1736 aus dem Besitz des tunesischen Bey (Gouverneur) freigekauft wurden. Die Korallenfischer waren im Auftrag der in Genua residierenden Familie Lomellini zur Insel Tabarka geschickt worden, um für sie dort die kostbaren Korallen zu ernten. Aber danach wurden sie ihrem Schicksal überlassen und gerieten in Sklaverei, bis Karl Emanuele III. ihnen Zuflucht auf San Pietro gewährte. Die Ironie des Schicksals wollte, dass 1798 nordafrikanische Seeräuber auf der Insel auftauchten und sich mit 1000 Gefangenen aus dem Staub machten. Es kostete das Haus von Savoyen fünf Jahre, sie danach wieder freizukaufen. Bis heute sprechen die Einwohner von San Pietro *tabarkino*, ein im 16. Jh. üblicher Dialekt des Genuesischen.

Carloforte

6430 Ew.

Carloforte ist der Inbegriff mediterraner Eleganz und eignet sich hervorragend als Einstieg in die Insel. Graziöse *palazzi*, gut besuchte Cafés und Palmen säumen die pulsierende Hafenpromenade. An einen grünbewachsenen Hang im Hintergrund schmiegt sich ein Bogen cremefarbener stattlicher Häuser. Echte Sehenswürdigkeiten sind zwar rar, aber ein entspannter Bummel durch die entzückenden Pflastersteinstraßen lohnt sich allemal und ist ein hervorragender Auftakt für einen Aperitif am Wasser und ein köstliches Seafoodmal in einem der tollen Restaurants der Stadt.

PRAKTISCHE INFORMATIONEN

Die sprachbegabten und hilfsbereiten Mitarbeiter der **Touristeninformation** (☎ 0781 85 40 09; www.prolococarloforte.it, auf Italienisch; Piazza Carlo Emanuele III 19; 🕒 Mai–Sept. Mo–Sa & So morgens 9.30–12.30 & 16.30–19.30 Uhr, Okt.–April Mo–Sa & So morgens 10–13 & 17–20 Uhr) wissen auf alle erdenklichen Fragen eine Antwort. Eine weitere nützliche Informationsquelle ist die Website www.carloforte.net, zurzeit allerdings nur auf Italienisch.

Geld spuckt der Automat bei der **Banca Intesa** (Corso Cavour 1) am Hafen aus.

SEHENSWERTES & AKTIVITÄTEN

Am Hang über dem Hafen steht das bescheidene **Museo Civico** (☎ 0781 85 58 80; Via Cisterna del Re; Erw./Kind 2/1 €; 🕒 Di & Sa 9–13, Mi 10–13 & 15–18, Do & Fr 15–19, So 10–13 Uhr). Es ist in einem kleinen Kastell aus dem 18. Jh. untergebracht, einem der ersten gemauerten Gebäude auf der Insel. Am interessantesten ist der Tonnara-Saal, der sich mit dem traditionellen Thunfischfang beschäftigt, und auch die anderen Ausstellungsstücke – Schiffszubehör und eine kleine Sammlung von Mittelmeermuscheln – widmen sich nautischen Themen.

SÜDWESTSARDINIEN

THUNFISCH IM FADENKREUZ

Den Bewohnern von San Pietro liegt der Fischfang im Blut. Seit Jahrhunderten ist das jährliche Thunfischschlachten, die *mattanza,* das festlichste Ereignis der Insel. Die *mattanza* findet Ende Mai/ Anfang Juni statt, wenn die Thunfische auf dem Weg zu ihren Laichgründen zwischen der Isola Piana und San Pietro auftauchen. Dort wartet dann auf die Fische ein System von Fangnetzen, mit dem sie in die Falle gelockt werden. Eine Reihe von Absperrungen leiten die Tiere in Richtung der Fischer und schließlich in die *camera della morte* (Todeskammer). Sobald genügend Thunfische gefangen sind, rücken die Fischer nach und die *mattanza* beginnt (das Wort leitet sich vom spanischen Wort für „ermorden" ab). Es ist eine blutige Angelegenheit – acht oder mehr Fischer schlagen dicke Haken in die zappelnden Fische. Auch heute noch ist die *mattanza* zentraler Bestandteil eines großen Jahresfestes, dem Girotonno. Angesichts zurückgehender Thunfischbestände gerät dieser Brauch immer mehr in den Mittelpunkt eines nie da gewesenen Interesses.

Hinter der unaufhaltsam steigenden Nachfrage nach Thunfisch steht Japans unstillbarer Hunger nach Sushi und Sashimi (japanische Käufer schnappen sich ungefähr 80 % des im Mittelmeer gefangenen Thunfischs). Der Thunfischfang ist inzwischen ein globales Multimillionendollargeschäft, und im Mittelmeer sind schätzungsweise 300 Thunfischfangboote unterwegs, von denen viele auf einen Schlag bis zu 3000 Thunfische fangen können. Die Internationale Kommission zum Erhalt des Atlantischen Thunfischs (ICCAT) hat den Einsatz von Spähflugzeugen verboten, aber die illegale Fischerei ist immer noch an der Tagesordnung.

Vor diesem Hintergrund ist die Zahl der Thunfische, die während der *mattanza* in Carloforte gefangen werden, ein Tropfen im Ozean – im Jahr 2008 wurden dabei 160 t Thunfisch gefangen; die ICCAT-Quote fürs Mittelmeer beträgt 22 000 t. Aber die *mattanza* ist ein grausames und dramatisches Schauspiel, und das von Blut rot gefärbte Wasser des Mittelmeers gibt Kritikern ein wirkungsvolles und anschauliches Instrument im Kampf um den Erhalt des Mittelmeerthunfischs in die Hand. Verbraucher- und Umweltschutzorganisationen betrachten die Auswirkungen der kommerziellen Fischerei auf die Thunfischbestände der Region mit großer Sorge und fordern lautstark eine Senkung der Fischfangquoten. Aber ihnen stehen mächtige wirtschaftliche Interessensverbände gegenüber, die genauso hartnäckig entschlossen sind, sich solchen Maßnahmen zu widersetzen. Ein für alle zufriedenstellendes Ende der Streitigkeiten ist noch lange nicht in Sicht.

Abgesehen von diesem einzigen Museum und den nicht zu verachtenden Annehmlichkeiten der Stadt liegen die meisten Anziehungspunkte von San Pietro außerhalb, entweder im Meer oder entlang der ungezähmten Küste.

Am *lungomare* (Hafen) steht der Kiosk von **Cartur Dea** (☎ 0781 85 43 31; molo Tagliafico), einem der Anbieter von Bootstouren. Ein Ausflug kostet 20 € pro Person und führt an den Klippen und Grotten der Küste vorbei zu Felsformationen draußen im Meer.

Wer lieber eigenmächtig in See stechen will, kann bei **Carloforte Sail Charter** (☎ 347 273 32 68; www.carlofortesailcharter.it, auf Italienisch; Via Danero 52) ein Segelboot mieten, wahlweise mit oder ohne Skipper – die Mietgebühren beginnen bei ungefähr 1500 € pro Woche. Tauchern stehen mehrere Veranstalter zur Verfügung, darunter **Isla Diving** (☎ 0781 85 56 34; Viale dei Cantieri) am Haupthafen und **Carloforte Tonnare Diving Center** (☎ 349 690 49 69; www.tonnaradive.it; Localita La Punta), ein Veranstalter, der auch Tauchen mit Thunfischen anbietet. Tauchgänge kosten mindestens 65 €.

FESTE & EVENTS

Girotonno (www.girotonno.org) Dieses viertägige Fest Ende Mai/Anfang Juni, ist das wichtigste Event des Jahres auf der Insel. Anlässlich des Thunfischfangs, der *mattanza* (s. Kasten, oben), finden dann Kochwettbewerbe, Kostproben, Workshops, Konzerte und vielfältige andere Veranstaltungen rund ums Thema „Meer" statt. 2008 fand bei dieser Gelegenheit erstmalig ein **Straßenkünstler-Festival** statt.

Musik steht auch im Mittelpunkt der **Creuza de Mà**, einem dreitägigen Filmmusikfestival im September. Details sind bei der Touristeninformation zu erfahren.

SCHLAFEN

Hotel California (☎ 078 185 44 70; www.hotelcalifornia carloforte.it; Via Cavallera 15; EZ 32–50 €, DZ 44–90 €) Die superfreundliche, familiengeführte *pensione* liegt in einer Wohnstraße ein paar Blocks vom *lungomare*. Sie ist nicht luxuriös, aber ihre geräumigen, sonnendurchfluteten Zimmer sind mehr als ausreichend, und die Lage garantiert einen ruhigen Schlaf.

LP Tipp Hotel Riviera (☎ 0781 85 41 01; www.hotelriviera-carloforte.com, auf Italienisch; Corso Battellieri 26; EZ 75–120 €, DZ 120–190 €, Suite 250–370 €; ❄) Das schicke, aber alles andere als hochnäsige Vier-Sterne-Hotel am Wasser verströmt Großstadtflair. Die mit Kacheln ausgestatteten Zimmer sind erstaunlich modern eingerichtet: schnörkellose Möbel mit klaren Formen, viel Weiß und verschwenderisch mit Marmor ausgekleidete Badezimmer. Manche Zimmer punkten mit Meerblick und Balkon, können dann aber auch bis zu 30 € mehr kosten.

Hotel Hieracon (☎ 0781 85 40 28; www.hotelhieracon.com; Corso Cavour 63; DZ mit Ausblick 140–220 €, ohne Ausblick 90–160 €; ❄) Die Villa an der Hafenpromenade wurde kürzlich in ihrem alten Jugendstilglanz wiederhergestellt und wirkt nun sehr einladend. Die Zimmer zieren Art-déco-Möbel und echte Ölgemälde, außerdem gibt's einen ruhigen Garten, wo die Gäste unter Palmen ein Nickerchen halten können. Wer im Hotelrestaurant speisen möchte, sollte mindestens 30 € in der Tasche haben.

ESSEN

Thunfisch ist das Highlight der inseltypischen Tabarkina-Küche. Auf dem Speisezettel stehen zudem leckerer *cuscus* (eine Abwandlung des nordafrikanischen Couscous) sowie *zuppa di pesce* (Fischsuppe). Wer nicht so auf Meeresfrüchte steht, darf sich auf genuesische *farinata* (ein flaches, pizzaähnliches Brot aus Kichererbsenmehl und Oliven) und Pesto freuen, das zu vielen regionaltypischen Gerichten serviert wird.

Ristorante Pizzeria Al Castello (☎ 0781 85 62 83; Via Castello 5; Pizzas 6 €, Hauptgerichte um 25 €; 🕒 Mo–Sa) Wenn die Einheimischen außer Haus Pizza essen wollen, gehen sie in dieses Restaurant am höchsten Punkt der Stadt, neben dem Museo Civico. Das freundliche, unaufdringliche Lokal hat einen geräumigen Essraum und eine übersichtliche Speisekarte. Neben Pizzas sind auch eine Menge Pasta- und Hauptgerichte inkl. Thunfisch im Angebot. Die kurze, aber steile Klettertour hier hoch lohnt sich wirklich.

Osteria della Tonnara (☎ 078 185 57 34; Corso Battellieri 36; Hauptgerichte um 35 €; 🕒 Juni–Sept.) Das kleine Restaurant am Südende der Hafenpromenade von San Pietro wird von der inseleigenen Thunfischkooperative gemanagt – klar, dass Thunfisch ganz oben auf der Speisekarte steht. Er taucht in Gerichten wie Thunfisch-Pesto-Lasagne und dem weit verbreiteten, aber köstlichen *tonno alla carlofortina* (gebratener Thunfisch mit Tomatensauce) auf. Reservierung empfohlen; keine Kartenzahlung.

Tonno di Corsa (☎ 0781 85 51 06; Via Marconi 47; Hauptgerichte um 45 €; 🕒 Di–So) In diesem raffinierten Restaurant kann man Thunfischvariationen probieren, denen man vorher wahrscheinlich noch nie begegnet ist – geräuchert, als Ragout oder als Kutteln. Thunfischkutteln, *belu*, sind vielleicht nicht jedermanns Geschmack, aber wer's probieren möchte: Sie werden im Topf zusammen mit Kartoffeln und Zwiebeln geschmort.

Da Nicolo (☎ 0781 85 40 48; Corso Cavour 32; Hauptgerichte um 55 €; 🕒 Di–So) Diese Inselinstitution, eine Bastion der gepflegten San-Pietro-Küche, thront in majestätischer Eleganz an der Hafenpromenade. Makellose, mit gestärkten Tüchern gedeckte Tische in einem Glaspavillon warten auf Gourmets von nah und fern, die sich an den himmlischen Thunfischgerichten und dem leichten Couscous nach hiesiger Art gütlich tun möchten.

AUSGEHEN

Unbestrittener Hotspot des Geschehens ist der *lungomare*. Unweit vom Wasser liegt **Barone Rosso** (Via XX Settembre 26; 🕒 März–Okt. Di–So 12–15 & 19–2 Uhr, Dez.–März nur abends), eine beliebte Bar mit kitschigem Dekor, schwungvoller Musik und ein paar Straßentischen. Ebenfalls gut und ähnlich gestrickt ist **L'Oblò** (☎ 0781 85 70 40; Via Garibaldi 23; 🕒 Mitte Mai–Mitte Sept. Mi–Mo 19.30–23 Uhr).

Die einzige Disko auf der Insel, **Disco Marlin** (☎ 0781 85 01 21; 🕒 Juli Sa & So 22–4 Uhr, Aug. jede Nacht) liegt außerhalb von Carloforte, in der Nähe der *tonnara* (Thunfischverarbeitungsfabrik) am Weg nach Punta. Um hinzukommen, braucht man ein Auto oder eine Mitfahrgelegenheit.

Am gut besuchten Strand La Caletta ist ebenfalls Musik und Tanz angesagt. Im Sommer dauern die Strandpartys bis zum Morgengrauen.

AN- & WEITERREISE

Ein Ticketbüro von **Saremar** (☎ 0781 85 40 05; www.saremar.it, auf Italienisch; Piazza Carlo Emanuele III 29) befindet sich am *lungomare*. Regelmäßig legen Fähren nach Portovesme (Pers./Pkw 2,60/7,60 €, 30 Min., 15-mal tgl.) und Calasetta (Pers./Pkw 2,30/6 €, 7-mal tgl.) auf der Nachbarinsel Sant'Antioco ab.

Delcomar (☎ 0781 85 71 23; www.delcomar.it, auf Italienisch) setzt bis zu 14 Nachtfähren von und nach Calasetta ein. Der Fahrkartenschalter befindet sich direkt gegenüber dem Fährterminal. Die Überfahrt kostet 5/15 € pro Person/Pkw.

Zwischen Juli und September fahren FMS-Busse von Carloforte nach La Punta (12 Min., 2-mal tgl.), La Caletta (15 Min., 9-mal tgl.) und Capo Sandalo (18 Min., 2-mal tgl.). Einfachtickets/Rückfahrkarten kosten 1 €.

Unterwegs auf der Isola Di San Pietro

Von Carloforte ist es nur eine 5,5 km lange Fahrt nach Norden bis La Punta. Von dieser gottverlassenen Stelle aus schweift der Blick auf das vorgelagerte Inselchen Isola Piana. Im Mai und Juni kann man hier direkt vor der *tonnara* Augenzeuge der wilden *mattanza* werden. In der alten Thunfischverarbeitungsfabrik, einer Ansammlung verwahrloster, mit rostigen Ankern und stinkenden Netzen übersäter Steingebäude, ist das Carloforte Tonnare Diving Center (s. S. 98) untergebracht. Neben Tauchgängen organisieren die Mitarbeiter auch Führungen durch die alte Fabrikanlage; ein Termin lässt sich im Diving Centre vereinbaren.

Die meisten der guten Strände auf der Insel liegen im Süden. Von der **Spiaggia La Bobba** blickt man auf zwei phantastische, aus dem Meer ragende steinerne *colonne* (Säulen). Sie standen Paten, als der südlichste Punkt der Insel seinen Namen erhielt: **Punta delle Colonne**. Weiter westlich befindet sich der beliebteste Strand von Isola di San Pietro, **La Caletta** (auch Spiaggia Spalmatore genannt), ein relativ unspektakulärer Bogen aus weißem Sand zwischen Felsen. Weiter südlich führt ein Abstecher zur dramatischen Küste von **La Conca**.

Tolle Spaziergänge lassen sich beim **Capo Sandalo** am westlichsten Punkt der Insel unternehmen. Am Parkplatz beim Leuchtturm starten verschiedene ausgeschilderte Pfade durch das steinige rote Buschland, das die Klippen überzieht. Es ist zwar kein Hard-Core-Trekking, aber Wanderschuhe sind keine schlechte Idee.

Auf dem Weg zum Capo Sandalo (von Carloforte knappe 20 Min. mit dem Auto) lohnt es sich, kurz in der felsigen Bucht **Cala Fico**, anzuhalten. Sie ist eine der meistfotografierten Stellen der Insel und, zusammen mit der **Isola del Corno**, Nistplatz für Eleonorenfalken.

Was Unterkünfte betrifft, sieht es außerhalb von Carloforte nicht so gut aus, aber bei der Touristeninformation ist eine ausführliche Liste der B&Bs auf der Insel zu haben.

An der Straße nach Capo Sandalo zeigt ein Wegweiser zum **Hotel La Valle** (☎ 078 185 70 01; www.hotellavalle.com; Localita Commende; EZ 40–100 €, DZ 60–150 €; Ⓟ ⛞ ⛞). Das lachsrote Hotel liegt

KREUZZUG ZUR RETTUNG DER INSEL-DICKKÖPFE

Tres cosas sunt reversas in su mundu: s' arveghe, s' ainu, e i sa femmina (Es gibt drei störrische Dinge auf der Welt: Schafe, Esel und Frauen). Sardische Sprichwörter sind meistens sarkastisch und ziemlich direkt. Sie verwenden Bilder aus dem Landleben, mit denen Weisheiten aus dem Alltag ausgedrückt werden sollen. Zur Veranschaulichung wird gern der *asinello sardo* (Sardischer Esel) herangezogen, der im 3. Jahrtausend v. Chr. aus Ägypten auf die Insel verfrachtet wurde.

Der kleine *asinello*, ein zutrauliches, zuverlässiges Arbeitstier, kommt in Sardinien auch regelmäßig auf den Tisch. Da aber außerdem immer mehr überfahren werden, geht ihre Zahl zurück.

Diese Tatsache war für Giorgio Mazzucchetti Anstoß genug, um seinen Job als Wirtschaftsberater in Mailand an den Nagel zu hängen und sich einem Kreuzzug zur Rettung der liebenswerten Dickköpfe zu verschreiben. Er hatte sich nach zahlreichen Urlaubsaufenthalten längst in die Insel verliebt, kaufte einen Bauernhof in der Nähe von Cala Fico an der Westküste und begann mit der Zucht der bedrohten Esel. 1999 begann er mit zehn Tieren, und heute ist daraus eine ansehnliche Herde von 80 Eseln geworden.

Signore Mazzucchetti bekommt keine Gelder für seinen Betrieb, deshalb ist er auf freiwillige Zuwendungen und die Erträge aus gelegentlichen Verkäufen angewiesen. Wer ihn unterstützen möchte, kann die **Fattoria degli Asinelli** (☎ 333 144 29 93; Localita Cala Fico; 🕑 „jeden Nachmittag bis es dunkel wird") in der Nähe des Faro an der Cala Fico besuchen und eine Spende hinterlassen.

am Ende eines langen Feldweges. Es ist eine reizende, rustikale Anlage, umgeben von dichtem Busch, mit Tennisplatz, Swimmingpool und hellen Zimmern; ein traumhaftes Plätzchen, wenn man sich ein wenig zurückziehen möchte.

Das ideale Fortbewegungsmittel auf der Insel ist das Fahrrad. Das gilt auch für Autobesitzer. Die Entfernungen sind nicht groß, und die wenigen Hügel lassen sich gut bewältigen. Zwischen Juni und September werden in Carloforte Fahrräder und Motorroller vermietet, und zwar im **Zeitungsladen** (☎ 0781 85 41 23) an der Piazza Repubblica 4. Für ein Fahrrad ist mit 10 € pro Tag, für einen Motorroller mit 21 bis 37 € zu rechnen.

ISOLA DI SANT'ANTIOCO

Die viertgrößte Insel Italiens (nach Sizilien, Sardinien und Elba), die Isola di Sant'Antioco, ist nicht ganz so betörend wie die kleinere Isola San Pietro. Anders als die meisten Mittelmeerinseln ist sie weder umwerfend schön – auch wenn sie ganz sicher nicht hässlich ist –, noch hat sie einen eigenen speziellen Charakter. Im Gegenteil, sie ist, was Atmosphäre und Aussehen angeht, ganz offensichtlich ein Teil Sardiniens. Die geschäftige Hauptstadt ist ein ungeschminkter Handelshafen, und das grüne, hügelige Binnenland unterscheidet sich wenig vom Großteil Südsardiniens.

Und in der Tat ist die Insel seit römischer Zeit mit dem sardischen Festland durch eine Brücke verbunden – rechts von der heutigen Brücke sind noch die Ruinen der römischen zu sehen.

Die Insel lässt sich auf zwei Wegen erreichen. Der einfachste ist der auf der SS126 von Iglesias und Carbonia nach Süden und dann über die Brücke nach Sant'Antioco. Romantischer ist die schaukelnde Überfahrt mit der Autofähre, die zwischen Calasetta und Carloforte auf San Pietro verkehrt.

Sant'Antioco

11 900 Ew.

Die Isola di Sant'Antioco ist zwar seit prähistorischer Zeit bewohnt, die Stadt Sant'Antioco wurde jedoch erst im 8. Jh. v. Chr. von den Phöniziern gegründet. Damals war sie unter dem Namen Sulki (römisch Sulcis) bekannt und ein wichtiger Handelshafen und Wirtschaftsmetropole für Sardinien. Das blieb so bis zum Untergang des Römischen Reiches mehr als ein Jahrtausend später. Ihren heutigen Namen verdankt die Stadt dem Hl. Antiochus, einem römischen Sklaven, der im 2. Jh. n. Chr. hier im Exil lebte und das Christentum auf die Insel brachte.

Belege für die lange Geschichte der Stadt muss man nicht lange suchen. Das historische Zentrum oben auf dem Hügel wimmelt nur so von phönizischen Grabstätten und faszinierenden archäologischen Fundstücken.

ORIENTIERUNG

Sant'Antioco ist erstaunlich weitläufig. Autofahrer nähern sich dem Zentrum auf der Via Nazionale, die kurz vor der Piazza Italia zur Via Roma wird. Hinter der Piazza ändert sie ihren Namen erneut und heißt dann Corso Vittorio Emanuele, die Flaniermeile von Sant'Antioco. Von der Piazza Umberto I an ihrem Ende geht es auf der Via Garibaldi zur pulsierenden Hafenpromenade Lungomare Cristoforo Colombo hinab. Die Via Regina Margherita führt in den Altstadtkern hinauf.

PRAKTISCHE INFORMATIONEN

Auskünfte erteilt die **Touristeninformation** (☎ 0781 8 20 31; Piazza Repubblica 31a; ⌚ Mo–Fr 10–13 & 17–21 Uhr).

Geldnachschub gibt's an den Geldautomaten auf der Piazza Italia und Piazza Umberto I.

SEHENSWERTES & AKTIVITÄTEN

Hinter der einfachen Barockfassade der **Basilica di Sant'Antioco Martire** (☎ 078 18 30 44; Piazza Parrocchia 22; ⌚ Mo–Sa 9–12 & 15–18, So 10–11 & 15–18 Uhr) verbirgt sich eine ergreifend schlichte Kirche aus dem 5. Jh.

Rechts vom Altar steht ein aus Holz geschnitztes Abbild des Hl. Antiochus. Die dunkle Gesichtsfarbe deutet auf seine nordafrikanische Herkunft hin. Weil Antiochus sich weigerte, seinen Glauben zu verleugnen, verschleppten ihn die Römer als Arbeitssklaven in die Bergwerke des Iglesiente. Aber er entkam, in einem Teerfass versteckt, und wurde von einer christlichen Untergrundorganisation aufgenommen, die ihn in den weitläufigen **Katakomben** (Eintritt 2,50 €; ⌚ Mo–Sa 9–12 & 15–18, So 10–11 & 15–18 Uhr) der Kirche versteckte.

Die Katakomben sind nur im Rahmen einer Führung zu besichtigen und bestehen im Wesentlichen aus einer Reihe von Grabkammern. Manche stammen aus

SÜDWESTSARDINIEN

punischer Zeit und wurden zwischen dem 2. und 7. Jh. von Christen genutzt. Die Toten wohlhabender Familien wanderten in schmucke, mit Fresken verzierte Wandnischen; einige Freskenfragmente sind noch erhalten. Verstorbene der Mittelschicht kamen in unverzierte Nischen, und Normalsterbliche wurden in Löchern im Boden abgelegt. Ein paar Skelette vor Ort veranschaulichen diese Praxis.

Die Via Castello am Hang hinter der Basilika verdankt ihren Namen der aus dem 19. Jh. stammenden piemontesischen Festung **Forte Su Pisu** (Eintritt 2,50 €; ⌚ April–Sept. 9–20 Uhr, Okt.–März 9.30–13 & 15–18 Uhr), die den höchsten Punkt der Stadt markiert. Etwas weiter unten an der Straße überziehen die Gräber der **Nekropole** (für Publikum geschl.) den Hügel. Rund 500 m tiefer gibt es einen aus dem 8. Jh. v. Chr. stammenden **Tophet** (Eintritt inkl. Museo Archeologico 7 €; ⌚ April–Sept. Mi–So 9–19 Uhr, Okt.–März Mi–So 9.30–13 & 15–18 Uhr), eine geheiligte Grabstätte, in der die Phönizier und Katharer ihre totgeborenen Babys bestatteten.

Neben dem *tophet* befindet sich das vor Kurzem renovierte **Museo Archeologico** (☎ 0781 80 05 96; www.archeotur.it, auf Italienisch; Eintritt 6/2 €; ⌚ April–Sept. Mi–So 9–19 Uhr, Okt.–März Mi–So 9.30–13 & 15–18 Uhr). Es beherbergt eine faszinierende Sammlung archäologischer Fundstücke der Region sowie ein Model, das illustriert, wie die Stadt wahrscheinlich im 4. Jh. v. Chr. ausgesehen hat. Aus der nützlichen Museumsbroschüre ist zu erfahren, dass das imposante Steinlöwenpaar im Hauptkorridor früher – wie in phönizischen Städten üblich – die Stadttore bewachte und dass das Wildkatzenmosaik am Ende des Hauptausstellungsraums einst einen römischen *triclinium* (Speisesaal) schmückte.

Wieder zurück in der Altstadt, kann man sich im **Museo Etnografico** (Via Necropoli 24a; Eintritt 3 €; ⌚ April–Sept. 9–20 Uhr, Okt.–März 9.30–13 & 15–18 Uhr) anhand traditioneller Bauern- und Haushaltsgeräte über die Lebensumstände vergangener Zeiten informieren. Einen Besuch wert ist auch das **Villaggio Ipogeo** (Eintritt 2,50 €), eine Reihe punischer Grabstätten, in denen früher die Allerärmsten der Stadt hausten.

Wer der Stadt entfliehen und die Insel erkunden möchte, wendet sich am besten an **Euromoto** (☎ 0781 84 09 07; Via Nazionale 57; ⌚ 9–13 & 16–20 Uhr). Dort werden Fahrräder und Motorroller für 8 € bzw. 30 € vermietet und geführte Radtouren organisiert. Die Begleiter der Touren arbeiten freiwillig, deshalb gibt es keine festen Preise, aber eine Aufwandsentschädigung ist natürlich sehr willkommen.

FESTE & EVENTS

An vier Tagen um den zweiten Sonntag nach Ostern wird das **Festa di Sant'Antioco** zu Ehren des Schutzpatrons der Stadt gefeiert. In dieser Zeit finden Prozessionen, Musik- und Tanzveranstaltungen, Feuerwerk und Konzerte statt. Es handelt sich um eines der ältesten, schriftlich belegten Feste auf der Insel; die Nachweise reichen zurück bis ins Jahr 1519.

SCHLAFEN & ESSEN

Hotel La Matta (☎ 0781 82 81 02; www.hotel-lamatta.com; Via Nazionale 125; EZ 40–75 €, DZ 70–120 €; ❄) Direkt vor den Toren der Stadt liegt dieses kleine, von einer Familie gemanagte Hotel mit sauberen, gemütlichen Zimmern. Die Einrichtung ist nicht gerade umwerfend, aber die Badezimmer sind modern und die Matratzen gut. Möglichst lieber ein Zimmer nehmen, das nicht auf die Hauptstraße raus geht; der Geräuschpegel kann dort ziemlich unangenehm sein.

Hotel del Corso (☎ 0781 80 02 65; www.hoteldelcorso.it; Corso Vittorio Emanuele 32; EZ 44–60 €, DZ 69–100 €; ❄) Das auf Hochglanz polierte Drei-Sterne-Hotel mitten im Geschehen der Stadt liegt direkt über dem Cafè del Corso, einer der edelsten und angesagtesten Bars. Die Zimmer sind gut geschnitten, aber nicht besonders originell.

Hotel Eden (☎ 078 184 07 68; www.albergoleden.com; Piazza Parrocchia 15; EZ 45–50 €, DZ 65–80 €; ❄) Ein Hotel mit eigenen Katakomben – das hat schon was! Der freundliche Eigentümer begleitet Gäste gern in die Unterwelt und zeigt voller Stolz, wo in den düsteren Gewölben Schädel und Gebeine zu sehen sind. Das Hotel ist eher gemütlich als elegant, und die Zimmer, die zum Teil ziemlich klein ausfallen, sind schon ein bisschen abgewetzt.

Über die Stadt verteilt gibt es verschiedene Restaurants, Pizzerias und Imbisslokale.

LP Tipp **Tamarindo Blu** (☎ 0781 80 20 96; Via Azuni 28; Hauptmahlzeiten rund 25 €; ⌚ Di–Do) serviert köstliches Seafood und ist eine der besten Adressen. Von dem massenweise vorhandenen Nautik-Kitsch sollte man sich nicht abschrecken lassen, denn das Essen ist ausgezeichnet und wird in großzügigen Portionen aufgetischt. Alles ist lecker, aber genial sind der gemischte Antipasto und der gegrillte Fisch.

Die **Pizzeria Biancaneve** (☎ 0781 80 04 67; Corso Vittorio Emanuele 110; Pizzas 7,50 €) an der Hauptstraße macht ein Bombengeschäft damit, Laufkundschaft mit Pizza zu versorgen.

UNTERHALTUNG

Das Geschehen am Abend konzentriert sich auf zwei Straßen: Corso Vittorio Emanuele und, unten am Meer, Lungomare Cristoforo Colombo.

Pierre (☎ 078 180 04 55; Corso Vittorio Emanuele 86; Mi–Mo 20 Uhr – open end) Mit seinen Holznischen und dem Bier vom Fass kommt dieses gut besuchte Lokal einer echten Eckkneipe schon ziemlich nahe. An Sommerabenden kann es ganz schön voll und die Stimmung ziemlich ausgelassen werden.

Bar Colombo (Lungomare Cristoforo Colombo 94; Di–So) In dieser Bar, einer von vielen Bars und Cafés am Hafen, trinken salzverkrustete Fischer ihren Morgenkaffee. Das erklärt, weshalb sie schon morgens um 4 Uhr öffnet. Im Sommer sitzen die Gäste auch bei einem Gläschen an Tischen auf dem Bürgersteig.

In der warmen Jahreszeit werden auf der Piazza Umberto I oft kostenlose Konzerte veranstaltet, von lokalem Pop bis zu traditionellen sardischen Klängen.

AN- & WEITERREISE

Fährschiffe verbinden Calasetta mit Carloforte auf der Isola di San Pietro; s. S. 97.

Zwischen Calasetta, Sant'Antioco (Piazza Repubblica), Carbonia (1 €, 50 Min.) und Iglesias (4 €, 1¾ Std.) verkehren täglich sieben Busse.

Unterwegs auf der Isola di Sant'Antioco

Die besseren Strände der Insel liegen im Süden von Sant'Antioco. Rund 5 km südlich der Stadt befindet sich **Maladroxia**, ein kleiner Urlaubsort mit zwei Hotels und einem hübschen Strand und Hafen. Es gibt weitaus schlechtere Absteigen als das **Hotel Scala Longa** (☎ 0781 81 72 02; Zi. 45–65 €, HP pro Pers. 50–65 €; Mitte April–Mitte Sept.). Die preiswerte Unterkunft mit einem Stern bietet sieben einfache Zimmer in einer schönen Villa an der Hafenstraße.

Zurück an der Hauptstraße, muss man erst das Hinterland durchqueren, bevor ein großer Kreisverkehr auftaucht. Rechts (Osten) geht's zur Spiaggia Coa Quaddus, einem wilden, mit Treibgut übersäten Strand rund 3 km vor **Capo Sperone**, dem südlichsten Punkt der Insel. Geradeaus liegt die stürmische Südwestküste. Bester Strand hier ist **Cala Lunga**, wo die Straße endet. Kurz vor dem Strand passiert man den **Campeggio Tonnara** (☎ 078 180 90 58; tonnaracamping@tiscali.it; Localita Cala Saboni; Pers./Zelt 11,30/19 €, 4-Pers.-Bungalows 30–55 €; April–Sept.), einen gut ausgestatteten, herrlich abgeschiedenen Campingplatz.

Calasetta, die zweite Stadt auf der Insel, liegt 10 km nordwestlich von Sant'Antioco. Sie wurde 1769 von ligurischen Familien aus Tabarka gegründet. Abgesehen von mehreren Stränden ein paar Kilometer weiter südlich an der Nordwestküste gibt's hier aber kaum etwas Interessantes zu entdecken.

Camper, die in der Nähe der phantastischen **Spiaggia Le Saline** (Salina) absteigen möchten, können ihr Zelt auf dem **Camping Le Saline** (☎ 0781 8 86 15; www.campinglesaline.com, auf Italienisch; Pers./Zelt/Pkw 11/10/2,50 €, 2-Pers.-Bungalow 60–90 €) aufschlagen. Der ordentliche Campingplatz verfügt über eine Pizzeria, einen Kinderspielplatz und einen Tennisplatz.

Nur ein paar Kilometer außerhalb von Calasetta steht in „splendid isolation" das gut ausgeschilderte **Hotel Luci del Faro** (☎ 0781 81 00 89; www.hotellucidelfaro.com; Localita Mangiabarche; EZ 62–140 €, DZ 92–210 €, HP pro Pers. 66–128 €; P). Es steht auf einer Anhöhe unweit von **Spiaggia Grande**, dem berühmtesten Strand der Insel. Das ausgezeichnete, familienfreundliche Drei-Sterne-Hotel ist sehr beliebt bei Radfahrern. Es hat einfache, sonnendurchflutete Zimmer, eine tolle Aussicht und eine relaxte Atmosphäre.

DIE SÜDKÜSTE

Die vom sardischen Tourismusmarketing sträflich vernachlässigte Südküste der Insel ist überwältigend. Am zentralen Uferstreifen, der Costa del Sud, verläuft über 20 km eine atemberaubende Küstenstraße. In Haarnadelkurven klammert sie sich an die kantigen Felsen, die ins blendend blaue Meer abfallen.

VON PORTO BOTTE NACH PORTO DI TEULADA

Dieser 15 km lange Küstenstreifen entlang der Südwestspitze Sardiniens ist ein Flickenteppich aus Pinienwäldern, Lagunen und Stränden. Der beste und begehrteste Strand ist die fabelhafte **Spiaggia Porto Pino** bei der gleichnamigen Ferienanlage in der Nähe von Sant'Anna Arresi. Der breite, cremefarbene Sandstreifen ist ein beliebtes Wochenendziel für die Einheimischen. Er bietet ruhiges, seichtes Wasser – ideal für Kleinkinder und nervöse Schwimmer. Es gibt jede Menge Parkplätze und in der Nähe vom Parkplatz nette, billige Pizzerias.

Ein zweiter Strand, **Spiaggia Sabbie Bianche**, südlich von Porto Pino und zu Fuß erreichbar, ist für seine sanften, glatten Dünen bekannt. Allerdings liegt er auf Militärgelände und darf nur im Juli und August betreten werden.

Der **Camping Sardegna** (☎/Fax 0781 96 70 13; Pers./Zelt 6,50/10,40 €, 4-Pers.-Bungalows 50–65 €; ⏲ Mitte Mai–Sept.), unweit der Hauptstraße nach Porto Pino, bietet einfache Campingvorrichtungen in einem Pinienhain am Strand. In der Nähe steht das **Hotel Cala dei Pini** (☎ 0781 50 87; www.caladeipini.com; Localita Porto Pino; B&B pro Pers. 40–50 €, VP pro Pers. pro Woche 400–990 €; P), ein großes, modernes Haus, das gern von Reiseveranstaltern gebucht wird. In der Nebensaison ist es keine schlechte Wahl, aber von Juni bis September gilt ein Mindestaufenthalt von sieben Tagen.

Von Porto Pino bleibt für die Weiterfahrt nur die Strecke landeinwärts nach Sant'Anna Arresi. Hier macht die SS195 einen Bogen nach Süden und führt dann an einer hügeligen dreieckigen Landspitze und dem südlichsten Zipfel Sardiniens, Capo di Teulada, vorbei. Wie viele Gebiete in dieser Gegend ist auch das Capo Standort eines umstrittenen NATO-Stützpunkts und damit für die Öffentlichkeit tabu. 10 km weiter nimmt man den Abzweig nach Süden (nicht den Wegweisern nach Teulada folgen) Richtung Porto di Teulada.

An diesem Küstenabschnitt liegen mehrere Strände, darunter **Cala Piombo** und **Porto Zafferano**. Beide sind nur im Juli und August und nur auf dem Wasserweg zu erreichen. Boote fahren an der kleinen Marina in **Porto di Teulada** ab, nahe dem Strand von **Porto Tramatzu**.

Wer ein Zelt dabei hat, kann sich auf dem **Portu Tramatzu Camping Comunale** (☎ 070 928 30 27; Localita Porto Tramatzu; Pers./Zelt/Pkw 10/9/5 €; ⏲ Karwoche–Okt.) niederlassen. Zum Platz mit schlichten Einrichtungen gehört auch ein Tauchcenter nahe Porto di Teulada.

COSTA DEL SUD

Eine der bezauberndsten Küstenstrecken Sardiniens ist die entlang der Costa del Sud, die östlich von Porto di Teulada beginnt. Der erste Abschnitt ist nur ein kleiner Vorgeschmack auf das, was folgt. Er führt an mehreren Grotten vorbei und steigt allmählich an bis zum hochgelegenen **Capo Malfatano**. Während sich die Straße zum Kap hinaufwindet, taucht hinter jeder Kurve ein traumhafter Ausblick auf, und fast jede Erhebung wird von einem Wachturm aus den Zeiten der Spanier gekrönt. Unterwegs lädt die **Spiaggia Piscinni** zu einer Abkühlung ein. Der Sand ist zwar nicht der beste, aber das Wasser hat eine Farbe, die man gesehen haben muss.

Nach der Bucht und der nächsten Anhöhe lädt dann die **Cala Teuradda** mit ihrem smaragdgrünen Wasser zu einem Stopp ein. Das schöne Fleckchen liegt direkt an einer ARST-Bushaltestelle und zieht zahlreiche Besucher an. Im Sommer haben hier Snackbars geöffnet.

Ab hier klettert die Straße von der Küste ins Binnenland hinauf. Wer noch einmal einen Blick auf die Küste werfen möchte, kann bei Porto Campana in eine schmale Landstraße nach Süden biegen – die Route geht bald in eine staubige Piste über, führt aber bis zum Leuchtturm von **Capo Spartivento**. Danach säumen einige Strände die Küste Richtung Norden. Es lohnt sich, auf der Hauptstraße die Augen nach Wegweisern offenzuhalten, etwa zur **Cala Cipolla**, einem traumhaften Plätzchen mit Pinien und Wachholdersträuchern, **Spiaggia Su Giudeu** und **Porto Campana**.

Am Ende dieses Abschnitts wartet erneut ein spanischer Wachturm. Er bewacht den beliebten Sommerferienort **Chia** und erlaubt erstklassige Ausblicke über die Südküste und die beiden tollen Strände von Chia – die lange **Spiaggia Sa Colonia** im Westen und die kleinere, halbmondförmige **Spiaggia Su Portu** im Osten. Sie sind ein Paradies für Surfer, Windsurfer und Kitesurfer. Hier wird jedes Jahr das Surf- und Windsurfturnier Chia Classic ausgetragen, normalerweise von Anfang bis Mitte April.

Übernachten kann man auf dem **Campeggio Torre Chia** (☎ 070 923 00 54; www.campeggiotorrechia.it; Pers./Zelt/Pkw 8,50/10,50/5 €, 4-Pers.-Hütte 80–120 €), ein paar Hundert Meter hinter der Spiaggia Su Portu. Im August ist er aber hoffnungslos überfüllt.

Oder man klopft beim schnörkellosen **Il Gabbiano** (☎ 070 923 01 60; www.hotelilgabbiano.net; Localita Is Tramazzeddus; EZ 70–120 €, DZ 90–180 €; ⏲ Ostern–Okt.; P) an und fragt, ob einer der hübschen Minibungalows in dem kleinen Garten frei ist.

Die ultimative Aussicht gibt's im luxuriösen **Le Meridien Chia Laguna** (☎ 070 9 23 91; www.lemeridien-chialaguna.com; Localita Chia; EZ 195–1040 €, DZ 280–1040 €; April–Okt.; P).

Zwischen Cagliari und Chia verkehren bis zu zehnmal täglich ARST-Busse (3 €, 1¼ Std.). Von Mitte Juni bis Mitte September befahren täglich zwei Busse die Costa del Sud und verbinden Chia mit Spiaggia Teulada (Porto di Teulada; 2 €, 35 Min.).

VON CHIA NACH SANTA MARGHERITA DI PULA

Wer nicht eines der Apartments für Selbstversorger in den Ferienanlagen bezieht, die den Großteil dieses Küstenabschnitts in Beschlag nehmen, wird hier kaum etwas vom Meer zu Gesicht bekommen. Das ist mehr als ungerecht, denn der 9 km lange Uferstreifen zwischen Chia und Santa Margherita di Pula ist der schönste im Südwesten. Hier gibt's sagenhafte Strände wie auf einer Perlenschnur aufgereiht, mit kristallklarem Wasser und duftenden Eukalyptuswäldern. Und hier, in einer baumbestandenen Senke am Rand der SS195, befindet sich auch das extravagante **Forte Village** (☎ 070 92 15 16; www.fortevillage.com; EZ 290–1910 €, DZ 380–2158 €, HP pro Pers. 220–1110 €; Santa Margherita di Pula; P), das für alle anderen Urlaubsanlagen im Süden Sardiniens Pate stand. Das 250 km² große, durch hohe Sicherheitstore völlig von der Außenwelt abgeschottete Resort ist eine wahre Luxusfestung: mit sieben Hotels, zehn Swimmingpools, Shoppingmalls, Kegelbahnen, Diskos und einem ganzen Kilometer Privatstrand.

Zum Glück ist aber nicht die ganze Region aufgekauft worden, und man findet durchaus noch erschwingliche Unterkünfte von einheimischen Besitzern.

Ein Campingplatz mit ordentlichen Einrichtungen ist der **Camping Flumendosa** (☎ 070 920 83 64; www.campingflumendosa.it; SS195 Km 33, Santa Margherita di Pula; Pers./Zelt/Pkw 8,50/8,50/2,50 €), rund 50 m vom Strand.

LP Tipp **B&B Solivariu** (☎ 339 367 40 88; www.solivariu.it; SS195 Km 33, Santa Margherita di Pula; pro Pers. 30–50 €) Das unprätentiöse Bauern-B&B bietet drei nette Zimmer und vier farbenfrohe Miniapartments. Das Haus zwischen Obstgärten – im Winter werden die Gäste mit frisch gepflückten Apfelsinen verwöhnt – 500 m vom Strand besticht nicht durch viel Krimskrams, sondern auch durch echte sardische Gastfreundschaft und ein herzhaftes Bauernfrühstück (mit *pecorino* und Obst).

Gegenüber dem Campingplatz steht eines der günstigsten Hotels von Santa Margherita di Pula, das **Hotel Mare Pineta** (☎ 070 920 83 61; www.hotelflamingo.it; SS195 km 33, Santa Margherita di Pula; HP pro Pers. 63–115 €; Ende Mai–Ende-Sept.; P). Es gehört zur teuereren Hotel-Flamingo-Anlage und von außen macht es nicht viel her, aber die Zimmer sind tadellos und es hat einen üppigen tropischen Garten gleich beim Strand.

ARST-Busse verbinden Santa Margherita di Pula mit Cagliari (3 €, 1 Std., 9-mal tgl.).

SÜDWESTSARDINIEN

PULA

7120 Ew.

Rund 27 km von Cagliari entfernt liegt Pula, ein ganz normales ländliches Städtchen, das nur deshalb Erwähnung verdient, weil es sich in direkter Nachbarschaft der phönizischen Stätte Nora befindet. Abgesehen von einem kleinen archäologischen Museum besteht kein Grund, sich hier aufzuhalten. Wer trotzdem bleibt, wird schnell feststellen, dass die muntere, von Cafés gesäumte Piazza del Popolo den Mittelpunkt des Dorfgeschehens bildet.

Informationen zur Umgebung erteilt die **Touristeninformation** (☎ 070 924 60 57; www.prolocopula.it, auf Italienisch; c/o Centro Culturale Casa Frau, Piazza del Popolo; Mo–Fr 9.30–12.30 & 15–18 Uhr) auf dem Hauptplatz. E-Mails checken kann man bei **L'Isola del Viaggio** (☎ 070 920 83 73; Ecke Via Nora/Via Conte Corinaldi; Std. 4 €; Mo–Sa 9–13 & 16.30–20 Uhr).

Sehenswertes

PULA

Falls ein Besuch von Nora auf dem Programm steht (wovon bei Reisenden, die durch Pula kommen, auszugehen ist), lohnt sich ein Abstecher ins **Museo Archeologico** (☎ 070 920 96 10; Corso Vittorio Emanuele 67; Eintritt 2,50 €, inkl. Nora 5,50 €; Mai–Sept. Di–So 9–20 Uhr, Okt.–April Mi–So 10–13 & 15–18.30 Uhr). In nur einem einzigen Raum werden neben Keramiken, die in punischen und römischen Gräbern gefunden wurden, Gold- und Knochenschmuck, römische Glaswaren sowie ein Modell von Nora gezeigt. Alles ist versehen mit hilfreichen Erklärungen auf Englisch und Italienisch.

NORA

Vier Kilometer südlich von Pula befindet sich die archäologische Stätte von Nora, die Hauptsehenswürdigkeit in diesem Landesteil.

Aber vor der Ruinenbesichtigung sollten Besucher einen Stopp bei der winzigen **Chiesa di Sant'Efisio** (☎ 340 485 18 60; ⌚ Sa 16–19.30, So 10–12 & 16–21.30 Uhr), rechts von der Straße nach Nora, einlegen. Die aus dem 12. Jh. stammende romanische Kirche wurde an einem Strand an der Stelle erbaut, wo im Jahr 303 n. Chr. der in Ungnade gefallene römische Offizier Ephisius aufgrund seines christlichen Glaubens exekutiert worden war. Trotz ihrer bescheidenen Ausmaße ist sie am 1. Mai Schauplatz prachtvoller Feierlichkeiten. Dann tragen Wallfahrer im Rahmen der Festa di Sant'Efisio (S. 70) in Cagliari das Bildnis des Hl. Ephisius hierher.

Zu Ephisius' Zeiten war **Nora** (Erw./Kind inkl. Museo Archeologico in Pula 5,50/2,50 €; ⌚ 9–19.30 Uhr) eine der wichtigsten Städte der Insel und Sitz der römischen Regierung. Sie stand in Verbindung mit Karalis (heute Cagliari) im Osten und Bythia im Westen. Allerdings befand sich hier schon lange vor der Ankunft der Römer ein wichtiger Warenumschlagplatz. Gegründet wurde dieser im 11. Jh. v. Chr. von den Phöniziern aus Spanien, ging später an die Katharer und im 3. Jh. n. Chr. schließlich an die Römer über. Doch ihre exponierte Lage wurde der Stadt zum Verhängnis, und bereits im Mittelalter war sie verwaist: Die Tempel hatten arabische Freibeuter geplündert, die Marmorsäulen lagen in Trümmern.

Heutzutage sind nur noch Bruchstücke der originalen Anlage erhalten – ein Großteil der alten Stadt ist überflutet –, und erst wenn man den Rand des schroffen Felsvorsprungs erreicht hat, sind einige traurige Überreste der ehemals stolzen Kaiserstadt zu sehen.

Hinter dem Eingang steht eine einsame, kümmerliche **Säule** aus dem ehemaligen Tempel von Tanit, der Karthagischen Venus, die vor langer Zeit hier verehrt wurde. Viel von dem im Museum von Pula ausgestellten Glas ist an dieser Stelle gefunden worden. Einige meinen deshalb, dass der ganze Tempel damit verziert gewesen sein könnte. Dahinter befindet sich ein kleines, aber wunderbar erhaltenes römisches **Theater** mit Blick aufs Meer. Nach Westen hin erstrecken sich die zahlreichen Überreste der **Terme al Mare** (Badestellen beim Meer). Im Mittelpunkt einer ehemaligen Patriziervilla erheben sich vier Säulen; von den Räumen ringsum ist nur noch das Bodenmosaik erhalten. Weitere Reste von Mosaiken sind in dem Tempelkomplex zu bewundern, der sich zur Landspitze hin ausbreitet.

Wer die Unterwasserruinen erkunden möchte, wendet sich an **Conan Diving** (☎ 338 610 82 34; www.conandiving.com, auf Italienisch; SS195 Km 25) an der Hauptstraße SS195 zwischen Pula und Santa Margherita di Pula.

Bis zu 16 Regionalbusse verbinden Pula und Nora.

LAGUNA DI NORA

Direkt vor dem Eingang zur antiken Stätte Nora liegen die einladende **Spiaggia di Nora** und, ein Stückchen weiter, die größere **Spiaggia Su Guventeddu**. Besuchern in Badeklamotten ist der Zutritt zur archäologischen Stätte übrigens verwehrt.

An der Westseite des Nora-Landvorsprungs sind oft rosafarbene Flamingos zu sehen, die am Rand der Laguna di Nora herumstolzieren. Näheres über das Lagunensystem und seine Wasserfauna ist im **Zentrum für Umweltbildung und Nachhaltigkeit Laguna di Nora** (☎ 070 920 95 44; www.lagunadinora.it, auf Deutsch; ⌚ Juni–Sept.), zu erfahren. Es verfügt über ein kleines Aquarium (Erw./Kind 7/4 €) und im Sommer werden Exkursionen veranstaltet, darunter Schnorchel- (Erw./Kind 25/12 €) und Paddeltouren (Erw./Kind 20/12 €).

Schlafen & Essen

In Pula sieht es, was Unterkünfte betrifft, nicht so gut aus, aber an der Straße nach Nora gibt es ein paar nette Hotels.

Nora Club Hotel (☎ 070 92 44 22; www.noraclubhotel.it; Viale Nora; EZ 85–130 €, DZ 125–160 €; P ✕) Das sehr ordentliche Hotel mit seiner zurückhaltenden Eleganz ist eine der wenigen ganzjährig geöffneten Unterkünfte bei Nora. Die Ausstattung ist modern-rustikal: Antike Möbel und freiliegende Holzbalken gehen Hand in Hand mit Plasma-TVs und Internetanschlüssen. Und draußen im üppig grünen Garten glitzert der Swimmingpool.

Hotel Baia di Nora (☎ 070 924 55 51; www.hotelbaiadinora.com; Localita Su Guventeddu; HP pro Pers. 95–205 €; ⌚ April–Okt.; P ✕) Ein edles Vier-Sterne-Hotel mit allem, was dazugehört – die Art Bleibe, von der man sich nie wieder fortbewegen möchte. Na ja, vielleicht schafft man es gerade noch, durch den perfekt gestylten Garten zur Swimmingpoolbar zu trotten, oder vielleicht sogar bis an den Privatstrand.

In Pula ist die billigste Option das mit einem Stern versehene Hotel **Quattro Mori** (☎ 070 920 91 24; Via Cagliari 10; EZ 30 €, EZ/DZ ohne Bad 20/40 €). Es bietet einfache, schmucklose Zimmer über einer Bar in der Nähe des Ortseingangs von Cagliari.

Zio Dino (☎ 070 920 91 59; Viale Segni 14; Pizzas 5 €, Hauptgerichte um 30 €; Mo–Sa) Die dank ihres flotten Namensschriftzugs hoch oben an der Außenwand schwer zu übersehende Restaurantpizzeria ist ein lokaler Renner. Hier werden bodenständige Pizzas, Meeresfrüchte und Fleischgerichte aufgetischt. Das Ambiente lässt ein bisschen zu wünschen übrig, aber das Essen ist lecker und der Service effizient.

Crazy Art Gelateria (Corso Vittorio Emanuele 4; Gelati 2,70 €; Mo–Sa 16–24, So 12–24 Uhr) Der perfekte Ort für eines der wichtigsten italienischen Accessoires: ein Eis. Die Kunst besteht darin, cool auszusehen, während man auf der Piazza del Popolo daran schleckt.

An & Weiterreise

Pula ist leicht mit öffentlichen Transportmitteln zu erreichen – täglich fahren bis zu 20 ARST-Busse von Cagliari (2 €, 50 Min.) hierher.

CAMPIDANO-EBENE

Die Campidano-Ebene, eine der wichtigsten Agrarregionen Sardiniens, bildet einen breiten, flachen Korridor nordwestlich von Cagliari. Die staubige, ausgedörrte Landschaft kann ein wenig deprimierend wirken, besonders an heißen Sommertagen, wenn die Temperaturen bis ins Unermessliche steigen und die Region in einen dicken grauen Hitzeschleier gehüllt zu sein scheint, aber sie hat auch ihre Reize.

UTA, CASTELLO DI ACQUAFREDDA & SAN SPERATE

Kaum 20 km nordwestlich von Cagliari, am östlichen Ende des weitläufigen Bauernstädtchens Uta, steht eine der erlesensten romanischen Kirchen Südsardiniens. Das Besondere an der **Chiesa di Santa Maria** (den braunen Schildern mit der Aufschrift Santuario di Santa Maria folgen), die 1140 von Vittorini-Mönchen aus Marseille erbaut wurde, sind die vielen verschiedenen Statuen, die die Außenfassade zieren.

Bei der Weiterfahrt nach Westen auf der SS131 bietet sich an der Kreuzung in Siliqua, 14 km westlich von Uta, ein kurzer Umweg an. Rund 5 km Richtung Süden steht auf einem zerklüfteten Hügel etwas, das auf den ersten Blick wie die Ruine eines Märchenschlosses aussieht. Bei näherem Hinsehen stellt sich heraus, das von dem **Castello di Acquafredda** praktisch nur noch die wackligen Mauern stehen. Das Schloss diente Guelfo della Gherardesca eine Weile als Versteck, nachdem sein Vater Ugolino, ein gestürzter Herrscher von Iglesias, ins Gefängnis von Pisa geworfen und die Familie des Landes verwiesen worden war.

Südlich vom *castello* liegt die **Riserva Naturale Foresta di Monte Arcosu**, ein Reservat des World Wildlife Fund unter Leitung der **Cooperativa Il Caprifoglio** (☎ 070 96 87 14; www.ilcaprifoglio.it; Eintritt 5 €; Sa & So 9–17 Uhr). Das Areal ist eines der wenigen noch erhaltenen Lebensräume des *cervo sardo* (sardische Hirschart). In dem Schutzgebiet, das den Gipfel des Monte Arcosu (948 m) umgibt, leben auch Wildschweine, Marder, Wildkatzen, Wiesel und viele Raubvögel.

San Sperate, rund 12 km nordöstlich von Uta, ist für seine farbenfrohen *murales* (Wandgemälde) auf den Steinmauern bekannt. Anders als in Orgosolo handelt es sich jedoch nicht um flammende Anklagen gegen soziale Missstände, die Bilder zeigen vielmehr Szenen aus dem traditionellen Landleben und erinnern stilistisch an Dali. Zu den Highlights gehört das heroische *Storia di San Sperate (Geschichte von San Sperate)* an der Via Sassari. Angefangen wurde das Gemälde von Pinuccio Sciola (geb. 1942), einem Bildhauer aus der Region, der von dem mexikanischen Künstler Diego Rivera inspiriert war.

ARST-Busse fahren von Cagliari nach Uta (1,50 €, 45 Min., 10-mal tgl., So 3-mal), die Kirche ist allerdings einen halbstündigen Fußmarsch von der Innenstadt entfernt. In San Sperate hält stündlich ein Bus aus Cagliari (1,50 €, 30 Min.). Nach Castello di Acquafredda kommt man nur mit dem eigenen Fahrzeug.

SANLURI

8570 Ew.

Eine der größten Städte in der Provinz Medio Campidano ist Sanluri, ein florierendes Landwirtschaftszentrum. Im 14. Jh. lebte Königin Eleonora d'Arborea für eine Weile hier, und die Stadt spielte eine Schlüsselrolle im Kampf gegen die Eroberungsfeldzüge der katalanischen Aragonier. 1409 wurde der Widerstand der Insel durch die Schlacht von Sanluri endgültig gebrochen und der Weg für eine jahrhundertelange iberische Herrschaft war frei. Leider ist vom alten Glanz der Stadt nur noch wenig zu sehen, abgesehen von Eleonoras plumpem, düsterem Schloss.

Im unweit der Hauptdurchgangsstraße Via Carlo Felice gelegenen Kastell befindet sich heute das **Museo Risorgimentale Duca d'Aosta** (☎ 070 930 71 05; Via Generale Nino Villa Santa 1; Erw./erm. 6/4 €; ⌚ Juli–Mitte Sept. Di–Mo 16.30–21, So 10–13 & 16.30–21 Uhr, Mitte Sept.–Juni So 9.45–13 & 15–19 Uhr) und dessen interessante und gut sortierte Militaria-Sammlung. Im Garten sind ein Katapult aus dem Mittelalter, ein Torpedo und zwei Geschütze ausgestellt. Drinnen findet man ein beeindruckendes Sammelsurium von Ausstellungsstücken: von alten Möbeln bis zu militärischen Exponaten zu verschiedenen modernen Konflikten.

Ein Stückchen weiter – man überquert die Via Carlo Felice, folgt der Via San Rocco ein paar Hundert Meter und biegt dann nach links ab zu dem Franziskanerkloster auf der Anhöhe – befindet sich das **Museo Etnografico Cappuccino** (☎ 070 930 71 07; Via San Rocco 6; Eintritt 3 €; ⌚ nur nach Absprache). Auch hier wird eine bunte Mixtur ausgestellt, darunter Obsidianpfeilspitzen und Münzen aus der Römerzeit, landwirtschaftliche Geräte, Uhren und religiöse Kunstwerke.

Zwischen Sanluri und Cagliari (3 €, 1 Std.) verkehren zahlreiche ARST-Busse.

SARDARA

4270 Ew.

Das rund 8 km nordwestlich von Sanluri an der SS131 gelegene Sardara ist ein verschlafenes Dorf mit einem reizenden Ortskern mit Steingebäuden. Mitten im Dorf ragt die **Chiesa di San Gregorio** (Piazza San Gregorio) in den Himmel, ein hervorragender Orientierungspunkt. Sie wurde zwischen 1300 und 1325 als romanisch-gotischer Stilmix errichtet und besitzt eine hohe, etwas abweisend wirkende Fassade und eine herrliche Fensterrosette.

Weiter oben am Hang im **Civico Museo Archeologico Villa Abbas** (☎ 070 938 61 83; www.coopvillabbas.sardegna.it; Piazza Liberta 7; Eintritt 2,60 €, inkl. Chiesa di Sant'Anastasia 4,50 €; ⌚ Juni–Sept. Di–So 9–13 & 17–20 Uhr, Okt.–Mai 9–13 & 16–19 Uhr) sind Fundstücke aus der Region zu sehen. Zu den kostbarsten Exponaten zählen zwei Bronzestatuetten, die 1913 am Ortsrand von Sardara gefunden wurden und aus dem 8. Jh. v. Chr. stammen. Draußen, gleich hinter dem Museum befindet sich die Ausgrabungsstätte Sa Costa.

Noch mehr Interessantes für Hobby-Archäologen wartet nur ein paar Hundert Metern entfernt bei der **Area Archeologico & Chiesa di Sant'Anastasia** (☎ 070 938 61 83; www.coopvillabbas.sardegna.it; Piazza Sant'Anastasia; Eintritt inkl. Civico Museo 4,50 €; ⌚ Juni–Sept. Di–So 9–13 & 17–20 Uhr, Okt.–Mai 9–13 & 16–19 Uhr). Die kleine gotische Kirche steht im Zentrum eines Geländes, auf dem sich vor langer Zeit ein sehr viel größerer nuraghischer Tempelkomplex ausbreitete. Sein Allerheiligstes war ein unterirdischer Brunnentempel, der sogenannte *Sa funtana de is dolus* (Schmerzensbrunnen). Der Zugang befindet sich unterhalb der Kirche (wenn man vor dem Kirchentor steht, den linken Eingang nehmen).

Ein paar Kilometer westlich der Stadt (auf der anderen Seite der SS131) liegt **Santa Maria de Is Acquas**, seit den Zeiten der Römer ein Thermalbad. Rund 4 km südlich davon führt ein Feldweg zu den Mauern des **Castello Monreale**. Es wurde vom Gouverneur von Arborea erbaut und nach der Schlacht von Sanluri kurzfristig als Rückzugsgebiet von den geschlagenen Truppen von Brancaleone Doria genutzt. 1478 nahmen es die katalanischen Aragonier zeitweilig in Beschlag, aber danach blieb es dem Verfall überlassen. Einige der farbenfrohen mittelalterlichen Keramiken und andere Dinge, die auf dem Schlossgelände ausgegraben wurden, sind im Museum von Sardara ausgestellt.

Unterkünfte sind in Sardara spährlich gesät. Aber die Stadt ist nur einen Katzensprung von Cagliari entfernt, und es bestehen regelmäßige ARST-Busverbindungen mit der Hauptstadt (4 €, 1¼ Std., Mo–Sa 12-mal tgl., So 4-mal).

LA MARMILLA

Nordöstlich von Sardara zeigt die Landschaft wieder ein freundlicheres Gesicht, denn die staubige Ebene weicht langsam den geschwungenen grünen Hügeln von La Marmilla. Diese flachen Erhebungen gaben der Landschaft ihren Namen – *marmilla* ist abgeleitet von *mammellare,* was so viel bedeutet wie „geformt wie eine Brust". Es ist eine idyllische Schäferregion mit einem behäbigen bäuerlichen Leben. Gleichzeitig ist La Marmilla aber auch eine der Gegenden Sardiniens mit den meisten archäologischen Schätzen. Hier, im Schatten der flachen Hochebene La Giara di Gesturi, liegt der berühmteste

Nuraghen-Komplex der Insel, die in die Liste der Unesco-Kulturerbestätten aufgenommene Nuraghe Su Nuraxi.

VILLANOVAFORRU & NURAGHE GENNA MARIA

690 Ew.

An die Südausläufer von La Marmilla schmiegt sich Villanovaforru, ein hübsches, gepflegtes Dörfchen mit archäologischen Highlights, die Wagenladungen von Besuchern anziehen. Das Dorf selbst ist mit einem lohnenswerten Museum gesegnet, und nicht weit entfernt liegt die wichtige Nuraghen-Siedlung Genna Maria.

Das **Museo Archeologico** (☎ 070 930 00 50; Piazza Costituzione 4; Eintritt 3,50 €, inkl. Nuraghe 5 €; ⌚ April–Sept. Di–So 9.30–13 & 15.30–19 Uhr, Okt.–März bis 18 Uhr) ist mitten im Dorf in einem attraktiven *palazzo* aus dem 19. Jh. untergebracht. Mit Fundstücken aus vielen Ausgrabungsorten der Umgebung, einschließlich Su Nuraxi und Genna Maria, gibt es einen guten Überblick über die Frühgeschichte der Gegend. Die Exponate, darunter enorme Amphoren und andere Gefäße, Öllampen, Schmuck und Münzen, decken die gesamte nuraghische Zeit ab.

In der **Sala delle Mostre** (Eintritt 1,50 €; ⌚ April–Sept. Di–So 9.30–13 & 15.30–19 Uhr, Okt.–März bis 18 Uhr) neben dem Museum werden oft Wanderausstellungen zur Lokalgeschichte und dem Leben in der Region gezeigt.

Die Anlage der **Nuraghe Genna Maria** (☎ 070 930 00 50; Eintritt 2,50 €, inkl. Museo Archeologico 5 €; ⌚ April–Sept. Di–So 9.30–13 & 15.30–19 Uhr, Okt., Feb. & März bis 18 Uhr, Nov.–Jan. 9.30–13 & 14.30–17 Uhr) ist als Parco Archeologico ausgeschildert und befindet sich rund 1 km außerhalb des Dorfes an der Straße nach Collinas. Die *nuraghe* ist nicht viel mehr als ein Schutthaufen, für Archäologen aber eine der wichtigsten Stätten auf der Insel. Die Anlage besteht aus einem zentralen Turm, um den später die dreieckige Festung errichtet wurde. Viel später errichtete man rings um das Areal eine runde Mauer, die ein Eisenzeitdorf schützen sollte, aber davon ist kaum noch etwas zu sehen.

Im Nordosten des Dorfes verweist ein Schild an der Straße nach Lunamatrona auf das **Museo del Territorio Sa Corona Arrùbia** (☎ 070 934 10 09; www.museosacoronarrubia.it; Localita Lunamatrona; Eintritt 6 €, inkl. Sessellift 8 €; ⌚ Di–Fr 9–13 & 15–19, Sa & So 9–19 Uhr). Hier sind Nachbildungen, von vier unterschiedlichen natürlichen Lebensräumen mit der Flora und Fauna der Region zu sehen. Aber das Beste ist der *seggiovia* (Sessellift), der Passagiere im Handumdrehen zu einer Aussichtsplattform auf dem Giara di Siddi bringt.

LP Tipp **Agriturismo Su Boschettu** (☎ 070 93 96 95, 3334797401; www.suboschettu.it; Localita Pranu Laccu; B&B pro Pers. 30 €, Hauptgerichte um 20–25 €) ist eine bezaubernde Bleibe in einem Bauernhof zwischen Oliven- und Obstbäumen. Die Zimmer sind schlicht, aber die Lage ist herrlich relaxt und die Regionalküche absolut köstlich.

Residence Funtana Noa (☎ 070 933 10 19; www.residencefuntananoa.it; Via Vittorio Emanuele III 66–68; EZ/DZ 42/65 €, HP pro Pers. 50 €; ❄) Eine geschmackvolle Drei-Sterne-Unterkunft in einem großen Palazzo nur einen Steinwurf von der Dorfmitte entfernt. Die Ausstattung ist rustikal, mit viel schwerem Holz, antiken Möbeln und Backsteinbögen.

Unter der Woche kommen hier ARST-Busse aus Cagliari an (4 €, 1½ Std.). Außerdem bestehen Busverbindungen mit Sardara (1 €, 15 Min., Mo–Sa 5-mal) und Sanluri (1 €, 15 Min., Mo–Sa 3-mal).

LAS PLASSAS

Eine Strecke mit engen Kurven nordöstlich von Villanovaforru führt in Richtung Barumini. Schon lange vorher sind auf einem kegelförmigen Berg neben dem Weiler Las Plassas die bröckligen Mauern des **Castello di Marmilla** aus dem 12. Jh. zu sehen. Das Schloss war Teil der Festung, die im Mittelalter von den Herrschern von Arborea auf der Grenze zur Provinz Cagliari errichtet wurde.

Wer die Ruinen besichtigen möchte, biegt am Ortseingang von Las Plassas nach links (Richtung Tuili) ab. Auf der linken Seite führt dann ein Fußpfad hinauf auf den Berg.

BARUMINI

1380 Ew.

Von Las Plassas führt die Straße durch üppige Landschaften nach Barumini, einem typischen Bauerndorf mit grauen Steinhäusern und ruhigen Gassen. Über die Straßenkreuzung mitten im Dorf wacht die winzige **Chiesa di Santa Tecla**. Die Kirche aus dem 17. Jh. ist mit einem entzückenden Rosettenfenster versehen.

Das **Polo Museale Casa Zapata** (☎ 070 936 81 28; Piazza Giovanni XXIII; Eintritt 7 €, inkl. Nuraghe Su Nuraxi 10 €; ⌚ 10–13.30 & 15–19.30 Uhr) in der Nähe ist ein attraktiver Museumskomplex, der in der Residenz der spanischen Familie Zapata aus

SÜDWESTSARDINIEN

dem 16. Jh. untergebracht ist. Die weiß getünchte Villa ist auf einer Nuraghen-Festung aus dem 1. Jahrtausend v. Chr. erbaut, die kunstfertig in die Ausstellungsfläche des Museums integriert wurde. Auch hier finden sich Exponate aus der nahe gelegenen *nuraghe* Su Nuraxi. Außerdem gibt es eine Abteilung zur Dynastie Zapata – die Familie herrschte im 16. Jh. über La Marmilla – sowie eine kleine Sammlung landwirtschaftlicher Arbeitsgeräte.

Einen Kilometer westlich vom Dorf liegt der **Parco Sardegna in Miniatura** (☎ 070 936 10 04; www.sardegnainminiatura.it, auf Italienisch; Erw./Kind 12/10 €; Mo–Sa 9–17, So bis 18 Uhr), eine Nachbildung Sardiniens im Miniaturformat. Die Zielgruppe des Parks sind eindeutig Familien mit Kindern, deshalb gibt es einen Spielplatz und eine Menge Picknicktische.

Das schönste Hotel in Barrumi ist **Albergo Sa Lolla** (☎ 070 936 84 19; www.wels.it/salolla/; Via Cavour 49, EZ 42–47 €, DZ 55–65 €, HP pro Pers. 55–60 €; P), ein liebevoll restaurierter Landgasthof mit sieben angenehmen Zimmern und einem hervorragenden Restaurant (Hauptgerichte 25 €). Frühstück kostet 6 €. Im Juli und August sollte man reservieren.

NURAGHE SU NURAXI

Die einzige Stätte Sardiniens, die es auf die Unesco-Liste der Kulturerbe geschafft hat, ist die berühmteste *nuraghe* der Insel, die **Nuraghe Su Nuraxi** (Erw./erm. 7/5 €, inkl. Polo Museale Casa Zapata 10/8 €; Führungen alle 30 Min. 9–13 & 14–19 Uhr), rund einen Kilometer westlich von Barumini an der Straße nach Tuili. Achtung: Der Besuch ist nur im Rahmen einer Führung möglich, normalerweise auf Italienisch; es werden aber Faltblätter mit Erklärungen in englischer Sprache angeboten. Im Sommer sollte man sich auf Warteschlangen gefasst machen, außerdem brennt die Sonne gnadenlos und auf der Anlage herrscht eine Backofenhitze.

Den Mittelpunkt der Anlage bildet der Turm, der früher drei Stockwerke umfasste und stattliche 20 m hoch war. Forscher datieren ihn auf ca. 1500 v. Chr. Ursprünglich stand der Bau verlassen und majestätisch in der Einsamkeit, später kamen noch vier weitere Türme hinzu. Im Jahr 1000 v. Chr. wurden diese dann durch eine Mauer verbunden.

Die ersten Dorfgebäude entstanden in der Eisenzeit zwischen dem 8. und 6. Jh. v. Chr. Die miteinander verbundenen Rundhütten sind heute als Wabenmuster zu erkennen, das den Berghang überzieht. Als das Dorf zu wachsen begann, wurde um den innersten Kern ein widerstandsfähigerer Mauerring errichtet. Er besaß neun mit Schießscharten (für Bogenschützen) versehene Rundtürme. Es wurden auch Waffen ausgegraben, die wie massive Steinbälle geformt sind.

Im 7. Jh. v. Chr. wurde die Stätte teilweise zerstört, aber nicht aufgegeben. Im Gegenteil, sie breitete sich aus und war auch zu Zeiten der Römer noch bewohnt. Zudem konnte belegt werden, dass die Siedlung bereits über ein rudimentäres Be- und Entwässerungssystem verfügte.

Wiederentdeckt wurde Su Nuraxi 1949 von Giovanni Lilliu (Sardiniens berühmtestem Archäologen) unmittelbar nach sintflutartigen Regenfällen. Sie hatten den dichten Erdbelag über dem *nuraghe*-Komplex weggeschwemmt, der ihn wie einen ganz gewöhnlichen Marmilla-Hügel hatte aussehen lassen. Die Ausgrabungen dauerten sechs Jahre, und heute ist die Anlage der einzige komplett freigelegte *nuraghe* auf Sardinien. Beim Anblick der unzähligen Steinziegel, die zur Befestigung in die Bauwerke eingefügt wurden, bekommt man eine Ahnung davon, wieviel Arbeit in die Restaurierung investiert wurde. Die Steine ließ man absichtlich etwas herausragen, damit sie vom ursprünglichen Baumaterial – Basaltgestein – besser zu unterscheiden sind.

LA GIARA DI GESTURI

Das fünf Kilometer westlich von Barumini gelegene Dorf **Tuili** ist eines der Hauptzugangstore zur Giara di Gesturi, einer Hochebene, die sich drohend über die Landschaft erhebt. Das eindrucksvolle, 45 km2 große Areal, das hauptsächlich mit *macchia* und kleinen Korkeichen bewachsen ist, bietet den sardinientypischen langhörnigen roten Ochsen und den endemischen wilden *cavallini* („Miniaturpferde") eine Zuflucht.

Die Pferde lassen sich am besten frühmorgens oder spätnachmittags an den saisonalen Wasserstellen beobachten, den sogenannten *paulis* (z. B. Pauli Maiori). Im Winter sind die flachen Tümpel fast immer mit Wasser gefüllt, aber in den wärmeren Monaten verdunstet das meiste. Im Umkreis einiger *paulis*, z. B. beim Pauli S'Ala de Mengianu, bahnt sich das Wasser aus dem unterirdischen Basaltgestein in Blubberblasen seinen Weg nach oben. Dort stillen die Pferde dann ihren Durst.

Auf dem Plateau herrscht ein besonderes Mikroklima, das eine ganz eigene Pflanzenwelt hervorbringt. Die beste Zeit für einen Besuch ist der Frühling, wenn Heidekraut den Boden bedeckt und 15 verschiedene Orchideenarten blühen. Die Giara di Gesturi ist ein interessantes Wandergebiet; Pfade überziehen das Plateau, und ein paar Holperpisten sind sogar befahrbar. Hin und wieder taucht an den Wegen eine *pinedda* (strohgedeckte Schäferhütte) auf.

Infos gibt's bei der **Touristeninformation** (☎ 070 936 30 23; www.prolocotuili.it; Via Amsicora 3; ⌚ 9–19 Uhr) in Tuili. Dort bieten auch verschiedene Veranstalter professionell geleitete Exkursionen an, darunter **Jara Escursioni** (☎ 070 936 42 77, 3482 9249 83; www.parcodellagiara.it; Via Tuveri 16). In der Nähe von Barumini veranstaltet **Sa Jara Manna** (☎ 070 936 81 70; www.sajaramanna.it; SS197 Km 44) unterschiedliche Pauschaltouren, entweder zu Fuß (46 € für einen halben Tag in einer Gruppe von maximal 25 Teilnehmern) oder per Allradfahrzeug (115 € für einen halben Tag). Außerdem verleiht dieser Anbieter Mountainbikes (9 € für einen halben Tag). Ein Halbtags- oder Ganztagsausflug beinhaltet eine Schäfermahlzeit auf der Hochebene in einer alten *pinedda*.

Vor dem Aufbruch in die Giara, sollte man sich aber noch Zeit für die Besichtigung der **Chiesa di San Pietro** in Tuilli nehmen. Sie beherbergt einige äußerst erlesene Kunstwerke, darunter einen wunderbaren *retablo* (Altaraufsatz), der im Jahr 1500 vom Maestro di Castelsardo angefertigt wurde. Wer hinein will, muss sich an die Touristeninformation wenden.

In die Giara gelangt man auch über Setzu und, weiter östlich, über Gesturi. Wer aus **Setzu** kommt, biegt nördlich der Stadt sofort nach rechts ab. Die Straße schlängelt sich 3 km weit über das Hochplateau; am Kilometerstein 2 km erscheint auf der linken Seite bei Sa Domu de S'Orcu die *tomba di gigante* (wörtlich „Grabstätte des Riesen"), ein antikes Massengrab. Die Asphaltstrecke reicht nur bis zum Eingang des Parco della Giara, aber auf dem Schotterweg kommt man auch mit einem normalen Auto (langsam) bis zum Gesturi-Ausgang.

Am Südostzipfel der Giara, 5 km oberhalb von Barumini, liegt Gesturi. Der Ort wird überschattet von der gewaltigen, aus dem 17. Jh. stammenden **Chiesa di Santa Teresa d'Avila**. Gläubige strömen in Scharen zu dieser Wallfahrtskirche, um den bekanntesten Sohn Gesturis zu würdigen: Fra Nicola „Silencio" (1882–1958). Der Franziskanermönch tat sich durch seine religiöse Hingabe, Weisheit und anspruchslose Lebensführung hervor. Seine Heiligsprechung im Jahr 1999 erfüllte die Bürger von Gesturi mit großem Stolz. Sie schmückten ihre ganze Stadt mit Wandgemälden und eindrucksvollen Porträts des Mannes, den sie nur „Bruder Schweigsam" nannten.

Unter der Woche fahren zwei ARST-Busse täglich von Cagliari nach Tuili (4,50 €, 1½ Std.), ansonsten braucht man einen eigenen fahrbaren Untersatz.

Oristano & der Westen

Die kontrastreiche Provinz Oristano hat einiges zu bieten: von Feuchtgebieten an der Küste, beliebten Badeorten und scheinbar ausgestorbenen Fischerdörfern bis zu einsamen, windgepeitschten Gipfeln. Durch die glitzernden Lagunen an der Küste stolzieren rosafarbene Flamingos, Hirsche streifen durch die Wälder des Hochlands, und in der grünen Landschaft verbergen sich römische Ruinen und prähistorische Nuraghen.

Im Herzen der Provinz liegt eine der schönsten mittelalterlichen Städte Sardiniens, die Marktstadt Oristano. Als Hauptstadt des *giudicato* Arborea kämpfte sie im 14. Jh. für Sardiniens Unabhängigkeit. Auch wenn heute nicht mehr viel vom damaligen Glanz zu sehen ist, Oristano ist noch immer eine attraktive Stadt. Weiter westlich erstrecken sich vor den blauen Fluten des Golfo di Oristano die Ruinen der Römerstadt Tharros, ein malerisches Postkartenmotiv.

Auch Gourmets kommen in der Provinz auf ihre Kosten. Oristano ist für seinen Vernaccia-Wein berühmt, und viele der Orte rund um das Monti-Ferru-Massiv genießen unter Gastronomen höchstes Ansehen: Seneghe für Olivenöl und *bue-rosso*-Steaks, Milis für seine Orangen. Auf der Sinis-Halbinsel bereiten die Bewohner von Cabras einzigartige Gerichte mit den Meeresfrüchten aus der Lagune: Meeräsche, Aal, *bottarga* (Meeräschenrogen) und Muscheln.

Auch Outdoor-Fans bekommen hier einiges geboten. Surfer können sich in die Wellen am Capo Mannu stürzen; der Fiume Temo bei Bosa bietet gute Bedingungen für ruhige Kanutouren und Ornithologen werden die Vogelwelt lieben. Pferde spielen in der Provinz seit Jahrhunderten eine Rolle und die Gegend um Arborea ermöglicht herrliche Ausritte. Tollkühne Reitmanöver werden bei den Festen Sa Sartiglia in Oristano und S'Ardia Fest in Sedilo gezeigt.

HIGHLIGHTS

- Die Aussicht vom **Monti Ferru** (S. 122) genießen und dann für ein kräftig-deftiges Mittagessen nach **Seneghe** (S. 122) fahren
- In der verlassenen Stadt **Tharros** (S. 120) die Phantasie schweifen lassen und in **San Salvatore** (S. 120) etwas Westernatmosphäre schnuppern
- Sich bei der **Sa Sartiglia** (S. 116) in Oristano und der **S'Ardia** (S. 125) von Sedilo ins wilde Karnevalstreiben stürzen
- In **Bosa** (S. 127) ein Kanu mieten und den Fuime Temo hinaufpaddeln, Sardiniens einzigen schiffbaren Fluss
- In der eindrucksvollen **Nuraghe Losa** (S. 126) Geschichte hautnah erleben.

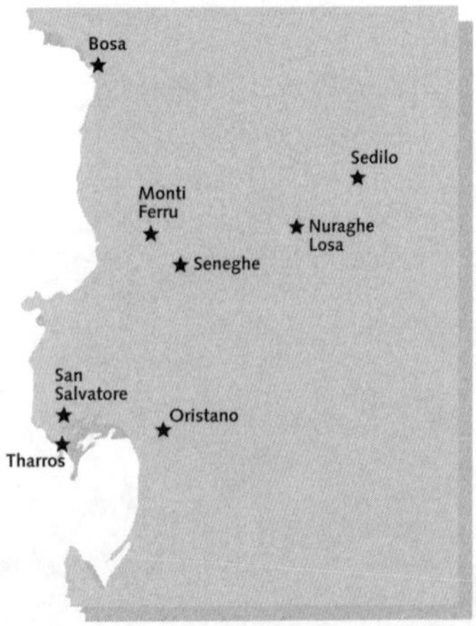

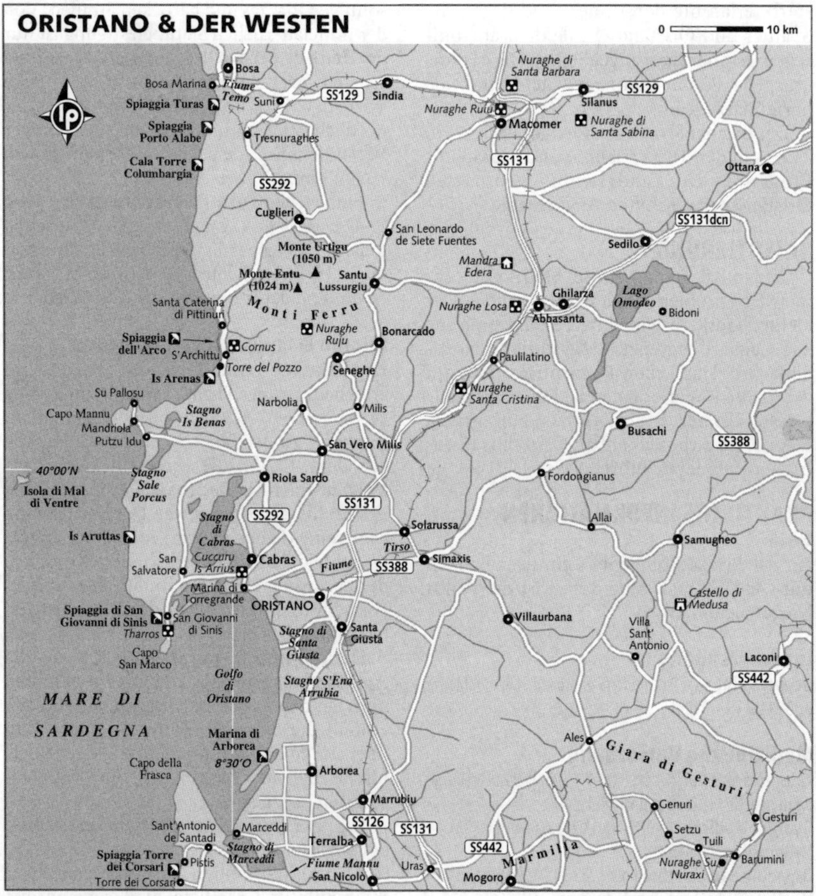

ORISTANO

32 930 Ew.

Oristanos munteres Zentrum mit seinen Einkaufsstraßen, schmucken Piazzas und gut besuchten Cafés ist eine echte Überraschung, wenn man die langweiligen Vororte hinter sich gelassen hat. Zwar gibt es neben ein paar Kirchen und einem archäologischen Museum nicht viel zu sehen, aber die Stadt hat eine tolle Atmosphäre und eignet sich gut als Basis für die Erkundung der Umgebung.

GESCHICHTE

Das flache, fruchtbare Land rund um Oristano war bereits ein Zentrum der Nuraghen-Kultur. Bedeutend wurde das Gebiet jedoch erst durch die Phönizier. Nach ihrer Ankunft im 8. Jh. v. Chr. gründeten sie die Stadt Tharros, die später unter den Römern florierte und de facto Hauptstadt des sardischen Westens wurde.

Doch 1070 waren ihre Bewohner die Sarazenen-Angriffe leid und wählten Aristianis (das heutige Oristano) im Binnenland zu ihrem neuen Wohnort, da es besser zu verteidigen war. Die Stadt entwickelte sich zur Hauptstadt des Giudicato d'Arborea, eine der vier unabhängigen Provinzen Sardiniens. Von hier aus regierte Eleonora of Arborea (1340–1404) das Land. Die Heldin, die oft mit Johanna von Orleans verglichen wird, führte im 14. Jh. Krieg gegen die Spanier und verfasste die Carta di Logu (Gesetzbuch; s. S. 28). Als sie an der Pest starb, erlahmte der Widerstand gegen die Spanier und Oristano wurde dem aragonischen Rest der Insel angegliedert. Der Handel brach ein, Pest und Hunger wüteten und eine harte Zeit begann.

Der Bau der Straße von Cagliari nach Porto Torres in den 1820er-Jahren und Mussolinis Programm zur Landgewinnung brachten Oristano den ersehnten Aufschwung.

ORIENTIERUNG

Oristano ist keine große Stadt und das meiste ist problemlos zu Fuß erreichbar. Der kleine Stadtkern wird im Westen durch die Via Cagliari begrenzt, die wichtigste Nord-Südachse. Das Leben konzentriert sich auf der Piazza Roma, von der die Fußgängerzone Corso Umberto I südwärts zur Piazza Eleonora d'Arborea und zu Oristanos historischer Kathedrale führt.

PRAKTISCHE INFORMATIONEN

Geld

An der Piazza Roma gibt's ein paar Banken mit Geldautomat. Eine davon ist die Banca Nazionale di Lavoro.

Internetzugang

Genius Point (Via Pietro Riccio 4; pro Std. 4 €; Mo–Fr 8.30–13 & 16–20 Uhr)

Medizinische Versorgung

Farmacia San Carlo (☎ 0783 7 11 23; Piazza Eleonora d'Arborea 10/11) Zentrumsapotheke.

Guardia Medica (☎ 0783 30 33 73; Via Carducci 33) Medizinischer Notdienst.

Ospedale San Martino (☎ 0783 31 71; Piazza San Martino) Krankenhaus südlich des Zentrums.

Post

Postamt (☎ 0783 3 68 01; Via Mariano IV d'Arborea; Mo–Fr 8–18.50, Sa 8–13.15 Uhr)

Touristeninformation

Hauptbüro (☎ 0783 3 68 31; turismo@provincia.or.it; Piazza Eleonora d'Arborea 19; Mo–Fr 9–13 & 16–18.30 Uhr) Broschüren zur Stadt und Provinz.

Touristeninformation (☎ 0783 7 06 21; Via Ciutadella di Menorca 14; Mo–Fr 9–12 & 16.30–19.30 Uhr) Infos zur Stadt.

SEHENSWERTES

Oristanos wichtigste Sehenswürdigkeiten konzentrieren sich im Altstadtzentrum, einem bezaubernden Areal mit Steinbauten, sonnigen Piazzas und barocken Straßen. Von der mittelalterlichen Stadtbefestigung ist nur der **Torre di Mariano II** auf der Piazza Roma erhalten. Der Turm aus dem 13. Jh. – auch Torre di Cristoforo genannt – war früher der nördliche Zugang zur Stadt und ein wichtiger Verteidigungsposten. Die Glocke kam erst im 15. Jh. hinzu.

Ein zweiter Turm, der **Portixedda** (Di–So 10–12 & 16–18 Uhr) östlich der Via Giuseppe Mazzini, war ebenfalls ein Teil der Stadtmauer, die im 19. Jh. größtenteils niedergerissen wurde. Heute sind darin Ausstellungen zu sehen.

Duomo & Chiesa di San Francesco

Die Skyline von Oristano wird vom Zwiebelturm des **Duomo** (☎ 0783 7 83 99; Piazza Duomo; Mo–Sa 7–12 & 16–19, So 8–13 Uhr) dominiert. Er gehört zu den Überresten der Kathedrale aus dem 14. Jh., die ihrerseits nach dem Vorbild einer Kirche erbaut wurde, die Ende des 12. Jhs. abgebrannt war. Der freistehende *campanile* (Glockenturm) mit seiner auffälligen Majolikakuppel verleiht dem Komplex, der ansonsten eindeutig im Stil des Barocks aus dem 18. Jh. erbaut wurde, ein exotisches, byzantinisches Flair.

Der Stil im Inneren ist barock – nur die Apsis und die Cappella del Rimedio stammen noch aus dem gotischen Originalbau. Letztere enthält die hölzerne Skulptur *Annunziata* oder *Madonna del Rimedio,* die der toskanische Bildhauer Nino Pisano im 14. Jh. geschaffen haben soll.

Die nahe neoklassische **Chiesa di San Francesco** (Via Sant'Antonio; Eintritt frei; Mo–Sa 8–12 & 17–19, So 8–12 Uhr) lohnt einen Besuch wegen ihrer Holzskulptur *Crocifisso di Nicodemo* aus dem 14. Jh. Sie gilt als eine der wertvollsten Schnitzereien auf der Insel.

Museo Antiquarium Arborense

Oristanos einziges **Museum** (☎ 0783 79 12 62; Piazzetta Corrias; Erw./Kind 3/1 €; tgl. 9–14 & 15–20 Uhr) präsentiert in einem schmucken Palazzo eine der beeindruckendsten archäologischen Sammlungen der Insel.

Die Dauerausstellung im Obergeschoss zeigt ein maßstabsgerechtes Modell von Tharros aus dem 4. Jh. Neben prähistorischen Funden von der Sinis-Halbinsel (Speerspitzen und Äxte aus Obsidian und Feuerstein sowie Knochen und Schmuckfragmente) sind interessante Stücke aus dem karthagischen und römischen Tharros zu bestaunen (v. a. Keramiken, aber

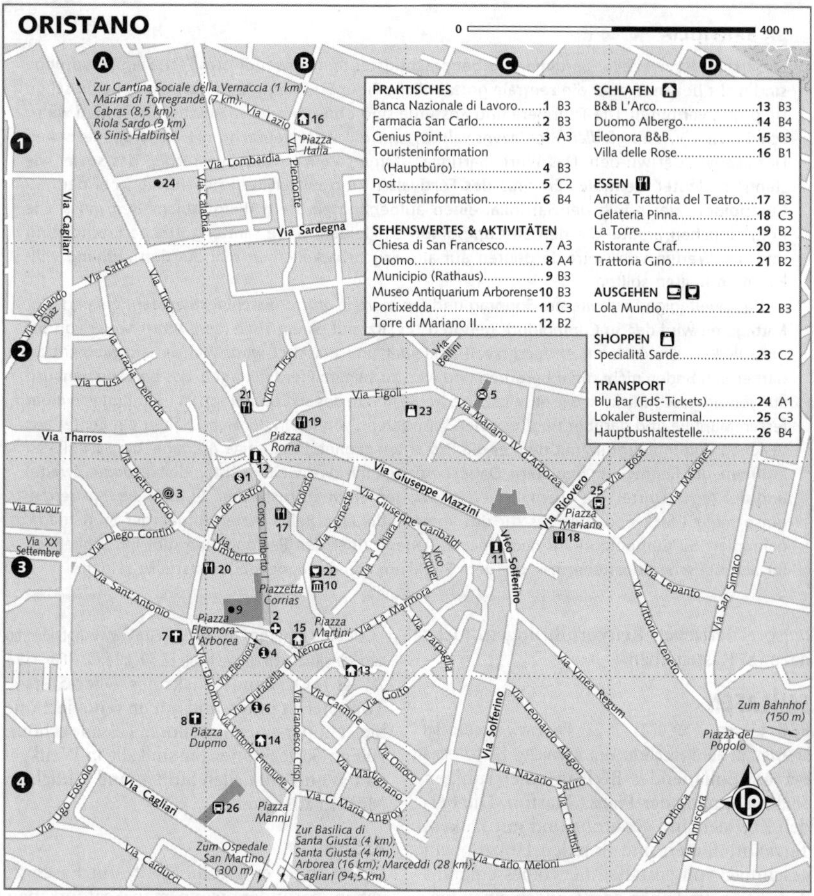

auch Glaswaren, Öllampen und Amphoren sowie Töpfe, Teller und Schalen).

Ein Nebenraum der Haupthalle birgt eine kleine Sammlung von *retabli* (Altargemälden) und ein Modell von Oristano im 13. Jh. Die Serie *Retablo del Santo Cristo* (1533) aus der Werkstatt von Pietro Cavaro zeigt eine Gruppe Heiliger, die auf den ersten Blick ziemlich glücklich wirken. Doch wer genau hinschaut, entdeckt Folterinstrumente in ihren Köpfen, Hälsen und Herzen.

Piazza Eleonora d'Arborea & Umgebung

Die attraktive, rechteckige Piazza Eleonora d'Arborea liegt am Südende der Fußgängerstraße Corso Umberto I. An Sommerabenden treffen sich hier die Einheimischen zum Tratschen und Kinder zum Fußballspielen.

Seit dem 19. Jh. ist dies der Hauptplatz der Stadt, gesäumt von imposanten Bauten wie dem neoklassischen **Municipio** (Rathaus). In der Mitte steht eine **Statue der Königin Eleonora** (19. Jh.) mit erhobenem Finger, als wolle sie eine Rede halten. Am ersten Samstag im Monat findet hier ein Antiquitätenmarkt statt – ein Traum für Schnäppchenjäger.

FESTE & EVENTS

Oristanos **Sa Sartiglia** ist der bunteste Karneval auf der Insel. Jedes Jahr im Februar treffen sich Hunderte von Kostümierten zu mittelalterlichen Tournieren, Pferderennen und

SA SARTIGLIA

Sa Sartiglia ist zweifellos Sardiniens farbenprächtigstes und aufwendigstes Fest. Seine Ursprünge sind nicht bekannt, aber die zentrale gottähnliche Figur Su Cumpoidori lässt einen heidnischen Ursprung vermuten. Die Tourniere und Kostüme sind ohne Zweifel spanisch und wurden wahrscheinlich von den *giudici* (Provinzverwaltern) auf die Insel gebracht, die am aragonesischen Hof ausgebildet wurden. Das Wort „Sartiglia" stammt vom kastilischen *sortija*, das soviel wie „Ring" bedeutet. Zentrales Ereignis des Festivals ist ein mittelalterliches Turnier, bei dem Su Cumpoidori, der König der Sartiglia, einen aufgehängten Stern (Ring) aufspießen muss. Die jungfräulichen Bräute, die den Su Cumpoidori einkleiden, seine sanfte, göttliche Erscheinung und das Werfen von Getreide deuten auf alte Fruchtbarkeitsriten hin, die den Frühling willkommen heißen sollten.

Das zweitägige Fest wird am Sonntag und am *martedi grasso* (Faschingsdienstag) gefeiert. Zur Mittagszeit wird der Su Cumpoidori „geboren". Er sitzt auf einem Tisch (dem Altar), wo er von *sas massaieddas* (Jungfrauen) ehrfurchtsvoll gekleidet und maskiert wird. Von diesem Moment an darf er den Boden nicht mehr berühren und wird zu seinem Pferd getragen, das beinahe genauso aufwendig geschmückt ist wie er selbst. Die weiße Maske des Su Cumpoidori ist umrahmt von einer festen Mantille und darüber trägt er einen schwarzen Zylinder. In der Hand hält er ein Zepter aus Veilchen und Immergrün, mit dem er die Passanten segnet. Es ist seine Aufgabe, die Sartiglia zu eröffnen: das Rennen um den Stern. Dabei begleiten ihn zwei weitere Ritter: der *segundu* (Zweite) und der *terzu* (Dritte), die ebenfalls versuchen, den Stern aufzuspießen. Je öfter sie ihn treffen, umso mehr Glück bedeutet das für das kommende Jahr. Beim letzten Ritual, der Sa Remada, galoppiert Su Cumpoidori auf dem Rücken liegend über den Parcours und gibt ihn schließlich für akrobatische Kunstreiter frei, die dem Publikum atemberaubende Kunststücke zeigen.

halsbrecherischen Reitvorführungen. Mehr dazu im Kasten oben.

SCHLAFEN

B&B L'Arco (☎ 0783 7 28 49; www.arcobedandbreakfast.it, auf Italienisch; Vico Ammirato 12; DZ ohne Bad 60 €) Einladendes B&B in einer ruhigen Sackgasse nahe der Piazza Martini. Die beiden Zimmer sind geräumig und mit Balken, Terrakottafliesen und dunklen Holzmöbeln geschmackvoll gestaltet. Gewölbesteine aus dem 13. Jh. verleihen dem Ganzen einen historischen Touch.

LP Tipp **Eleonora B&B** (☎ 0783 7 04 35; www.eleonora-bed-and-breakfast.com; Piazza Eleonora d'Arborea 12; EZ 35 €, DZ 60–70 €; ☒) Empfehlenswertes, von einem charmanten, jungen Paar geleitetes B&B in bester Lage an Oristanos Hauptplatz. Die gemütlichen Zimmer des weitläufigen, zum Teil mittelalterlichen Gebäudes kombinieren Parkettfußböden und rustikale Möbel mit modernen Farben. WLAN ist auch vorhanden.

Villa delle Rose (☎/Fax 0783 31 01 01; Piazza Italia 5; S/DZ 50/80 €) Zweckmäßige Zwei-Sterne-Unterkunft an einer unscheinbaren Piazza im Wohnviertel. Die kastenartigen Zimmer sind farblos, aber passabel. Für 85 € gibt's sogar Zimmer mit Kochnische.

Duomo Albergo (☎ 0783 77 80 61; www.hotelduomo.net; Via Vittorio Emanuele II 34; EZ 70–80 €, DZ 108–130 €; ☒ ☐) Oristanos diskretes Vier-Sterne-Tophotel ist innen und außen renoviert und bietet hinter einer makellosen Fassade schöne, ruhige Gästezimmer. Sie sind alle in Weiß gehalten und mit hellen Stoffen und schlichten Möbeln ausgestattet.

ESSEN

Oristano ist eine tolle Stadt, um Essen zu gehen, besonders wenn man Seafood mag. Es gibt eine beachtliche Auswahl an günstigen Restaurants. Und die Lagune Stagno di Cabras sowie der Golfo di Oristano liefern stets die frischesten Meeresfrüchte. Eine der örtlichen Spezialitäten ist Meeräsche *(muggine)* – auch *pesce di Oristano* (Oristanofisch) genannt. Sie kommt häufig als *mrecca* (gekocht und im Seegrasmantel getrocknet und gesalzen) auf den Tisch. Gegrillter Aal und *patelle* – schneckenähnliche, dunkle Muscheln – sind ebenfalls außerordentlich beliebt.

Gelateria Pinna (☎ 0783 7 00 32; Piazza Mariano 38; ⌚ Mo–Sa) Diese zentrumsnahe *gelateria* ist bei den Einheimischen sehr beliebt – und das ist immer ein gutes Zeichen! Neben den üblichen Sorten gibt's hier auch außergewöhnliche Kreationen wie Eis mit Weingeschmack.

La Torre (☎ 0783 30 14 94; Piazza Roma 52; Pizzas 6,50 €, Gerichte 25 €; ⌚ Di–So) Von außen macht der Laden nicht viel her (von innen eigentlich auch nicht), doch er serviert die beste Pizza der Stadt. Wer kein Pizzafan ist und nur die quirlige Wochenendatmosphäre genießen will, findet auf der Karte auch Pasta- und Grillgerichte.

Trattoria Gino (☎ 0783 7 14 28; Via Tirso 13; Gerichte 27 €; ⌚ Mo–Sa) Seit den 1930er-Jahren serviert diese Trattoria einfache, leckere Gerichte. Aus dem breiten Angebot stechen vor allem die Seafood-Gerichte heraus. Zuerst gibt's *antipasto di mare* (gemischter Safood-Teller) und dann über Holzkohle gegrillte *seppia* (Tintenfisch).

Ristorante Craf (☎ 0783 7 06 69; Via de Castro 34; Gerichte 35 €; ⌚ Mo–Sa) Das Craf, in einem ehemaligen Getreidespeicher aus dem 17. Jh., ist mit seinen Backsteingewölben und allerlei volkstümlicher Deko eine echte Institution der Stadt. Es serviert v. a. herzhafte Speisen wie *panne frattau* (sardische Brotsuppe), Pasta mit Hülsenfrüchten und Grillfleisch z. B. vom *asinello* (Esel).

Antica Trattoria del Teatro (☎ 0783 7 16 72; Via Parpaglia 11; Gerichte 40 €; ⌚ Mo–Sa) Dieses gemütlich restaurierte Restaurant im *centro storico* ist der ideale Ort, um etwas Neues zu probieren. Wie wäre es mit *panada di anguille*, eine Art deftige Aalpastete mit geriebenem *casizolu*-Käse. Auf der Karte stehen zahlreiche Käse- und Biersorten.

AUSGEHEN

Die Altstadt bietet zahlreiche Bars und Cafés wie die Bar **Lola Mundo** (Piazzetta Corrias 14; ⌚ Mo–Sa). Mit ihrer tollen Lage an einem gepflasterten Platz eignet sie sich bestens für einen Aperitif bei entspannten Jazzklängen.

SHOPPEN

Specialità Sarde (☎ 0783 7 27 25; Via Figoli 41; ⌚ Mo–Sa) Dieser Shop für kulinarische Souvenirs bietet sardische Spezialitäten wie Wein und Käse, aber auch allerlei eingemachte Köstlichkeiten.

Cantina Sociale della Vernaccia (☎ 0783 3 31 55; Via Oristano 149, Rimedio) verkauft den mit Branntwein versetzten Vernaccia-Weißwein, für den Oristano berühmt ist. Die meisten Winzer der Stadt lassen hier ihre Trauben pressen; die Qualität dürfte also stimmen.

AN- & WEITERREISE

Bus

Vom Hauptbusbahnhof in der Via Cagliari fahren ARST-Busse zu Zielen wie Santa Giusta (1 €, ¼ Std., halbstündl.) und Cagliari (6,50 €, 1 Std., 2-mal tgl.).

Busse nach Norden starten an der FdS-Haltestelle vor der **Blu Bar** (Via Lombardia 30; ⌚ 6–22 Uhr Mo–Sa). Hier gibt's auch Tickets. Ziele sind u. a. Sassari (7,50 €, 2 Std., 3-mal tgl.) und Nuoro (7,50 €, 2½ Std., 6-mal tgl.).

Auto & Motorrad

Oristano liegt an der Schnellstraße SS131, die Cagliari mit Sassari und Porto Torres verbindet. Einige Abzweigungen führen in Richtung Nordwesten nach Nuoro und Olbia.

Zug

Der größte Trenitalia-Bahnhof befindet sich an der Piazza Ungheria östlich des Zentrums. Zwischen Oristano und Cagliari (5,65 €, 1–2 Std.) fahren täglich bis zu zwölf Züge; allerdings nicht alle direkt. Nur vier Züge fahren bis Sassari (9,65 €, 2½ Std.) und zwei direkt bis Olbia (10,95 €, 2¾ Std.); sonst muss man in Ozieri-Chilivani oder Macomer umsteigen.

UNTERWEGS VOR ORT

Auto & Motorrad

Außerhalb des Zentrums sollte Parken kein Probleme sein. Im Zentrum stehen parkscheinpflichtige Plätze (Mo–Sa 8.30–13 & 16–19.30 Uhr; pro Std. 0,60 €) zur Verfügung, die mit blauen Linien markiert sind.

Bus

Die Innenstadt ist problemlos zu Fuß zu erkunden; vom Bahnhof ins Zentrum kommt man am besten per Bus. Die Linien *rossa* (rot) und *verde* (grün) halten am Bahnhof und haben ihre Endstation an der Piazza Mariano.

Die Buslinie *azzurra* (blau) fährt von mehreren Haltestellen an der Via Cagliari (u. a. am Hauptbahnhof) zur Marina di Torregrande (0,70 € beim *tabacchi* oder der Haltestelle in der Via Cagliari; 1,10 € bei Ticketkauf im Bus, ¼ Std.).

Taxi

Taxis stehen am Bahnhof und der Piazza Roma. Telefonisch rufen kann man sie unter ☎ 0783 7 02 80 und ☎ 0783 7 43 28.

RUND UM ORISTANO

Oristanos wichtigster Strand liegt im kleinen Badeort **Marina di Torregrande**, 7 km westlich. Das Dorf am Ende eines langen, sandigen Strandabschnitts sieht aus wie viele andere Küstenorte: braun gebrannte Einheimische, die den von Palmen gesäumten *lungomare* (Promenade) entlangschlendern, und viele Bars, aus denen Musik tönt. Außerhalb der Saison ist das Ganze ein stiller Ort mit leeren Ferienhäusern und geschlossenen Restaurants.

Das einzige Bauwerk von historischer Bedeutung ist der aragonische Aussichtsturm aus dem 16. Jh., nach dem der Ort benannt ist. Ansonsten lohnt sich natürlich der Strand. Dort werden für 16,50 € pro Tag Strandliegen und Sonnenschirme vermietet. **Eolo** (☎ 329 613 64 61; www.eolowindsurf.com, auf Italienisch; Lungomare Eleonora d'Arborea) bietet Segel- und Surfkurse und vermietet das nötige Equipment (13 € pro Std. für Windsurfer).

Am Südende der Stadt wartet der große, schattige Campingplatz **Spinnaker** (☎ 0783 2 20 74; www.spinnakervacanze.com, auf Italienisch; Marina di Torregrande; Pers./Auto 20/4 €, Bungalows ab 42 €;) mit 100 Stellplätzen, Bungalows und Privatstrand. Bescheidener ist der **Torre Grande** (☎ 0783 2 22 28; campeggiotorregrande@libero.it; Via Stella Maris 8; Pers./Zelt 6/9,50 €; Mai–Sept.), der ein paar Hundert Meter vom Strand entfernt liegt.

Das beste Restaurant am Ort ist das **Da Giovanni** (☎ 0783 2 20 51; Via Colombo 8; Gerichte 40 €, Touristenmenü 23 €; Di–So). Es liegt wenig reizvoll an der Hauptstraße, genießt aber einen ausgezeichneten Ruf. Besonders lecker sind Meeresfrüchtegerichte wie *ravioli di pesce in Salsa di gamberi* (Fischravioli in Garnelensauce) und *muggine locale* (Meeräsche aus der Region).

Von den Uferrestaurants empfiehlt sich das **Maestrale** (☎ 0783 2 21 21; Lungomare Torregrande; Pizzas 8 €, Hauptgerichte 35 €; Di–So) für Pizza oder Seafood-Pasta in entspannter Atmosphäre.

Den Strand säumen zahllose, nur im Sommer geöffnete Bars. Ein paar Kilometer inseleinwärts, an der Straße nach Cabras, lockt die beliebte Diskobar **BNN Fashion Club** (☎ 338 235 75 40; SP 94, Km 1,8) mit italienischen Klängen, House- und internationaler Popmusik.

Stadtbusse der Linie *azzurra* fahren von mehreren Haltestellen an der Via Cagliari (u. a. vom Hauptbahnhof) nach Marina di Torregrande (0,70 € oder 1,10 € bei Ticketkauf im Bus, ¼ Std.).

SÜDLICH VON ORISTANO

Südlich von Oristano erstreckt sich eine flache Ebene wie ein Flickenteppich mit Feldern, Kanälen, Lagunen und Kiefernwäldchen. Hier und da tauchen kleine Bauerndörfer in der unspektakulären Landschaft auf. So sah es hier aber nicht immer aus. Bevor Mussolini 1919 sein ehrgeiziges Programm zur Entwässerung und Landgewinnung startete, gab es in der Gegend nur Malariasümpfe und dichte Korkeichenwälder.

SANTA GIUSTA

4750 Ew.

Der lebhafte Bauernort Santa Giusta liegt am Stagno di Santa Giusta, Sardiniens drittgrößter Lagune. Die einst punische Stadt hieß früher Othoca, heute ist sie vor allem für ihre außergewöhnliche Basilika bekannt: eines der ältesten und schönsten pisanisch-romanischen Bauwerke der Insel.

Die zwischen 1135 und 1145 erbaute **Basilica di Santa Giusta** (☎ 0783 35 92 05; kostenlose Führungen Mo–Fr 9–13 & 14–18 Uhr) erhebt sich über die Lagune wie eine gestrandete Galeone. Der lange flache Bau ist mit Blendarkaden, einem für die Toskana typischen Zentralportal und einer strengen lombardischen Fassade versehen. Die Marmor- und Granitsäulen zwischen den drei Kirchenschiffen sind Beutestücke aus den römischen Städten Tharros und Othoca. Überwölbt wird das strenge Ganze von einer schönen Balkendecke.

Rund um den 14. Mai ist die Basilika Mittelpunkt der viertägigen **Festa di Santa Giusta**.

6 km südlich der Stadt erstreckt sich das Vogelparadies **Stagno S'Ena Arrubia**, in dem sich regelmäßig Flamingos, Reiher, Blesshühner und Fischadler die Ehre geben.

Auf der Südseite der Lagune liegt der gut ausgestattete **Camping S'Ena Arrubia** (☎ 0783 80 90 11; www.campeggio-sardegna.com, auf Deutsch; Strada 29; Pers./Zelt/Auto 13/5/3 €) – an der Hauptstraße Santa Giusta–Arborea den Schildern folgen.

Vom Hauptbusbahnhof fährt jede halbe Stunde ein Bus nach Santa Giusta (1 €, ¼ Std.).

ARBOREA

3975 Ew.

Die 1928 von Mussolini gegründete Stadt Arborea mit ihrem akkuraten Straßengitternetzwerk, dem aufgeräumten Hauptplatz und ihrer kruden Mixtur aus seltsamsten Baustilen kann ihren faschistischen Ursprung nicht verbergen.

Besonders auffällig ist die gepflegte **Piazza Maria Ausiliatrice**, die perfekt in ein Schweizer Bergdorf passen würde. Überragt wird sie von der Fassade der im Tiroler Baustil erbauten **Chiesa del Cristo Redentore** (Messe 7.30, 9 & 19 Uhr). Der Jugendstil-**Municipio** auf der anderen Straßenseite beherbergt das **Archäologische Museum** (☎ 0783 8 03 31; Viale Omodeo; Eintritt frei; Mo–Fr 10–13 Uhr) der Stadt mit einer kleinen Sammlung von Exponaten aus regionalenFunde.

Übernachten kann man im altmodischen **Hotel Gallo Blanco** (☎ 0783 80 02 41; Piazza Maria Ausiliatrice 10; EZ/DZ 28/52 €, ohne Bad 26/48 €) mit acht schlichten Zimmern und einem guten Restaurant (Gerichte 30 €).

Marina di Arborea

Hinter einem dichten Kiefernwald, 2 km nordwestlich von Arborea liegt am Ende eines langen Sandstrands der Ort Marina di Arborea. Er bietet kaum mehr als ein Uferhotel mit Parkplatz, wird jedoch zunehmend in Beschlag genommen vom gigantischen **Horse Country Resort** (☎ 0783 80 51 73; www.horsecountry.it, auf Deutsch; Strada a Mare 24; HP 71–128 € pro Pers.; P). Der Komplex mit 1000 Betten, zwei Pools und exzellenten Sportanlagen ist das größte Reitzentrum Sardiniens und das wichtigste in Italien. In den Ställen stehen neben Arabern und Andalusiern auch sardische Pferde. Geboten werden Reitstunden und Tagesausflüge nach Marceddi, Tharros sowie an die Costa Verde.

MARCEDDI

Dieses winzige Fischerdorf an der Mündung des **Stagno di Marceddi** ist ein Provinznest, in dem nicht viel los ist. Die meiste Zeit des Jahres sind die einzigen Zeugnisse der Zivilisation ein paar ramponierte Autos und die Stromleitungen über den unbefestigten Straßen. Die Lagune, die die Ebenen Arboreas von der Costa Verde trennt, ist ein bedeutender Lebensraum für Wildtiere und Vögel wie Flamingos, Kormorane und Reiher.

Das Uferrestaurant **Da Lucio** (☎ 0783 86 71 30; Via Sardus Pater 34; Gerichte 35 €; Sept.–Juni Fr–Mi nur mittags, Juli & Aug. tgl. mittags & abends) serviert ausgezeichnete Fischgerichte. In der **Bar** (Via Sardus Pater 46; 8–21 Uhr), ein Stück weiter die Straße hinunter, gibt's gute *panini*.

SINIS-HALBINSEL

Die Sinis-Halbinsel im Golfo di Oristano ist eine Welt für sich. Klare Lagunen wie Stagno di Cabras, Stagno Sale Porcus oder Stagno Is Benas sowie schneeweiße Strände verleihen der Region eine fast schon tropische Atmosphäre. Die flache, grüne Landschaft scheint völlig unberührt – obwohl sie bereits seit dem 5. Jh. v. Chr. bewohnt ist. Überall stehen Nuraghen herum und die imposante punisch-römische Stadt Tharros ist ein weiteres Zeugnis für die einstige Bedeutung der Region.

Besucher kommen meist im Sommer hierher, aber auch der Winter (Oktober bis März) hat seine Reize, wenn Scharen von Zugvögeln – wie die leuchtend rosafarbenen Flamingos – die seichten Gewässer bevölkern.

Auch Sportfans kommen hier beim Wellenreiten, Windsurfen und Tauchen auf ihre Kosten.

CABRAS

8700 Ew.

Cabras an der Südküste des Stagno di Cabras ist ein wichtiger Fischerort und bedeutendes Zentrum für den Fang von Meeräschen. Die *bottarga* (Meeräschenrogen) aus dieser Gegend ist heiß begehrt und sehr zu empfehlen. Eine Schönheit ist die Stadt nicht, aber sie bietet gute Restaurants und ein Archäologiemuseum.

Sehenswertes

Die bedeutendste der hiesigen Sehenswürdigkeiten ist das **Museo Civico** (☎ 0783 29 06 36; www.penisoladelsinis.it, auf Italienisch; Via Tharros 121; Eintritt 2 €, inkl. Tharros 5 €; Juni–Sept. 9–13 & 16–20 Uhr, Okt.–Mai 9–13 & 15–19 Uhr) am südlichen Stadtrand. Es zeigt sehenswerte Funde von der 3 km südlich gelegenen Ausgrabungsstätte **Cuccuru Is Arrius** und aus Tharros. Besonders interessant sind die Obsidian- und Feuersteinwerkzeuge, die angeblich auf die neolithischen Kulturen der Bonu Ighinu und Ozieri zurückgehen.

ORISTANO & DER WESTEN

Festivals & Events

Am ersten Sonntag im September wird die **Festa di San Salvatore** gefeiert, bei der mehrere Hundert junge Männer mit weißen Umhängen zur **Corsa degli Scalzi** (Barfußrennen) antreten, einem 8 km langen Lauf zum Heiligtum San Salvatore. Sie tragen dabei eine Erlöserstatue mit sich – zur Erinnerung an ein Ereignis im Jahr 1506, als die Bewohner der Stadt nach San Salvatore eilten, um die Statue vor maurischen Seeräubern in Sicherheit zu bringen. Am zweiten Tag der Veranstaltung laufen die Teilnehmer wieder zurück nach Oristano.

Schlafen & Essen

Sa Pedrera (☎ 0783 37 00 40; www.sapedrera.it; Strada Provincial Cabras; DZ 66–140 €, 4BZ 120–252 €, HP 50–91 € pro Pers.; P) Zwangloses Drei-Sterne-Hotel 7,5 km außerhalb der Stadt an der Hauptstraße nach San Giovanni di Sinis. Die schlichten Zimmer bieten herrliche Ausblicke auf einen grünen Garten. Unverputztes Mauerwerk und ein großer Kamin verleihen der Unterkunft eine authentisch rustikale Atmosphäre.

Il Caminetto (☎ 0783 39 11 39; Via Cesare Battisti 8; Gerichte 35 €; Di–So) Dieses geschäftige Restaurant ist eine der bekanntesten Adressen in der Gegend und lockt mit seinen Fischgerichten Gäste von nah und fern; für Cabras typisch sind *muggine affumicato* (geräucherte Meeräsche) und *aguidda incasada* (Aal mit sardischem Pecorinokäse).

L'Oliveto (☎ 0783 39 26 16; Via Tirso 23; Gerichte 30–35 €; Mi–Mo) Dieses beliebte Pizza-Restaurant liegt versteckt in einem Olivenhain in der Nähe der nördlichen Stadtgrenze. Es ist auf Seafood spezialisiert, serviert aber auch leckere Pizza und üppige Fleischgerichte.

An- & Weiterreise

ARST bietet Busverbindungen zwischen Cabras und Oristano (1 €, ¼ Std.).

SAN SALVATORE

San Salvatore, das in den 1960er-Jahren als Kulisse für Spaghettiwestern herhalten musste, ist ein eigenartiger Ort. Der staubige Stadtplatz ist umgeben von winzigen Reihenhäusern, sogenannten *cumbessias*, die fast das ganze Jahr über leer stehen – genauso wie der Rest des Dorfes. Doch Ende August werden die Häuser von Pilgern bezogen, die am San-Salvatore-Fest teilnehmen. Mittelpunkt der neuntägigen Feier ist der Dorfplatz mit der **Chiesa di San Salvatore** (Mo–Sa 9.30–13 & 15.30–18 Uhr, So nur morgens) aus dem 16. Jh.

Unterhalb der Kirche befindet sich ein steinerner *ipogeo*, ein unterirdischer Tempel aus der Zeit der Nuraghen-Kultur. Das ursprüngliche Heiligtum diente einem Wasserkult und in seiner Hauptkammer ist noch heute ein Brunnenschacht vorhanden. In römischer Zeit wurde aus dem Tempel eine Kirche. Auf den dunklen Steinmauern sind noch Spuren von Wandgemälden aus dem 4. Jh. und verblasste Fresken erkennbar.

Gleich hinter dem Abzweig zum Dorf (leicht zu übersehen) gibt es zwei superpreiswerte *agriturismi*. Der **Agriturismo Su Pranu** (☎ 0783 39 25 61; www.supranu.com, Localita San Salvatore; B&B 32–40 pro Pers., HP 50–60 € pro Pers.;) auf der rechten Seite ist ein authentischer Bauernhof mit sechs hellen Zimmern und einem ausgezeichneten Restaurant. Die täglich wechselnde Speisekarte bietet Obst und Gemüse aus eigenem Anbau und Fleisch – z. B. *porceddu* – von einem großen Freiluftgrill.

Auf der anderen Straßenseite betreibt die gleiche Familie den **Agriturismo Sinis** (☎ 0783 39 25 61; www.agriturismoilsinis.it, Localita San Salvatore; B&B 32–40 € pro Pers., HP 50–60 € pro Pers.;) mit sechs weiteren Zimmern.

SAN GIOVANNI DI SINIS

Ganz im Süden der Halbinsel Sinis, etwa 5 km hinter San Salvatore, führt die Straße durch die kleine Siedlung San Giovanni di Sinis. Bereits vom Straßenparkplatz aus ist die Sandsteinkirche, **Chiesa di San Giovanni di Sinis** (Juni–Sept. 9–19 Uhr, Okt.–Mai bis 17 Uhr) zu sehen. Sie ist die zweitälteste Kirche der Insel (nach der Basilica di San Saturnino in Cagliari – s. S. 66). Ihr heutiges Aussehen verdankt sie einem Umbau im 11. Jh., einige Elemente – wie z. B. das charakteristische rote Dach – stammen aber noch vom byzantinischen Originalbau aus dem 6. Jh. Die kahlen Wände verleihen dem Innenraum eine düstere und überraschend spirituelle Atmosphäre.

THARROS

Von San Giovanni di Sinis führt die Straße an einer Reihe von Pizzerias, Bars und Cafés vorbei zur einst mächtigen Hafenstadt **Tharros** (☎ 0783 39 73 06; Eintritt zusammen mit dem Museo Civico in Cabras 5 €; Juni–Sept. 9–19 Uhr, Okt.–Mai bis 17 Uhr), die im 8. Jh. v. Chr. von den Phöniziern gegründet wurde. Ihre Ruinen vor dem tiefblauen Meer gehören zu den eindrucksvollsten Sehenswürdigkeiten im Süden der Insel. Besonders stimmungsvoll und am ruhigsten ist es hier früh morgens und kurz vor Sonnenuntergang.

Geschichte

Capo Marco, der südlichste Punkt der Sinis-Halbinsel, war eine florierende Nuraghen-Siedlung, als 730 v. Chr. die Phönizier hier landeten. Sie gründeten die blühende Stadt Tharros, die schließlich dem karthagischen Reich einverleibt wurde. Als Stützpunkt für Seestreitkräfte war sie jedoch sehr verwundbar und fiel schon bald an die Römer.

Obwohl Tharros nach der Fertigstellung der Verbindungsstraße zwischen Cagliari nach Porto Torres gewissermaßen außen vor war, behielt es seinen Status als Flottenstadt. Im 2. und 3. Jh. n. Chr. wurde die Stadt grundlegend restauriert. Doch massive Angriffe der Vandalen und später der nordafrikanischen Sarazenen führten dazu, dass Tharros 1070 aufgegeben wurde. Viele Bauwerke wurden abgetragen und für den Bau der neuen Hauptstadt Oristano verwendet.

Sehenswertes & Aktivitäten

Die versteckten Ruinen werden erst sichtbar, wenn man die Anhöhe mit dem Ticketschalter hinter sich gelassen hat. Von hier geht's ein Stück auf dem *cardo* (römische Hauptstraße) entlang, bis auf der rechten Seite der Hauptwasserspeicher *castellum aquae* auftaucht. Auf dem Platz sind zwei Säulenreihen erkennbar. Die Durchgangsstraße **Cardo Massimo** führt auf einen kahlen Hügel mit einer karthagischen Akropolis und einem *tophet* (Begräbnisstätte für Kinder). Hier oben finden sich auch Reste der ursprünglichen Nuraghen-Siedlungen.

Am unteren Ende des Cardo Massimo beginnt der **Decumano** und führt an den Ruinen eines **Punischen Tempels** und den markanten Doppelsäulen des römischen **Tempio Tetrastilo** vorbei bis zum Meer. Die Säulen sind Nachbildungen; authentisch ist nur das korinthische Kapitell auf einer der Säulen.

Ganz in der Nähe sind mehrere **Thermalbäder** zu sehen und weiter nördlich die Überreste einer **vorchristlichen Taufkapelle**. Am Südrand der Siedlung befinden sich weitere Bäder aus dem 3. Jh. n. Chr.

Einen erstklassigen Ausblick über die Ruinen bietet der Wachturm **Torre di San Giovanni** (Eintritt 3 €; ⌚ Juni–Sept. 9–19 Uhr, Okt.–Mai bis 17 Uhr), in dem gelegentlich Ausstellungen gezeigt werden. Zu beiden Seiten erstreckt sich der goldene Strand **Spiaggia di San Giovanni di Sinis**. Spazierpfade führen bis zum Capo San Marco und zum Leuchtturm.

EINFACH MAL ABSCHALTEN

Ein paar Kilometer außerhalb von Tharros (an der Hauptstraße ausgeschildert) liegt der Parco Comunale Oasi di Seu: ein paradiesischer Garten mit mediterranen Pflanzen. Wer die 3 km lange Schotterpiste bis zum Eingang hinter sich gelassen hat, betritt eine stille Welt mit Sandwegen und ursprünglicher Natur. *Macchia* (Buschwerk) aus Rosmarin, Zwergpalmen und Kiefern erfüllt die Luft mit ihrem Kräuterduft.

An- & Weiterreise

Im Juli und August verkehren täglich fünf ARST-Busse zwischen San Giovanni di Sinis und Oristano (1,50 €, ½ Std.). Parkplätze nahe der Anlage kosten für zwei Stunden 2 €, und für einen ganzen Tag 4 €.

STRÄNDE

Die Strände der Halbinsel sollte man sich nicht entgehen lassen. Einer der schönsten ist **Is Aruttas**, dessen weißer Quarzsand jahrelang abgetragen wurde, um Aquarien und die Strände der Costa Smeralda zu verschönern. Mittlerweile ist es aber verboten, den Sand mitzunehmen. Der Strand ist gut ausgeschildert; er liegt 5 km westlich der Hauptstraße in Richtung Norden nach San Salvatore.

Vom Strand aus bequem zu Fuß erreichbar ist der mit Olivenbäumen und mediterranen Sträuchern bewachsene Campingplatz **Camping Is Aruttas** (☎ 0783 39 11 08; www.campingisaruttas.it; Localita Marina Aruttas; Pers./Zelt/Auto 14 €/frei/3,50 €; ⌚ Mitte Mai–Sept.).

Im Norden liegt der beliebte Surferstrand **Putzu Idu** mit einigen Ferienhäusern, Strandbars und Surfanbietern. Einer davon ist die **Capo Mannu Kite School** (☎ 347 007 70 35; www.capomannukiteschool.it), die Kitesurf-Kurse für jedes Niveau anbietet.

Neben dem **Scuba Café** (☎ Lungomare Putzu Idu; ⌚ im Winter 9–22 Uhr, im Sommer 7–2 Uhr), einem der wenigen Lokale, die auch im Winter geöffnet haben, befindet sich der kleine, ganzjährig geöffnete Tauchausrüster **9511 Diving** (☎ 349 291 37 65; www.9511.it). Seine PADI-zertifizierten

Lehrer begleiten Gerätetaucher (ab 50 € inkl. Ausrüstung), Schnorcheltouren (25 € pro Pers.) und Ausflüge zur **Isola di Mal di Ventre** („Bauchwehinsel") 10 km vor der Küste. Solche Inseltouren haben auch andere Anbieter im Programm, darunter **Mare Mania** (☎ 347 191 94 80; www.mare-mania.it, auf Italienisch; ⏲ tgl. 8–13 Uhr, im Sommer zusätzlich 15–20 Uhr) mit Sitz in einem Kiosk an der Hauptstraße. Halbtages-/Tagestouren kosten 19/22 € und 46 € inklusive Mittagessen.

Bei der Ankunft am Strand von Putzu Idu erstreckt sich rechts der **Stagno Sale Porcus**, eine lange, seichte Küstenlagune, die im Winter von Flamingos bevölkert ist und sich im Sommer in eine schimmernd weiße Salzpfanne verwandelt. Die **Orte e Corru Ranch** (☎ 0783 52 81 00; Localita Oasi di Sale Porcus) veranstaltet Ausritte rund um den See.

Wochentags fahren zwei ARST-Busse von Oristano nach Putzu Idu (2 €, 1 Std.). Im Juli und August gibt es vier zusätzliche Verbindungen.

RIOLA SARDO
2140 Ew.

Der einzige Grund für einen Stopp in dieser eher glanzlosen Stadt ist ein Aufenthalt im **Hotel Lucrezia** (☎ 0783 41 20 78; www.hotellucrsia.it; Via Roma 14/a, Riola Sardo; EZ 75–90 €, DZ 120–150 €; ✖ 💻). Die Zimmer des historischen *cortile* (Haus mit Innenhof) blicken alle auf den Hof mit Feigen- und Zitrusbäumen sowie einer Pergola, die völlig mit Blauregen zugewuchert ist. Die Einrichtung ist rustikal: mit hohen Betten aus dem 18. Jh. und wuchtigen Holzmöbeln. Fahrräder stehen kostenlos bereit und die netten Mitarbeiter organisieren Koch-, Mal- und Weinkurse.

MONTI FERRU

Das vulkanische Monti-Ferru-Massiv mit dem 1050 m hohen Monte Urtigu ist eine bezaubernde und weitgehend unberührte Gegend mit alten Wäldern, Quellen und kleinen Marktstädten. In Seneghe wird eines der hochwertigsten Olivenöle und das beste Rindfleisch Sardiniens produziert. Milis ist für seine süßen, saftigen Orangen berühmt. Mehr noch als die Städte locken aber die herrlichen grünen Landschaften die Besucher in die Region. Einsame Straßen schlängeln sich durch eine üppige mit Korkbäumen, Kastanien, Eichen und Eiben bewachsene Berglandschaft. Falken und Bussarde ziehen kreisend ihre Bahnen, und wieder angesiedelte Mufflons und Sardische Hirsche erobern sich ihre angestammten Lebensräumen zurück, nachdem sie beinahe ausgestorben waren.

MILIS
1660 Ew.

Die Kleinstadt Milis war einst ein römischer Militärposten (ihr Name entstammt dem lateinischen Wort für Soldat *miles*). Heute liegt sie inmitten von Orangenplantagen, denen sie ihren Wohlstand verdankt.

Das gepflegte Zentrum wird vom **Palazzo Boyl** dominiert, einem schönen Beispiel des piemontesischen Neoklassizismus aus dem 18. Jh. Gegen Ende des 19. und Anfang des 20. Jhs. diente der Palazzo als Literatentreff, in dem auch Gabriele S'Annunzio, Grazia Deledda und Honoré de Balzac zu Gast waren. Heute beherbergt er das kleine **Museum** (☎ 0783 5 16 65; Piazza Martiri; Eintritt frei; ⏲ nur nach Absprache) von Milis mit traditionellen Trachten und Schmuck.

Auch die beiden Kirchen lohnen einen Besuch. Gegenüber dem Palazzo Boyl steht die **Chiesa di San Sebastiano** aus dem 14. Jh. mit einer eindrucksvollen Fensterrose in der gotisch-katalanischen Fassade. In der Nähe des östlichen Ortseingangs bietet die toskanisch-romanische **Chiesa di San Paolo** interessante Gemälde katalanischer Künstler des 16. Jhs.

Anfang November wird in Milis die **Rassegna del Vino Novello** (Fest des jungen Weines) gefeiert, bei der die einheimischen Winzer ihre besten Tropfen präsentieren. Überall in den Straßen gibt es dann Weinproben und Essensstände.

SENEGHE
1915 Ew.

Seneghe ist eine Pflichtstation jeder kulinarischen Sardinien-Reise. Das auf den ersten Blick wenig reizvolle Dorf mit seinen dunklen Steinbauten ist für sein natives Olivenöl berühmt, das mit dem angesehenen Premio Nazionale Ercole Olivario (dem Oskar der italienischen Olivenindustrie) ausgezeichnet wurde. Eine weitere hiesige Spezialität ist Rindfleisch. Das Fleisch der rotbraunen Rinder namens *bue rosso*, die nur hier und in Modica auf Sizilien gezüchtet werden, gilt unter Gourmets als eines der besten in Italien.

Mit seinem jährlichen Dichterfestival Ende August/Anfang September bietet das Dorf aber

DEN EISERNEN BERG BESTEIGEN

Das Monti-Ferru-Massiv lässt sich am besten zu Fuß erkunden. Ein landschaftlich reizvoller Weg führt bis zum Gipfel des Monte Entu, der mit 1024 m zu den höchsten auf der Westseite Sardiniens zählt. Die Strecke ist nicht sehr anspruchsvoll, doch man sollte mindestens vier Stunden einkalkulieren.

Der Ausgangspunkt an der Nuraghe Ruju bei Seneghe ist nur mit dem Auto erreichbar. Hinter Seneghe geht's in Richtung Bonarcado, und ein paar hundert Meter weiter folgt man der Beschilderung in Richtung S'iscala. Das Auto kann man bei der Nuraghe Ruju parken. Der Pfad beginnt ein kurzes Stück unterhalb des Parkplatzes, im Wald links der Steinmauer. Bergauf erreicht man eine Lichtung und biegt bei einer Steineiche links ab. Man passiert ein Holztor und später ein Metalltor. Danach folgt eine Gabelung, an der man den linken Weg nimmt. Es eröffnet sich ein grandioser Ausblick auf die Küste und an klaren Tagen sogar bis nach Alghero. Weiter geht's bis zum Fuß des Vulkankegels, der den Gipfel des Monte Entu kennzeichnet.

auch geistige Nahrung. Settembre dei Poeti ist eine viertägige Veranstaltung zu Ehren einheimischer und internationaler Dichter. Gefeiert wird mit Lesungen, Fragestunden und einem höchst unterhaltsamen „Dichterwettstreit", bei dem zwei Poeten mit spontanen Reimen gegeneinander antreten, ähnlich wie beim Freestyle-Rap.

Wer Olivenöl kaufen will, wendet sich an die **Oleificio Sociale Cooperativo di Seneghe** (☎ 0785 5 46 65; www.oleificiodiseneghe.it; Corso Umberto I; 🕐 Mo–Fr 9–12.30 & 17–19.30 Uhr) an der Bonarcado Straße. Ein halber Liter kostet rund 6 €; für fünf Liter bezahlt man 37,50 €.

Das einheimische Rindfleisch probiert man am besten in der **Osteria Al Bue Rosso** (☎ 0783 5 43 84; Piazzale Montiferru 3/4; Gerichte 30–35 €; 🕐 Fr & Sa mittags & abends, So & Di–Do nur abends und mit Reservierung), einem eher tristen Restaurant in einer Molkerei aus den 1920er-Jahren. Es befindet sich am Stadtrand Richtung Narbolia und serviert verschiedenste Rindfleischgerichte wie *insalata di bue rosso* (Rindfleischsalat) und köstlich gegrillte *filetto* (Filetsteaks). Auch der Hauswein aus biologischem Anbau ist sehr zu empfehlen, und die Betreiber haben Tipps zu den schönsten B&Bs in der Gegend.

BONARCADO

1645 Ew.

Etwa 5 km nordöstlich von Seneghe liegt das verschlafene Dorf Bonarcado mit einer der ungewöhnlichsten Pilgerstätten auf Sardinien. Nach einem Edikt von Papst Pius VII. aus dem Jahr 1821 wird jedem Generalabsolution erteilt, der zwischen dem 14. und 28. September im winzigen **Santuario della Madonna di Bonacattu** die Beichte ablegt. Die einfache Wallfahrtskapelle stammt aus dem 7. Jh. und wurde 800 Jahre später umgebaut. Feste Öffnungszeiten gibt es nicht, sie ist jedoch fast immer zugänglich.

Ein Stück weiter erhebt sich über einem grauen Platz die bescheidene, romanische **Chiesa di Santa Maria** – früher Teil eines mittelalterlichen Klosters.

SANTU LUSSURGIU

2560 Ew. / 503 m

Santu Lussurgiu liegt am Osthang des Monti Ferru in einem alten Vulkankrater. Wichtigste Sehenswürdigkeit ist die kleine Altstadt *(centro storico)*, ein Gewirr dicht gedrängter Steinhäuser rund um ein natürliches Amphitheater. Weitere Infos gibt's bei der kleinen **Touristeninformation** (☎ 0783 55 10 34; Via Santa Maria 40; 🕐 im Sommer Mo–Fr 9.30–11 Uhr, im Winter Mo–Fr 9.30–13 Uhr) an der Hauptstraße.

Santu Lussurgiu ist seit Langem für sein Kunsthandwerk berühmt und bis heute ein Zentrum für Schmiede-, Schreiner- und Lederarbeiten. Das **Museo della Tecnologia Contadina** (Museum der Agrartechnologie; ☎ 0783 55 06 17; Via Deodato Meloni) befasst sich mit bäuerlichen Traditionen und zeigt eine umfassende Sammlung von Werkzeugen, Geräten und Maschinen. Während der Recherchen zu diesem Buch wurde es gerade renoviert, müsste jedoch mittlerweile wieder geöffnet sein.

Santu Lussurgiu hat zwei ausgezeichnete Hotels; beide im *centro storico*. Das **LP Tipp** **Antica Dimora del Gruccione** (☎ 0783 55 20 35; www.anticadimora.com, auf Italienisch; Via Michele Obinu 31; HP 38/60 € pro Pers.; ✖) befindet sich in einem wunderschön restaurierten Palazzo aus dem 17. Jh. Mit Flügeltreppen, knarrenden Dielenböden und Mauerbögen strotzt es geradezu vor Charakter. Die Zimmer verteilen sich auf mehrere Gebäude; die besten befinden sich im 1. Stock des Haupthauses.

Sas Benas (☎ 0783 55 08 70; www.sasbenas.it; Via Cambosu; EZ 40–60 €, DZ 70–100 €, HP 55–80 € pro Pers.) ist ganz ähnlich gestaltet, mit elegant-rustikalen Zimmern in vier verschiedenen Gebäuden. Das berühmte Hotelrestaurant (Probiermenü 30 €) hat sich auf sardische Küche spezialisiert und serviert Köstlichkeiten wie *bue-rosso*-Rind, *casitzolu*-Käse und Santa-Lussurgiu-Würstchen.

SAN LEONARDO DE SIETE FUENTES

Von Santu Lussurgiu schlängelt sich die Straße nach Cuglieri den steilen Osthang des Monti Ferru hinauf. Nach einem kurzen Wegstück zweigt rechts eine Nebenstraße ab (Richtung Macomer) und führt nach San Leonardo de Siete Fuentes. Dieser winzige Waldweiler ist bekannt für seine Quellen. Der hochtrabende Name bezieht sich auf die sieben Brunnen *(siete fuentes)*, aus denen das Wasser sprudelt.

Vom Zentrum des Dorfes geht ein Pfad hinauf zur charmanten **Chiesa di San Leonardo**, einer romanischen Johanniterkirche aus dem 12. Jh. Dahinter führt der Weg weiter bergauf durch Eichen- und Ulmenwälder. Die Route lässt sich ohne große Schwierigkeiten bewältigen und ist daher ideal für Familien mit Kindern.

CUGLIERI

3005 Ew. / 483 m

Das Bauerndorf Cuglieri, hoch über der Westflanke des Monti Ferru, ist der ideale Ort zum Mittagessen. Schon der Aufstieg zum Wahrzeichen der Stadt, der **Basilica di Santa Maria della Neve**, sorgt für mächtigen Appetit. Die riesige Kirche mit silberglänzender Kuppel ist schon von Weitem zu sehen und der Ausblick von oben ist wirklich ein Erlebnis.

Die **Azienda Agricola Peddio** (☎ 0785 36 92 54; Corso Umberto 95; 🕓 Mo–Fr 8.30–13 & 15–20 Uhr) an der Hauptstraße verkauft hochwertiges Olivenöl für 6 bis 7,50 € pro Liter.

Doch nun zum versprochenen Mittagessen: Verborgen zwischen den grauen Steinbauten des *centro storico* liegt der **LP Tipp** **Albergo Desogos** (☎ /Fax 0785 3 96 60; Via Cugia 6; EZ/DZ 18/36 €, Gerichte 15–20 €), ein mittelmäßiges Hotel und hervorragendes Restaurant. Wer mit der Speisekarte nicht klarkommt, kann sich von der fürsorglichen Besitzerin beraten lassen, die ihre Gäste mit Räucherschinken, eingelegtem Gemüse und würzigem Käse verwöhnt. Und das ist erst die Vorspeise. Die Pasta- und Fleischgerichte fallen ähnlich großzügig aus.

Von Montag bis Samstag verkehren täglich fünf ARST-Busse zwischen Cuglieri und Oristano (3 €, 1 Std.). Im Juli und August gibt's sonntags zwei zusätzliche Verbindungen.

SANTA CATERINA DI PITTINURI & UMGEBUNG

Rund um den beliebten Badeort **Santa Caterina di Pittinuri** bietet Oristanos Nordküste einige ausgezeichnete Strände. Der von weißen Klippen gesäumte Stadtstrand ist ziemlich klein, aber dank seines seichten Wassers ideal für Kinder.

Ein paar Kilometer südlich liegt bei **S'Archittu** die **Spiaggia dell'Arco** mit einem dramatischen Felsentor, das sich 6 m über das smaragdgrüne Wasser erhebt. Weiter landeinwärts und über einen unbefestigten, aber beschilderten Abzweig von der SS292 erreichbar, liegen die Ruinen der punisch-römischen Stadt **Cornus**. Sie war 215 v. Chr. Schauplatz einer historischen Schlacht. Die abgelegenen Ruinen sind für jeden frei zugänglich.

3 km südlich des **Torre del Pozzo** (oder Torre Su Putzu) liegt abseits der Hauptstraße der 6 km lange Strandabschnitt **Is Arenas**, einer der längsten in dieser Gegend.

Auch Camper kommen in dieser Gegend auf ihre Kosten. Auf der dem Meer zugewandten Seite der SS292 gibt es drei Campingplätze. Einer davon ist der mit Kiefern bewachsene **Camping Is Arena** (☎ 0783 5 22 84; www.campingisarenas.it; Pers./Zelt/Auto 10/13 €/frei) in der Nähe des gleichnamigen Strands. Exklusivere Unterkünfte bietet das mit vier Sternen ausgezeichnete **Hotel La Baja** (☎ 0785 38 91 49; Via Scirocco 20, Santa Caterina di Pittinuri; EZ 55–105 €, DZ 90–160 €; 🕓 Mai–Sept.; P) auf einer abgeschiedenen Landzunge mit hellen Zimmern, Panoramapool und herrlichem Meerblick.

ARST-Busse fahren von Oristano nach Santa Caterina (2 €, ¾ Std., Mo–Sa 5-mal tgl., im Juli und August So 2-mal zusätzlich) und S'Archittu (2 €, ¾ Std., Mo–Sa 5-mal tgl., im Juli & August So 2-mal zusätzlich). Auf Anfrage halten sie auch bei den Campingplätzen.

DIE FEURIGEN REITER

Am 6. und 7. Juli findet in Sedilo das spektakulärste Fest der Provinz Oristano statt. **S'Ardia** lockt fast 50 000 Menschen in das Dorf, wo das waghalsigste Pferderennen der Insel veranstaltet wird.

Es findet zu Ehren des römischen Kaisers Konstantin des Großen statt, der 312 v. Chr. am Ponte Milvio in Rom die überlegenen Truppen des Maxentius geschlagen hat. Aber die Veranstaltung hat auch einen christlichen Touch. Als er in die Schlacht zog, soll Konstantin ein Kreuz mit der Inschrift „In Hoc Signo Vinces" („In diesem Zeichen wirst du siegen") erschienen sein. Er machte das Kreuzsymbol zum Zeichen seiner Streitmacht und gewährte den Christen im Jahr darauf Religionsfreiheit. So wurde er zum inoffiziellen Lokalheiligen St. Konstantin (Santu Antine im örtlichen Dialekt).

Die Rennstrecke führt um sein Heiligtum und um das mit seinem Symbol versehene Steinkreuz herum. Einer der Reiter – der Prima Pandela (erster Flaggenträger) – wird ausgewählt, Konstantins Standarte aus gelbem Brokat zu tragen. Er wählt zwei der besten Reiter als Begleiter aus, von denen jeder drei weitere Helfer bestimmt. Diese Männer sind die Hüter des Prima Pandela und versuchen mittels langer Stäbe die hundert anderen Reiter von ihm fernzuhalten. Als Prima Pandela auserwählt zu werden, ist die höchste Ehre, die einem Dorfbewohner zuteilwerden kann. Nur ein Mann, der seinen Mut und seine reiterischen Fähigkeiten bewiesen hat und fest in seinem Glauben ist, kommt als Fahnenträger infrage.

Am 6. Juli betet die gesamte Festprozession unter dem Steinkreuz und der Pfarrer segnet die Reiter. Offiziell startet der Pfarrer das Rennen, in der Praxis ist es jedoch der Prima Pandela, der den richtigen Moment für seine Flucht abpasst, um im wilden Galopp den Hügel hinunterzustürmen. In Sekundenschnelle nehmen die anderen Reiter die Verfolgung auf und versuchen, ihn zu überholen, ehe er den Triumphbogen passiert. Hunderte von Schützen machen mit Platzpatronensalven die Pferde scheu, und der gefährlichste Moment ist der Ansturm auf den schmalen Steinbogen: Beim kleinsten Fehler rast der Reiter ungebremst gegen die Steinsäulen. 2002 kam hier ein Reiter ums Leben. Wenn alles gut geht, passiert der Prima Pandela den Triumphbogen und dreht unter den Jubelrufen der Zuschauer eine Runde um das Heiligtum.

RUNDFAHRT UM DEN LAGO OMODEO

Der von den Hügeln des Barigadu umgebene Lago Omodeo ist mit einer Länge von 22 km und einer Breite von 3 km Sardiniens größter künstlicher See. Angelegt wurde er zwischen 1919 und 1924, um die landwirtschaftlichen Regionen rund um Oristano und Arborea mit Wasser und Strom zu versorgen. Die Umgebung des Sees ist sehr dünn besiedelt, aber es gibt zwei der wichtigsten Nuraghen-Siedlungen Zentralsardiniens und reiche archäologische Schätze zu entdecken.

SANTA CRISTINA & PAULILATINO

Hauptattraktion des Nuraghen-Komplexes Santa Cristina ist das zentrale Brunnenheiligtum, eines der wichtigsten und am besten erhaltenen in ganz Sardinien. Die Verehrung des Wassers war ein fundamentaler Bestandteil des damaligen Glaubens und auf der ganzen Insel sind etwa 40 solcher Heiligtümer erhalten.

Ein paar Kilometer südlich von Paulilatino, auf dem Abbasanta-Plateau nahe der SS131 steht die **Nuraghe Santa Cristina** (☎ 0785 5 54 38; Eintritt inkl. Museo Archeologico-Etnografico in Paulilatino 5 €; 🕑 Mai–Sept. 8.30–21.30 Uhr, Okt.–April bis 21 Uhr). Noch bevor man die Ruine erreicht, kommt man zur frühchristlichen **Chiesa di Santa Cristina**. Die Kirche und die umliegenden, terrassenförmig angeordneten *muristenes* (Pilgerhütten) sind nur an neun Tagen im Jahr geöffnet – zu den Feierlichkeiten für Santa Christina rund um den zweiten Maisonntag und zu Raffaele Arcangelo am vierten Sonntag im Oktober.

Von der Kirche sind es noch etwa 100 m nach Osten bis zum Nuraghen-Dorf in einem stillen Olivenhain. Das bis ins frühe Mittelalter bewohnte Dorf konzentriert sich um den außergewöhnlichen *tempio a pozzo* (Brunnenheiligtum) aus der späten Bronzezeit (11.–9. Jh. v. Chr.).

Zum Brunnenheiligtum geht's durch einen schmalen Eingang und 24 gut erhaltene Stufen hinab. Von unten wird die perfekt konstruierte *tholos* (Runddecke) sichtbar, durch die das Licht in den dunklen Brunnenschacht fällt.

Alle 18 Jahre scheint der Vollmond für einen Monat und zwei Tage genau durch die Öffnung in den Schacht, und zur Sonnenwende am 21. März und 23. September wird die Treppe von der Sonne beschienen.

5 km weiter erreicht die SS131 **Paulilatino**. Die grauen Steinhäuser lassen den Bauernort ziemlich düster erscheinen. Das **Museo Archeologico-Etnografico** (☎ 0785 5 54 38; Via Nazionale 127; Eintritt inkl. Santa Cristina 5 €; ⌚ Mai–Sept. Di–So 9–13 & 16.30–19.30 Uhr, Okt.–April Di–So 9–13 & 15–17.30 Uhr) zeigt neben landwirtschaftlichen und hauswirtschaftlichen Arbeitsgeräten auch Funde der Ausgrabungen von Santa Cristina.

NURAGHE LOSA & UMGEBUNG

Einige Kilometer nördlich von Paulilatino ragt an der SS131 die **Nuraghe Losa** (☎ 0785 5 23 02; www.nuraghelosa.net, auf Italienisch; Erw./Kind 3,50/2 €; ⌚ 9 Uhr–1 Std. vor Sonnenuntergang) empor, eine der eindrucksvollsten auf ganz Sardinien.

Herzstück der Anlage ist ein gedrungener, dreiseitiger Bergfried, umgeben von drei Rundtürmen. Zwei der Türme sind durch Mauern mit dem Hauptbau verbunden, einer steht frei. Obwohl das Obergeschoss des Zentralturms fehlt, misst er noch fast 13 m. Archäologen datieren den Bau auf die Bronzezeit um 1500 v. Chr.

Zugänglich ist der Zentralbau über einen Korridor von einem der Seitentürme aus. Links und rechts des Korridors zweigen Verbindungswege zu den beiden anderen Seitentürmen ab. Einer davon ist vollständig geschlossen, einer offen.

Nur eine kurze Autofahrt entfernt liegt der schöne und kinderfreundliche Landgasthof **Mandra Edera** (☎ 320 151 51 70; www.mandraedera.it, auf Italienisch; Zi. 49–59 € pro Pers., Suite 59–69 €, HP 69–89 pro Pers.; ⌚ Ende April–1. Okt.-Woche; P) inmitten gigantischer Eichen und blühender Obstgärten. Die Zimmer sind auf mehrere Bungalows verteilt, die auf hübschen Rasenflächen stehen. Zu der Anlage gehört auch ein gutes Restaurant (Gerichte 23 €). Besonderer Anziehungspunkt sind jedoch die Pferdeställe. Reitstunden kosten für Kinder 7,50 €, für Erwachsene 15 €, Ausritte mindestens 20 € pro Stunde. Der Mindestaufenthalt beträgt zwei Nächte. Bei Anfahrt über die SS131 nimmt man die Abbasanta-Abfahrt 2 km nördlich der Nuraghe Losa. Dann geht's über die Brücke und immer der Straße nach, bis man rechts die Schilder erreicht.

FORDONGIANUS

Südwestlich des Lago Omodeo, in der Nähe des Zusammenflusses der Flüsse Tirso und Mannu, liegt der Kurort Fordongianus – am leichtesten erreichbar über die SS388 von Oristano.

Die Heilquellen waren schon den Ptolemäern bekannt und die Römer gründeten hier das Kurbad Forum Traiani. Ihre Bäder aus dem 1. Jh. n. Chr., die **Terme Romane** (☎ 0783 6 01 57; www.forumtraiani.it, auf Italienisch; Eintritt inkl. Casa

ANTONIO GRAMSCI

Antonio Gramsci (1891–1937) war einer der Mitbegründer des italienischen Kommunismus und einer der großen politischen Denker im 20. Jh. Als Sohn einer armen Familie in Ales geboren, zog es ihn später nach Ghilarza und weiter bis Cagliari und Turin.

In Turin begannen seine politischen Ideen, Früchte zu tragen. Damals nahm Turin eine führende Rolle bei der italienischen Industrialisierung ein, und als glühender Fürsprecher der Gewerkschaftsbewegung trat Gramsci 1913 in die Sozialistenpartei ein. Sechs Jahre später gründete er zusammen mit Freunden die marxistische Zeitung *L'Ordine Nuovo*. Unstimmigkeiten innerhalb der Partei führten 1921 zu einer Spaltung. Gramsci und eine Gruppe Gleichgesinnter trennten sich von den Sozialisten und gründeten die Kommunistische Partei Italiens. Gramsci war stark geprägt von den Ereignissen in Russland – 1922 besuchte er Moskau und heiratete eine russische Violinistin. 1926 wurde er von der faschistischen Polizei festgenommen und zu 25 Jahren Haft verurteilt. 1937 starb Gramsci im Alter von 46 Jahren.

Am bekanntesten ist seine Theorie zur Hegemonie. Sie geht davon aus, dass die Arbeiterklasse eigene kulturelle Überzeugungen entwickeln und sich um den sozialen Aufstieg bemühen muss, um die kulturelle Gleichmachung zu besiegen, durch die sich die herrschende Klasse an der Macht hält.

In **Ghilarza** kann man das **Gramsci-Haus** (☎ 0785 54 1 64; www.casagramscighilarza.org; Corso Umberto I 36; Eintritt frei; ⌚ im Winter Fr–So 10–13 & 16–19 Uhr, im Sommer Mi–Mo 10–13 & 16.30–19.30 Uhr) besichtigen, in dem der Politiker zwischen 1898 und 1914 gelebt hat.

Aragonese 4 €; ⌚ Juli–Aug. Di–So 9.30–13 & 15.30–20 Uhr, Sept. bis 19 Uhr, April–Juni bis 18.30 Uhr, Nov.–März 9.30–13 & 14.30–17.30 Uhr, Okt. 9–13 & 15–18 Uhr), werden bis heute genutzt. Im Zentrum des Komplexes liegt ein rechteckiges Becken, das einst von einem Säulengang umgeben war. Auf einer Seite stehen die Säulen heute noch.

Für alle Bauten wurde roter Trachytstein verwendet, der dem Dorf einen rosafarbenen Schimmer verleiht. Ein typisch katalanisches Aristokratenhaus ist die **Casa Aragonese** (Eintritt inkl. Terme Romane 4 €; ⌚ wie Terme Romane) aus dem 16. Jh. Die Statuen davor stammen von den Teilnehmern eines Skulpturenwettbewerbs, der hier jedes Jahr stattfindet.

Es gibt eine tägliche Busverbindung mit Oristano (2 €, ¾ Std.).

NÖRDLICH VON ORISTANO

Nördlich der traumhaften Region Monti Ferru, in Richtung Macomer wird die Landschaft immer flacher. Die Agrarstadt Macomer ist ein wichtiger Verkehrsknotenpunkt und bietet ein ganz anderes Bild als das weiter nordwestlich gelegene Bosa, ein hübsches, mittelalterliches Städtchen, das von einer Burg überragt wird.

MACOMER

10 835 Ew.

Nur wenige Urlauber halten sich in Macomer länger auf. Nicht, dass der Ort irgendwie hässlich wäre – er hat nur nicht viel zu bieten.

Immerhin gibt es das bescheidene **Museo Etnografico** (☎ 0785 7 04 75; Corso Umberbis 225; Eintritt 3 €; ⌚ Mo–Fr 10–12.30 & 16–20 Uhr, Sa nur vormittags) mit einer bunten Sammlung von Möbeln und Haushaltsgegenständen. Sollte es geschlossen sein, fragt man gegenüber bei **Esedra Escursioni** (☎ 0785 74 30 44; www.esedraescursioni.it; Corso Umberbis 206), einem Veranstalter, der auch Ausflüge mit dem *trenino verde* arrangiert (mehr Infos auf S. 77).

Wer ein eigenes Fahrzeug hat, kann die 15 m hohe **Nuraghe di Santa Barbara**, 2 km nördlich von Macomer an der SS131, besuchen oder die verfallene **Nuraghe Ruiu** in der Nähe des städtischen Krankenhauses. Die dritte im Bunde ist die **Nuraghe di Santa Sabina**. Sie liegt südlich von Silanus und 15 km östlich von Macomer neben einer hübschen byzantinischen Kapelle.

ABSTECHER: BIDONI

Das Dörfchen Bidoni auf der Ostseite des Lago Omodeo hat eines der ungewöhnlichsten Museen der Insel zu bieten. Das gruslige **Museo S'Omo 'e sa Majarza** (Das Hexenhaus; ☎ 0783 69 0 44; Via Monte 9; Erw./erm. 3/2 €; ⌚ auf Anfrage), das auf den Schildern als „Museo del Territorio" bezeichnet wird, befasst sich mit Hexen und regionalen Volkslegenden. Es zeigt den Nachbau einer Hexenhöhle aus dem 16. Jh. und kann nur im Rahmen von Führungen besichtigt werden.

Bidoni ist ab Ghilarza ausgeschildert, der größten Stadt am Westufer des Lago Imodeo.

Das **Ristorante Su Talleri** (☎ 0785 7 16 99; Corso Umberto I 228; Pizza 6 €, Gerichte 25–30 €; ⌚ Mo–Sa) bietet das Ambiente einer Rollschuhdisko aus den 80er-Jahren, serviert aber recht gutes Essen; übrigens auch Pizza zum Mitnehmen.

Macomer ist ein wichtiger Eisenbahnknoten. Züge von Trenitalia verbinden die Stadt mit Oristano (3,30 €, ¾ Std., 9-mal tgl.), Cagliari (8,75 €, 1¾ Std., 10-mal tgl.) und Sassari (6,35 €, 1¾ Std., 4-mal tgl.). Busse fahren in Richtung Osten nach Nuoro (4 €, 1¼ Std., 4-mal tgl.). Bahnhof und Busstation liegen ganz im Westen der Stadt am Corso Umberto.

BOSA

8045 Ew.

Bosa ist eine der schönsten sardischen Städte. Aus der Ferne wirken die pastellfarbenen Häuser, die sich an den Hang unterhalb des schlichten, grauen Schlosses klammern, wie eine Szenerie auf einem Gemälde von Paul Klee. Im Vordergrund schaukeln Fischerboote auf dem glasklaren, von Palmen gesäumten Fiume Temo – Sardiniens einzigem schiffbarem Fluss.

Bosa wurde von den Phöniziern gegründet und hatte seine Blütezeit unter den Römern. Im frühen Mittelalter wurde es wiederholt von arabischen Piraten angegriffen, bis dann die Malaspina-Familie (Verwandte des gleichnamigen toskanischen Clans) Anfang des 12. Jhs. hier ihr riesiges Schloss erbaute. Im 19. Jh. errichtete das Haus Savoyen ertragreiche Gerbereien, die jedoch inzwischen auf der Strecke geblieben sind.

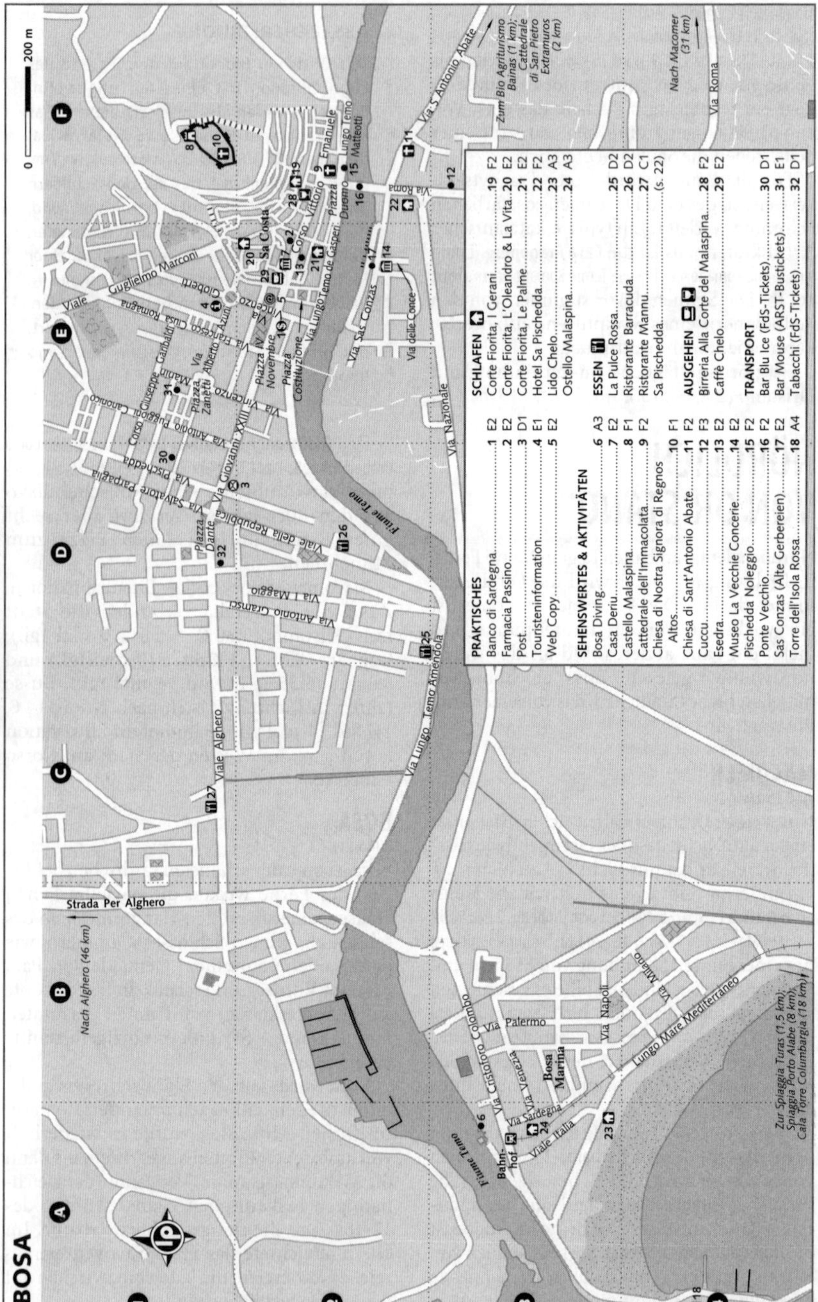
BOSA
0 200 m
PRAKTISCHES
Banco di Sardegna....1 E2
Farmacia Passino....2 E2
Post....3 D1
Touristeninformation....4 E1
Web Copy....5 E2
SEHENSWERTES & AKTIVITÄTEN
Bosa Diving....6 A3
Casa Deriu....7 E2
Castello Malaspina....8 F1
Cattedrale dell'Immacolata....9 F2
Chiesa di Nostra Signora di Regnos Altos....10 F1
Chiesa di Sant'Antonio Abate....11 F2
Cuccu....12 F3
Esedra....13 E2
Museo La Vecchie Concerie....14 E2
Pischedda Noleggio....15 F2
Ponte Vecchio....16 F2
Sas Conzas (Alte Gerbereien)....17 E2
Torre dell'Isola Rossa....18 A4
SCHLAFEN
Corte Fiorita, I Gerani....19 F2
Corte Fiorita, L'Oleandro & La Vita....20 E2
Corte Fiorita, Le Palme....21 E2
Hotel Sa Pischedda....22 F2
Lido Chelo....23 A3
Ostello Malaspina....24 A3
ESSEN
La Pulce Rossa....25 D2
Ristorante Barracuda....26 D2
Ristorante Mannu....27 C1
Sa Pischedda....(s. 22)
AUSGEHEN
Birreria Alla Corte del Malaspina....28 F2
Caffè Chelo....29 E2
TRANSPORT
Bar Blu Ice (FdS-Tickets)....30 D1
Bar Mouse (ARST-Bustickets)....31 E1
Tabacchi (FdS-Tickets)....32 D1
Nach Alghero (46 km)
Strada Per Alghero
Zum Bio Agriturismo Bainas (1 km); Cattedrale di San Pietro Extramuros (2 km)
Nach Macomer (31 km)
Zur Spiaggia Turas (1,5 km); Spiaggia Porto Alabe (8 km); Cala Torre Columbargia (18 km)
Fiume Temo
Bosa Marina
Sa Costa
Bahnhof

Orientierung

Der größte Teil Bosas liegt am Nordufer des Fiume Temo. Die Hauptstraße Corso Vittorio Emanuele verläuft einen Block nördlich des Flussufers und führt zu den beiden zentralen Plätzen Piazza Costituzione und Piazza IV Novembre. Im Westen erstreckt sich die Neustadt, die nach einem einfachen Raster angelegt ist.

Südlich des Flusses führt die Via Nazionale 3 km westwärts nach Bosa Marina, dem Strandvorort der Stadt.

Praktische Information

Banco di Sardegna (Piazza IV Novembre) Mit Geldautomat.

Farmacia Passino (☎ 0785 37 60 47; Corso Vittorio Emanuele 51) Zentrale Apotheke.

Postamt (Via Pischedda; 🕑 Mo–Fr 8–18.50, Sa 8–13.15 Uhr) In der Neustadt.

Touristeninformation (☎ 0785 37 61 07; www.infobosa.it, auf Italienisch; Via Alberto Azuni 5; 🕑 Do–Sa 10–13 Uhr) Wenn sie – wie fast immer – geschlossen ist, können die Angestellten des Museums Casa Deriu weiterhelfen.

Web Copy (☎ 0785 37 20 49; Via Vincenzo Gioberti 12; pro Std. 4 €; 🕑 Mo–Sa 9–13 & 16.30–20 Uhr) Internetzugang.

Sehenswertes

Die von der toskanischen Malaspina-Familie im Jahr 1112 erbaute Bergresidenz **Castello Malaspina** (☎ 333 544 56 75; Eintritt 2,50 €; 🕑 Juli & Aug. 10–13 & 16–19 Uhr, April–Juni, Sept. & Okt. 10–13 & 15.30–18 Uhr) eröffnet grandiose Ausblicke. Vom Originalbauwerk selbst ist nur noch das Skelett erhalten – imposante Mauern und einige robuste Backsteintürme – sowie im Inneren die bescheidene **Chiesa di Nostra Signora di Regnos Altos** aus dem 4. Jh. Sie beherbergt einen außergewöhnlichen Freskenzyklus aus dem 14. Jh. mit diversen Heiligen. Zu sehen sind unter anderem ein riesiger Hl. Christophorus, mehrere Franziskanermönche und Laurentius von Rom bei seinem Martyrium im Feuer.

Zu erreichen ist das Schloss über jede Straße, die durch das mittelalterliche Zentrum Sa Costa bergauf führt. Irgendwo wird man sich sicher etwas verfransen, aber wer es nicht eilig hat, wird den Spaziergang genießen. Ein Besuch im Schloss zwischen November und April sollte im Voraus telefonisch angekündigt werden.

Die **Cattedrale dell'Immacolata** (Piazza Duomo; 🕑 10–12 & 16–19 Uhr) am Fuß des Hügels beim **Ponte Vecchio** ist ein seltenes, wenn auch nicht gerade umwerfendes Beispiel für den Rokokostil (offiziell als piemontesischer Barock bezeichnet). Von hier führt der Hauptboulevard **Corso Vittorio Emanuele** westwärts – vorbei an eleganten Häusern mit schmiedeeisernen Balkonen aus dem 17. Jh.

An der Straße liegt die **Casa Deriu** (☎ 0785 37 70 43; Corso Vittorio Emanuele 59; Erw./erm. 4,50/2 €; 🕑 Juli & Aug. Di–So 10.30–13 & 20.30–23 Uhr, Juli Di–So 11–13 & 17.30–20.30 Uhr, sonst Di–So 10–13 & 16–18 Uhr) mit dem städtischen Museum. Jedes der drei Stockwerke des Hauses thematisiert einen anderen Bereich der Stadtgeschichte: Im 1. Stock gibt es eine Ausstellung zum Gerberhandwerk und typische Produkte der Region zu sehen; der 2. Stock ist ganz im Stil einer typischen Wohnung des 19. Jhs. eingerichtet, und das Obergeschoss ist Melkiorre Melis (1889–1982) gewidmet, einem der bedeutendsten zeitgenössischen Künstler der Insel.

Auf der anderen Flussseite, in einem Viertel namens **Sas Conzas**, säumen die alten Gerbereien aus dem 19. Jh. das Südufer, von denen viele noch bis nach dem Zweiten Weltkrieg in Betrieb waren. Eine Vorstellung, wie es hier zur Blütezeit ausgesehen hat, vermittelt das **Museo La Vecchie Concerie** (☎ 329 414 49 21; Via delle Conce 13; Eintritt 2 €; 🕑 11–13 & 18–23 Uhr). Es zeigt eine kleine Fotosammlung und alte Werkzeuge. Beschriftungen (auf Englisch und Italienisch) erklären das übel riechende Geschäft.

Ein Stück weiter erhebt sich jenseits der Via Roma die kleine **Chiesa di Sant'Antonio Abate**. Sie ist nicht öffentlich zugänglich, aber am 16. und 17. Januar steht sie im Mittelpunkt eines Stadtfestes zu Ehren des Heiligen und dann noch einmal im Rahmen des Carnevale. 2 km flussaufwärts steht die **Cattedrale di San Pietro Extramuros** (☎ 0785 37 32 86; Eintritt 1 €; 🕑 Juli & Aug. Di–So 10–13 & 16–19.30 Uhr, April–Juni, Sept. & Okt. Di–So 10–13 & 15.30–18 Uhr) aus dem 11. Jh. Ihre Fassade ist gotisch, das Kircheninnere vorwiegend romanisch.

Aktivitäten

Mit dem Fluss, den Bergen und dem Meer ein Stückchen weiter die Straße hinunter hat Bosa Outdoorfreunden einiges zu bieten. **Esedra** (☎ 0785 37 42 58; www.esedrasardegna.it; Corso Vittorio Emanuele 64; 🕑 Mo–Sa 9.30–13 & 16.30–20, So 10.30–13 Uhr) organisiert unterschiedliche geführte Touren: z. B. Flussfahrten, Exkursionen zur

Vogelbeobachtung, Bootstouren und Trips mit dem *trenino verde*. Die Preise sind von der Art der Tour und der Teilnehmerzahl abhängig, rangieren jedoch meist zwischen 25 und 35 € pro Person. Esedras Basis ist ein Laden an der Hauptfußgängerstraße. Dort ist auch ISOLA-zertifiziertes Kunsthandwerk erhältlich.

Fahrräder und Motorroller vermietet **Cuccu** (☎ 0785 37 54 16; Via Roma 5), eine Werkstatt auf der Südseite des Flusses (8 € pro Tag für ein Fahrrad, 40 € für einen Roller). Auf der anderen Flussseite vermietet **Pischedda Noleggio** (☎ 339 489 01 05; Lungo Temo Matteotti) Fahrräder (10 € pro Tag), Kanus (25 € pro halbem Tag) und *gommone* (Schlauchboote, 35 € pro halbem Tag).

Als bedeutendes Weinzentrum ist Bosa für seinen Dessertwein Malvasia berühmt. Die Touristeninformation erteilt Auskünfte zur örtlichen Weinstraße Strada della Malvasia.

Feste & Events

Das Entzünden eines großen Scheiterhaufens vor der Chiesa di Sant'Antonio Abate ist der Auftakt zum großen **Carnevale** von Bosa. Danach geht es mehrere Tage lang rund mit zahlreichen Paraden, ehe die Feierlichkeiten mit dem Höhepunkt am *martedi grasso* enden. An diesem Tag kleiden sich die Stadtbewohner morgens ganz in schwarz, um das Ende des Carnevale zu beklagen. Abends gehen ausgelassene Gruppen weiß gekleideter Gestalten auf die Jagd nach dem *giolzi* (Verkörperungen des Karnevals), der sich angeblich in der Leistengegend der Menschen versteckt. Um ihn zu finden beleuchten sie ihre Opfer unter der Gürtellinie mit Laternen und rufen „*Giolzi! Giolzi! Ciappadu! Ciappadu!*" („*Giolzi! Giolzi! Hab Dich! Hab Dich!*").

Um den ersten Sonntag im August feiert Bosa die viertägige **Festa di Santa Maria del Mare**, bei der Fischer in einer bunten Bootsprozession eine Statue der Jungfrau Maria von Bosa Marina bis zur Kathedrale begleiten.

In der zweiten Septemberwoche werden die Straßen der Altstadt zur **Festa di Nostra Signora di Regnos Altos** mit Palmwedeln, Blumen und *altarittos* (Votivaltaren) geschmückt.

Schlafen

Bio Agriturismo Bainas (☎ 339 209 0 967, 0785 37 31 29; agriturbainas@tiscali.it; Via San Pietro; B&B 30–35 € pro Pers., HP 47–53 € pro Pers.) Bescheidener *agriturismo* ohne große Extras. Er liegt 1 km außerhalb der Stadt inmitten von Artischockenfeldern, Oliven- und Orangenbäumen. Die vier Gästezimmer sind modern und geschmackvoll eingerichtet und es gibt eine Veranda mit toller Aussicht. Im August beträgt die Mindestaufenthaltsdauer eine Woche, sonst drei Tage.

Hotel Sa Pischedda (☎ 0785 37 30 65; www.hotelsapischedda.it; Via Roma 8; EZ 40–80 €, DZ 60–105 €; P) Dieses Drei-Sterne-Hotel mit Charakter südlich des Flusses existiert bereits seit dem 19. Jh. Die Zimmer sind überraschend schlicht, doch einige haben auch Freskendecken, Zwischenetagen oder Flussblick (für 5 € extra). Das Restaurant genießt einen sehr guten Ruf.

LP Tipp **Corte Fiorita** (☎ 0785 37 70 58; www.albergo-diffuso.it; Via Lungo Temo de Gasperi 45; EZ 45–90 €, DZ 65–115 €;) Dieser sogenannte *albergo diffuso* bietet schöne, geräumige Zimmer in vier restaurierten *palazzi* – einer steht am Flussufer und drei in der Altstadt. Keines der Zimmer gleicht den anderen, auch wenn alle rustikal eingerichtet sind: viel unverputztes Mauerwerk, Holzbalken und Gewölbedecken. Die Rezeption ist im Haupthaus Le Palme. Von dort bringt der Besitzer die Gäste mit einem Elektroauto zum Zimmer – keine schlechte Art, das *centro storico* zu besichtigen.

Essen

La Pulce Rossa (☎ 0785 37 56 57; Via Lungo Temo Amendola 1; Pizzas 6 €, Gerichte 25 €) Freundliches, familienbetriebenes Restaurant in der Neustadt. Es serviert üppige Hausmannskost zu untouristischen Preisen. Spezialität des Hauses ist *pennette Pulce Rossa*, eine Mischung aus Pastaröllchen, Riesengarnelen, Rahm und Safran.

Ristorante Barracuda (☎ 0785 37 45 10; Viale della Repubblica; Gerichte 28 €) Dieses lebhafte Restaurant befindet sich in einer Wohngegend, zehn Gehminuten vom Zentrum entfernt. Die Atmosphäre ist entspannt und das Essen einfach und herzhaft: Pasta und Seafood.

Ristorante Mannu (☎ 0785 37 53 06; Viale Alghero 28; Gerichte 30 €) Die wenig ansprechende Lage an einer belebten Tankstelle lässt es zwar nicht unbedingt vermuten, aber hier gibt's sehr leckere sardische Küche. Besonders empfehlenswert ist *agliata di razze*, ein ungewöhnliches Gericht mit Fischstücken in süßer Knoblauchsauce. Wer lieber Altbewehrtes bevorzugt, macht mit den hausgemachten *panadinas* (ähnlich wie Ravioli) sicher nichts falsch.

Sa Pischedda (☎ 0785 37 30 65; Via Roma 8; Gerichte 30 €; ⌚ Mi–Mo, im Sommer tgl.) Dieses Restaurant im gleichnamigen Hotel ist eines der besten in ganz Bosa und spezialisiert auf Süß- und Salzwasserfisch. Gegessen wird auf einer romantischen Uferterrasse und in einem stilvollen Garten. Auf der Karte stehen Klassiker wie *bottarga* (gesalzener Meeräschenrogen) und *fregola alla arselle* (reiskornförmige Pasta mit Muscheln und Kirschtomaten).

Ausgehen

Die Tische des **Caffè Chelo** (☎ 0785 37 30 92; Corso Vittorio Emanuele 71; ⌚ 8–22 Uhr, im Sommer längere Öffnungszeiten) mit seiner Jugendstileinrichtung stehen an der Piazza Costituzione und eignen sich bestens zum Leutebeobachten.

Die Atmosphäre in der **Birreria Alla Corte del Malaspina** (Corso Vittorio Emanuele 39; ⌚ Mo–Sa 20–2 Uhr) – einer gemütlichen Kneipe im Zentrum – erinnert an ein Pub.

An- & Weiterreise

BUS

Alle Busse fahren die Piazza Zanetti an. Es bestehen FdS-Verbindungen mit Alghero (3–4,50 €, 1 Std., 4-mal tgl.) und Macomer (2,50 €, 50 Min., 9-mal tgl.). ARST-Busse bedienen Sassari (5,50 €, 2¼ Std., 2-mal tgl.) und Oristano (5,50 €, 2 Std., Mo–Sa 4-mal tgl.). FdS-Tickets gibt's beim Tabakhändler in der Viale Alghero oder in der **Bar Blu Ice** (Via Azuni 19); ARST-Tickets von der **Bar Mouse** (Piazza Zanetti).

AUTO & MOTORRAD

Bosa ist über die SS129bis mit Macomer und über die Küstenstraße SP105 mit Alghero verbunden. Straßenparkplätze gibt's gewöhnlich zur Genüge in der Neustadt westlich des Zentrums.

Unterwegs vor Ort

Bis zu 20 FdS-Busse verkehren täglich zwischen dem Zentrum (Piazza Zanetti) und Bosa Marina (1 €, ¼ Std.).

BOSA MARINA & DIE KÜSTE

An der Mündung des Fiume Temo, etwa 3 km von Bosa entfernt, liegt der lebendige Sommerurlaubsort Bosa Marina. Über seinem breiten, mehrere Kilometer langen Strand erhebt sich der katalanisch-aragonesische **Torre dell'Isola Rossa** (Eintritt 2,50 €; ⌚ April–Juni Sa & So 11–13 & 14.30–18.30 Uhr, Juli–Aug. tgl. 10.30–19.30 Uhr), in dem gelegentlich Wechselausstellungen zu sehen sind.

Bosa Diving (☎ 335 818 97 48; www.bosadiving.it, auf Italienisch; Via Cristoforo Colombo 2) organisiert Tauchgänge (ab 35 €) und Schnorchelausflüge (25 €). Außerdem werden Kanus (ab 7 €) und Schlauchboote (ab 25 €) vermietet und zweimal wöchentlich gibt's einen Ausflug zu den Stränden des Capo Marargiu (18 € pro Pers.) nördlich von Bosa Marina.

Mit dem Auto sind auch die Strände in Richtung Süden, **Spiaggia Turas**, **Spiaggia Porto Alabe** und **Cala Torre Columbargia**, erreichbar. Die ersten beiden liegen 1,5 bzw. 8 km von Bosa Marina entfernt und können in der Hauptsaison ziemlich voll sein. Der dritte ist etwa 18 km von Bosa Marina entfernt und über Schleichwege und das Dorf Tresnuraghes zu erreichen.

Um die Gegend aus einem ganz anderen Blickwinkel zu genießen, empfiehlt sich eine Fahrt mit dem **trenino verde** (www.treninoverde.com), der gemütlich zwischen Bosa Marina, Tresnuraghes und Macomer hin- und hertuckert. Im Juli und August fährt er jeden Samstag um 9.30 Uhr in Macomer ab und erreicht Bosa Marina um 11.17 Uhr (einfach/hin & zurück 9,50/13 €; Rückfahrt mit einem FdS-Bus). Von Bosa Marina fährt der Zug samstags und sonntags nach Tresnuraghes (einfach/hin & zurück 8/11 €), von wo aus es mit dem Bus nach Macomer weiter geht.

Das HI-Hostel **Ostello Malaspina** (☎ 0785 37 50 09, 346 236 38 44; www.valevacanze.com; Via Sardegna 2; B/DZ 16/40 €; ⌚ ganzjährig; ❄) in Bosa Marina ist günstig und strandnah. Es organisiert auch Bootsausflüge und vermietet Kanus und Schlauchboote. Für 10 € gibt's Abendessen und für 5 € Zuschlag ein Zimmer mit Klimaanlage.

Luxuriöser ist das **Lido Chelo** (☎ 0785 37 38 04; www.lidochelo.it; Lungo Mare Mediterraneo; Apt. für 2 Pers. 70–190 €; ❄ P) mit modernen Apartments direkt am Strand. Nebenan betreiben die Inhaber ein Eiscafé und ein Stockwerk höher gibt's ein förmlicheres Restaurant. Zwei Nächte Mindestaufenthalt.

Sassari & der Nordwesten

Mit seiner abwechslungsreichen Küste, der zweitgrößten Stadt der Insel und einem Nationalpark hat der Nordwestzipfel Sardiniens einiges zu bieten. Der Massentourismus hat den Charakter dieser Region kaum angekratzt – auch wenn bereits weite Küstenteile erschlossen sind.

Alghero, das Tor zur Region und beliebtestes Reiseziel in dieser Gegend, ist einzigartig. Die Atmosphäre in dieser Stadt ist eindeutig spanisch, ein Resultat der jahrhundertelangen katalanischen Herrschaft. Das kosmopolitische Sassari hingegen kann seine Vergangenheit als Sitz der Genueser nicht verleugnen. Die Geschichte hat im Nordwesten Sardiniens Spuren hinterlassen, und zwar nicht nur in der Architektur, sondern auch in den Köpfen der Menschen. Die Region wirkt weniger sardisch als andere Landesteile, weniger bäuerlich und nicht so reserviert.

Viele Besucher geben sich mit der Küste zufrieden, wo die herrliche Spiaggia della Pelosa, die Klippen von Algheros Riviera del Corallo und die Höhlen des Parco Nazionale dell'Asinara locken. Aber wer sich ins Hinterland aufmacht, wird eine völlig andere Welt entdecken.

Die fruchtbaren Landstriche des Logudoro – früher einmal die Kornkammer des Römischen Reiches – verströmen einen eigentümlichen Zauber. Architektonische und archäologische Schmuckstücke zieren die sonnengebleichte Landschaft: Pisanisch-romanische Kirchen zeugen von vergangenem Glanz, und Steintrümmer erzählen Geschichten aus prähistorischen Zeiten. Zu den Highlights zählen die Nuraghe Santu Antine, die ihrerseits mit den enormen Blöcken anderer, längst verfallener *nuraghi* (Steintürme) übersät ist, der eigentümliche Altarberg Monte d'Accoddi – der einzige seiner Art im Mittelmeerbereich – und die Nekropole Anghelu Ruiu.

HIGHLIGHTS

- Nach weißen Eseln und Raubvögeln im **Parco Nazionale dell'Asinara** (S. 159) Ausschau halten; das Strandleben an der **Spiaggia della Pelosa** (S. 159) genießen
- Sich in den mittelalterlichen Gassen und Befestigungsanlagen in der katalanischen Enklave **Alghero** (S. 159) verirren
- In der Grotta di San Michele in **Ozieri** (S. 150) entdecken, wie Höhlenmenschen lebten, und dann im Museo Archeologico die Werkzeuge begutachten, die sie herstellten
- In den größten Unterwassersee des Mittelmeerraums tauchen und die märchenhafte **Grotta di Nettuno** (S. 174) am windumtosten **Capo Caccia** (S. 174) auskundschaften
- Oben auf Castelsardos **Castello** (S. 155) die Blicke bis nach Korsika schweifen lassen

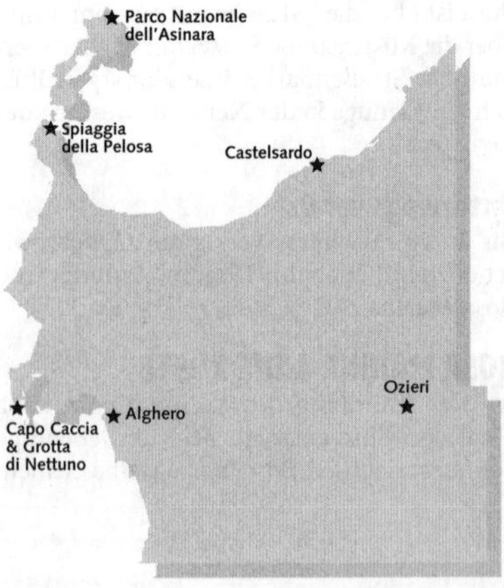

SASSARI & DER NORDWESTEN

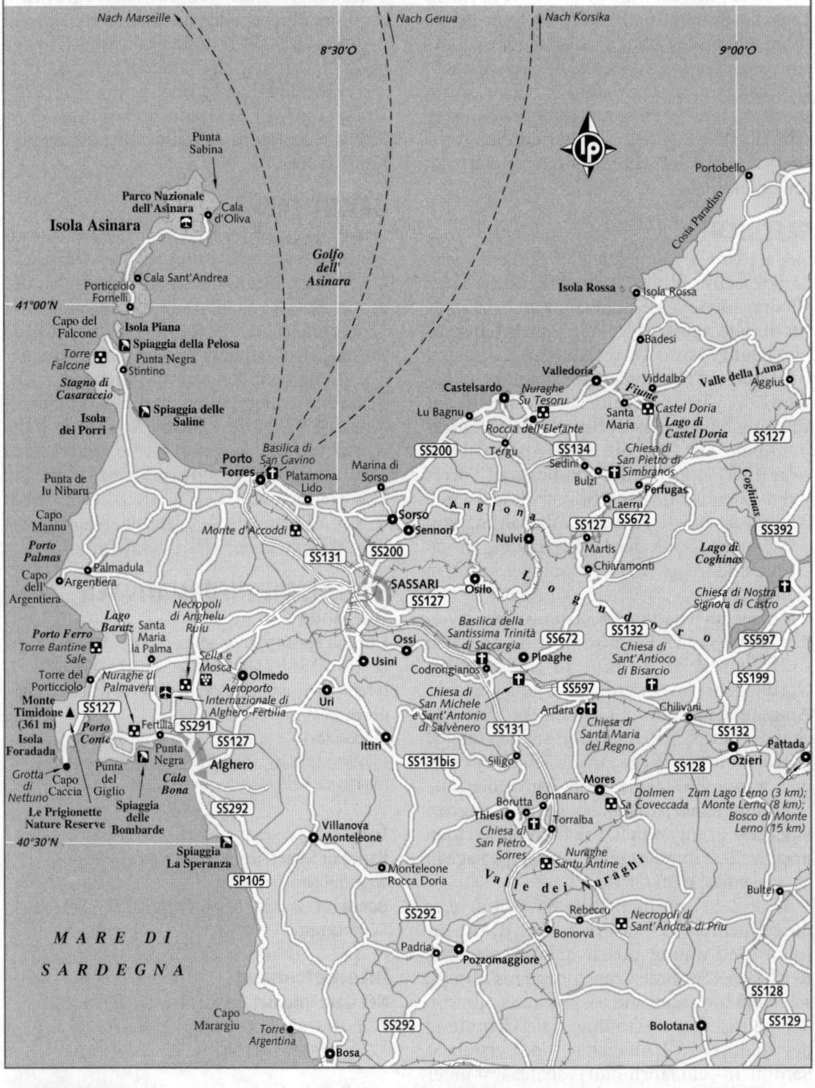

SASSARI

121 700 Ew.

Sardiniens zweitgrößte Stadt ist stolz und kultiviert, eine pulsierende Universitätsstadt mit mittelalterlichem Kern und modernem Look. Ähnlich wie bei vielen anderen italienischen Städten sind ihre Reize hinter einem Außenring aus schäbigen Mietskasernen und verstopften Straßen verborgen. Aber wenn man einmal zum Herz der Stadt vorgedrungen ist, zeigt sie sich von ihrer besten Seite und enthüllt ein elegantes Zentrum mit breiten Boulevards, eindrucksvollen Piazzas und stattlichen *palazzi*. In den mittelalterlichen Gassen des malerischen, vom Zahn der Zeit etwas angenagten *centro storico* (historischen Zentrums) herrscht ein Gewusel wie in einem Dickens-Roman, und die Anwohner gehen ihren Alltagsgeschäften zwischen verwitterten Fassaden und versteckten Kirchen nach.

Bislang ist der Tourismus in Sassari kaum spürbar; alles ist absolut authentisch. Mag sein, dass die Stadt ein wenig ramponiert ist, aber sie wirkt schlicht und immer noch total unverfälscht.

GESCHICHTE

Sassari (im lokalen Dialekt „Tatari") verdankte seine Blütezeit im Mittelalter dem Niedergang seiner Konkurrenz an der Küste. Als die alte römische Kolonie Turris Libisonis (das heutige Porto Torres) durch Malaria und wiederholte Piratenüberfälle zunehmend geschwächt wurde, zogen sich die Bewohner allmählich nach Sassari zurück. Porto Torres (und eine Zeit lang die Stadt Ardara) blieb zwar die Hauptstadt des Giudicato di Torres (oder Logudoro), doch Sassaris wachsende Bedeutung führte zu seiner Abspaltung von der Provinz. Dank der Unterstützung durch Genua erklärte es sich 1294 zum autonomen Stadtstaat.

Bald jedoch hatten die Sassaresi genug von den genuesischen Einmischungen und riefen 1321 die spanische Krone zu Hilfe, um die Norditaliener loszuwerden. Die katalanischen Aragonier machten 1323 ihre Aufwartung, aber die Bewohner von Sassari stellten schnell fest, dass sie vom Regen in die Traufe gekommen waren. Zwei Jahre später wurde der erste von zahlreichen Aufständen gegen die neuen Stadtherren angezettelt. Die Iberer brauchten noch weitere hundert Jahre, bis sie die Lage in Sassari endlich im Griff hatten.

Eine Zeit lang blühte die Stadt auf, aber durch mehrere Pestausbrüche und die wachsende Bedrohung durch das Osmanische Reich geriet Sardinien zunehmend ins Abseits; schließlich verschwand Sassari im 16. Jh. von der politischen Weltbühne. Die Gründung der städtischen Universität – der ersten in Sardinien – ein Jahrhundert später war einer der wenigen Lichtblicke in dieser ansonsten düsteren Periode.

Erst Mitte des 19. Jhs. kam Sassari wieder auf die Beine, vor allem wegen der Modernisierung von Porto Torres und weil die Schnellstraße Carlo Felice zwischen dem Hafen, Sassari und Cagliari gebaut wurde. Seit 1945 verzeichnet die Stadt ein geringes, aber stetiges Wirtschaftswachstum. Sie hat auch einige Landespolitiker hervorgebracht, darunter die ehemaligen Präsidenten Antonio Segni (1891–1972) und Francesco Cossiga (geb. 1928), den charismatischen kommunistischen Politiker Enrico Berlinguer (1922–1984) und Beppe Pisanu, Innenminister in Silvio Berlusconis zweiter Regierungszeit (2001–2006).

ORIENTIERUNG

Es ist nicht ganz leicht, sich in der Innenstadt von Sassari zurechtzufinden. Der wichtigste Orientierungspunkt ist die Piazza Italia, der größte Platz der Stadt und Ausgangspunkt der verkehrsreichen Via Roma. Im gitterförmig angelegten Straßennetz links und rechts der Via Roma befinden sich das archäologische Museum, einige Hotels und eine Handvoll Restaurants. Nordwestlich der Piazza Italia markieren die Piazza Castello und Piazza Azuni den Eingang zum historischen Zentrum. Die Hauptstraße der Altstadt, der Corso Vittorio Emanuele II, führt hinab zur Piazza San Antonio in der Nähe des Bahnhofs.

PRAKTISCHE INFORMATIONEN

Buchläden

Libreria Messaggeri e Sarde (Karte S. 146; Piazza Castello 11) Beste Anlaufstelle für sardische Literatur (überwiegend auf Italienisch). Verkauf von Landkarten und Reiseführern.

Mondadori (Karte S. 146; ☎ 079 201 20 98; Largo Cavallotti 17) Hat ein ausgezeichnetes Angebot an Landkarten.

Geld

Banca di Sassari (Karte S. 146; Piazza Castello 8) Western-Union-Vertretung.

Banca Intesa (Karte S. 146; Piazza Italia 23) Hat einen Geldautomaten.

Internetzugang

Net Gate Internet (Karte S. 146; ☎ 079 23 78 94; Piazza Universita 4; pro Std. 3 €; 🕑 Mo–Fr 9–13.15 & 15.30–19.30, Sa 9–13 Uhr)

Medizinische Versorgung

Farmacia Simon (Karte S. 146; ☎ 079 23 11 44; Piazza Castello 5; 🕑 20–9.10 Uhr) Nachtapotheke.

Guardia Medica (Karte S. 146; ☎ 079 206 22 22; Via Maurizio Zanfarino 23) Medizinische Hilfe, aber keine Notfallversorgung.

Nuovo Ospedale Civile (Karte S. 135; ☎ 079 206 10 00; Via De Nicola) Ein Krankenhaus südlich der Innenstadt.

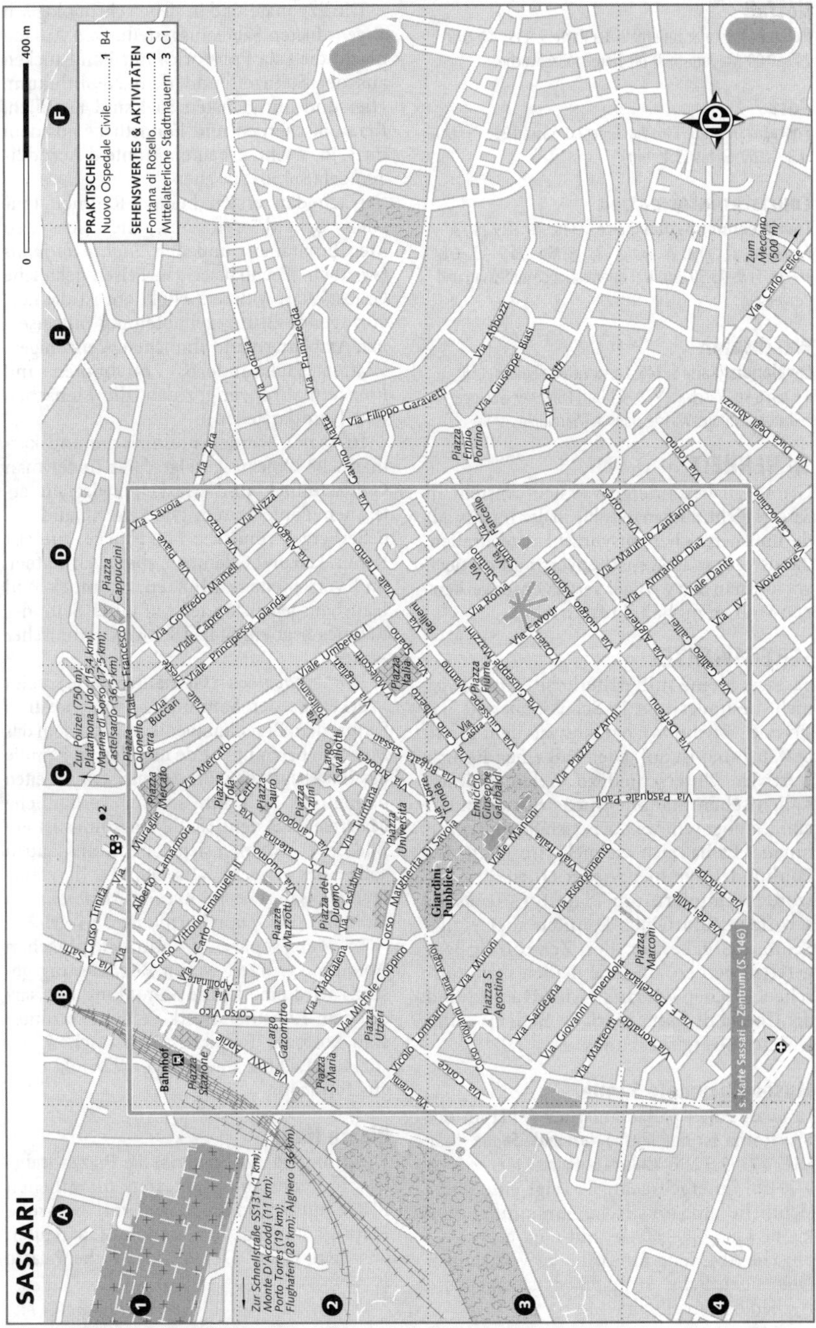

SASSARI & DER NORDWESTEN

Notfall

Polizei (Questura; außerhalb der Karte S. 135; ☎ 079 249 50 00; Via Ariosto 3) Die Hauptpolizeiwache.

Post

Postamt (Karte S. 146; Via Brigata di Sassari 13; ⌚ Mo–Fr 8–18.50, Sa bis 13.15 Uhr)

Touristeninformation

Touristeninformation (Karte S. 146; ☎ 079 23 17 77; aastss@tiscali.it; Via Roma 62; ⌚ Mo–Do 9–13.30 & 16–18, Fr 9–13.30 Uhr) Hat Informationen zu Sassari und Umgebung.

Waschsalon

Lavalandia (Karte S. 146; Corso Vittorio Emanuele II; 4 € pro 6 kg Wäsche; ⌚ 9–21 Uhr) Einer der wenigen Selbstbedienungs-Waschsalons auf Sardinien.

SICHERHEIT

Grund zu besonderer Vorsicht besteht in Sassari nicht, aber man sollte in der Innenstadt die üblichen Sicherheitsvorkehrungen treffen, die der gesunde Menschenverstand diktiert, vor allem in den weniger vertrauenserweckenden Straßen im Bahnhofsviertel.

SEHENSWERTES

Sassaris kleine mittelalterliche Altstadt ist nicht besonders gut in Schuss, aber sie hat sich viel von ihrem Charakter aus dem 13. Jh. bewahrt und ist auf jeden Fall einen Besuch wert. Im Unterschied zu vielen anderen italienischen Städten wuchs Sassari nicht einfach über seine historischen Stadtgrenzen hinaus. Es hat sich vielmehr im Laufe der Jahrhunderte immer wieder erneuert: Altes wurde eliminiert, um Platz für Neues zu schaffen. Zum Glück konnten aber einige Schmuckstücke vor der Zerstörungswut gerettet werden, und die beiden majestätischen Kirchen Sassaris – der Duomo und die Chiesa di Santa Maria di Betlem – sind wirklich beeindruckend.

Museo Nazionale Sanna

In einer edlen palladianischen Villa an der Via Roma ist das **Museo Nazionale Sanna** (Karte S. 146; ☎ 079 27 22 03; Via Roma 64; Eintritt 3,10 €; ⌚ Di–So 9–20 Uhr) untergebracht. Es zeigt eine übersichtliche archäologische Sammlung, eine kleine Gemäldegalerie und eine ethnographische Abteilung für sardische Volkskunst. Der eigentliche Hingucker ist aber die Archäologieabteilung.

Die Exponate sind in sieben chronologisch angeordneten Sälen ausgestellt. Den Anfang macht die Sala Preistorica mit Fundstücken aus der Steinzeit und dem Neolithikum. Hier und im nächsten Saal sind Fossilien, Keramikscherben und Fundstücke aus dem im 3. Jh. v. Chr. erbauten Monte d'Accoddi-Tempel (S. 150) zu sehen.

Nach den ersten beiden Räumen tauchen Schaukästen auf, die sich den Megalithgräbern und den *domus de janas* (wörtlich „Feenhäuser"; in Felsen gehauene Grabstätten) widmen. Highlight ist die hervorragende Bronzezeitabteilung mit eisernen Axtblättern und ähnlichen Werkzeugen, Waffen, Halsbändern, Votivbooten und *bronzetti* (Bronzefigurinen, die Menschen und Tiere darstellen).

In Saal X werden phönizische und karthagische Objekte gezeigt. Hier findet man Goldschmuck und Masken zwischen erlesenen Töpferwaren. Die Säle XI und XII beherbergen römische Fundstücke, zumeist Keramiken und Öllampen, aber auch Statuen und verschiedene Münzen, Schmuck und Haushaltsgegenstände. Auf einer Seite des Raumes liegt ein Stapel schwerer römischer Anker.

Die *pinacoteca* (Gemäldegalerie) zeigt Werke aus der Sammlung von Giovanni Sanna, dem Bergbauingenieur, nach dem das Museum benannt wurde und dessen Familie das Haus bauen ließ. Bei den meisten Arbeiten handelt es sich um schwer verdauliche Malereien aus dem 18. Jh. Allerdings ist ein Bild dabei, das man sich genauer anschauen sollte: das erlesene, aus dem 14. Jh. stammende pisanische Triptychon *Madonna con Bambino* (1473) von Bartolomeo Vivarini.

In der separaten ethnographischen Abteilung (zurzeit wegen Renovierung geschl.) wird eine kleine Sammlung mit sardischem Kunsthandwerk gezeigt. Darunter sind kostbare Teppiche, Satteltaschen, bestickte Trachten und ulkige Wärmflaschen aus Terracotta.

Piazza Italia

Die größte Piazza Sassaris, die Piazza Italia, ist einer der imposantesten öffentlichen Plätze auf Sardinien. Der etwa 1 ha große Platz ist umringt von imposanten Bauten aus dem 19. Jh. Der neoklassische **Palazzo**

(Fortsetzung auf S. 145)

Outdoor-Aktivitäten

In den glasklaren Gewässern des Golfo di Orosei (S. 224) ganz cool bleiben

DALLAS STRIBLEY

Ähnliches bietet der Küstenabschnitt zwischen Iglesias und der Sinis-Halbinsel. Die Küstenstraße führt an der alten Bergbaustadt Buggerru vorbei und macht dann einen Schlenker landeinwärts nach Arbus und zur Costa Verde (S. 92), einem von Sardiniens wildromantischen Küstenabschnitten. Lange Schotterpisten führen hier zu unberührten Stränden hinab.

Ehrgeizige Radfahrer sollten den Gennargentu ansteuern, wo sich Landstraßen an schroffe Bergwände klammern. In großen Bögen führen sie in tiefe Täler hinab und schlängeln sich durch dichte Wälder. Mountainbiker werden die Einsamkeit der Bergpfade lieben.

Die besten Bedingungen zum Radfahren herrschen zwischen März und Juni und dann wieder zwischen September und November. Infos für Radfahrer gibt's manchmal bei den Touristeninformationen, ansonsten hat **Sardinia Hike and Bike** (☎ 070 924 32 329; www.sardiniahikeandbike.com) eine exzellente Website mit kostenlosen Karten zum Herunterladen und detaillierten Routenvorschlägen. Ein guter Veranstalter ist auch **Ichnusa Bike** (www.ichnusabike.it), der überall auf der Insel geführte Touren organisiert.

Felsenklettern an der Küste

PHILIP & KAREN SMITH

KLETTERN

Schon seit Langem schätzen Kletterfreaks die Steilküsten und das gebirgige Landesinnere Sardiniens.

Das beliebteste Ziel ist Cala Gonone (S. 228), wo senkrechte Kalksteinplatten eine echte Herausforderung bieten. In der näheren Umgebung gibt es zahlreiche weitere Klettermöglichkeiten – Felsplatten, Steilwände, Überhänge und Strecken mit einem oder mehreren Klettersteigen.

Im Binnenland erlauben die schroffen Felswände des Supramonte (S. 214) aufregende Mehrseillängen-Touren mit einem Höhenunterschied von bis zu 600 m. Unten an der Küste, an der Cala Goloritze und per Boot von der Cala Gonone erreichbar steht die berühmte Aguglia, eine 165 m hohe Felsnadel, die sich über verschiedene Routen erklettern lässt.

Eine der begehrtesten ganzjährig erreichbaren Kletterregionen ist die Provinz Ogliastra mit den Orten Ulassai (S. 233) und Jerzu (S. 233). Hier können sich Kletterer an Kalksteinstürmen, *tacchi* (Schuhabsätze) genannt, und an 45 Routen in der Schlucht von Bruncu Pranedda versuchen.

Auf der anderen Seite der Insel gilt das Städtchen Domusnovas (S. 88) als bekanntes Winterkletterzentrum; Saison ist hier zwischen Herbstende und Frühlingsanfang. In der Umgebung gibt es rund 440 Routen für Anfänger und Profis, von leichten „Single-pitch"-Wänden bis zu Überhängen und haarsträubenden, senkrecht abfallenden Felswänden.

Einen guten Einblick in die Kletterszene auf Sardinien bieten www.climb-europe.com/sardinia.htm und www.sardiniaclimb.com.

TAUCHEN

Mit seinen kristallklaren Gewässern, spektakulären Höhlen, Granitküsten und einigen der längsten und saubersten Strände im Mittelmeerraum ist Sardinien der Inbegriff eines Taucherparadieses. Zahlreiche Schulen bieten Kurse und begleitete Tauchgänge für jedes Niveau oder verleihen Ausrüstungen für erfahrene Taucher.

Sardiniens vorgelagerte Inseln sind bei Tauchern besonders beliebt. In den Schluchten vor der Isola di San Pietro (S. 97) lassen sich bunte Fische, Krebse und Korallen bewundern, und vor der Isola Caprera im Arcipelago di La Maddalena (S. 193) wartet ein faszinie-

TAUCHEN FÜR INSIDER

Giulia Fonnesu, eine PADI-Taucheri, ist eine Expertin, was das Tauchen auf Sardinien angeht.

Welches sind Deine Lieblingsspots? Alghero ist ein magischer Ort zum Tauchen – reich an Fischen, Korallen, herrlichem Seegras und faszinierenden Höhlen. Wenn man in die Nereo-Höhle eintaucht, die größte Unterwassergrotte Europas, ist es, als ob man eine majestätische Kathedrale betritt.

Die Secca del Papa bei der Isola Tavolara ist wie ein Zaubergarten. Ich muss dabei immer an ein luxuriöses Apartment denken, das von Meereslebewesen bewohnt wird! Ein anderer guter Tauchspot ist die Isola dell'Asinara – ich hab noch nie größere *corvinas* (Meerraben) gesehen als dort. Bei Carloforte kann man Langusten, Corvinas und Meerbrassen am faszinierenden Meeresgrund beobachten.

Auch die Wracks im Golfo di Cagliari mag ich sehr, obwohl sie Tauchern manchmal wirklich viel abverlangen, und den Arcipelago di Maddalena.

Wo ist der beste Übungsplatz für Anfänger? Überall. Der Lehrer sollte dafür sorgen, dass die Tauchgänge sicher sind und in eine Tiefe führen, die für die Neulinge geeignet ist.

Wo ist das Tauchen am schwierigsten? Ich würde sagen, im Golfo di Cagliari, weil die Wracks in großer Tiefe liegen. Auch die Alghero-Höhlen sind nichts für Anfänger. Man braucht spezielle Lizenzen und Ausbildungen: Zertifikate im Tief-, Wrack-, Höhlen- oder Enriched-Air-Tauchen. Unter bestimmten Strömungsbedingungen kann sogar die Secca del Papa problematisch sein. Manche Taucher mögen den „Sprung ins Blaue" nicht, bei dem man durch das dunkelste Blau hindurch muss, ohne den Meeresgrund, die *secca, zu sehen*. Das kann zu Panik und Atemnot führen. Aber das sind Situationen, auf die man sich durch fachmännisches, zwei- bis siebentägiges Training vorbereiten kann.

Haben Sie im Laufe der Jahre eine Veränderung der Unterwasserbedingungen festgestellt? Ja, es gibt sehr viel mehr Pflanzenschleim als früher, besonders im Norden. Die Tintenfische werden immer seltener, und die Barsche sind nicht mehr so scheu und werden richtig groß.

Ein Taucher entdeckt Sardiniens Unterwasserwelt bei Capo Caccia (S. 174) ROBERTO RINALDI / SIME/4CORNERS IMAGES

rendes Unterwasserlabyrinth. Eines der schönsten Reviere hat die Isola Tavolara (S. 182) zu bieten: die Secca del Papa, ein maritimer Garten Eden.

Taucher können vor Sardinien zahlreiche Unterwasserhöhlen erkunden. Unbestreitbare Königin ist die Nereo-Höhle (S. 164; vor Alghero), die größte Unterwasserhöhle im Mittelmeer. Hier, im sonnendurchfluteten Wasser, gedeihen die berühmten roten Schmuckkorallen von Alghero. In der Austernhöhle auf der anderen Seite der Insel, am Golfo di Orosei, leben Austern, Garnelen und Muscheln.

Doch Sardiniens ausgedehnte Unterwasserwelt hat noch mehr zu bieten als Höhlen, Korallen und Meeresfrüchte. Im Golfo di Cagliari (S. 69) können erfahrene Taucher das Wrack der *Romagna* erforschen, ein 1899 erbauter und 1943 gesunkener Dampfer. Weiter westlich liegen große Teile der altertümlichen Stadt Nora (S. 105) unter Wasser; ihre Überreste sind im Rahmen eines spannenden archäologischen Tauchgangs zu besichtigen.

Weitere angesagte Tauchspots befinden sich in Villasimius (S. 78). Das bekannteste Tauchterrain dort ist die Secca di Santa Caterina, ein von tiefen Schluchten und roten Korallenhöhlen durchzogener Unterwasserberg.

VERANTWORTUNGSVOLLES TAUCHEN

Beim Tauchen sollte man Folgendes beachten:

- In Unterwasserhöhlen immer vorsichtig sein. So wenig Zeit wie möglich in den Höhlen verbringen, denn die Luftblasen von Tauchern können sich unter der Decke sammeln und Organismen den Sauerstoff abschneiden. Bei der Erforschung kleinerer Höhlen mit dem Tauchpartner abwechseln.
- Keine Korallen und Muscheln einsammeln oder kaufen. Bei archäologischen Stätten (z. B. Schiffswracks) nichts mitgehen lassen.
- Unbedingt den eigenen Abfall mitnehmen, aber auch den Müll anderer. Plastikmüll ist eine Bedrohung für Meeresflora und -fauna.
- Keine Fische füttern.
- Meerestiere so wenig möglich stören.

WINDSURFEN, KITESURFEN & SURFEN

Die windgepeitschten sardischen Gewässer gehören zu den besten Surfgebieten im Mittelmeerraum. Internationale Spitzensportler treffen sich regelmäßig zu Wettkämpfen wie dem Kitesurf World Cup, vor den Stränden zwischen Vignola und Santa Teresa di Gallura, oder dem Windsurfevent Chia Classic im Südwesten der Insel.

Die Windsurfhauptstadt auf Sardinien ist Porto Pollo (S. 192) an der Nordküste. Anfänger können hier in sicheren, seichten Gewässern üben, während Fortgeschrittene die heftigen Brisen nutzen, die durch den Kanal zwischen Sardinien und Korsika fegen. Hier und auf der nahe gelegenen Isola dei Gabbiani gibt es zahlreiche Schulen, die Unterricht in allen möglichen Wassersportarten anbieten, z. B. Segeln und Kitesurfen.

Weitere Surf-Hotspots sind die Spiaggia della Pelosa (S. 159) an der Nordwestküste, der Strand bei Funtanamare (S. 88) nahe Iglesias, und Cagliaris Strand Poetto (S. 68).

Erfahrene Surfer bevorzugen die breiten Wellen an der Westküste, insbesondere vor der Sinis-Halbinsel, wo die Wellen rund um das wilde Capo Mannu eine Höhe bis zu fünf Metern erreichen können. Einer der angesagtesten Surfstrände ist der Putzu Idu bei San Giovanni di Sinis (S. 120). Auch Kitesurfing ist hier sehr populär, und mehrere Schulen haben Angebote für Neulinge und Veteranen. Ein weiterer Treffpunkt für Surfer an der Westküste ist die abgeschiedene Spiaggia della Piscinas (s. Kasten S. 93), einer der längsten Strände Europas.

Eine gute Website für Windsurf-Reisen auf Sardinien ist www.planetwindsurf.com.

Segeln vor Sardinien ist ein echtes Vergnügen – für Anfänger und alte Hasen

DALLAS STRIBLEY

SEGELN

Segeln vor Sardinien muss nicht heißen, dass man im Designeroutfit auf einer blank polierten 150-Meter-Megayacht in Porto Cervo dahindümpelt – obwohl das natürlich auch möglich ist. Der Segelsport wird durchaus ernst genommen, und es gibt eine ganze Reihe von Regatten. Der Höhepunkt sind die World Championships, die im September in Cagliari ausgetragen werden. Im Sommer bevölkern Tausende von Yachten die Gewässer vor der Costa Smeralda und die raue Straße von Bonifacio zwischen Sardinien und Korsika.

Wer einen ruhigen Sommersegeltörn sucht, sollte sich ein Boot in Carloforte nehmen und um die Isola di San Pietro (S. 97) schippern, oder ein verlängertes Wochenende auf der wunderbaren Dovesesto (S. 229) im Golfo di Orosei verbringen. Der Sporting Club Sardinia in Porto Pollo (S. 193) bietet unterschiedliche Segelkurse, ebenso der Club della Vela in der Bucht von Porto Conte (S. 174) nahe Alghero.

Wasserski, Jetski, Schlauchboote mit Außenbordmotor und andere Wassersportgeräte sind in allen größeren und bekannteren Badeorten zu haben.

Das wichtigste Segelportal für die Insel ist www.sailingsardinia.it (auf Italienisch). Hier gibt's ein paar ausgezeichnete Links zu individuellen Charterunternehmen.

REITEN

Reiten ist sehr beliebt auf Sardinien, und auf dem Pferderücken lässt sich die sardische Landschaft in aller Ruhe erkunden. Reitvorführungen sind das Highlight vieler Volksfeste; sie beweisen eindrucksvoll die tiefe Verbundenheit zwischen den Sarden und ihren Pferden.

Tolle Reitzentren gibt es überall auf der Insel, v. a. aber rund um Oristano und Cagliari. Der führende Reiterhof ist das Horse Country Resort bei Arborea (S. 119), wo verschiedene

Pauschalpakete angeboten werden. Die Mandra Edera (S. 126), auch in der Provinz Oristano, aber ein Stück weiter nordöstlich, ist ein bezauberndes Fleckchen für einen Ausritt.

Drüben an der Ostküste kann die Cooperativa Goloritzè (S. 233) Ausritte auf der Hochlandebene Altopiano del Golgo arrangieren.

Für einen einstündigen Ausritt sollte man ungefähr 15 € einplanen.

HÖHLENKLETTERN, KANUFAHREN & VOGELBEOBACHTUNG

Barbagia No Limits (☎ 0784 52 90 16; www.barbagianolimits.it) mit Sitz in Gavoi ist nur einer von mehreren Veranstaltern, die Schluchten- und Höhlenklettertrips im Gennargentu anbieten. Wenn's weniger spektakulär sein soll: Sie vermieten auch Kanus für Paddeltouren auf dem wunderhübschen Lago di Gusana. Ein weiterer bewährter Abenteuersportausrüster ist **Atlantikà** (www.atlantika.it), mit Filialen in Dorgali und Cala Gonone.

Auch Vogelbeobachter kommen auf Sardinien voll auf ihre Kosten. Die Marschen in der Umgebung von Oristano und die Lagunen der Sinis-Halbinsel sind bevorzugte Lebensräume und Zwischenstationen von Zugvögeln. Die weiter südlich an der Küste gelegene Isola di San Pietro (S. 97) ist besonders für ihre Eleonorenfalken bekannt.

Weitere ornithologische Hotspots sind die Marschen des Stagno di Molentargius in der Nähe von Cagliari (S. 66) und die Küste zwischen Alghero und Bosa. In Bosa veranstaltet **Esedra** (☎ 0785 37 42 58; www.esedrasardegna.it) Vogelbeobachtungsexkursionen.

Paddeltour zu einem Schiffswrack vor der Küste von Porto San Paolo (S. 182)

CUBOIMAGES SRL / ALAMY

(Fortsetzung von S. 136)

della Provincia (Karte S. 146) ist heute Sitz der Provinzregierung, und der rote, neogotische **Palazzo Giordano** (Karte S. 146) gegenüber dient der Banca San Paolo als luxuriöse Residenz. Über allem thront die Statue von König Viktor Emanuel II. Sie wurde 1899 mit viel Pomp und Trachtenspektakel enthüllt, als Auftakt zu dem ausgelassenen Volksfest, das sich zum wichtigsten Event der Stadt entwickeln sollte, der Cavalcata Sarda. An der Piazza beginnt auch das andere große Ereignis von Sassari: I Candelieri (s. S. 147).

Museo della Brigata Sassari

In Sassari ist eines der angesehensten Armeeregimenter Italiens beheimatet. Die Sassari-Brigade wurde 1915 gegründet und genießt einen hervorragenden Ruf, da sie im Zweiten Weltkrieg außerordentliche Tapferkeit bewies. Eine Ahnung von dem, was die Soldaten erleiden mussten, bekommt man im winzigen **Museo della Brigata Sassari** (Karte S. 146; Piazza Castello; Eintritt frei; ⌚ Mo–Do 8.30–16, Sa bis 12 Uhr) in den Militärkasernen in der Innenstadt. Uniformen, Fotos, Dokumente und andere Exponate erinnern an die ruhmreichen sardischen Soldaten, die in Norditalien im Kampf gegen die Österreicher eingesetzt wurden. Alte Gewehre und Granaten sind zu sehen, außerdem die Nachbildung eines Schützengrabens. Am beeindruckendsten sind aber ohne Zweifel die stolzen Posen der Männer auf den alten Schwarz-Weiß-Fotos.

Corso Vittorio Emanuele II & Umgebung

Die Hauptverkehrsader der Altstadt, der Corso Vittorio Emanuele II, folgt der ursprünglichen römischen Straße von Porto Torres nach Cagliari. Von ihrer Blütezeit im 13. Jh. (damals war dies die begehrteste Adresse der Stadt) ist kaum noch etwas zu spüren, aber wer den Blick über die Fassaden oberhalb der Schaufenster schweifen lässt, kann zwischen dem abgewetzten, zerbröckelten Stuck noch ein paar schwache Zeichen verblichenen Glanzes ausmachen.

Ein gutes Beispiel ist die **Casa Farris** (Karte S. 146; Corso Vittorio Emanuele II 25). Ihren hohen gotischen Fenstern konnte der Zahn der Jahrhunderte nichts anhaben. Ein paar Meter weiter, auf der anderen Straßenseite, steht die **Casa di Re Enzo** (Karte S. 146; Corso Vittorio Emanuele II 42). Das katalanisch-gotische Gemäuer aus dem 15. Jh. bietet ein ziemlich außergewöhnliches Ambiente für ein Unterwäschegeschäft. Drinnen kann man raffinierte Fresken und Dessous in Augenschein nehmen.

Das **Teatro Civico** (Karte S. 146) ist eine Errungenschaft aus dem 19. Jh. Es wurde 1826 im Jugendstil erbaut und dem Teatro Carignano von Turin nachempfunden.

Die **Piazza Tola** nördlich des Corso Vittorio Emanuele II war im Mittelalter der wichtigste Marktplatz von Sassari; unter der Woche wird nach wie vor jeden Morgen ein Markt abgehalten. Hier wurden auch die zum Tode verurteilten Ketzer verbrannt – vor den Augen der Einwohner, die sich auf dem Balkon des **Palazzo d'Usini** (Karte S. 146) aus dem 16. Jh. drängten. Heute befindet sich hier die öffentliche Stadtbibliothek.

Von der Piazza geht's auf der Via Alberto Lamarmora und Via Rosello zur Piazza Mercato, einer lauten, hässlichen Straßenkreuzung außerhalb der Stadtmauern. Hier steht auf einer Wiese der in der Renaissance errichtete **Fontana di Rosello** (Karte S. 135; ⌚ Mai–Sept. Di–Sa 9–13 & 17.30–20.30, So 5.30–20.30 Uhr, Okt.–April Di–Sa 9–13 & 16–19, So 9–13 Uhr), Sassaris berühmtester Brunnen. Der monumentale, mit acht Löwenkopfspeiern verzierte und von zwei eleganten Bögen gekrönte Marmorkasten war lange Zeit der Mittelpunkt des Stadtlebens.

Nach einem kurzen Spaziergang auf dem Corso Trinita kann man das einzige nennenswerte, noch erhaltene Stück der **mittelalterlichen Stadtmauern** (Karte S. 135) bewundern.

Duomo di San Nicola & Umgebung

Sassaris barocker **Duomo** (Karte S. 146; Piazza Duomo; ⌚ 8.30–12 & 16–19.30 Uhr) erhebt sich wie eine exotische Kreatur über die ansonsten eher nüchternen Straßen des mittelalterlichen Zentrums. Zuerst fällt die Barockfassade aus dem 18. Jh. ins Auge: ein schwindelerregendes Fest der der Sinne in Stein mit Statuen, Reliefs, Friesen und Büsten. Das alles ist aber nur Fassade – im Inneren enthüllt die Kathedrale ihren wahren gotischen Charakter. Das Kirchenschiff entspricht ganz dem Stil der katalanischen Gotik. Es wurde im 15. Jh. auf den Grundfesten einer älteren romanischen Kirche errichtet, von der nur noch der aus dem 13. Jh. stammende *campanile* (Glockenturm) erhalten ist. Einen Blick wert sind die Fresken im linken Querschiff

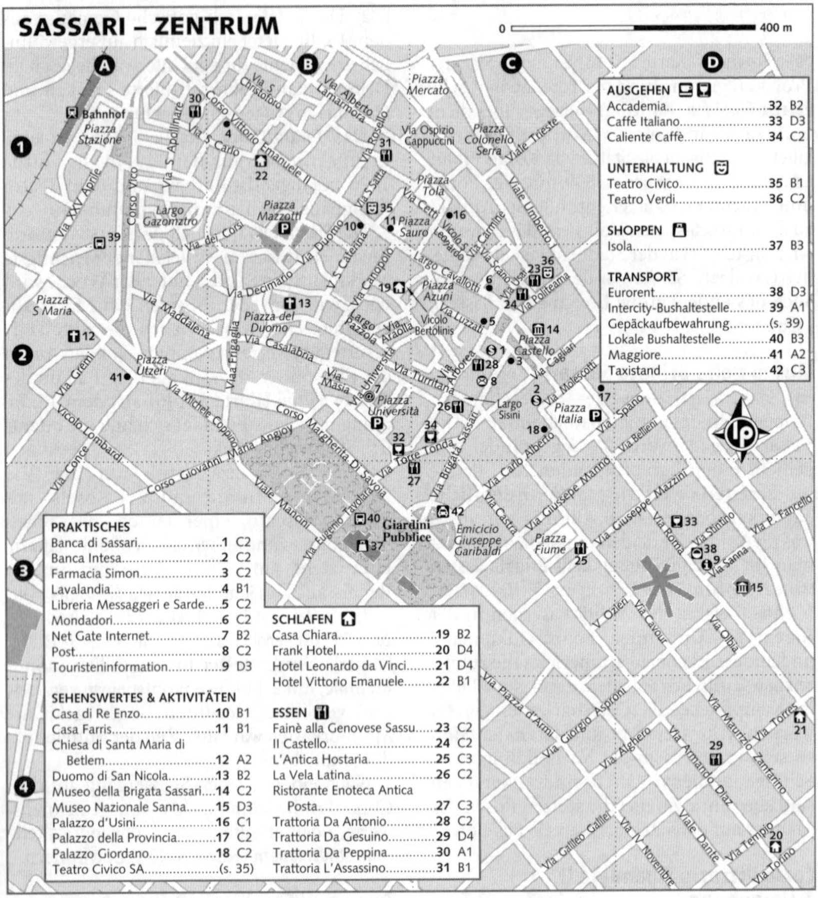

und das gotische Fries im ersten Seitenaltar rechts. In der benachbarten Seitenkapelle befindet sich ein herrliches Gemälde, eine Darstellung des *Martirio dei SS Cosma e Damiano (Martyrium von Cosmas und Damian).*

In den schmalen Gassen rings um den Dom spielt sich das pralle Leben ab. Früher oder später erreicht man mit ziemlicher Sicherheit die Piazza Mazzotti, im Volksmund Piazza di Demolizione (Platz der Zerstörung) genannt und angeblich einer der hässlichsten Plätze Sardiniens. Früher befand sich hier ein Labyrinth alter Gassen wie im restlichen Viertel, aber weil die schwer zu kontrollierende Prostitution aus den schmalen Straßen einfach nicht zu verbannen war, ließ die Stadtverwaltung alles niederwalzen und einen Park anlegen.

Chiesa di Santa Maria di Betlem

Die **Chiesa di Santa Maria di Betlem** (Karte S. 146; Piazza di Santa Maria; 7.15–12 & 17–20 Uhr) ist mit ihrer auffälligen Kuppel und der Erfurcht gebietenden romanischen Fassade eine architektonische Mixtur ganz besonderer Art. Außen lassen sich gotische und sogar leicht orientalische Einflüsse ausmachen. Im Inneren blieben die katalanisch-gotischen Spitzbögen erhalten, aber es gibt allerhand barocken Schnickschnack, der die ursprünglichen Linien des Bauwerks aufweicht. Am Rand der Seitenschiffe stehen einige der riesigen „Kerzen", die von den Handwerks-

und Bauerngilden bei den Zeremonien am 14. August in einer feierlichen Parade durch die Stadt getragen werden.

FESTE & EVENTS

Cavalcata Sarda (Sardisches Reiterfest) Dies ist eines der prächtigsten Großereignisse Sardiniens und findet immer am zweitletzten Maisonntag in Sassari statt. Tausende Menschen strömen in die Stadt, um an Trachtenumzügen, Gesangs- und Tanzvorstellungen teilzunehmen und die akrobatischen Künste tollkühner Reiter zu bewundern.

I Candelieri Ein zweites großes Fest, das jedes Jahr am 14. August gefeiert wird. In mittelalterliche Trachten gekleidete Gruppen, die verschiedene Zünfte des 16. Jhs. repräsentieren, tragen neun hölzerne Säulen (die „Kerzenständer") durch die Stadt. Die Zeremonien gehen auf das 13. Jh. zurück und haben ihren Ursprung in der pisanischen Tradition des Kirchenfestes Mariä Himmelfahrt.

SCHLAFEN

Die Übernachtungsmöglichkeiten in Sassari beschränken sich auf eine Handvoll Hotels und B&Bs, die vor allem von Geschäftsleuten genutzt werden. Normalerweise geben die Preise am Wochenende nach, ebenso im Sommer, wenn alle Welt aus der Stadt ans Meer flüchtet.

Casa Chiara (Karte S. 146; ☎ 079 200 50 52, 333 695 71 18; www.casachiara.net; Vicolo Bertolinis 7; EZ/DZ 30/60 €; 💻) Schlichtes B&B im quirligen Univiertel mit netter, gemütlicher Atmosphäre. Mit seinen drei farbenfrohen Schlafzimmern, einem Esszimmer und der mit Krimskrams liebevoll ausstaffierten Küche hat es ein bisschen was von einer gepflegten Studenten-WG.

Frank Hotel (Karte S. 146; ☎ 079 27 64 56; www.frankhotel.com; Via Armando Diaz 20; EZ 45–50 €, DZ 65–75 €; Ⓟ ❄) Das erbsengrüne Frank ist eine zuverlässige Alternative für einen kurzen Aufenthalt. Weder die etwas heruntergekommenen weißen Zimmer noch das Hotel an sich bieten etwas besonderes, aber es ist nicht teuer und zentrumsnah. Ein echtes Plus in einer Stadt, wo Platz Mangelware ist, ist der kostenlose Parkplatz.

Hotel Vittorio Emanuele (Karte S. 146; ☎ 079 23 55 38; www.hotelvittorioemanuele.ss.it, auf Italienisch; Corso Vittorio Emanuele II 100–102; EZ 50–65 €, DZ 70–89 €; ❄ 💻) Das schicke, in einem renovierten mittelalterlichen *palazzo* untergebrachte Drei-Sterne-Hotel bietet erschwingliche Komfort. Die in unaufdringlichen Farben gehaltenen Zimmer sind geräumig und sehr hell. Gourmets werden die Weinverköstigungen im eigenen Steinkeller und das raffinierte Essen im Restaurant zu würdigen wissen.

Hotel Leonardo da Vinci (Karte S. 146; ☎ 079 28 07 44; www.leonardodavincihotel.it; Via Roma 79; EZ 55–80 €, DZ 75–110 €; Ⓟ ❄ 💻) Das beliebte Businesshotel liegt in Fußnähe zu den Sehenswürdigkeiten und Restaurants der Innenstadt. Die Mitarbeiter sind höflich und zuverlässig, und die etwas schmucklosen Zimmer durchaus angenehm. Es gibt kostenloses WLAN und Gästeparkplätze für 8 €.

ESSEN

In Sassari essen zu gehen ist wirklich das reinste Vergnügen. Die Auswahl an Lokalen reicht vom günstigen Studentencafé bis zum smarten, raffinierten Restaurant, und der Standard ist überall sehr hoch. Eine hiesige Spezialität ist *fainè*, eine Kreuzung zwischen Crêpe und Pizza auf der Basis von Kichererbsenmehl.

Fainè alla Genovese Sassu (Karte S. 146; Via Usai 17; Hauptgerichte 3,50–6 €; 🕑 Mo–Sa) In diesem schmucklosen Laden, wo man billig satt werden kann, wurde Sassaris *fainè* erfunden. Es steht auch nichts anderes auf der Karte, aber bei der breiten Auswahl an Belägen sollte für jeden Geschmack etwas dabei sein.

Trattoria L'Assassino (Karte S. 146; ☎ 079 23 50 41; Via Ospizio Cappuccini 1/a; Tagesmenü 8–12 €; 🕑 Mo–Sa) Das in einer winzigen Seitengasse gelegene L'Assassino ist eine Trattoria, wie sie im Buch steht. Hier trifft sich die arbeitende Bevölkerung aus der Stadt zum Mittagessen mit einfacher Pasta und Gebratenem. Man kann auch aus einer Palette von Vorspeisen wählen; acht Stück für 18 € (Minimum zwei Personen).

Trattoria Da Peppina (Karte S. 146; ☎ 079 23 61 46; Vicolo Pigozzi 1; Hauptgerichte um 20 €; 🕑 Mo–Sa) Das Wort „schnörkellos" trifft es nicht ganz. Von Dekoration hat man in dieser Trattoria mit Sägemehlboden wirklich noch nichts gehört, aber dafür weiß man hier, wie Fleisch zubereitet werden muss. Die Speisekarte ist ein Paradebeispiel für Schlichtheit; es gibt drei Kategorien: Rind, Schwein und Pferd.

Trattoria Da Antonio (Karte S. 146; ☎ 079 23 42 97; Via Arborea 2/b; Hauptgerichte um 25 €; 🕑 Di–So) In dieser lauten, unverkrampften Trattoria, liebevoll *Lu Panzone* (der Dickbauch) genannt, hat man ein gutes Händchen für bodenständiges, hausgemachtes Essen. Gäste können sich erst über Salamispezialitäten der Region hermachen, gefolgt von den berühmten italienischen Maroni und Pasta *e ceci* (Pasta mit Kichererbsen).

LP Tipp **Trattoria Da Gesuino** (Karte S. 146; ☎ 079 27 33 92; Via Torres 17G; Hauptgerichte um 30 €; ⌚ Mo–Sa) Da Gesuino rangiert irgendwo zwischen bodenständiger Eck-Trattoria und Edelrestaurant und trifft damit voll ins Schwarze. Der Laden ist relaxed, aber der Service funktioniert tadellos; die Einrichtung ist freundlich und das Essen hervorragend. Auf dem Speiseplan stehen alle üblichen Gerichte wie Pasta, Risottos, frischer Fisch und gegrilltes Fleisch. Eine ausgezeichnete Wahl ist das *risotto con scampi e verdura* (Risotto mit Scampi und Gemüse).

Ristorante Enoteca Antica Posta (Karte S. 146; ☎ 079 200 61 21; Via Torre Tonda 26; Hauptgerichte um 30 €; ⌚ Mo–Sa) In dieser Designerweinbar mit Restaurant bekommt traditionelle Küche einen modernen Anstrich. Bestes Beispiel sind die *tortellacci verdi al formaggio di fossa con funghi porcini e timo selvattico* (mit Käse gefüllte grüne Nudelteigtaschen, dazu Steinpilze und wilder Thymian). Außerdem gibt's eine ordentliche Weinkarte mit italienischen und sardischen Tropfen.

La Vela Latina (Karte S. 146; ☎ 079 23 37 37; Largo Sisini 8; Hauptgerichte um 30 €; ⌚ Mo–Sa) Dieses heiß begehrte Restaurant im *centro storico* ist absolut nichts für Vegetarier. Aber Fleischesser mit Sinn für kulinarische Abenteuer finden eine große Auswahl an deftigen Fleischgerichten, darunter *trippa* (Kutteln), *cervella* (Hirn) und *lingua di vitello* (Ochsenzunge).

Il Castello (Karte S. 146; ☎ 079 23 20 41; Piazza Cavallino de Honestis 6; Hauptgerichte um 35 €; ⌚ Okt.–Mai Do–Di, Juni–Sept. tgl.) Besonders beim Theaterpublikum ist dieses formelle Restaurant mit Tischen in einem Glaspavillon und Blick auf die Piazza Castello beliebt. Das Angebot variiert je nach Saison, umfasst aber immer eine verführerische Auswahl an Meeresfrüchten und fleischlastigen Hauptspeisen.

L'Antica Hostaria (Karte S. 146; ☎ 079 20 00 60; Via Giuseppe Mazzini 27; Hauptgerichte um 45 €; ⌚ Mo–Sa) Das zurückhaltende Äußere täuscht etwas: L'Antica Hostaria ist eines der Toprestaurants von Sassari. In intimer Atmosphäre werden die Gäste mit innovativen, in der lokalen Tradition verwurzelten Gaumenfreuden verwöhnt, etwa mit Lammfrikassee mit weißen Bohnen und roten Paprikaschoten. Die Desserts sind ebenfalls absolut beeindruckend, und die Weinkarte genügt hohen Ansprüchen.

AUSGEHEN

Der großen Studentengemeinde und den vielen Geschäftsleuten ist es zu verdanken, dass Sassari eine lebendige Kaffeehauskultur zu bieten hat. Eine Menge angesagter Lokale befinden sich in der Via Roman und weiter südlich in der Via Torre Tonda, einer pulsierenden Studentenmeile. Viele Läden haben bis spät geöffnet und in einigen gibt's manchmal Livemusik.

Caffè Italiano (Karte S. 146; Via Roma 38/40; ⌚ Mo–Sa) Die große, gut besuchte Bar mit Tischen auf dem Bürgersteig und stilvollem Interieur ist eine der besten Locations an der Via Roma. Geschäftsleute kommen gern zum Lunch hierher, und nachmittags treffen sich junge Einheimische auf einen Aperitif.

Accademia (Karte S. 146; Via Torre Tonda 11; ⌚ Mo–Sa) Das Lokal im Universitätsviertel ist in einem geschmackvollen schmiedeeisernen Pavillon untergebracht. Um die Mittagszeit steppt hier der Bär, ebenso am Freitag- und Samstagabend; dann ist bis 2 Uhr geöffnet. Wer Glück hat, erwischt vielleicht sogar ein Livekonzert.

Das **Caliente Caffè** (Karte S. 146; Via Torre Tonda 1/b) liegt in der gleichen Straße und ist eine kühle Weinbar mit Tischen im Freien am Fuß der Stadtmauer aus dem 13. Jh.

UNTERHALTUNG

Clubs

Sassaris Clubszene kann der in Alghero nicht das Wasser reichen. Aber wer Lust zum Tanzen kriegt, kann ein Taxi nehmen und ins **Meccano** (außerhalb der Karte S. 135; ☎ 079 27 04 05; Via Carlo Felice 33; ⌚ Do–Sa 23 Uhr – open end) fahren, eine Mainstream-Disko am Ostrand der Stadt.

Theater

Auf den städtischen Bühnen bewegt sich normalerweise erst ab September oder Oktober etwas, wenn die größte Sommerhitze vorbei ist. Programminfos gibt's in der Regionalzeitung *La Nuova Sardegna* oder direkt bei den Theatern.

Sassaris Haupttheater ist das **Teatro Civico** (Karte S. 146; ☎ 079 23 21 82; Corso Vittorio Emanuele II 39), wo Theaterstücke und klassische Musikkonzerte geboten werden. Das nahe gelegene **Teatro Verdi** (Karte S. 146; ☎ 079 23 94 79; Via Politeama) dient auch als Kino, wenn nicht gerade Tanz-Performances oder Opernvorstellungen stattfinden (normalerweise zwischen Oktober und Januar).

SHOPPEN

Isola (Karte S. 146; ☎ 079 23 01 01; Mo–Fr 9.30–13 & 17–20 Uhr & Sa morgens) Der Laden in den grünen Giardini Pubblici ist die beste Adresse für sardisches Kunsthandwerk. Zu haben sind hier schöne Keramiken, traditionelle Teppiche und ein paar umwerfende Dinge aus Gusseisen.

AN- & WEITERREISE

Flugzeug

Sassari teilt sich mit Alghero den **Flughafen Fertilia** (außerhalb der Karte S. 135; ☎ 079 93 52 82; www.algheroairport.it), rund 28 km westlich der Innenstadt. Fluginformationen s. S. 170.

Bus

Sassari's **Busbahnhof** (Karte S. 146) liegt an der Via XXV Aprile in der Nähe des Bahnhofs. Busfahrkarten gibt's im Bahnhof, wo sich auch eine kleine Gepäckaufbewahrung befindet (1,50 € pro Gepäckstück).

ARST-Busse (☎ 800 865 042; www.arst.sardegna.it, auf Italienisch) fahren nach Oristano (9,50 €, 2¼ Std., 7-mal tgl.), Porto Torres (1,50 €, 35 Min., stündl.) und Castelsardo (2,50 €, 1 Std., Mo–Sa 11-mal tgl.).

FdS (☎ 800 460 220; www.ferroviesardegna.it, auf Italienisch) steuert Alghero (3 €, 1 Std., stündl.) und andere Zielorte in der Nähe an.

Zum Hafen Olbia fahren täglich zwei Busse (6,50 €, 1½ Std.) von **Turmo Travel** (☎ 0789 214 87; www.gruppoturmotravel.com).

Auto & Motorrad

Sassari liegt an der Schnellstraße SS131, die Porto Torres mit Cagliari verbindet. Selbstfahrer, die von Alghero kommen, nehmen die Straße nach Norden Richtung Porto Torres und dann die SS291 nach Osten bis Sassari. Dieselbe Strecke nehmen Autofahrer, die vom Flughafen Fertilia kommen.

Am Flughafen Fertilia gibt's Schalter zahlreicher Autovermieter. In Sassari selbst bekommt man ein Mietfahrzeug bei **Eurorent** (Karte S. 146; ☎ 079 23 23 35; www.rent.it; Via Roma 56) und **Maggiore** (Karte S. 146; ☎ 079 23 55 07; Piazza Santa Maria 6).

Zug

Der Hauptbahnhof (Karte S. 146) liegt am Westrand der Altstadt an der Piazza Stazione. Direktverbindungen bestehen nach Cagliari (13,75 €, 4¼ Std., 4-mal tgl.), Oristano (8,75 €, 2½ Std., 5-mal tgl.) und Olbia (6,35 €, 1 Std. 50 Min., 4-mal tgl.).

Zwischen Sassari und Alghero verkehren auch täglich elf FdS-Züge (2,20 €, 35 Min.).

Von Ende Juni bis Anfang September fährt in Sassari einmal die Woche der **trenino verde** (www.treninoverde.com) ab und zuckelt durch die atemberaubende Landschaft nach Tempio Pausania (12,50 €, 2 Std. 35 Min.).

UNTERWEGS VOR ORT

Auto & Motorrad

Die Parkplatzsuche in Sassari ist ein absoluter Albtraum. Innerhalb der blauen Begrenzungslinien beträgt die Parkgebühr bis zu 2 € für die ersten zwei Stunden und 1 € für jede folgende. Tickets sind bei Parkplatzwächtern oder in Zeitungsläden zu haben.

Bus

ATP (☎ 079 263 80 00; www.aptsassari.it, auf Italienisch) Die orangefarbenen Busse bedienen fast alle innerstädtischen Strecken. In der kleinen Innenstadt werden Besucher aber nur selten einen Bus brauchen. Im Sommer fahren die Busse auch von der Endhaltestelle an der Via Eugenio Tavolara zu den Stränden nördlich von Sassari. Fahrkarten für Stadtfahrten kosten 0,80 €, für Strandfahrten mit dem Buddi-Buddi-Bus 1,10 €.

Vom/zum Flughafen

Bis zu fünf ARST-Busse fahren täglich vom Hauptbusterminal an der Via XXV Aprile zum Flughafen Fertilia (3,50 €, 30 Min.); drei weitere starten an der Haltestelle an der Via Turati.

Zum Aeroporto Olbia Costa Smeralda muss man den Zug/Bus nach Olbia und von dort den Stadtbus zum Flughafen nehmen.

Taxi

Taxistände gibt's am Emiciclo Giuseppe Garibaldi (Karte S. 146) und entlang der Viale Italia und Via Matteotti. Taxiruf: **Taxi Sassari** (☎ 079 25 39 39).

RUND UM SASSARI

Die landschaftlich reizvollste Strecke von Sassari an die Küste ist die SS200. Pinien stehen am Straßenrand Spalier, wenn sie die beiden Marktstädte **Sennori** und **Sorso** passiert. Die Zwillingsortschaften sind für ihre Weine berühmt und produzieren gemeinschaftlich den süßen Moscato di Sorso-Sennori. Prima probieren lässt er sich im renommierten Restaurant **Da Vito** (☎ 079 36 02 45; Via Napoli 14; Hauptgerichte um 40 €) in Sennori, wo außerdem köstliche Meeresfrüchte der Saison serviert werden.

An den Wochenenden flüchten die Sassaresi aus der Stadt an die langen Sandstrände des **Platamona Lido**. Der hübsche und an Sommerwochenenden dicht bevölkerte Landstrich wird von den Einheimischen etwas wohlwollend „Riviera von Sassari" genannt.

Im Sommer fahren von Sassari aus regelmäßig Busse zu einem Punkt östlich von Platamona und dann die Küste entlang bis nach Marina di Sorso. Die Strandbusse heißen Buddi Buddi (Linie MP) und fahren an der Via Eugenio Tavolara ab.

Auf halbem Weg zwischen Sassari und Porto Torres, nach 11 km auf der SS131, zeigt ein Wegweiser zum Tempel **Monte d'Accoddi** (Eintritt 3,10 €; ⌚ April–Sept. 9–20, Okt.–März bis 16.30 Uhr) aus dem 3. Jahrtausend v. Chr. Nirgendwo sonst im Mittelmeerraum ist ein derartiger Bau freigelegt worden – am ehesten ist der Tempel vergleichbar mit den legendären Stufentürmen an Euphrat und Tigris im Nahen Osten. Ausgrabungen haben ergeben, dass sich hier schon um 4500 v. Chr. ein jungsteinzeitliches Dorf befand. Der Tempel machte mehrere Bauphasen durch und wurde vermutlich gegen 1800 v. Chr. aufgegeben. Bald danach wurde die erste *nuraghe* errichtet.

Viele Besucher erwarten beim Besuch des Monte d'Accoddi eine Art Maya-Tempel – doch sie werden enttäuscht. Stattdessen lässt sich mehr oder weniger gut ein rechteckiges (30 m mal 38 m) Bauwerk ausmachen, das sich zu einer Plattform verjüngt, auf die eine lange Rampe hinaufführt. Auf einer Seite der Rampe befindet sich ein Menhir und auf der anderen ein Steinaltar, der wahrscheinlich für Opfer genutzt wurde.

DAS LOGUDORO & MONTE ACUTO

Die fruchtbare Region südlich und östlich von Sassari war schon zu Zeiten der Nuragher bewohnt und ist eine archäologische Fundgrube. Sie war ein wichtiges Getreideanbaugebiet des Römischen Reiches, und auch heute noch ist die Landschaft ein Flickenteppich aus Hügeln und goldenen Weizenfeldern – der Name Logudoro bedeutet „Ort des Goldes". Als Giudicato del Logudoro erlebte einen Boom im Mittelalter, und aus dieser Periode datieren auch viele der imposanten Kirchen. Im Herzen der Region liegt die *comune* Monte Acuto, eine Ansammlung von Ortschaften mit einem reichen gemeinsamen Erbe. Eine nützliche Website mit Infos ist www.monteacuto.it (auf Italienisch).

Es ist kein Landstrich, der auf den ersten Blick bezaubert. Aber wer mit dem Auto unterwegs ist, wird feststellen, dass sich die eine oder andere Entdeckungstour durchaus lohnt.

OZIERI

11 100 Ew.

Die wohlhabende Agrarstadt Ozieri liegt in einem natürlichen Talkessel, und ihr Stadtkern aus dem 19. Jh. mit seiner schönen zentralen Piazza erstreckt sich über die Hänge. In den Hügeln, die die Stadt heute umgeben, existierten einst, im Neolithikum, blühende Siedlungen. Der Name der Stadt stammt aus der prähistorischen Ära der Ozieri-Kultur (oder San-Michele-Kultur), die zwischen 3500 und 2700 v. Chr. ihre Blütezeit erlebte.

Das ausgezeichnete **Museo Archeologico** (☎ 079 785 10 52; Piazza Micca; Eintritt 3,50 €, inkl. Grotta di San Michele 5 €; ⌚ Di–Sa 9–13 & 16–19, So 9.30–12.30 Uhr), eines der besten Kleinmuseen Sardiniens, beleuchtet das reichhaltige archäologische Erbe der Stadt. Es ist im Convento di Clarisse untergebracht, einem Kloster aus dem 18. Jh. Die Ausstellung ist klein, aber erlesen. Unter anderem sind zwei Kupferbarren zu sehen (der Kupferhandel in den Nuraghen-Siedlungen lässt sich bis in die Jungsteinzeit zurückverfolgen), einige überraschend modern aussehende Werkzeuge und eine Auswahl kostbarer Keramikscherben, die in der **Grotta di San Michele** (☎ 079 785 10 52; Eintritt 3,50 €, inkl. Museo Archeologico 5 €; ⌚ Fr & Sa 9–13, So 9.30–12.30 Uhr) gefunden wurden. Letztere lohnt ebenfalls einen Abstecher. Die oberhalb der Stadt ausgeschilderte *grotta* wurde einst als Wohn-, Grab- und Kultstätte genutzt.

Nicht weit vom Museum steht Ozieris bombastische **Cattedrale dell'Immacolata** (Piazza Duomo). In der Kathedrale befindet sich ein bedeutsames Kunstwerk, die *Deposizione di Cristo dalla Croce (Kreuzabnahme Christi)*

DIE KIRCHEN DES LOGUDORO

Die **Basilica della Santissima Trinità di Saccargia** (Comune di Codrongianus; Eintritt 1,50 €; Juni–Aug. 9–20 Uhr, Sept. bis 18.30 Uhr, Mai bis 18 Uhr, Okt. bis 17.30 Uhr, April bis 17 Uhr, März bis 16.30 Uhr) steht in einem fruchtbaren Tal, nur 15 km südöstlich von Sassari an der SS597 Richtung Olbia. Ihr gestreifter *campanile* (Glockenturm) aus Kalkstein und Basalt ist schon von Weitem zu sehen. Laut Überlieferung hat sie der Giudice Constantino di Mariano im Jahr 1116 erbauen lassen, nachdem er und seine Frau hier die Nacht verbracht hatten und ihnen offenbart worden war, dass sie ein lang ersehntes erstes Kind bekommen würden. Giudice ließ die Kirche und ein Kloster nebenan errichten, das der Papst den Kamaldulenser-Mönchen schenkte. Von dem Kloster ist nicht mehr viel übrig, aber die überwältigend schlichte Kirche mit Basaltmauern wird noch genutzt.

Drei Kilometer weiter steht die **Chiesa di San Michele e Sant'Antonio di Salvènero** an der Kreuzung, wo eine Straße nach Ploaghe abzweigt. Wer auf Kirchentour ist, fährt aber 10 km weiter bis Ardara, der ehemaligen Hauptstadt des Giudicato di Torres. Biegt man gleich am Ortseingang nach links ab, kommt man direkt auf die Ehrfurcht gebietende **Chiesa di Santa Maria del Regno** aus Basalt zu. Was zuerst auffällt, ist ihr klobiger Glockenturm. Er wurde ohne Fingerspitzengefühl nachträglich hingeklatscht, als die Kirche schon fertig war.

Weiter östlich auf der SS597 kommt ein Abzweig zu den majestätischen Ruinen der zwischen dem 11. und 12. Jh. erbauten **Chiesa di Sant'Antioco di Bisarcio** (☎ 079 78 02 57; Eintritt 1,50 €; Sa & So 9–16 Uhr, sonst nach Absprache), 2 km nördlich der Hauptstraße. Ein Blitzschlag köpfte den Glockenturm, und die Fassade hat viel von ihrem Glanz verloren, aber der einzigartige, französische Innenhof und das Kircheninnere vermitteln einen Eindruck von ihrer ehemaligen Schönheit.

Von hier kann man entweder auf der SS597 weiterfahren und die winzige **Chiesa di Nostra Signora di Castro** am Ufer des Lago di Coghinas besichtigen, oder auf der kurvigen SS132 weiter nach Norden zur **Chiesa di San Pietro di Simbranos** (oder delle Immagini) in Bulzi und zur **Chiesa di San Giorgio** in Perfugas fahren.

Eine günstige und angenehme Unterkunft, die sich für die Kirchentour anbietet, ist das Hotel **Funtanarena** (☎ 079 43 50 48; www.funtanarena.it; Via S'Istradoneddu 8/10; EZ 63–70 €, DZ 94–105 €; P). Es liegt im Dörfchen Codrongianos, 14 km von Sassari entfernt, in einem renovierten Gutshaus, umgeben von duftenden Obstbäumen und Olivenhainen. Die neun im Landhausstil eingerichteten Zimmer sind mit Blumenbildern, schmiedeeisernen Betten und Parkettfußböden ausgestattet.

aus der Hand des mysteriösen Maestro di Ozieri.

Im Dezember wird in Ozieri einer der wichtigsten Lyrik-Wettbewerbe der Insel ausgetragen, der **Premio di Ozieri**. Der Preis wurde zum ersten Mal 1956 verliehen, angeregt durch die *gare poetiche* (Dichterkriege), die am Rande von Volksfesten stattfanden. Durch die Veranstaltung haben die Arbeiten italienischer und sardischer Lyriker einen eigenen Rahmen erhalten.

Es ist ein Jammer, aber Gästezimmer sind in Ozieri wirklich rar. Wer sich zum Bleiben entschließt, kann eines der nicht mehr ganz taufrischen Zimmer im **Hotel Il Mastino** (☎ 079 78 70 41; Fax 079 78 70 59; Via Vittorio Veneto 13; EZ/DZ 45/66 €) nehmen. Das schnörkellose Haus liegt gleich um die Ecke bei der zentralen Piazza Garibaldi. Etwas zu essen bekommt man im konzerthallenartigen **Ristorante Pizzeria L'Opera** (☎ 079 78 70 26; Piazza Garibaldi; Hauptgericht 30 €). Hier gibt's Pizzas und göttliches Lammhackfleisch.

Die beste öffentliche Verkehrsverbindung nach Ozieri ist der ARST-Bus von Sassari (4 €, 1 Std., Mo–Sa 5-mal tgl.). Die Busse halten in der Nähe der Piazza Garibaldi.

NURAGHE SANTU ANTINE & UMGEBUNG

Die Fahrt von Ozieri Richtung Westen führt durch **Mores**. Südlich dieser Ortschaft liegt der majestätische **Dolmen Sa Coveccada**, wahrscheinlich der größte Dolmen (Grabkammer aus der Jungstein-/frühen Bronzezeit) im Mittelmeergebiet. Die rechteckige Konstruktion wurde Ende des 3. Jahrtausends v. Chr. erbaut, und sie besteht aus drei massiven Steinplatten, bedeckt mit einer vierten, die rund 18 t wiegt. Der Dolmen ist 2,7 m hoch, 5 m lang und 2,5 m breit. Einfach östlich von Mores die Ausfahrt nehmen, dann sind es noch rund 10 km.

Von Mores aus führt die Straße nach **Torralba**, einem nicht weiter erwähnenswerten Dorf am Eingang zum Valle dei Nuraghi (Tal der Nuraghen). Prähistorische *nuraghi* übersäen das Land ringsum, aber das absolute Glanzstück ist die **Nuraghe Santu Antine** (☎ 079 84 72 96; www.nuraghesantuantine.it; Eintritt 3 €; ⌚ 9 Uhr bis Sonnenuntergang), 4 km südlich vom Dorf. Es ist eine der größten Nuraghen-Festungen Sardiniens. Ihr Herzstück ist ein Zentralturm, der heute 17,50 m in die Höhe ragt, ursprünglich aber 25 m hoch war. Er wird von einer Dreiecksmauer mit drei Wachtürmen eingerahmt. Die ältesten Teile stammen aus der Zeit von 1600 v. Chr., aber vieles entstand im Laufe späterer Jahrhunderte.

Man betritt das Gelände an der Südseite und kann durch drei Türme hindurchgehen, die durch parabelförmige Wehrgänge miteinander verbunden sind. Der Eingang zum Hauptturm ist separat. Innen eröffnen sich von einer zentralen Halle ausgehend vier Zugänge zur Hauptkammer. In der Halle geht eine Treppe hoch in den 1. Stock. Dort wiederholt sich der Grundriss, allerdings in kleinerer Ausgabe. Abgesehen von winzigen Schießscharten gibt es dort kein Licht, und die erdrückende Präsenz des dunklen Gesteins ist überwältigend. Weitere Stufen führen zur Ebene der obersten, dritten Kammer, die inzwischen den Elementen ausgesetzt ist.

Wieder zurück in Torralba, kann man sich im **Museo Archeologico** (☎ 079 84 72 96; Via Carlo Felice 143; Eintritt inkl. Nuraghe Santu Antine 3 €; ⌚ April–Okt. 9–20, Nov.–März bis 17 Uhr) ein maßstabsgetreues Modell der *nuraghe* und eine bescheidene Sammlung mit Fundstüken von dort ansehen.

Unter der Woche fahren bis zu neun Busse täglich von Sassari nach Torralba (2,50 €, 1½ Std.). Zur *nuraghe* kommt man von dort aus nur zu Fuß (rund 4 km).

SASSARI & DER NORDWESTEN

Borutta

Die Strecke zum Dorf Borutta hinauf sieht auf der Landkarte ganz einfach aus, ist aber in der Praxis sehr kompliziert – Schilder zeigen in die richtige Richtung, lassen Besucher dann jedoch im Stich. So ist man bei der Suche nach dem Dorf in erster Linie auf den Instinkt angewiesen, doch Durchhaltevermögen lohnt sich, denn in Borutta wartet ein herrliches Beispiel romanischer Architektur, die **Chiesa di San Pietro Sorres** (☎ 334 853 77 51; Eintritt 2,50 €; ⌚ Führungen Mo–Sa 8.30–12 & 15.30–18.30, So 9.30–10.30 & 15.30–18.30 Uhr).

Die im 12. Jh. erbaute pisanische Kirche mit Kloster war schon lange verwaist, als 1955 Benediktinermönche einzogen. Sie krempelten die Ärmel hoch, bauten das Kloster wieder auf und brachten die Kirche auf Vordermann. Die weiß-grau gestreifte Fassade zeigt dreistöckige Blendarkaden und ist mit filigranen Steinmetzarbeiten verziert. Besondere Beachtung im Inneren verdient eine aus Stein gehauene gotische Kanzel auf vier Beinen.

Necropoli di Sant'Andrea di Priu & Umgebung

Rund 7 km östlich von Bonorva, einem Bergbauernstädtchen unweit der Hauptstraße SS131, befindet sich mitten in üppig-grüner Landschaft die **Necropoli di Sant'Andrea di Priu** (☎ 348 564 26 11; Eintritt 3,50 €; ⌚ 10–13 & 15–17.30 Uhr, Sommer bis 19.30 Uhr). Die über eine schmale Schlaglochpiste erreichbare, isoliert gelegene Stätte besteht aus rund 20 kleinen Höhlen. Sie wurden in den Trachyt gegraben, und ihre Entstehung geht bis 4000 v. Chr. zurück. Die mit Abstand interessanteste Höhle ist die nur mit einem Führer zugängliche **Tomba del Capo**. In frühchristlicher Zeit wurden drei der Haupträume in ein Gotteshaus umgebaut. In zweien dieser Räume sind teilweise restaurierte Fresken aus dem 5. Jh. erhalten. Am eindrucksvollsten ist die Abbildung einer Frau in einem Wandgemälde in der *aula* (Halle), wo die Gläubigen die Messe hörten.

Auf dem Weg zurück nach Bonorva sollte man sich ein bisschen Zeit für **Rebeccu** nehmen, einen größtenteils verlassenen, in eine Kalksteinwand gehauenen Weiler aus dem Mittelalter. Das links ausgeschilderte Dorf dient Mitte August als Kulisse für ein Filmfestival.

In dieser Gegend ist man ohne eigenes Transportmittel praktisch aufgeschmissen. Aber immerhin fahren ein paar ARST-Busse von Sassari nach Bonorva (4 €, 70 Min., wochentags 5-mal).

DIE NORDKÜSTE

Dieser Küstenabschnitt erstreckt sich über 70 km vom Nordwestzipfel Sardiniens in einem Bogen bis nach Castelsardo und hat sowohl herrliche als auch ausgesprochen hässliche Ecken zu bieten. Die Industrieanlagen bei Porto Torres, dem wichtigsten Hafen der Nordküste, sind alles andere als einladend, aber man braucht nicht weit zu gehen, um traumhafte Strände zu finden. Die Spiaggia della Pelosa, ein paar Kilometer westlich, ist einer der berühmtesten Strandtreffs auf Sardinien.

PORTO TORRES

22 100 Ew.

Die geschäftige, von den rauchenden Schloten einer Raffinerie umzingelte Hafenstadt Porto Torres ist nicht gerade die bezauberndste Stadt Sardiniens. Es gibt keinen wirklich überzeugenden Grund für einen längeren Aufenthalt. Aber wer aus irgendeinem Grund hier vorbeikommt – was durchaus möglich ist, vor allem auf dem Weg von oder nach Korsika –, kann zwei Sehenswürdigkeiten mitnehmen. Ganz besonders schön ist die Basilica di San Gavino, eine der bedeutendsten romanischen Kirchen Sardiniens.

Porto Torres erlebte sein goldenes Zeitalter unter den Römern, die hier ihren Haupthafen an Sardiniens Nordküste gründeten. Die Stadt blieb bis ins Mittelalter einer der wichtigsten Häfen der Insel und war die Hauptstadt des Giudicato di Torres.

Orientierung

Der Hafen liegt nördlich der Innenstadt am Westende der Hafenpromenade Via Mare. Von der nahe gelegenen Piazza Colombo und der daran angrenzenden Piazza XX Settembre führt die Hauptverkehrsstraße Corso Vittorio Emanuele in den Süden der Stadt.

Praktische Informationen

Banca Nazionale del Lavoro (Corso Vittorio Emanuele 20) Eine von mehreren Banken mit Geldautomat an der Hauptstraße.

Post (Via Ponte Romano; 🕒 Mo–Fr 8–13.15 Uhr) Drei Blocks rechts vom Corso Vittorio Emanuele.

Touristeninformation (☎ 079 51 50 00; Piazza Garibaldi 17; 🕒 8–14 Uhr) Zwei Straßen oberhalb des Hafens in der Nähe des *corso*.

Sehenswertes & Aktivitäten

BASILICA DI SAN GAVINO

Die aus Kalkstein erbaute **Basilica di San Gavino** (☎ 347 400 12 88; Krypta 1,50 €, Führung 2,50 €; 🕒 Mai–Sept. Mo–Sa 9–13 & 15–19, So 11–13 & 15–19, Okt.–April bis 18 Uhr) ist die größte romanische Kirche Sardiniens. Das Besondere an dem zwischen 1030 und 1080 erbauten Gotteshaus sind die Altarnischen an beiden Enden – es gibt keine Fassadenverzierungen – und zwei Dutzend Marmorsäulen, die die pisanischen Bauherren von einer römischen Stätte in der Nähe geklaut haben. Unter dem Hauptschiff befindet sich eine Krypta mit religiösen Statuen und Steingräbern.

Die Kirche wurde über einem uralten heidnischen Friedhof erbaut und nach einem der bekanntesten Heiligen Sardiniens benannt. Der römische Soldat Gavino lebte während der Herrschaft von Diokletian als Garnisonskommandant in Torres. Eigentlich sollte er das Todesurteil an den zwei christlichen Priestern Protus und Januarius vollstrecken, wurde aber von ihnen bekehrt und selbst zum Märtyrer. Alle drei wurden am 25. Oktober 304 n. Chr. enthauptet. Die Belege für diese Ereignisse sind spärlich, aber die Legende von den *martiri turritani* (Märtyrern von Torres) hält sich hartnäckig.

Wer zur Kirche gelangen möchte, muss vom Hafen dem Corso Vittorio Emanuele ungefähr 1 km nach Süden folgen. Die Basilika liegt dann einen Block westlich der Straße.

PARCO ARCHEOLOGICO & ANTIQUARIUM

Der Großteil des römischen Turris Libisonis liegt unter dem heutigen Hafenbecken begraben, aber einige Zeugnisse wurden freigelegt. Die als „Archäologiepark" bekannte Anlage umfasst die Überreste öffentlicher Bäder, eine überwucherte römische Brücke und den sogenannten Palazzo del Re Barbaro. Letzterer ist das Herzstück der Anlage und bildete den wichtigsten Thermenkomplex der römischen Stadt. Außerdem sind Teile der Hauptstraßen, einige *tabernae* (Läden) und ein paar schöne

ABSTECHER: MONTE LERNO

Der rund 5 km östlich von Pattada gelegene **Lago Lerno** ist wunderschön. Obwohl es sich um einen künstlichen See handelt – er entstand 1984 durch die Stauung des Rio Mannu – passt er perfekt in die Landschaft. Grasbewachsene Hänge umgeben das Gewässer, und nicht weit entfernt ragt majestätisch der **Monte Lerno** (1094 m) empor. Im nahen **Bosco di Monte Lerno** (Monte-Lerno-Wald) tummeln sich Rotwild, Mufflons und Wildpferde. Für die Anfahrt zum Wald nimmt man den Abzweig Pattada Richtung Oschiri. Nach rund 11 km rechts abbiegen und über den Rio Mannu weiter bis in die Nordwestausläufer des Waldes fahren.

WO SARDINIEN AM SCHÄRFSTEN IST

Das kostbarste der ausgezeichneten Messer made in Sardinien ist *sa pattadesa* (das Pattada-Messer), das heute nur noch von wenigen Spezialisten hergestellt wird. Das klassische Pattada-Messer, das Mitte des 19. Jhs. entwickelt wurde, ist das *resolza. Es hat eine sogenannte* „myrtenförmige" Klinge, die in einen Horngriff geklappt wird. Nur die Schneiden der allerbesten Messer werden auf diese Art geschützt. Für Sarden gilt ein *sa pattadesa* als das erlesenste Kunsthandwerkserzeugnis Sardiniens, und hinterlässt einen größeren Eindruck als jedes noch so kostbare Schmuckstück.

Die echten Handwerksmeister machen meist nur Auftragsarbeiten und brauchen mindestens zwei Tage, um ein solches Messer anzufertigen, den Stahl zu biegen und den richtigen Härtegrad für eine starke, scharfe Klinge zu erreichen. Anschließend wird aus einem einzigen Stück Mufflonhorn der Griff geschnitzt. Besteht der Griff aus zwei zusammengeschraubten Stücken, handelt es sich um minderwertige Ware. Ein gutes Messer kostet mindestens 10 € pro Zentimeter.

Früher wurden diese Messer überall auf der Insel hergestellt, aber heute sind die traditionellen Herstellungsmethoden nur noch in ein paar Orten lebendig. Die berühmteste Messerstadt ist **Pattada**, aber Qualitätsmesser werden auch in Arbus, Santu Lussurgiu und Tempio Pausania gefertigt. Das klassische *s'arburesa* (aus Arbus) hat eine abgerundete Klinge und wird zum Enthäuten von Tieren benutzt. Das *lametta* aus Tempio Pausania dagegen ist rechteckig und eignet sich hervorragend zum Schälen der Rinde von Korkeichen. Das bekannteste Messer unter den *pattadesa* ist das *fogarizzu*. Bei den *s'arburesa* sollte man nach einem *pusceddu* Ausschau halten. Übrigens: In Italien ist es verboten, ein Messer bei sich zu tragen, dessen Schneide länger als 4 cm ist.

Bodenmosaiken zu sehen. Der Eintritt zur Anlage erfolgt durchs **Antiquarium** (wegen Renovierung geschl.). Fast alle Exponate in diesem Museum sind Fundstücke aus dem römischen Turris: Keramiken, Büsten, Öllampen und Glasgegenstände. Der Park liegt in der Nähe vom Bahnhof, rund fünf Minuten zu Fuß von der Innenstadt.

BOOTSAUSFLÜGE

Le Ginestre (☎ 079 51 34 93; 10–12 & 18–20 Uhr) ist einer von mehreren Veranstaltern, die Ausflüge in den Parco Nazionale dell'Asinara (S. 159) anbieten. Er ist in einem Kiosk am Hafen untergebracht. Ein Tagesausflug, inkl. Inselrundfahrt in einer Minieisenbahn, kostet 41,50 € für Erwachsene und 26,50 € für Vier- bis Zehnjährige.

Schlafen & Essen

Hotel Elisa (☎ 079 51 32 60; www.hotelelisaporto torres.com; Via Mare 2; EZ 40–50 €, DZ 68–73 €;) Das schlichte Drei-Sterne-Hotel, nur einen Block vom Hafen und einen Steinwurf vom Corso Vittorio Emanuele entfernt, ist günstig und gemütlich. Die Zimmer sind zweckmäßig und modern, haben dunkle Parkettfußböden und sind mit Aquarellfarben gestaltet.

Crossing's Café (Corso Vittorio Emanuele 53; Fr–Mi) Die gut besuchte Kneipe an der Flaniermeile eignet sich prima für ein *panino* oder ein Bier an einem der Tische auf dem Bürgersteig.

Cristallo (☎ 079 51 49 09; Piazza XX Settembre 11; Hauptmahlzeiten 35–40 €; Di–So) In dem modernen Restaurant über einer angesagten *pasticceria* (Konditorei) bzw. Bar an der Straße werden köstliche Meeresfrüchte und verschiedene andere Gaumenfreuden aufgetischt, darunter mehrere leckere Lammkreationen.

An- & Weiterreise

Tirrenia (☎ 89 21 23; www.tirrenia.it), **Grandi Navi Veloci** (☎ 010 209 45 91; www.gnv.it) und **Moby Lines** (☎ 199 30 30 40; www.mobylines.it) betreiben Fähren zwischen Porto Torres und Genua. Die Schiffe von Tirrenia und GNV sind das ganze Jahr über im Einsatz, die von Moby nur zwischen Mitte Mai und September. Die elfstündige Überfahrt kostet zwischen 86 und 105 €.

SNCM (☎ France 0825 88 80 88; www.sncm.fr) und **CMN La Méridionale** (☎ France 0810 20 13 20; www.cmn.fr) betreiben in Zusammenarbeit eine Fährverbindung von/nach Marseille (78 €, 15–17 Std.) via Korsika. Aber Vorsicht: Im Juli und August starten einige der Fährschiffe nicht in Marseille, sondern in Toulon. Tickets verkauft die **Agenzia Paglietti** (☎ 079 51 44 77; Fax 079 51 40 63; Corso Vittorio Emanuele 19). Näheres zu den Fährstrecken s. S. 251.

Die meisten Busse fahren an der Piazza Colombo, praktisch direkt am Hafen, ab. Es gibt Verbindungen nach Sassari (1,50 €, 30–40 Min., 6-mal tgl.), Alghero (2,50 €, 1 Std., Mo–Fr 6-mal tgl., Sa und So 5-mal tgl.) und Stintino

(2,50 €, 45 Min., Mo–Sa 4-mal tgl., So 2-mal tgl.). Fahrkarten gibt's in der **Bar Acciaro** (Corso Vittorio Emanuele 38) oder an Zeitungsständen.

Züge fahren nach Sassari (1,55 €, 20 Min., 4-mal tgl.), Cagliari (16,05 €, 4½ Std., 2-mal tgl.) und Olbia (8,35 €, 2¼ Std., 1-mal tgl.).

ÖSTLICH VON PORTO TORRES

Östlich von Porto Torres klettern die SP 81 und ihre Verlängerung SS200 an der Küste entlang nach Castelsardo. Über weite Strecken säumen Pinienwälder die Straße, und hinter den Wäldern liegen mehrere abgeschiedene Strände. Im Inland liegt die flache Hochebene der Anglona, eine ärmliche Agrarregion. Sie zwängt sich zwischen die Gallura im Osten, das Logudoro im Süden und den kleinen Distrikt Romangia im Westen.

Castelsardo

5700 Ew.

Das attraktive und beliebte Tagesausflugsziel Castelsardo schmiegt sich an einen hohen Felsvorsprung im Mittelmeer. Über allem erhebt sich das spektakuläre *centro storico,* ein Labyrinth aus düsteren Gassen und mittelalterlichen Gebäuden, die mit dem grauen Felsen zu verschmelzen scheinen.

Die Stadt wurde ursprünglich im 12. Jh. von einer genuesischen Adelsfamilie als Seefestung erbaut. Das „Castel Genovese" war hart umkämpft. 1326 ging es an die Spanier über, die es in Castel Aragonese umtauften. Im Jahr 1767 wurde es unter den Piemontesen zum Castel Sardo (sardisches Schloss). In dieser Zeit verlor der Außenposten, ehemals eine unabhängige *citta demaniali* (königliche Stadt), seine Verteidigungsfunktion. Heute ist die Festung ein Museum, und die Anwohner wachen über das historische Erbe.

ORIENTIERUNG

Busse halten an der Piazza Pianedda, wo die Küstenstraße (die auf ihrem Weg durch die Stadt mehrmals den Namen wechselt) auf die Via Nazionale trifft. Sie ist die Hauptstraße, die sich bis in die Altstadt hinaufwindet. Besucher mit eigenem Fahrzeug können bis nach oben fahren, aber die Parkplatzsuche ist oft zum Scheitern verurteilt.

PRAKTISCHE INFORMATIONEN

Touristeninformation (☎ 079 47 15 06; Piazzetta del Popolo; ⏲ 10–12.30 & 17–19.30 Uhr) Bitte beachten: Die Zeitangaben sind mit Vorsicht zu genießen und das Büro hat oft geschlossen. Eine alternative und zuverlässigere Informationsquelle ist die Website der *comune*: www.comune.castelsardo.ss.it.

SEHENSWERTES

Der interessanteste Teil der Stadt ist das historische Zentrum ganz oben auf dem Berg. Dominiert wird es vom mittelalterlichen **Castello**. Rund um diesen zentralen Bau, der von der Familie Doria erbaut wurde, hat sich die ursprüngliche Stadt entwickelt. Er diente eine Zeit lang als Wohnsitz von Eleonora d'Arborea und erlaubt wunderschöne Ausblicke über den Golfo di Asinara nach Korsika. Das Kastell beherbergt ein Museum, das **Museo dell'Intreccio** (☎ 079 47 13 80; Via Marconi; Eintritt 2 €; ⏲ Nov.–März Di–So 9.30–13 & 15–17.30 Uhr, März Di–So bis 18.30 Uhr, April tgl. bis 19.30 Uhr, Mai tgl. bis 20.30 Uhr, Sept. tgl. bis 21 Uhr, Juli & Aug. tgl. 9–24 Uhr). Es befasst sich mit der Korbflechterei, dem berühmtesten Erwerbszweig von Castelsardo.

Unterhalb vom Schloss steht die **Chiesa di Santa Maria**, die größtenteils aus dem 16. Jh. stammt. Ihr Highlight ist ein Kruzifix aus dem 13. Jh., der *Critu Nieddu* (Schwarzer Christus).

Ein Wahrzeichen der Stadt ist der schlanke Glockenturm der **Cattedrale di Sant'Antonio Abate**, der von einer farbenfroh gekachelten Kuppel gekrönt wird. Wie in einer Kulisse für ein Märchen der Brüder Grimm scheint die Kirche über den rauen Felsen zu schweben. Den Hauptaltar im Inneren dominiert die *Madonna con gli Angeli,* ein Gemälde des mysteriösen Maestro di Castelsardo. Weitere seiner Werke sind in den **Krypten** (Eintritt 2 €; ⏲ 10.30–13 & 18.30–24 Uhr) unterhalb der Kirche zu sehen. Diese kleinen, aus dem Felsen gemeißelten Kammern sind alles, was von der romanischen Kirche übrig geblieben ist, die früher hier stand. Beim Ausgang der Krypta kommt man an einem gepflegten Rasen vorbei. Er trennt die Kirche von den Befestigungsanlagen am Meer aus der Zeit der spanischen Herrschaft.

Zwei ziemlich kleine **Strände** flankieren die Landspitze.

FESTE & EVENTS

Am **Lunissanti**, dem Montag vor Ostern, feiern die Bewohner von Castelsardo mehrere Messen und veranstalten Prozessionen. Höhepunkt ist ein unheimlicher Fackelzug am Abend durch die Altstadt zur Chiesa di Santa Maria.

SCHLAFEN

Eine Übernachtung in Castelsardo ist definitiv zu empfehlen, vor allem wegen der zahlreichen preisgünstigen B&Bs.

LP Tipp **B&B Sa Domo de Minnanna** (☎ 079 47 10 49, 349 367 61 05; Via Mezzu Tappa; 25–35 € pro Pers.) Ein charmantes, gemütliches B&B in einer winzigen Sackgasse gleich unterhalb vom *centro storico*. Alles ist sehr schlicht gehalten, mit alten Familienfotos und einer einfach eingerichteten Küche. Steinwände und altmodisches Mobiliar verleihen dem Ganzen das gewisse liebevolle Etwas.

Casa Doria (☎ 349 355 78 82; www.casadoria.it; Via Garibaldi 10; Zi. 55–80 €; ❄) Eins von mehreren B&Bs im mittelalterlichen Zentrum, mit allem was ein rustikales Gasthaus so braucht: alte Möbel, gusseiserne Bettgestelle, Holzdecken. Den Gästen stehen drei schlicht eingerichtete Zimmer und ein Frühstücksraum im 3. Stock mit phantastischer Aussicht zur Verfügung.

Hotel Riviera (☎ 079 47 01 43; www.hotelriviera.net; Lungomare Anglona 1; DZ 78–168 €, HP pro Pers. 57–99 €; P ❄) Das auf Hochglanz polierte und feine Drei-Sterne-Haus mit Blick über die Bucht am westlichen Stadteingang hat komfortable, moderne Zimmer und ein hoch gepriesenes Restaurant, das Ristorante Fofo.

Ein paar Kilometer westlich von Castelsardo, am Rand des Durchschnittsbadeorts Lu Bagnu, findet sich eine der wenigen Jugendherbergen Sardiniens. Im **Ostello Golfo dell'Asinara** (☎ 079 47 40 31; ostello.asinara@tiscalinet.it; Via Sardegna 1; B/4BZ/DZ 13/15/18 € pro Pers.; 🕑 Ostern & Mitte Juni–Mitte Sept.) stehen einfache Unterkünfte in unterschiedlichen Zimmern zur Verfügung, darunter Doppelzimmer und Vier-Bett-Zimmer für Familien. Es gibt eine große Veranda, ein Spielezimmer und auf Wunsch Abendessen (10 €). Auch Fahrrad- und Kanuverleih.

ESSEN

Il Piccolo Borgo (☎ 079 47 05 16; Via Seminario 4; Tellergerichte 10 €; 🕑 Di–So) Diese kleine Bar im *centro storico* ist ein tolles Plätzchen für ein leichtes Mittagessen. Sie hat verschiedene Snacks im Angebot, darunter eine köstliche Platte mit geräuchertem Schinken, Oliven und Käsespezialitäten.

LP Tipp **La Trattoria** (☎ 079 47 06 61; Via Nazionale 20; Hauptgerichte um 25 €; 🕑 Okt.–Mai Mo geschl.) Himmlisches Essen, freundliche Bedienung und ein gutes Preis-Leistungs-Verhältnis. La Trattoria setzt auf Einfachheit und fährt damit hervorragend. Die Küche ist klassisch sardisch, mit viel saftigem Fleisch, Bauerngemüse und phantastischer Pasta, z. B. *pasta mazzafrissa*, die mit Schafsmilch zubereitet wird; das Ambiente ist herzlich und freundlich-ausgelassen.

La Guardiola (☎ 079 47 07 55; Piazza Bastione 4; Mittagsmenüs 18/22 €, Hauptgerichte um 35 €; 🕑 Okt.–Mai Mo geschl.) Hier, ganz oben in der Altstadt, kann man beste Meeresfrüchte schlemmen und den herrlichen Ausblick vom Panoramapavillon des La Guardiola genießen. Wer sich für ein Tagesmenü entscheidet – Pasta, Hauptspeise und Beilage – spart ein, zwei Euro.

Cormorano (☎ 079 47 06 28; Via Colombo 5; Hauptgerichte bis zu 55 €; 🕑 Okt.–Mai Di geschl.) In der Nähe der Piazza Pianedda und ebenfalls eine gute Wahl für Meeresfrüchte. Viele Gerichte haben einen besonderen Pfiff, z. B. die hervorragenden *linguine con sarde* (Fadennudeln mit Sardinen) und der gegrillte Fisch mit Krebsen und Garnelen.

SHOPPEN

Die Kunstgewerbeläden in Castelsardo sind beim besten Willen nicht zu übersehen. Beim Gang durch die Altstadt sieht man immer noch Frauen auf ihren Türschwellen sitzen, die hübsche Körbe und andere Dinge in allen Formen und Größen herstellen.

AN- & WEITERREISE

ARST- und andere Busse halten kurz vor der Piazza Pianedda. Sie verkehren zwischen Castelsardo und Sassari (2,50 €, 1 Std., Mo–Sa 10-mal tgl., So 4-mal), Santa Teresa di Gallura (5,50 €, 1½ Std., 3-mal tgl.) und Lu Bagnu (1 €, 5 Min., Mo–Sa 6-mal tgl., So 4-mal). Fahrkarten erhält man am namenlosen *edicola* (Zeitungsstand) auf dem Platz.

Rund um Castelsardo

Mit einem eigenen Fahrzeug lassen sich die nachstehend beschriebenen Orte locker in einer Tagesrundfahrt von Castelsardo abklappern. Mit öffentlichen Verkehrsmitteln ist es wesentlich schwieriger.

TERGU

Knapp 10 km südlich von Castelsardo steht eine elegante pisanische Kirche, die **Nostra Signora di Tergu**. Zu ihr gehört eine hübsche Gartenanlage, die einige wenige noch sichtbare Überreste eines Klosters umfasst, in dem früher bis zu 100 Benediktinermönche lebten. Das Gotteshaus wurde im 12. Jh. aus weinrotem Trachyt und weißem Kalkstein erbaut. Die Fassade ist eine gelungene Mischung aus Bögen, Säulen, geometrischen Mustern und einer schlichten Fensterrose.

SEDINI

Von Castelsardo führt die SS134 Richtung Sedini zu einem hübschen Wahrzeichen der Region. An der Kreuzung mit der SS200 steht der seltsame Trachytfels **Roccia dell'Elefante** (Elefantenfels). Dass seine fast gespenstische Ähnlichkeit mit einem Elefanten schon seit Jahrtausenden eine magische Anziehungskraft auf die Menschen ausübt, beweisen einige *domus de janas* im hohlen Felsinneren.

Elf Kilometer südlich vom Elefanten liegt Sedini, eine verschlafene Kleinstadt mit einem berühmten *domus de janas*. Die prähistorische Grabstätte an der Hauptdurchgangsstraße Via Nazionale wurde in einen riesigen Kalksteinklotz gehauen. Im Mittelalter diente sie Bauern als Wohnung und später, bis ins 19. Jh. hinein, als Gefängnis. Jetzt ist hier ein kleines **Museum** (☏ 349 844 04 36; http://web.tiscali.it/sedini; Eintritt 2 €; ⏰ Mai–Sept. 10–13 & 15–20 Uhr, sonst nach Absprache) mit traditionellen Landwirtschaftsgeräten und Haushaltsgegenständen untergebracht.

Sedini ist mit ARST-Bussen von Castelsardo (1,50 €, 25 Min., 3-mal tgl.) zu erreichen.

NURAGHE SU TESORU & VALLEDORIA

Wieder zurück am Roccia dell'Elefante kann man die SS200 Richtung Valledoria nehmen. Direkt hinter dem elefantenartigen Felsen erscheint links von der Straße die Nuraghe Su Tesoru. Diese *nuraghe* wurde als eine der letzten erbaut. Am besten lässt sie sich beim Vorbeifahren im Auto bewundern, denn das Halten auf der Hauptstraße ist nicht sehr empfehlenswert.

Sieben Kilometer weiter erreicht man die weitläufige Stadt Valledoria. Zu ihren Füßen liegen Strände, die sich mehr als 10 km weit nach Osten bis zum Fischerdorf Isola Rossa erstrecken. In der Gegend gibt es mehrere Campingplätze, darunter **Camping La Foce** (☎ 079 58 21 09; www.foce.it; Via Ampurias 1, Valledoria; 2-Pers.-Zelt & Auto 18–35 €, DZ-Bungalows 35–90 €; Ⓟ 🏊). Er ist gut ausgestattet und grenzt an eine Lagune.

Zwei ARST-Busse aus Castelsardo halten in Valledoria (1 €, 25 Min.). Aber wer den Busfahrer nicht dazu bewegen kann, am Abzweig zum Campingplatz anzuhalten, muss dorthin trampen oder zu Fuß gehen.

WESTLICH VON PORTO TORRES

Das platte Land westlich von Porto Torres macht einen desolaten Eindruck, vor allem, wenn der *maestrale* (Nordwestwind) über die *macchia* (mediterranes Buschland) und die ausgebleichten Felsen fegt. Aber auf der Straße zur nordwestlichsten Spitze kommt man ins entspannte Stintino. Vorher geht's an der glitzernden *saline* (Salzpfannen) und der märchenhaften Spiaggia della Pelosa vorbei, einem der angesagtesten Strände Sardiniens.

Stintino

1240 Ew.

Vor nicht allzu langer Zeit war Stintino ein gottverlassenes Fischerdorf. Doch in den letzten Jahren hat der Tourismus den Thunfischfang als Haupteinnahmequelle abgelöst. Jetzt ist Stintino ein sonniger kleiner Urlaubsort, eingerahmt von zwei Häfen – einer voll mit schaukelnden Fischerbooten (Porto Mannu), der andere mit Yachten (Porto Minori). Die pastellfarbenen Häuser lassen den Ort freundlich aussehen, und dank seiner Lage in der Nähe der Partystrände Spiaggia della Pelosa und auf der Isola Asinara ist er ein lohnenswertes Sommerreiseziel.

Viele der Einwohner Stintinos stammen von den 45 Familien ab, die das Dorf im Jahr 1885 gründeten. Sie ließen sich hier nieder, nachdem sie gewaltsam von der Isola Asinara vertrieben worden waren, wo man Platz für ein neues Gefängnis und eine Quarantänestation benötigte. Um ihren Lebensunterhalt zu verdienen, wurden die Dorfbewohner zu Fischern und erwarben sich einen guten Ruf als Thunfischfänger. Der Höhepunkt der Thunfischsaison ist die jährliche *mattanza* (Schlachtung).

Die besten Infos hat die private **Agenzia La Nassa** (☎ 079 52 00 60; www.escursionisasinara.it; Via Tonnara 35; ⏰ März–Okt. tgl. 8.30–13 & 17–20 Uhr, sonst nach Absprache). Die Mitarbeiter beraten bei der Unterkunftssuche und möglichen Ausflügen. Außerdem gibt's Internet (4 € pro Std.) sowie einen Auto- und Fahrradverleih (Fahrrad pro Tag 10 €, Pkw ab 60 €).

Nützliche Online-Infos gibt's bei www.infostintino.it.

SEHENSWERTES

Das **Museo della Tonnara** (☎ 079 52 00 81; Porto Mannu; Erw./Kind 2/1 €; Juni–Mitte Sept. tgl. 18–23.30 Uhr) am Porto Mannu dokumentiert den Thunfischfang Stintinos. Die sechs

Museumssäle sind wie die Kammern einer *tonnara* (das Netz, in dem die Fische gefangen werden) angeordnet. Dokumente, Fischereizubehör, Fotos und Filme veranschaulichen dieses jahrhundertealte Gewerbe. Die örtliche *tonnara* wurde 1974 stillgelegt; die Anwohner versuchten kurzzeitig Ende der 1990er-Jahre, sie für wissenschaftliche Zwecke erneut in Betrieb zu nehmen. Die *mattanza* findet immer noch in Carloforte und Portoscuso im Süden Sardiniens statt sowie in zwei Ortschaften auf Sizilien. Näheres zum Thunfischfang s. Kasten S. 98.

Unmittelbar südlich von Stintino weist ein Schild nach links zur aufgegebenen *tonnara* und zur **Spiaggia delle Saline**, früher eine geschäftige Salzgewinnungsanlage, heute ein herrlicher weißer Strand. Die Marschen erstrecken sich landeinwärts und bilden die **Stagno di Casaraccio**, eine große Lagune, wo manchmal rastende Flamingos zu sehen sind.

AKTIVITÄTEN

Stintino ist das Tor zum Parco Nazionale dell'Asinara, und im Sommer legt am Porto Mannu eine ganze Armada von Fährschiffen ab.

Auf Windsurfer und Taucher ist man hier bestens eingestellt; zahlreiche Anbieter vermieten Ausrüstungen und organisieren Unterricht bzw. Tauchgänge. Die meisten sind an der Spiaggia della Pelosa (s. gegenüber) angesiedelt.

Ende August findet Stintinos **Regatta** statt, ein Bootsrennen mit „Lateiner"-Segelbooten, deren dreieckige Segel dann den schmalen Kanal zwischen Stintino und der Isola Asinara füllen.

SCHLAFEN

Die meisten großen Hotelresorts liegen weiter oben an der Küste beim Capo del Falcone (s. rechts), aber in Stintino gibt's ein paar nette, preiswerte Unterkünfte.

Hotel Geranio Rosso (☎ 079 52 32 92; Fax 079 52 32 93; Via XXI Aprile 4; EZ 40–70 €, DZ 60–110 €, HP pro Pers. 60–80 €; ⊠) Das bescheidene, ganzjährig geöffnete Hotel hat schlichte Zimmer mit Kerzenleuchtern und Blümchentapeten und im Untergeschoss eine annehmbare Pizzeria. Außerdem liegt es günstig, mitten im Städtchen.

Albergo Silvestrino (☎ 079 52 34 73; www.silvestrino.it, auf Italienisch; Via XXI Aprile 4; EZ 45–75 €, DZ 70–130 €, HP pro Pers. 50–95 €; ⊠) Das elegante Drei-Sterne-Hotel an der Seeseite der Hauptstraße ist kaum zu verfehlen. Die Zimmer sind perfekt für den Sommer, mit kühlen Fliesenböden und zweckmäßigen Möbeln ausgestattet. Im Restaurant, dem besten in Stintino, werden fabelhafte Meeresfrüchte aufgetischt (Hauptgerichte 35–40 €).

ESSEN

In beiden oben genannten Hotels bekommt man etwas zu essen – Pizza im Hotel Geranio und Top-end-Seafood im Silvestrino. Die meisten Restaurants von Stintino tendieren zu Meeresfrüchten, die aber sehr teuer ausfallen können.

Lu Fanali (☎ 079 52 30 54; Lungomare Cristoforo Colombo 89; Pizzas 7 €) Ein gutes Plätzchen für billige Pizza unten am Meer. Lu Fanali ist ein freundliches, lockeres Lokal mit breiter Terrasse und solider Auswahl an Pizzas, Pasta und Eiscreme.

Skipper (☎ 079 52 34 60; Lungomare Cristoforo Colombo 57; Mittagsmenü 12 €; ⏲ Di–So 6–23 Uhr) Die altbewährte, entspannte Bar ist ein Alleskönner. Gäste können sich auf der Terrasse mit Meerblick niederlassen und alles Mögliche bestellen, von Kaffee und Cocktails über Meeresfrüchte und Pasta bis Lasagne, Hamburger, Salate und *panini*. Alles schmeckt gut und nichts ist teuer.

Ristorante Da Antonio (☎ 079 52 30 77; Via Marco Polo 16; Hauptgerichte um 40 €; ⏲ Okt.–April Do geschl.) Das elegante Restaurant hängt die Messlatte höher als die meisten anderen und verpasst klassischen Fischgerichten das gewisse Etwas. Highlights der Speisekarte sind z. B. *polpo marinato* (marinierter Tintenfisch) und eine großzügige *fritto misto* (gemischte Grillplatte). Weniger toll ist die Bedienung, die zum Teil sehr langsam sein kann.

AN- & WEITERREISE

Von Juni bis Mitte September verkehren drei Busse täglich zwischen Stintino und dem Flughafen Fertilia in Alghero (7 €, 50 Min.).

ARST-Busse sind unter der Woche viermal (sonntags zweimal) zwischen Stintino und Porto Torres (2,50 €, 45 Min.) bzw. Sassari (4 €, 1 Std. 10 Min.) unterwegs. Zwischen Juni und September gibt es mehr Busse.

Capo del Falcone

Feriensiedlungen und -häuser füllen die Lücken zwischen Stintino und Capo del Falcone. Der Hauptanziehungspunkt hier ist die **Spiaggia della Pelosa**, die Traumvorstellung einer (fast) perfekten „Strandschönheit": ein schneeweißer Sandstreifen an seichten, türkisblauen Wellen hinter geschwungenen Landzungen. Ein felsiges, von einem aragonesischen Wachturm gekröntes Inselchen macht die Idylle komplett. Im Hochsommer muss man das alles natürlich mit Tausenden anderen Strandliebhabern teilen, aber außerhalb der Saison halten sich die Massen in Grenzen.

Im Hotel Ancora, 2 km nördlich von Stintino und kurz vor Pelosa, ist das **Asinara Diving Centre** (☎ 079 52 70 00; www.asinaradivingcenter.it; Porto dell'Ancora) untergebracht. Es organisiert verschiedene Tauchtrips rund um Capo del Falcone und in den Asinara-Park, darunter Nacht- und Enriched-Air-Tauchgänge. Weiter nördlich, an der Spiaggia della Pelosa, verleiht das **Windsurfing Centre Stintino** (☎ 079 52 70 06; www.windsurfingcenter.it) Surfbretter (pro Std. 15 €) und Kanus (pro Std. ab 8 €). Außerdem bietet es Windsurf-Stunden (pro Std. 30 €) und -Kurse (155 €) an.

In dieser Ecke herrscht kein Mangel an Unterkünften, aber die meisten sind Mittelklasse- bis Luxusferienhotels. Eines der besten ist das märchenhaft gelegene **La Pelosetta Residence Hotel** (☎ 079 52 71 88; www.lapelosetta.it; HP pro Pers. 60–115 €, 4-Bett-Apt. pro Woche 322–1190 €; ⌚ Mai–Sept.). Sein edles Meerblick-Restaurant (Hauptgerichte 40 €) liegt praktisch mitten auf der Spiaggia della Pelosa. Das Hotel hat unterschiedliche Zimmer (Tagesvermietung) und Selbstversorgerapartments (Wochenvermietung), alle mit Sicht aufs Meer. Wichtig zu wissen: Halbpension ist obligatorisch.

Das ganze Jahr über fahren ARST-Busse von Stintino zum Strand (1 €, 5 Min., Mo–Sa 4-mal tgl., So 3-mal). Im Sommer verkehren noch wesentlich mehr Busse.

Ein Parkplatz innerhalb der blauen Markierungen am Straßenrand schlägt für einen halben Tag mit ungefähr 5 € zu Buche.

Parco Nazionale dell'Asinara

Sardiniens zweitgrößte vorgelagerte Insel (die größte ist die Isola Sant'Antioco), Isola dell'Asinara (Eselsinsel) hat ihren Namen ihrem berühmtesten Bewohner zu verdanken – dem einzigartigen *asino bianco* (weißer Esel). Auf der Insel leben schätzungsweise rund 120 dieser Tiere, zusammen mit rund 80 weiteren Tierarten, darunter Mufflons (wilde Schafe) und Wanderfalken.

Bevor die Insel 1997 zum Nationalpark erklärt wurde, stand hier eines der berüchtigsten Hochsicherheitsgefängnisse Italiens. Die inzwischen geschlossene Haftanstalt war 1885 erbaut worden, zusammen mit einer Quarantänestation für Cholerakranke.

Eine Rundfahrt über die Insel ist nur mit autorisierten Veranstaltern aus Stintino oder Porto Torres (s. S. 153) möglich.

Von Mai bis Ende Oktober gibt's bei **Linea Parco** (☎ 079 52 31 18; Porto Mannu; ⌚ Fahrkartenbüro 9.30–12.30 & 16–19 Uhr) in einem Kiosk nahe der Fähranlegestelle Tickets für Bootsausflüge. Unterschiedliche Ausflüge stehen zur Auswahl; die Standardtour kostet pro Person 36 € (Mittagessen nicht inkl.) und geht um 9 Uhr los.

Agenzia La Nassa (☎ 079 52 00 60; www.escursionia sinara.it; Via Tonnara 35; ⌚ März–Okt. tgl. 8.30–13 & 17–20 Uhr, sonst nur nach Absprache) hat ebenfalls eine Reihe Pauschalpakete im Angebot. Die Preise reichen von 16,50 bis 52 € pro Person. Das billigste, zwischen Juni und September erhältlich, enthält nur die Fahrt mit der Fähre. Auf der Insel können die Passagiere dann innerhalb gekennzeichneter Gebiete nach Lust und Laune herumspazieren oder -radeln. Die teureren Optionen beinhalten Fahrten mit Geländewagen oder Bussen.

Obwohl ein Großteil der Insel für Besucher tabu ist, wie z. B. der Strand **Cala Sant'Andrea** (ein Eiablageplatz für Schildkröten), bekommt man bei den meisten Exkursionen einen guten Überblick. Normalerweise gibt's Badestopps am Strand **Cala d'Oliva** oder am **Punta Sabina**, beide im Norden der Insel.

Bei vielen Touren ist ein Mittagessen nicht inbegriffen. Deshalb sollten Teilnehmer entweder Proviant mitbringen oder zur Cala D'Oliva gehen, wo es ein Restaurant gibt.

ALGHERO

40 600 Ew.

Für viele ist eine Reise nach Sardinien gleichbedeutend mit einer Reise nach Alghero. Es ist der wichtigste Urlaubsort im Nordwesten und von vielen europäischen Städten per Direktflug erreichbar. Die Stadt ist zwar sehr touristisch, sie hat es aber geschafft, die schlimmsten Auswüchse zu umschiffen und sich einen eigenen Charakter zu bewahren. Lange Zeit war die Stadt ein wichtiger Fischereihafen, und auch heute noch liefert der Fischfang einen unverzichtbaren Beitrag zur Wirtschaft der Region. Feinschmecker kommen hier nicht zu kurz: Der Hummer von Alghero ist eines der kulinarischen Highlights der Insel.

Im Zentrum des Stadtlebens steht die malerische Altstadt, eine der besterhaltenen auf Sardinien. Das historische Zentrum ist ein kunterbuntes Labyrinth aus engen schattigen Pflastersteingassen, *palazzi* im spanisch-gotischen Stil und Straßencafés, und das Ganze wird umgrenzt von robusten, honigfarbenen Ufermauern. In der Marina unterhalb der Altstadt drängen sich Yachten; Richtung Norden erstreckt sich ein Bogen langer Sandstrände. Über allem schwebt eine unverkennbar spanische Atmosphäre, ein Überbleibsel aus der Zeit, als die Stadt eine spanische Kolonie war. Selbst heute noch, mehr als drei Jahrhunderte nach Abzug der Iberer, wird hier noch Katalanisch gesprochen, und Straßenschilder und Speisekarten sind oft zweisprachig.

GESCHICHTE

Die für damalige sardische Verhältnisse moderne Stadt L'Alguerium (benannt nach Algen, die am Ufer angeschwemmt wurden) war im 11. Jh. ursprünglich ein Fischerdorf. Ihre genuesischen Gründer hatten die Siedlung aufgrund ihrer strategisch wichtigen Position wachsam im Auge, und abgesehen von einem kurzen pisanischen Intermezzo in den 1280er-Jahren behielten sie bis Mitte des 14. Jhs. die Kontrolle.

Alghero leistete heftigen Widerstand gegen die katalanisch-aragonesische Invasion auf Sardinien im Jahr 1323, gab sich aber schließlich 1353, nach 30 Jahren Kampf, den spanischen Invasoren geschlagen. Katalanische Siedler wurden dazu ermutigt, sich hier niederzulassen, und nach einer Revolte im Jahr 1372 wurden die noch verbliebenen Sarden vertrieben und im Binnenland angesiedelt. Von nun an war Alghero durchweg katalanisch und nannte sich Alguer.

Unter den aragonesischen und anschließend spanischen Herren blieb die Siedlung ein wichtiger Versorgungshafen. 1501 wurde ihr das Recht einer Stadt zugesprochen und ein wichtiges Ereignis versetzte die Bewohner in helle Aufregung. Der Kaiser des Heiligen Römischen Reiches Deutscher Nationen (und König von Spanien) Karl V. hielt im Jahr 1541 Einzug, um von hier aus einen Feldzug gegen nordafrikanische Seeräuber anzuführen. Die Entdeckung Amerikas war für Alghero leider eine schlechte Nachricht, denn es verlor dadurch schnell seine Bedeutung als Handelshafen.

1720 ging die Stadt an das Haus Savoyen, und um 1920 betrug die Einwohnerzahl knapp über 10 000. Die erheblichen Bombenschäden von 1943 und der Beginn des Tourismus in den späten 1960er-Jahren hatten einen wahren Bauboom zur Folge. Das Resultat ist heute eine moderne neue Stadt, die auf den Wurzeln des historischen Zentrums emporsprießt.

ORIENTIERUNG

Algheros Altstadt liegt auf einer kleinen Landspitze, die ins Meer hinausragt. Dahinter und an der Küste in Richtung Norden breitet sich die moderne Stadt aus. An der Küstenstraße nach Süden sind einige der eleganteren Hotels und ein paar gut besuchte Sommerbars angesiedelt. Algheros Strände erstrecken sich aber nach Norden; dort gibt es Mietshäuser, Hotels und einen Campingplatz. Die Intercity-Busse halten an der Via Catalogna, am Rande der Altstadt. Der Bahnhof liegt rund 1 km weiter nördlich an der Via Don Minzoni.

PRAKTISCHE INFORMATIONEN

Buchläden

Il Labirinto (Karte S. 164; ☎ 079 98 04 96; Via Carlo Alberto 119) Ein kleiner Laden mit einer guten Auswahl an Büchern (überwiegend auf Italienisch) zu sardischen Themen.

Libreria Ex Libris (Karte S. 164; Via Carlo Alberto 2) Führt Kunstbände, Landkarten und Reiseführer.

Geld

Überall in der Stadt gibt es Banken mit Geldautomaten.

Banca Carige (Karte S. 164; Via Sassari 13) Hat einen Geldautomaten.

Banca di Sassari (Karte S. 164; Via La Marmora)

Internetzugang

Bar Miramare (Karte S. 164; ☎ 079 973 10 27; Via Gramsci 2; pro Std. 5 €; 🕓 8.30–13 & 16.30–2 Uhr)

Poco Loco (Karte S. 164; Via Gramsci 8; pro Std. 5 €; 🕓 19–1 Uhr) Ein Konzertveranstaltungsort mit drei Computern und einer Bowlingbahn.

Medizinische Versorgung

Farmacia Bulla (Karte S. 164; ☎ 079 95 21 15; Via Garibaldi 13)

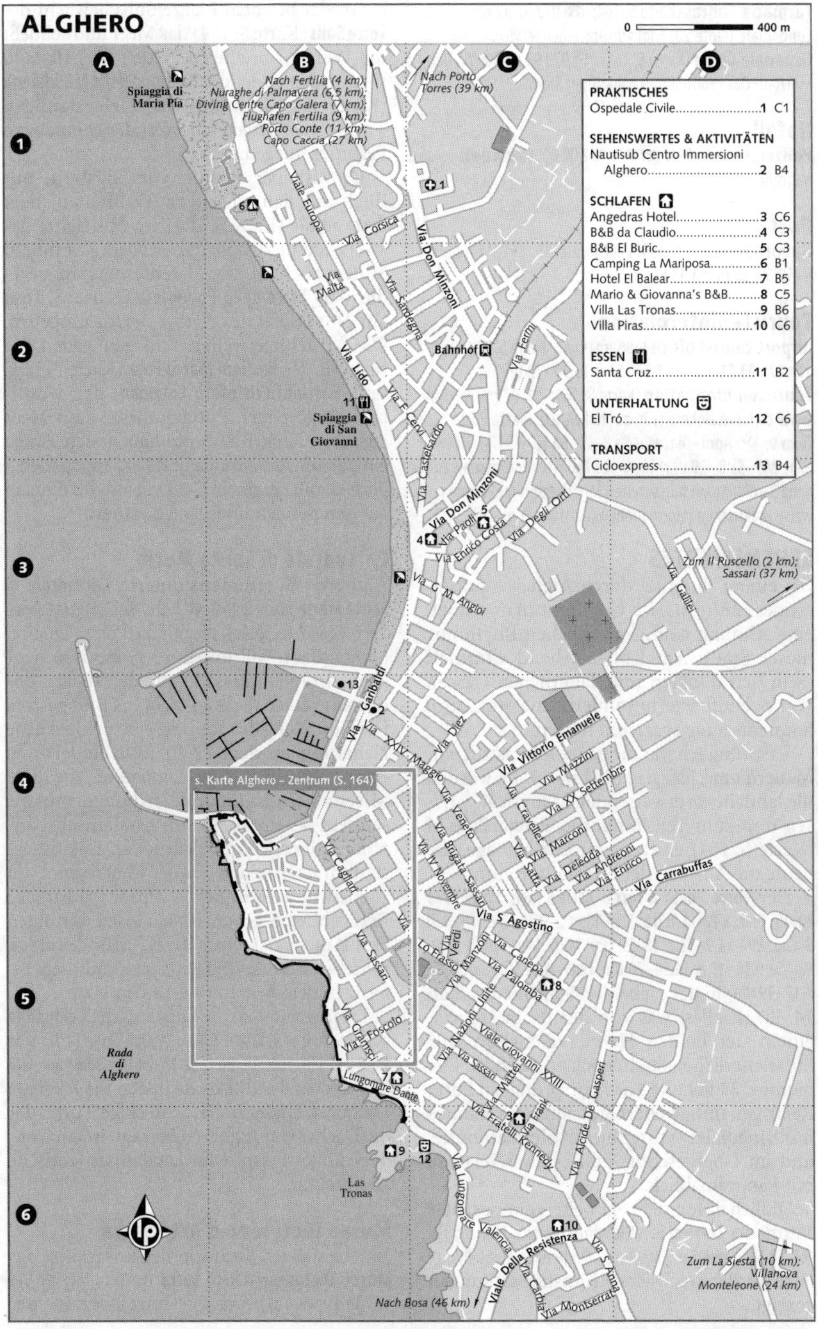

SASSARI & DER NORDWESTEN

Farmacia Cabras (Karte S. 164; ☎ 079 97 92 60; Lungomare Dante 20) Englischsprachiger Service.
Ospedale Civile (Karte S. 161; ☎ 079 99 62 00; Via Don Minzoni) Das größte Krankenhaus der Stadt.

Nofall
Polizei (Karte S. 164; ☎ 079 972 00 00; Piazza della Mercede 4)

Post
Hauptpost (Karte S. 164; Via Carducci 35; ⌚ Mo–Fr 8–18.50, Sa bis 13.15 Uhr)

Touristeninformation
Airport tourist office (außerhalb der Karte S. 161; ☎ 079 93 51 50; ⌚ 8.30–13 & 15.30–22 Uhr)
Touristeninformation (Karte S. 164; ☎ 079 97 90 54; www.comune.alghero.ss.it, auf Italienisch; Piazza Porta Terra 9; ⌚ April–Okt. Mo–Sa 8–20, So 10–13 Uhr, Nov.–März Mo–Sa 8–20 Uhr) Die beste Touristeninformation auf ganz Sardinien mit hilfsbereiten Mitarbeitern und tonnenweise praktischen Informationen (auch auf Englisch).

SEHENSWERTES
Bei einem Bummel durch Algheros pulsierendes *centro storico* bekommt man schnell eine Ahnung vom gemächlichen Rhythmus dieser Stadt. Am frühen Abend wimmelt es in den dunklen mittelalterlichen Gassen von Schaufensterbummlern, die stolz ihre Sonnenbräune spazieren führen.

Ursprünglich war die ganze Innenstadt von Mauern umschlossen. Aber im 19. Jh. wurden die landeinwärts weisenden Mauern abgerissen und zum Teil durch die **Giardini Pubblici** (Karte S. 164) ersetzt, eine Grünanlage, die heute die Alt- von der Neustadt trennt.

Der **Torre Porta a Terra** (Karte S. 164; ☎ 079 973 40 45; Piazza Porta Terra; Erw./Kind 2,50/1,50 €; ⌚ Juli & Aug. Mo–Sa 9–13 & 18–23 Uhr, Mitte Mai–Juni & Sept. Mo–Sa 9.30–13 & 16.30–20 Uhr, Okt.–März Mo–Sa 10–13 & 17–19 Uhr) in der Nähe der Giardini aus dem 14. Jh. ist alles, was von der Porta a Terra, einem der beiden Hauptzugangstore zur mittelalterlichen Stadt, noch erhalten ist. Der plumpe, 23 m hohe Turm, ursprünglich Porta Reial genannt, beherbergt jetzt ein kleines multimediales Museum für Heimatkunde, und im Obergeschoss gibt es eine Terrasse mit Panoramablick.

Südlich davon steht ein weiterer imposanter Turm, der **Torre di San Giovanni** (Karte S. 164; ☎ 339 468 77 54; Largo San Francesco; ⌚ je nach Ausstellung). Hier werden wechselnde Kunstausstellungen gezeigt.

An der belebten Piazza Sulis bewacht der **Torre Sulis** (Karte S. 164) das Meer und schließt die Wehrturmreihe im Süden der Altstadt. Im Norden bildet die **Bastione della Maddalena** (Karte S. 164) mit ihrem gleichnamigen Turm den einzigen Überrest der ehemaligen Festungsanlagen.

Unmittelbar westlich der Bastion, mit Blick auf den wuseligen Yachthafen, liegt **Porta a Mare** (Karte S. 164), im Mittelalter das zweite Stadttor Algheros. Bei dem Tor führen Stufen hoch zu den Hafenfestungsmauern, die den **Torre della Polveriera** (Karte S. 164) am Nordzipfel des *centro storico* umgeben. Die Mittelmeerwellen schlagen gegen die Mauern der **Bastioni Marco Polo** (Karte S. 164) und **Bastioni Cristoforo Colombo**, der westlichen Stadtmauer. Entlang dieser zum Meer ausgerichteten Bollwerke haben sich einige einladende Restaurants und Bars angesiedelt – perfekt, um bei einem Cocktail mit der Kamera auf den Sonnenuntergang zu lauern.

Cattedrale di Santa Maria
Algheros überdimensionierte **Cattedrale di Santa Maria** (Karte S. 164; ☎ 079 97 92 22; Piazza Duomo; ⌚ 7–12 & 17–19.30 Uhr), die auf die Piazza Duomo herabschaut, will mit ihrer pompösen neoklassizistischen Fassade und den dicken dorischen Säulen nicht so recht ins Bild passen. Die Gestaltung der Fassade, eine unglückliche Neuerung aus dem 19. Jh., war die letzte in einer langen Reihe von Umbauten, die diese Mischmasch-Kathedrale erdulden musste, seitdem sie im 16. Jh. im katalanisch-gotischen Stil errichtet worden war. Das Innere stammt überwiegen aus der Renaissance, im 18. Jh. wurden aber noch ein paar spätbarocke Extras hinzugegeben. Kostenlose Führungen (auf Italienisch) durch die Kathedrale finden zwischen Februar und September montags bis freitags zwischen 10 und 13 Uhr statt.

Interessanter ist die katalanische **Campanile** (Karte S. 164; Erw./Kind 2 €/frei; ⌚ Juli–Aug. Di, Do & Sa 19–21.30 Uhr, Sept. Di, Do & Sa 17–20 Uhr, sonst nur nach Absprache) an der Rückseite in der Via Principe Umberto. Dieser hohe, achteckige Turm, der die Dächer von Alghero überragt, ist ein wunderschönes Beispiel für katalanisch-gotische Architektur.

Museo Diocesano d'Arte Sacra
Im ehemaligen Oratorio del Rosario ist das **Museo Diocesano d'Arte Sacra** (Karte S. 164; ☎ 079 973 30 41; www.algheromuseo.it; Piazza Duomo; Erw./erm.

3/2 €; ganzjährig Do–Di 10–12.30 & April, Mai, Ende Sept. & Okt. 17–20 Uhr, Juni & Anfang Sept. 18–21 Uhr, Juli & Aug. 18.30–21.30 Uhr) untergebracht. Hier werden die religiösen Kunstschätze der Kathedrale aufbewahrt, darunter Exponate aus Silber, Statuen, Gemälde und Holzschnitzereien. Gruselig ist die Reliquie, die angeblich von einem der *innocenti* (Neugeborenen, die Herodes auf der Suche nach dem Christuskind massakrieren ließ) stammt. Der winzige Schädel kann dem Betrachter schon einen Schauer über den Rücken jagen, aber dem aus Alghero stammenden Künstler Francesco Pinna, der ihn im 16. Jh. von einem römischen Kardinal geschenkt bekam, hat er offenbar gefallen.

Piazza Civica

Die Piazza Civica, gleich hinter der Porta a Mare (Meerestor) an der Nordostspitze des *centro storico,* ist Algheros Ort zum Sehen und Gesehenwerden. In früheren Zeiten war dies das verwaltungstechnische Herz der mittelalterlichen Stadt. Aber wo einst spanische Adelsleute zusammenkamen, um die Staatsgeschäfte des Kaiserreiches zu besprechen, versammeln sich heute Touristen, um die Auslagen der eleganten Juweliergeschäfte zu studieren, Eiscreme zu essen und im nobelsten Café der Stadt zu sitzen. Das Caffè Costantino nimmt das Erdgeschoss des gotischen **Palazzo d'Albis** (Karte S. 164) ein, wo 1541 der spanische Kaiser Karl V. abgestiegen war.

Chiesa di San Francesco

Im Gegensatz zu der pompösen Kathedrale ist die **Chiesa di San Francesco** (Karte S. 164; ☎ 079 97 92 58; Via Carlo Alberto; 7.30–12 & 17–20.30 Uhr) ein Musterbeispiel für harmonische Architektur. Sie versteckt sich hinter einer schmucklosen Steinfassade und wurde ursprünglich im 14. Jh. nach einem katalanisch-gotischen Entwurf erbaut. Später, nachdem sie 1593 teilweise eingefallen war, bekam sie ein erfolgreiches Renaissance-Facelifting. Besondere Beachtung verdienen der aus dem 18. Jh. stammende bunte Marmoraltar und die ungewöhnliche Holzskulptur eines ausgemergelten, an eine Säule gefesselten Christus, die aus dem 17. Jh. stammt.

Durch die Sakristei geht es in einen herrlichen Kreuzgang aus dem 14. Jh. Seine 22 Säulen sind mit einer Reihe von Arkaden verbunden. Der helle Sandstein, der für die Säulen und Gänge verwendet wurde, verleiht dem Ganzen eine warme Note und macht die Anlage zu einer wunderbaren Kulisse für Sommerkonzerte.

Chiesa di San Michele

Ein Stück weiter an der Via Carlo Alberto, der *carrer major* (Hauptstraße) in der mittelalterlichen Stadt, steht die **Chiesa di San Michele** (Karte S. 164; ☎ 079 97 92 34; Mo–Sa 30 Min. vor der Messe um 19, So 9 & 19 Uhr). Sie ist bekannt für ihre Majolikakuppel – typisch für die Kirchen in Valencia, das früher auch zum katalanischen Territorium gehörte. Die jetzigen Kacheln wurden in den 1960er-Jahren angebracht, aber das tut der Schönheit der Kirche keinen Abbruch.

Kurz vor der Kirche überquert man die Via Gilbert Ferret. Diese Kreuzung ist als *quatre cantonades* (vier Seiten) bekannt. Jahrhundertelang fanden sich hier Tagelöhner in der Hoffnung auf Arbeit ein.

AKTIVITÄTEN

Am Hafen starten Bootstrips und führen entlang der faszinierenden Nordküste zum Capo Caccia (S. 174) und zum grandiosen Höhlenlabyrinth Grotta di Nettuno (S. 174). Zahlreiche Anbieter haben Tagesausflüge mit Zwischenstopps zum Angeln und Schwimmen im Programm (die Preise liegen bei etwa 40 bis 100 € pro Person), aber wer einfach nur zu den Höhlen und wieder zurückfahren möchte, ist mit der **Navisarda-Fähre** (Karte S. 164; ☎ 079 95 06 03; Rückfahrkarte Erw./Kind 14/7 €, Eintrittsgebühr zur Höhle nicht inkl.) besser bedient. Sie legt von Juni bis September stündlich zwischen 9 und 17 Uhr ab, das restliche Jahr über viermal täglich.

Eine Handvoll Unternehmen in Alghero organisiert Tauchgänge, darunter **Nautisub Centro Immersioni Alghero** (Karte S. 161; ☎ 079 95 24 33; www.nautisub.com; Via Garibaldi 45). Dieser Anbieter bietet Tauchtouren (ab 38 €), Schnorcheltouren (25 €) und Ausrüstungsverleih (25 € für Sauerstoffflasche, Regulator, Jacke und Bleigürtel) sowie unterschiedliche Bootsausflüge. Ein paar Kilometer außerhalb von Alghero, ausgeschildert an der Hauptstraße nach Capo Caccia, befindet sich das **Diving Centre Capo Galera** (außerhalb der Karte S. 161; ☎ 079 94 21 10; www.capogalera.com; Localita Capo Galera). Es ist in einer großen weißen Villa auf einem Felsvorsprung mit Panoramablick untergebracht. Angeboten werden Tauchgänge und Kurse aller Schwierigkeitsstufen, aber ein

ALGHERO – ZENTRUM

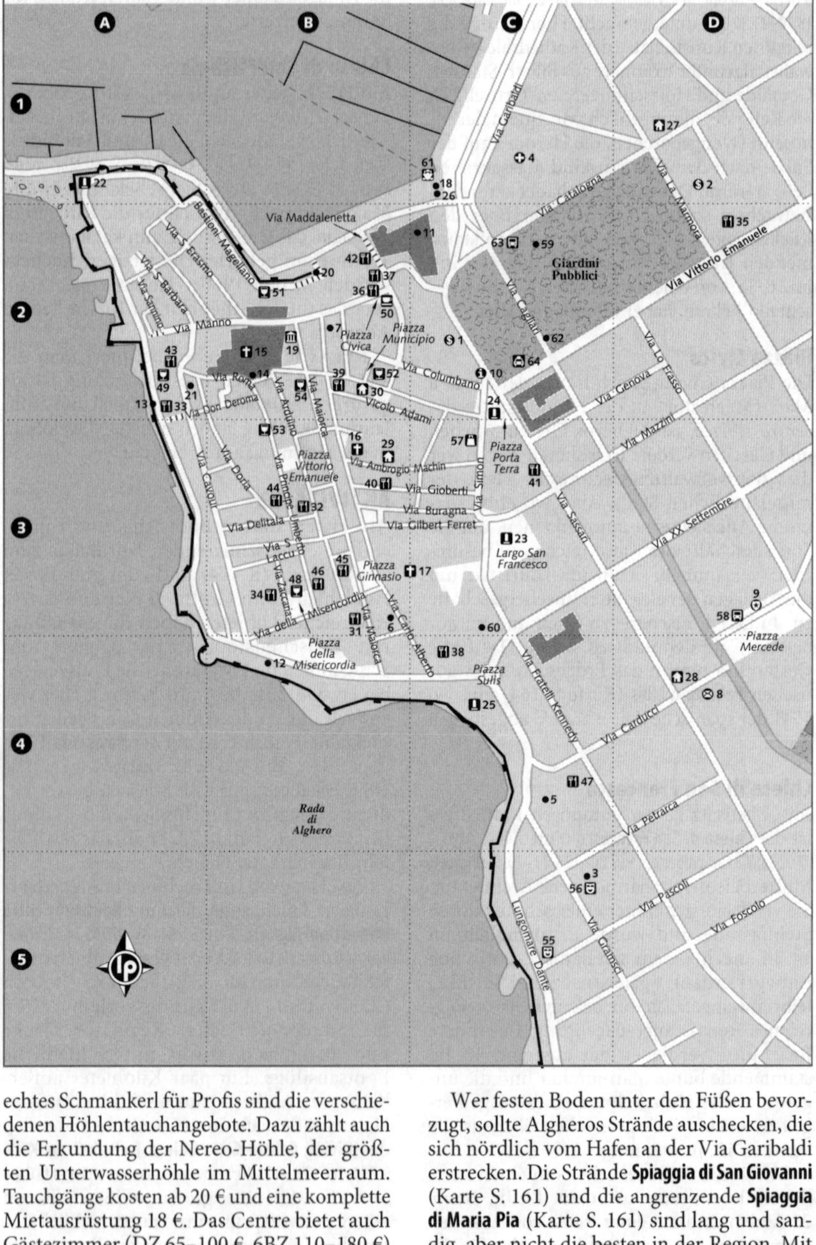

echtes Schmankerl für Profis sind die verschiedenen Höhlentauchangebote. Dazu zählt auch die Erkundung der Nereo-Höhle, der größten Unterwasserhöhle im Mittelmeerraum. Tauchgänge kosten ab 20 € und eine komplette Mietausrüstung 18 €. Das Centre bietet auch Gästezimmer (DZ 65–100 €, 6BZ 110–180 €) und hervorragende Barbecue-Dinner.

Wer festen Boden unter den Füßen bevorzugt, sollte Algheros Strände auschecken, die sich nördlich vom Hafen an der Via Garibaldi erstrecken. Die Strände **Spiaggia di San Giovanni** (Karte S. 161) und die angrenzende **Spiaggia di Maria Pia** (Karte S. 161) sind lang und sandig, aber nicht die besten in der Region. Mit Abstand hübscher sind Spiaggia Bombarde

PRAKTISCHES	Torre Porta a Terra ... **24** C2	**AUSGEHEN**
Banca Carige ... **1** C2	Torre Sulis ... **25** C4	Baraonda ... **48** B3
Banca di Sassari ... **2** D1	Trenino Catalano ... **26** C1	Buena Vista ... **49** A2
Bar Miramare ... **3** C5		Caffè Constantino ... **50** B2
Farmacia Bulla ... **4** C1	**SCHLAFEN**	Caffè Latino ... **51** B2
Farmacia Cabras ... **5** C4	Hotel Catalunya ... **27** D1	Diva Caffè ... **52** B2
Il Labirinto ... **6** B3	Hotel La Margherita ... **28** D4	Jamaica Inn ... **53** B3
Libreria Ex Libris ... **7** B2	Hotel San Francesco ... **29** B3	Mill Inn ... **54** B2
Hauptpost ... **8** D4	Mamajuana ... **30** B2	
Poco Loco ... (s. 56)		**UNTERHALTUNG**
Polizei ... **9** D3	**ESSEN**	L'Arca ... **55** C5
Touristeninformation ... **10** C2	Al Tuguri ... **31** B3	Poco Loco ... **56** C5
	Andreini ... **32** B3	
SEHENSWERTES & AKTIVITÄTEN	Angedras Restaurant ... **33** A2	**SHOPPEN**
Bastione della Maddalena ... **11** C2	Borgo Antico ... **34** B3	Enodolciaria ... **57** C3
Bastioni Cristóforo Colombo ... **12** B4	Euro Spin Supermarkt ... **35** D2	Marogna ... (s. 50)
Bastioni Marco Polo ... **13** A2	Gelateria Arcobaleno ... **36** B2	
Campanile ... **14** B2	Il Ghiotto ... **37** B2	**TRANSPORT**
Cattedrale di Santa Maria ... **15** B2	Il Pavone ... **38** C4	Flughafenbus-Endhaltestelle ... **58** D3
Chiesa di San Francesco ... **16** B3	Il Refettorio ... **39** B2	ARST- & FdS-Bus-Ticketschalter ... **59** C2
Chiesa di San Michele ... **17** C3	La Cueva ... **40** B3	Avis ... **60** C3
Pferd-und-Wagen-Touren ... **18** C1	Markt ... **41** C3	Boote zur Grotta del Nettuno (Traghetti Navisarda) ... **61** C1
Museo Diocesano d'Arte Sacra .. **19** B2	Nettuno ... **42** B2	Floridea (Bustickets) ... **62** C2
Palazzo d'Albis ... (s. 50)	Osteria Macchiavello ... **43** A2	Intercity-Bushaltestelle ... **63** C2
Porta a Mare ... **20** B2	Osteria Taverna Paradiso ... **44** B3	Taxistand ... **64** C2
Stroll & Speak ... **21** A2	Pata Pizza ... **45** B3	
Torre della Polveriera ... **22** A1	Spaghetteria Al Solito Posto ... **46** B3	
Torre di San Giovanni ... **23** C3	Trattoria Maristella ... **47** C4	

und Spiaggia del Lazzaretto, beide hinter dem Flughafen Fertilia, und beide mit einem Regionalbus erreichbar (s. S. 171). In Alghero kann man am Strand Sonnenschirme und Liegestühle für ungefähr 8 € pro Tag ausleihen, außerdem Windsurferbretter (10 €) und Kanus (10 €). Die Buslinie AO bedient den Strand in ganzer Länge.

In der Gegend gibt es verschiedene Anbieter von Reitausflügen; die Touristeninformation hat eine Liste mit Details. Über den Daumen gepeilt kostet ein Ausritt ab 15 bis 20 € pro Stunde.

KURSE

Bei **Stroll & Speak** (Karte S. 164; ☎ 339 489 93 14; www.strollandspeak.com; Via Cavour 4; ⌚ Mo–Sa 9–13 & 14.30–20 Uhr), einer renommierten Sprachschule in der Altstadt, kann man sein Italienisch aufpolieren lassen. Einzelunterricht schlägt mit 200 € (10 Std.), 285 € (15 Std.) oder 360 € (20 Std.) pro Woche zu Buche.

GEFÜHRTE TOUREN

Eltern können quengelnde Sprösslinge mit einer **Pferd-und-Wagen-Tour** (Karte S. 164; ☎ 079 97 69 27; Erw./2–10 J. 5/3,50 €; ⌚ Juli & Aug. 10–23 Uhr, April–Juni, Sept. & Okt. bis 20.30 Uhr) durch die Altstadt besänftigen. Tickets für die 25 Minuten lange Exkursion gibt's am Startpunkt der Fahrten, auf der Hafenseite der Bastione della Maddalena.

Der **Trenino Catalano** (Karte S. 164; Erw./unter 8 J. 5/3 €; ⌚ Juli & Aug. 10–13 & 16.30–23 Uhr, April–Juni & Sept. 10–13 & 15.30–21 Uhr) ist eine Minibahn, die durch die Innenstadt zuckelt. Abfahrt ist halbstündlich am Hafen; Tickets gibt's an Bord.

Infos zu Bootstouren s. Aktivitäten S. 163.

FESTE & EVENTS

Alghero hat einen rappelvollen Fest- und Eventkalender. Am meisten ist im Frühling und Sommer los.

Februar

Sagra del Bogamarì Die Einwohner von Alghero erweisen der unspektakulären Seegurke ihre Referenz, indem sie ganze Berge der stachligen Viecher vertilgen. Das Ganze dauert von Ende Januar bis in den Februar hinein.

Carnevale Am *martedì grasso* (Fettiger Dienstag) wird mit viel Hallo eine als französischer Soldat verkleidete Puppe (der *pupazzo*) auf dem Scheiterhaufen verbrannt.

März/April

Karwoche/Ostern Figuren von Christus und der Jungfrau Maria werden durch die Stadt getragen und die *Misteri* (die Passion Christi) und *Incontru* (Die Begegnung der Jungfrau mit Christus) werden effektvoll in Szene gesetzt.

Juli/August

Estate Musicale Internazionale di Alghero (Internationaler Musiksommer) Den ganzen Juli und August hindurch finden in der Chiesa di San Francesco und an anderen Veranstaltungsorten im Freien Klassikkonzerte statt.

Ferragosto (Mariä Himmelfahrt) Am 15. August legt sich Alghero mit Feuerwerken, Bootsrennen und Musik mächtig ins Zeug.

SCHLAFEN

Die Unterkünfte in Alghero sind größtenteils auf den Sommerbetrieb eingestellt und viele Häuser schließen im Winter, normalerweise zwischen November und Februar. Reservierungen sind das ganze Jahr über ratsam, aber im Juli und August geht ohne Voranmeldung gar nichts. Die Touristeninformation gibt eine umfangreiche Liste mit Unterkünften heraus, online unter www.comune.alghero.ss.it/alghero_turismo/dormire.htm einsehbar.

Budgetunterkünfte

Nur ganz wenige Hotels haben Individualreisende mit kleinem Geldbeutel im Visier. Deshalb schaut man sich am besten nach einem B&B oder Selbstversorgerapartment um, von denen es in der Stadt einige gibt. Ein Klick auf den Link „Bed & Breakfast" auf der oben genannten Website führt zu einer kompletten Auflistung.

Camping La Mariposa (außerhalb der Karte S. 161; ☎ 079 95 03 60; www.lamariposa.it; Via Lido 22; Pers./Zelt/Auto 11/13/4 €, 4-Pers.-Bungalows 47–78 €; 🕑 April–Okt.; 💻) Rund 2 km nördlich der Innenstadt liegt dieser Campingplatz, direkt am Strand zwischen Pinien und Eukalyptusbäumen. Dieser Lage sowie den hervorragenden Einrichtungen, darunter Windsurfingschule und Tauchzentrum, verdankt er seine Popularität.

B&B da Claudio (Karte S. 161; ☎ 079 98 42 36; http://web.tiscali.it/b_and_b_da_claudio; Via Don Minzoni 7; EZ 22–32 €, DZ 44–64 €) Das freundliche, preisgünstige B&B ist in einem modernen Apartment in Hafennähe untergebracht. Die Ausstattung ist alles andere als überwältigend, aber die drei Gästezimmer, von denen sich zwei ein Bad teilen, sind gemütlich und sauber, und die Strandlage ist praktisch.

Mario & Giovanna's B&B (Karte S. 161; ☎ 339 890 35 63; www.marioandgiovanna.com; Via Canepa 51; DZ/3BZ/4BZ 55/65/70 €, Apt. pro Pers. 50–70 €) Fröhlich kunterbunt eingerichtetes B&B mit viel Krimskrams, Gemälden und Giovannas liebevoll gepflegter Sammlung englischen Porzellans. Die drei sonnigen Zimmer samt kleinem Hofgarten liegen im langweiligeren modernen Teil der Stadt, rund 15 Minuten zu Fuß vom historischen Zentrum entfernt. Mario vermietet auch Apartments für Selbstversorger.

Ebenfalls zu empfehlen:

Mamajuana (Karte S. 164; ☎ 339 136 97 91; www.mamajuana.it; Vicolo Adami 12; EZ 40–60 €, DZ 60–90 €) Das vollgestopfte B&B im *centro storico* punktet eher mit seiner Lage als mit Luxus.

B&B El Buric (Karte S. 161; ☎ 079 989 20 19; www.alghero-sardegna.com; Via Enrico Costa 26; Zi. 60–80 €; Ⓟ) Sommer-B&B unweit vom Strand in einer Wohnung im 6. Stock.

Mittelklassehotels

Villa Piras (Karte S. 161; ☎ 079 97 83 69; www.villapiras.it; Viale della Resistenza 10; EZ 55–77 €, DZ 75–100 €; ❄) Die Villa Piras ist eines der wenigen, ganzjährig geöffneten Hotels und liegt rund 15 Minuten südwestlich vom *centro storico*. Die schlichten, geräumigen Zimmer haben einfaches Mobiliar und cremefarbene Wände. Im Sommer wird das Frühstück auf einer kleinen Veranda im Freien serviert. Klimaanlage kostet 7 € extra.

Hotel San Francesco (Karte S. 164; ☎ 079 98 03 30; www.sanfrancescohotel.com; Via Ambrogio Machin 2; EZ 45–70 €, DZ 70–105 €; ❄) Wer ein Zimmer im einzigen Hotel in Algheros *centro storico* beziehen möchte, muss frühzeitig buchen. Die Zimmer in einem ehemaligen Kloster – die Mönche wohnen immer noch im 3. Stock – sind schnörkellos, aber angenehm: weiße Wände, Möbel aus Pinienholz und braun gekachelte Fußböden. Wenn möglich, sollte man sich ein Zimmer mit Blick auf die mittelalterlichen Kreuzgänge sichern.

LP Tipp **Angedras Hotel** (Karte S. 161; ☎ 079 973 50 34; www.angedras.it; Via Frank 2; EZ 53–68 €, DZ 75–110 €; ❄ 💻) Ein weiß getünchtes Mittelmeerhotel, wie es im Buch steht. Das Angedras hat kühle, relaxte Zimmer mit großen Flügeltüren, die auf sonnige Veranden hinausgehen. Die schicke Terrasse, auf der im Sommer das Frühstück serviert wird, ist ein herrlicher Ort für eisgekühlte Getränke an heißen Sommerabenden. Gäste erhalten im gleichnamigen Restaurant an der Bastioni Marco Polo (s. gegenüber 10 % Rabatt.

Hotel El Balear (Karte S. 161; ☎ 079 97 52 29; www.hotelelbalear.it; Lungomare Dante 32; EZ 58–79 €, DZ 86–130 €, HP pro Pers. 68–88 €; 🕑 März–Okt.; ❄) Eine Lage direkt am Meer kostet meist ein bisschen mehr, und da macht dieses kastenförmige Drei-Sterne-Hotel keine Ausnahme. Das Haus wirkt geschäftig und belebt; die Zimmer sind mit allem Notwendigen versehen, aber etwas klein. Der freundliche Service und der Meerblick entschädigen für kleinere Unvollkommenheiten.

Hotel La Margherita (Karte S. 164; ☎ 079 97 90 06; www.hotellamargherita.it; Via Sassari 70; EZ 60–80 €, DZ 80–115 €, mit Ausblick 15 € extra; P) La Margherita hat schon bessere Tage gesehen, doch hinter den wenigen negativen Aspekten verbirgt sich ein liebenswertes Hotel. Von den Decken baumeln tropfenförmige Kronleuchter (mit Energiesparlampen), die luftigen, geräumigen Zimmer sind mit Antiquitäten ausstaffiert, und das Frühstück wird auf einer Terrasse mit herrlichem Rundumblick aufgefahren. Ein Parkplatz kostet 7 €.

Spitzenklassehotels

Hotel Catalunya (Karte S. 164; ☎ 079 95 31 72; www.hotelcatalunya.it; Via Catalogna 20; EZ 90–138 €, DZ 120–196 €; P) Das große Businesshotel überragt die Giardini Pubblici und hat alle Annehmlichkeiten zu bieten, aber wenig Charakter. Uniformierte Mitarbeiter nehmen die Gäste in der feinen, mit Keramikfliesen ausgekleideten Lobby in Empfang und geleiten sie in weiße Zimmer, die mit schlichten blauen Möbeln eingerichtet sind.

Villa Las Tronas (Karte S. 161; ☎ 079 98 18 18; www.hotelvillalastronas.it; Via Lungomare Valencia 1; EZ 120–230 €, DZ 170–398 €; P) Dieses umwerfende Hotel in einem Jugendstil-Palast aus dem 19. Jh., dem ehemalige Ferienhaus italienischer Adliger, liegt inmitten seiner eigenen gepflegten Grünanlage auf einer privaten Landzunge. Die Zimmer sind pures fin de siècle mit massenweise Brokat, eleganten Antiquitäten und stimmungsvollen Ölgemälden. Ein Beauty-Zentrum samt Schwimmbad, Hammam, Massage- und Fitnessraum macht das Ganze noch luxuriöser.

ESSEN

Meeresfrüchte sind Trumpf im Fischerhafen in Alghero, der für seine Sardinen und Langusten berühmt ist. Hummer ist aber nicht billig, deshalb sollte man ihn vor der Bestellung immer abwiegen lassen – auf Speisekarten wird der Preis normalerweise pro Gramm angegeben.

Günstig

Gelateria Arcobaleno (Karte S. 164; Piazza Civica 34) Eiscreme schmeckt fast überall in Alghero gut, aber wenn man der englischen *Sunday Times* glauben darf, gibt es in dieser winzigen Eisdiele „the best ice cream in town". Wer rauskriegen will, ob das stimmt, reiht sich in die Schlange ein und vertieft sich in eine himmlische Waffel mit Haselnuss und *stracciatella*.

Il Ghiotto (Karte S. 164; ☎ 079 97 48 20; Piazza Civica 23; Hauptgerichte 10–15 €; Di–So) Abgesehen von einigen Stehimbissen ist dies eines der wenigen Lokale in Alghero, wo man schon für 10 € satt werden kann. Um die Mittagszeit öffnet sich der Vorhang für eine verlockende Auswahl an *panini*, Pasta, Salaten und Hauptgerichten. Tische gibt's im Speiseraum hinter der Eingangshalle oder draußen auf einer begehrten Holzterrasse.

Spaghetteria Al Solito Posto (Karte S. 164; ☎ 328 913 37 45; Piazza della Misericordia; Hauptgerichte 15–20 €; Fr–Mi) Nichts für ein gemütliches Endlosdinner, denn der kleine, tonnenförmige Laden ist eines der angesagtesten Speiselokale der Stadt. Um eine schöne Atmosphäre bemüht man sich hier nicht gerade: In der Ecke läuft die Flimmerkiste und das war's auch schon, und das Speisenangebot ist ziemlich limitiert (Pasta mit allen möglichen Saucen). Aber es schmeckt gut und das geschäftige Treiben macht Laune. Reservierung empfohlen.

Ein relativ günstiger Ort für Takeaway-Pizza ist **Pata Pizza** (Karte S. 164; ☎ 079 97 51 77; Via Maiorca 89).

Viele von Algheros stylishen Cafés haben eine nicht zu verachtende Speisekarte, z. B. das Diva Caffè und das Caffè Latino (s. S. 169).

Mittelteuer

Nettuno (Karte S. 164; ☎ 079 97 97 74; Via Maddalenetta 4; Pizzas 7 €, Hauptgerichte um 35 €; Do–Di) Für ein Essen in dieser angesagten Restaurant-Pizzeria mit Blick auf die Marina schmeißt man sich am besten in die edelsten Seemannsklamotten. Der Schwerpunkt liegt eindeutig auf Meeresfrüchten; Spezialitäten sind z. B. *spaghetti alle vongole* (mit Venusmuscheln) und *zuppa di pesce* (Fischsuppe).

Angedras Restaurant (Karte S. 164; ☎ 079 973 50 78; www.angedrasrestaurant.it; Bastioni Marco Polo 41; Mittagsmenü 16 €, Hauptgerichte um 35 €; Mi–Mo) An Algheros honigfarbener Steinfestung zu dinieren ist ein denkwürdiges Erlebnis. Angedras ist eines der besseren Restaurants an der Stadtmauer. Hier kommt überwiegend Traditionelles auf den Tisch, darunter die Krönung der sardischen Fleischgerichte, *porceddu* (Spanferkel).

Osteria Machiavello (Karte S. 164; ☎ 079 98 06 28; Bastioni Marco Polo 57; Fisch/Fleisch 16/18 €, Hauptgerichte um 35 €; Mi–Mo) Dieses Lokal mit Tischen auf der Stadtmauer und Panoramablick ist eine gute Adresse für ein unvergessliches Dinner. Die Speisekarte gibt für fast jeden Geschmack etwas her, z. B. Fleisch vom Grill, auch Pferdefleisch, und eine Reihe klassischer Fischspeisen. Tipp: *zuppa di cozze e vongole* (Suppe aus Muscheln und Krabben).

Trattoria Maristella (Karte S. 164; ☎ 079 97 81 72; Via Fratelli Kennedy 9; Hauptgerichte um 27 €) Urlauber und Einheimische zieht es scharenweise in diese angesagte kleine Trattoria, denn hier gibt's verlässlich leckere Meeresfrüchte – der *insalata di mare* (Meeresfrüchtesalat) ist zum Niederknien – und sardische Spezialitäten wie *culurgiones* (mit Kartoffeln, Pecorino und Minze gefüllte Ravioli). Alles zu sehr fairen Preisen.

Osteria Taverna Paradiso (Karte S. 164; ☎ 079 97 80 07; Via Principe Umberto 29; Hauptgerichte um 30 €; 🕒 Di–So) Käse ist der King in dieser gastfreundlichen, Trattoria ohne viel Schnickschnack. Besitzer und „Käsemeister" Pasquale Nocella liebt Käse und hat großes Vergnügen daran, seine Gäste in die Geheimnisse zahlloser Käsevarianten einzuweihen – eine Käseplatte kostet 16 €. Wer nicht auf Käse steht, hält sich an die hervorragenden Grillfleischgerichte und die herzhafte Pasta.

Il Refettorio (Karte S. 164; ☎ 079 973 11 26; Vicolo Adami 47; Hauptgerichte um 30 €; 🕒 im Winter Di geschl.) Eine Weinstube, in der es Essen gibt, oder ein Restaurant, wo man was trinken kann? Wie dem auch sei, Il Refettorio ist ein schniekes Lokal mit Tischen im Freien unter Arkaden und gewölbeartigem Innenbereich. Pünktlich zum Aperitif füllt es sich mit einem gut gekleideten, stylishen Publikum.

Santa Cruz (Karte S. 161; Via Lido 2; Pizza 6,50–8 €, Hauptgerichte um 30 €; 🕒 Di–So) In diesem flotten spanischen Laden gibt's Pizza, Paella (15 €) und Fleisch vom Grill. Aber mehr noch als das Essen ist es die Strandlage, die für Andrang sorgt. Hin und wieder finden Strandpartys statt. Das verleiht der ohnehin schon aufgeheizten Stimmung noch einen besonderen Pfiff.

La Cueva (Karte S. 164; ☎ 079 97 91 83; Via Gioberti 4; Hauptgerichte 30–35 €; 🕒 Mi–Mo) In dem fröhlichen, winzigen Lokal können die Gäste sich an *paella valenciana* (traditioneller spanischer Paella; 18 €) gütlich tun, ein fester Bestandteil von Algheros kulinarischem Erbe als katalanische Kolonie. Oder man sucht sich etwas aus dem beachtlichen Angebot an Pasta und Fleisch vom Grill aus.

Borgo Antico (Karte S. 164; ☎ 079 98 26 49; Via Zaccaria 12; Hauptgerichte um 35 €; So abends geschl.) Das noble Restaurant ist in einem ehemaligen Kloster untergebracht und hat Sitzgelegenheiten draußen auf einer malerischen Piazza. Berühmt ist es für seine exzellenten Meeresfrüchte, die in Kreationen wie *spaghetti all'aragosta* (Spaghetti mit Langusten; 38 € für zwei Personen) und *triglie al cartoccio* (in Silberfolie gebackene Seebarbe) verarbeitet werden.

Teuer

Al Tuguri (Karte S. 164; ☎ 079 97 67 72; www.altuguri.it; Via Maiorca 113; leckere Menüs veg./Fisch/Fleisch 36/40/40 €; 🕒 Mo–Sa) Rein vegetarisches Essen ist in Sardinien immer noch eine ziemliche Neuheit, und dieser Laden ist der perfekte Ort dafür. In dem intimen, traditionell-rustikal eingerichteten Restaurant wird ein phantasievolles vegetarisches Menü gezaubert. Es gibt aber auch traditionellere Meeresfrüchte und Fleisch. Tischreservierung ist auf jeden Fall ratsam.

Il Pavone (Karte S. 164; ☎ 079 97 95 84; www.ristoranteilpavone.com; Piazza Sulis 3/4; Hauptgerichte um 45 €; 🕒 So mittags geschl.) Das Il Pavone ist der Großvater in Algheros Restaurantszene und hat's immer noch absolut drauf. Das Lokal sieht ziemlich retro aus – die Innenausstattung ist ein uriges Ensemble aus alten Möbeln, Antiquitäten und schweren Gemälden. Aber auf den Tisch kommt eine Mischung aus innovativer sardischer Küche und altmodischen Klassikern.

Andreini (Karte S. 164; ☎ 079 98 20 98; www.ristoranteandreini.it; Via Ardoino 45; Hauptgerichte um 55 €; 🕒 Di–So) In den letzten Jahren hat sich dieses elegante Restaurant in Alghero einen besonderen Ruf als Geschmacksarchitekt für kreative, moderne Cuisine erworben. Unter einem riesigen Feigenbaum stehen Tische, an denen man wunderschön angerichtete Speisen schlemmen kann, die als abenteuerliche Kombinationen aus Obst, frischem Fisch, Fleisch und Kräutern daherkommen.

Selbstversorger

Frische Zutaten für ein Picknick kann man auf Algheros **Lebensmittelmarkt** (Karte S. 164; Eingang Via Sassari 23; 🕒 Mo–Sa 6.30–13.30 & 16.30–20.30 Uhr) zwischen der Via Sassari und Via Cagliari einkaufen. Außerdem gibt's einen **Euro Spin Supermarkt** (Karte S. 164; Via La Marmora 28; 🕒 Mo–Sa 8.30–21.30, So 9–13.30 & 17–21 Uhr) in der Nähe der Giardini Pubblici.

AUSGEHEN

An Trinklokalen mangelt es in Alghero wirklich nicht. Beliebte Kneipengegenden sind z. B. die Strände, die Stadtfestung und die Hafenpromenade südlich vom historischen Zentrum. Im Sommer schließen viele Lokale erst ziemlich spät, normalerweise gegen 2 Uhr.

Baraonda (Karte S. 164; ☎ 079 97 59 22; Piazza della Misericordia; ⏰ 10–2 Uhr) Rote Wände und schwarz-weiße Jazzfotos geben in dieser melancholischen Weinstube den Ton an. Im Sommer kann man sich an einen Tisch draußen auf der Piazza setzen und die Welt an sich vorbeiziehen lassen.

Diva Caffè (Karte S. 164; ☎ 079 98 23 06; Piazza Municipio 1; Cocktails 7 €; ⏰ Mo–Sa 10–24 Uhr) Hier kehren mit Vorliebe flanierende Touristen zum Mittagessen (Pasta 6 €) ein, aber ihr wahres Gesicht zeigt die Diva bei Nacht, wenn die sonnengebräunten Oberen Zehntausend reinschauen, um sich auf dem Platz einen Cocktail zu genehmigen. Im Sommer ist es am Freitag und Samstag bis in die Puppen geöffnet.

Caffè Latino (Karte S. 164; ☎ 079 97 65 41; Bastioni Magellano 10; Cocktails ab 4,80 €; ⏰ Mi–Mo 9–23 Uhr, im Sommer tgl. bis 2 Uhr) Diese schicke Bar auf der Befestigungsanlage oberhalb des Hafens ist ein Sommerklassiker. Der geneigte Gast wählt einen grauen Rattanstuhl und ein Gericht von der umfangreichen Speisekarte und lauscht dann dem Geräusch der in der Meeresbrise klappernden Bootsmasten unten auf dem Wasser.

Caffè Costantino (Karte S. 164; ☎ 079 97 61 54; Piazza Civica 31; ⏰ Do–Di 7.30–24 Uhr) Das an der Vorzeige-Piazza von Alghero gelegene Café ist das stilvollste der Stadt. Es ist auch eines der meistbesuchten; seine Tische am Rand des Platzes ziehen einen permanenten Touristenstrom an. Neben der Getränke- gibt es auch eine ansehnliche Speisekarte. Aber wer einfach nur etwas essen möchte, bekommt in fast jedem anderen Lokal mehr fürs Geld.

Buena Vista (Karte S. 164; Bastioni Marco Polo 47; Cocktails 6,50–8 €; ⏰ 15.30–3 Uhr) Fabelhafte Mojitos, frisch gepresste Fruchtcocktails und überwältigende Sonnenuntergänge – kann man von einer Hafenbar noch mehr verlangen? Der trendige Sound und die höhlenartigen Innenräume verleihen dieser angesagten Bar an der westlichen Stadtmauer das gewisse Etwas.

Weitere Optionen:

Jamaica Inn (Karte S. 164; Via Principe Umberto 57; Cocktails 6 €; ⏰ Di–So) Freundliches Pub, wo u. a. Wein, Bier und Barsnacks (6 €), z. B. Bruschetta, zu haben sind.

Mill Inn (Karte S. 164; Via Maiorca 37; ⏰ Do–Di) Eine gemütliche Kneipe unter Steinarkaden, manchmal mit Livemusik.

UNTERHALTUNG

Wenn der Geräuschpegel in den Bars gegen 1 Uhr zu sinken beginnt, verlegt sich das Geschehen an die Uferpromenade südlich der Altstadt. Im Sommer ist hier bis gegen 4 Uhr früh etwas los.

Livemusik

Poco Loco (Karte S. 164; ☎ 079 973 10 34; Via Gramsci 8; ⏰ 19–1 Uhr) Ein angesagtes Mehrzwecklokal mit Internet, Bier vom Fass, Pizza, Livemusik und einer Kegelbahn im Obergeschoss (Mo geschl.). Der Laden veranstaltet Konzerte für alle möglichen Geschmäcker, aber am besten kommen Jazz und Blues an.

L'Arca (Karte S. 164; ☎ 079 97 79 72; Lungomare Dante 6; ⏰ 8–2 Uhr) Die Bar am südlichen *lungomare* (Hafenpromenade) rockt. Drinnen bringen von Donnerstag bis Samstag DJs die Massen in Wallung, draußen tragen die trinkenden Gäste zur Atmosphäre auf der pulsierenden Hafenpromenade bei.

Clubs

Algheros Nachtleben zieht Clubbesucher aus ganz Nordsardinien an. Am lebendigsten ist die Szene im Sommer, aber auch im Winter ist am Wochenende fast immer irgendwo etwas los. Die größten Clubs liegen fast alle außerhalb der Stadt und der Transport ist ein echtes Problem, es sei denn, man ergattert eine Mitfahrgelegenheit oder möchte rund 35 € für ein Taxi hinlegen. Die Clubs machen erst spät auf, meist gegen Mitternacht. Der Eintritt kostet rund 15 € und schließt manchmal ein Getränk mit ein, manchmal auch nicht.

El Trò (Karte S. 161; ☎ 079 973 30 00; Via Lungomare Valencia 3; ⏰ Di–So 21 Uhr – open end) An heißen Sommerwochenenden verwandelt sich die Disko-Kneipe auf den Felsen in einen dampfenden Vulkan, wenn aufgedrehte Urlauber auf der Tanzfläche am Hafen bis zum Morgengrauen abtanzen.

Il Ruscello (außerhalb der Karte S. 161; ☎ 339 235 07 55; www.ruscellodisco.com, auf Italienisch; SS Alghero–Olmedeo; ⏰ Juli & Aug. jede Nacht, Juni & Sept. Fr & Sa, sonst Sa)

BLUTROTES GOLD

Die roten Mittelmeerkorallen haben die Menschen schon von jeher bezaubert und verhext. Einige glaubten, es handle sich um das versteinerte Blut der Medusa, andere schrieben den Korallen potenzsteigernde und weitere geheimnisvolle Eigenschaften zu oder verarbeiteten sie zu Amuletten.

Die Alghero-Küste südlich vom Capo Caccia heißt zurecht Riviera del Corallo (Korallen-Riviera). Die hier geernteten Korallen sind von höchster Qualität und leuchten in einem dunklen Orangerot. Wegen der starken Strömungen in Ufernähe müssen die Korallenpolypen beim Errichten ihrer kleinen Korallenbäume Schwerstarbeit leisten. Damit sie dem Sog des Meeres standhalten, müssen sie sie hier besonders niedrig und dicht bauen. Die Juweliere von Alghero freuen sich darüber, denn es bedeutet, dass die Korallenbäumchen nur wenige Luftlöcher aufweisen – ein Zeichen guter Qualität bei erstklassigen Korallen.

Korallen sind kostbare Handelsartikel und das Korallenfischen ist streng reguliert – in den letzten zwei Jahren war es sogar verboten. Es ist eine Arbeit, die Hightech-Equipment und Dekompressionskammern erfordert, denn die Korallen werden in 135 m Tiefe geerntet und anschließend an die Schmuckhändler von Alghero verkauft; die Preise variieren je nach Farbe, Qualität und Größe.

Agostino Marogna ist seit vielen Jahren im Geschäft und besitzt den edelsten Korallenladen in Alghero. Seine Musterstücke sind Halsketten mit großen, runden Korallenperlen, deren Anfertigung oft Jahre dauert. Beim Herstellen einer glatten Kugel fallen fast 60 % Abfall an. Da jedes Jahr nur eine bestimmte Menge Korallen zum Verkauf steht, müssen Agostinos Goldschmiede solche Halsketten oft bis zur nächsten Saison beiseitelegen und dann wieder auf die Suche nach Korallen von genau der gleichen Qualität gehen. Eine solche Halskette kann bis zu 30 000 € kosten. Die meisten Stücke in Agostinos Laden sind aber für weniger Geld zu haben, zu Preisen ab rund 100 €. Interessierte finden **Marogna** (Karte S. 164; ☎ 079 98 48 14; Piazza Civica 34) im Palazzo d'Albis.

Il Ruscello, einer der etabliertesten Clubs von Alghero, zieht sardische Top-DJs und ein Insiderpublikum an, das kräftig und ausdauernd zu Pop, House und Oldies feiert. Der Club liegt rund 2 km nordöstlich von Alghero an der Straße nach Olmedo.

La Siesta (außerhalb der Karte S. 161; ☎ 079 98 01 37; www.lasiestadisco.net, auf Italienisch; Localita Scala Piccada; ⌚ Juli & Aug. jede Nacht ab 1 Uhr, Juni Sa) Ein großer Openair-Laden, 10 km außerhalb der Stadt, mit vier Tanzflächen, Mainstreamklängen und einem festen Livemusikprogramm. Bei größeren Events wird manchmal ein Shuttlebus (1,50 €) eingesetzt, der in der Innenstadt von Alghero abfährt.

SHOPPEN

Ein Besuch in Alghero ist ohne einen Schaufensterbummel auf der eleganten Haupteinkaufsmeile Via Carlo Alberto nur eine halbe Sache. Die Altstadtstraßen werden von Geschäften gesäumt, in denen essbare Souvenirs, Designerklamotten und Schmuck aus Algheros berühmten Korallen (s. Kasten oben) verkauft werden.

Enodolciaria (Karte S. 164; ☎ 079 97 97 41; Via Simon 24) Eine kulinarische Schatzkammer. Die Regale biegen sich unter der Last von Flaschen mit sardischem Wein und Olivenöl, hübschen Pastapackungen, in Gläsern eingelegtem Gemüse und Büchsen mit sardischem Thunfisch.

AN- & WEITERREISE

Flugzeug

Algheros Flughafen **Fertilia** (AHO; ☎ 079 93 52 82; www.algheroairport.it) liegt rund 9 km nordwestlich von Alghero. Er wird von verschiedenen Billigfluggesellschaften angeflogen, darunter Ryanair und Air One. Verbindungen bestehen aufs italienische Festland und zu innereuropäischen Zielen wie Barcelona, Birmingham, Dublin, Frankfurt, Liverpool und London.

Nähere Fluginformationen s. S. 249.

Bus

Die An- und Abfahrtstelle der Intercity-Busse liegt an der Via Catalogna bei den Giardini Pubblici. Fahrkartenverkauf am Schalter (Karte S. 164) in den Gärten.

Bis zu 11 Busse (an Wochentagen 15) kommen täglich aus Sassari (2,50–3 € 1 Std.). Auch ARST hat Busse nach Porto Torres (2,50 €, 1 Std., Mo–Fr 8-mal tgl., Sa und So 5-mal tgl.) und Bosa (4,50 €, 1 Std. 35 Min., 2-mal tgl.). Die Bosa-Busse fahren von Villanova Monteleone ins Binnenland, aber es gibt auch einen täglich verkehrenden Bus, der die

Strecke entlang der landschaftlich reizvollen Küstenroute bedient (3 €, 1 Std. 10 Min.).

Es gibt keine direkten öffentlichen Verkehrsverbindungen mit Olbia. Stattdessen muss man nach Sassari fahren und dort mit einem Bus von Turmo Travel (s. S. 149) weiterreisen.

Auto & Motorrad

Die einfachste Route von Sassari führt über die SS291, die in die nach Alghero führende SP19 übergeht. Von Bosa aus stehen zwei Strecken zur Auswahl: Die eine ist die Inlandstrecke SS292 und die andere die SP105 (s. Kasten S. 172), eine der faszinierendsten Küstenstraßen Sardiniens.

Zug

Der Bahnhof (Karte S. 161) liegt 1,5 km nördlich der Altstadt an der Via Don Minzoni. Bis zu elf FdS-Züge verkehren täglich zwischen Alghero und Sassari (2,20 €, 35 Min.).

UNTERWEGS VOR ORT

Die eigenen Beine reichen für eine Erkundung der Altstadt und der meisten anderen Viertel gut aus, aber um zu den Stränden zu kommen, ziehen die meisten Leute eine Busfahrt vor.

Auto & Motorrad

Obwohl es im Sommer hektisch zugehen kann, findet man normalerweise nicht allzu weit von der Innenstadt einen Parkplatz. In den Straßen rings um die Giardini Pubblici kostet das Parken innerhalb der blauen Markierungen 0,70 € für die erste Std., 1 € für die zweite und 1,50 € für die dritte. Ein Parkticket bekommt man bei Parkwächtern, an Automaten oder in *tabacchi*.

Nationale und internationale Mietwagenfirmen haben Schalter am Flughafen Fertilia. **Avis** (Karte S. 164; ☎ 079 93 50 64; Piazza Sulis 9) unterhält auch ein günstig gelegenes Büro in der Stadt.

An einer Hütte an der dem Meer zugewandten Seite der Via Garibaldi vermietet **Cicloexpress** (Karte S. 161; ☎ 079 98 69 50; www.cicloexpress.com; Via Garibaldi) Autos (pro Tag 65 €), Scooter, (55 €) und Fahrräder (8 €).

Bus

Linie AO fährt von der Via Cagliari (via Giardini Pubblici) an die Strände. Regionalbusse bedienen auch Fertilia sowie mehrere Orte jenseits des Flughafens. Diese Busse haben Haltestellen in der Umgebung der Giardini Pubblici. Tickets (0,70 €) gibt's in der Blumenhandlung **Floridea** (Karte S. 164; Via Cagliari 4) im Park und bei den meisten *tabacchi* (Tabakwarenhändler).

Vom/zum Flughafen

Bis zu elf FdS-Busse täglich (0,70 €, 20 Min.) verkehren zwischen dem Flughafen und der Piazza Mercede in der Innenstadt. Zweimal täglich fahren Busse von **Logudoro Tours** (☎ 079 28 17 28) nach Cagliari (20 €, 3½ Std.), Oristano (15 €, 2½ Std.) und Macomer (10 €, 1½ Std.). **Redentours** (☎ 0784 3 14 58; www.redentours.com) bedient mit drei Bussen täglich die Strecke nach Nuoro (20 €, 2¼ Std.); Plätze müssen reserviert werden.

Ein Taxi zum Flughafen kostet um 25 €.

Taxi

Ein **Taxistand** (Karte S. 164) befindet sich an der Via Vittorio Emanuele in der Nähe der Touristeninformation. Telefonisch lässt sich ein Taxi unter 079 989 20 28 rufen.

RIVIERA DEL CORALLO

Von Alghero führt die Küstenstraße nach Norden und macht dann einen reizvollen Abstecher nach Westen. Dabei passiert sie Fertilia, einen bescheidenen Badeort, und Porto Conte, eine ausgedehnte Bucht voller Hotels und unauffälliger Villen. Am Ende der Straße liegt Capo Caccia, eine Landspitze, die in ertser Linie für ihren faszinierenden Höhlenkomplex Grotta di Nettuno berühmt ist. Die Strecke führt an zwei tollen Stränden und ein paar interessanten archäologischen Stätten vorbei. Im Inselinneren wird die Landschaft flacher, und man findet hier einen der namhaftesten Weinhersteller der Insel sowie mehrere gastfreundliche, ruhige *agriturismi* (Bauernhöfe mit Gästezimmern).

FERTILIA

Sandstrände und Pinien säumen die Küste bis Fertilia, rund 4 km nordwestlich von Alghero. Die Stadt selbst ist klein und ziemlich nichtssagend: Straßen wie mit dem Lineal gezogen, und nüchterne *palazzi*. Besucher, die das mittelalterliche Gewusel Algheros genossen haben, werden von der Atmosphäre ziemlich überrascht sein. Die Stadt wurde von Mussolini

MARE E MONTE

Eine der reizvollsten Landschaften Sardiniens entfaltet sich an der Straße, die südlich von Alghero an der Küste bis zum 46 km entfernten Bosa führt. Während die Straße durch die Felsen klettert, eröffnen sich tolle Panoramen – mit dem Besten von *il mare* (das Meer) und *il monte* (die Berge). Man kann die Strecke entweder an einem Tag mit dem Auto oder im Rahmen einer zweitägigen, 108 km langen Radtour (Näheres siehe unten) abklappern. Der beste Weg führt über die Inlandstrecke nach Süden (SS292) durch Villanova Monteleone und zurück über die Küstenstraße, wo sich dann spektakuläre Ausblicke auf die Riviera dei Corallo und das Capo Caccia eröffnen.

Für Radfahrer ist der erste Tag (62 km) der härteste – eine klassische Berg-und-Tal-Fahrt, bei der 600 Höhenmeter überwunden werden müssen. Die Straße windet sich durch die Berge und bietet herrliche Aussichten übers Wasser zum Capo Caccia, bevor sie nach einem Kamm in dichten Wald eintaucht und das Meer aus dem Blickfeld verschwindet. Nach 23 km erreicht man **Villanova Monteleone** (567 m), das wie ein natürlicher Balkon an den Hängen des Colle di Santa Maria klebt. Unweit der Hauptstraße liegt die Innenstadt, wo jeden Vormittag (außer sonntags) ein Lebensmittelmarkt stattfindet (den Schildern zum *mercato folgen*).

Auf der Gebirgsstraße hinter Villanova kann man einige herrliche Küstenblicke genießen, während die Straße sich in einem stetigen Auf und Ab durch schattige Wälder schlängelt. Eine mehr als angemessene Entschädigung für die letzten steilen 5 km ist die 10 km lange Abfahrt nach Bosa.

Die Rückfahrt auf der Corniche führt an einem verlassenen Küstenstrich vorbei (Verpflegung und Wasser mitbringen). Hier ist nur ein 6,2 km langer Anstieg auf 350 Höhenmeter zu überwinden, die Ausblicke machen die Anstrengung aber allemal wett. Am nördlichen Horizont sind oft die weißen Klippen des Capo Caccia (16 km weiter) zu sehen. Abgesehen vom Gebimmel der Ziegenglocken an den Steilhängen oder einem kreisenden Raubvogel ist hier alles absolut friedlich.

Am Weg liegen zwei Badestellen. Nach rund 5,4 km führt ein Pfad zum Strand südlich von Torre Argentina (Ausschau nach parkenden Autos am Straßenrand halten), und bei Kilometer 35,4 gibt es einen Abzweig zur **Spiaggia La Speranza**. Hier kann man sich auch vor – den letzten 10,8 km nach Alghero – im **Ristorante La Speranza** (☎ 079 91 70 10; Hauptgerichte um 35 €; 🕑 im Winter Mi geschl.) frische Meeresfrüchte schmecken lassen.

erbaut, der hier das Zentrum eines gewaltigen Landgewinnungsprojektes errichten wollte und Bauern aus dem Nordosten Italiens ansiedelte. Später kamen Nachkriegsflüchtlinge aus Friaul-Julisch Venetien hinzu. Von ihnen stammt die Verehrung für das Wahrzeichen von Venedig, den Löwen des Hl. Markus, der die Hafenstatue ziert.

Nach einem Hafenbummel gibt's nicht mehr viel zu sehen oder zu unternehmen, aber in der Nähe liegen zwei ausgezeichnete Strände. **Spiaggia delle Bombarde**, ein paar Kilometer westlich der Stadt, ist der Lieblingsstrand der Einheimischen. Er ist von Grün umgeben und mit Sonnenschirmen, Liegestühlen und einem Kinderspielplatz sehr gut ausgestattet. Wenn er zu voll ist (und im Sommer ist hier der Bär los), kann man sein Glück am nächsten Strand versuchen, der **Spiaggia del Lazzaretto**. Beide Strände sind an der Hauptstraße ausgeschildert. Nichtmotorisierte können den Bus von Alghero nach Capo Caccia nehmen, der ganz in der Nähe vorbeifährt.

Schlafen & Essen

Hostal de l'Alguer (☎ /Fax 079 93 20 39; www.alghero hostel.com; Via Parenzo 79; B 18 €, EZ/DZ/3BZ/4BZ pro Pers. 30/25/22/20 €, Hauptgericht 9,50 €; Ⓟ 💻) Dies ist eine der wenigen HI-Herbergen auf Sardinien. Sie ist sehr sauber und gut gemanagt, hat aber nicht den geringsten Charakter zu bieten. Viel Zeit will man hier nicht verbringen, denn die Zimmer befinden sich in Fertighausbungalows auf einem staubigen Gelände. Aber wer ohnehin den ganzen Tag am Strand verbringen will, kann sich hier ruhig einmieten.

Hotel Punta Negra (☎ 079 93 02 22; www.hotel puntanegra.it; Strada Fertilia–Porto Conte; EZ 110–250 €, DZ 140–320 €; 🕑 April–Nov.; Ⓟ ✖ ♿) Wenn's eine relaxte Strandunterkunft sein soll, ist diese großflächige Vier-Sterne-Anlage genau das Richtige. Sie liegt in einem Pinienhain, protzt mit einem weißen Mittelmeer-Look und hat ordentlich was zu bieten: Privatstrand, Tennisplatz, Pool und Zimmer mit Meerblick. Das Hotel liegt rund 1 km westlich der Stadt.

Acquario (☎ 079 93 02 39; Via Pola 34; Hauptgerichte um 35 €; ⌚ Di–So, im Sommer tgl.) Dieses begehrte Speiselokal in der Innenstadt liegt direkt am Hafen in der Nähe des zentralen Glockenturms. Der Schwerpunkt liegt auf klassischer Regionalküche, deshalb dürfen sich Gäste auf großzügig bemessene Portionen Meeresfrüchtepasta, frischen Fisch und zum Nachtisch *seaddas* (mit Ricotta gefüllte Windbeutel) freuen.

An- & Weiterreise

Von Alghero fährt der Stadtbus AF nach Fertilia (0,70 €, 15 Min.); er verkehrt stündlich zwischen 7 und 21.40 Uhr.

NÖRDLICH VON FERTILIA

Rund 7 km nördlich von Alghero, auf der linken Seite (westlich) der Straße nach Porto Torres, liegen die uralten Grabkammern der **Necropoli di Anghelu Ruiu** (Eintritt 3 €, mit Führung 5 €, mit Audioguide 6 €, inkl. Necropoli di Palmavera 5 €, mit Führung 8 €, mit Audioguide 10 €; ⌚ Mai–Okt. 9–19 Uhr, April bis 18 Uhr, März 9.30–16 Uhr, Nov.–Feb. 10–14 Uhr). Die 38 in den Kalkstein gehauenen Gräber, sogenannte *domus de janas,* stammen aus der Zeit zwischen 2700 v. Chr. und 3300 v. Chr. Ein Großteil des Skulpturenschmucks wurde entfernt und in Museen untergebracht, aber in einigen Kammern lassen sich noch eingemeißelte Stierhörner erkennen – vielleicht das Symbol einer Totengottheit.

Fährt man auf der Straße weiter nach Norden, kommt man nach ungefähr 2 km zum 650 ha großen Anwesen von Sardiniens bestem Weinproduzenten, **Sella e Mosca** (☎ 079 99 77 00; www.sellaemosca.com). Hier können Besucher an einer kostenlosen Führung durch das liebevoll eingerichtete **Museum** (⌚ Ende Mai–Okt. Mo–Sa 17.30 Uhr, sonst nur nach Absprache) teilnehmen und erfahren, wie der Betrieb zur berühmtesten Winzerei der Insel wurde. Das Museum hat auch eine kleine archäologische Abteilung, die sich der Necropoli di Anghelu Ruiu widmet. Anschließend kann man in der reizenden **enoteca** (Weingeschäft; ⌚ ganzjährig Mo–Sa 8.30–13 & 15–18.30 Uhr, plus Mitte Juni–Ende Sept. So 8.30–20 Uhr) verschiedene Weine probieren.

Wein regt den Appetit an – zum Glück gibt's in der Nachbarschaft ein paar gute Verpflegungsmöglichkeiten.

Agriturismo Barbagia (☎ 079 93 51 41; www.agriturismobarbagia.it; Localita Fighera, Podere 26; Hauptgerichte um 30 €) Das einladende *agriturismo* bietet schlichte Unterbringung (Zimmer 30–40 €) und großzügig portionierte Bauernkost. Wenn Mama und Papa ihr Essen auf der schattigen Terrasse mit Blick über den Rasen genießen, können sich die Kids auf den Schaukeln vergnügen.

Agriturismo Sa Mandra (☎ 079 99 91 50; www.aziendasamandra.it; Localita Fighera, Podere 21; Hauptgerichte um 35 €) In diesem wundervollen *agriturismo*, 2 km nördlich vom Flughafen, werden die Gäste königlich bewirtet. Es gibt zwar nur ein Menü auf der Tageskarte, aber über mangelhafte Auswahl kann man sich wirklich nicht beschweren: Antipasti mit geräuchertem Schinken, Salami, Kräuterkäse und eingelegtem Gemüse. Anschließend Pasta, gefolgt von wahlweise gebratenem Lamm oder Ferkel. Tipp: Frühzeitig reservieren und Hunger mitbringen.

Da Bruno (☎ 079 93 00 98; www.hotelfertilia.it; Strada Santa Maria la Palma; Tagesmenü 30 €, Hauptgerichte um 45 €; ⌚ im Sommer tgl.) Das Da Bruno im Hotel Fertilia, 2 km nördlich von Fertilia setzt ganz auf rustikalen Stil. Hier gibt's köstliche Meeresfrüchte und Fleisch der Saison, z. B. Wildschwein, Lamm und Schwein. Im **Hotel** (EZ 70–80 €; DZ 85–110 €, HP pro Pers. 72,50–110 €) sind das ganze Jahr über Zimmer zu haben.

Zweimal täglich fahren in Alghero Busse ab, die an der Abzweigung zum Sella e Mosca (1,50 €, 25 Min.) vorbeikommen.

NURAGHE DI PALMAVERA

Wieder zurück an der Küste, einige Kilometer westlich von Fertilia an der Straße nach Porto Conte, liegt die **Nuraghe di Palmavera** (Eintritt 3 €, mit Führung 5 €, mit Audioguide 6 €, inkl. Necropoli di Anghelu Ruiu 5 €, mit Führung 8 €, mit Audioguide 10 €; ⌚ Mai–Okt. 9–19 Uhr, April bis 18 Uhr, März 9.30–16 Uhr, Nov.–Feb. 10–14 Uhr), ein 3500 Jahre altes Nuraghen-Dorf. Im Zentrum der Anlage stehen ein Kalksteinturm und ein elliptisches Bauwerk mit einem zweiten Sandsteinturm, der später hinzukam. Ruinen von kleineren Türmen und Festungsmauern umgeben die Zentralgebäude, und außerhalb der Mauern liegen die Überreste runder Wohnhütten, von denen es hier ursprünglich wahrscheinlich ungefähr 50 gab.

Über die kreisförmige **Capanna delle Riunioni** (Versammlungshütte) wurde schon viel spekuliert. Ihre Grundmauer wird von einer niedrigen Steinbank gesäumt, die vielleicht für den Ältestenrat reserviert war. In der Mitte steht ein Sockel mit dem Modell einer *nuraghe*. Eine Theorie besagt, dass die *nuraghi* selbst Gegenstand der Verehrung waren.

Ein Besuch der Nuraghe ist auf jeden Fall nur mit eigenem Fahrzeug möglich. Der regionale AF-Bus (0,70 €, 15–20 Min.) aus Alghero kommt zwar hier vorbei, nimmt aber auf dem Rückweg eine Inlandsroute; es existiert also keine Transportmöglichkeit zurück.

PORTO CONTE

Porto Conte, eher bekannt unter dem romantischeren Namen Baia delle Ninfe (Nymphenbucht), ist eine herrlich unverdorbene Bucht. Auf dem blauen Wasser dümpeln ganze Heerscharen von Yachten und das Ufer ist dicht bewachsen mit Mimosen und Eukalyptusbäumen. Am meisten los ist an der Spiaggia Mugoni, einem wahnsinnig beliebten Strand, der sich in einem Bogen an der Nordostflanke der Bucht erstreckt. Mit seinem feinen weißen Sand und dem geschützten Wasser eignet er sich ausgezeichnet für Wassersportanfänger. Der **Club della Vela** (☎ 338 148 95 83; www.clubdellavelaalghero.it) bietet Windsurf-, Kanu-, Kajak- und Segelkurse und verleiht auch Boote.

Gleich westlich von Porto Conte, an der Hauptstraße ausgeschildert, liegt am Fuß des Monte Timidone (361 m) das **Naturschutzgebiet Le Prigionette** (☎ 079 94 90 60; Eintritt frei; 🕓 Mo–Fr 8–16, Sa & So bis 17 Uhr). Es ist rund 12 km² groß und wird wegen der vielen, seit den 1970er-Jahren hier angesiedelten Tierarten im Volksmund auch Arca di Noé (Arche Noah) genannt. Im Reservat gibt es gut gekennzeichnete Waldwege und -pfade für Spaziergänger und Radfahrer. Besonders viele Tiere bekommt man wahrscheinlich nicht zu Gesicht, aber im Park leben Rotwild, weiße Esel von der Isola Asinara, Giarapferde sowie Wildschweine, und am Himmel kreisen Gänsegeier und Falken. Der Eintritt ist frei, aber Besucher müssen ihren Personalausweis vorzeigen.

Genau am Südzipfel der Bucht, wo die Straße neben einem katalanisch-aragonesischen Leuchtturm ausläuft, befindet sich das **Hotel El Faro** (☎ 079 94 20 30; www.elfarohotel.it; Porto Conte; EZ 160–420 €, DZ 232–920 €; Ⓟ ❄ 💻 🏊), eine märchenhafte, schmucke Anlage mit zwei Pools, privater Bootsanlegestelle und stilvoll relaxten Zimmern.

Reguläre FdS-Busse verkehren zwischen Porto Conte und Alghero (1 €, 30 Min., zwischen Juni und September bis zu 10-mal tgl., sonst 6-mal tgl.).

CAPO CACCIA

Die abschüssige Straße an der Ostseite des Naturschutzgebiets führt an Porto Conte vorbei zum Capo Caccia, einem spektakulären Kap hoch über dem Mittelmeer. Weiße Klippen ragen senkrecht aus kristallblauem Wasser empor und bilden eine spektakuläre Küstenlandschaft. Kurz vor dem Straßenende zeigt ein Wegweiser zu einem Aussichtspunkt, vom dem sich eine dramatische Aussicht auf das Kap und die wellenumtoste vorgelagerte Isola Foradada eröffnet.

Ein paar Hundert Meter weiter gibt's einen Parkplatz – am Eingang zur **Escala del Cabirol**, einer steilen Treppe mit 656 Stufen, die 110 m am Felsen in die Tiefe führt. Über die Stufen gelangt man zur **Grotta di Nettuno** (☎ 079 94 65 40; Erw./Kind 10/5 €; 🕓 Führungen April–Sept. 9–19 Uhr, Okt. bis 17 Uhr, Jan., März, Nov. & Dez. bis 16 Uhr), einer Märchenhöhle mit Stalaktiten und Stalagmiten. Der nervenaufreibende Abstieg dauert rund 15 Minuten. Rundgänge durch das Höhlenlabyrinth beginnen stündlich, dauern rund 45 Minuten und führen durch schmale Gänge, an denen rechts und links dichte Wälder aus Stalaktiten und Stalagmiten mit Spitznamen wie „die Orgel", „die Kirchenkuppel", „der Kriegerkopf" usw. auftauchen. An ihrer tiefsten Stelle reicht die Grotte einen Kilometer weit ins Erdinnere, aber viele Teile sind für Besucher unzugänglich, darunter mehrere Süßwasserseen tief im Inneren der Höhle. Bei schlechtem Wetter ist die Grotte geschlossen.

Wer nicht die Treppe hinuntersteigen will, kann die Höhle auch im Rahmen eines Bootsausflugs (s. S. 163) besuchen.

Das einzige öffentliche Transportmittel von Alghero zum Kap ist ein FdS-Bus. Er fährt täglich um 9.15 Uhr an der Via Catalogna (Hin- und Rückfahrkarte 3,50 €, 50 Min.) ab und kehrt um die Mittagszeit zurück. Er hält am Kap direkt bei dem Parkplatz am Eingang zur Höhlentreppe. Von Juni bis September verkehren zwei zusätzliche Busse, Abfahrt um 15.10 Uhr und 17.10 Uhr, Rückfahrt um 16.05 Uhr und 18.05 Uhr.

Eine gute Alternative ist das Fahrrad, denn die 27 km sind landschaftlich reizvoll und lassen sich relativ leicht radelnd bewältigen.

NÖRDLICH VON CAPO CACCIA

Nördlich von Porto Conte führt die Straße durch die grüne Ebene der Nurra. Wer auf dem Weg nach Norden die erste Abfahrt nimmt, gelangt an die Küste bei **Torre del**

SASSARI & DER NORDWESTEN

MAL ALLES HINTER SICH LASSEN

Rund 11 km nördlich des Lago Baratz liegt Argentiera. Beherrscht wird der Ort von den geisterhaften Ruinen eines Silberbergwerks, das einmal das wichtigste der ganzen Insel war. Die ersten, die hier *argento* (Silber) förderten, waren die Römer. Seitdem ging der Abbau ununterbrochen weiter, bis die Grube in den 1960er-Jahren schließlich aufgegeben wurde. Das chaotische Gewirr der Minengebäude aus dunklem Backstein, die jetzt von Holzgerüsten gestützt werden, überzieht einen kleinen Strand mit grauem Sand. Betreten kann man die Häuser nicht, aber in ihrem Anblick liegt etwas Endgültiges, Schwermütiges.

Auch übernachten kann man hier. Das **Hostel Argentiera** (☎ 07953 02 19; www.hostelargentiera.it; DZ pro Pers. 30–35 €) ist ein nagelneues Hostel mit Betten in sonnigen Doppelzimmern und einem hauseigenen Restaurant. In der **Bar Il Veliero** (☎ 079 53 03 61; Via Carbonia 1; Panini 3,50 €), ein paar Meter hinter dem Strand, werden Snacks, Pasta und Hauptgerichte aufgetischt.

Argentiera liegt am Ende der SP18 und ist, wenn man von Palmadula kommt, ausgeschildert.

Porticciolo. Hier gibt es einen winzigen Naturhafen vor einem kleinen, halbmondförmigen Strand, der von einem Turm auf einer Landzunge im Norden bewacht wird. An der Südseite ragen hohe Klippen auf, und wer Lust hat, kann auf schmalen Fußpfaden zu den dort angrenzenden Höhlen wandern und sie erforschen.

Sechs Kilometer weiter nördlich versteckt sich hinter dichten Pinienhainen einer der längsten naturbelassenen Sandstrände der Insel, **Porto Ferro**. Man nimmt die Abfahrt „Porto Ferro“ und biegt vor dem Ende der Straße (wo der Bus aus Alghero hält) rechts ab (den Schildern zur Bar Porto Ferro folgen). Busse aus Alghero (1,50 €, 35–65 Min. je nach Strecke und Verkehrsdichte) fahren zweimal täglich, im Hochsommer dreimal hierher.

Von Porto Ferro aus führen verschiedene Nebenstraßen 6 km landeinwärts zum **Lago Baratz**, dem einzigen natürlichen See auf Sardinien. An dem von niedrigen Hügeln umgebenen See nisten Vögel; allerdings bevorzugen die Flattertiere die schwieriger zugängliche Nordseite. Durch das sumpfige Ufer führen Pfade, und eine 3 km lange Schotterpiste verbindet den See mit dem Nordende des Strandes von Porto Ferro.

Südlich vom See, im unspektakulären Dorf Santa Maria la Palma, liegt die **Cantina Sociale di Santa Maria la Palma** (☎ 079 99 90 08; www.santamarialapalma.it; Mo–Fr 8–13 & 14.30–18.30, So 8–13 Uhr, im Sommer länger), die zweitgrößte Winzerei der Gegend (nach der großen Sella e Mosca). Besucher können in der *enoteca* herumstöbern und sich den Wein direkt vom Fass schmecken lassen.

An diesem Strandabschnitt gibt es zwei Übernachtungsmöglichkeiten. Eine davon ist der schattige **Porticciolo Villagio Camping** (☎ 079 91 90 07; www.torredelporticciolo.it; Pers./Zelt/Pkw 14/14 €/frei, 2-Pers.-Bungalows 56–126 €; P), ein großer, professionell gemanagter Campingplatz, ein paar Schritte hinter dem Strand.

LP Tipp **Agriturismo Porticciolo** (☎ 079 91 80 00; www.agriturismoporticciolo.it; Localita Porticciolo; B&B 30–45 € pro Pers., 4-Pers.-Apt. pro Woche 600–1000 €; P) Das einladende Gehöft besteht aus einem 24 ha großen Bauernhof mit 100 Schweinen und freundlichen kleinen Ferienapartments. Das Restaurant ist in einer tollen Scheune mit schwerer Holzbohlendecke und riesigem Kamin untergebracht. Hier gibt's köstliches hausgemachtes Essen, das auch den anspruchsvollsten Gaumen zufriedenstellen dürfte.

Olbia & die Gallura

In der Gallura liegt Sardiniens angesagtester Küstenstreifen, die Costa Smeralda. Die Gallura entspricht vielen der klassischen Bilder von der Insel: glasklare azurblaue Wellen, die an perlweißen Stränden ausrollen; bizarre, windumtoste Felszungen, die ins transparente Meer hineinragen, und alternde Promis, die auf ihren 100-Meter-Yachten Bikinischönheiten umschmeicheln.

Seitdem der internationale Jetset in den 1960er-Jahren Sardinien entdeckt hat, steht die phantastische Küste der Gallura bei Sardinien-Touristen hoch im Kurs. Die Costa Smeralda hat sich zu einem der angesagtesten Ferienorte des Mittelmeers entwickelt, eine goldverbrämte Enklave aus Luxushotels, versteckten Stränden und exklusiven Yachthäfen. Der Parco Nazionale dell'Arcipelago di La Maddalena im Norden wartet mit einigen der atemberaubendsten Meereslandschaften der Insel auf, und Windsurfer zieht es in Scharen zu den windgepeitschten Gewässern der Straße von Bonifacio, der Meerenge zwischen Sardinien und Korsika.

Für viele sind die Strände und tropischen Gewässer von Gallura der Inbegriff Sardiniens. Doch sie sind nur ein Bruchteil dessen, was den Charakter der Gallura ausmacht. Bis in die 1960er-Jahre, als der Tourismus einsetzte, war die Gallura eine wilde Region, wo es noch nicht mal geteerte Straßen gab. Bauern und Schäfer rangen dem Boden eine magere Existenz ab. Touristen, die heute in Porto Cervo 10 € für eine Cola hinlegen, werden das schwer begreifen, aber sobald man sich ins Binnenland begibt, wird es sehr viel glaubhafter. Die Felslandschaft, die einsamen Täler und Korkeichenwälder – all dies prägt den ländlichen Charakter der Gegend.

Im Hinterland der Gallura warten die Überraschungen. Von den bewaldeten Höhen des Monte Limbara bis zu den archäologischen Sehenswürdigkeiten Arzachenas und dem Lago di Liscia gibt es unendlich viele Alternativen zum Strandvergnügen an der Küste.

HIGHLIGHTS

- Den Seemannsgang einlegen und ab zum Inselhüpfen rund um den **Parco Nazionale dell'Arcipelago di La Maddalena** (S. 193)
- Die Hänge des **Monte Limbara** (S. 203) in Angriff nehmen und die Korkeichenwälder bei **Tempio Pausania** (S. 201) erkunden
- Beim Surfen in den Gewässern vor **Porto Pollo** (S. 192) den Wind spüren
- Den Glamour der Küste gegen die bezaubernde Stille des **Lago di Liscia** (S. 190) und des nahe liegenden **Li Licci** (S. 190) *agriturismo* eintauschen
- Auf den bizarr geformten Felsskulpturen des **Capo Testa** (S. 201) herumklettern

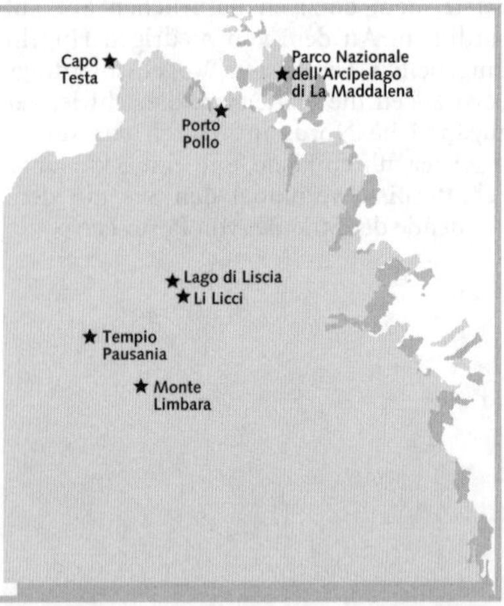

OLBIA & DIE GALLURA

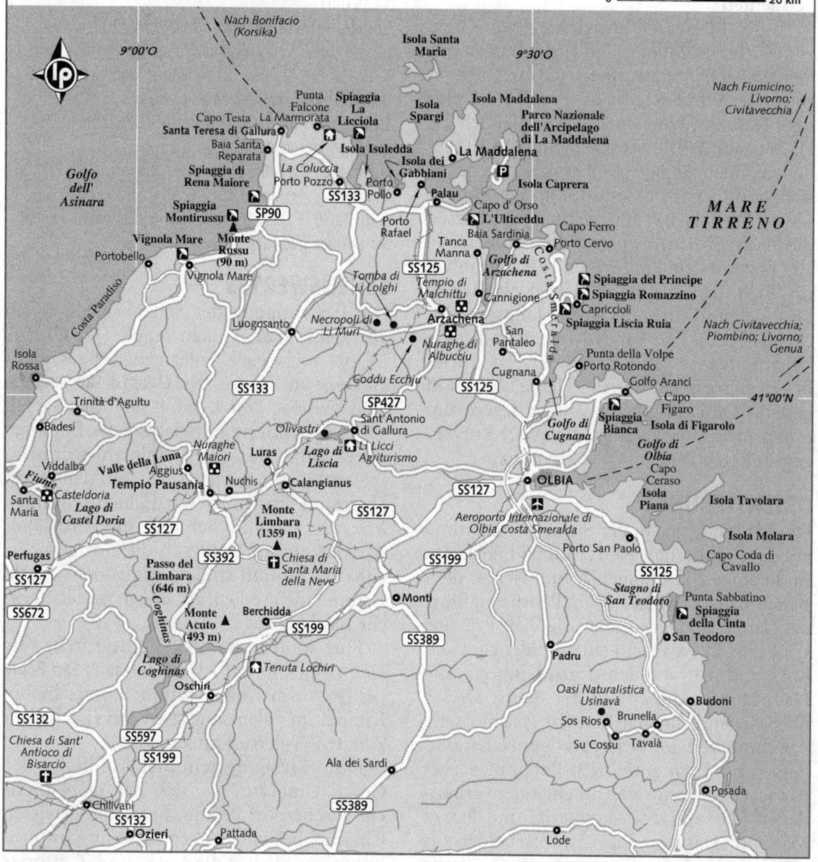

OLBIA

50 200 Ew.

Olbia, das Hauptzugangstor zur Costa Smeralda, ist ein geschäftiger und unansehnlicher Verkehrsknotenpunkt. Industrieanlagen bedecken einen Großteil der tiefliegende Bucht, und laute Straßen führen mitten in die Stadt hinein. Es ist kein Ort, den man sofort ins Herz schließt, aber er ist auch nicht so übel, wie er auf den ersten Blick erscheinen mag. Olbia hat ein kleines, gut erhaltenes *centro storico* (historisches Zentrum), wo es eine Reihe hochkarätiger Restaurants und belebter Piazzas gibt, und die Fußgängerzone ist ein nettes Plätzchen, um an warmen Sommerabenden herumzubummeln und etwas zu essen oder zu trinken.

GESCHICHTE

Archäologische Ausgrabungen belegen, dass es seit Mitte des Neolithikums (rund 4000 v. Chr.) im Nordosten Sardiniens menschliche Niederlassungen gab, aber Olbia wurde mit ziemlicher Sicherheit im 4. oder 5. Jh. v. Chr. von den Karthagern gegründet. Fest steht, dass die Karthager seit Mitte des 6. Jhs. v. Chr. in der Region anwesend waren, wie ihre Teilnahme an der Schlacht von Mare Sardo beweist (eine 538 v. Chr. ausgetragene Seeschlacht zwischen griechischen Kolonisten aus Korsika und einer gemeinsamen Flotte von Etruskern und Karthagern, die manche als das erste Seegefecht in westlichen Gewässern betrachten).

In der Römerzeit entwickelte sich Olbia zum wichtigen Militär- und Handelshafen – in den 1990er-Jahren wurden rund ein Dutzend römische Schiffswracks ausgegraben. Unter dem Namen Civita wurde sie schließlich die Hauptstadt des Giudicato di Gallura, einem der vier unabhängigen Königreiche, aus denen sich Sardinien im 12. und 13. Jh. zusammensetzte. Aber als die katalanischen Aragonesen die Macht übernahmen, setzte der Niedergang ein. Erst mit dem Straßen- und Eisenbahnbau im 19. Jh. erwachte die Stadt wieder zu Leben. Das Gelände ringsum wurde langsam trockengelegt und für Landwirtschaft und etwas Leichtindustrie genutzt und der Hafen wieder in Betrieb genommen. Heute blüht und gedeiht Olbia als aktives Industriezentrum und gemeinsame Hauptstadt der vor Kurzem gegründeten Provinz Olbia-Tempio.

ORIENTIERUNG

Die Fähren legen an der Stazione Marittima an, dem modernen Fährterminal Olbias am Ende eines 1 km langen Dammweges, dem Banchina Isola Bianca. Vom Fährhafen führt der Damm landeinwärts auf die Viale Principe Umberto. Diese macht einen Schlenker nach links und trifft auf den Corso Umberto, die Hauptdurchgangsstraße der Stadt. Dieser überwiegend für den Verkehr geschlossene Abschnitt verläuft zwischen dem Hafen und dem rund 1 km entfernten Bahnhof. Dabei passiert er die zentralen miteinander verbundenen Plätze Piazza Margherita und Piazza Matteotti. Das Netz enger Straßen beiderseits des Corso Umberto bildet das, was man als die „Altstadt" bezeichnen könnte, obwohl dort kaum etwas mehr als hundert Jahre alt ist. Auf diesem kleinen Areal drängen sich die meisten Hotels, Restaurants und Bars.

PRAKTISCHE INFORMATIONEN

Banca di Sassari (Corso Umberto 3) Hat einen Geldautomaten.

Guardia Medica (☎ 0789 55 24 41; Via Canova) Medizinische Hilfe, aber keine akuten Notfälle.

Inter Smeraldo (☎ 0789 2 53 66; www.intersmeraldo.com; Via Porto Romano 8/b; pro Std. 5 €; 🕓 Mo–Sa 9.45–13.15 & 16–20.30 Uhr) Ein gut besuchtes Internetcafé mit zehn Terminals.

Ospedale Viale Aldo Moro (☎ 0789 55 22 00; Viale Aldo Moro) Olbias Krankenhaus liegt gleich nördlich der Innenstadt.

Post (Via Aquedotto 5; 🕓 Mo–Fr 8–18.50, Sa bis 13.15 Uhr).

Touristeninformation (☎ 0789 55 77 32; www.olbiaturismo.it; Via Alessundro Nanni 18; 🕓 Mo–Do 8–14 & 15–18, Fr 8–14 Uhr) Die Website ist gut; im Büro sind mehr Hochglanzbroschüren als praktische Infos zu haben.

Unicredit Banca (Corso Umberto 165) Hat ebenfalls einen Geldautomaten.

Unimare (☎ 070 2 35 24; www.unimare.it; Via Principe Umberto 1; 🕓 Mo–Fr 8.30–12.30 & 15.30–19.30, Sa 8.30–12.30 Uhr) Ein zentral gelegenes Reisebüro, in dem man Fähren und Flüge buchen kann.

SEHENSWERTES

Die Besichtigung der Sehenswürdigkeiten von Olbia dauert nicht lange. Der Grund: Es gibt nicht viele. Oder genauer gesagt, es gibt eine: die romanische **Chiesa di San Simplicio** (Via San Simplicio; 🕓 7.30–13 & 15.30–18 Uhr). Sie gilt als das wichtigste mittelalterliche Denkmal der Gallura. Die Granitsteinkirche wurde im späten 11. und frühen 12. Jh. am damaligen Stadtrand erbaut. Sie weist einen seltsamen Mix aus toskanischer und lombardischer Architektur auf. Praktisch die einzige sichtbare Dekoration sind zwei aus dem 13. Jh. stammende Fresken, auf denen mittelalterliche Bischöfe abgebildet sind.

Eine weitere granitsteinerne Kirche, die einen Blick lohnt, ist die **Chiesa di San Paolo** (Via Cagliari) mit ihrer schönen gekachelten Kuppel im valencianischen Stil (nach dem Zweiten Weltkrieg hinzugefügt).

Das Straßengewimmel südlich des Corso Umberto, wo sich das ursprüngliche Fischerdorf befand, hat einen gewissen Charme, besonders abends, wenn Gruppen hungriger Städter die Cafés und Trattorias bevölkern. Ein Bummel über den *corso* mit einem abschließenden Gläschen auf der Piazza Margherita ist eine angenehme Art, den Abend zu verbringen.

FESTE & EVENTS

Im Juli und August finden in der Innenstadt Freiluftkonzerte statt, und zwar im Rahmen des **L'Estate Olbiese** aus, einem Kulturfestival mit Konzerten, Performances, Lesungen und Kabarett.

SCHLAFEN

Hotel Cavour (☎ 0789 20 40 33; www.cavourhotel.it; Via Cavour 22; EZ 50–65 €, DZ 75–90 €; Ⓟ ❄) In diesem einladenden Hotel in Olbias Altstadt werden Gäste mit einem warmen Lächeln empfangen.

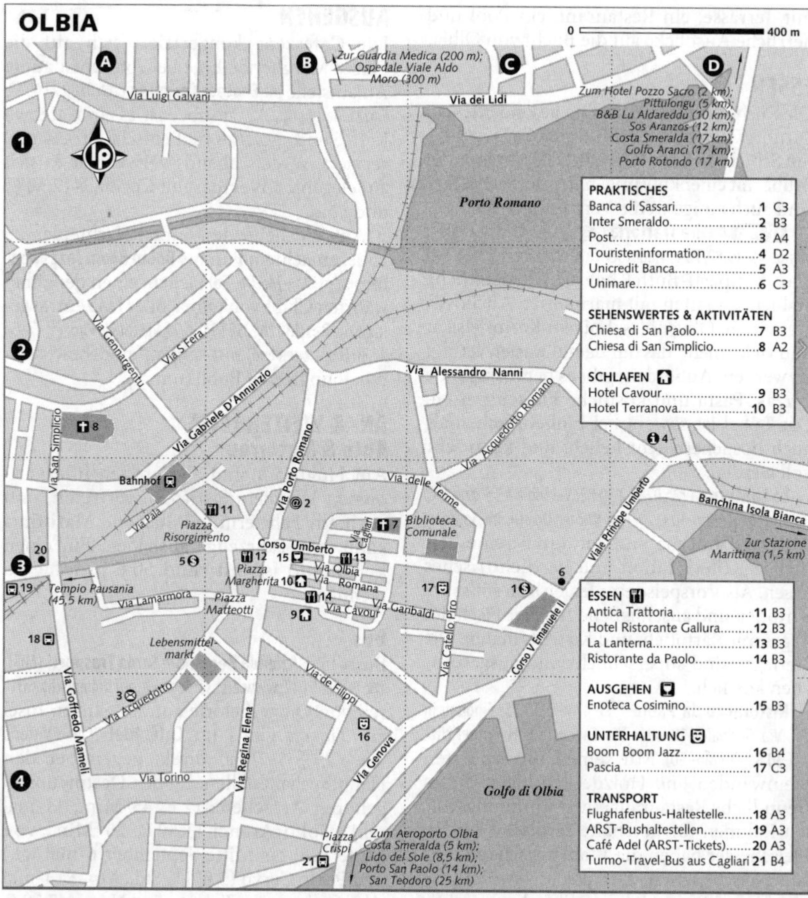

Die weißen Zimmer haben schlichte Möbel, pastellfarbene Textilien und Doppelfenster, die den Straßenlärm ziemlich gut abhalten.

Hotel Terranova (☎ 0789 2 23 95; www.hotelterranova.it; Via Garibaldi 3; EZ 63–85 €, DZ 86–130 €; P) Das freundliche, familiengeführte Drei-Sterne-Hotel in einer schmalen Gasse mitten in der Altstadt hat kleine, gemütliche Zimmer und Parkplätze (7 €), die Gold wert sind. Das Leben pulsiert in fußläufiger Nähe, aber falls die Energie zum Ausgehen fehlt: das Hotel-Restaurant Ristorante Da Gesuino (Hauptgerichte 35–40 €) ist für seine köstlichen Meeresfrüchte berühmt.

B&B Lu Aldareddu (☎ 0789 6 85 79; www.lualdareddu.com; Localita Monte Plebi; Zi. 70–100 €;) Das bezaubernd rustikale B&B ist in einem Bauernhaus aus dem 18. Jh. an den bewaldeten Hängen des Monte Plebi untergebracht, einem niedrigen Hügel rund 10 km nördlich von Olbia (am Rand der Hauptstraße SS125 Richtung Arzachena). Das B&B hat vier im luftigen Farmhausstil eingerichtete Zimmer. Von hier aus lassen sich die schönsten Strände der Costa Smeralda gut mit dem Fahrrad erreichen.

Hotel Pozzo Sacro (☎ 0789 5 78 55; www.hotelpozzosacro.com; Localita Pozzo Sacro, Strada Panoramica Olbia; Zi. 120–230 €; P) Um in diesen geschmackvollen Vier-Sterne-Hotelkomplex 2 km östlich von Olbia zu gelangen, ist ein eigener fahrbarer Untersatz notwendig. Ist man erst mal da, findet man hier alles, was das Herz begehrt – elegante Zimmer in Steinbungalows mit Terrasse, ein Restaurant, ein Pool und herrliche Ausblicke auf die Bucht von Olbia.

ESSEN

Die Küche der Gallura hat ihre Besonderheiten, darunter *suppa cuata*, ein Auflauf aus mehreren Schichten Brot, Käse und Fleischragout in Brühe mit einer knusprigen Kruste. Sehr lecker sind auch einige weiße Vermentino-Weine.

LP Tipp **Antica Trattoria** (☎ 0789 2 40 53; Via Pala 4; Menüs 15/19,80/25 €, Hauptgerichte um 23 €; ⌚ Mo–Sa) Das Antipasti-Buffet hat alles Erdenkliche zu bieten: Platten mit marinierten Anchovis, Gemüse in Olivenöl, sahnigem Kartoffelsalat und vieles mehr, das nur darauf wartet, vertilgt zu werden. Außerdem gibt es hervorragende Pizzas, Pasta und köstliche Fleischspeisen. Das Lokal ist sowohl bei Einheimischen als auch Besuchern sehr beliebt und kann sehr voll werden.

La Lanterna (☎ 0789 2 30 82; Via Olbia 13; Pizzas 8 €, Hauptgerichte um 30 €; ⌚ im Winter Do–Di, im Sommer tgl.) Das Lanterna punktet durch seine heimelige Kellerlocation und herrlich frisches Essen. Als Vorspeise empfehlen sich süßsaure Sardinen und anschließend frischer Fisch des Tages mit Kartoffeln und Kirschtomaten. Die Gerichte sind superschlicht und ausgesprochen köstlich.

Ristorante da Paolo (☎ 0789 2 16 75; Eingang in der Via Garibaldi 18 oder Via Cavour 22; Hauptgerichte um 30 €; ⌚ Mo–So) Mit seinen unverputzten Steinwänden und Holzdecken bietet dieses freundliche Restaurant einen stimmungsvollen Rahmen für herzhafte sardische Küche. Fleischesser haben die Wahl zwischen deftigen Fleischspeisen, z. B. das ungewöhnliche *cinghiale in agrodolce* (Wildschwein süßsauer); für Vegetarier gibt's *risotto ai funghi* (Pilzrisotto).

LP Tipp **Hotel Ristorante Gallura** (☎ 0789 2 46 48; Fax 0789 2 46 29; Corso Umberto 145; Hauptgerichte um 55 €; ⌚ Di–So) Das in der Fußgängerzone von Olbia gelegene Restaurant ist nicht nur eines der besten in der Stadt, sondern von ganz Nordsardinien. Kellner fegen mit sensationellen Platten voller exotischer Gerichte durch den engen Speisesaal. Es gibt z. B. Pasta mit Tintenfischtinte und wilden Austern und gebackenes Ziegenfleisch mit Myrte. Ohne Reservierung geht gar nichts. Eine Treppe höher liegen sechs einfache Gästezimmer (EZ 50–65 €, DZ 75–85 €), aber im Unterschied zum Restaurant sind sie nicht unbedingt der Renner.

AUSGEHEN

Die Cafészene konzertriert sich auf die Piazza Margherita. Eine beliebte, entspannte Anlaufstelle ist **Enoteca Cosimino** (☎ 0789 21 00 13; Piazza Margherita 3). Tagsüber ist es ein Café, wo Kaffee und *cornettos* (italienische Croissants) serviert werden, abends verwandelt es sich zur eleganten Weinbar mit Cocktails (7,50 €) und *vino*.

Am Wochenende können Nachteulen zu hausgemachtem Fun ins **Boom Boom Jazz** (Via de Filippi; ⌚ Okt.–Mai Do–So) ziehen, einen der altbewährten Clubs von Olbia, oder ins zentral gelegene **Pascia** (☎ 338 594 55 90; Via Catello Piro; ⌚ Fr–So 22.30 Uhr – open end) mit seinem modebewussteren, loungigeren Publikum.

AN- & WEITERREISE

Auto & Motorrad

Am Flughafen sind alle großen internationalen Vermietungsfirmen vertreten, und auch am Fährterminal Stazione Marittima kann man Fahrzeuge ausleihen. Für einen Fiat Punto ist mit rund 50 € pro Tag zu rechnen.

Bus

Busse von **Azienda Regionale Sarda Trasporti** (ARST; ☎ 800 865 042; www.arst.sardegna.it, auf Italienisch) fahren von Olbia Zielorte auf der ganzen Insel an. Tickets gibt's im **Café Adel** (Corso Vittorio Veneto 2; ⌚ 5–22 Uhr) direkt gegenüber den Hauptbushaltestellen. Zu den Destinationen gehören Arzachena (2 €, 45 Min., 11-mal tgl.), Golfo Aranci (1,50 €, 25 Min., von Mitte Juni bis Mitte September 6-mal tgl.) und Porto Cervo (3 €, 1½ Std., Mo–Sa 1-mal tgl.). Entlegenere Zielorte sind Nuoro (7,50 €, 2½ Std., 5-mal tgl.), Santa Teresa di Gallura (4,50 €, 1½ Std., 5-mal tgl.) und Sassari (6,50 €, 1½ Std., Mo–Sa 1-mal tgl.) über Tempio Pausania (3 €).

Turmo Travel (☎ 0789 2 14 87; www.gruppoturmotravel.com) betreibt an Wochentagen einmal täglich einen Bus von Cagliari (1 €, 4½ Std.), der an der Piazza Crispi ankommt. Ein weiterer Bus fährt täglich vom Hafen nach Sassari (6,50 €, 1½ Std.). Fahrkarten sind an der Stazione Marittima oder im Bus erhältlich.

Fähre

Olbias Fährterminal, Stazione Marittima, befindet sich auf der Isola Bianca, einer über die 1 km lange Dammstraße Banchina Isola Bianca mit der Innenstadt verbundenen Insel.

Hier haben alle größeren Fährgesellschaften einen Schalter, darunter:

Grundi Navi Veloci (☎ 010 209 45 91; www.gnv.it) Von/nach Genua.

Moby Lines (☎ 199 30 30 40; www.mobylines.it) Von/nach Civitavecchia, Genua, Livorno und Piombino.

Tirrenia (☎ 892 123; www.tirrenia.it) Von/nach Civitavecchia und Genua.

SNAV (☎ 081 428 55 55; www.snav.it) Von/nach Civitavecchia.

Tickets kann man in jedem Reisebüro in der Stadt oder direkt am Hafen buchen.

Näheres zu Fahrplänen und Fahrpreisen s. S. 251.

Flugzeug

Olbias **Aeroporto Olbia Costa Smeralda** (OLB; ☎ 0789 56 34 44; www.geasar.it) liegt rund 5 km südöstlich der Innenstadt. Zur Zeit der Recherche bedienten mehr als 50 Fluggesellschaften den Flughafen, darunter Alitalia, Austrian Airlines, Iberia, Lufthansa, Meridiana und die Billiganbieter Air Berlin, easyJet, Ryanair und TUIfly. Flüge gehen zu den meisten Flughäfen auf dem italienischen Festland sowie beispielsweise nach Berlin, Frankfurt, Hamburg, München, London, Manchester, Paris, Madrid, Barcelona, Amsterdam, Wien und Prag. Näheres zu Flügen und Fluggesellschaften s. S. 249.

Der Flughafen ist nicht groß, aber hervorragend ausgestattet. Es gibt eine Gepäckaufbewahrung (pro Gepäckstück und Tag 5 €) und ein paar gute Einkaufsmöglichkeiten. Die Flughafen-Website ist gleichzeitig eine nützliche Informationsquelle über Sardinien.

Zug

Der Bahnhof liegt am Rand des Corso Umberto. Ein Zug fährt täglich direkt nach Cagliari (14,60 €, 4 Std.). Ansonsten kann man in Chilivani (4,60 €, 70 Min., 8-mal tgl.) und manchmal auch in Macomer umsteigen. Bis zu drei Züge fahren nach Sassari (6,35 €, 1 Std. 50 Min.) und bis zu sechs nach Golfo Aranci (2 €, 25 Min.).

UNTERWEGS VOR ORT

Außer für die Fahrt zum Flughafen und zur Stazione Marittima brauchen Besucher kaum einen Stadtbus. Busfahrkarten sind in Tabakgeschäften und einigen Bars zu erstehen.

Auto & Motorrad

Dank eines ziemlich verwirrenden Einbahnstraßensystems und fast ständiger Straßenausbesserungsarbeiten macht das Autofahren in Olbia absolut keinen Spaß. Die Hauptdurchgangsstraße, der Corso Umberto, ist zwischen Piazza Margherita und Via Goffredi Mameli für den Verkehr gesperrt. Überall in Olbia gibt es Parkautomaten (pro Std. 0,60 €). Gute Chancen auf einen Parkplatz hat man in der Bahnhofsumgebung.

Bus

Betreiber der Regionalbusse ist **ASPO** (☎ 0789 55 38 56; www.aspo.it). Bus 9 (0,80 € oder 1,30 €, wenn die Fahrkarte im Bus gekauft wird) verkehrt halbstündlich zwischen der Stazione Marittima und der Innenstadt (Via San Simplicio).

Vom/Zum Flughafen

Stadtbus 2 (0,80 € oder 1,30 €, wenn die Fahrkarte im Bus gekauft wird) fährt halbstündlich zwischen 7.30 und 20 Uhr vom Flughafen zur Via Goffredo Mameli in der Innenstadt. Ein **Taxi** (☎ 0789 6 91 50) kostet 15 €.

Mehrere Busse fahren am Flughafen zu Zielorten auf der Insel ab, darunter ist einer, der nach Nuoro verkehrt. Er wird von **Deplano** (☎ 0784 29 50 30; www.deplanobus.it) betrieben und bedient von Juni bis September fünfmal täglich diese Strecke. Die Fahrkarte kostet 10 € und die Fahrt dauert ungefähr zwei Stunden.

Taxi

Manchmal findet man Taxis am Corso Umberto nahe der Piazza Margherita. Ansonsten anrufen unter ☎ 0789 6 91 50 oder ☎ 0789 2 27 18.

RUND UM OLBIA

Olbias Hauptstrand ist der von Menschen wimmelnde **Lido del Sole** (mit Bus 5 gut zu erreichen), rund 6 km östlich vom Flughafen abseits der SS125, der Hauptverkehrsstraße Richtung Süden. Zum Schwimmen ist er zwar ausreichend, aber die herrlichen weißen Standstreifen **Pittulongu** oder **Sos Aranzos** nördlich der Stadt sind ihm auf jeden Fall vorzuziehen.

GOLFO ARANCI

2330 Ew.

Golfo Aranci, an der Nordspitze des Golfo di Olbia, 18 km nordöstlich von Olbia, ist im Sommer ein wichtiger Verkehrsknotenpunkt. Die meisten Leute fahren durch die Stadt hindurch, ohne ihr einen zweiten Blick zu gönnen. Sie ist in der Tat nichts Besonderes, aber zumindest eine überlegenswerte, billigere (besser gesagt: nicht ganz so teure) Alternative zur Costa Smeralda, die ein paar Kilometer weiter an der Küste liegt. Die Stadt hat drei weiße Sandstrände – **Spiaggia Primo**, **Secondo** und (der beste der drei) **Terzo** (übersetzt also: Strand Eins, Zwei und Drei), und mit einem eigenen Fahrzeug lassen sich leicht noch andere erreichen. Olbia ist auch gut für Familien geeignet, denn es gibt mehrere öffentliche Parks und gepflegte Spielplätze.

Hinter dem Hafen ragen die zerklüfteten Steilhänge des kleinen Naturschutzgebiets **Capo Figaro** (340 m) auf. Pfade führen kreuz und quer durch die *macchia* (mediterranes Gestrüpp) und hoch zu einem ausgedienten Leuchtturm, der *il vecchio semaforo* (alte Verkehrsampel) genannt wird. Von hier aus schickte Guglielmo Marconi 1928 das erste Radiosignal aufs italienische Festland.

Informationen zum Wandern und anderen Aktivitäten gibt's in der hilfreichen **Touristeninformation** (☎ 346 757 94 73; Via Liberta; www.visitgolfoaranci.it; ⏰ 9–13 & 16–20 Uhr) in der Nähe vom Hafen. Die Mitarbeiter haben Adressen von ortskundigen Guides und informieren über die Schnorchel- und Harpuniermöglichkeiten vor der **Isola di Figarolo**, einer winzigen, äußerst reizvoll vor der Küste postierten Insel. Im Hafen sind zahlreiche Tauchausrüster angesiedelt. Ein unvergessliches Erlebnis bietet das **Bottlenose Diving Research Institute** (☎ 0789 183 11 97; www.thebdri.com; Via Diaz 4). Es veranstaltet Tagesfahrten, bei denen nach den in diesen Gewässern heimischen Großen Tümmlern gesucht wird. Eine Garantie dafür, einen dieser Delphine zu Gesicht zu bekommen, kann natürlich nicht gegeben werden, aber seit 1999 hat es 930 Sichtungen gegeben, daher sind die Aussichten nicht schlecht. Für die fünf- bis siebenstündige Expedition ist pro Erw./Kind mit 150/110 € zu rechnen.

Schlafen & Essen

La Lampara (☎ 0789 61 51 40; www.lalamparahotel.com; Via Magellano; DZ 70–140 €, 3BZ 85–155 €; ⏰ März–Okt. ❄) La Lampara ist ein freundliches, familiengeführtes Hotel gleich an der Hauptstraße. Seine zehn sommerlichen Zimmer erstrahlen in Blau und Weiß mit kühlen gefliesten Böden und schlichten, schnörkellosen Möbeln.

Hotel Gabbiano Azzurro (☎ 0789 4 69 29; www.hotelgabbianoazzurro.com; Via dei Gabbiani; HP pro Pers. 83–168 €; ⏰ Ostern–Ende Okt.; P ❄ 🏊) Das Gabbiano Azzurro mit Blick auf das wunderbar aquamarinfarbene Wasser der Spiaggia Terzo ist ein riesiges, anonymes Hotel, das auf ganze Busladungen ausländischer Touristen eingestellt ist. Aber davon sollte man sich nicht unbedingt abschrecken lassen, denn die Einrichtungen, darunter zwei Pools, sind ausgezeichnet und die Strandlage ein absolutes Plus.

In den Restaurants an und in der Umgebung der Via della Liberta stehen Meeresfrüchte ganz oben auf der Karte. Das **Ristorante Miramare** (☎ 0789 4 60 85; Piazzetta del Porto 2; Hauptgerichte 25–30 €) unten am Wasser ist ein typisches Hafenrestaurant mit einer fischlastigen Speisekarte und munterer Atmosphäre.

An- & Weiterreise

Zwischen Juni und September verbinden sechs ARST-Busse pro Tag Golfo Aranci mit Olbia (1,50 €, 25 Min.). Auch Züge (2,20 €, 25 Min.) verkehren das ganze Jahr über fünfmal täglich auf dieser Strecke.

Fähren von **Tirrenia** (☎ 892 123; www.tirrenia.it) und **Sardinia Ferries** (☎ 199 400 500; www.sardiniaferries.com) fahren zwischen März und Oktober nach Golfo Aranci. Details s. Kasten S. 258.

DIE SÜDKÜSTE

Die quirlige Küste südlich von Olbia ist mit Ferienorten gesprenkelt, die im Sommer vor Touristen aus allen Nähten platzen und im Winter überwiegend die Schotten dicht machen. Typische Beispiele sind Porto San Paolo, das Hauptsprungbrett zur Isola Tavolara, sowie San Teodoro 11 km weiter südlich, das bei jungen Italienern zunehmend im Trend liegt.

PORTO SAN PAOLO & ISOLA TAVOLARA

Der kleine, aber hoch frequentierte Ort Porto San Paolo liegt 14 km südlich von Olbia an der SS125. Der einzige wirkliche Grund zum Anhalten – sofern man hier nicht ein Ferienapartment gemietet hat – ist das Umsteigen in ein Boot zur Isola Tavolara.

Um Ostern herum sowie von Mitte Juli bis September werden vom Hafen aus **Bootsausflüge** angeboten. Abfahrt stündlich zwischen 10 und 13 Uhr, Rückfahrt um 12.30, 16.30 und 17.30 Uhr. Die Hin- und Rückfahrt (einfache Strecke 25 Min.) kostet 12,50 € pro Person; längere Rundfahrten, bei denen auch die kleineren Inseln Isola Molara und Piana besucht werden, sind für 25 € pro Kopf zu haben.

Früher war die Isola unter dem Namen Insel von Hermes bekannt, vielleicht, weil man Flügel braucht, um das Plateau (565 m) zu erreichen, wo nur Seevögel, Falken und ein paar leichtfüßige wilde Ziegen leben. Die wenigen Menschen, die hier wohnen, haben sich an der Westseite angesiedelt, an der **Spalmatore di Terra**, wo die Boote anlegen.

Abgesehen von einem Imbiss in einem der beiden Strandlokale lässt sich nicht viel mehr unternehmen, als im durchsichtigen Wasser der **Spiaggia Spalmatore** herumzuplantschen und die unglaubliche Aussicht auf die Anhöhen Tavolaras und das sardische Festland zu genießen. Man könnte zu dem kleinen Friedhof hinunterspazieren, um die Gräber der Könige von Tavolara (der Titel wurde 1848 von Carlo Alberto nach einem erfolgreichen Ausflug zur Ziegenjagd verliehen) zu besuchen, die alle mit einer Krone versehen sind. Der derzeitige „König", Tonino Bertoeoni, betreibt eines der zwei Restaurants auf der Insel, das **Ristorante da Tonino** (☎ 0789 5 85 70; Via Tavolara 14; Hauptgerichte 30–35 €). Die sonnige Restaurantterrasse ist ein hübsches Plätzchen für Pizza und frische Meeresfrüchte.

Die felsigen Höhlen von Tavolara bieten herrliche Tauchmöglichkeiten in der Umgebung des Unterwassersees Secca del Papa. Tauchausflüge organisiert das **Centro Sub Tavolara** (☎ 0789 4 03 60; www.centrosubtavolara.com; Via Molara 4/a). Für einen Tauchgang ist mit 45 € zu rechnen.

Seit 1991 wird auf der Insel im Sommer ein **Filmfestival** veranstaltet, normalerweise Mitte bis Ende Juli. Die Vorstellungen finden um 21.30 Uhr statt; Sonderboote befördern Leute, die im Besitz einer Eintrittskarte sind, abends von Porto San Paolo auf die Insel. Details gibt's unter www.cinematavolara.it (auf Italienisch).

Wieder zurück auf dem Festland gibt es nicht viel, was Besucher in San Paolo hält, aber vor der Weiterreise kann man sich eine leckere Holzofenpizza im **Cala di Junco** (☎ 0789 4 02 60; Via Nenni 8/10; Hauptgerichte um 30 €; 🕒 Mi–Mo) gönnen.

SAN TEODORO

3920 Ew.

San Teodoro, einer der angesagtesten Urlaubsorte an diesem Küstenabschnitt, ist eine attraktive Stadt mit Prachtstücken von Piazzas und hübschen pastellfarbenen Häusern. In den letzten Jahren hat sie sich zu einem trendigen Treffpunkt entwickelt. Ihr pulsierendes Nachtleben ist eine erschwinglichere Alternative zur protzigen Atmosphäre oben an der Costa Smeralda. Tagsüber ist vor allem an den Strände der Stadt was los, wo Veranstalter alle möglichen Wassersportarten und Bootsausflüge anbieten. Im Hinterland bestehen jede Menge Möglichkeiten zum Trekken, Mountainbiken und Reiten.

Die hilfreiche **Touristeninformation** (☎ 0784 86 57 67; www.santeodoroturismo.com, auf Italienisch; Piazza Mediterraneo 1; 🕒 Juni–Sept. 9–13 & 16–22 Uhr, Okt.–Mai 9–13 & 15–18 Uhr) hat Informationen zu lokalen Anbietern und geführten Touren. Eine weitere nützliche Website ist www.visitsanteodoro.com (auf Italienisch).

San Teodoros Strand **Cala d'Ambra** liegt etwa einen halben Kilometer unterhalb vom Stadtzentrum. Nach Norden hin erstreckt sich die noch umwerfendere **Spiaggia La Cinta**, ein breites, offenes Sandband zwischen dem transparenten topasfarbigen Meer und dem **Stagno San Teodoro**, einer ausgedehnten Lagune mit einer artenreichen Vogelwelt. La Cinta ist ein bei Wassersportlern beliebter Strand und hervorragend geeignet, um sich im Kitesurfen zu versuchen. **Wetdreams** (☎ 0784 85 20 15; www.wetdreams.it; Via Sardegna), ein Surfshop am Strand, bietet eine dreistündige Einführung für 160 €.

Schlafen & Essen

In San Teodoro gibt es genügend Gästebetten. Allerdings handelt es sich bei den Unterkünften zumeist mindestens um Drei-Sterne-Hotels, und viele haben im Winter geschlossen. Eine Liste findet sich unter www.visitsanteodoro.com und auf der Website der Touristeninformation.

Camping San Teodoro (☎ 0784 86 57 77; www.campingsanteodoro.com; Via del Tirreno; pro Pers./Zelt/Pkw 10,10/10,50 €/frei, 4-Pers.-Bungalow 64–106 €; 🕒 Mai–Mitte Okt.) Der beliebte Campingplatz liegt rund 800 m von der Innenstadt entfernt auf einem riesigen, baumbestandenen Gelände direkt am Südende vom Strand La Cinta.

Hotel L'Esagono (☎ 0784 86 57 83; www.hotelesagono.com; Via Cala d'Ambra; HP pro Pers. 50–119 €; ⏲ Ende März–Okt.) Dieser gepflegte Hotelkomplex unten am Strand hat prima Einrichtungen und einen liebevoll gehegten, von Palmen gesäumten Garten. Die Zimmer in den niedrigen Bungalows mitten im Grünen sind hell und sonnig und haben sardische, handbestickte Bettüberwürfe, die erfrischend unkitschig daherkommen.

La Taverna degli Artisti (☎ 0784 86 60 60; Via del Tirreno 17; Pizzas 6 €, Hauptgerichte um 30 €) Hier stehen erstklassiges Essen und ebensolcher Service auf der Karte. Meeresfrüchte dominieren – Tipp: *spaghetti alla bottarga* (Meerbarbenrogen). Pizza gibt's auch zum Mitnehmen.

Ausgehen

Erst nach Einbruch der Dunkelheit erwacht San Teodoro wirklich zum Leben. Es gibt zahlreiche Bars und mehrere Clubs in leicht erreichbarer Nähe. In der Stadt ist das **Bhudda del Mar** (☎ 0784 86 52 52; Piazza Gallura) ein Favorit bei jungen Leuten, die das kühle Bier und die entspannte Atmosphäre zu schätzen wissen; abends wird auch Essen serviert. Der am zentralsten gelegene Club ist **L'Ambra Night** (☎ 0784 866 64 03; Via Cala d'Ambra; ⏲ 10.30 Uhr – open end) unten am Strand gegenüber vom Hotel L'Esagono. Die edle Disko mit einer Tanzfläche im Freien rockt überwiegend zu Mainstreambeat. Der **Luna Glam Club** (☎ 338 978 97 76; www.lalunadisco.com; Localita Stirritoggiu; ⏲ 22.30 Uhr – open end), gleich südlich der Stadt an der Straße, die von der SS125 abzweigt, zieht ein schickes Publikum über 30 an. Um dazu zu passen und an den adleräugigen Türstehern vorbeizukommen, muss man sich in Schale werfen.

An- & Weiterreise

ARST-Busse fahren die Küste hoch nach Olbia (2,50 €, 40 Min., 6-mal tgl., an Wochentagen bis zu 9-mal tgl.) und landeinwärts nach Nuoro (6,50 €, 1 Std. 50 Min., 5-mal tgl.). Auch Deplano-Busse verkehren zwischen San Teodoro und dem Flughafen von Olbia (3,50 €, 30 Min., 5-mal tgl.) und Nuoro (10 €, 1¼ Std., 5-mal tgl.).

COSTA SMERALDA

1961 kaufte der Aga Khan zusammen mit ein paar Busenfreunden einigen ums Überleben kämpfenden Bauern ein wundervolles Stück sardischer Küste ab und erschuf die Costa Smeralda. Fast ein halbes Jahrhundert später ist die Smaragdküste *die* Sommerdestination für Models in spe, russische Oligarchen, alternde Aristokraten und kahlköpfige Medienmogule. Die Costa beginnt bei Porto Rotondo am Golfo di Cugnana, rund 17 km nördlich von Olbia, und erstreckt sich 55 km weit nach Norden bis zum Golfo di Arzachena. Die „Hauptstadt" ist das Yachtie-Paradies Porto Cervo, aber als Silvio Berlusconis Operationsstützpunkt auf Sardinien bekommt auch Porto Rotondo seinen gerechten Anteil an Paparazzi-Aufmerksamkeit ab.

PORTO CERVO

Porto Cervo, die eigenartige, künstliche Vision mediterraner Schönheit, bietet einen surrealen Anblick. Seine pseudo-marokkanische Architektur – Teil eines bombastischen Plans, das Beste von griechischer, nordafrikanischer, spanischer und italienischer Architektur in einem utopischen Stranddorf zu vereinigen – und die perfekt gepflegten

ABSTECHER: OASI NATURALISTICA USINAVA

Rund 14 km landeinwärts von Budoni, einem 10 km südlich von San Teodoro gelegenen Dorf, liegt die **Oasi Naturalistica Usinava** (☎ 328 648 60 63; www.usinava.it), ein fabelhafter Ort um den Massen im Sommer zu entgehen. Das 1146 km² große Gelände umfasst Wälder, tief eingeschnittene Bergkegel, Wasserfälle und *macchia* (mediterranes Gestrüpp) und beherbergt alle möglichen sardischen Tiere, darunter Mufflons, Wildschweine, Blässhühner, Waldhühner und Hirsche. Wer in der Oase übernachten möchte, bucht eine Pritsche in einer der drei *pinettos* (typische Steinhütten mit Strohdächern), die für Besucher erbaut wurden. Die Übernachtung in einer dieser Vier-Bett-Hütten kostet 18 €.

Um von Budoni zu der Oase zu kommen, folgt man der Straße Richtung Brunella, Talava, Su Cossu und Sos Rios. Rund 1,5 km hinter Sos Rios erreicht man die Forststation.

DIE COSTA VERÄNDERT IHR GESICHT

Die Costa Smeralda, lange Zeit ein Synonym für Superluxus, erlebt eigenartige Zeiten. In den letzten Sommern hat der Lack des vergoldeten Käfigs, in dem sich die gebräunten Küsten-Stammgäste so gern einschließen, Risse bekommen. 2007 wurde der italienische Rocker Zucchero während eines Freiluftkonzerts mit Flaschen bombardiert, und dann, im August 2008, wurde der legendäre Schürzenjäger und Costa-Stammkunde Flavio Briatore mit Sand beworfen, als er zusammen mit Freunden versuchte, in Schlauchbooten auf dem knackvollen Strand von Capriccioli zu landen.

Was geht hier ab? Waren diese Vorfälle Symptome eines Volksaufstands? Zeitungsartikel präsentierten die Episode als eine Art kommunales Dampfablassen gegen die Prahlerei und Arroganz der Reichen. Italienische Urlauber, die schon die Auswirkungen einer kriselnden Wirtschaft zu spüren bekommen hatten und wegen der Preiserhöhungen für Sonnenschirme und Strandliegen verärgert waren, hatten eben einfach keine Lust, einer Gruppe reicher Promis Platz zu machen. Aber ein Aufstand macht noch keine Revolution, und die Costa ist nicht plötzlich ein revolutionärer Brandherd geworden. Aber sie macht eine Veränderung durch und könnte sich auch noch stärker verändern.

2003 erkaufte sich der nordamerikanische Immobilien-Tycoon Tom Barrack für verlautbarte 290 Millionen Euro die Kontrolle über das Costa-Smeralda-Konsortium (Vereinigung der lokalen Landbesitzer). Ein Jahr später reichte er bei der Gemeinde Arzachena Pläne für eine groß angelegte Aufmöbelung von Porto Cervo ein, darunter den Bau zwölf neuer Piazzas, unterirdischer Parkplätze, einer Hafenpromenade und neuer Parks und Wege.

Bislang ist von diesen Neuerungen wenig zu sehen, aber es lässt sich nicht verleugnen, dass die Costa seit den frühen 1960er-Jahren eine Veränderung erlebt hat. Die Costa, ein Geisteskind des Millionärs Karim Aga Khan (geb. 1937), wurde 1962 von einer internationalen Investorengruppe begründet, die den 55 km langen Küstenabschnitt kaufte und rasch in eine Luxusoase verwandelte.

Zu Beginn gaben die neuen Landeigentümer strenge Bauregelungen vor. Die Einfuhr nichtheimischer Pflanzen war verboten, alle Stromkabel und Wasserleitungen mussten unter der Erde verlegt werden, Straßenreklame war untersagt und die Gebäude sollten sich in die Umgebung einfügen. Aber die Investoren ließen sich davon nicht beeindrucken, und Ende der 1980er-Jahre waren in der Gegend rund 2500 Villen hochgezogen worden. Seitdem ging die Bautätigkeit zurück und kam 2004 ganz zum Stillstand, als die Regionalregierung ein Gesetz verabschiedete, das jede Bautätigkeit innerhalb eines 2 km breiten Küstengürtels verbot. Ob dieses heftig und kontrovers diskutierte Gesetz Auswirkungen auf Barracks langfristige Planung haben wird, bleibt abzuwarten.

Straßen sind unbehaglich steril und ziemlich charakterlos. Denn abgesehen von der wunderbaren Küstenszenerie ringsum hat Porto Cervo nichts, was im Entferntesten an Sardinien erinnert. Es ist, was es ist: ein auf dem Reißbrett entworfener Spielplatz für die Superreichen.

Sehenswertes & Aktivitäten

Da so gut wie jeder in Porto Cervo ein Boot besitzt (es hat die besten Hafeneinrichtungen der Insel), spielt sich das Leben tagsüber vor allem draußen ab, in den paradiesischen Buchten und an den seidenweichen Stränden. Am frühen Abend tauchen dann die Playboys und Playgirls auf, um in den Boutiquen zu stöbern und auf den Piazzas zu posieren.

Der Ort zum Sehen und Gesehenwerden ist die **Piazzetta**, ein kleiner Platz inmitten lauter abgeschiedener Einkaufsgässchen. Von der Piazzetta führen Stufen zur **Sottoportico della Piazzetta** hinab, wo man in einer Reihe schicker Boutiquen das Schicksal herausfordern kann. Über allem thront Michele Busiri Vicis **Chiesa di Stella Maris** (☎ 0789 9 20 01; Piazza Stella Maris), ein ausgefallenes weißes Gebäude, in dem im Sommer klassische Musikkonzerte aufgeführt werden. Wie nicht weiter verwunderlich, ist es auch in Bezug auf Geschenke ganz gut weggekommen: ein niederländischer Aristokrat hat ihr El Grecos überwältigendes Gemälde *Mater Dolorosa* vermacht.

Modernere Kunst ist in der vor Kurzem eröffneten **Louise Alexander Gallery** (Via del Porto Vecchio 1; www.louise-alexunder.com; ⏲ Mai–Sept.) zu sehen. Hier werden Wanderausstellungen zeitgenössischer Künstler gezeigt. In der Galerie wird auch moderne Kunst verkauft. Wer also einen Andy Warhol erstehen möchte, kann sich dort melden.

Schlafen & Essen

Hotel Le Ginestre (☎ 0789 9 20 30; www.leginestrehotel.com; Localita Porto Cervo; HP pro Pers. 115–250 €; ⌚ Mai–Sept.; P) Dieser romantische Hotelkomplex liegt 1 km südlich von Porto Cervo. Entsprechend dem typischen Costa-Stil hat er Zimmer in niedrigen ockerfarbenen Gebäuden zwischen perfekt gepflegten Rasenflächen und sorgfältig gestutzten Büschen. Uniformierte Mitarbeiter sorgen für makellosen Service, und die Einrichtungen garantieren allen erforderlichen Komfort.

Il Peperone (☎ 0789 90 70 49; Ecke Via Cerbiatta & Via Sa Conca, Hauptgerichte um 35 €; ⌚ Ostern–Okt.) Dieses schlichte Pizzeria-Restaurant an der Hauptstraße in die Stadt ist eines der erschwinglichsten Lokale von Porto Cervo. Das Essen ist nicht spektakulär, aber völlig in Ordnung, und es gibt ein paar himmlische hausgemachte Desserts.

Ausgehen

Porto Cervos Nachtleben findet ausschließlich im Sommer statt. Eine der wenigen preiswerten Optionen ist das Leutebeobachten, aber sobald man sich auf einen Barhocker fallen lässt, werden rund 10 € für eine Cola fällig. Umso erstaunlicher für einen dermaßen mondänen Ort: eine der begehrtesten Anlaufstellen, um sich einen Drink zu genehmigen, ist ein Pub nach englischem Vorbild, das im maritimen Stil gehaltene **Lord Nelson Pub** (Porto Cervo Marina; ⌚ 17 Uhr – open end).

Wer allerdings wirklich etwas erleben will, muss sich bis in die Haarspitzen aufbretzeln und die Stadt nach Süden verlassen. Dort findet man nach zwei Kilometern am Straßenrand zwei der Topclubs der Region: den **Sopravento** (☎ 0789 9 47 17; Localita Sottovento; ⌚ Juni–Mitte Sept. 22.30–6 Uhr) und auf der gegenüberliegenden Straßenseite den sogar noch exklusiveren **Sottovento** (☎ 0789 9 24 43; Localita Sottovento; ⌚ April–Sept. 24–6 Uhr), ein VIP-Schuppen, den der internationale Jetset frequentiert. Der Zutritt zu beiden Läden ist längst nicht jedem Normalsterblichen vergönnt und hängt ganz und gar vom Gutdünken der Zerberusse mit der steinernen Miene ab.

Die größte Disko in dieser Gegend ist die zutreffend benannte **Billionaire** (☎ 0789 9 41 92; www.billionaireclub.it; Localita Alto Pevero; ⌚ Juli–Sept. 20–4 Uhr), wo Kamerateams miniberockte Promis auf dem Tanzboden interviewen. In diesen lauten, schnieken Schuppen reinzukommen ist fast unmöglich, es sei denn, man kennt jemanden oder bucht ein Dinner im noblen Restaurant. Logischerweise sind die Preise exorbitant.

An-& Weiterreise

ARST unterhält bis zu fünf Busverbindungen zwischen Porto Cervo und Olbia (3 €, 1½ Std.).

Zwischen Juni und September fahren Busse von **Sun Lines** (☎ 348 260 98 81) vom Flughafen in Olbia zur Costa Smeralda. Sie halten in Porto Cervo und verschiedenen anderen Orten an der Küste.

BAIA SARDINIA

Von Porto Cervo schlängelt sich die Küstenstraße nach Norden und Westen zum 7 km entfernten Baia Sardinia. Es liegt knapp außerhalb der Costa Smeralda, ist aber als Urlaubsort an der Küste für alle Vorhaben und Zwecke genauso gut geeignet wie seine berühmteren Nachbarn. Seine Hauptattraktion ist der Strand **Cala Battistoni**, ein wahnsinnig beliebtes Sandstück an ungeheuer blauem Wasser. Eine mögliche Alternative für den Fall, dass man kein freies Plätzchen auf dem Strand ergattern kann, aber trotzdem schwimmen gehen möchte, ist der nahe gelegene Wasserpark **Aquadream** (☎ 0789 9 95 11; Localita la Crucitta; Erw./erm. 18/12 €; ⌚ Mitte Juni–Mitte Sept. 10.30–19 Uhr), vor allem für Leute mit Kindern.

Schlafen & Essen

Der Ferienort ist auf Familien ausgerichtet und hat jede Menge Hotelkomplexe mit Blick auf die Bucht. Die Preise sind alles andere als Schnäppchenpreise, aber sehr viel angemessener als in Porto Cervo.

Hotel La Rocca (☎ 0789 93 31 31; www.hotellarocca.it; Localita Pulicino; HP pro Pers. 85–170 €; ⌚ Mai–Okt.; P) Ein Postkartenensemble aus pastellrosa Bungalows, grünen Rasenflächen und mit Rabatten gesäumten Gehwegen – La Rocca ist eine edle Vier-Sterne-Herberge mit kühlen, sommerlichen Zimmern und hervorragender Ausstattung. Im Pool sprudelt ein natürlicher Felsquell und es gibt einen kostenlosen Shuttlebus nach Baia Sardinia und Porto Cervo.

Le Querce (☎ 0789 9 92 48; www.lequerce.com; Localita Cala Bitta; 2-Pers.-Häuschen 70–157 €; ⌚ April–Okt.) In diesem stillen Hafen mit Blick auf die Bucht entgeht man den Massen. Er besteht aus vier steinernen *stazzi* (traditionelle Häuser), die in freundliche Ferienhäuser für Selbstversorger verwandelt wurden und in einer wunderschön gestalteten Grünanlage liegen. Zur rustikalen Innenausstattung gehören riesige rote Felsklötze, die in geflieste Fußböden hochragen. Kinder unter 12 Jahren sind nicht zugelassen.

News Café (☎ 0789 9 94 84; Piazza Centrale; 🕑 8–2 Uhr) Das zentral unter den Hafenarkaden gelegene Café ist ein beliebter Treffpunkt und eignet sich gut für ein schnelles *panino* zur Mittagszeit.

L'Approdo (☎ 0789 9 90 60; Pizzas ab 5 €, Hauptgerichte um 30 €; 🕑 12–24 Uhr) Das direkt am Strand gelegene Lokal ist ein ausgezeichneter Ort für klassisches sardisches Fischessen. Als Vorspeise empfiehlt sich Spaghetti *alle arselle* (mit Muscheln), gefolgt von einer Portion gegrilltem Tintenfisch. Wer nicht auf Meeresfrüchte steht, kann sich aus einer ansehnlichen Reihe Pizzas eine passende aussuchen.

Ausgehen

Phi Beach (☎ 0789 95 50 12; www.phibeach.it; Forte Capellini) Einer der hottesten Spots an der Küste, ein toller Ort zum Abhängen und um den Sonnenuntergang zu betrachten. Tagsüber ist es ein ganz normaler Badeclub mit Sonnenliegen- und Sonnenschirmverleih, aber wenn die Sonne untergeht, verwandelt er sich in eine coole Loungebar und Restaurant. Im Hintergrund drehen DJs coole Scheiben.

Ritual (☎ 337 81 69 34; Localita La Crucitta; 🕑 23–5 Uhr) Dieser Club direkt am Stadtrand, an der Straße nach Porto Cervo, ist ein langjähriger Renner. Auch wer nicht tanzen will, sollte mal einen Blick in das sexy höhlenartige Innere werfen, das aus der Felswand gehauen wurde. Der Eintritt kostet je nach Event zwischen 15 und 40 €.

An- & Weiterreise

Die Sun Lines-Busse der Strecke Olbia–Porto Cervo fahren noch die 15 Minuten weiter nach Baia Sardinia (s. S. 186).

SÜDLICH VON PORTO CERVO

Trotz des ganzen oberflächlichen Hypes ist die Costa Smeralda wirklich phantastisch: in einer Reihe schroffer, fjordähnlicher Buchten fallen die bizarr geformten Granitfelsen der Gallura ins smaragdfarbene Meer ab.

Auf der Fahrt nach Süden kommt man zu einem der besten Strände, der **Spiaggia del Principe** (oder Portu Li Coggi). Offenbar ist er der Lieblingsstrand des Aga Khan, ein wunderbarer Halbmond aus weißem Sand, eingerahmt von unberührter grüner *macchia* und karibisch blauem Wasser. Den Wegweisern zum Hotel Romazzino folgen, aber vor dem Hotel auf die Via degli Asfodeli nach rechts abbiegen und dann den letzten halben Kilometer zu Fuß gehen. In der Nähe liegt die leichter ausfindig zu machende **Spiaggia Romazzino,** die ihren Namen den reichlich wachsenden Rosmarinsträuchern verdankt.

Anschließend folgt der **Capriccioli**, ebenfalls ein herrlicher, wunderschön gelegener Strand mit kristallklarem Wasser. Dahinter muss man die Augen für die Abzweigung zur **Spiaggia Liscia Ruia** offen halten, kurz vor dem grandiosen maurischen Phantasiegebilde namens Hotel Cala di Volpe.

Am Golfo di Cugnana ist schließlich das Ende der Costa erreicht. Einen schönen Abschluss der Fahrt bildet der spektakuläre Anblick des **Porto Rotondo**, eines zweiten Yachthafens, der 1963 nach dem Vorbild von Porto Cervo angelegt wurde und einem teuren Küstenvorort von Sydney oder San Francisco ähnelt. Hier unterhält der italienische Premierminister Silvio Berlusconi seine sardische Hauptresidenz, die pharaonische Villa Certosa.

Schlafen

Villaggio Camping La Cugnana (☎ 0789 3 31 84; www.campingcugnana.it; Localita Cugnana; pro Pers./Zelt/Pkw 17,50 €/frei/4,50 €, 2-Pers.-Bungalows pro Woche 255–595 €; 🕑 Mai–Sept.) Dieser superschicke Campingplatz an der Hauptstraße unmittelbar nördlich von Porto Rotondo ist eine der wenigen Budgetunterkünfte an der Costa. Er bietet einen Supermarkt, Swimmingpool und einen kostenlosen Shuttlebus-Service zu einigen der besseren Strände der Costa Smeralda.

LP Tipp **La Villa Giulia** (☎ 0789 9 86 29, 3485111269; www.lavillagiulia.it; Monticanaglia; DZ 65–89 €; 🕑 April–Nov.) Das wunderbare B&B am oberene Ende eines Feldwegs verfügt über sechs Zimmer in einer rustikalen Steinvilla. Die gemütlich eingerichteten Zimmer mit hübsch gefliesten Bädern sind relativ schlicht, aber die bezaubernde Landschaft ringsum, die Gastfreundschaft und die spektakulären Preise machen es zu einem echten Knüller. Es gibt auch die Möglichkeit, das ganze Untergeschoss des Hauses als Ferienapartment mit zwei Schlafzimmern und einer Küche zu mieten. La Villa Giulia liegt rund 2 km von der Spiaggia Liscia Ruia landeinwärts und ist an der Hauptküstenstraße ausgeschildert.

Hotel Capriccioli (☎ 0789 96 00 04; www.hotelcapriccioli.it; Localita Capriccioli; HP pro Pers. 98–167 €; April–Sept.; P) In einer Region, die von Luxus-Hotelketten beherrscht wird, ist es eine wahre Freude, eine freundliche, familiengeführte Unterkunft wie das Hotel Capriccioli zu finden. Es liegt direkt am Strand Capriccioli und bietet helle Zimmer, die im typisch sardischen Stil mit schmiedeeisernen Betten und klassischen Inseltextilien eingerichtet sind.

SAN PANTALEO

Obwohl es nur rund 16 km von Porto Cervo entfernt ist, macht das ländliche Dorf San Pantaleo nach den sterilen Ferienorten an der Küste einen erfreulich authentischen Eindruck. Und da San Pantaleo auch ein paar tolle Unterkünfte hat, lohnt sich die Überlegung, es als Ausgangsbasis für Abstecher in die Umgebung zu wählen.

Das Dorf liegt hoch oben hinter der Küste, umgeben von Gipfeln, die aussehen wie hohle Zähne. Jede der schlanken Bergspitzen hat einen Namen, eine Marotte von San Pantaleo, das so etwas wie ein Rückzugsort für Künstler geworden ist. Es ist auch eines der wenigen sardischen Dörfer, das rund um eine malerische Piazza mit einer robusten kleinen Kirche an deren Kopfende erbaut ist. Im Sommer wird oft ein bunter Markt abgehalten, und im Frühjahr verleiht die Baumblüte dem Städtchen Postkartenreife.

Eine Lieblingsbeschäftigung der hiesigen Besucher ist ein Bummel durch die Läden. Im **L'Antiquaire de San Pantaleo** (☎ 335 38 12 14; Via Caprera 10; nach Absprache) ist eine Sammlung ethnischer und östlicher Antiquitäten zu bewundern, und in der kleinen Galerie **Arte in Piazza** (☎ 338 165 45 21; Piazza Vittorio Emanuele) sind Arbeiten ansässiger Künstler ausgestellt.

Anschließend lädt das schicke kleine **Caffè Nina** (Piazza Vittorio Emanuele 3; Käseplatte 10 €; Ende März–Okt. 7–2 Uhr) zum Platznehmen und einem Glas Vermentino mit etwas *pecorino* und Oliven ein.

Zwischen dem 27. und 30. Juli findet in San Pantaleo der alljährliche Ringelpiez statt, ein ausgelassenes Wochenende mit traditionellen sardischen Tänzen.

LP Tipp **Hotel Arathena** (☎ 0789 6 54 51; www.arathena.it; Via Pompei; DZ 120–276 €; März–Okt.; P) Das reizende Hotel ist das schönste im Städtchen. Den Ton bestimmen knorrige, bucklige Holzbalken und ockerfarben gestrichene Steinwände; die Zimmer sind mit Terrakottafliesen, Holz und Naturtextilien versehen. Draußen, vor der erhabenen Kulisse grüner Berge, glitzert ein riesiger Pool.

In der Nähe vom Ortseingang liegt das **Hotel Sant'Undrea** (☎ 0789 6 52 98; www.giagonigroup.com, auf Italienisch; Via Zara 43; EZ 67–106 €, DZ 110–180 €, HP pro Pers. 85–130 €; April–Okt.; P) mit gemütlichen, geschmackvoll eingerichteten Zimmern. Hier darf mit einem hervorragenden, hausgemachten Frühstück gerechnet werden, denn die Betreiberfamilie managt auch das hochgelobte **Ristorante Giagoni** (☎ 0789 6 52 05; Via Zara 36/44; Hauptgerichte um 60 €; April–Okt. Di–So), auf dessen Speisekarte Fleischklassiker wie *porceddu* und ein täglich wechselndes Angebot an frischem Fisch stehen. Reservierung empfohlen.

Eine etwas weniger formellere Unterkunft ist das **Agriturismo Ca' La Somara** (0789 9 89 69; www.calasomara.it; Zi. 37–68 €, HP pro Pers. 57–88 €; P), 1 km an der Straße nach Arzachena. Das ungezwungene, weitläufige Bauerngehöft hat zwölf schlichte Gästezimmer und ein gemütliches Esszimmer. Keine Kreditkarten.

ARST unterhält fünf Busse täglich von Olbia nach San Pantaleo (1,50 €, 35 Min.) und Arzachena (1 €, 20 Min.).

ARZACHENA & UMGEBUNG

Arzachena liegt ein gutes Stück hinter der Grenzlinie des Küsten-Tourismusgebiets und dient als Sprungbrett zu einigen Perlen des Binnenlands: eine Reihe mysteriöser *nuraghi*-Ruinen (Steintürme) und zwei *tombe di giganti* (wörtlich „Riesengräber"; Massengräber aus dem Altertum).

ARZACHENA

12 100 Ew.

Wenn es nicht bloß ein paar Kilometer von der Costa Smeralda landeinwärts liegen würde, wäre Arzachena eine ganz normale Kleinstadt mit einer mittelmäßig interessanten Altstadt. Und genau das ist sie eigentlich auch. Aber weil sich per Fahrzeug von hier aus die exklusivsten Mittelmeerresorts leicht erreichen lassen, hat es sich vom bescheidenen Schäferdorf in den 1960er-Jahren zu einer Art Touristenzentrum gemausert, und im Sommer verdoppelt sich seine Einwohnerzahl.

Die meisten Leute benutzen Arzachena als Ausgangsbasis zum Erkunden der Costa. Aber wer sich im Ort aufhalten möchte, sollte wissen, dass im Mittelpunkt des Geschehens die **Piazza del Risorgimento** liegt, eine kleine Piazza mit zwei Cafés und einer Steinkirche, der **Chiesa di Santa Maria delle Neve**. Ein kurzes Stück entfernt am Ende der Via Limbara liegt der bizarre **Mont'Incappiddatu**, ein pilzförmiger Granitfelsen. Archäologen nehmen an, dass der Felsüberhang schon um 3500 v. Chr. jungsteinzeitlichen Menschen Obdach geboten hat.

Schlafen & Essen

Zu den nachstehenden zwei Unterkunftsmöglichkeiten gelangt man, wenn man (beim Verlassen von Arzachena) direkt hinter dem Supermarkt Galmarket am nördlichen Stadtrand rechts abbiegt.

LP Tipp **B&B Lu Pastruccialeddu** (☎ 0789 8 17 77; www.pastruccialeddu.com, auf Italienisch; Localita Lu Pastruccialeddu; EZ 50–100 €, DZ 70–120 €; P) Der umwerfende *agriturismo* (Bauernhof-Unterkunft) in einem typischen aus Stein erbauten Bauerngehöft in einer bezaubernden, friedlichen Umgebung hat sieben einfache Zimmer. Er wird von der umwerfend gastfreundlichen Caterina Ruzittu geleiteit, die hier aufgewachsen ist und das generöse Frühstück zubereitet – eine Riesenauswahl an Brötchen, Joghurt, frisch gebackenen Kuchen, Salami, Käse und Cerealien.

Agriturismo Rena (☎ 0789 8 25 32; www.agriturismorena.it; Localita Rena; HP pro Pers. 90–120 €; ⏲ März–Okt.; P) In diesem oben am Hang gelegenen *agriturismo* gibt's nur Halbpension, aber das ist überhaupt nicht schlimm, denn das Bauernhofessen ist köstlich – Käse, Honig, Fleisch und Wein stammen alle aus eigener Produktion. Die Zimmer sind unterschiedlich, aber durchweg rustikal, mit schweren Holzmöbeln und dicken Balken, die die 100 Jahre alten Decken stützen. Im Restaurant (Hauptgerichte 25–30 €) können auch Durchreisende speisen, aber nur mit Reservierung.

Trattoria La Vecchia Arzachena (☎ 0789 8 31 05; Corso Garibaldi; Hauptgerichte um 25 €; ⏲ Mo–Sa) In dieser Trattoria der alten Schule wird gutes, herzhaftes italienisches Essen ohne Schnickschnack gekocht. Die fröhliche, relaxte Atmosphäre passt prima zu den leckeren *tagliatelle* und klassischen *scaloppine* (panierte Schnitzel).

Il Fungo (☎ 0789 8 33 40; Via Lamarmora 21; Pizzas ab 5 €, Hauptgerichte um 30 €; ⏲ Sommer tgl., Winter Mi geschl.) Holzofenpizza und frischeste Meeresfrüchte sind das Aushängeschild dieses beliebten Lokals. Die Einheimischen holen sich ihr Essen zum Mitnehmen raus und halten dabei ein Schwätzchen mit dem *pizzaiola* (Pizzabäcker), Ortsfremde dagegen verdrücken die Riesenportionen von frischem Fisch und Grillfleisch direkt an Ort und Stelle.

An & Weiterreise

Arzachena ist gut per Bus zu erreichen. ARST-Busse fahren nach Olbia (2 €, 45 Min., 9-mal tgl.), Santa Teresa di Gallura (2,50 €, 1 Std., 5-mal tgl.) und Palau (1 €, 25 Min., 5-mal tgl.). Es gibt auch regelmäßige Busverbindungen zu Resorts an der Costa Smeralda, insbesondere Porto Cervo und Baia Sardinia.

Zwischen Mitte Juni und Mitte September kann man den **trenino verde** (☎ 0789 8 12 08; www.treninoverde.com, auf Italienisch) nach Tempio Pausania (9,50 €, 70 Min., 2-mal tgl.) nehmen.

RUND UM ARZACHENA

Das Interessante an Arzachena ist die Landschaft ringsum: Dutzende *nuraghi* und *tombe di giganti* überziehen das grüne Gelände.

Der Stadt am nächsten gelegen und auf jeden Fall am leichtesten zu findende ist die Nuraghe di Albucciu an der Hauptstraße nach Olbia, rund 3 km südlich von Arzachena. Zusammen mit dem Tempio di Malchittu und Coddu Ecchju wird er von der Kooperative **Lithos** (☎ 0789 8 15 37) verwaltet. Sie veranstaltet Führungen durch die Stätten und hat eine Reihe verschiedener Ticketkombinationen im Angebot: 3 € für eine der Stätten, 5 € für zwei und 7,50–10 € für alle drei Stätten. Führungen – nach Voranmeldung auch auf Englisch – kosten für eine Stätte 7,50 €, für alle drei 10 €.

Die **Nuraghe di Albucciu** (Eintritt 3 €; ⏲ 9–19 Uhr), eines der bemerkenswertesten prähistorischen Relikte der Gallura, ist aus mehreren Gründen ungewöhnlich, nicht zuletzt wegen seines flachen Granitdachs anstelle des üblichen *tholos* (konische Form) und seinem Gewirr von etwas, das wahrscheinlich Notausgänge waren.

Vom Kartenschalter der Nuraghe di Albucciu führt ein 2 km langer Karrenpfad zu dem von 1500 v. Chr. stammenden **Tempio di Malchittu** (Eintritt 3 €; ⏲ 9–19 Uhr). Auf Sardinien existieren noch ein paar andere Tempel dieser Art, aber im Hinblick auf seinen ursprünglichen Zweck tappen die Experten im Dunkeln. Wahrscheinlich hatte er ein Holzdach und war mit einer Holztür verschlossen, ebenso wie die Nuraghe di Albucciu. Von der relativ hoch gelegenen Stelle hat man eine gute Aussicht.

Wer die Straße Arzachena–Luogosanto nach Süden nimmt, kann Schildern folgen, die den Weg zum **Coddu Ecchju** (Eintritt 3 €; 9–19 Uhr) weisen, einem der bedeutendsten *tombe di giganti* Sardiniens. Am auffälligsten ist die ovale Stele (Steinsäule) im Zentrum. Beide Granitscheiben, von denen eine auf der anderen balanciert, weisen einen eingravierten Rahmen auf, der offensichtlich eine Tür ins Jenseits symbolisiert, die den Lebenden verschlossen ist. Beiderseits der Stele stehen im Halbkreis weitere hohe Granitblöcke, die eine Art Ehrenwache um das Grab herum bilden.

Von der *tombe di giganti* kehrt man wieder auf die Straße Arzachena–Luogosanto zurück und biegt links (Richtung Westen) nach Luogosanto ab. Nach rund 3 km geht's rechts (ausgeschildert) nach Li Muri und Li Lolghi, beide unter Verwaltung der sardischen Kooperative **Anemos** (☎ 340 820 97 49; www.anemos-arzachena.it, auf Italienisch). Nach weiteren 2 km (teilweise auf einer Schotterstraße) kommt eine Kreuzung. Nach links geht's 2 km weit ebenfalls auf einem Feldweg bergan zur Nekropolis **Li Muri** (Eintritt 3 €, inkl. Li Lolghi 5 €; Ostern–Okt. tgl. 9–19 Uhr, sonst nur nach Absprache). Diese eigentümliche Stätte besteht aus vier miteinander verbundenen megalithischen Grabstätten, die möglicherweise um 3500 v. Chr. angelegt wurden. Archäologen gehen davon aus, dass in den rechteckigen Steingräbern bekannte Persönlichkeiten begraben wurden. Am Rand jedes Zirkels befand sich ein Menhir oder Betyl, ein aufrechter Stein, auf dem vielleicht eine Gottheit abgebildet war.

Wieder zurück an der Kreuzung geht's auf der rechten (geteerten) Abzweigung zum **Li Lolghi** (Eintritt 3 €, inkl. Li Lolghi 5 €; Ostern–Okt. tgl. 9–19 Uhr, sonst nur nach Absprache), ebenfalls eine *tomba di gigante*, ähnlich der von Coddu Ecchju. Die zentrale, nach Osten gewandte Stele, von der ein Stück abgebrochen war, das später restauriert wurde, dominiert von ihrem Platz oben auf dem Hang die ganze Umgebung.

LAGO DI LISCIA & UMGEBUNG

Von Arzachena führt die SP427 landeinwärts ins unerschlossene und äußerst faszinierende Kernland der Gallura. Durch üppig grüne Felder und an bewaldeten Hängen vorbei windet sich die Straße zum ländlich geprägten Städtchen **Sant'Antonio di Gallura** hoch und weiter zum Lago di Liscia, einem der unberührten Orte Sardiniens. Der 8 km lange künstlich angelegte See, das wichtigste Wasserreservoir von Galluras Ostküste, liegt wunderschön zwischen mit Granitfelsen gesprenkelten Hügeln und Wäldern aus wogenden Kork- und anderen Eichen. Der beste Platz, um ihn zu bewundern, ist eine Picknickstelle in einem winzigen Naturschutzgebiet. Es ist als *olivastri millenari* ausgeschildert und liegt über dem Südufer. Die **olivastri** (☎ 079 64 72 81; Eintritt 2 €, mit Führung 2,50 €; März–Dez. tgl. 9 Uhr bis Sonnenuntergang) sind wilde, Tausende von Jahren alte Olivenbäume. Wissenschaftler der Universität Sassari haben ausgerechnet, dass der größte, mit einem Durchmesser von 20 m und einer Höhe von 14,5 m, rund 3800 Jahre alt ist. Es handelt sich um einen wirklich beachtlichen Vertreter seiner Art, und sein knorriger, gewundener Stamm krümmt sich wie etwas aus Der Herr der Ringe dem Licht entgegen. Wer die Stelle von Sant'Antonio di Gallura aus besuchen möchte, nimmt die Straße nach Luras und Tempio Pausania und dann beim Wegweiser *olivastri millenari* die entsprechende Abzweigung. Rund 10 km weiter führt ein kurzer, steiler Schotterpfad links hoch – ganz oben befinden sich die *olivastri*.

LP Tipp Li Licci (☎ 079 66 51 14; www.lilicci.com; Localita Stazzo La Gruci; B&B pro Pers. 50 €, HP pro Pers. 65–75 €; Ostern–Nov.) Um die Leere und Stille wirklich würdigen zu können, die so schwermütig über dieser Ecke des Landes hängen, empfiehlt sich unbedingt mindestens eine Übernachtung im Li Licci, einem der besten *agriturismi* der Region. Li Licci – ein steinernes Bauernhaus wie aus dem Bilderbuch – liegt, wie der Name im Regionaldialekt („Eichenbäume") schon sagt, tief in einem Eichenwald. Es hat einfache Zimmer und ein weithin renommiertes Restaurant (Hauptgerichte 30–35 € für Tagesbesucher; Reservierung erwünscht). Die gastfreundliche englische Besitzerin Jane Ridd organisiert mit Begeisterung Ausflüge für ihre Hausgäste und gibt Ratschläge zu den Wander-, Reit- und Klettermöglichkeiten in der Gegend. Außerdem zeigt sie voller Stolz ihren 200 Jahre alten Olivenbaum.

CANNIGIONE

Rund 5 km nordöstlich von Arzachena befindet sich Cannigione. Es liegt an der Westseite des Golfo di Arzachena, der größten *ria* (Bucht) an dieser Küste. Ursprünglich war es ein Fischerdorf, das 1800 gegründet wurde, um die Maddalena-Inseln mit Lebensmitteln zu versorgen. Als gegen 1900 in seinem Hafen Kohlen- und Viehdampfer anzulegen begannen, nahm seine Einwohnerzahl zu, und heute ist es ein blühendes Touristenstädtchen mit fairen Preisen.

Die hilfsbereiten Mitarbeiter der Ascor **Touristeninformation** (☎ 0789 8 85 10; Via Nazionale 47; ⌚ ganzjährig Mo–Sa 9.30–12.30 & 17.30–20 Uhr, im Sommer zusätzlich So 9.30–12.30 Uhr) verteilen jede Menge Infomaterial zu Cannigione und Umgebung.

Unten am Hafen veranstalten verschiedene Anbieter Ausflüge zum Arcipelago di La Maddalena, darunter **Consorzio del Golfo** (☎ 0789 8 84 18; www.consorziodelgolfo.it). Pro Person ist mit 35 bis 40 € zu rechnen. Taucher- und Schnorchelzubehör sowie Mietboote gibt's bei **Anthias** (☎ 0789 8 63 11; www.anthiasdiving.com; Tanca Manna) am Wasser zwischen Cannigione und Palau. Tauchgänge beginnen bei 45 €; Schnorcheltouren kosten 50 € für Erwachsene und 25 € für Kinder. Die Bootsmiete beträgt saftige 750 € für einen halben Tag, allerdings sind das Mittagessen und der Skipper im Preis enthalten. Die besten Strände liegen nördlich von Cannigione: **Tanca Manna** und **L'Ulticeddu**.

Schlafen

Hotel del Porto (☎ 0789 8 80 11; www.hoteldelporto.com, auf Italienisch; Via Nazionale 94; DZ 90–206 €, HP pro Pers. 57–120 €; ⌚ Mai–Sept.; ❄ 💻) Eine gut Wahl, wenn's eine helle und luftige Unterkunft in zentraler Lage sein soll. Die schlichten Zimmer, viele mit Blick auf den Yachthafen, sind mit traditionellen sardischen Stoffen und glänzenden Fliesen eingerichtet. Ein weiteres Plus ist das Restaurant (Hauptgerichte 30 bis 35 €) im Erdgeschoss.

Li Capanni (☎ 0789 8 60 41; www.licapanni.com; Via Lungomare; EZ 138–158 €, DZ 170–230 €; Ⓟ ❄ 💻) Dieser friedliche Schlupfwinkel an der Küste zwischen Cannigione und Palau gehört dem Musiker Peter Gabriel. Die Zimmer sind in sechs Steinhäuschen untergebracht, die inmitten eines stillen Gartens liegen und durch verschlungene, zu einem Restaurant führende Pfade miteinander verbunden sind. Ein anderer Pfad schlängelt sich zu einem Privatstrand hinab, wo man schnorcheln und Kajak fahren kann.

An- & Weiterreise

ARST-Busse (☎ 0789 2 11 97) fahren regelmäßig nach Arzachena (1 €, 10 Min., Mo–Sa 4-mal tgl.), Baia Sardinia (1 €, 30 Min., Mo–Sa 3-mal tgl.), Palau (1 €, 20 Min., Mo–Sa 2-mal tgl.) und Olbia (2,50 €, 1 Std., Mo–Sa 4-mal tgl.).

PALAU

3930 Ew.

Palau, das Haupteintrittstor zum Arcipelago di La Maddalena, ist ein florierender, bis in den letzten Winkel hinein erschlossener Sommerurlaubsort. Seine belebten Straßen sind gesäumt von Surfshops, Boutiquen, Bars und Restaurants. Als kleiner Verkehrsknotenpunkt hat Palau direkte Fährverbindungen nach Genua. Die faszinierende Küstenlinie im Umkreis der Stadt ist für ihre bizarr von Wind und Wetter geformten Felsen berühmt, zum Beispiel den Roccia dell'Orso 6 km östlich von Palau. Wer ein Auto hat, sollte einmal hochfahren und die umwerfende Aussicht genießen.

Praktische Informationen

Die mehrsprachigen Mitarbeiter der **Touristeninformation** (☎ 0789 70 70 25; www.palau.it; Palazzo Fresi; Mai–Okt. tgl. 9–13 & 16.30–19.30 Uhr, Nov.–April Mo–Sa 9–13 Uhr) haben Informationen zur Umgebung, z. B. zum Arcipelago di La Maddalena. E-mails kann man in der **Bar Frizzante** (Via Capo d'Orso 20; pro Std. 6,50 €; ⌚ Mo–Sa 7.30–1 Uhr) checken.

Sehenswertes & Aktivitäten

Palau ist nichts weiter als ein Strandurlaubsort, und seine einzige Sehenswürdigkeit besteht in einem windgepeitschten Fort, der **Fortezza di Monte Altura** (⌚ zur Zeit der Recherche geschlossen), 3 km westlich der Stadt. Die Festung wurde erbaut, um die Nordküste und den Arcipelago di La Maddalena gegen eine Invasion verteidigen zu helfen – sie musste ihre Wehrtüchtigkeit aber nie unter Beweis stellen.

Abgesehen von der Festungsbesichtigung bestehen die Hauptaktivitäten in Palau darin, einen Bootsausflug um die Maddalena-Inseln zu unternehmen. **Petagus** (☎ 0789 70 86 81; www.petag.it) unten am Hafen ist einer von mehreren Anbietern, die solche Touren durchführen. Sie kosten inklusive Mittagessen 35 € pro

Person Unterwegs wird mehrmals angehalten, und die Teilnehmer bekommen an begehrten Stränden genügend Zeit zum Baden.

Schlafen & Essen

Camping Acapulco (☎ 0789 70 94 97; www.camping acapulco.com; pro Pers. inkl. Zelt & Pkw 17,50 €, 4-Pers.-Bungalows 260–540 €; ⌚ April-Sept.) Ein hervorragender Campingplatz, 500 m westlich der Stadt direkt am Rand eines schönen Strandes. Neben Zeltstellplätzen gibt es auch hübsche weiße Bungalows mit Terrakottadächern und roten Türen, wahlweiße mit oder ohne Küchenzeile.

Hotel La Roccia (☎ 0789 70 95 28; www.hotel laroccia.com; Via dei Mille 15; EZ 48–84 €, DZ 78–130 €; ⌚ Ostern–Okt.; P ✱) Das sehr einladende Drei-Sterne-Hotel La Roccia hat helle, geräumige Zimmer und ein ausgezeichnetes Preis-Leistungs-Verhältnis. Das blauweiße Seemannsdekor verleiht mediterranes Flair und von den Balkonen bieten sich phantastische Ausblicke.

San Giorgio (☎ 0789 70 80 07; Largo La Maddalena 8; Pizzas 7 €, Hauptgerichte um 30 €; ⌚ im Winter Mo geschl.) Eines der beliebtesten Lokale der Stadt – Reservierung ratsam – ist dieses Pizzeria-Restaurant, wo gleichbleibend gute Pizzas und große Portionen Pasta sowie frischer Fisch aufgetischt werden. Eine ausgezeichnete Wahl, was Nudeln angeht, ist Spaghetti *allo scoglio* (mit gemischten Meeresfrüchten), und auch der gegrillte Fisch ist wärmstens zu empfehlen.

La Gritta (☎ 0789 70 80 45; Localita Porto Faro; Hauptgerichte 70–80 €; ⌚ März–Okt. Do–Di) La Gritta ist etwas für ganz besondere Gelegenheiten und ein Speiselokal, das man nicht so schnell vergisst. Glasscheiben vom Boden bis zur Decke erlauben freie Sicht auf die märchenhafte Küstenszenerie. Die vorzüglich präsentierten Meeresfrüchte sind eine Komposition aus moderner Zubereitungsart und klassisch italienischen Zutaten. Käseconnaiseure können sich an bis zu 20 verschiedenen Käsesorten erfreuen, und bei den klassischen sardischen Desserts ist für jeden Geschmack etwas dabei.

An- & Weiterreise

FÄHRE

Drei Gesellschaften betreiben Autofähren zur Isola Maddalena: **Enermar** (☎ 899 20 00 01; www.enermar.it), **Saremar** (☎ 892 123; www.saremar.it) und **Delcomar** (☎ 0789 73 90 88; www.delcomar.it). Delcomar verkehrt viermal pro Nacht zwischen 0.30 und 4.30 Uhr. Die Schiffe der anderen beiden Gesellschaften verkehren zwischen 6.15 und 19.30 Uhr alle 15 Minuten und dann stündlich bis 23.45 Uhr. Die 20-minütige Überfahrt kostet 5 € pro Passagier und 13 € für einen Kleinwagen.

Enermar unterhält im Sommer, von Juni bis September, auch eine Verbindung nach Genua (70,50 €, 11 Std., 5-mal wöchentl.).

BUS

ARST-Busse verbinden Palau mit Olbia (2,50 €, 1¼ Std., 8-mal tgl.), Santa Teresa di Gallura (2 €, 1 Std., 5-mal tgl.) und Arzachena (1 €, 25 Min., 5-mal tgl.).

Zwischen Mitte Juni und Mitte September fahren in kurzen Abständen Busse von **Nicos-Caramelli** (☎ 0789 67 06 13) zu nahe gelegenen Zielorten wie Isola dei Gabbiani (1,50 €, 40 Min.), Porto Pollo (1,50 €, 35 Min.), Capo d'Orso (1 €, 20 Min.), Baia Sardinia (4 €, 35 Min.) und Porto Cervo (4 €, 50 Min.).

Zur gleichen Sommerzeit verbinden Busse von Turmo Travel Palau mit dem Flughafen von Olbia (5 €, 50 Min., 6-mal tgl.).

Alle Busse fahren am Hafen ab. Fahrkarten sind entweder beim Einsteigen oder in **Stefy's Bar** (Via Razzoli 12) an der höchsten Stelle der Stadt erhältlich.

ZUG

Der *trenino verde* fährt vom 25. Juni bis 5. September von Palaus Hafen aus nach Tempio Pausania (11 €, 1¾ Std., 2-mal tgl.). Die Schmalspur-Eisenbahn zuckelt gemächlich durch eine traumhafte Landschaft.

PORTO POLLO & ISOLA DEI GABBIANI

Sieben Kilometer westlich von Palau treffen sich Windsurfer am Porto Pollo (auch Portu Puddu genannt), denn die Bedingungen hier gehören zu den besten der ganzen Insel. Außerdem kann man kitesurfen, Kanu fahren, tauchen und segeln.

Am Strand gibt es zahlreiche Ausrüster, bei denen man Zubehör ausleihen und Unterricht nehmen kann. **Paolo Silvestri** (☎ 0789 70 50 18; www.silvestri.it, auf Italienisch) hat sich auf der Isola dei Gabbiani niedergelassen, direkt gegenüber dem Damm, der Porto Pollo von Porto Liscia, der nächsten Bucht, trennt. Er bietet Windsurf-, Kitesurf- und Tauchpakete an; die Preise reichen von 35 € für eine einzige Windsurflektion über 45 € für einen begleiteten Tauchgang bis hin zu 195 € für einen vierstündigen Kitesurfkurs. Der **Sporting Club Sardinia** (☎ 0789 70 40 01; www.portopollo.it) hat mehr oder weniger das gleiche Angebot, veranstaltet aber überdies Segelkurse unterschiedlicher Schwierigkeitsgrade. Ein Anfängerkurs, bestehend aus fünf Blocks zu jeweils zwei Stunden, kostet 145 €. Die Miete für eine Windsurfausrüstung liegt bei rund 18 € pro Stunde.

Auf der Isola dei Gabbiani liegt der günstige Campingplatz **Camping Isola dei Gabbiani** (☎ 0789 70 40 19; www.isoladeigabbiani.it; pro Pers./Zelt 10/22 €, 2-Pers.-Bungalows 40–90 €), der auch Unterbringung in Wohnwagen und Ferienhütten bietet. Wer im Wohnmobil unterwegs ist, kann das Gefährt in Strandnähe auf dem Wohnwagenstellplatz am Ende der Straße abstellen.

Auf der Strecke Palau–Santa Teresa di Gallura verkehrende Busse halten an der ausgeschilderten Straßenkreuzung; von dort sind es noch rund 2 km zu Fuß.

PARCO NAZIONALE DELL'ARCIPELAGO DI LA MADDALENA

Der **Arcipelago di La Maddalena** ist eine der renommiertesten Naturschönheiten Sardiniens mit spektakulären, vom Wind gebeutelten Küstenlandschaften. 1996 wurde der Archipel zum Nationalpark **Parco Nazionale dell'Arcipelago di La Maddalena** (www.lamaddalena park.it) erklärt. Er besteht aus sieben Hauptinseln und 40 Inselchen sowie mehreren kleinen Inseln im Süden. Die sieben größten Inseln sind die höchsten Erhebungen eines inzwischen unter Wasser begrabenen Tales, das früher einmal Sardinien und Korsika miteinander verband. Dann füllte Wasser die heutige Meerenge Bocche di Bonifacio und ließ zwei getrennte Inseln entstehen. Im Laufe der Jahrhunderte hat der ständig wehende *maestrale* (Nordwestwind) geholfen, das Granitgestein in die skurrilen Felsskulpturen zu verwandeln, die heute den Archipel überziehen.

Das Gebiet ist ein außerordentlich wichtiges Biotop, und obwohl mit dem Status als Nationalpark auch Naturschutz einhergeht, ist das Ökosystem der Insel ständig bedroht. Seit Jahren liegen Pläne auf dem Tisch, einen gemeinsamen italienisch-französischen Marinepark einzurichten, den Parco Marino Internazionale delle Bocche di Bonifacio (www.bocchedi bonifacio.org, auf Italienisch), aber bislang ist nichts Konkretes umgesetzt worden.

Nelson und Napoleon war die Bocche di Bonifacio sehr gut bekannt, ebenso dem unermüdlichen Krieger Giuseppe Garibaldi, der die Isola Caprera kaufte und zu seinem Alterssitz machte. Auch die US Navy war lange Zeit hier stationiert, zog jedoch im Januar 2008 nach einer 35 Jahre langen, umstrittenen Verweildauer ab. Bis zu 60 andere kleine Inseln, eigentlich nur Granitsplitter, sprenkeln die Gegend; zu den schönsten gehören die Isola Spargi, Isola Santa Maria, Isola Budelli und Isola Razzoli.

ISOLA MADDALENA

11 500 Ew.

Im Meer direkt gegenüber von Palau liegt mitten im Archipel die pinkfarbene Granitinsel Maddalena. Von der Fähre aus macht sie einen heißen, trockenen und steinigen Eindruck, und ihre Terrakottahäuser und Apartments verschwimmen mit dem öden, felsigen Hintergrund. Aber sobald die Fähre anlegt, erliegt man dem heimeligen Charakter des Ortes mit seinen gepflasterten Piazzas und der ansteckenden Urlaubsstimmung.

Bis Ende des 17. Jhs. lebten die wenigen Inselbewohner überwiegend im Inselinneren und fristeten durch das Beackern der kargen Krume ein ärmliches Dasein. Als der Baron des Geneys 1767 mit der sardo-piemontesischen Flotte anrückte, um einen Meeresstützpunkt zu errichten, kehrten sie ihren Berghängen mit Freuden den Rücken und zogen in das größer werdende Dorf bei der Cala Gavetta, heute der Haupthafen von La Maddalena.

Praktische Informationen

In der **Touristeninformation** (☎ 0789 73 63 21; www.lamaddalena.com; Cala Gavetta; 🕑 Mo–Sa 9–13 Uhr), die mit Blick aufs Meer rechts vom Hafen liegt, erhält man ein paar Infos zum Archipelago. Die **Banco di Sassari** (Via XX Settembre 34) ist eine von mehreren Banken in der Innenstadt mit einem Geldautomaten. E-Mails checken kann man bei **MaxCard** (☎ 0789 73 10 81; Largo Matteotti 10; pro Std. 4,80 €; 🕑 Mo–Sa 9.30–12.30 & 17–20 Uhr).

PARCO NAZIONALE DELL'ARCIPELAGO DI LA MADDALENA

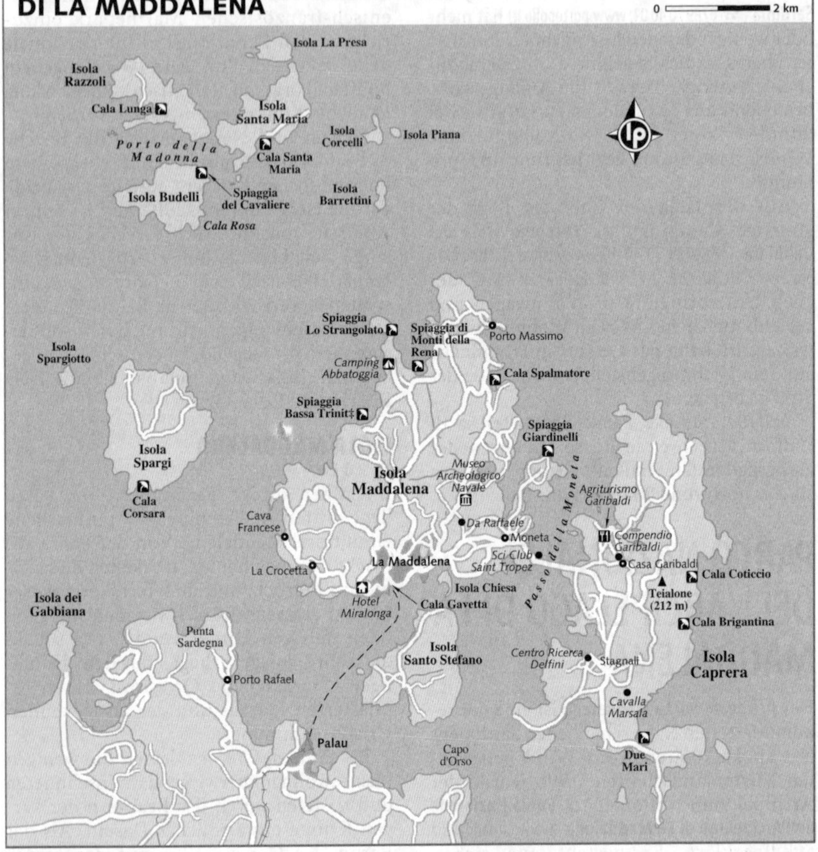

Sehenswertes

Der hauptsächliche Zeitvertreib besteht in einem Streifzug durchs betriebsame Zentrum von La Maddalena, der wichtigsten Stadt auf der Insel, vielleicht mit einer Kaffeepause an der Via Vittorio Emanuele oder einem kalten Bier auf der Piazza Garibaldi, dem Schauplatz der abendlichen *passeggiata* (Spaziergang).

Davon abgesehen lässt sich eine halbe Stunde mit dem Betrachten von religiösem Krimskrams im **Museo Diocesano** (☎ 0789 73 74 00; Via Baron Manno; Eintritt 2 €; ⏲ Mai-Sept. Di–So 10–12.30 & 15.30–20 Uhr, Okt.–April Di–So 10–12 & 15–19 Uhr) an der Rückseite der modernen Chiesa di Santa Maria Maddalena verbringen.

Eine 20 km lange Panoramastraße führt um die Insel herum. Sie erlaubt leichten Zugang zu mehreren schönen Stränden, z. B. **Giardinelli**, **Monti della Rena**, **Lo Strangolato** und **Cala Spalmatore**. Rund einen Kilometer außerhalb der Stadt liegt an der Straße Richtung Cala Spalmatore das **Museo Archeologico Navale** (☎ 0789 79 06 33; Localita Mongiardino; Eintritt 4 €; ⏲ nach Absprache 9.30–12.30 & 15.30–18.30 Uhr), wo Fundstücke aus einem im 1. Jh. n. Chr. untergegangenen Schiff ausgestellt sind. Den Blickfang der beiden schlichten Räume bildet der imposante rekonstruierte Querschnitt durch ein römisches Schiff, das mehr als 200 Amphoren geladen hatte.

An der Cala Mangiavolpe (östlich der Cala Gavetta) veranstalten verschiedene Anbieter Ausflüge rings um die Inseln. **Oasis Charter** (☎ 333 590 97 50; www.oasischarter.it) bietet

Inselrundfahrten in einem herrlichen, 18 m langen Schooner an. Ein Tagesausflug inklusive Hummer-Lunch kostet zwischen 80 und 100 € pro Person. Der Marinepark ist auch ein hervorragendes Tauchgebiet – **Sea World Scuba Centre** (☎ 349 619 07 11; www.seaworldscuba.com; Piazza 23 Febbraio) organisiert Tauchgänge ab ungefähr 40 €. Das Centre hat unterschiedliche Öffnungszeiten, deshalb vorher anrufen oder via Website mailen.

Schlafen

Camping Abbatoggia (☎ 0789 73 91 73; www.campingabbatoggia.it, auf Italienisch; pro Pers./Zelt 8/2 €; ⌚ Juni–Sept.) Die Einrichtungen des spartanischen Campingplatzes sind nicht gerade luxuriös, aber die Location in der Nähe zweier gigantischer Strände macht das mehr als wett. Auf dem Platz können Kanuverleih und Windsurfausrüstung organisiert werden.

Hotel Arcipelago (☎ 0789 72 73 28; Fax 0789 72 81 00; Via Indipendenza 2; EZ 45–55 €, DZ 60–80 €; Ⓟ) Dies ist die billigste Unterkunft in La Maddalena, eine bescheidene, familiengeführte *pensione* in einer unspektakulären Straße mit Wohnhäusern, rund 20 Minuten zu Fuß vom Hafen. Den ganzen Tag möchte man hier kaum verbringen, aber wer nur eine schlichte Übernachtungsmöglichkeit sucht, ist mit den gemütlichen, sauberen Zimmern gut bedient.

Hotel Miralonga (☎ 0789 72 25 63; Strada Panoramica; www.miralonga.it; DZ 90–140 €, HP pro Pers. 55–105 €; Ⓟ) Das Miralonga, ein großer, moderner Bau westlich der Innenstadt, ist eines der wenigen ganzjährig geöffneten Hotels von Maddalena. Seine hellen, luftigen Zimmer sind eher zweckmäßig als einladend eingerichtet, und das Restaurant ist eine beliebte Anlaufstelle hungriger Reisebusfahrgäste.

Essen

Die meisten guten Verpflegungsmöglichkeiten befinden sich in der Stadt La Maddalena. Andernorts auf der Insel ist die Auswahl spärlich, von den großen Hotels einmal abgesehen.

Trattoria Pizzeria L'Olimpico (☎ 0789 73 77 95; Via Principe Amedeo 45–47; Pizzas 6 €, Hauptgerichte um 25 €; ⌚ Mi–Mo) Die Suche nach diesem populären Einheimischenlokal in den langweiligen Straßen östlich der Innenstadt lohnt sich. Das Essen ist exzellent – Pizzas und das übliche Angebot an Pasta, Grillfleisch und Meeresfrüchten – und die freundliche Bedienung ist in einem so touristischen Ort eine echte Wohltat. Auch die Preise sind durchaus schmackhaft.

Osteria Enoteca da Liò (☎ 0789 73 75 07; Corso Vittorio Emanuele 2–6; Mittagsmenü mit Fisch/Fleisch 15/18 €) Der Eingang zu dieser altehrwürdigen, seit 1890 betriebenen *osteria* (Weinstube mit kleiner Speisenauswahl) ist mit Efeu umrankt. Das Essen entspricht genau den Erwartungen an ein bodenständiges Lokal dieser Art: herzhaft und unprätentios in heiterer und gelassener Atmosphäre.

Trattoria La Grotta (☎ 0789 73 72 28; www.lagrotta.it; Via Principe di Napoli 3; Hauptgerichte 35–50 €; ⌚ Mai–Sept.) Die verlockende Auswahl auf Eis liegender Fische im Schaukasten verrät sofort, was die Gäste hier erwartet. Das edle, in einer kleinen Seitenstraße der Via Italia versteckte Restaurant mit seinen Korbstühlen und hübschen Tischen im Freien ist auf Meeresfrüchte spezialisiert und macht seine Sache ganz hervorragend.

An- & Weiterreise

Informationen zu den Fährverbindungen vom Festland nach La Maddalena s. S. 191. Die Fähren legen an unterschiedlichen Stellen am Hafen an (und ab).

Unterwegs vor Ort

Auf der Insel verkehren zwei Busse von Turmo Travel, beide fahren an der Via Amendola am Hafen ab. Einer steuert den Compendio Garibaldi Komplex auf der Isola Caprera (s. S. 196) an, der andere fährt rund um die Insel herum, am Museo Archeologico Navale und mehreren Stränden vorbei, darunter Cala Spalmatore und Spiaggia Bassa Trinita.

Wer lieber auf eigene Faust herumfährt, mietet bei **Noleggio Vacanze** (☎ 0789 73 52 00, 3392655837; Via Mazzini 1; ⌚ 9–13 & 15–19 Uhr) am Hafenrand ein Fahrrad oder einen Motorroller. Für ein Fahrrad muss mit rund 10 € pro Tag, für einen Mottorroller mit 30 € aufwärts gerechnet werden.

ISOLA CAPRERA

Die aus La Maddalena nach Osten hinausführende Straße verläuft durch traurige Wohnruinen zu dem schmalen Dammweg (erstmals gegen Ende des 9. Jhs. erbaut), der den Passo della Moneta zwischen der Isola Maddalena und der Isola Caprera überspannt. Im Unterschied zu Maddalena ist Caprera mit grünen Pinien bedeckt, was vor der überall präsenten Meereskulisse ein bezauberndes Bild abgibt.

Sehenswertes

Giuseppe Garibaldi, der Berufsrevolutionär und italienische Allroundheld, kaufte 1855 die Hälfte von Caprera (den Rest erwarb er zehn Jahre später). Er machte daraus sein Heim und Rückzugsgebiet, den Heimathafen, in den er auch nach der soundsovielten aufreibenden Freiheitsmission immer wieder zurückkommen konnte. Sein Anwesen, das **Compendio Garibaldi** (Eintritt 2 €; ⌚ Juni–Sept. Di–So 9–13.30 & 16–18.30 Uhr, Okt.–Mai Di–So 9–13.30 Uhr), steht Besuchern offen; für viele Italiener ist es ein Wallfahrtsort. Eintritt nur im Rahmen einer Führung (auf Italienisch).

Als das Haupthaus, die Casa Bianca, noch im Bau war, wohnte der Rothemden-Revolutionär in einer Hütte, die immer noch im Hof steht. Das eigentliche Wohnhaus betritt man durch ein Atrium, das mit seinem Porträt und einer Flagge aus den Zeiten des peruanischen Unabhängigkeitskrieges geschmückt ist. Außerdem steht dort ein zusammenklappbarer Rollstuhl, ein Geschenk der Stadt Mailand an Garibaldi, als er zwei Jahre vor seinem Tod nicht mehr gehen konnte. Weiter geht's durch eine Reihe von Schlafzimmern, in denen er und seine Familie schliefen. Die Küche hat eine eigene Frischwasserpumpe, etwas, das an einem solchen Ort in den 1870er-Jahren das Nonplusultra an Hightech bedeutete. Im ehemaligen Speisesaal ist alles Mögliche ausgestellt: von einem Fernrohr bis zum roten Hemd des Generals. Im letzten Zimmer steht sein Sterbebett ausgerichtet zum Fenster und zum Meer, über das er sehnsüchtige Blicke warf. Denn bis zum Schluss träumte er davon, in seine Heimatstadt Nizza zurückkehren zu können.

Draußen im Garten sind sein grob behauenes Granitgrab und die Gräber von mehreren seiner Angehörigen zu sehen (er hatte sieben Kinder mit seinen drei Ehefrauen und eines mit einer Gouvernante).

Aktivitäten

Das grüne, schattige Caprera ist ideal zum Wandern, wofür es in den Pinienwäldern zahlreiche Wege gibt. Stufen führen direkt bis zur höchsten Stelle der Insel (212 m), zum Aussichtsturm **Teialone**.

Die Insel hat auch mehrere verführerische Strände. Viele Leute zieht es nach Süden zu den Stränden **Due Mari**. Man kann aber auch vom Compendio Garibaldi rund 1,5 km weit nach Norden fahren und nach dem Fußpfad Ausschau halten, der zum steilen, abgeschiedenen Strand **Cala Coticcio** hinabführt. Ein bisschen leichter erreichbar ist die **Cala Brigantina** (ausgeschildert), südöstlich vom Garibaldi-Komplex.

Am Spätnachmittag lockt ein Ausritt inmitten duftender *macchia* mit einem Pferd von **Cavalla Marsala** (☎ 347 235 90 64; Localita Stagnali, Isola di Caprera). Oder man entscheidet sich fürs Wasserskilaufen auf dem ruhigen Wasser des Passo della Moneta und wendet sich an den **Sci Club Saint Tropez** (☎ 0789 72 77 68, 335 654 52 14; Via Giuseppe Mari 15) in der Nähe der Brücke zur Isola Caprera. Eine halbe Stunde kostet 70 €.

Essen

LP Tipp **Agriturismo Garibaldi** (☎ 0789 72 74 49; www.agriturismogaribaldi.net; Hauptgerichte 25–30 €) Dieser freundliche *agriturismo* in Gebäuden, die früher Garibaldis Bauern beherbergten, ist ein Topspot für traditionelles sardisches Essen. Auf dem Bauernhof werden Honig, Gemüse, Lamm- und Schweinefleisch produziert und für die köstlichen Gerichte der Tageskarte verwendet. Von der Isola Maddalena kommend weisen hinter der Brücke Schilder nach links den Weg hierher.

ANDERE INSELN

Die fünf anderen Hauptinseln sind nur auf dem Wasserweg erreichbar. Von der Isola Maddalena, Palau und Santa Teresa di Gallura aus werden zahlreiche unterschiedliche Ausflugspakete angeboten. Man kann aber auch ein Schlauchboot mit Außenbordmotor mieten und im Alleingang losziehen.

Die **Isola Santo Stefano** ist teilweise Militärsperrzone und daher überwiegend Tabu. Die **Isola Spargi** westlich der Isola Maddalena umgeben kleine Strände und Buchten. Einer der berühmteren ist die **Cala Corsara**. Nördlich davon liegt das Inseltrio **Isola Budelli**, **Isola Razzoli** und **Isola Santa Maria**. Wer ein Boot und Zeit zum Herumpaddeln hat, kann eine Vielzahl kleiner Höhlen und Strände erkunden. Organisierte Ausflugs beinhalten normalerweise die **Cala Rosa** (Rosarote Höhle, wegen der einzigartigen Pinkfärbung des Sandes) auf der Isola Budelli (seit 1999 ist das Schwimmen an der von Umweltverschmutzung bedrohten Cala Rosa verboten), die **Cala Lunga** auf der Isola Razzoli und die oft überfüllte **Cala Santa Maria** auf der gleichnamigen Insel. Das herrliche Gewässer zwischen den drei Inselchen ist als **Porto della Madonna** bekannt und steht auf dem Programm der Bootsabstecher in den Archipel ganz oben.

DIE NORDKÜSTE

Nördlich von Palau steigt und fällt die windverwehte Küste in fließenden Linien wie eine aus Stein gehauene Skulptur und endet schließlich in der Mondlandschaft des Capo Testa. Grandiose Strände erstrecken sich nach Vignola im Westen und dem sonnigen Santa Teresa di Gallura im Osten, dem trendigen Herzstück der Sommerszene. Die windgepeitschten Gewässer sind ein Magnet für Wind- und Kitesurfer, und Ende September wird hier der jährliche Kitesurfing World Cup ausgetragen. Viele Wettrennen führen auch durch die stürmische Meerenge nach Bonifacio auf Korsika.

SANTA TERESA DI GALLURA

4830 Ew.

Santa Teresa di Gallura, einer der wichtigsten Urlaubsorte an der Nordküste der Gallura, ist wunderschön an der Küste gelegen und bietet im Sommer eine junge, relaxte Besucherschar. In der Hochsaison ist hier unglaublich viel los, aber trotzdem gelingt es dem Ort irgendwie, sein ausgeprägtes Lokalkolorit zu bewahren. Das macht ihn zu einer echten Alternative zu den seelenlosen Resorts an der Costa Smeralda.

Die Stadt wurde 1808 von den savoyischen Herrschern als Stützpunkt im Kampf gegen Schmuggler gegründet, und ihr säuberlich angelegtes Straßengitternetz verdankt sie dem Entwurf eines Armeeoffiziers. Der Großteil der heutigen Stadt entstand aber seit Beginn der 1960er-Jahre im Zuge des Tourismusbooms. Die Geschichte von Santa Teresa ist ebenso stark mit Korsika verbunden wie mit Sardinien. Im Laufe der Jahrhunderte haben sich zahlreiche Korsen im Ort niedergelassen, und der hier gesprochene Dialekt ähnelt dem von Südkorsika. Donnerstags füllt sich die Stadt spürbar, denn dann ist Markttag, und viele Korsen kommen mal schnell zum Einkaufen herüber.

Orientierung

Santa Teresa ist im übersichtlichen Schachbrettmuster angelegt. Am nördlichen Ende der Stadt liegt das erhöhte Zentrum mit der Piazza Vittorio Emanuele. Weiter nördlich führen Straßen zum Strand Rena Bianca hinab.

Praktische Informationen

Banca di Sassari (Via XX Settembre 21) Hat einen Geldautomaten.

Bar Sport (Via Mazzini 7; pro Std. 5 €; ⌚ 6–24 Uhr) Mit Internetzugang.

Cartalibreria (☎ 0789 75 50 83; Piazza Vittorio Emanuele 30) Eine Buchhandlung mit Reiseführern und Landkarten (überwiegend auf Italienisch).

Farmacia Santa Teresa (Piazza San Vittorio 2; ⌚ Mo–Sa 9–13 & 17–20 Uhr)

Post (Via Eleonora d'Arborea; ⌚ Mo–Sa 8–13.15 Uhr)

Touristeninformation (☎ 0789 75 41 27; www.comunesantateresagallura.it; Piazza Vittorio Emanuele 24; ⌚ Juni–Sept. tgl. 9–13 & 17–21, sonst Mo–Sa 9–13 & 16–18, So 9–13 Uhr) Sehr hilfreich, mit massenhaft Informationen.

Sehenswertes & Aktivitäten

Wenn sie nicht gerade am Strand sind, hängen die meisten Leute im Zentrum ab, um ihre Miturlauber in Augenschein zu nehmen, auf der von Cafés gesäumten Piazza zu loungen und die pastellfarbenen Häuser zu bewundern.

Ansonsten kann man auch zum **Torre di Longonsardo** aus dem 16. Jh. hochwandern. Er überblickt einen tiefen Naturhafen auf der einen und den Eingang zum idyllischen (aber vollen) Stadtstrand **Spiaggia Rena Bianca** auf der anderen Seite.

Wer von der Nabelschau am Strand genug hat, geht runter zum Touristenhafen, einer kleinen Enklave aus weißgetünchten Villas rings um einen von Kreuzgängen gesäumten Innenhof und einen belebten Yachthafen. Von Mai bis Oktober finden zwischen den Boutiquen und teuren Cafés regelmäßig Konzerte statt. Und wenn man schon mal hier ist, kann man sich auch eine Sauna und Massage im **Centro Benessere di Terme del Porto** (☎ 0789 74 10 78; www.termedelporto.com; ⌚ 11–20.30 Uhr) gönnen. Die Behandlungen reichen von einer Gesichtsmassage für 35 € bis zu Schlammpackungen und Algenpeelings für 65 €.

Am unteren Ende der Via del Porto gibt's einige Veranstalter, die Ausflüge zum

Maddalena-Archipel anbieten. Der größte ist **Consorzio delle Bocche** (☎ 0789 75 51 12; www.consorziobocche.com; Mai–Sept. 9–13 & 17–0.30 Uhr), der auch ein Büro an der Piazza Vittorio Emanuele 16 hat. Sein Angebot umfasst verschiedene Trips, zum Beispiel zu den Maddalena-Inseln und zur Costa Smeralda (nur im Sommer). Letztere kosten zwischen 40 und 45 € pro Pers. und schließen ein Mittagessen ein.

Wenn's ein eigenes Mietsegelboot sein soll, muss man tief in die Tasche greifen. **Capo Testa Yachting** (☎ 0789 74 10 60; www.capotestayachting.com; Localita Porto) verchartert unterschiedliche Boote für 1800–5700 € pro Woche. Das Büro ist am Touristenhafen.

In der Umgebung von Santa Teresa und den Inseln in der Bocche di Bonifacio bestehen auch ein paar ausgezeichnete Möglichkeiten zum Tauchen. Ein zuverlässiger Anbieter ist das **Centro Sub Marina di Longone** (☎ 0789 74 10 59; www.marinadilongone.com; Viale Tibula 11), wo ab 35 € für einen Tauchgang berechnet werden.

Schlafen

Es gibt jede Menge Hotels, aber die meisten haben nur von Ostern bis Oktober geöffnet. Im August müssen Gäste möglicherweise *mezza pensione* (Halbpension) nehmen.

Camping La Liccia (☎ Fax 0789 75 51 90; www.campinglaliccia.com; SP nach Castelsardo km 59; pro Pers./Pkw 12,50/3 €, 4-Pers.-Bungalows 55–105 €; Ende April–Sept.) Dieser schicke Campingplatz am Meer liegt 9 km westlich der Stadt an der Straße nach Castelsardo.

Hotel Da Cecco (☎ 0789 75 42 20; hoteldacecco@tiscalinet.it; Via Po 3; EZ 42–72 €, DZ 66–107 €; P) Ein stimmiges Preis-Leistungs-Verhältnis ist in dieser Gegend eine Seltenheit, aber in diesem freundlichen, familiengeführten Hotel bekommt man genau das. Das Haus mit dem fröhlichen pistazien- und pinkfarbenen Äußeren und dem sommerlichen Interieur punktet durch komfortable Zimmer und zentrale Lage.

Hotel Moderno (☎ 0789 75 42 33, 0789 75 51 08; www.modernohotel.eu; Via Umberto 39; EZ 45–65 €, DZ 62–130 €; Mitte April–Okt.) Eine gemütliche und gastfreundliche *pensione* in der Nähe der zentralen Piazza. Die Zimmer sind hell und luftig; das Dekor beschränkt sich auf klassisch blauweiße galluresische Bettüberwürfe und die Extras auf winzig kleine Balkone.

Hotel Marinaro (☎ 0789 75 41 12; www.hotelmarinaro.it; Via Angioi 48; EZ 45–100 €, DZ 65–140 €, HP pro Pers. 50–90 €; Jan. & Feb. geschl.) Frische, schnörkellose Zimmer und attraktive Preise machen dieses unverwüstliche Hotel zu einer begehrten Option. Die Mitarbeiter sind freundlich und die Lage – nur einen Katzensprung vom Hauptplatz – ist toll für Leute, die in Reichweite des pulsierenden Lebens absteigen möchten.

Hotel Moresco (☎ 0789 75 41 88; www.morescohotel.it; Via Imbriani 16; DZ 104–176 €, HP pro Pers. 61–119 €; Mitte April–Okt.; P) Ein edles Drei-Sterne-Hotel mit Meerblick. Die stilvollen Zimmer haben solide Möbel und runde Balkons, das Restaurant farbenfrohe Bodenfliesen und eine holzgetäfelte Decke.

Essen

Zwischen Mai und September sind die Restaurants von Santa Teresa sieben Tage die Woche geöffnet, dafür machen sie zwischen Dezember und März komplett dicht.

Il Grottino (☎ 0789 75 42 32; Via del Mare; Pizzas ab 5 €, Hauptgerichte um 30 €; Feb. & März geschl.) Il Grottino ist ein rustikales Restaurant mit grauen Steinwänden und warmer, intimer Beleuchtung. Passend zur Einrichtung kommt das Essen nahrhaft und herzhaft daher: bodenständige Pasta, frische Meeresfrüchte und saftiges Fleisch vom Grill.

Ristorante Pizzeria La Lampara (☎ 0789 74 10 93; Via S Pertini; Pizzas 7 €, Hauptgerichte um 30 €; Mi–Mo) Dieses Pizzeria-Restaurant in einem Wohnviertel unten am Hafen frequentieren Einheimische und Besucher gleichermaßen. Am besten wählt man einen Tisch auf der Straßenterrasse und macht sich über Fischgerichte wie Risotto *alla pescatore* (nach Fischer-Art) oder Spaghetti *ai ricci* (mit Seeigeln) her.

Ristorante Papè Satan (☎ 0789 75 50 48; Via Lamarmora 20; Pizzas 8 €; Ende April–Sept.) Das Aushängeschild hier ist die superleckere Holzofenpizza. Die Sitzplätze im Innenhof laden zum Verweilen ein, und der Service erfolgt prompt und mit einem Lächeln.

Ristorante Pizzeria Tropican (☎ 0789 75 55 69; Localita Rena Bianca; Hauptgerichte um 30 €; Mai–Sept.) Das Restaurant in herrlicher Strandlage steht unter dem gleichen Management wie das Hotel Moresco. Es ist zu Recht beliebt und ganz toll, um sich Fisch und Fleisch vom Grill schmecken zu lassen und nebenbei die Sonnenanbeter unten am Strand zu betrachten.

Ausgehen

Ein angenehmer Zeitvertreib ist das Abhängen in einer der Café-Bars auf der Piazza Vittorio Emanuele.

Caffè Mediterraneo (☎ 0789 75 90 14; Via Amsicora 7; Cocktails 6,50 €; Mo–Do 8–24, Fr–So 7–3.30 Uhr) Dieses stilvolle Café mit seinen Bogenfenstern und der blankpolierten Bartheke zieht ein junges, gutaussehendes Publikum an. Am besten mischt man sich einfach darunter: auf ein *panino* (3,50 €) zur Mittagszeit oder einen kühlen Cocktail am Abend.

Bar Central 80 (☎ 0789 75 41 15; Piazza Vittorio Emanuele; 6–2 Uhr) Dieser zentrale Treffpunkt direkt auf dem Hauptplatz brummt bis in die frühen Morgenstunden vor lauter ausgelassenen Leuten in Urlaubslaune. Tipp: einen Tisch im Freien sichern und bei einem Getränk den Rundumblick auf die Piazza genießen.

Drei Kilometer südlich der Stadt Richtung Palau liegt die nächtliche Vergnügungsmeile von Santa Teresa. Ihren Mittelpunkt bildet der geräuschvolle Openair-Club **Estasi's** (☎ 392 054 19 00; ⌚ nur im Sommer Fr & Sa 22.30 Uhr – open end).

Shoppen

Der Renner sind Korallen. Einige werden sogar vor Ort geerntet, und es herrscht kein Mangel an Boutiquen und Juwelierläden mit Sachen aus Korallen. Von Juni bis September findet auf der verkehrsberuhigten Via Umberto und Via Carlo Alberto, die von der Piazza Vittorio Emanuele nach Süden führen, abends ein Markt statt.

Im **Mascheras** (☎ 347 767 79 571; Via Maria Teresa 54), einem kleinen Laden, werden traditionelle sardische Karnevalsmasken verkauft, darunter aus Holz gefertigte *boes*- und *merdules*-Masken aus Ottana. Der Preis liegt bei ungefähr 130 € aufwärts. Daneben gibt es aber auch alle möglichen billigeren Holz-Kinkerlitzchen.

An- & Weiterreise

AUTO & MOTORRAD

Santa Teresa di Gallura liegt am nördlichsten Ende der SS133b sowie an der SP90, die in südwestlicher Richtung nach Castelsardo führt.

Vor Ort gibt es zahlreiche Vermietungen, darunter **Just Sardinia** (☎ 0789 7 54 34; www.justsardinia.it; Via Maria Teresa 26), wo es Fahrräder (ab 8 € pro Tag), Scooter (25 €) und Pkws (50 €) gibt.

BUS

Die ARST-Bushaltestelle an der Via Eleonora d'Arborea ist die Ankunfts- und Abfahrtsstelle von ARST-Bussen nach Arzachena (2,50 €, 1 Std., 5-mal tgl.), Olbia (4,50 €, 1½ Std., 5-mal tgl.), Castelsardo (4,50 €, 1¼ Std., 2-mal tgl.) und Sassari (6,50 €, 2½ Std., 3-mal tgl.).

Turmo Travel (☎ 0789 2 14 87; www.gruppoturmotravel.com) fährt täglich nach Cagliari und zurück (22,50 €, 6¼ Std.) und im Sommer setzt die Gesellschaft einen Bus zum Flughafen von Olbia (1½ Std., Juni–Sept. 6-mal tgl.) über Arzachena und Palau ein.

Weitere Sommerbusanbieter sind **Caramelli** (☎ 079 67 06 13), mit einem täglichen Bus von/nach Porto Cervo (4 €, 1¼ Std.) über Palau und Baia Sardinia, und **Sardabus** (☎ 079 68 40 87) mit fünf Rundstreckenbussen, die Baia Santa Reparata, Capo Testa, Santa Teresa und La Marmorata miteinander verbinden. Die Fahrt dauert eine halbe Stunde.

FÄHRE

Santa Teresa ist das Hauptsprungbrett nach Korsika. Für die 50-minütige Überfahrt nach Bonifacio sind Autofähren von zwei Firmen im Einsatz, aber zwischen November und März ist der Fährverkehr drastisch eingeschränkt.

Saremar (☎ 0789 75 41 56; www.saremar.it) von der Gesellschaft Tirrenia, verkehrt auf beiden Strecken dreimal täglich (zwischen Oktober und Mitte März am Wochenende zweimal). Das Ticket für eine einfache Fahrt t kostet für Erwachsene in der Hochsaison 10 € und der Transport eines Kleinwagens bis zu 37 €. Auf den Fahrpreis werden noch 8 € Steuern aufgeschlagen.

Zwischen Ende März und Ende September fährt die Fähre von **Moby Lines** (☎ 199 30 30 40; www.mobylines.it) viermal täglich hin und zurück. Ein Erwachsenenticket kostet 9–13,50 € plus 4,20 € Steuern; ein Autotransport 22–63 € plus 2,80 € Steuern.

RUND UM SANTA TERESA DI GALLURA

Für Leute mit einem eigenen fahrbaren Untersatz lohnt sich ein Ausflug zu den langen, sandigen Stränden in der Umgebung von Santa Teresa. Östlich der Stadt liegt die Conca Verde, ein wilder, mit Schirmpinien bedeckter Küstenabschnitt. Lohnenswert sind hier **La Marmorata** (8 km) oder **La Licciola** (11 km).

Wer 10 km in die entgegengesetzte Richtung (nach Westen) fährt, landet am langen, sandigen **Rena Maiore**, den herrlich weiche Dünen säumen. ARST-Busse nach Castelsardo lassen Passagiere an der Abzweigung aussteigen. Ein Stück weiter liegen die Strände **Spiaggia Montirussu**, **Spiaggia Lu Littaroni** und **Spiaggia Naracu Nieddu**, die nie total überlaufen sind, nicht einmal im Hochsommer. Zum Schluss erreicht man den kleinen Strandort **Vignola Mare**, das Herzstück des Kitesurf-Gebietes.

Eine Besonderheit unter den ansässigen Resorthotels ist das hippe **La Coluccia** (☎ 0789 75 80 04; www.mobygest.it; Localita Conca Verde; DZ 260–580 €; ⌚ Mai–Sept.; P). Es liegt direkt gegenüber der Isola Spargi, Teil des Maddalena-Archipels, und ist ein Paradebeispiel für coole zeitgenössische Architektur in beruhigenden Naturtönen und aus Materialien wie Holz, Marmor und Kalkstein.

Capo Testa

Dieses außergewöhnliche Granitgelände, vier Kilometer von Santa Teresa entfernt, sieht aus wie ein Skulpturenpark. Über die grasbewachsenen Hänge verstreut liegen riesige Steinblöcke, deren bizarre und wunderschöne Formen jahrhundertelanger Erosion zu verdanken sind. Die Römer hatten hier einen Steinbruch angelegt und förderten Granit ebenso wie Jahrhunderte später die Pisaner.

In dieser Ecke gibt es auch zwei Strände. **Rena di Levante** und **Rena di Ponente** liegen beiderseits der schmalen Landenge, die zur eigentlichen Landspitze führt.

Direkt an der Rena di Ponente kann man bei **Nautica Rena di Ponente** (☎ 347 321 52 14; www.nauticarenadiponente.com) Surfzubehör, Sonnenschirme und Liegen mieten.

DAS LANDESINNERE

Das Binnenland der Gallura, fernab der am Strand herumgockelnden Millionäre, ist weltabgeschieden und durch und durch ländlich. Dieses fruchtbare Hinterland lockte immer wieder korsische Einwanderer an, die sich hier niederließen, um die Korkeichenwälder zu hegen und die ausgedehnten Vermentino-Weingärten anzulegen. Kork ist seit Langem eine wichtige Einkommensquelle der Region und wird auch heute noch jedes Jahr geerntet; s. Kasten S. 54.

TEMPIO PAUSANIA

14 100 Ew.

Über der heißen Ebene der Gallura, umgeben von dichten Korkeichenwäldern, liegt Tempio Pausania, eine lebendige und attraktive Stadt. Sie ist die gemeinsame Hauptstadt der Provinz Olbia-Tempio, ein unaufgeregter Ort mit einer rustikalen Altstadt und einer gemächlichen Gangart.

Die Stadt wurde im 2. Jh. v. Chr. von den Römern gegründet und im Mittelalter zum Verwaltungszentrum des Giudicato di Gallura ausgebaut. Tempio Pausanias Glanzzeit kam unter den Spaniern und später den Savoyarden. Damals wurden viele der Kirchen gebaut, die das aus grauem Stein erbaute Stadtzentrum zieren. Es gibt es nur Weniges, was man als Tourist unbedingt gesehen haben muss, aber es ist ein entspanntes Plätzchen für einen Aufenthalt und die Umgebung eignet sich perfekt für Ausflüge. Am nahe gelegenen Monte Limbara bestehen zahlreiche Trekking-Möglichkeiten.

Praktische Informationen

Banco Sanpaolo (Piazza Gallura 2) Eine von mehreren zentral gelegenen Banken mit Geldautomat.

Ospedale Civile (☎ 079 67 10 81; Via Grazia Deledda 19).

Post (Largo A de Gasperi; 🕒 Mo–Fr 8–18.50, Sa bis 13.15 Uhr).

Pro Loco (☎ 079 63 12 73; Piazza Gallura 2; 🕒 Mo–Fr 10–13 & 16–19, Sa 10–13 Uhr) Ein extrem freundliches Informationsbüro.

Touristeninformation (☎ 079 639 00 80; www.comune.tempiopausania.ss.it, auf Italienisch; Piazza Mercato 3; 🕒 Mo–Fr 9–13 & 16–19, So 10.30–13 Uhr) Wird von hilfsbereiten, mehrsprachigen Mitarbeitern betrieben.

Sehenswertes

Das imposante Herzstück der Stadt ist die aus Granit erbaute **Cattedrale di San Pietro** (Piazza San Pietro; 🕒 8–12.30 & 15–20 Uhr). Vom Originalbauwerk aus dem 15. Jh. sind nur noch der Glockenturm und der Haupteingang erhalten. Das **Oratorio del Rosario** auf der gegenüberliegenden Seite des Platzes datiert aus der Zeit der spanischen Herrschaft. Hinter der Kathedrale liegt der Hauptplatz der Stadt, die **Piazza Gallura**, und an ihrer Stirnseite das majestätische **Municipio** (Rathaus). Die zwei Cafés auf dieser Piazza sind prima zum Leutebeobachten. Die nahe gelegene Piazza del Purgatorio wird von der schlichten, aus dem 17. Jh. stammenden **Chiesa del Purgatorio** beherrscht Der Legende nach wurde ein Mitglied der adligen Familie Misorro für schuldig befunden, genau an dieser Stelle ein Massaker angerichtet zu haben. Damit er sich von seinen Sünden reinwaschen konnte, befahl der Papst dem Mann, den Bau dieser Kirche zu finanzieren. Bis heute kommen die Stadtbewohner nach einer Beerdigung üblicherweise zum Beten hierher.

Tempio wimmelt von Kirchen. Von der ehemaligen Bedeutung der Stadt zeugt die Präsenz des **Convento degli Scolopi** (Piazza Mazzini; 🕒 wegen Renovierung geschl.) aus dem 17. Jh. Heute ist hier eine Schule untergebracht, aber durch die Tore lässt sich von der Piazza del Carmine her ein Blick auf den belaubten Kreuzgang werfen.

Seit römischen Zeiten ist Tempio für seine Quellen bekannt; die **Fonti di Rinaggiu** erreicht man nach einem angenehmen, 1 km langen Spaziergang von der Innenstadt

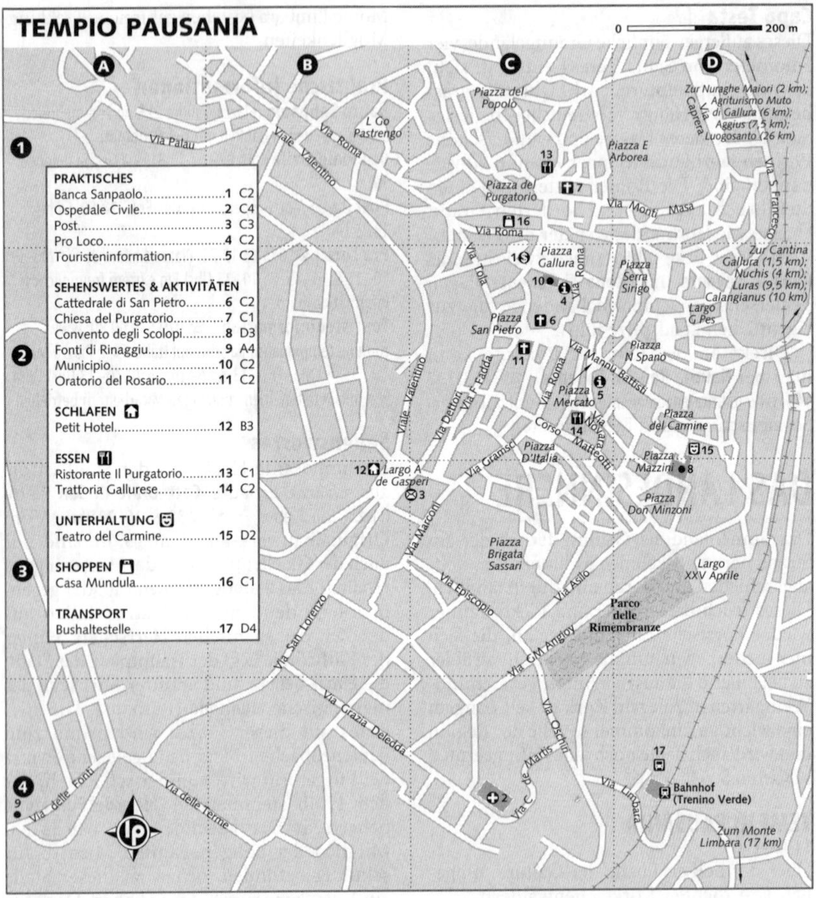

nach Südwesten (auf der schattigen Via San Lorenzo den Schildern „Alle Terme" folgen). Wer Lust auf eine flüssige Substanz eher alkoholischer Natur hat, begibt sich zur 1,5 km östlich der Stadt gelegenen **Cantina Gallura** (☎ 079 63 12 41; www.cantinagallura.com; Via Val di Cossu; ⌚ 9–12 & 15.30–19 Uhr), wo der hier produzierte DOCG Vermentino di Gallura zu haben ist.

Feste & Events

In Tempio läuft fast immer ein Fest oder Event, von Konzerten über Trachtenumzüge bis zu religiösen Festen.

Carnevale (im Februar) wird ganz groß gefeiert, ebenso **Ostern**. Am Karfreitag hüllen sich Mitglieder der *confraternita* (Religionsbruderschaften) für die nächtliche Kreuzwegprozession **Via Crucis** in Sack-und-Asche-Roben und Kapuzen. Das Musikfestival **Festival d'Estate** dauert von Juli bis Mitte August.

Schlafen & Essen

Petit Hotel (☎ 079 63 11 34; www.petit-hotel.it, auf Italienisch; Largo A de Gasperi 9/11; EZ/DZ 58/85 €; ❄) Das zweckmäßig und modern eingerichtete Petit am Rand der Altstadt ist ein Favorit von Anzugreisenden. Die Zimmer mit ihren polierten Holzschreibtischen und Nullachtfünfzehn-Blümchenstoffen sind bequem, aber ziemlich langweilig. Trotzdem – die Mitarbeiter sind freundlich und die Lage ist gut.

Trattoria Gallurese (☎ 079 67 10 48; Via Novara 2; Menu 15 €, Hauptgerichte 20–25 €; ⌚ Sa–Do) Die Treppe hoch geht's zum schlichten Esszimmer Marke Eigenbau, wo eine herzliche Begrüßung und echtes gallurisches Seelenfutter warten. Traditionsbewusste Gäste bestellen *lumache piccante* (pikante Schnecken) oder *pecora alla gallurese* (Lamm nach gallurischer Zubereitungsart).

Ristorante Il Purgatorio (☎ 079 63 43 94; Piazza del Purgatorio 9; Hauptgerichte um 45 €; ⌚ Mi–Mo) Il Purgatorio gilt als eines der besten Restaurants der Stadt. Hier gibt's bodenständige Gerichte mit Zutaten der Saison und frische Meeresfrüchte. Zu den Highlights der Küche gehören *cinghiale in umido* (Wildschweingulasch) und *ravioli carciofi e bottarga* (Ravioli mit Artischocken und Meeräschenrogen).

Ausgehen

Teatro del Carmine (☎ 079 67 15 80; Piazza del Carmine) Hier werden vor allem im Sommer beim Festival d'Estate unterschiedlichste Kunstgenüsse geboten, von Operetten bis zu klassischen Konzerten.

Shoppen

Der Verkaufshit der Region sind Korksachen, und beim Einkaufen hat man die beruhigende Gewissheit, keine Umweltschäden anzurichten. Korkeichen werden nämlich nicht beschädigt, wenn die Rinde abgeschält wird, und die hiesige Korkindustrie hat ein begründetes Interesse daran, sich gut um die Wälder der Region zu kümmern.

Casa Mundula (☎ 079 63 40 23; www.casamundula.com; Via Roma 102) hat jede Menge ganz oder teilweise aus Kork hergestellten Trödelkram auf Lager, außerdem Wein, ziselierten Schmuck und eine ziemlich ansehnliche Auswahl an Messern.

An- & Weiterreise

Von Olbia (3 €, 1 Std. 20 Min.) fahren an Wochentagen siebenmal täglich und sonntags dreimal ARST-Busse nach Tempio.

Der Bahnhof, von der Innenstadt nach einem anstrengenden Fußmarsch hügelabwärts erreichbar, erwacht im Sommer zum Leben. Dann verkehrt der **trenino verde** (☎ 800 460 220; www.treninoverde.com, auf Italienisch) von/nach Sassari (12,50 €, 2½ Std., 1-mal tgl.), Arzachena (9,50 €, 70 Min., 2-mal tgl.) und Palau (11 €, 1¾ Std., 2-mal tgl.).

RUND UM TEMPIO PAUSANIA

Zwei Kilometer nördlich der Stadt an der SS133 nach Palau befindet sich in einem dichten Korkeichenwald die rechter Hand ausgeschilderte **Nuraghe Maiori** (Eintritt 2,50 €; ⌚ 9.30–19 Uhr). Wie der Name vermuten lässt (*maiori* bedeutet „größer"), ist er ein gutes Stück größer als viele der schlichten, in Trümmern liegenden Türme, denen man in der Landschaft hier des Öfteren begegnet. Vom Eingangskorridor zweigt auf jeder Seite ein Raum ab und eine Rampe führt zu einem dritten, offenen Raum an der Rückseite und über die Treppenstufen links kann man nach oben steigen.

Auf der anderen Seite der Stadt, 4 km weiter an der Straße nach Calangianus, liegt der Weiler **Nuchis**. Im hübschen grauen *borgo* (Ortszentrum) steht das **Hotel il Melograno** (☎ 079 67 40 43; www.hotelilmelograno; Via Vittorio Emanuele; EZ 40–45 €, DZ 65–72 €; ⛝). Seine luftigen, gekachelten Zimmer stellen eine preiswerte Alternative zu den teureren Unterkünften oben in Tempio dar.

Monte Limbara

Rund 17 km südöstlich von Tempio dominiert der Gipfel des Monte Limbara (1359 m) die steinige Landschaft. Am leichtesten ist er mit einem eigenen Fahrzeug zu erreichen, und zwar von Tempio aus in südliche Richtung am Bahnhof vorbei auf der SS392 nach Oschiri. Acht Kilometer weiter zweigt links eine Straße zum Berg ab.

Anfangs führt sie durch dichte Pinienwälder. Oberhalb der Baumgrenze sind zwei *punto panoramico* (Aussichtsstellen) ausgeschildert, von denen sich unvergessliche Ausblicke über das nördliche Sardinien bieten. An einer der Stellen steht in der Nähe der schlichten Kirche **Chiesa di Santa Maria della Neve** eine Statue der Jungfrau Maria mit dem Jesuskind.

Anschließend wird die Straße etwas ebener und erreicht den Aussichtspunkt Punta Balistreri (1359 m), wo die Relaisstation und die Sendemasten der nationalen Fernsehanstalt RAI aufgebaut sind. Selbst an Hochsommertagen ist die Luft kühl und erfrischend, und die Aussicht nach Westen über Sassari hinaus sowie nördlich nach Korsika ist atemberaubend.

Der Monte Limbara ist auch ein beliebtes Wandergelände. Wer einen Fremdenführer sucht, wendet sich an **Gallura Viaggio Avventura** (☎ 333 183800; c/o Pro Loco Büro), wo Trekking- und

Mountainbiketouren auf dem Berg organisiert werden.

Näheres zu besuchenswerten Orten südlich von hier s. rechts.

Calangianus & Luras

Für Archäologiefans bietet sich die kurze Fahrt nach Calangianus an, Sardiniens Korkhauptstadt, rund 10 km östlich von Tempio. Ihre **Tomba dei Giganti di Pascaredda** gehört zu den am besten erhaltenen in der Gegend.

Auch das Städtchen Luras in der Nähe lohnt wegen seines **Dolmen de Ladas** und eines kleinen Museums eine Stippvisite. Das **Museo Etnografico Galluras** (☎ 079 64 72 81; www.galluras.it; Via Nazionale; ⌚ nach Absprache) hat sich den ländlichen Traditionen der Region verschrieben und zeigt eine Sammlung bäuerlicher Handwerkszeuge und die Rekonstruktion eines typischen Dorfhauses. Besondere Betrachtung unter den Exponaten verdient ein gruseliger Hammer, der traditionellerweise dazu benutzt wurde, unheilbar Kranke von ihrem Leiden zu erlösen. Näheres zu dieser Euthanasiepraxis auf dem Lande s. Kasten Sa Femmina Accabadora S. 37.

Aggius & Luogosanto

Acht Kilometer nordwestlich von Tempio liegt Aggius, ein stilles Dorf inmitten von Granitwänden und Korkeichenwäldern. Es ist berühmt für seine Chormusik und Teppiche. Letztere gehen in die 1900er-Jahre zurück, als 4000 Weber in der Gegend beschäftigt gewesen sein sollen. Ein paar ausgezeichnete Erzeugnisse sind im **Museo Etnografico ÑOlivia Carta Cannasì** (☎ 079 62 10 29; www.museomeoc.com; Via Monti di Lizu 6; ⌚ Mitte Mai–Mitte Okt. tgl. 10–13 & 15–20.30 Uhr, sonst Di–So 10–13 & 15.30–19 Uhr) zu sehen. Es zeigt übersichtlich angeordnete Ausstellungsstücke zu Leben und Traditionen in der Region.

Ein paar Kilometer nordwestlich von Aggius, Richtung Trinita d'Agultu, erreicht man die faszinierende, mit Felsblöcken übersäte Landschaft des **Valle della Luna**. Das Tal eignet sich phantastisch zum Radfahren, und die Straße, die hindurch und hinunter zur Küste führt, ist umwerfend schön.

Von Aggius kann man einen Bogen nach Nordwesten auf die SS133 schlagen und zum abgeschiedenen **Luogosanto** (Heiliger Ort) fahren. Das hübsche Städtchen wimmelt vor Kirchen; die prächtigste ist die **Basilica di Nostra Signora di Luogosanto**, Baujahr 1228. Papst Onorio III. erhob sie in den Stand einer Basilika, als er ihre Heilige Tür segnete. Ebenso wie die Heilige Tür der Peterskirche in Rom ist diese Tür zugemauert und wird nur alle sieben Jahre geöffnet. Es gibt sogar eine noch ältere Kirche hier, die **Chiesa di San Trano**, die zu Ehren des heiligen Trano aus dem 6. Jh. in den Granitstein gehöhlt wurde.

Eine Unterkunftsmöglichkeit in der Nähe von Aggius ist der **Agriturismo Muto di Gallura** (☎ 079 62 05 59; www.mutodigallura.com; Localita Fraiga; HP pro Pers. 84 €; P), eine gepflegte ländliche Oase in der steinigen Landschaft. Er bietet liebevoll renovierte Zimmer im echten Landhausstil mit Holzbalken, gemauerten Kaminen und schmiedeeisernen Betten. Gäste können Ausritte und Trekkingtouren organisieren lassen und stilvoll dinieren (Hauptgerichte 20–40 €).

EINE LADUNG FLÜSSIGER NEKTAR

Knapp über 15 km östlich von Berchidda, in Monti, befindet sich die **Cantina del Vermentino** (☎ 079 94 40 12; www.vermentinomonti.com; Via San Paolo 2, Monti; ⌚ Mo–Fr 8.30–12 & 14.30–18, Sa 8.30–12 Uhr). Dies ist der Ort, um sich mit dem süffigen Vermentino di Gallura einzudecken, dem einzigen DOCG-Wein Sardiniens. Obwohl die angegebenen Öffnungszeiten zur Zeit der Recherche korrekt waren, ist es immer gut, vor dem Einkauf anzurufen und sich zu vergewissern, dass auch tatsächlich jemand da ist.

LAGO DI COGHINAS, OSCHIRI & BERCHIDDA

Wer einen fahrbaren Untersatz hat, kann noch einen Abstecher südlich des Monte Limbara unternehmen. Am Fuß des Berges angekommen, biegt man auf der SS392 links ab Richtung Oschiri. Die Straße streift die Westflanke des Limbaramassivs, überquert den Passo del Limbara (646 m) und fällt dann ab. Nach ungefähr 12 km weicht das Grün strohfarbenen Feldern, und der blaue Spiegel des künstlichen Lago di Coghinas kommt in Sicht.

Direkt vor der Brücke über den See zweigt nach Osten eine schmale Teerstraße ab, die um die Nordflanke des Monte Acuto (493 m) herum nach Berchidda führt. Auf dem bewaldeten Hügel Monte Acuto hatte sich Eleonora d'Arborea im 14. Jh. eine Zeitlang versteckt. Berchidda ist ein ziemlich unspektakuläres bäuerliches Städtchen mit einer langen Weinbautradition. Im modernen **Museo del Vino** (☎ 079 70 45 87; Eintritt 3 €; 🕒 Di–Fr 9–13 & 15–18, Sa & So bis 19 Uhr) am höchsten Punkt des Ortes erfährt man Genaueres zur lokalen Weinherstellung und darf den Vermentino aus der Region probieren. Die beste Besuchszeit ist im August. Dann findet in Berchidda das große Festival **Time in Jazz** (www.timeinjazz.it, auf Italienisch) statt, ein multikulturelles Event mit Klängen, die vom Streichquartett bis zu marokkanischer *gnaoua*-Musik (nordafrikanische Bambusflöte und Percussion) reichen.

LP Tipp **Tenuta Lochiri** (☎ 3391197266; www.tenutalochiri.com; Zi. pro Pers. 40–45 €, Apt. pro Woche 600–700 €; P) Wer in der Gegend – einer wunderschönen Ecke der Insel – absteigen möchte, dem sei wärmstens empfohlen, in diesem umwerfenden *agriturismo* mit weitem Blick über den Monte Acuto ein Zimmer zu buchen. Das Hauptbauernhaus am Ende eines 3 km langen Schotterpfads, der von der Straße Berchidda–Oschiri abgeht, wurde liebevoll in ein stilvolles Restaurant mit riesigen Panoramafenstern, vier Gästezimmern und zwei Apartments verwandelt. Ah ja, und natürlich ist das Essen hausgemacht und absolut göttlich (Hauptgerichte 35–40 €) und die Lage perfekt, um dem Alltagsstress zu entfliehen.

Täglich kommt ein ARST-Bus auf der Strecke von Nuoro (6,50 €, 1¼ Std.) nach Olbia (2,50 €, 2 Std.) durch Berchidda.

Nuoro & der Osten

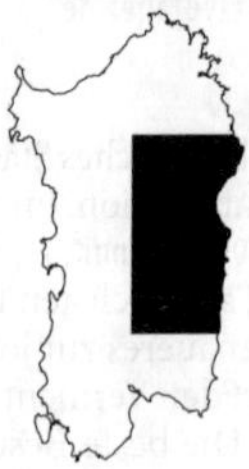

Erst ein Besuch dieser spektakulären Gebirgsregion vermittelt ein Gefühl für den wahren Stolz und die alte Seele der Insel. Nuoro und seine Provinzen – häufig als Insel auf der Insel bezeichnet – sind von jahrhundertelanger Isolation geprägt. Die unüberwindlichen Berge ließen den Rest der Welt außen vor und lehrten die Dorfgemeinden, sich allein durchzuschlagen. So blieben die örtlichen Traditionen erhalten und die Landschaft weitgehend unberührt.

Nirgendwo sonst auf Sardinien ist die Landschaft so überwältigend. Vom großen, grauen, arenaförmig geschwungenen Gennargentu bis zur atemberaubenden Küste des Golfo di Orosei und den riesigen, kahlen Ebenen der Provinz Ogliastra erstreckt sich weitgehend ursprüngliche Natur. Dieses Paradies für Outdoor-Fans bietet berauschende Möglichkeiten zum Wandern, Radfahren und Klettern sowie für zahlreiche Wassersportaktivitäten.

Im Gegensatz zur Landschaft sind die Städte oft geradezu hässlich. Billige Betonblocks und schlechte Straßen deuten darauf hin, dass Armut, Arbeitslosigkeit und Abwanderung hier längst nicht der Geschichte angehören. Ein Blick hinter die Fassaden enthüllt jedoch noch ein anderes Bild. Nuoro zählt zwar sicher nicht zu den schönsten Städten der Insel, hat aber eine Reihe von bedeutenden Autoren hervorgebracht, darunter die Nobelpreisträgerin Grazia Deledda, und veranstaltet eines der spektakulärsten Feste der Insel. Orgosolo, die einstige Kidnapping-Hochburg Sardiniens, hat sich dank seiner bunten Wandbilder zur Touristenstadt verwandelt und das kleine Dorf Gavoi in der Barbagia-Ebene organisiert ein internationales Literaturfestival.

Es gibt zahlreiche archäologische Ausgrabungsstätten wie das faszinierend-befremdliche, prähistorische Dorf Tiscali und die traumhaft gelegene Fonte Sacra Su Tempiesu.

HIGHLIGHTS

- In den europäischen Grand Canyon **Gola Su Gorruppu** (S. 226) hinuntersteigen und zum fesselnden, prähistorischen Dorf **Tiscali** (S. 227) wandern
- Die Küstenlinie des **Golfo di Orosei** entlangschippern und an abgeschiedenen Stränden oder in versteckten Buchten ankern (S. 224)
- Die fremde Welt der bizarren Hochlandebene **Altopiano del Golgo** (S. 233) erkunden
- Die abgelegenen Höhen der Berge um **Ulassai** (S. 233) erklimmen
- In Nuoros **Museo Deleddiano** (S. 209) einen Blick ins Kinderzimmer der berühmtesten sardischen Schriftstellerin werfen

NUORO

36 455 Ew.

Die verwahrloste, auf den ersten Blick nicht unbedingt liebenswerte Stadt Nuoro (Nugoro im örtlichen Dialekt) scheint sich wenig um ihren Ruf zu kümmern. Die Vororte sind modern und unansehnlich und selbst der historische Stadtkern bietet auf den ersten Blick wenig Interessantes. Wer jedoch etwas an der Oberfläche kratzt, stößt auf eine stolze, gastfreundliche Stadt voller Traditionen und tief verwurzelter Kultur. Hier wurden die literarische Heldin Grazia Deledda, der Romanautor Salvatore Satta und der gefeierte Dichter Sebastiano Satta geboren. Die Museen zählen zu den besten der Insel und eröffnen faszinierende Einblicke in den ländlichen Charakter des bergigen Umlands.

GESCHICHTE

Archäologen haben in der Gegend um Nuoro Reste prähistorischer Nuraghen-Siedlungen entdeckt. Einer verbreiteten Theorie zufolge wurde die Stadt gegründet, als sich die Einheimischen bei einem Aufstand gegen die römischen Machthaber am Monte Ortobene zusammenrotteten. Tatsache ist, dass von der Stadt bis ins Mittelalter hinein wenig bekannt ist. Dann wurde sie unter den Aragoniern und später den Spaniern von einer Adelsfamilie zur nächsten weitergereicht.

Im 18. Jh. zählte sie unter Piemonteser Herrschaft etwa 3000 Einwohner, überwiegend Bauern und Schäfer. 1868 erhob sich in der häufig von Gewalt erschütterten Stadt eine Rebellion. Die Bürger protestierten gegen die geplante Privatisierung von öffentlichem Land (sprich die Übereignung an reiche Landbesitzer) und steckten das Rathaus in Brand. Dieses Ereignis, bekannt als Su Connuttu, bestätigte das Vorurteil der neuen italienischen Nation, die Nuoro für ein „Verbrechernest" hielt. Die entsprechende Behandlung der Region schürte wiederum das Misstrauen der Bewohner von Nuoro.

1927 wurde die Stadt zur Provinzhauptstadt ernannt. Sie entwickelte sich schnell zum geschäftigen Verwaltungssitz und lockte Zuwanderer aus der gesamten Provinz. Obwohl die Banditen von damals heute nicht mehr ihr Unwesen treiben und sich die Stadt recht positiv präsentiert, dauern die Probleme an. Eine hohe Arbeitslosigkeit zwingt viele junge Leute, die Stadt zu verlassen.

ORIENTIERUNG

Der Altstadtkern liegt im nordöstlichsten Teil von Nuoro auf einem schmalen Bergausläufer, der sich weiter östlich zum Monte Ortobene erhebt. Die Hauptstraße Corso Garibaldi verläuft quer durch ein Gewirr kleinerer Sträßchen, an denen sich zahlreiche Restaurants und Cafés reihen. Die meisten Hotels finden sich im ungepflegt-modernen Stadtteil westlich des *centro storico*. Busstation und Bahnhof liegen an der Via Lamarmora, der Verlängerung des Corso Garibaldi, und die Touristeninformation an der modernen Piazza Italia, oberhalb der Altstadt.

PRAKTISCHE INFORMATIONEN

Banco di Sardegna (Corso Garibaldi 90) Eine von mehreren Banken mit Geldautomat.

Libreria Mondadori (☎ 0784 3 41 61; Corso Garibaldi 147) Buchladen mit gutem Angebot an Kartenmaterial.

Hauptpostamt (Piazza F Crispi; 🕒 Mo–Fr 8–18.50, Sa 8–13 Uhr)

Ospedale Civile San Francesco (☎ 0784 24 02 37; Via Mannironi) Das städtische Hauptkrankenhaus westlich des Zentrums.

Polizeiwache (☎ 0784 3 21 00; Viale Europa)

Punto Informa (☎ 0784 3 87 77; Corso Garibaldi 155; 🕒 Mo–Sa 9–13 & 15.30–19 Uhr) Eine sehr hilfreiche private Touristeninformation.

Touristeninformation (☎ 0784 3 00 83; Piazza Italia 19; 🕒 Juni–Sept. tgl. 8.30–13.30 & 15–19 Uhr, Okt.–Mai nur Mo–Fr) Mit breitem Informationsangebot zu Nuoro und Umgebung – die *Carta Archeologica Illustrata* ist eine herausragende archäologische Karte der Provinz.

SEHENSWERTES & AKTIVITÄTEN

Es ist zweifellos die Altstadt, die Nuoros Reiz ausmacht. Weite Ausblicke bis zum Monte Ortobene bietet die Via Aspromonte, die sich durch den Osten des *centro storico* schlängelt. Das Panorama erinnert daran, dass Nuoro ursprünglich ein isoliertes Bergdorf war. Die schmalen Gässchen um Grazia Deleddas Haus vermitteln bis heute etwas von der damaligen Atmosphäre.

Museo della Vita e delle Tradizioni Sarde

Das **Museo della Vita e delle Tradizioni Sarde** (☎ 0784 25 70 35; Via Antonio Mereu 56; Erw./Kind 3/1 €; 🕒 Juni–Sept. tgl. 9–20 Uhr, Okt.–Mai tgl. 9–13 & 15–19 Uhr) bietet faszinierende Einblicke in sardische Traditionen, Folklore, Aberglaube und Feste. Zu den 8000 Ausstellungsstücken gehören Filigranschmuck, Teppiche, Gobelins,

NUORO & DER OSTEN

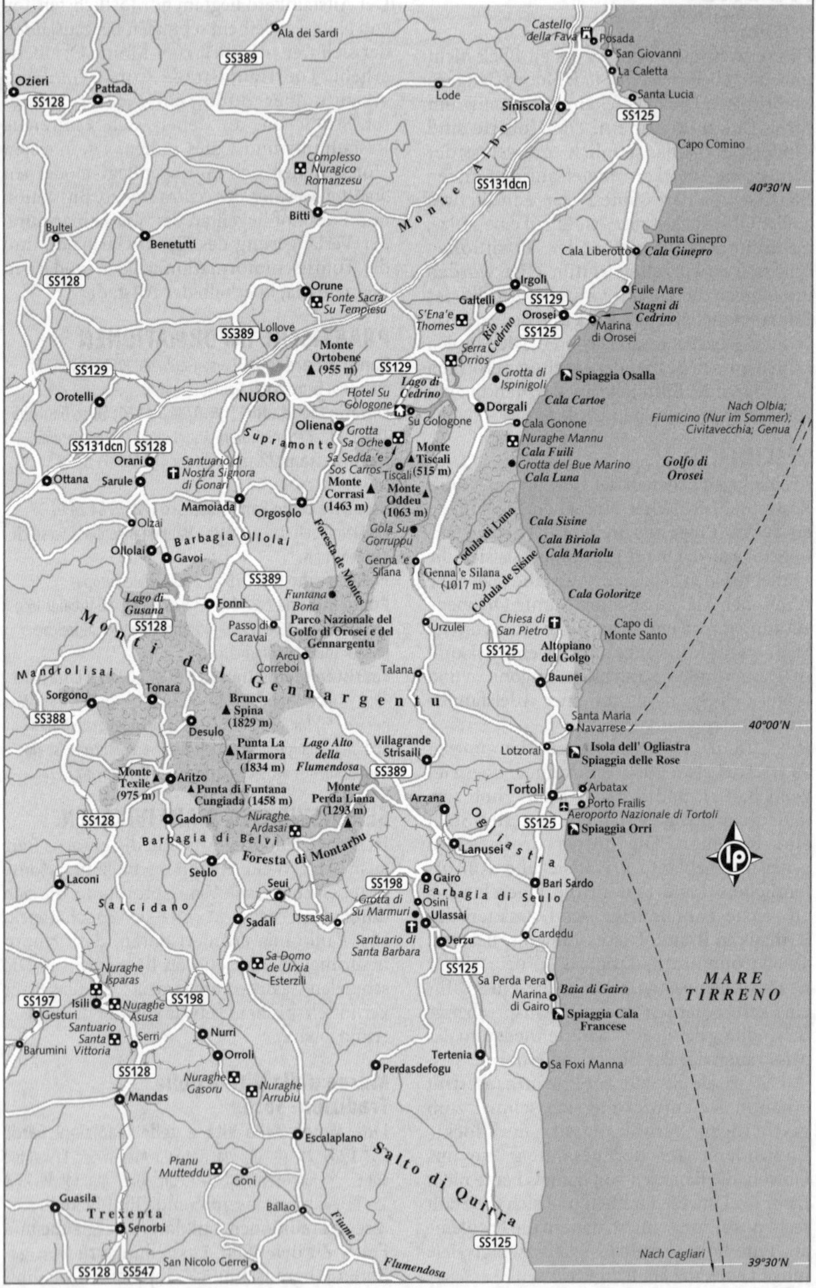

Stickereien, Musikinstrumente, Waffen, Haushaltsgegenstände und Masken. Highlight ist jedoch die umfangreiche Sammlung traditioneller Trachten.

In der Haupthalle stehen 80 kostümierte Schaufensterpuppen auf einem Podest. Die Vielzahl an Stilrichtungen, Farben, Mustern und Materialien spricht Bände über die Menschen und ihre Dörfer. So stammen die Trachten mit feuerroten Röcken aus den stolz auf ihre Unabhängigkeit bedachten Bergdörfern. Die Trachten von Orgosolo und Desulo mit roten Wollschürzen und blau-gelben Seidenborten wirken fast armenisch. Ob es Zufall ist, dass die Frauen aus dem berüchtigten Orgosolo Kopfbedeckungen mit Gesichtsschleier trugen? Oder dass sich die Bürger von Quartu Sant'Elena mit Samt und Spitze schmückten, während die armen Bergarbeiterfrauen aus Iglesiente mit schlechten, schwarzbraunen Kleidern Vorlieb nehmen mussten? Und was ist mit den Burka-ähnlichen Schleiern der Damen von Ittiri und Osilo?

In separaten Räumen gibt es lebensgroße Exponate zu den ausgefalleneren Festen der Region. Dazu gehören die unheimlichen *mamuthones* mit zottigen Schaffellen und finsteren Masken von Mamoiada sowie die *boes* von Ottana mit kleinen, antilopenartigen Masken, riesenhaften Umhängen und Pelzstiefeln.

Wenige Gehminuten vom Museum entfernt liegt der ruhige **Parco Colle Sant'Onofrio**. Sein höchster Punkt bietet Ausblicke über den Monte Ortobene und bis Oliena und Orgosolo im Süden. Es gibt Kinderschaukeln und Bänke.

Museo d'Arte (MAN)

Das **MAN** (☎ 0784 25 21 10; www.museoman.it; Via S Satta 15; Erw./Kind 3/2 €; ⌚ Di–So 10–13 & 16.30–20.30 Uhr) in einem restaurierten Rathaus aus dem 19. Jh. ist die einzige zeitgenössische Kunstgalerie Sardiniens. Ihre Dauerausstellung umfasst über 200 Arbeiten der besten sardischen Maler des 20. Jhs. – darunter Antonio Ballero, Giovanni Ciusa-Romagna, Mario Delitalia und der abstrakte Künstler Mauro Manca. Auch die einheimischen Bildhauer Francesco Ciusa und Costantino Nivola sind vertreten. Eine Bronzekopie von Francesco Ciusas *Madre dell'Ucciso* (Mutter des Getöteten), die bei der Biennale von Venedig 1907 einen Preis gewann, ist in der **Chiesa di San Carlo** (Piazza San Carlo) zu sehen.

Die breit gefächerten zeitgenössischen Ausstellungen werden gewöhnlich im Erd- und Obergeschoss gezeigt.

Piazza Satta

Vom MAN führt ein kurzer Weg entlang der Via Satta zur Piazza Satta, einem kleinen Platz, der dem berühmten, hier geborenen Dichter Sebastiano Satta (1867–1914) gewidmet ist. Anlässlich seines 100. Geburtstags verpasste der Bildhauer Costantino Nivola (1911–88) dem Platz 1967 ein komplett neues Erscheinungsbild. Die umliegenden Häuser tünchte er weiß – als unbewegten Hintergrund. Dann platzierte er eine Reihe an Menhire erinnernder Granitskulpturen mit kleinen Nischen auf der Piazza. In die Nischen stellte er kleine Bronzefiguren (angelehnt an die prähistorischen *bronzetti*), die unterschiedliche Charaktere aus Sattas Gedichten verkörpern. Eine ausgefallene Idee und ursprünglich sicher ein eindrucksvolles Werk. Doch heute kann es den allgemeinen Verfall der Piazza nicht vertuschen.

Museo Deleddiano

Die Piazza Satta grenzt an den ältesten Stadtteil, den kleinen Hügel, auf dem Nobelpreisträgerin Grazia Deledda (1871–1936) die ersten 29 Jahre ihres Lebens verbrachte. Das Haus ist mittlerweile ein kleines Museum: das **Museo Deleddiano** (☎ 0784 25 80 88; Via Grazia Deledda 53; Erw./Kind 3/1 €; ⌚ Mitte Juni–Sept. Di–So 9–20 Uhr, Okt.–Mitte Juni Mo–Sa 9–13 & 15–19 Uhr). Die einfachen, in weiß gehaltenen Zimmer bergen allerhand Erinnerungsstücke wie Schreibstifte, Briefe und Familienfotos. Besonders interessant ist alles, was mit dem Nobelpreis zu tun hat – vom Gratulationstelegramm des italienischen Königs bis zu Fotografien der Preisverleihung, auf denen die stolze Autorin ganz klein inmitten einer Gruppe von steifen Männern in Anzügen zu sehen ist.

Einige Zimmer – u. a. das Schlafzimmer der Schriftstellerin – wurden sorgfältig restauriert, um zu zeigen, wie ein wohlhabendes Haus in Nuoro damals aussah. So gibt es einen Lagerraum mit Säcken voller Weizen und Gemüse, einen Innenhof und eine große Küche voller Töpfe und Pfannen.

Obwohl Deledda 36 ihrer 65 Lebensjahre in Rom verbracht hat, blieb sie Nuoro stets verbunden und wurde hier schließlich in der Granitkirche **Chiesa della Solitudine** (Viale della Solitudine) beigesetzt. Ihr Steinsarg steht rechts des Altars. Am Abend des 28. August findet die Festa del Redentore statt, Nuoros religiöser Jahreshöhepunkt mit einem feierlichen Fackelzug, der um 21 Uhr hier beginnt und bei der Kathedrale endet.

Museo Archeologico Nazionale

Sonst bietet Nuoro nur noch ein interessantes Museum: das **Museo Archeologico Nazionale** (☎ 0784 3 16 88; Via Mannu 1; www.museoarcheologiconuoro.it; Eintritt frei; ⌚ Di–Sa 9–13, Di–Do zusätzlich 15–17.30 Uhr) mit Fundstücken aus der umliegenden Provinz. Sie reichen von antiken Keramiken und hübschen *bronzetti* über einen Schädel mit Bohrerloch von 1600 v. Chr. bis hin zu römischen und frühmittelalterlichen Artefakten. Wer sich für die Nuraghen-Kultur interessiert, wird den Nachbau eines prähistorischen Tempels und eines antiken Bronzelabors schätzen.

Cattedrale Santa Maria della Neve

Die große, rosa **Cattedrale Santa Maria della Neve** (Piazza Santa Maria Della Neve) aus dem 19. Jh. ist eine von gut 300 italienischen Kirchen, die der Madonna della Neve geweiht sind. Die Maria des Schnees erhielt ihren Namen, weil sie angeblich Papst Liberius im Traum erschien und befahl, dort eine Kirche zu errichten, wo am nächsten Morgen Schnee liegt. Am Tag darauf gab der Papst den Auftrag zum Bau der heutigen Basilica di Santa Maria Maggiore in Rom. Hinter der unruhigen, neoklassischen Fassade verbirgt sich ein einzelnes Kirchenschiff. Im Inneren ist das Gemälde *Disputa de Gesù Fra i Dottori (Jesus im Disput mit den Ärzten)* bemerkenswert. Es befindet sich rechts zwischen der ersten und zweiten Kapelle und stammt aus der Schule von Luca Giordano.

Monte Ortobene

Etwa 7 km nordöstlich von Nuoro erhebt sich der mit Steineichen, Pinien, Tannen und Pappeln dicht bewaldete Granitgipfel **Monte Ortobene** (955 m), auf dem eine 7 m hohe Bronzestatue des Redentore (Erlösers) thront. Der Berg ist ein beliebtes Picknickareal und Zentrum von Nuoros jährlichem Festival **Sagra del Redentore**. Am 29. August pilgern bunt gekleidete Gläubige von der Kathedrale hierher. Unterwegs werden in der **Chiesa di Nostra Signora del Monte** und unterhalb der Statue Messen gelesen.

Entstanden ist die Statue 1901 unter Papst Leo XIII., der in Italien 19 Christusstatuen als Symbol des Christentums im 19. Jh. errichten ließ. Seitdem wird diese Darstellung Christi, wie er den Teufel zu Boden trampelt, von zahllosen Pilgern verehrt, die ihr Heilungen und andere Wunder zuschreiben.

Den besten Blick über das Tal nach Oliena und Monte Corrasi bietet die Straße links kurz vor dem Gipfel.

Stadtbusse der Linie 8 fahren montags bis samstags für 1,10 € von der Via A Manzoni aus auf den Berg (Mitte September bis Mitte Juni 2-mal tgl., Mitte September bis Mitte Juni 14-mal tgl.).

FESTE & EVENTS

Die Sagra del Redentore (Erlöserfest) in der letzten Augustwoche ist Nuoros größtes Ereignis und eines der ausgelassensten Volksfeste der gesamten Insel. Seit 1901 lockt es mit bunten Paraden, Musik und Tanz kostümierte Teilnehmer aus allen Teilen der Insel. Am Abend des 28. August prozessieren Fackelträger durch die Stadt.

SCHLAFEN

Nuoro hat vor allem Hotels für Geschäftsleute und nur wenige mit Atmosphäre. Wer mit dem eigenen Fahrzeug unterwegs ist, kann die außerhalb gelegenen und deutlich attraktiveren *agriturismi* (Unterkünfte auf Bauernhöfen) ansteuern.

Casa Solotti (☎ 0784 3 39 54; www.casasolotti.it; 26–35 € pro Pers.) Einladendes B&B in einem weitläufigen Garten am Monte Ortobene. Die Atmosphäre ist familiär und es werden sogar Lunchpakete gepackt. Die umliegenden Wälder laden zum Wandern oder Reiten ein.

Agriturismo Testone (☎ 0784 23 05 39; www.agriturismotestone.com; Via Giuseppe Verdi; Zi. 38–50 €, HP 55–65 pro Pers., Hauptgerichte 27 €; Ⓟ) Rustikales, steinernes Bauernhaus in einem Korkeichenwald 20 km außerhalb von Nuoro. Die Einrichtung passt perfekt ins Konzept: freiliegendes Mauerwerk, schwere Holzmöbel und überall herumhängende Töpfe und Pfannen. Anreise von der SS131 über die Ausfahrt SP389 in Richtung Bitti. Nach 10 km geht's an der Gabelung nach Benetutti links ab, nach weiteren 3 km rechts und dann der Beschilderung nach.

Hotel Grillo (☎ 0784 3 86 78; www.grillohotel.it, auf Italienisch; Via Monsignor Melas 14; EZ/DZ 65/90 €; ❄) Dies ist das zentralste der fünf offiziellen Hotels von Nuoro. Abgesehen von der Lage

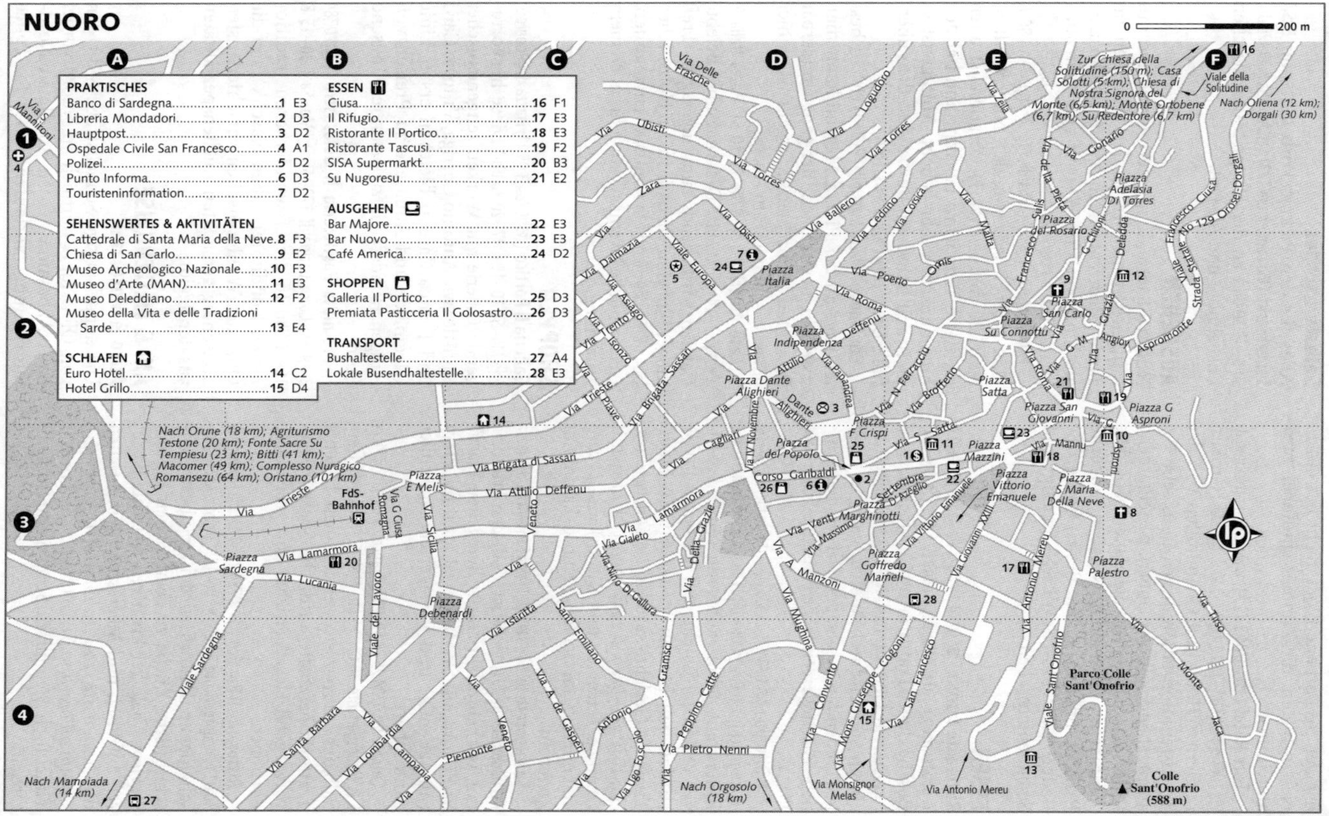
NUORO
0
200 m
PRAKTISCHES
Banco di Sardegna....1 E3
Libreria Mondadori....2 D3
Hauptpost....3 D2
Ospedale Civile San Francesco....4 A1
Polizei....5 D2
Punto Informa....6 D3
Touristeninformation....7 D2
SEHENSWERTES & AKTIVITÄTEN
Cattedrale di Santa Maria della Neve....8 F3
Chiesa di San Carlo....9 E2
Museo Archeologico Nazionale....10 F3
Museo d'Arte (MAN)....11 E3
Museo Deleddiano....12 F2
Museo della Vita e delle Tradizioni Sarde....13 E4
SCHLAFEN
Euro Hotel....14 C2
Hotel Grillo....15 D4
ESSEN
Ciusa....16 F1
Il Rifugio....17 E3
Ristorante Il Portico....18 E3
Ristorante Tascusì....19 F2
SISA Supermarkt....20 B3
Su Nugoresu....21 E2
AUSGEHEN
Bar Majore....22 E3
Bar Nuovo....23 E3
Café America....24 D2
SHOPPEN
Galleria Il Portico....25 D3
Premiata Pasticceria Il Golosastro....26 D3
TRANSPORT
Bushaltestelle....27 A4
Lokale Busendhaltestelle....28 E3
Zur Chiesa della Solitudine (150 m); Casa Solotti (5 km); Chiesa di Nostra Signora del Monte (6,5 km); Monte Ortobene (6,7 km); Su Redentore (6,7 km)
Nach Oliena (12 km); Dorgali (30 km)
Nach Orune (18 km); Agriturismo Testone (20 km); Fonte Sacre Su Tempiesu (23 km); Bitti (41 km); Macomer (49 km); Complesso Nuragico Romansezu (64 km); Oristano (101 km)
Nach Mamoiada (14 km)
Nach Orgosolo (18 km)
Parco Colle Sant'Onofrio
Colle Sant'Onofrio (588 m)

hat der rosafarbene Block nicht besonders viel zu bieten, die Zimmer sind aber ganz annehmbar.

Euro Hotel (☎ 0784 3 40 71; www.eurohotelnuoro.it; Via Trieste 44; EZ 60–160 €, DZ 80–240 €; ❄ 💻) Großes, modernes Hotel fünf Gehminuten von der Touristeninformation. Innen ist es sehr viel ansprechender als von außen: pastellfarbene Ledersofas schmücken die Säulenlobby. Die Zimmer im Obergeschoss haben moderne Parkettfußböden, stabile Betten und große Bäder. Kostenloser WLAN-Zugang und Satellitenfernsehen.

ESSEN

Ristorante Tascusì (☎ 0784 3 72 87; Via Aspromonte 13; Touristenmenü 10 €, Hauptgerichte 25 €; 🕒 Mo–Sa) Bescheidene Trattoria mit einfachen und herzhaften Gerichten. Die Tische stehen in einem sonnendurchfluteten, ganz in weiß gehaltenen Speisesaal. Serviert werden köstliche Pastateller, einfache Fleischgerichte und Pizzas.

Il Rifugio (☎ 0784 23 23 55; Via Antonio Mereu 28–36; Hauptgerichte 30 €; 🕒 Do–Di) Das urgemütliche Restaurant gehört aufgrund seiner kreativen regionalen Küche und der fairen Preise zu den beliebtesten in der ganzen Stadt. Typische Gerichte sind *risotto con verdura, coda di gambero e zafferano* (Risotto mit Gemüse, Garnelen und Safran) und *pecora alla nuorese con cipolline* (Nuoro-Lamm mit Zwiebeln).

Su Nugoresu (0784 25 80 17; Piazza San Giovanni 7; Pizza 7 €, Hauptgerichte 30 €; 🕒 Di–So) Modische Trattoria mit Tischen direkt an der herrlichen Piazza San Giovanni. Der Laden ist ideal für Pizza (nur abends) und Pastagerichte in toller Atmosphäre.

Ciusa (☎ 0784 25 70 52; Viale Francesco Ciusa 53; Pizza 8 €, Hauptgerichte 30 €; 🕒 Mi–Mo) Gleich außerhalb des *centro storico* serviert diese beliebte Trattoria herzhafte, sardische Spezialitäten; vorwiegend Fleischgerichte und großzügige Portionen.

Ristorante Il Portico (☎ 0784 25 50 62; Via Monsignor Bua 13; Hauptgerichte 35 €; 🕒 Do–Di) Trotz des bescheidenen Dekors wird hier überdurchschnittliche Küche zu ebensolchen Preisen serviert. Viele der kreativen Gerichte basieren auf Fisch und Meeresfrüchten, so auch die *lasagnetta con calamaretti, porcini e scampi all'oregano fresco* (kleine Lasagne mit Tintenfisch, Steinpilzen, Scampi und frischem Oregano).

Selbstversorger

Alles für den Picknickkorb gibt's im **SISA Supermarkt** (Via Lamarmora 173; 🕒 Mo–Sa 8.30–20.30, So 9–13.30 Uhr) an der Hauptstraße zwischen Busbahnhof und Altstadt.

AUSGEHEN

Nuoro bietet eine muntere Cafészene mit zahlreichen hervorragenden Adressen im ganzen Stadtzentrum. In den meisten Lokalen gibt's neben Kaffee, Aperitif und Wein auch Snacks oder *panini*.

Bar Majore (Corso Garbaldi 71; 🕒 tgl. 7–14.30 & 15.30–24 Uhr, So morgens geschl.) Nuoros ältestes Café mit reicher Dekoration ist auch als Caffè Tettamanzi bekannt und bei den Einheimischen sehr beliebt. Mittags ist es meist mit hungrigen Büroangestellten überfüllt. Die *panini* sind köstlich.

Bar Nuovo (Piazza Mazzini; 🕒 7–24 Uhr) In bester Lage an der Piazza Mazzini kann man hier bei einem kühlen Bier ganz wunderbar Passanten beobachten. Morgens ist es hier genauso schön wie am Abend.

Café America (☎ 0784 23 50 81; Piazza Italia 5; 🕒 tgl. 7–24, Sa bis 2 Uhr) Diese tagsüber belebte Cafébar wird abends zum angesagten Treff junger Einheimischer, die in den Holznischen bei Drinks und Jazzmusik entspannen. Gelegentliche Livemusik sorgt für noch mehr Stimmung.

SHOPPEN

Galleria Il Portico (☎ 0784 3 05 11; Piazza del Popolo 3; 🕒 Mo–Sa 10–13 & 17–20.30 Uhr) Diese hervorragende Galerie mit Werken zeitgenössischer Künstler wie Antonio Corriga, Vittorio Calvi und Franco Carenti bietet in erster Linie Ölgemälde und Aquarelle zu Preisen von einigen Hundert bis zu mehreren Tausend Euro.

Premiata Pasticceria Il Golosastro (☎ 0784 3 79 55; Corso Garibaldi 173–5; 🕒 Mo–Sa 7.30–15 & 16–20 Uhr) In dieser wunderbaren traditionellen Konditorei haben Naschkatzen die Qual der Wahl zwischen verschiedensten aufwendig gemachten Kuchenspezialitäten aus der Region.

AN- & WEITERREISE

Auto & Motorrad

Die doppelspurige Schnellstraße SS131dcn von Olbia führt nördlich an Nuoro vorbei nach Abbasanta, wo sie an die in Nord-Südrichtung verlaufende Carlo Felice

Schnellstraße SS131 anschließt. Nach Orosei und Dorgali im Osten gelangt man am schnellsten über die SS129. Südwärts nach Oliena, Orgosolo und Mamoiada führen mehrere Straßen.

Bus

Busse von **ARST** (☎ 0784 29 08 00; www.arst.sardegna.it, auf Italienisch) halten am **Busbahnhof** in der Viale Sardegna. Sie bedienen Ziele in der gesamten Provinz und darüber hinaus; u. a. Dorgali (3 €, ¾ Std., 6-mal tgl.), Orosei (3 €, 1 Std., 10-mal tgl.), La Caletta (4,50 €, 1 Std., 7-mal tgl.), San Teodoro (6,50 €, 1¾ Std., 8-mal tgl.), Baunei (6,50 €, 2 Std., 4-mal tgl.), Santa Maria Navarrese (6,50 €, 2½ Std., 5-mal tgl.) und Tortoli (5,50 €, 2¾ Std., 5-mal tgl.). Außerdem gibt's regelmäßige Fahrten nach Oliena (1 €, ¼ Std.) und Orgosolo (2 €, ½ Std.) sowie zwei Direktverbindungen mit Cagliari (14,50 €, 2½–5 Std.).

Von derselben Haltestelle verkehren täglich bis zu sechs FdS-Busse nach Oristano (7,50 €, 2½ Std.) und Sassari (7,50–9,50 €, 2½ Std.).

Busse nach Olbia betreiben ARST (8,50 €) und **Deplano** (☎ 0784 29 50 30; www.deplanobus.it). Letzterer fährt bis zu fünfmal täglich über Budoni (3,50 €, 1 Std.) und San Teodoro (5 €, 1¼ Std.) zum Flughafen (10 €, 1¾ Std.).

Redentours (☎ 0784 3 03 25; www.redentours.com) fährt dreimal täglich nach Alghero (20 €, 2¼ Std.) – Reservierung erforderlich!

Zug

Der **FdS-Bahnhof** befindet sich westlich des Stadtzentrums an der Kreuzung Via Lamarmora und Via G Ciusa Romagna. Die Züge verbinden Nuoro mit Macomer (3,10 €, 1¼ Std., Mo–Sa 7-mal tgl.), wo es auf der Hauptlinie von Trenitalia nach Cagliari weitergeht (ab Macomer 8,75 €, 1¾ Std., 10-mal tgl.).

UNTERWEGS VOR ORT

Die Stadtbuslinien 2 und 3 von **ATP** (☎ 0784 3 51 95; www.atpnuoro.it, auf Italienisch) verbinden den Bahnhof, den ARST-Busbahnhof (Linie 3) und Monte Ortobene (1,10 €, Linie 8 ab Via A Manzoni). Fahrkarten für den innerstädtischen Bereich kosten 0,80 € und sind 90 Minuten lang gültig.

Taxis (☎ 335 39 91 74) warten gewöhnlich an der Via Lamarmora, können aber auch telefonisch bestellt werden.

NÖRDLICH VON NUORO

In der einsamen Landschaft nördlich von Nuoro gibt es ein paar absolut sehenswerte archäologische Stätten. Sie sind nicht leicht erreichbar. Selbst Autofahrer werden sich wundern, wohin es sie da verschlagen hat. Aber wer durchhält, wird reich belohnt. Nirgendwo sonst kann man so ungestört den Zauber und die Stille des Inselinneren genießen wie an diesen kaum besuchten Stätten.

FONTE SACRA SU TEMPIESU

In der wilden Hügellandschaft nahe der staubigen Stadt **Orune** verbirgt sich die **Fonte Sacra Su Tempiesu** (☎ 328 756 51 48; Erw./Kind 3/2 €; 🕓 Juni–Sept. 9–19 Uhr, Okt.–Mai bis 17 Uhr), ein elegantes und hoch entwickeltes, nuraghisches Brunnenheiligtum. Erstaunlicherweise geht der Name nicht auf den prähistorischen Ursprung zurück, sondern auf den Bauern aus Tempio, der es 1953 entdeckte.

Vom schlüssellochförmigen Eingang des Tempels führen mehrere Stufen in den Brunnenschacht hinab, der am Tag der Sommersonnenwende direkt von der Sonne beleuchtet wird. Das Wasser steht bis an die oberste Stufe und rieselt hinab zu einem weiteren kleinen Brunnen im ursprünglichen, einfacheren Tempel von 1600 v. Chr. Der neuere Tempel wurde etwa 600 Jahre später erbaut und ist ein (teils restauriertes) Meisterwerk. Oberhalb von Brunnen und Stufen erhebt sich ein A-förmiges Bauwerk aus sorgfältig behauenen und ineinander gefügten Basalt- und Trachytsteinen (mit wasserdichter Bleiversiegelung). Die Steine wurden aus so entfernten Orten wie Dorgali hierher gebracht. Der Bau ist inselweit der einzige dieser Art. Er lag seit der Eisenzeit unter einem Erdrutsch verschüttet und wurde erst 1981 ausgegraben.

Ohne eigenes Fahrzeug ist er kaum zu erreichen. Man fährt in Richtung Orune, 18 km nordöstlich von Nuoro. Dazu verlässt man die Schnellstraße SS131dcn bei der Abfahrt Ponte Marreri und fährt noch 11 km nach Orune hinauf. Bis hierher fahren auch noch Busse. Ab Orune geht's auf einem teils schwierigen, aber gut ausgeschilderten Feldweg 5 km in Richtung Südosten. Vom Ticketschalter sind es noch 800 m zu Fuße bergab bis zum Tempel. Wer Italienisch versteht, kann sich von einem Fremdenführer begleiten lassen.

BITTI & COMPLESSO NURAGICO ROMANZESU

Von Orune führt die SS389 zur 12 km entfernten Hirtenstadt **Bitti**. Sie ist vor allem durch das Männerquartett Tenores de Bitti bekannt, das die traditionellen, sardischen Chorgesänge sehr erfolgreich präsentiert. Wer sich dafür interessiert, sollte das **Museo Multimediale del Canto a Tenore** (☎ 0784 41 43 14; www.coopistelai.com, auf Italienisch; Via Mameli 57; Erw./erm. 2,60/2,10 €; ⌚ tgl. 9.30–12.30 & 14.30–17.30 Uhr) besuchen. Dort sind Aufnahmen verschiedener Gruppen zu hören.

Etwa 13 km hinter Bitti – immer der Straße Richtung Budduso nach – liegt der **Complesso Nuragico Romanzesu** (☎ 0784 41 43 14; www.coopistelai.com, auf Italienisch; Eintritt 3,10 €, Kombiticket mit dem Museo Multimediale del Canto a Tenore und dem Museo della Civiltà Contadina e Pastorale in Bitti 3,60 €; ⌚ April–Okt. Mo–Sa 9–13 & 15–19, So 9.30–13 & 14.30–19 Uhr, Nov.–März Mo–Sa 8.30–13 & 14.30–18 Uhr, So 9–17 Uhr). Diese Nuraghen-Stätte aus dem 17. Jh. v. Chr. umfasst mehrere Heiligtümer und Rundhütten in einem dichten, 7 ha großen Kork- und Eichenwald. Highlight ist das mit einem halbelliptischen Amphitheater zusammengebaute Brunnenheiligtum unter einer typischen Tholos. Bis zu sechs Führungen pro Tag (auf Italienisch) erhellen die Bedeutung der Ruinen.

Kurz vor der Stätte führt eine beschilderte Abzweigung zum **Agriturismo Romanzesu** (☎ 0784 41 57 16, 3471643238; Localita Romanzesu). Gäste können dort nicht übernachten (außer im eigenen Zelt für 10 € pro Nacht), doch zum fürstlichen Preis von 26 € speisen sie wie die Könige. Wer die authentische Landküche genießen will, muss aber vorher reservieren. Der Bauer und Wirt produziert alles selbst: Pasta, Salami, *porceddu* (Spanferkel) und Lamm.

SUPRAMONTE

Südöstlich von Nuoro erhebt sich das riesige Kalksteinmassiv des Supramonte wie ein eiserner Vorhang über Oliena. Trotz relativ geringer Höhe – sein Gipfel Monte Corrasi erreicht nur 1463 m – wirkt die kahle Hochebene mit ihren vielen Schluchten und zerklüfteten Engpässen absolut imposant und wild. Ihr Ruf als Zentrum der sardischen Banditen macht diese ursprüngliche und kompromisslose Landschaft noch aufregender.

Der Supramonte bietet hervorragende Wandermöglichkeiten. Da die Strecken größtenteils über Kalkstein verlaufen, sind die Wege allerdings oft kaum erkennbar. Im Frühling und Herbst ist außerdem die Wettervorhersage zu beachten. Wer sich nicht sicher ist, kann in Oliena oder Dorgali einen einheimischen Führer engagieren.

OLIENA

7525 Ew.

Von Nuoro reicht der Blick über die bunten Dächer von Oliena am Monte Corrasi. Der idyllische Ort mit traumhafter Lage und einem Kern aus grauen Steinbauten ist der ideale Ausgangspunkt zur Erkundung des Supramonte.

Das Dorf wurde vermutlich zu römischer Zeit gegründet, sein Name bezieht sich jedoch auf die Ilienser: Nachkommen geflohener Trojaner, die sich hier niedergelassen haben sollen. Leider gibt es zu dieser Theorie keinerlei historische Belege. Die besser dokumentierte Ankunft der Jesuiten im 17. Jh. legte den Grundstein für das heutige Dorf. Die eifrigen Jesuiten förderten die örtliche Seidenindustrie und ermunterten die Bauern, die umliegenden Hänge zu bewirtschaften. Mittlerweile ist Oliena für seine Seidenstickereien bekannt (die bei den farbenfrohen Osterparaden zu bewundern sind) und für den Rotwein Nepente di Oliena. Der in England erfolgreiche Fußballstar Gianfranco Zola wurde 1966 in Oliena geboren.

Orientierung & Praktische Informationen

Olienas Hauptplatz, die Piazza Santa Maria, liegt hinter der Tankstelle an der bergauf führenden Straße.

Die beste Informationsquelle vor Ort ist die private Agentur **Tourpass** (☎ 0784 28 60 78;

ARCHÄOLOGISCHE SCHÄTZE

Folgende Stätten sind ein Muss für Archäologieinteressierte:

- Fonte Sacra Su Tempiesu (S. 213)
- Tiscali (S. 227)
- Serra Orrios (S. 226)
- Nuraghe Mannu (S. 228)
- Santuario Santa Vittoria (S. 223)

SICHERHEITSTIPPS FÜR WANDERUNGEN

Für eine sichere und angenehme Wanderung sollte man folgende Punkte beachten:

- Die Strecken sind häufig schlecht markiert, sodass die Begleitung durch einen einheimischen Führer ratsam sein kann.
- Das Terrain ist nicht zu unterschätzen. Sardiniens Berge sind zwar nicht die höchsten, aber trotzdem ganz schön strapaziös.
- Die Tour gut vorbereiten. Die Internetseite www.sardiniahikeandbike.com bietet Karten (auch zum kostenlosen Download) und Routenbeschreibungen.
- Sicherstellen, dass alle amtlichen Gebühren bezahlt und alle Genehmigungen eingeholt sind.
- Nur dann losgehen, wenn man gesund und ausreichend trainiert ist.
- Informationen über Wetter, Gelände und sonstige Bedingungen entlang der vorgesehenen Wanderroute einholen (z. B. von der Parkverwaltung).
- Örtliche Bestimmungen und Gesetze zu Natur- und Umweltschutz beachten.
- Nur in Regionen und auf Pfaden wandern, die dem eigenen Erfahrungsstand entsprechen.
- Wetter und Untergrund können sich schnell ändern. Kleidung und Ausrüstung müssen entsprechend angepasst sein.
- Informationen über mögliche Schwierigkeiten und Risiken der Route einholen und sich erkundigen, wie örtlich erfahrene Wanderer damit umgehen.
- Darauf achten, dass die Reiseversicherung auch Wanderungen abdeckt.

Corso Deledda 32; 9.30–13 & 16–19 Uhr). Sie bietet Tipps zu Aktivitäten, Internetzugang, Fahrradvermietung, Zimmervermittlung und Fährtickets.

Sehenswertes & Aktivitäten

Auf der Piazza Santa Maria findet samstags ein Wochenmarkt statt. Hier steht auch die **Chiesa di Santa Maria** aus dem 13. Jh., eine von vielen schönen, alten Kirchen im Ort. Eine weitere ist die **Chiesa di San Lussorio** (Via Cavour) aus dem 14. Jh. Wer sie alle abgehakt und eine Runde durch die steilen, grauen Straßen gedreht hat, kennt eigentlich bereits das ganze Dorf. Völlig anders ist das Bild bei einem Besuch um Ostern, wenn ganz Oliena eine Woche lang feiert. Höhepunkt ist *S'Incontru* (die Begegnung). Bei diesem Festzug wird am Ostersonntag eine Christusstatue zur Piazza Santa Maria getragen, wo sie einer Marienstatue begegnet. Auch im September und Oktober gibt es kulturelle Veranstaltungen im Rahmen der Barbagia-weiten Initiative **Autunno in Barbagia** (Barbagia-Herbst), über die der Kasten auf S. 217 informiert.

Die Gegend um Oliena ist ein Paradies für Wanderer. Im Wald von Maccione, nur 4 km südlich der Stadt, beginnt ein Pfad zum höchsten Gipfel des Supramonte. Er umfasst haarsträubende Serpentinen, die sogenannten **Scala 'e Pradu** (Stufen des Plateaus), die zur **Punta sos Nidos** (Nestgipfel) hinaufführen. Zum Pfad gelangt man über das Trekkingzentrum **Cooperativa Enis** (www.coopenis.it), das geführte Wanderungen und Jeepfahrten organisiert (s. Hotel Monte Maccione S. 216).

Sardegna Nascosta (☎ 0784 28 85 50; www.sardegnanascosta.it) und **Barbagia Insolita** (☎ 0784 28 60 05; www.barbagiainsolita.it; Corso Vittoria Emanuele 48) arrangieren verschiedene Aktivitäten wie Trekking, Kanufahren, Abseilen, Klettern und Reiten. Die Preise sind von der Teilnehmerzahl abhängig; weitere Infos gibt's direkt von den Anbietern.

Schlafen & Essen

Agriturismo Guthiddai (☎ 0784 28 60 17; www.agriturismoguthiddai.com; Nuoro-Dorgali bivio Su Gologone; HP 48–50 € pro Pers.) Reizvoller, von Feigen-, Oliven- und Obstbäumen umgebener *agriturismo* vor einer 500 m hohen Felswand an der Straße nach Su Gologone. Der Hof produziert Olivenöl und Wein sowie Obst, das frisch von den Bäumen auf den Frühstückstisch kommt. Die Zimmer sind ansprechend hellgrün und kobaltblau gekachelt.

Hotel Cikappa (☎ 0784 28 87 33; www.cikappa.com; Corso Martin Luther King; EZ/DZ 40/60 €, Hauptgerichte 25 €;

) Dieses kleine, zentrumsnahe Hotel bietet sieben ordentliche Zimmer über einem beliebten Restaurant. Sie sind recht einfach gehalten mit Möbeln aus Kiefernholz und kahlen, weißen Wänden. Die besten haben einen Balkon mit Blick auf die Stadt und das Gebirge dahinter. Die Küche ist gut und bietet herzhafte Fleischgerichte wie *agnello in umido* (Lammeintopf).

Hotel Monte Maccione (☎ 0784 28 83 63; www.coopenis.it; EZ 36–45 €, DZ 60–74 €, HP 49,50–64 € pro Pers.; P) Das Haus gehört zur Cooperativa Enis und bietet einfache, rustikale Zimmer mit schönem Ausblick vom Monte Maccione (700 m). Es liegt im Wald, 4 km und 21 schwindelerregende Haarnadelkurven von Oliena entfernt. Gäste können dort auch zelten (13,50 bis 14,50 € pro Zelt) und im zugehörigen Restaurant sehr gut essen (25 bis 30 €).

LP Tipp **Hotel Su Gologone** (☎ 0784 28 75 12; www.sugologone.it; EZ 115–180 €, DZ 140–240 €, Suite 340–440 €; P) Diese herrliche, ländliche Zuflucht im Haciendastil liegt 7 km östlich von Oliena. Pflastersträßchen führen zu mehreren weiß getünchten Häuschen mit Balken aus Olivenholz, bestickten Laken, antikem Mobiliar und einheimischem Kunsthandwerk. Es gibt einen Pool, ein Freizeitzentrum, einen eindrucksvollen Weinkeller und endlose Wanderwege durch die phantastische Umgebung. Das Restaurant (Hauptgerichte 55 €) – eines der besten auf der ganzen Insel – hat sich auf traditionelle, sardische Küche spezialisiert und serviert u. a. vorzügliches *porceddu*.

Ristorante Masiloghi (☎ 0784 28 56 96; Via Galiani 68; Hauptgerichte 30 €) Das gepflegte Restaurant mit rustikalem Speisesaal in einer Mittelmeervilla an der Durchgangsstraße stellt einheimische Kunstwerke aus und serviert leckeres Essen. Spezialität des Hauses ist Lamm – natürlich aus der Region.

An- & Weiterreise

ARST bietet regelmäßige Busverbindungen von der Via Roma nach Nuoro (1 €, ¼ Std., Mo–Sa max. 12-mal, So 6-mal tgl.).

LE BARBAGIE

Sardiniens geografisches und geistiges Herz ist das raue Gebirgsareal Le Barbagie (ein Kollektivplural, der anzeigt, dass die Region aus mehreren verschiedenen Zonen besteht). Der Name geht auf das lateinische „Barbaria" zurück, das sich wiederum vom Griechischen *barbaros* (Fremder, Barbar) herleitet. Die Römer nannten diese wilde Region so, nachdem sie mit mehreren Eroberungsversuchen gescheitert waren. Dank der schwierigen Topografie gelang es den zähen Einheimischen, sich die Legionäre vom Leib zu halten – und seitdem die ganze übrige Welt. Bis heute sind ihre Bewohner ein stolzes, introvertiertes Volk. In den Dörfern der Barbagia werden verschiedene sardische Dialekte gesprochen und mit Begeisterung altüberlieferte Feste gefeiert. Noch heute begegnen einem oft ältere Frauen in traditionellen, schwarzen Trachten.

Im Herzen der Region erhebt sich das kahle, windgepeitschte Gennargentu-Massiv mit den höchsten Gipfeln der Insel. Dieser Landesteil ist auch das Zentrum von Sardiniens größtem Nationalpark, dem **Parco Nazionale del Golfo di Orosei e del Gennargentu**, der das Supramonte-Plateau und den Golfo di Orosei umfasst.

Orientierung & Praktische Informationen

Die Region zählt Dutzende von Dörfern und ist um den Gennargentu herum in einzelne Bezirke geteilt: im Norden Barbagia Ollolai, im Westen Mandrolisai, im Südwesten Barbagia di Belvi und im Süden Barbagia di Seulo.

Die gesamte Gegend ist relativ dünn besiedelt und die Verbindungen zwischen den Orten beschränken sich meist auf einzelne, kurvenreiche Straßen. Beste Informationsquellen sind die Touristeninformation in Nuoro, Oliena und Dorgali. An hilfreichem Kartenmaterial empfehlen sich Belletti Editores Parco del Gennargentu (1:100 000; 6 €) und Nuoro (1:200 000; 6,50 €), eine Provinzkarte von Litografia Artistica Cartografica.

An- & Weiterreise

Öffentliche Verkehrsmittel bringen einen hier nicht weit. Wer die Gegend erkunden will, braucht ein Fahrzeug.

ARST verbindet die Bergdörfer mit gerade einmal ein oder zwei Bussen pro Tag, die generell früh morgens fahren. Von Nuoro gibt es Verbindungen nach Mamoiada (1,50 €, ¼ Std., Mo–Sa 5-mal, So 1-mal tgl.), Fonni (2,50 €, ¾ Std., Mo–Sa 8-mal, So 2-mal tgl.), Gavoi (2,50 €, 1¼ Std., Mo–Sa 4-mal, So 1-mal tgl.), Desulo (4 €, 1¼ Std., Mo–Sa 1-mal tgl.) und Aritzo (5,50 €, 2 Std., 1-mal tgl.).

OFFENE HÄUSER

Autunno in Barbagia (Herbst in der Barbagia) ist eine phantastische Art, einen Einblick in das Leben der Menschen in diesen kleinen, anscheinend unbewohnbaren Bergdörfern zu gewinnen. Den ganzen September und Oktober hindurch ist jedes Dorf einmal an der Reihe, ein Event-Wochenende zu gestalten. Dann öffnen die Bewohner ihre Häuser für Besucher und servieren ein Festmahl heimischer Spezialitäten. Zu den Veranstaltungen zählen Workshops zum Thema Käseherstellung, Ausstellungen von Gemälden, Trachten und Möbeln oder Handwerksvorführungen. Zugleich ist dies eine großartige Gelegenheit, heimische Lebensmittel zu kaufen.

Eine Broschüre mit Einzelheiten gibt's in jeder größeren Touristeninformation und von den Infostellen in Nuoro and Oliena. Auch die Internetseite von Sardegna Tourismo (www.sardegnaturismo.it) bietet einiges zum Thema. Einfach durchklicken: Kultur – Feste, Volksfeste & Veranstaltungen – Herbst.

BARBAGIA OLLOLAI

Orgosolo

4515 Ew.

Etwa 18 km südlich von Nuoro liegt Sardiniens berüchtigtste Stadt. Orgosolo war lange gleichbedeutend mit Gewalt und Banditentum, die diesen Inselteil einst beherrschten. Diese Problematik ist mittlerweile fast vollständig überwunden und die Stadt bemüht sich – einigermaßen erfolgreich – um einen neuen Ruf als alternatives Touristenziel. Immer häufiger sind Urlaubergruppen anzutreffen, die die bunt bemalten Hauswände fotografieren. Sobald die Tagesausflügler jedoch verschwunden sind, erobern sich die Dörfler ihre Straßen zurück: Alte Männer sitzen vor ihren Häusern und starren allen Fremden misstrauisch nach, während die Jugendlichen in matschbespritzten Autos durch die Straßen flitzen.

Orgosolos Geschichte ist sehr blutig. Zwischen 1901 und 1950 geschah hier durchschnittlich alle zwei Monate ein Mord, da verfeindete Familien sich wegen strittiger Erbschaften befehdeten. In ihrem Buch *Colombi e sparvieri* beschreibt Grazia Deledda die Bemühungen, diese Feindseligkeiten zu beenden, die beide Familien auszulöschen drohten. In den Nachkriegsjahren verlegte man sich vom Schafdiebstahl auf den lukrativeren Menschenraub. Anführer war der verrufenste Dorfbewohner Graziano Mesina, auch bekannt als Scarlet Rose. In den 1960er-Jahren erwarb er sich ein Robin-Hood-Image, indem er die Reichen bestahl und die Armen beschenkte. 1968 wurde er gefasst und auf dem Festland inhaftiert. Doch 1992 musste er nach Sardinien zurückgeflogen werden, um die Verhandlung über die Freilassung des achtjährigen Saudi Farouk Kassam zu unterstützen. Der Junge war an der Costa Smeralda entführt worden und wurde nahe Siniscola auf dem Monte Albo festgehalten.

SEHENSWERTES & AKTIVITÄTEN

Die meisten von Orgosolos **Wandbildern** finden sich entlang der Durchgangsstraße Corso Repubblica. Angeregt wurden sie 1975 von Professor Francesco del Casino als Schulprojekt zum 30. Jahrestag der italienischen Befreiung. Mittlerweile gibt es über 150 dieser Gemälde – viele geschaffen von Casino und seinen wechselnden Studentenjahrgängen. Andere namhafte Künstler sind Pasquale Buesca und Vincenzo Floris.

Die Stile variieren je nach Künstler von naturgetreu über cartoonartig bis Picassoähnlich (ein schönes Beispiel ziert das Fotostudio Kikinu). Als satirische Karikaturen verbildlichen sie alle großen politischen Ereignisse des 20. Jhs. und den Kampf gegen eine übermächtige, teils korrupte Führung. Italiens politische Verfehlungen kommen dabei nicht zu kurz: Ein Bild thematisiert die schockierende Bestechlichkeit der Cassa del Mezzogiorno. Und der Versuch von Premierminister Giulio Andreotti, gemeinsame Sache mit der Mafia zu machen, wird mit „Ich kann mich nicht erinnern"-Sprechblasen verspottet. Der Zweite Weltkrieg, der Bau der Atombombe, die Minenstreiks von Iglesiente, die Verbrechen des Kapitalismus, die Frauenemanzipation usw. – nichts, was hier nicht zu finden wäre. Noch interessanter sind die Wandbilder, die aktuelle Ereignisse behandeln. An der Kreuzung zwischen *corso* (Hauptstraße) und Via Monni sind die Anschläge auf das New Yorker World Trade Center (datiert mit 28. September 2001) und der Fall Bagdads (datiert mit 17. April 2003) dargestellt. Ein Stück weiter ist eine bewegende, dreiteilige Bilderserie zu sehen. Sie zeigt den zwölfjährigen Palästinenser Mohammed el Dura, der sich bei einer Schießerei in Gaza hinter seinem Vater zu verbergen sucht und erschossen wird. Am 30. September 2000 war das Ereignis um die Welt gegangen.

Wer beim Stadtrundgang Hunger bekommt, der sollte im **Cortile del Formaggio** (Corso Repubblica 216; Mo–Fr 10–13 & 15–20 Uhr) vorbeischauen, einem kleinen Hinterhaus, das vor Ort produzierten Käse verkauft.

5 km südlich der Stadt führt die Landstraße SP48 zum Montes-Wald hinauf. Weitere 13 km südlich folgen die riesigen Eichen der **Foresta de Montes** und die **Funtana Bona**, die Quelle des Flusses Cedrino.

FESTE

Am ausgelassensten gibt sich Orgosolo zur **Festa dell'Assunta** (Mariä Himmelfahrt) am 15. August, wenn sich Bewohner aus der ganzen Barbagia zu einem der buntesten Festzüge der Region versammeln.

SCHLAFEN & ESSEN

In Orgosolo ist die Auswahl an Unterkünften nicht gerade groß.

Petit Hotel (☎ 0784 40 33 13; Via Mannu; EZ 26–29 €, DZ 37–39 €, HP 31 € pro Pers.) Einladendes, familiengeführtes Zwei-Sterne-Hotel nahe der Hauptstraße. Es bietet einfache, saubere Zimmer und ein annehmbares Restaurant. In der Nebensaison am besten vorher anrufen, um sicherzugehen, dass es auch geöffnet ist.

Hotel Sa 'e Jana (☎ /Fax 0784 40 24 37; Via E Lussu; EZ 42–50 €, DZ 52–60 €) Das größere der beiden Hotels von Orgosolo liegt an einer staubigen Straße in der Weststadt. Es bietet geräumige, helle Durchschnittszimmer mit herrlichem Ausblick auf die fernen, grünen Gipfel. Im dazugehörigen Restaurant gibt's ein günstiges Frühstück für 6 €.

Il Portico (☎ 0784 40 29 29; Via Giovanni XXIII; Pizza 4,50 €, Hauptgerichte 20 €; im Sommer tgl., im Winter Fr–Mi) Diese hervorragende Pizzeria serviert neben üppigen Holzofenpizzas auch hervorragende regionale Gemüse- und Fleischgerichte. Der luftige Speisesaal und die freundliche Bedienung tragen zum angenehmen Ambiente bei.

AN- & WEITERREISE

Es gibt regelmäßige Busse von/nach Nuoro (2 €, ½ Std., Mo–Sa 6-mal, So 3-mal tgl.).

Mamoiada

2570 Ew.

14 km südlich von Nuoro liegt das unspektakuläre Dorf Mamoiada, das jedoch Sardiniens aufregendste Karnevalsfeier veranstaltet. Auftakt ist die **Festa di Sant'Antonio** am 16. und 17. Januar. Einer Sage nach soll Sant'Antonio das Feuer aus der Hölle gestohlen und den Menschen gebracht haben. Zur Erinnerung daran werden überall im Dorf Freudenfeuer entzündet. Was den Feierlichkeiten ihren düsteren Charakter verleiht, ist der Auftritt der *mamuthones*, für die das Dorf berühmt ist. Diese Gruselgestalten tauchen auch am Faschingsdienstag und am Sonntag davor zum **Carnevale** auf. Bis zu 200 Männer hüllen sich jedes Jahr in zottige, braune Schaffelle und primitive Holzmasken, um als *mamuthones* aufzutreten. Mit bis zu 30 kg schweren *campanacci* (Kuhglocken) sorgen sie für ein unvergessliches und furchterregendes Spektakel. Anthropologen glauben, die *mamuthones* verkörpern die unausgesprochenen Ängste der Bauern und die rituelle Parade diene der Austreibung dieser Dämonen vor Beginn des neuen Frühjahrs. Die *mamuthones* werden von den in historische Polizeiuniformen gekleideten *issokadores* an langen Leinen aus der Stadt geführt.

Wer nicht zum Carnevale hier sein kann, bekommt im **Museo delle Maschere Mediterranee** (☎ 0784 56 90 18; www.museodellemaschere.it; Piazza Europa 15; Erw./Kind 4/2,60 €; Di–So 9–13 & 15–19 Uhr, Juli & Aug. tgl.) einen ganz guten Eindruck. Die Ausstellung umfasst eine Multimediapräsentation (auf Italienisch) und Puppen in den berühmten, zotteligen Schaffellen.

Geschäfte im Ort verkaufen die Masken der *mamuthones* – ein gutes Stück ist allerdings kaum unter 100 € zu bekommen.

Essen kann man im **La Campagnola** (☎ 0784 5 60 75; Via Satta; Pizza 6 €, Hauptgerichte 25 €; Di–So), das über 30 Pizzasorten und einige Pasta- und Hauptgerichte serviert.

ARST bietet unregelmäßige Busverbindungen nach Nuoro (1,50 €, ¼ Std., Mo–Sa 5-mal, So 1-mal tgl.).

Orani & Ottana

Das einzig interessante im grauen Dörfchen Orani ist das **Museo Nivola** (☎ 0784 73 00 63; www.museonivola.it; Via Gonare 2; Erw./Kind 3/1,50 €; Juni–Sept. Di–So 9–13 & 16–21 Uhr, Okt.–Mai bis 20 Uhr) am südlichen Stadteingang. Es ist dem Leben und

TODERNST: JOCU DE SA MURRA

Hier brennt die Luft und die Nerven liegen blank. Zwei Teams bestehend aus jeweils zwei Männern stehen einander bei diesem todernsten Wettkampf gegenüber. Sie reißen die Hände hoch und brüllen sich auf Sardisch irgendwelche Zahlen entgegen. Das Ganze wirkt wie eine überaus leidenschaftliche Version unseres Stein-Papier-Schere-Spiels.

Dieser jahrhundertealte Zeitvertreib hat in Zentralsardinien – v. a. in der Region Nuoro – eine schillernde Geschichte. Die Spielregeln sind nicht sehr kompliziert. Es können zwei oder vier Personen teilnehmen; in letzterem Fall in Zweierteams. Auf jeder Seite streckt einer eine Hand aus und zeigt eine bestimmte Anzahl von Fingern. Beide schreien Zahlen und versuchen, die Gesamtzahl der Finger beider Spieler zu erraten. Das wird rasend schnell so lange wiederholt, bis eine Seite die richtige Zahl nennt und dadurch einen Punkt erringt. Nach jedem richtigen Tipp spielen (bei vier Teilnehmern) der Punktgewinner und der Partner des Verlierers weiter. Gewonnen hat die Seite, die als erste 16 (manchmal auch 21) Punkte erreicht und dabei einen Vorsprung von mindestens zwei Punkten hält. Liegen beide Parteien bei Erreichen der 16 (oder 21) Punkte keine zwei Punkte auseinander, gibt's eine K.-o.-Runde, in der gewinnt, wer als Erster fünf Punkte erreicht.

Das Spiel wird mit Leidenschaft und Rasanz gespielt. Bei den immer beliebter werdenden organisierten Wettkämpfen wächst beides in dem Maße, wie sich die Weinflaschen leeren.

Traditionell wurde dieses Spiel spontan an Straßenecken gespielt oder überall, wo Männer zusammenkamen und nichts zu tun hatten. Das Problem war, dass keiner verlieren wollte und sich die Gegner immer wieder des Mogelns beschuldigten. Nicht selten endete das Spiel mit gezückten Messern, sodass *murra* lange Zeit verboten war. Seit Ende der 1990er-Jahre wurden dann Meisterschaften organisiert; vor allem in Urzulei und Gavoi, aber auch am Montiferru außerhalb von Seneghe in der Provinz Oristano. Die Wettkämpfe finden morgens statt und werden gefolgt von einem ausgedehnten und feucht-fröhlichen Mittagessen. Nachmittags gibt's dann noch ursprünglich-unorganisierte Wettkämpfe, die für Außenstehende teils nervenaufreibender wirken als die offiziellen Wettkämpfe am Morgen!

Schaffen von Costantino Nivola gewidmet, dem Sohn eines örtlichen Steinmetzes, der 1938 vor faschistischer Verfolgung floh und einen Großteil seines Lebens in Amerika zubrachte.

5 km südlich von Orani, am Fuß des 1083 m hohen Monte Gonare, liegt Sarule. Das Dorf selbst lohnt kaum einen Stopp, aber östlich davon führt eine schmale Seitenstraße hinauf zum **Santuario di Nostra Signora di Gonare**. Diese Kirche aus dem 17. Jh. steht verlassen auf einem Hügel und ist eine bedeutende Pilgerstätte. Jedes Jahr zwischen dem 5. und 8. September ehren die Dorfbewohner die Madonna di Gonare mit Pferderennen, Gesang und Tanz.

Noch viel ausgelassener geht's bei den Karnevalsfeiern am Faschingsdienstag in **Ottana** zu, das ansonsten als Sardiniens toter Punkt gilt. Die Feierlichkeiten, die fast so spektakulär wie die von Mamoiada sind, gipfeln auch hier in einer Parade. Die *merdules* (die unsere prähistorischen Vorfahren verkörpern) treiben dabei die *boes* (kostümierte und maskierte Rindergestalten) durch die Straßen.

Gavoi

2855 Ew.

Das für seinen *fiore sardo* (*pecorino*-Käse) und sein Literaturfestival (s. Kasten S. 220) berühmte Gavoi zählt zu den schöneren Dörfern der Barbagia. Das Altstadtzentrum mit seinem Gewirr schmaler Gassen zwischen hübschen Steinhäusern ist sehr gut erhalten. 3 km südlich, in einem dichten Eichenwald, glitzert der **Lago di Gusana**.

In der Mitte des Dorfes steht die **Chiesa di San Gavino**, die im 16. Jh. im gotisch-katalonischen Stil erbaut wurde, was die glatte rote Trachytfassade und die prächtige Fensterrose belegen. Von der Piazza vor der Kirche führen Pflasterwege zum mittelalterlichen *borgo* (Dorf) hinauf, das glücklicherweise von modernen Eingriffen fast vollständig verschont geblieben ist.

Der See ist bei Anglern beliebt und bietet allerhand Möglichkeiten für sportliche Aktivitäten. **Barbagia No Limits** (☎ 0784 52 90 16; www.barbagianolimits.it; Via Cagliari 85) vermietet hier Kanus (25 € pro Tag) und organisiert Aktivitäten wie Trekking, Canyoning, Höhlenklettern und Jeeptouren.

BÜCHER DER BARBAGIA

In dem kleinen Dorf Gavoi in der Barbagia würde kein Mensch damit rechnen, Schriftstellern wie Jonathan Coe, Nick Hornby und Zadie Smith zu begegnen. Und doch sind diese britischen Autoren nur einige der Literaturstars, die sich beim hiesigen Literaturfestival schon die Ehre gaben.

Die ungewöhnliche Erfolgsgeschichte von **L'Isola delle Storie, Festival Letterario della Sardegna** begann 2003 und steigert sich seither jedes Jahr. Die Initiative des aus Nuoro stammenden Marcello Fois und der in Gavoi beheimateten Andreuccia Podda erwuchs aus ihrem Wunsch, die Monotonie der langen Sommernächte zu durchbrechen, und seiner Ambition, ein bedeutendes Literaturereignis zu schaffen.

In seinem inzwischen sechsten Jahr ist das Festival eines der wichtigsten Events der Insel. Anfang Juni wird das Dorf vier Tage lang zu einer einzigen großen Outdoor-Bühne, auf der Lesungen, Konzerte, Theatervorstellungen, Filmvorführungen und Seminare geboten werden.

Mehr Informationen bietet die Website www.isoladellestorie.it.

Wer am See übernachten will, kann das im weitläufigen **Hotel Sa Valasa** (☎ 0784 5 34 23; savalasa@tiscali.it; Localita Sa Valasa; EZ/DZ 25/50 €, HP 40–45 € pro Pers.; Ⓟ) tun, das mit zwei Sternen ausgezeichnet ist und direkt am Ufer steht. Die einfachen, mit Kiefermöbeln ausgestatteten Zimmer und die Ruhe ringsum sorgen für herrlich entspannte Nächte. Und in der Pizzeria im Erdgeschoss kann man genauso entspannt speisen. Das Frühstück kostet 5 € extra.

Im Dorf selbst bietet das rustikale **Ristorante Sante Rughe** (☎ 0784 5 37 74; Via Carlo Felice 2; Hauptgerichte 30 €; Mo–Sa) leckere sardische Küche. Spezialität des Hauses ist *lu su erbuzzu*, eine herzafte Suppe mit Speck, Würstchen, Käse, Bohnen und Wildkräutern. Weitere Pluspunkt sind die Käseauswahl und die Pizzas (nur abends).

Wochentags fahren täglich vier ARST-Busse nach Nuoro (2,50 €, 1¼ Std.), sonntags einer.

Fonni & Desulo

Das auf 1000 m gelegene Fonni ist die höchstgelegene Stadt Sardiniens und zugleich eine ansehnliche Landgemeinde. Wanderer nutzen Fonni gerne als Ausgangspunkt für Touren zu den höchsten Gipfeln der Insel: Bruncu Spina (1829 m) und Punta La Marmora (1834 m).

Am höchsten Punkt des Dorfes, direkt an der Piazza Europa, steht die imposante **Basilica della Madonna dei Martiri** aus dem 17. Jh. Sie ist eine der bedeutendsten Barockkirchen der Barbagia. Umgeben von *cumbessias* (Pilgerhütten), ist sie vor allem für ein heiliges Madonnenbildnis bekannt, das angeblich aus den zerstoßenen Knochen von Märtyrern bestehen soll. Im Juni steht es im Mittelpunkt der beiden wichtigsten Festtage von Fonni: der **Festa della Madonna dei Martiri** am Montag nach dem ersten Sonntag im Juni und der **Festa di San Giovanni** am 24. Juni.

Die Bäume vor der Kirche wurden zu religiösen Szenen umgestaltet. Einer davon zeigt den gekreuzigten Jesus und die beiden Diebe.

27 km südlich liegt **Desulo**, eine lang gezogene Stadt, die sich aus drei einzelnen Dörfern zusammengeschlossen hat. Viel zu sehen gibt es hier nicht, aber wegen seiner Nähe zum Gennargentu bietet sich der Ort (wie Fonni) als Basis für Wanderer an.

BRUNCU SPINA & PUNTA LA MARMORA

Die beiden höchsten Gipfel der Insel sind von Fonni und Desulo aus problemlos zu erreichen. Die Abzweigung zum **Bruncu-Spina**-Pfad liegt 5 km von Fonni entfernt an der Strecke nach Desulo. Von hier aus windet sich eine 10 km lange Straße über baumloses Terrain bis zur Talstation eines stillgelegten Skilifts. 1 km vorher zweigt rechts ein steiler, 3 km langer Trampelpfad ab, der direkt auf den Gipfel (1829 m) führt. Von oben eröffnen sich in alle Himmelsrichtungen grandiose Blicke über die Insel. Noch 5 m höher ist die **Punta La Marmora** (1834 m). Vom Bruncu Spina ist sie auf einem leicht scheinenden Fußweg von 1½ Stunden zu erreichen, aber man braucht eine gute Wanderkarte oder einen Führer, um nicht in Schwierigkeiten zu geraten.

SCHLAFEN & ESSEN

Das beste Hotel in Fonni und eines der besten der gesamten Barbagia ist das **LP Tipp** **Hotel Sa Orte** (☎ 0784 5 80 20; www.hotelsaorte.it; Via Roma 14; EZ 35–40 €, DZ 60–80 €, Suite 90–100 €;). Hinter der düsteren Granitfassade verbirgt sich ein moderner Innenraum mit orangefarbenen Wänden, Parkettfußböden und gebleichten Holzmöbeln. Das Restaurant im Erdgeschoss serviert hervorragende, hausgemachte Pasta- und regionale Fleischgerichte.

Im modernen Teil des Dorfes gibt es ein ausgezeichnetes Restaurant (Hauptgerichte 20 bis 25 €) mit sieben zweckmäßigen und ordentlichen Hotelzimmern: das **Ristorante Albergo Il Cinghialetto** (☎ 0784 5 76 60; www.ilcinghialetto.it; Via Grazia Deledda 115; EZ/DZ 40/70 €, HP 55 € pro Pers.; ⊠).

Das **Hotel Lamarmora** (☎ 0784 61 70 15; www.hotellamarmora.com, auf Italienisch; Via Lamarmora 147; EZ 31–42 €, DZ 37–57 €, HP 37–57 € pro Pers.) in Desulo bietet einfache Zimmer und ein anständiges Restaurant. Es befindet sich am Nordrand der Stadt in der Haarnadelkurve, bevor es nach Fonni geht.

AN- & WEITERREISE

Von Nuoro fahren ARST-Busse nach Fonni (2,50 €, ¾ Std., Mo–Sa 8-mal, So 2-mal) und Desulo (4 €, 1¼ Std., Mo–Sa 1-mal).

BARBAGIA DI BELVI

Aritzo

1425 Ew.

Das muntere Bergdorf Aritzo lockt schon seit dem 19. Jh. Besucher an. Sein kühles Klima und der alpine Charakter (796 m) begeisterte die Adeligen von Piemont, die in den hiesigen Wäldern auf Wildschweinjagd gingen.

Der Ort florierte jedoch schon bevor er zum Touristenziel wurde – und zwar dank seines lukrativen Handels mit Schnee. Etwa fünf Jahrhunderte lang hielt das Dorf das „Erntemonopol" für Schnee und belieferte ganz Sardinien damit. Sogenannte *niargios* (Schneebauern) ernteten die kalte Materie auf der **Punta di Funtana Cungiada** (1458 m), lagerten sie in strohgefütterten Holzkisten und schickten sie dann an die Tafeln von Cagliari.

Einige dieser Kisten sind im **Museo Etnografico** (☎ 0784 62 98 01; Via Guglielmo Marconi; Eintritt zusammen mit dem Sa Bovida Prigione Spagnola 2 €; ⏲ Juni–Sept. Di–So 10–13 & 16–19 Uhr, Okt.–Mai 9–13 & 15–18 Uhr) ausgestellt. Dieses kleine Museum in der Dorfschule bietet außerdem eine bunte Sammlung traditioneller Trachten und Masken sowie verschiedene landwirtschaftliche Geräte und Haushaltsgegenstände.

Das Ticket berechtigt auch zum Besuch des **Sa Bovida Prigione Spagnola** (⏲ siehe Museo) nahe der Hauptstraße in der Via Scale Carceri. Das Gebäude aus dunkelgrauem Schiefer diente bis in die 1940er-Jahre als Hochsicherheitsgefängnis.

Die nahe **Chiesa di San Michele Arcangelo** hat sich wenig von ihren frühgotischen Ursprünge bewahrt. Im Inneren gibt es eine *pietà* aus dem 18. und ein Portrait des Hl. Christophorus aus dem 17. Jh. Vom Aussichtspunkt auf der anderen Straßenseite ist der merkwürdig kastenförmige **Monte Texile** zu sehen, heute ein kleiner Naturpark.

Rund um das Dorf gibt es etliche Wanderpfade, die meist keinen Führer erfordern.

Aritzo veranstaltet zwei interessante, kulinarische Feste: Mitte August kann man bei der **Festa de San Carapigna** das berühmte Zitronensorbet kosten und am letzten Sonntag im Oktober stehen bei der **Sagra delle Castagne** die Kastanien im Mittelpunkt.

Die Hotels der Stadt – alle mit Restaurant – konzentrieren sich an der Hauptstraße nahe dem südlichen Ortsrand. Das günstigste ist das **Hotel Castello** (☎ 0784 62 92 66; Corso Umberto; EZ 24–26 €, DZ 36–41 €, HP 34–36 € pro Pers.) mit 19 spartanischen Zimmern auf drei Stockwerken. Es wird sicher keinen Designpreis gewinnen, ist aber ganzjährig geöffnet, bietet einige Zimmer

ABSTECHER: SORGONO

Sowohl der Weg nach **Sorgono** als auch der Aufenthalt dort lohnen einen Abstecher in dieses Dorf, das mitten im Herzen von Mandrolisai, dem abgeschiedenen Hügelland westlich des Gennargentu, liegt. Es ist umgeben von großen Wäldern mit Stein- und Korkeichen, Kastanienbäumen und Haselnusssträuchern. In der Nähe liegt die archäologische Stätte **Biru 'e Concas** mit einer der größten Menhir-Sammlungen der Insel. In der Stadt erwartet einen die **Cantina del Mandrolisai** (☎ 0784 6 01 13; www.mandrolisai.com; Corso IV Novembre 20), eines der wichtigsten Weingüter der Region und berühmt für ihre fruchtigen Rotweine.

Sorgono liegt an der Linie des *trenino verde*. Mit dem Auto erreicht man es von Aritzo aus auf einer kurvenreichen, 25 km langen Strecke über die SS295.

ABSEITS AUSGETRETENER PFADE

In der Region Nuoro kann man die ausgetretenen Pfade weit hinter sich lassen. Wir haben mit Giancarlo geredet, dessen Leidenschaft für das ländliche Sardinien ihm bei seiner Arbeit in einer örtlichen Touristeninformation sehr zugutekommt. Er wurde in Nuoro geboren und hat sein ganzes Leben mit der Erkundung dieser Gegend verbracht. Kaum jemand könnte besser als er die schönsten Routen abseits der Besucherströme empfehlen:

„Meine Lieblingstour? Also die Städte am Flumendosa gefallen mir sehr; angefangen von **Aritzo**, über **Gadoni**, **Seulo**, **Seui** und schließlich **Orroli**. Nicht nur die Natur und die archäologischen Stätten hier sind außergewöhnlich. Auch die Gastfreundschaft der Menschen ist kaum zu übertreffen. Wirklich eine schöne Gegend.

Bei Seui ist der Naturpark **Montarbu** besonders zu empfehlen. Dann ist da noch die faszinierende, archäologische Stätte **Sa Domo de Urxia** bei Esterzili. Sie ist wirklich beindruckend, weil man dort auf 1200 m am Monte S Vittoria ankommt – und im Umkreis von Kilometern nichts ist außer dem Wind und absoluter Abgeschiedenheit.

Ebenfalls sehr erstaunlich ist die Region **Usinava** (S. 184) nahe San Teodoro am Meer. Sie ist kaum bekannt und nicht einmal auf der Landkarte verzeichnet. Von Budoni fährt man nach Brunella und dann hinauf ins Gebirge. Hier leben noch Schäfer in alten *stazzi* (traditionelle Steinhäuser), und mit etwas Glück sieht man Mufflons, Wildschweine und Hirsche."

mit schönem Ausblick und im Hotelrestaurant gelegentlich auch Livemusik. Etwas außerhalb steht das **Hotel La Capannina** (☎ 0784 62 91 21; www.hotelcapannina.net; Via A Maxia 36; EZ/DZ 40/70 €, HP 60 € pro Pers.), ein schickes Berg-Chalet mit schlichten, weißen Zimmern.

BARBAGIA DI SEULO

Im Süden und Osten von Aritzo erstreckt sich die Barbagia di Seulo auf den felsigen Anhöhen des Gennargentu-Nationalparks. Es ist eine einsame Gegend mit kleinen Städtchen und kurvigen Bergstraßen.

Von Aritzo windet sich die Straße südostwärts durch **Seulo** und **Seui**, wo es einige traditionelle Häuser mit schmiedeeisernen Balkonen gibt. Dann geht's weiter bergauf in Richtung Ussassai, bis sich die Straße nach 9 km bei Cantoniera Arcueri gabelt. In Richtung Montarbu folgt nach weiteren 9 km links der Straße Sardiniens größte Nuraghe (prähistorischer Steinturm), die **Nuraghe Ardasai,** auf einer Felsnase über dem tiefen Flumendosa Tal. Die Aussicht lohnt einen kurzen Stopp. 6 km weiter folgt eine Abzweigung zu den dichten **Foresta di Montarbu** im Schatten des gleichnamigen Berges (1304 m). Ein paar Kilometer weiter erhebt sich der noch eindrucksvollere, 1293 m hohe **Monte Perda Liana**.

Dann fällt die Straße zum Südufer des **Lago Alto della Flumendosa** ab, dem sie 10 km ostwärts folgt. Sie kreuzt mehrmals die Gleise des *trenino verde* (Touristenzug) und trifft schließlich auf die Hauptstrecke Nuoro–Lanusei.

SARCIDANO

Südwestlich von Aritzo senkt sich das Gebirge zur ausgedehnten Sarcidano-Ebene, die von Nuraghen und anderen mysteriösen Stätten der Vorzeit übersät ist.

Laconi

2170 Ew.

Einen Stopp lohnt die charmante Kleinstadt Laconi an der kurvigen SS128 in Richtung Süden. Sie hat einen schönen Waldpark, das Geburtshaus des einzigen sardischen Heiligen und ein hervorragendes archäologisches Museum zu bieten.

Laconi ist auch eine der wenigen Städte der Region mit einer **Touristeninformation** (☎ 0782 86 70 13; Piazza Marconi; ⏲ Mo–Fr 9–13 Uhr). Sie sitzt am Hauptplatz gegenüber dem neoklassischen Municipio (Rathaus). Wenn geschlossen ist, können auch die hilfsbereiten Angestellten des **Museo delle Statue Menhir** (☎ 0782 86 62 16; Via Amsicora; Erw./Kind 3,50/2 €; ⏲ April–Sept. tgl. 9–13 & 16–19 Uhr, Okt.–März 9–13 & 16–18 Uhr, 1. Mo im Monat geschl.) weiterhelfen. Dieses wunderbare Museum zeigt 40 Menhire aus der Region. Über ihre Bedeutung ist kaum etwas bekannt, man vermutet jedoch einen Zusammenhang mit prähistorischen Begräbnisriten. Besonders mysteriös wirken die seltsam menschenähnlichen Blöcke dank der schummerigen Hintergrundbeleuchtung. Ihr Schatten lässt die abgeschliffenen Reliefs hervortreten und enthüllt, ob es sich um „männliche" oder „weibliche" Steine handelt. Erläuterungen zur

Ausstellung gibt es nur auf Italienisch. Wer sich für Menhire interessiert, sollte auch das weiter im Süden gelegene Pranu Mutteddu (s. S. 223) besuchen, wo sie vor Ort zu bestaunen sind.

Gegenüber dem Municipio verläuft die Via Sant'Ignazio mit der schlichten **Casa Natale di Sant'Ignazio** (Via Sant'Ignazio 58), dem Geburtshaus des Hl. Ignatius (gest. 1781), das gerade einmal zwei Zimmern hat. Das Hinterzimmer mit der niedrigen Holzdecke und den Steinwänden ist ein gutes Beispiel dafür, wie die arme Dorfbevölkerung des 18. Jhs. gewohnt hat. Offizielle Öffnungszeiten gibt es nicht. Falls geschlossen ist, kann man in der Touristeninformation fragen.

Zurück auf der Via Sant'Ignazio geht's am Haus des Heiligen vorbei und an der ersten Kreuzung links zum **Parco Laconi** (🕒 8–19 Uhr). Der 22 ha große Park umfasst zahlreiche exotische Bäume (eine eindrucksvolle Libanonzeder und Eukalyptusbäume), Quellen, Seen, Höhlen und die Ruine des **Castello Aymerich** aus dem 11. Jh. Letztere eröffnet einen herrlichen Blick über den Park und die Landschaft um Laconi.

Übernachtungsmöglichkeiten bietet der **Albergo Ristorante Sardegna** (☎ 0782 86 90 33; www.albergosardegna.it; EZ/DZ 36/65 €, HP 52 € pro Pers.) am Nordeingang nach Laconi. Über dem beliebten Restaurant liegen sechs restaurierte Zimmer, von denen das beste einen phantastischen Blick auf Sardiniens windgepeitschtes Binnenland bietet.

Busse fahren Laconi nur selten an. Es gibt Verbindungen mit Isili (1,50 €, ½ Std., 1-mal tgl.), Aritzo (2 €, ¾ Std., Mo–Sa 3-mal tgl.) und Barumini (2 €, ½ Std., Mo–Sa 2-mal tgl.) – die meisten fahren allerdings früh morgens oder spät abends.

Der FdS *trenino verde* hält hier auf seinem Weg nach Mandas im Norden. Die Haltestelle ist etwa 1 km westlich des Zentrums.

Südlich von Laconi

20 km südlich von Laconi, nahe dem Zentrum von Isili, steht die bemerkenswerte **Nuraghe Isparas** (☎ 0782 80 26 41; Eintritt 3 €; 🕒 10–13 & 15.30–19 Uhr). Sie besitzt die mit 11,80 m höchsten Tholos (Konus) Sardiniens.

Und doch ist sie nur ein Vorgeschmack auf das, was einen 15 km weiter erwartet. Jenseits des kleinen Dorfes Serri erstreckt sich das **Santuario Santa Vittoria** (☎ 388 049 24 51; Erw./Kind 4/2 €, zusammen mit Nuraghe Arrubiu & Prano Mutteddu 9 €; 🕒 im Sommer 9–19 Uhr, im Winter bis 17 Uhr), die bedeutendste Nuraghen-Siedlungen der ganzen Insel. Sie liegt am Ende einer landschaftlich reizvollen Straße zwischen Giara de Gesturi und der Gennargentu und wurde 1907 erstmals erforscht. In den 1960er-Jahren begannen die Ausgrabung, doch bis heute sind erst vier von 22 ha vollständig freigelegt.

Der sichtbare Teil ist in drei Zonen geteilt. Der große Zentrumsbereich **Recinto delle Riunioni** (Treffpunkt) gilt als der einstige Verwaltungssitz. Er ist von einem ovalen Schutzwall umgeben und umfasst mehrere Türme und Wohnbauten.

Dahinter liegt ein religiöser Bereich mit dem **Tempietto a Pozzo** (Brunnenheiligtum), einem zweiten Tempel, der **Capanna del Sacerdote** (Priesterhütte), Wehrgräben und der viel später erbauten kleinen Dorfkirche **Chiesa di Santa Vittoria**, nach der heute die gesamte Stätte benannt ist. Die abseits liegende **Casa del Capo** (Häuptlingshaus) wird vermutlich so bezeichnet, weil sie mit bis zu 3 m hohen, intakten Mauern das am besten erhaltene Wohnhaus ist. Der dritte Teil besteht aus mehreren Rundbauten und war wohl der eigentliche Wohnbereich.

Nuraghe Arrubiu

10 km südlich von Orroli ragt die **Nuraghe Arrubiu** (Erw./Kind 4/3 €, zusammen mit Santuario Santa Vittoria & Prano Mutteddu 9 €; 🕒 März–Okt. tgl. 9–13 & 15–20.30 Uhr, Nov.–Feb. bis 17 Uhr) aus der Sarcidano-Ebene empor. Ihren sardischen Namen („rot") verdankt sie der Färbung des Trachytsteins. Der Hauptturm dieses eindrucksvollen Bauwerks soll einst um die 30 m hoch gewesen sein. Erhalten sind davon noch 16 m. Umgeben ist der Hauptturm von einer Verteidigungslinie aus fünf kleineren Türmen sowie einer äußeren Befestigungsmauer und einer Siedlung. Diverse Funde belegen die Nutzung der Anlage durch die Römer.

Pranu Mutteddu

In der Nähe des Dorfes Goni liegt **Pranu Mutteddu** (☎ 0782 84 72 69; Eintritt 4/2 €, zusammen mit Nuraghe Arrubiu & Santuario Santa Vittoria 9 €; 🕒 im Sommer 9.30–20.30 Uhr, im Winter 9–13 & 14–18 Uhr), eine einzigartige Begräbnisstätte aus der Zeit der neolithischen Ozieri-Kultur (3.–4. Jahrtausend v. Chr.). Dominierend sind die *domus de janas* (wörtlich „Feenhäuser", in Fels gehauene Grabstätten) und rund 50 Menhire, von denen 20 in Ost-West-Richtung aufgereiht sind, vermutlich entsprechend der Sonnenbahn. Das Bild erinnert an ähnliche Stätten auf Korsika, ist aber auf Sardinien einzigartig.

Wer von der Nuraghe Arrubiu kommt, folgt der Straße 11,5 km südwärts bis Escalaplano und dann 8 km bis Ballao. Die erste Abzweigung gen Westen führt nach Goni (9 km). Die Stätte folgt ein paar Kilometer weiter, nördlich der Straße.

GOLFO DI OROSEI

Dieser spektakuläre Golf bildet den Küstenteil des Parco Nazionale del Golfo di Orosei e del Gennargentu. Hier stürzen die dramatischen Klippen des Gennargentu in einem weiten Halbkreis steil ins Meer hinab, dessen kristallklares Wasser gegen die Felsen plätschert. Im Hochsommer locken die abgeschiedenen Strände Scharen italienischer Touristen. Die Gegend bietet jedoch genug Platz für alle – besonders im rauen, ursprünglichen Hinterland.

OROSEI

6385 Ew.

Orosei, die größte Stadt am Golf, liegt an seinem nördlichsten Punkt inmitten von Obstgärten und Marmorbrüchen. Der florierende Ort mit einer hübschen Altstadt war einst ein bedeutender Hafen der Pisaner. Später geriet Orosei durch die Verschlammung des Flusses Cedrino, die Vernachlässigung unter den Spaniern, Malaria und Piraterie in einen Teufelskreis der Armut, den erst die Ankunft des Tourismus durchbrechen konnte.

Die Schilder in Richtung *centro* führen zur hübschen, baumgesäumten **Piazza del Popolo**, an der sich die **Touristeninformation** (☎ 0784 99 83 67; Piazza del Popolo 13; 🕒 10–14.30 Uhr) brfindet.

Überragt wird die Piazza von der **Cattedrale di San Giacomo**, einer Kirche im spanischen Stil mit schmuckloser neoklassischer Fassade und mehreren ziegelgedeckten Türmchen. Auf der anderen Seite des Platzes steht die gelbe Barockkirche **Chiesa del Rosario**, die wunderbar in jeden Spaghettiwestern passen würde. Links führt eine Straße hinauf zur Piazza Sas Animas und der gleichnamigen **Kirche**, einem schmucken, iberisch anmutenden Bau. Gegenüber erhebt sich der hohle **Prigione Vecchia**, der letzte Turm eines mittelalterlichen Schlosses – auch bekannt als Castello.

Die **Chiesa di Sant'Antonio** am Rand der Altstadt stammt größtenteils aus dem 15. Jh., wurde aber über die Jahrhunderte mehrfach umgebaut. Der große, unebene Hof ist von gedrungenen *cumbessias* umgeben und hat einen einzelnen Pisaner Wachturm.

Die beste Unterkunft in Orosei ist **Su Barchile** (☎ 0784 9 88 79; www.subarchile.it; Via Mannu 5; EZ 50–80 €, DZ 80–120 €, HP 50–120 € pro Pers.; ❄) in einer ehemaligen Molkerei. Die Zimmer sind unterschiedlich, aber alle rustikal und mit klassischen Inselstoffen eingerichtet. Das Restaurant im Erdgeschoss (Hauptgerichte 40 €) ist auf traditionelle, sardische Küche spezialisiert und bei den Einheimischen beliebt.

La Taverna (☎ 0784 99 83 30; Piazza G Marconi 6; Hauptgerichte 25–30 €; Mai–Okt.) serviert auf einem begrünten Platz (nahe der Piazza Sas Animas) Fisch und Meeresfrüchte sowie bodenständige Fleischgerichte. Mitunter werden auch Zimmer vermietet – fragen kostet nichts.

Mehrere Busse pro Tag verbinden Orosei mit Nuoro (3 €, 1 Std., Mo–Sa 5-mal, So 3-mal tgl.) und Dorgali (1,50 €, ½ Std., Mo–Sa 2-mal, So 1-mal tgl.).

Marina di Orosei

Oroseis Strandvorort liegt 2,5 km östlich der Stadtgrenze. Der Strand bildet das Nordende der herrlichen Meeresbucht, die sich von hier in weitem Bogen nach Süden erstreckt. Der 5 km lange, traumhafte Sandstreifen wechselt mehrmals den Namen: **Spiaggia Su Barone**, **Spiaggia Isporoddai** und **Spiaggia Osalla**. Doch alle Strände sind gleichermaßen einladend und größtenteils von Pinienhainen gesäumt, die beim Picknick oder Barbecue (zwischen den Bäumen gibt es Grillstellen) Schatten spenden.

Schmale Küstenstraßen mit mehreren Zufahrten zum Strand führen von Orosei und Marina di Orosei am Meer entlang. Im Norden wird der Strand von Marina di Orosei durch den Cedrino begrenzt. Dahinter erstrecken sich die Lagunen **Stagni di Cedrino**. Von der Spiaggia Osalla erreichen man vorbei an einem großen Damm einen zweiten Sandstrand: die **Caletta di Osalla**.

RUND UM OROSEI

Galtelli

2452 Ew.

Auf den ersten Blick hat dieses Provinznest 8,5 km landeinwärts von Orosei wenig zu bieten, der ursprüngliche historische Stadtkern lohnt jedoch einen Blick.

MAL ALLES HINTER SICH LASSEN

Künstler auf der Suche nach kreativer Abgeschiedenheit finden bei Zizzu Pirisi genau das. Der Maler und Bildhauer, der sich in Galtelli bereits einen Namen gemacht hat, vermietet im Garten seiner hübschen weißen Villa, 1 km vor der Stadtgrenze, ein Selbstversorgerapartment für zwei Personen. Es ist ziemlich einfach, aber in dem ummauerten Garten, in dem Zizzu gelegentlich sogar Ausstellungen präsentiert, ist absolute Ruhe garantiert. Zudem ist es mit 10 € pro Person und Nacht auch ausnehmend günstig. Nähere Auskünfte gibt Zizzu telefonisch unter ☎ 333 927 68 37.

Auskünfte gibt's direkt in der Altstadt von der **Touristeninformation** (☎ 0784 9 01 50; www.galtelli.com; Via Sassari 12; ⌚ Juni–Sept. 9–12 & 16–19 Uhr, Okt.–Mai Di–So 9–13 Uhr).

Das kleine Städtchen spielt eine Rolle in Grazia Deleddas bekanntestem Roman *Canne al Vento (Schilf im Wind)*. Die Touristeninformation liefert Details zu den im Buch genannten Stätten wie der romanisch-pisanischen **Chiesa di San Pietro** beim Friedhof und der **Casa delle Dame Pintor** aus dem 17. Jh., dem fiktiven Wohnhaus der Nieddu-Schwestern.

Das **Museo Etnografico Sa Domo 'e sos Marras** (☎ 0784 9 04 72; Via Garibaldi 12; Eintritt 3 €; ⌚ Di–So 9.30–14.30 & 16.30–19.30 Uhr) in einer Nobelvilla aus dem 18. Jh. zeigt eine faszinierende Sammlung ländlicher Gebrauchsgegenstände wie einen Webstuhl aus Wacholderholz, einen eselbetriebenen Mühlstein und eine kleine Spielzeugausstellung. Im Obergeschoss sind alle Zimmer im ursprünglichen Stil des 18. Jhs. eingerichtet.

Ebenfalls in der Altstadt findet sich das beschaulich-ruhige Hotel **LP Tipp** **Antico Borgo** (☎ 0784 9 06 80; www.borgodigaltelli.it; Via Sassari; 30–40 € pro Pers.; ❄). Hinter seiner unauffälligen Fassade verbergen sich äußerst geschmackvolle, um einen Innenhof angeordnete Zimmer mit Holzdecken, Ziegelböden und schmiedeeisernen Betten. Sollte niemand an der Rezeption sein, kann man einfach im **Il Ritrovo Restaurant** (☎ 0784 9 06 80; Via Nazionale) nachfragen, das von derselben Familie geführt wird.

Bis zu fünf Busse fahren täglich zwischen Galtelli und Orosei (1 €, ¼ Std.).

DORGALI

8380 Ew.

Dorgali, umgeben von den Weinbergen und Olivenhainen des Monte Bardia, ist eine typisch sardische Bergstadt. An sich nicht sonderlich interessant, ist sie doch ein hervorragender Ausgangspunkt für die Erkundung der Umgebung. Supramonte, Cala Gonone und Gola Su Gorruppu sind von hier aus problemlos zu erreichen – ob auf eigene Faust oder im Rahmen einer Führung.

Information

Die **Touristeninformation** (☎ 0784 9 62 43; www.dorgali.it, auf Italienisch; Via Lamarmora 108/b; ⌚ Mo–Fr 9–13 & 15.30–19.30 Uhr, Juli & Aug. auch Sa) bietet Adressen von Trekkingveranstaltern, Unterkünften usw. für Dorgali und Cala Gonone.

Wer Geld abheben will, wendet sich an die **Banca di Sassari** (Corso Umberbis 48). Gute Wanderkarten gibt's bei der **Cartolibreria La Scolastica** (Via Lamarmora 75).

Sehenswertes & Aktivitäten

Mehrere Kunsthandwerksgeschäfte verkaufen Lederwaren, Keramiken, Teppiche und Filigranschmuck, für die Dorgali berühmt ist. Das **Museo Archeologico** (☎ 349 442 55 52; Via Vittorio Emanuele; Erw./Kind 3/1,50 €; ⌚ Juni–Aug. tgl. 9–13 & 16–19 Uhr, Sept.–Okt. tgl. 9.30–13 & 15.30–18 Uhr, Nov.–Dez. tgl. 9.30–13 & 14–16.30 Uhr, Jan.–Mai tgl. 9–13 & 15.30–18 Uhr) bietet eine ansehnliche Sammlung archäologischer Funde. Damit sind die Möglichkeiten innerhalb der Stadt allerdings erschöpft und man kann ihr den Rücken kehren, um die phantastische Granitlandschaft zu erkunden.

Einige Anbieter organisieren Jeepausflüge, Wanderungen und Höhlentouren. Einer davon ist **Atlantikà** (☎ 328 972 97 19; www.atlantika.it; Via Lamarmora 195), eine Gruppe ortsansässiger Führer, die von Tageswanderungen bis zu Canyoning- oder Kajaktouren auf dem Gennargentu alles abdecken. Die **Cooperative Ghivine** (☎/Fax 0784 9 67 21, 349 442 55 52; www.ghivine.com; Via Lamarmora 69/e) bietet ähnlich viele Exkursionen, darunter eine vierstündige Wanderung durch die Gola Su Gorruppu (35 € pro Pers.) und eine 3½-stündige Tour zum prähistorischen Dorf Tiscali (40 € pro Pers.).

Schlafen & Essen

Wer bei der Unterkunftssuche in Dorgali kein Glück hat, versucht es über den örtlichen Buchungsservice **Cala 'e Luna Bookings** (☎ 346 235 63 46; www.calaeluna.com; Via Lamarmora 4).

Hotel S'Adde (☎ 0784 9 44 12; hotelsadde-sardegna@libero.it; Via Concordia 38; EZ 40–70 €, DZ 70–110 €, HP 60–80 € pro Pers.; P) Ein kurzer, beschilderter Fußweg führt von der Hauptstraße zu dieser kleinen, rosa Berghütte. Die Zimmer sind mit Kiefernholz vertäfelt und haben Terrassen mit Blick ins Grüne. Die Besitzer sind freundlich und das Pizzeria-Restaurant (Hauptgerichte 25–30 €) hat Tische auf einer Terrasse. Frühstück kostet 5 € extra.

Hotel Il Querceto (☎ 0784 9 65 09; www.ilquerceto.com; Via Lamarmora 4; EZ 40–100 €, DZ 50–190 €, HP 50–130 € pro Pers.; P) Dieses umweltfreundliche Hotel verwendet Sonnen- und Erdenergie. Es bietet nette, einfache Zimmer mit cremefarbener Bettwäsche und honigfarbenen Fliesen. Für die Lage etwas außerhalb (direkt am südwestlichen Ortsrand) entschädigen der Garten und die Pools. Frühstück kostet 7 € extra.

Ristorante Colibrì (☎ 0784 9 60 54; Via Gramsci 14; Hauptgerichte 30 €; Mo–Sa) Das Nonplusultra für Fleischesser verbirgt sich in einem Wohngebiet (den zahlreichen Schildern folgen) und serviert Köstlichkeiten wie *cinghiale al rosmarino* (Wildschwein mit Rosmarin) und *porceddu*. Auch die Pasta ist super – die düstere Einrichtung hingegen nicht.

An- & Weiterreise

Busse von ARST verbinden Dorgali mit Nuoro (3 €, ¾ Std., Mo–Sa 8-mal, So 4-mal tgl.), Olbia (6,50 €, 2¾ Std., Mo–Sa 2-mal, So 1-mal tgl.) und Cala Gonone (1 €, ¼ Std., Mo–Sa bis zu 7-mal, So 4-mal tgl.). An der Via Lamarmora gibt's mehrere Haltestellen. Tickets werden an einem Schalter an der Kreuzung von Via Lamarmora und Corso Umberto verkauft.

NÖRDLICH VON DORGALI

Grotta di Ispinigoli

Etwas nördlich der Stadt befindet sich die **Grotta di Ispinigoli** (Erw./Kind 7,50/3,50 €; stündl. Aug. 9–13 & 15–19 Uhr, Juli & Sept. bis 18 Uhr, März–Juni 9–12 & 15–17 Uhr, Nov.–Dez. 10–12 & 15–16 Uhr, Jan.–Feb. 10–12 Uhr) mit dem weltweit zweithöchsten Stalagmiten (getoppt nur von einem 40 m hohen, mexikanischen Exemplar).

Anders als bei den meisten Höhlen kommen die Besucher hier nicht durch einen Seiteneingang, sondern steigen einen 60 m tiefen „Schacht" hinunter, in dessen Mitte der eindrucksvolle, 38 m hohe Stalagmit emporragt.

Die Erforschung der Höhle begann in den 1960er-Jahren und enthüllte ein 15 km langes Netz von Gängen und acht unterirdische Flüsse. Höhlenkletterer können an bis zu 8 km langen Touren verschiedener Veranstalter in Dorgali und Cala Gonono teilnehmen. Im Hauptschacht wurden Stücke aus der Nuraghen-Zeit gefunden, und in einem zweiten – 40 m tieferen – Schacht entdeckte man phönizischen Schmuck. Die Standardtour führt nicht in diesen zweiten Abgrund. Er ist als **Abbisso delle Vergini** (Jungfrauenkluft) bekannt, da die antiken Schmuckfunde vermuten lassen, dass die Phönizier hier Jungfrauen opferten.

Das **Hotel Ispinigoli** (☎ 0784 9 52 68; www.hotelispinigoli.com; EZ/DZ 72/98 €, HP 67 € pro Pers.) bietet rustikale Zimmer direkt unterhalb des Höhleneingangs. Das Restaurant ist für seine bodenständige, sardische Küche bekannt, die à la carte oder als Menü (25–37 €) serviert wird. Es gibt auch ein Kindergericht für 14 €.

Serra Orrios & S'Ena 'e Thomes

11 km nordwestlich von Dorgali (und 3 km von der Verbindungsstraße Dorgali–Oliena entfernt) liegen die Ruinen des zwischen 1500 und 250 v. Chr. bewohnten Nuraghen-Dorfes **Serra Orrios** (Erw./Kind 6/2,50 €; stündl. Führungen ganzjährig tgl. 9–12 Uhr, Juli–Aug. zusätzl. 16–18 Uhr, April–Juni & Sept. 15–17 Uhr, Okt.–Dez. & Jan.–März 14–16 Uhr). Es umfasst rund 70 Häuser, die um zwei Tempel herum angeordnet sind: Tempietto A soll auswärtigen Pilgern vorbehalten gewesen sein und Tempietto B den Dorfbewohnern. Der Fund eines dritten Tempels lässt darauf schließen, dass dies einst ein bedeutendes religiöses Zentrum gewesen sein muss. Ein Schaubild am Eingang erläutert die Stätte. Führungen gibt's nur auf Italienisch.

Weiter nördlich ist ein interessantes Beispiel einer *tomba di gigante* („Gigantengrab"; vorzeitliches Massengrab) zu sehen. **S'Ena 'e Thomes** (Eintritt frei; Sonnenauf- bis -untergang) liegt 3 km nördlich der Verbindungsstraße Nuoro–Orosei. Ein Schild rechts der Straße weist den Weg. Dominiert wird das 16 m lange und 7 m breite Monument von einer zentralen, oval geformten Steinstele (Menhir), die eine Grabkammer verschließt.

SÜDLICH VON DORGALI

Gola Su Gorruppu

Die spektakuläre Gola Su Gorruppu (Gorruppu-Schlucht) wird auch als europäischer Grand Canyon bezeichnet. Ihre senkrechten Felswände ragen bis zu 400 m hoch auf und sie hat zwei Hauptzugänge.

Der schwierigere – und auf der SS125 von Süden her kommend nächstgelegene – ist der Genna-'e-Silana-Pass. Der Weg ist kaum zu verfehlen, da ein Hotel und ein Restaurant die Stelle östlich der SS125 bei Kilometer 183 markieren. Der Pfadbeginn ist östlich der Straße ausgeschildert, und dies sind so ziemlich die letzten Schilder an dieser Strecke. Wer nicht vom rechten Weg abkommt – was ohne Führer passieren kann – erreicht die Schlucht in rund zwei Stunden. Das Flussbett des Rio Fluminedda ist in beide Richtungen ein Stück weit begehbar. Wer weiter will, benötigt Kletterausrüstung.

Der deutlich einfachere Pfad führt 15 km von Dorgali über die Sa Barva Brücke. Man fährt dazu von Dorgali in Richtung Cala Gonone, doch anstatt den Tunnel zum Meer zu nehmen, bleibt man auf der Straße nach Tortoli. Etwa 1 km weiter weist rechts ein Schild den Weg nach Gola Su Gorruppu und Tiscali. Von hier sind es 20 Minuten bis zum Parkplatz am Ende der Teerstraße. Zu Fuß geht's dann über die Sa Barva Brücke, hinter der links der Pfad nach Gola ausgeschildert ist. In zwei Stunden ist der Eingang zur Schlucht erreicht. Etwa 500 m weiter versperren riesige Felsbrocken den Weg.

Manche Wanderer setzen den Weg allein fort, aber es ist sicherer einen Führer zu nehmen. Mehrere Veranstalter in Dorgali (s. S. 225) und die **Cooperativa Gorropu** (☎ 0782 64 92 82, 333 850 71 57; www.gorropu.com; Via Sa Preda Lada 2, Urzulei) arrangieren Exkursionen, die zum Teil Verpflegung und Unterkunft mit einschließen.

Tiscali

Das Nuraghen-Dorf **Tiscali** (Eintritt Erw./Kind 5/2 €; 🕑 Mai–Sept. 9–19 Uhr, Jan.–April & Okt.–Dez. bis 17 Uhr), das sich an eine Felswand des Valle Lanaittu schmiegt, gehört zu den archäologischen Highlights der Insel. Es stammt aus dem 6. Jh. v. Chr. und war bis zur Römerzeit bewohnt. Entdeckt wurde die damals relativ gut erhaltene Stätte im 19. Jh. Seither haben Grabräuber sie intensiv geplündert und zerstört, sodass von den konischen Stein- und Lehmhütten (ursprünglich mit Dächern aus Wacholderholz) nur Ruinen geblieben sind.

Zahlreiche Veranstalter in Oliena, Dorgali und Cala Gonone bieten Führungen an. Der übliche Preis beträgt etwa 35 € pro Person und beinhaltet manchmal ein Mittagessen. Wer das Dorf auf eigene Faust erkunden will, hat die Wahl zwischen einem relativ einfachen und einem deutlich schwereren Zugangspfad.

Der leichtere beginnt an der Sa-Barva-Brücke – genau wie die einfachere Strecke zur Gola Su Gorruppu (s. o.). Er ist ausgeschildert und erfordert etwa 1¾ Stunden.

Die anspruchsvollere Route ist auch weniger gut gekennzeichnet. Ausgangspunkt ist das Hotel Su Gologone, auf das 7 km östlich von Oliena ein Schild an der Strecke Oliena–Dorgali hinweist. Kurz nach der Zufahrt zum Hotel geht's rechts in Richtung Valle di Lanaittu. Die Straße führt bergauf und um einen Felsvorsprung herum, hinter dem das von Kalkfelsen überragte Tal sichtbar wird. Dann geht's hinab zum Fluss Sa Oche und an der ersten Gabelung links. Diesem Weg folgt man dann bis zur nächsten Abzweigung. Dort biegt man rechts zur **Grotta Sa Oche** (Stimmenhöhle), die wegen des Wassergurgelns aus ihren Tiefen so heißt. Hier befindet sich die (geschlossene) Berghütte Rifugio Lanaittu und 300 m nördlich davon folgt die 5 ha umfassende Siedlung **Sa Sedda 'e Sos Carros** (Eintritt 3 €; 🕑 9.30–16.30 Uhr) mit 150 nuraghischen Ruinen. Am interessantesten ist das runde **Brunnenheiligtum**, umgeben von steinernen Wasserspeiern, die einst ein zentrales Becken speisten.

Wer noch bis Tiscali will, wandert zurück zur Gabelung. Hier nimmt man statt der rechten die linke Abzweigung (nach Südwesten) und folgt einem steilen Pfad etwa 20 Minuten bis zu einem Felsblock mit Pfeilmarkierung. Dort geht's nach rechts (Osten) in den Wald hinein und einen steilen Hang hinauf bis zum Fuß einer Felswand, in der sich ein eindrucksvoller Spalt befindet. Man klettert hinein und kommt auf einer großen Felsplatte wieder heraus. Sie überragt die Westseite der riesigen Doline (Einbruchsbecken), in der sich das – von hier noch nicht sichtbare – Dorf verbirgt. Der Zugang zur Doline liegt weiter östlich. Man folgt dem Rand nach Norden, bis man rechts eine Passage durch die Felsen findet. Die Ruinen im Schatten der Berge bieten einen gespenstischen Anblick. Die einstigen Einwohner nutzten Sa Sedda 'e Sos Carros als Versteck, in dem sie dank seiner Unzugänglichkeit bis ins 2. Jh. v. Chr. ausharren konnten.

CALA GONONE

Die wachsende Beliebtheit von Cala Gonone als Urlaubsort tut seiner spektakulären Lage keinen Abbruch. Vor der Kulisse der grauen Gipfel von **Monte Tului** (917 m), **Monte Bardia** (882 m) und **Monte Irveri** (616 m) und flankiert von den mächtigen Klippen, bietet es einen überwältigenden Anblick. Das Dorf selbst ist mit seinen Hotels, Bars und Restaurants zwar touristisch, aber nicht übertrieben.

Cala Gonone, ursprünglich ein abgeschiedenes Fischerdorf, weckte in den 1930ern das Interesse italienischer Aristokraten und Faschisten, die es zu ihrem bevorzugten Sommertreff machten. Der Tourismus hielt erst Mitte der 1950er-Jahre Einzug, als die Grotta del Bue Marino öffnet wurde. Heute bieten ganze Flotten von Ausflugsschiffen Exkursionen zu den zauberhaften Höhlen und Klippen entlang der Küste.

Information

Die hilfreiche **Touristeninformation** (☎ 0784 9 36 96; www.calagonone.com; Viale Bue Marino 1/a; 🕑 9–13 & 15–17 Uhr, im Sommer längere Öffnungszeiten) findet sich in dem kleinen Park rechts der Stadteinfahrt.

Einen Geldautomaten gibt's am Hafen und Internetzugang bei **Internet point** (Piazza Da Verrazzano 3; pro Std. 5 €; 🕑 Mo–Sa 8.30–12.30 & 16–19.30 Uhr).

Sehenswertes & Aktivitäten

Badeurlauber haben unter Cala Gonones Traumstränden die Qual der Wahl. Die **Spiaggia Centrale**, der kleine Sandstreifen vor der Stadt, ist toll, um sich kurz abzukühlen. Die schönsten Strände liegen jedoch weiter im Süden. Die **Spiaggia Palmasera** besteht aus mehreren kleinen Sandbuchten und zahlreichen felsigen Abschnitten. Besser ist die 1 km südlich gelegene **Spiaggia Sos Dorroles** vor einer hohen, orangegelben Felswand. Die **Cala Fuili** etwa 3,5 km südlich der Stadt (der Via Bue Marino folgen) ist eine kleine Felsbucht vor der Kulisse eines fruchtbaren Tales. Von hier aus geht's über die Klippen etwa zwei Stunden (4 km) zur atemberaubenden **Cala Luna**.

Nördlich der Stadt liegt der Traumstrand **Cala Cartoe**, ein Küstenstreifen mit feinem weißen Sand zwischen smaragdgrünem Wasser und einem dichten Wald. Kein Wunder, dass er im August ziemlich überfüllt ist. Außerhalb der Hauptsaison ist hier jedoch kaum was los. Für die Anreise braucht man ein Auto. Nach dem Hafen folgt man der Via Marco Polo bis zu einer Querstraße, wo die Bucht nach rechts (Norden) ausgeschildert ist.

Wer die gesamte Küste einmal von oben sehen will, macht einen Abstecher zur **Nuraghe Mannu** (Erw./Kind 3/1,50 €; 🕑 Führungen stündl. Juli & Aug. tgl. 9–11 & 17–19 Uhr, Mai, Juni & Sept. tgl. 9–11 & 16–18 Uhr, April tgl. 9–11 & 15–17 Uhr, März & Okt. tgl. 10–12 & 15–17 Uhr), die an der Strecke Cala Gonone–Dorgali ausgeschildert ist. Nach 3 km läuft der felsige Weg in einer Landzunge aus, von der man beinahe den ganzen Golf überblickt. Die Nuraghe selbst ist eine unbedeutende Ruine, doch ihre Lage unter Olivenbäumen ist höchst romantisch.

Am besten lässt sich die Küste vom Meer her erkunden: sei es auf eigene Faust mit gemietetem Boot oder an Bord eines Ausflugsschiffes (s. unten).

Wer Zeit und Geld hat, kann ein breites Angebot an Aktivitäten nutzen. Beliebt sind Tauchen, Schnorcheln, Wandern, Klettern und Mountainbiken. **Argonauta** (☎ 0784 9 30 46, 347 530 40 97; www.argonauta.it; Via dei Lecci 10) bietet diverse Aktivitäten vom Schnorcheln (Erw./Kind 25/15 €) und Tauchen (ab 35 €) bis zum Canyoning (40 €).

Zentren der Kletterer sind u. a. Cala Goloritze (nur per Boot zugänglich), Cala Fuili und die Poltrona-Wand oberhalb der Tennisplätze von Cala Gonone. Infos rund ums Klettern bietet **Prima Sardegna** (☎ 0784 9 33 67; www.primasardegna.com; Via Lungomare Palmasera 32). Hier gibt's auch Fahrräder (Mountainbikes ca. 20 € pro Tag), Roller und Kajaks zu mieten.

Touren

Eine ganze Armada – von Highspeed-Jollen über kleine Kreuzer bis hin zu anmutigen Segelschiffen – wartet darauf, die Besucher von Cala Gonone an der traumhaften Küste entlangzuschippern.

Einer der Anbieter ist **Nuovo Consorzio Trasporti Marittimi Calagonone** (☎ 0784 9 33 05; www.calagononecrociere.it). Er veranstaltet Touren (inkl. Rückfahrt) zur Cala Luna (12 €), Cala Sisine (18 €), Cala Mariolu (26 €), Cala Gabbiani (26 €) und Cala Goloritze (30 €). Zur Cala Luna und Grotta Bue Marino bezahlt man inklusive Eintritt zur Höhle 23 €.

Zwischen April und Oktober bietet **Cielomar** (☎ 0784 92 00 14; cielomar@tiscali.net) Tagestouren ab 35 € pro Person. Außerdem verleiht der Anbieter für 80 bis 120 € pro Tag *gommone* (Motorschlauchboote). Treibstoff kostet gewöhnlich 25 € extra.

DIE BLAUE MONDSICHEL

Was sich kein Sardinien-Urlauber entgehen lassen sollte, ist ein Bootsausflug entlang dem 20 km langen Südteil des Golfo di Orosei. Hoch über die See erheben sich imposante Kalksteinklippen, zwischen denen immer wieder hübsche Badebuchten und Höhlen liegen. Hier haben die Kräfte der Natur ein Paradies aus Sand, Fels, Kieseln, Muscheln und kristallklarem Wasser geschaffen. Die Farben sind bis gegen 15 Uhr besonders intensiv; dann senkt sich die Sonne langsam hinter die Klippen.

Vom Hafen von Cala Gonone geht's Richtung Süden zur **Grotta del Bue Marino** (Erw./Kind 8/4 €, Führungen stündl. Aug. 9–12 & 15–17 Uhr, Juli & Sept. 10, 11 & 15 Uhr, März–Juni & Okt.–Nov. 11 & 15 Uhr), dem inselweit letzten Rückzugsort der Mönchsrobbe. Leider wurden hier schon längere Zeit keine Robben mehr gesichtet. Die Meereshöhle mit einem Tanz glitzernder Lichtreflexe auf den bizarren Felsformationen ist absolut beeindruckend. Führungen werden bis zu siebenmal täglich angeboten. In der Hauptsaison ist es ratsam zu reservieren.

Der erste Strand nach der Höhle ist **Cala Luna**, die im Süden von hohen Klippen begrenzt wird. Die Berge landeinwärts sind von dichter Vegetation bedeckt und am Strand (teils Sand, teils Kiesel) lockt herrlich türkis- und smaragdgrünes Wasser, das weiter draußen in dunkles Blau übergeht.

Der nächste größere Strand ist die **Cala Sisine**; ebenfalls mit Sand und Kieseln und einem tiefen, grünen Tal als Kulisse. Dann folgt die **Cala Biriola** und danach einige hinreißende Fleckchen unter hoch aufragenden Klippen und mit himmlisch blauem Wasser.

Cala Mariolu ist zweifellos einer der grandiosesten Küstenabschnitte. Die Bucht wird von einer Felsengruppe aus hellem Kalkgestein unterteilt. Sand gibt es praktisch gar nicht, aber die glatten, weißen Kiesel sollten einen nicht abschrecken. Das Wasser an diesem Strand bietet eine bezaubernde Palette von transparentweiß am Ufer über alle Abstufungen von hell- und himmelblau bis hin zu tiefen Violetttönen.

Die **Cala Goloritze**, der letzte kleine Strand des Golfs, ist einer der schönsten. Am Südrand heben sich Klippen mit bizarren Granitgebilden – darunter der bei Kletterern beliebte **Monte Caroddi**, eine 100 m hohe Felsspitze. Hinter dem Strand geht's unter hohen Felswänden weiter bis zum **Capo di Monte Santo** am Ende des Golfs.

Wer richtig stilvoll segeln will, bucht eine Koje auf der **Dovesesto** (☎ 0784 9 37 37; www.dovesesto.com), einer Traumyacht von 1918. Tagesausflüge kosten pro Person 62 bis 67 €, das optionale Mittagessen 35 €. Gruppen ab vier Teilnehmern können das Schiff auch über ein Wochenende oder für mehrtägige Törns chartern. Die Preise sind von der Reiseroute abhängig, die bei der Buchung gemeinsam ausgearbeitet wird.

Die Schiffe fahren, abhängig von der Nachfrage, zwischen März und November. Die Preise sind saisonabhängig, wobei die Zeit um den 11. bis 25. August am teuersten ist. Infos bieten die Agenturen in der Stadt und die Stände am Hafen.

Führer zur Erkundung des felsigen Hinterlands bietet u. a. **Atlantikà** (☎ 328 972 97 19; www.atlantika.it; Localita Iscrittiore). Der Anbieter sitzt am Kreisverkehr vor Cala Gonone und arrangiert neben Wanderungen nach Gola Su Gorruppu (35 €) und Tiscali (35 €) auch Aktivitäten wie Kanu- oder Radfahren, Höhlenklettern, Tauchen und Canyoning. Ein anderer guter Veranstalter ist **Dolmen** (☎ 0784 9 32 60; www.sardegnadascoprire.it; Via Vasco da Gama 18). Er hat Jeeptouren ins Supramonte-Gebirge im Programm und verleiht Fahrräder, Roller sowie Schlauchboote.

Schlafen

Obwohl in Cala Gonone an Hotels kein Mangel herrscht, sollte man für Juli und August zeitig reservieren.

Camping Cala Gonone (☎ 0784 9 31 65; www.campingcalagonone.it; Stellplatz inkl. Auto & Zelt 15–19 € pro Pers., Bungalows für 2 Pers. 48–103 €; April–Okt.;) Schattiger Campingplatz am Stadteingang, wenn man auf der Hauptstraße von Dorgali kommt. Die Ausstattung ist hervorragend und umfasst einen Tennis- und Grillplatz, eine Pizzeria und einen Pool. Für August im Voraus buchen.

LP Tipp **Agriturismo Nuraghe Mannu** (☎ 0784 9 32 64; www.agriturismonuraghemannu.com; an der SP26 zwischen Dorgali und Cala Gonone; DZ 48–80 €, HP 40–48 € pro Pers.) Dieser authentische Bauernhof mitten im Grünen und mit phantastischem Meerblick bietet vier einfache Zimmer und ein Restaurant, das auch Tagesgäste bedient. Sein

Menü für 23 € ist ein Fest aus hausgemachtem Käse, Salami, Lamm- und Schweinefleisch sowie gutem Wein. Reservierung erforderlich. Es stehen auch fünf Zeltplätze zur Verfügung, die pro Person 8 bis 10 € kosten.

Pop Hotel (☎ 0784 9 31 85; www.hotelpop.it; EZ 42–68 €, DZ 54–106 €; ❄) Dieses ansprechende Hotel in Hafennähe hat ganzjährig geöffnet. Es bietet helle, geräumige Zimmer und ein gutes Restaurant zur Straße. Auf der umfangreichen Speisekarte stehen zahlreiche kreative Fusiongerichte. Menüs kosten 16–28 €, andere Hauptgerichte um die 30 €.

Hotel Cala Luna (☎ 0784 9 31 33; www.hotelcalaluna.com; Lungomare Palmasera 6; EZ 45–95 €, DZ 72–140 €; 🕑 Ostern–Okt.; ❄ 💻) Modernes Zentrumshotel mit schnörkellosen, sauberen Zimmern – perfekt für heiße Sommertage. Die Farbkombination aus Weiß und Perlgrau sowie der Blick aufs Meer – den's allerdings nicht in allen Zimmern gibt – wirken wunderbar entspannend.

Hotel Costa Dorada (☎ 0784 9 33 32; www.hotelcostadorada.it; Lungomare Palmasera 45; EZ 73–118 €, DZ 106–186 €; 🕑 April–Okt.) Dieses in ein Blütenmeer getauchte Hotel ist das attraktivste der Stadt. Die Gäste genießen einen großartigen Meerblick und eine geschmackvolle Einrichtung mit sardischem Kunsthandwerk. Das Hotel liegt am südlichen Ende des *lungomare* (Promenade) – und gleich auf der anderen Straßenseite lockt der Strand.

Essen

Die meisten Hotels haben ein Restaurant, auch der Agriturismo Nuraghe Mannu und das Pop Hotel. Daneben gibt es viele Lokale am Strand oder in der Nähe davon, die aber im Sommer meist überfüllt und im Winter geschlossen sind.

Ristorante Acquarius (☎ 0784 9 34 28; Lungomare Palmasera 34; Pizza 6–8 €, Hauptgerichte 30 €; 🕑 April–Sept.) Dieses relaxte Restaurant ist eines von vielen am *lungomare*. Auf der Karte steht eine typische Auswahl an Holzofenpizzas, Pasta sowie Fisch und Meeresfrüchten. Besonders empfehlenswert sind *spaghetti al ragu di seppia* (Spaghetti mit Sepiasauce) und *gamberoni e scampi al forno* (gebratene Garnelen und Scampi).

Hotel Bue Marino (☎ 0784 92 00 78; www.hotelbuemarino.it; Via Vespucci 8; Festpreismenüs 18/22 €, Hauptgerichte 30 €) Die elegante Uferbar dieses schönen Hotels lockt am frühen Abend das schicke Ausgehvolk und sein Restaurant im vierten Stock serviert überraschend unprätentiöse Gerichte zu sehr passablen Preisen.

Il Pescatore (☎ 0784 9 31 74; Via Acqua Dolce 7; Hauptgerichte 35 €; 🕑 April–Sept.) Dieses seriöse Restaurant serviert frischen Fisch zu etwas überdurchschnittlichen Preisen. Die warme Meeresbrise, der kühle Wein und ein leichter Algengeruch vom Meer her machen es zu einem ausgezeichneten Plätzchen für ein Seafood-Abendessen.

An- & Weiterreise

Busverbindungen nach Cala Gonone gibt es ab Dorgali (1 €, ¼ Std., Mo–Sa 7-mal, So 4-mal tgl.) und Nuoro (3 €, 1¼ Std., Mo–Sa 6-mal, So 3-mal tgl.). Tickets verkauft die **Bar La Pineta** (Viale C Colombo).

OGLIASTRA

Zwischen den deutlich größeren Provinzen Nuoro und Cagliari liegt Ogliastra mit einigen der spektakulärsten Landschaften der Insel. Das Binnenland besteht aus unberührten, weitläufigen Tälern, ruhigen Wäldern und windgepeitschten Felswänden. Die Küste wird umso dramatischer, je näher der Golfo di Orosei rückt.

Die Provinz ist auf mehreren Wegen erreichbar. Der einfachste ist die Fähre zum Hafen von Arbatax nahe der Provinzhauptstadt Tortoli. Von Norden her schlängelt sich die SS125 ab Dorgali durch den bergigen Parco Nazionale del Golfo di Orosei e del Gennargentu hierher. Besonders schön ist der 18 km lange Abschnitt südlich des Passes **Genna ëe Silana** (1017 m). Nach Westen hin schweift der Blick über ein breites Tal bis zu einer Bergkette, zu der auch der 1063 m hohe **Monte Oddeu** und der imposante Supramonte zählen.

Vor allem im Landesinneren kommt man trotz geringer Entfernungen nur langsam voran. Die Straßen sind steil und oft sehr kurvenreich. Zwar verkehren auch Busse, abgelegenere Winkel sind jedoch nur mit dem eigenen Fahrzeug erreichbar.

TORTOLI & ARBATAX

10 310 Ew.

Der erste Eindruck von Ogliastras Provinzhauptstadt Tortoli hängt davon ab, wo man in die Stadt hineinfährt. Wer mit der Fähre vom Festland kommt, wird von der profanmodernen Erscheinung eher enttäuscht sein. Wer hingegen aus der Abgeschiedenheit des Inselinneren hereinschneit, wird die beschwingte Atmosphäre aus Souvenirshops und großen Hotels als willkommene Abwechslung empfinden.

Im Hafen von Arbatax legen Fähren aus Cagliari an und es gibt von hier aus Bootstouren entlang der Küste und zum Golfo di Orosei. Im Sommer fährt der *trenino verde* vom Bahnhof in Arbatax ab.

Orientierung & Praktische Informationen

Die eigentliche Stadt ist Tortoli, während das 4 km entfernte Arbatax an der Viale Monsignor Virgilio im Wesentlichen nur aus einem Hafen mit ein paar Bars und Restaurants besteht. Die Stadtbuslinien 1 und 2 fahren von Arbatax nach Tortoli und die Nr. 2 auch zum Strand und den Hotels im nahen Porto Frailis.

Zur Zeit der Recherche war die Touristeninformation in Tortoli auf unbestimmte Zeit geschlossen. Die **Touristeninformation** (☎ 0782 66 76 90; Via Lungomare 21) von Arbatax ist nur im Sommer geöffnet und hat ihr Quartier am Endbahnhof des *trenino verde*.

Tortoli hat mehrere Banken mit Geldautomaten. Eine davon ist die **Banca di Sassari** (Via Monsignor Virgilio 54) an der Hauptstraße. **Frailis Viaggi** (☎ 0782 62 00 21; www.frailisviaggi.it; Via Roma 12, Tortoli, 🕑 Mo–Fr 9–13 & 16.30–20 Uhr) ist ein hilfreiches Reisebüro, das Fähr- und Flugtickets bucht, Bootstouren (50 € pro Pers.) organisiert und Fahrzeuge vermietet (70 € pro Tag).

Sehenswertes & Aktivitäten

Tortoli und Arbatax sind Urlaubsorte ohne echte Sehenswürdigkeiten. Gegenüber vom Hafen von Arbatax liegen hinter der Tankstelle verborgen die bizarren **rocce rosse** (rote Felsen) – eine verwitterte, zum Meer hin abfallende Felsformation. In der Ferne sieht man die eindrucksvollen Klippen des südlichen Ogliastra und des Golfo di Orosei.

Vom Hafen gehen **Bootstouren** die Küste entlang zu den Stränden und Grotten des Golfo di Orosei. Die Preise variieren, liegen jedoch üblicherweise bei rund 40 bis 50 € pro Person.

In der Nähe des Hafens hält im Sommer der **trenino verde**, ein Touristenzug nach Mandas. Die Strecke zwischen Arbatax und Mandas ist die landschaftlich attraktivste der gesamten Insel. Ganze fünf Stunden dauert die Bahnfahrt durch Sardiniens unzugänglichstes Gebirge. Da der Zug unterwegs in zahllosen Städten hält, ist die Rückreise am selben Tag nicht möglich. Karten (einfache Fahrt 17 €) verkauft die Touristeninformation in Arbatax. Abfahrt ist zwischen Mitte Juni und Mitte September zweimal täglich (7.50 und 14.35 Uhr).

Ansonsten dehnen sich auf beiden Seiten von Arbatax die Strände. Am schönsten sind die **Spiaggia Orri**, **Spiaggia Musculedda** und die **Spiaggia Is Scogliu Arrubius** 4 km südlich von Porto Frailis (mit vielen Hotels). Noch weiter südlich bietet Marina di Gairo einen fast unberührten Strand namens **Spiaggia Cala Francese**.

Die Provinz produziert einen der besten sardischen Rotweine, den rubinroten Cannonau aus Jerzu (S. 233); erhältlich in Tortoli von **L'Enoteca del Cannonau** (☎ 0782 62 60 27; Via Monsignor Virgilio 74; 🕑 tgl. 9–13.30 & 15.30–20 Uhr).

Schlafen & Essen

In dieser Gegend mangelt es nicht an Übernachtungsmöglichkeiten; meist sind es allerdings große Resorthotels. Zimmer in Strandnähe gibt's in Porto Frailis bei Arbatax.

Hotel Splendour (☎ 0782 62 30 37; www.hotelsplendor.com; Viale Arbatax; EZ 35–50 €, DZ 50–70 €; P) Dieses einladende Zwei-Sterne-Hotel zwischen Tortoli und Arbatax ist mit bunten Ölgemälden und allerlei Nippes dekoriert. Die kleinen, recht einfachen Zimmer bieten Balkone mit Blick auf den schönen Garten.

La Bitta (☎ 0782 66 70 80; www.hotellabitta.it; Localita Porto Frailis; EZ 60–190 €, DZ 93–290 €; P ❄ 💻 🏊) Dieses luxuriöse Vier-Sterne-Resorthotel liegt direkt am Strand von Porto Frailis. Es bietet palastartige Zimmer (Meerblick kostet extra), einen meerseitigen Pool und ein schönes Restaurant mit ausgezeichneten Seafood-Leckereien (Nov. bis Mitte Feb. geschl.; Hauptgerichte 55 €).

Star 2 (☎ 0782 66 75 03; Via Lungomare, Arbatax; Pizza 6 €, Hauptgerichte 25 €) Das muntere Hafenrestaurant von Arbatax bietet in entspannter Atmosphäre Pizza, Pasta und Hauptgerichte für fast jeden Geschmack. Besonders die Holzofenpizza muss man probiert haben. Wer Glück hat, bekommt einen Platz auf der Außenterrasse.

An- & Weiterreise

BUS

ARST-Busse verbinden Tortoli mit Santa Maria Navarrese (1 €, ¼ Std., Mo–Sa 11-mal, So 2-mal tgl.), Dorgali (4,50 €, 1¾ Std., Mo–Sa

1-mal tgl.), Nuoro (5,50 €, 2½–3 Std., Mo–Sa 4-mal tgl.) und etlichen anderen Dörfern im Binnenland.

FLUGZEUG

Der kleine Arbatax-Tortoli **Flugplatz** (☎ 0782 62 43 00; www.aeroportotortoliarbatax.it) 1,5 km südlich von Tortoli wird im Sommer von Charterfliegern aus Festlandstädten wie Rom und Albenga in Ligurien genutzt. Die meisten Passagiere buchen mit dem Flug auch gleich den Weitertransport.

SCHIFF

Tirrenia (☎ 892 123; www.tirrenia.it) ist die größte Fährgesellschaft für Arbatax. Sie bedient u. a. Genua (57 €, 18 Std., 2-mal wöchentl.), Civitavecchia (47 €, 10½ Std., 2-mal wöchentl.) und Ende Juli bis August auch Fiumicino (60 €, 4½ Std., 2-mal wöchentl.). Daneben gehen Schiffe nach Cagliari (33 €, 5¼ Std., 2-mal wöchentl.) und Olbia (31,50 €, 4½ Std., 2-mal wöchentl.). Tickets und Informationen gibt's am Hafen von Tirrenia bei **Torchiani & Co** (☎ 0782 66 78 41; Via Venezia 10).

ZUG

Der **trenino verde** (☎ 800 460 220; www.treninoverde.com, auf Italienisch) verkehrt von Mitte Juni bis Mitte September zweimal täglich zwischen Arbatax und Mandas (17 €, 5 Std.). Er hält u. a. in Lanusei, Arzana, Ussassai und Seui.

NÖRDLICH VON TORTOLI & ARBATAX

Lotzorai

2150 Ew.

Lotzorai, 6 km nördlich von Tortoli, ist an sich nicht sonderlich interessant, kann jedoch mit wunderschönen, pinienbestandenen Stränden wie der **Spiaggia delle Rose** aufwarten. Um diesen Strand zu finden, folgt man den Schildern zu den drei Campingplätzen.

Das **L'Isolotto** (☎ 0782 6 69 43; Via Ariosbis 4; Hauptgerichte 30 €; ⌚ Di–So) in einer Seitenstraße der Via Dante wirkt auf den ersten Blick eher reizlos, kann jedoch mit hausgemachter Pasta und Frischfisch punkten.

Santa Maria Navarrese

Die einfache Kleinstadt Santa Maria Navarrese ist ein beliebtes Seebad am Südrand des Golfo di Orosei. Baskische Schiffsbrüchige erbauten hier 1052 unter der Prinzessin von Navarre, die ebenfalls zu den Überlebenden zählte, eine kleine Kirche und weihten sie der Santa Maria di Navarra. Der große Olivenbaum, in dessen Schatten sie errichtet wurde, steht noch heute und soll an die 2000 Jahre alt sein.

Information

Infos zur Stadt und der näheren Umgebung bietet das **Tourpass Büro** (☎ 0782 61 53 30; www.turinforma.it; Piazza Principessa di Navarra 19; ⌚ Mo–Sa 9–13 & 16–18 Uhr, Juni–Aug. längere Öffnungszeiten) im Stadtzentrum hinter dem Banco di Sardegna. Hier gibt's auch Kletter- und Wanderkarten für 3 €.

Sehenswertes & Aktivitäten

Die Traumstände sind auf einer Seite von Pinien- und Eukalyptusbäumen und auf der anderen von glasklarem Wasser gesäumt (die meisten sandigen Abschnitte finden sich im Süden). Vor der Küste liegen mehrere Inselchen wie der **Isolotto di Ogliastra**, ein rosafarbener Porphyrfelsen, der sich 47 m über die Wasserfläche erhebt. Die vegetationsreiche Nordseite überragt ein Aussichtsturm, der einst dazu diente, angreifende Sarazenen frühzeitig zu sichten.

Der kleine Freizeithafen etwa 500 m nördlich ist Ausgangspunkt zahlreicher Bootstouren entlang der wilden Küstenlinie. Einer der Anbieter ist **Consorzio Marittimo Ogliastra** (☎ 0782 61 51 73; www.mareogliastra.com). Touren zu Meereshöhlen und tollen Badestellen wie Cala Goloritze, Cala Mariolu und Cala Sisine kosten pro Person zwischen 30 und 35 €. Tauchgänge zu wahren Unterwasserparadiesen organisiert **Nautica Centro Sub** (☎ 0782 61 55 22) für 35 € (s. Kasten S. 229).

Schlafen & Essen

LP Tipp Ostello Bellavista (☎ 0782 61 40 39; www.ostelloinogliastra.com; Via Pedra Longa; EZ 32–65 €, DZ 44–100 €; ❄) Hier sagt der Name alles: Das „Hostel tolle Aussicht" – eher ein Hotel als ein Hostel – steht auf einem Hügel und bietet erstklassige Ausblicke. Die liebevoll eingerichteten Zimmer sind auf mehrere übereinanderliegende Gebäude am Hang verteilt – sprich: je höher das Zimmer, desto besser die Aussicht. Einige haben auch einen Balkon (12 € extra). Das Restaurant serviert großartige heimische Küche zu erschwinglichen Preisen (Hauptgerichte 25 €).

Hotel Agugliastra (☎ 0782 61 50 05; www.hotelagugliastra.it, auf Italienisch; Piazza Principessa di Navarra 27; DZ 52–100 €, HP 40–77 € pro Pers.; ⌚ April–Okt.; ❄)

Freundliches Drei-Sterne-Hotel über einem Café am Hauptplatz. Die Zimmer sind modern und etwas steril, die Lage und die Panoramaterrasse entschädigen jedoch großzügig dafür. Ein Essen kostet etwa 25 €.

Es gibt etliche zentrumsnahe Lokale und ein paar Bars. Die **Bar L'Olivastro** (☎ 0782 61 55 13; Via Lungomare Montesanbis 1) hat Tische auf einer Terrasse im Schatten des berühmten Stadtbaumes.

Anreise & Unterwegs vor Ort

Einige ARST-Busse verbinden Santa Maria Navarrese mit Tortoli (1 €, ¼ Std., Mo–Sa 11-mal, So 2-mal tgl.), Dorgali (4,50 €, 1½ Std., 2-mal tgl.), Nuoro (6,50 €, 2½ Std., Mo–Sa 4-mal, So 2-mal tgl.) und Cagliari (9,50 €, 4 Std., Mo–Sa 4-mal tgl.).

BAUNEI & DER ALTOPIANO DEL GOLGO

3845 Ew.

9 km weiter nördlich liegt an der Küste die wenig reizvolle Hirtenstadt Baunei. Sie lohnt eigentlich keinen Zwischenstopp, doch ein Abstecher (10 km) auf den **Altopiano del Golgo** umso mehr. In der *macchia* (Buschlandschaft) und den Wäldern dieses eigenartig weltfernen Plateaus grasen Ziegen und Esel. Ein Schild weist von der Stadt den Weg zu der 2 km langen, teils sehr steilen Serpentinenstrecke auf das Plateau. Zunächst geht's 8 km nach Norden, dann knapp 1 km in Richtung **Su Sterru** (Il Golgo), wo man Fahrzeuge abstellt, um dieses außergewöhnliche Meisterwerk der Natur zu bewundern: eine Trichteröffnung von 270 m Tiefe, die an ihrer Basis nur 40 m weit ist. Die Öffnung ist inzwischen abgesperrt, doch allein das Wissen, wie tief dieser schwarze Abgrund klafft, lässt einen schaudern.

Gegenüber des Abzweigs nach Su Sterru steht ein Wegweiser zum **Ristorante Golgo** (☎ 337 81 18 28; Localita Golgo; Hauptgerichte 25–30 €; ⏲ April–Sept.), einem Restaurant in einem idyllischen Steinbau, dessen Spezialität regionale, am Spieß gegrillte Fleischgerichte sind. Es wird von der **Cooperativa Turistica Golgo** (www.golgotrekking.com) geführt, die auch Wanderungen in die Umgebung organisiert.

Ähnlicher Angebote hat die **Locanda Il Rifugio** (☎ 0782 61 05 99, mobile 368 702 89 80; www.coopgoloritze.com, auf Italienisch; EZ/DZ 45/55 €, HP 100 €; ⏲ April–Okt.) mit herzhaftem Essen und einfachen Zimmern in einem umgebauten Bauernhof. Die Unterkunft gehört zu der **Cooperativa Goloritzè** (www.coopgoloritze.com) und ist eine ausgezeichnete Adresse für Wanderer. Sie organisiert verschiedenste Exkursionen wie Trekking, Reiten (15 € pro Stunde) und Jeepfahrten. Viele der Touren führen vom Plateau in die dramatischen *codula* (Canyons) – z. B. die Codula di Luna oder de Sisine – und an die schönen Strände des Golfo di Orosei. Die Mitarbeiter der Herberge bieten auch logistische Unterstützung und Führer für Wanderer, die Sardiniens härteste Route in Angriff nehmen wollen: die berüchtigte Selvaggio Blu – s. Kasten S. 139. Sie erfordert eine gründliche Planung.

Preise für die Exkursionen variieren je nach Route – die im Voraus vereinbart werden kann – und Teilnehmerzahl.

Hinter Ställen steht die **Chiesa di San Pietro**, eine einfache Kirche aus dem 16. Jh. Daneben befinden sich einige noch einfachere *cumbessias* – grobe, meist offene Steinbauten für die Pilger, die hier traditionell an Allerheiligen übernachten.

DAS BINNENLAND VON OGLIASTRA

Jerzu

3295 Ew.

Jerzu – auch als *Citta del Vino* (Weinstadt) bekannt – ist berühmt für seinen roten Cannonau. Die Stadt klebt an einem schwindelerregenden Berghang. Ihre übereinandergebauten Häuser sind von imposanten Kalksteintürmen, den sogenannten *tacchi* (Absätze), umgeben und von etwa 800 ha Weinbergen. Jährlich werden hier rund 5000 t Trauben geerntet und im **Antichi Poderi di Jerzu** (☎ 0782 7 00 28; www.jerzuantichipoderi.it; Via Umberbis 1; ⏲ Mo–Fr 8.30–13 & 15–18 Uhr), der modernsten cantina der Stadt zu 2 Mio. Flaschen Wein verarbeitet.

Ulassai & Osini

1585 Ew.

Nördlich von Jerzu warten auf der halsbrecherischen Bergstrecke nach Ulassai einige landschaftliche Leckerbissen. Das eher unbedeutende Städtchen wird von den Felsriesen des Bruncu Pranedda und Bruncu Matzei überragt und liegt inmitten der aufregendsten und unzugänglichsten Landschaft der Insel: ein schier grenzenloser Naturspielplatz für Wanderer und Bergsteiger. Die kahlen Felswände des Bruncu Pranedda Canyons bieten 45 teils sehr anspruchsvolle Kletterrouten.

Für Profis halten die 34 offiziellen Routen der Lecori-Klippen weitere Herausforderungen bereit. Wanderer locken die Wege durch den Canyon oder 7 km nach Südwesten zum grandiosen Wasserfall **Cascata Lequarci**. Für ein Picknick empfiehlt sich die Idylle um den **Santuario di Santa Barbara**. Eine hilfreiche Informationsquelle ist die Internetseite www.ulassai.net.

Hoch über dem Dorf liegt der 40 m hohe Höhlenkomplex der **Grotta di Su Marmuri** (☎ 0782 7 98 59; Eintritt 7 €; Führungen ⌚ Aug. tgl. 11, 13, 15, 17 & 18.30 Uhr, Mai, Juni, Juli & Sept. tgl. 11, 14, 16 & 18 Uhr, April tgl. 11, 14.30 & 17 Uhr, Okt. tgl. 11 & 14.30 Uhr). Besuche sind nur mit Führer möglich (ab einer Teilnehmerzahl von vier Personen). Die einstündige Tour führt 1 km weit durch das unterirdische Wunderland der Tropfsteine. Beim Kartenschalter auf dem Parkplatz lockt die Trattoria **Su Bullicciu** (☎ 0782 7 98 59) mit delikaten Grillgerichten ab 20 € pro Person.

Etwas nördlich, über Osini erreichbar, liegt die **Scala di San Giorgio**. Diese Schlucht wurde nach dem Heiligen benannt, der den Fels 1117 gespalten haben soll, um hier zu missionieren. Von oben eröffnet sich ein phantastischer Blick über das Tal und die verlassenen Dörfer Osini Vecchio und Gairo Vecchio, die 1951 durch einen Erdrutsch zerstört wurden.

Auch die weitläufige Ruinenstätte des **Complesso Nuragico di Serbissi** mit ihrem ungewöhnlichen unterirdischen Komplex, der einst als Vorratslager genutzt wurde, lohnt einen Besuch.

Man kann die Gegend auf eigene Faust erkunden. Doch alle Informationen, die ein Führer beisteuert, bleiben einem dann vorenthalten. Geführte Touren bietet der örtliche Verband **Archeo Taccu** (☎ 329 764 33 43; Via Eleonora D'Arborea, Osini).

Vor der Rückfahrt lohnt noch ein Besuch der **Su Marmuri Cooperative Tessile Artigiana** (☎ 0782 7 90 76; Via Dante; ⌚ Juli–Sept. tgl. 8–19 Uhr, Okt.–Juni Mo–Fr 8–12 & 14–18 Uhr). Hier pflegen Frauen die Tradition alter Handwebtechniken, lassen die Webstühle rattern und verkaufen eine Auswahl an Handtüchern, Vorhängen und Bettdecken mit Motiven der einheimischen Künstlerin Maria Lai. Ein kleines Handtuch ist ab 20 € zu bekommen.

Unterkünfte bieten der unermüdliche Tonino Lai und seine Frau in ihrem **Hotel Su Marmuri** (☎ 0782 7 90 03; Corso Vittorio Emanuele 20; EZ/DZ 30/60 €). Diese Dorfinstitution hat nette, einfache Zimmer mit grandiosem Ausblick. Tonino weiß alles über die Gegend und zeigt seinen Besuchern gerne die entlegensten Winkel.

Allgemeine Informationen

INHALT

AKTIVITÄTEN

Sardinien ist ein Traum für Sportbegeisterte. Im Inland kann man wunderbar wandern, Rad fahren und klettern, während die Küste Surfer, Segler und Taucher lockt. Mehr zu den möglichen Aktivitäten auf der Insel s. S. 137.

ALLEINREISENDE

Frauen haben es sicher nicht so leicht wie Männer, wenn sie auf Sardinien alleine unterwegs sind; besonders im Inland. Nicht dass es gefährlich wäre – reisende Frauen werden überall mit der gebotenen Höflichkeit empfangen –, aber Sardinien ist noch sehr stark von altmodischen patriarchalischen Strukturen geprägt. Das bedeutet z. B., dass in Bars und Cafés auf dem Land kaum weibliche Gäste anzutreffen sind. Alleinreisende Frauen sind daher oft unangenehmen Blicken ausgesetzt. Doch weiter gehen die Einheimischen in der Regel nicht; anzügliche Äußerungen oder gar Belästigungen gibt es kaum.

Davon abgesehen ist wohl das größte Problem für Alleinreisende der Mangel an Einzelzimmern, besonders in den beliebten Touristengegenden wie der Nordostküste, dem Golfo di Orosei sowie in und um Alghero. Dort bezahlt man für ein Einzelzimmer kaum weniger als für ein Doppelzimmer, und im Hochsommer können die Preiszuschläge für Einzelzimmer ganz schön happig sein. Wer sparen will, sollte sich vielleicht für ein B&B oder eine *agriturismo*-Unterkunft entscheiden. Sie sind deutlich günstiger und berechnen ihre Preise häufig pro Person und nicht pro Zimmer. Andererseits haben sie selten Einzelzimmer und vermieten im Sommer lieber an Paare als an Alleinreisende.

Rucksacktouristen gibt es auf Sardinien so gut wie gar nicht, und wer alleine eine Bar oder ein Restaurant betritt, wird skeptische Blicke ernten und gelegentlich ein „Tut mir leid, keine Einzeltische. Alles reserviert!" zu hören bekommen. Die Sarden sind eine eingeschworene Gemeinschaft – Außenstehende können sich da schnell etwas einsam vorkommen. Auf der anderen Seite sind die Inselbewohner aber entgegen allen Klischees sehr freundlich und hilfsbereit.

Ansonsten gelten die üblichen Regeln des gesunden Menschenverstands: Unbeleuchtete Straßen oder Parks in Cagliari und Sassari bei Nacht lieber meiden, Wertsachen sicher verwahren, etc.

BOTSCHAFTEN & KONSULATE

Reisende sollten wissen, was die Botschaft ihres Landes für sie tun kann und was nicht. Sie kann kaum helfen bei Problemen, die der Betroffene in irgendeiner Weise selbst zu verantworten hat. Immerhin gelten die Gesetze des Gastlandes. Keine Botschaft wird sich für Reisende ins Zeug legen, die im Gefängnis landen, weil sie im Ausland eine Straftat begangen haben – selbst wenn die Tat im eigenen Land gar nicht strafbar ist.

PRAKTISCH & KONKRET

- DVDs funktionieren auf Sardinien mit dem PAL-System.
- Italienische Steckdosen sind für Flachstecker geeignet, nicht aber für Schukostecker, deshalb Adapter mitbringen! Die Stromspannung beträgt 230 V bei 50 Hz AC.
- Die beiden wichtigsten Zeitungen auf Sardinien sind Cagliaris *L'Unione Sarda* und Sassaris *La Nuova Sardegna*. Außerdem gibt es *Il Sardegna*. Sie alle berichten v. a. über Themen, die die Insel betreffen, während nationale und internationale Ereignisse ziemlich knapp abgehandelt werden. Die Kioske der meisten größeren Touristenzentren verkaufen auch englisch- und deutschsprachige Zeitungen, die aber meistens nicht die aktuellsten sind.
- Radio Sardegna und Radiolina sind beliebte örtliche Radiostationen. Die nationalen Sender RAI-1, RAI-2 und RAI-3 senden einen Mix aus Hörersendungen, Sport, Nachrichten und Musik. Die Frequenzen ändern sich je nach Standort. BBC World Service ist auf Mittelwelle 648 kHz und Langwelle 198 kHz zu empfangen.
- Lokale Fernsehsender wie Videolina und Sardegna 1 sind nicht gerade der Hit, da sie stundenlange Nachrichtenblocks, Fußballberichte oder Trachtentänze ausstrahlen. Man kann sich auch die kommerziellen italienischen Sender (Canale 5, Italia 1, Rete 4 und La7) und das staatliche Fernsehen (RAI-1, RAI-2 und RAI-3) anschauen, doch der Empfang ist nicht immer gut (das gilt besonders für RAI-2 im Südwesten).

In Notfällen kann man sich an die Botschaft wenden, wenn alle anderen Mittel ausgeschöpft sind. Eine dringend erforderliche Rückreise ist aber noch lange kein Grund für ein Gratisticket. Botschaften erwarten, dass Reisende für solche Fälle eine Versicherung abschließen. Wenn Geld und Papiere gestohlen wurden, kann die Botschaft sicher helfen, einen neuen Ausweis zu besorgen, aber mit einem Darlehen für die Heimreise sollte man nicht rechnen. Im Ernstfall können aber die Konsulate auf verschiedene Weise sehr hilfreich sein. Insbesondere können sie (a) einen provisorischen Pass ausstellen (b) Nachrichten an Freunde oder Familienangehörige übermitteln und (c) über die Möglichkeiten bei Geldüberweisungen beraten. Nur in Ausnahmefällen sind auch Darlehen für die Rückreise möglich.

Die allermeisten Länder haben ihre Botschaft in Rom, viele unterhalten außerdem ein Honorarkonsulat in Cagliari. Ausweisanträge sollte man an die Büros in Rom entrichten:

Deutschland Cagliari (Karte S. 68; ☎ 070 30 72 29; Via Rafa Garzia 9); Rom (☎ 06 49 21 31; www.rom.diplo.de; Via San Martino della Battaglia 4; ⌚ Mo–Fr 8.30–11.30 Uhr)
Österreich Rom (☎ 06 8558241; www.bmeia.gv.at; Via Pergolesi 3)
Schweiz Cagliari (☎ 070 663661; Via XX Settembre 16); Rom (☎ 06 809571; www.eda.admin.ch/roma; Via Barnaba Oriani 61; ⌚ Mo–Fr 9–12 Uhr)

ERMÄSSIGUNGEN

Seniorenkarten

Rentner genießen auf Sardinien nicht besonders viele Vorzüge. Ab 65 (manchmal auch ab 60) gibt's bei einigen Sehenswürdigkeiten verbilligten Eintritt. Das Alter muss dann mit einem Ausweis belegt werden.

Studenten- & Jugendkarten

Einige Sehenswürdigkeiten gewähren EU-Bürgern zwischen 18 und 25 Jahren ermäßigten Eintritt (gewöhnlich 50 % des regulären Preises). Als Nachweis ist die **International Student Identity Card** (ISIC; www.isic.org, auf Engl.) nicht immer ausreichend, da die Ermäßigungen oft altersgebunden sind. Besser sind Personalausweis, Führerschein (mit Foto) oder **Euro<26** (www.euro26.org) Karte.

Mit der ISIC gibt's Rabatte beim Shoppen sowie für Museen und Unterkünfte in Cagliari, Sassari und Nuoro. Vergleichbare Ausweise gibt es auch für Lehrer – die International Teacher Identity Card (ITIC) – und Nichtstudierende unter 26 – die International Youth Travel Card (IYTC).

Studentenkarten werden von Studentenvereinigungen, Herbergsverbänden und einigen Jugendreiseveranstaltern ausgestellt. In Cagliari gibt's ISIC, ITIC und Euro<26 Karten beim **Centro Turistico Studentesco e Giovanile** (www.cts.it, auf Italienisch).

ESSEN & TRINKEN

In diesem Buch stehen Lokale in der Rubrik „günstig“, wenn sie Mahlzeiten für unter 25 € servieren. In „mittelteuren“ Restaurants ist pro Person mit 25 bis 40 € zu rechnen und in „teuren“ geht's bei 40 € los. Ein Essen besteht gewöhnlich aus *primo piatto, secondo* und Nachtisch. Innerhalb jedes Kapitels sind die Restaurants nach Preisklasse sortiert.

In Touristenregionen wie an der Nordostküste, in Alghero oder am Golfo di Orosei haben manche Restaurants auch dreigängige Touristenmenüs für rund 15 € auf der Karte. Damit lässt sich einiges sparen, allerdings ist die Auswahl meist auf ein oder zwei Pasta- und Hauptgerichte beschränkt. Teurere Restaurants bieten für rund 40 bis 50 € pro Person mehrgängige Menüs ohne Wein.

Mehr Infos zum Thema Essen & Trinken auf Sardinien stehen auf S. 42, Tipps zum Essengehen mit Kindern auf S. 240.

Wohin zum Essen?

Das einfachste sardische Lokal mit Sitzplätzen ist die kantinenähnliche *tavola calda* (wörtlich „heißer Tisch“). Pizzerias – die besseren mit *forno a legna* (Holzofen) – bieten häufig auch komplette Menüs an. Falls es ein Imbiss sein soll: Warme Fleischgerichte gibt's von der *rosticceria* und Pizzastücke zum Mitnehmen bei einer *pizza al taglio*. Die meisten Bars/Cafés servieren neben Kaffee, Softdrinks und alkoholischen Getränken, Brioches, *cornetti* (Croissants), *tramezzini* (Sandwiches), *panini* (belegte Brötchen) und *spuntini* (Snacks). Wer billig essen will, bekommt in Sardiniens *alimentari* (Lebensmittelgeschäften) *panini* mit Belag nach Wahl. Eine *pasticceria* verkauft süßes Gebäck und eine *gelateria* Eis – das Beste gibt's gewöhnlich dort, wo vor dem Laden die meisten Leute stehen.

Ganze Mahlzeiten gibt es in einer Trattoria oder in einem *ristorante*. Traditionell war die *trattorie* ein Familienbetrieb mit einfachen und erschwinglichen regionalen Gerichten – und einige sind das zum Glück noch heute. *Ristoranti* bieten mehr Auswahl und gehobenen Service.

Nach dem Essen wird üblicherweise Kaffee getrunken. Wer einen leichten Schlaf hat, sollte sich jedoch nach einem späten Dinner vor dem starken Espresso hüten. Er ist auf Sardinien das Standardkaffeegetränk, das man bekommt, wenn man *un caffè* bestellt. *Doppio espresso* ist ein doppelter Espresso und *caffè americano* eine verdünnte Version. Wer seinen Kaffee mit Milch mag, hat die Qual der Wahl. *Caffè latte* – der hier zum Frühstück getrunken wird – ist Kaffee mit viel Milch, *caffè macchiato* Espresso mit einem Schuss Milch und *latte macchiato* heiße Milch mit wenig Kaffee. Cappuccino ist die aufgeschäumte Variante des *caffè latte* und *corretto* ist ein „verfeinerter“ Espresso mit einem Schuss Grappa oder einem anderen Schnaps. Manche Einheimische trinken ihn zum Fitwerden.

Nach dem Mittag- oder Abendessen würde es echten Italienern nie in den Sinn kommen, einen *caffè latte* oder Cappuccino zu bestellen. Aber natürlich gibt es kein Gesetz, das Urlaubern verbieten würde, genau das zu tun, wenn ihnen danach ist.

Tee wird auf Sardinien selten und meist mit Zitrone statt Milch getrunken. Das Leitungswasser der Insel (*acqua naturale* oder *acqua dal rubinetto*) ist nicht nur trinkbar sondern sehr gut. *Acqua minerale* (Mineralwasser) gibt es *frizzante* (mit Kohlensäure) oder *naturale* (ohne Kohlensäure).

Auf Restaurantrechnungen sind *pane e coperto* (Brot und Gedeck) aufgeführt – ein Standardposten, der auch dann berechnet wird, wenn man kein Brot bestellt oder es nicht angerührt hat. Gewöhnlich werden dafür 1 bis 4 € berechnet. Teilweise werden 10 bis 15 % *servizio* (Bedienungszuschlag) kassiert – wenn nicht, wird von den Gästen erwartet, dass sie den Rechnungsbetrag aufrunden oder 10 % Trinkgeld geben.

In sardischen Restaurantbetrieben gilt ein generelles Rauchverbot.

Vegetarier & Veganer

Vegetarier haben es auf der Insel der eingeschworenen Fleischesser nicht leicht. Vegetarische Restaurants sind hier fast unbekannt und viele der scheinbar fleischlosen Gerichte wie Risottos oder Suppen werden mit Fleischbrühe zubereitet. Veganer trifft es noch härter, da viele Speisen tierische Produkte wie Milch, Eier oder Fleischbrühe enthalten. Ein Lichtblick ist das durchweg hochwertige Gemüse, das in *antipasti* (Vorspeisen) und *contorni* (Beilagen) verarbeitet wird.

FEIERTAGE & FERIEN

Die meisten Italiener nehmen ihren Jahresurlaub im August. Dann zieht es sie aus den Städten an die Küsten oder in die angenehm kühlen Bergorte. Als eines der

Topziele für Badeurlauber am Mittelmeer ist Sardinien in dieser Zeit überlaufen. Im Juli und August strömen Hunderttausende von Italienern und Ausländern auf die Insel und auch Sardiniens Städter brechen auf zu ihren Feriendomizilen an der Küste. Folglich haben viele Geschäfte in den Städten dann für mehrere Wochen geschlossen; gewöhnlich in der Zeit um Ferragosto (Mariä Himmelfahrt) am 15. August. Auch in der Settimana Santa (Karwoche) rollt eine beachtliche Welle von Italienern über die Insel.

Italienische Schulen schließen im Sommer für drei Monate (Mitte Juni bis Mitte September), über Weihnachten für drei Wochen (gewöhnlich die zweite Dezemberhälfte plus erste Januarwoche) und um die Osterfeiertage für eine Woche.

In vielen Städten gibt es Feiertage zu Ehren von Schutzheiligen (s. S. 17). Zu den gesetzlichen Feiertagen zählen:

Capodanno (Neujahr) 1. Januar
Epifania (Heilige Drei Könige) 6. Januar
Pasqua (Ostersonntag) März/April
Pasquetta (Ostermontag) März/April
Giorno della Liberazione (Tag der Befreiung Italiens) 25. April
Festa del Lavoro (Tag der Arbeit) 1. Mai
Festa della Repubblica (Tag der Republik) 2. Juni
Ferragosto (Mariä Himmelfahrt) 15. August
Ognissanti (Allerheiligen) 1. November
Immacolata Concezione (Mariä Empfängnis) 8. Dezember
Natale (1. Weihnachtsfeiertag) 25. Dezember
Festa di Santo Stefano (2. Weihnachtsfeiertag) 26. Dezember

FESTE & EVENTS

Die Sarden feiern ihre Traditionen sehr ausgelassen mit grotesken Tierkostümen, Pferderennen und Paraden.

Die wichtigsten Feste gehen auf vorchristliche Zeiten zurück und sind an den Bauernkalender gebunden. Wie überall in der Welt wurden sie aber von der christlichen Welt übernommen, und die heidnischen Rituale wurden mit christlichen Heiligen verknüpft.

Einen vollständigen Festkalender gibt's auf S. 17.

FRAUEN UNTERWEGS

Sarden behandeln Frauen generell sehr höflich (Infos für alleinreisende Frauen s. S. 235), und es kommt sehr viel seltener zu Belästigungen als in Teilen des italienischen Festlands. Wer unfreiwillig männliche Aufmerksamkeit auf sich zieht, ignoriert diese am besten. Falls das nicht hilft, sollte man höflich darauf hinweisen, dass der *marito* (Ehemann) oder *fidanzato* (Freund) in der Nähe ist; notfalls einfach weggehen. Keinesfalls aggressiv reagieren, da dies nur zur Konfrontation führt! Wenn gar nichts hilft, Polizei oder *carabinieri* um Hilfe bitten.

Wie überall ist auch hier Vernunft der beste Schutz. So sollten Frauen nicht alleine durch menschenleere, dunkle Straßen spazieren. Außerdem sollten weibliche Reisende bei der Hotelwahl auf eine zentrale Lage achten und möglichst eine Unterkunft mit einem Restaurant fürs Abendessen in der Nähe wählen. Außerdem sollten Frauen nicht alleine trampen.

Es ist ratsam – und respektvoll –, sich im Inselinneren angemessen zu kleiden. Die Menschen hier sind sehr konservativ und ältere Frauen tragen oft noch traditionelle, lange Faltenröcke und Umhängetücher. Knappe Kleidung kann provozieren und ist taktlos. Hier sollte man sich ruhig an den Einheimischen orientieren.

GEFAHREN & ÄRGERNISSE

Die einst als Hochburg für Banditentum und Menschenraub berüchtigte Insel wird ihrem schlechten Ruf schon lange nicht mehr gerecht. Sardinien ist ein friedliches Fleckchen, und Gaunerei und Kleinkriminalität sind hier deutlich weniger verbreitet als in vielen Städten auf dem Festland. Überfälle, Taschendiebstähle per Motorrad und heimliche Zuschläge auf Hotelpreise gibt es so gut wie gar nicht. Einem reibungslosen Sardinienurlaub steht also nichts im Weg.

Diebstahl

Auch wenn Diebstahl auf Sardinien kein ernstes Problem ist, sollten auch hier die üblichen Maßnahmen beachtet werden. Ein Geldgürtel für Wertsachen (Ausweis, Bargeld, Kreditkarten) ist sicher keine schlechte Idee. Um nicht öffentlich darin kramen zu müssen, sollte man das Tagesbudget aber in der Geldbörse tragen. Wer eine Tasche oder Kamera mit sich führt, sollte den Gurt um den Körper und nicht offen zur Straße tragen. Wer am Tisch eines Straßencafés Platz nimmt, sollte seine Tasche immer im Blick behalten und sie nicht auf einem Stuhl in Straßennähe ablegen.

Wertsachen nicht offen im Hotelzimmer oder Auto zurücklassen. Im Auto lässt man am besten gar nichts und erst recht nicht über Nacht. Der Preis für einen bewachten Parkplatz lohnt sich.

Bei Diebstählen oder Verlusten sollte man innerhalb von 24 Stunden die *questura* (örtliche Polizeidienststelle) verständigen. Sie verfasst ein Protokoll, ohne das Versicherungen nicht bezahlen. Notrufnummern sind hier im Buch zu finden.

Straßenverkehr

Im Juli und August kann der Verkehr auf den Nebenstraßen die Hölle sein; genauso die Parkplatzsuche. In größeren Städten sollten Autofahrer immer ihre Umgebung im Blick haben; v. a. wenn sie langsam fahren, um Straßenschilder zu lesen oder einen Parkplatz zu suchen. Alles in allem ist Autofahren auf Sardinien längst nicht so stressig wie im restlichen Italien und die Inselbewohner halten sich meist an die Verkehrsregeln. Fußgänger sollten dennoch stets auf der Hut sein.

GELD

Auf Sardinien bezahlt man wie in Deutschland und Österreich mit Euros (€). Der Wechselkurs für Schweizer Franken steht auf der vorderen Umschlaginnenseite dieses Buches oder kann aktuell unter www.oanda.com abgefragt werden. Eine Kostenübersicht gibt's auf S. 14.

Geld wechseln kann man bei Banken, Postämtern und Wechselstuben. Am günstigsten sind grundsätzlich die Banken. Da sich die Kurse jedoch ständig ändern, kann ein Vergleich nicht schaden.

Bargeld

Geldautomaten mit Bargeld gibt es auf der ganzen Insel. Es ist also nicht nötig größere Summen mitzunehmen. Etwas Cash ist jedoch immer praktisch, denn im Inselalltag wird vieles mit Bargeld bezahlt. Kreditkarten werden nicht überall akzeptiert – z. B. in B&Bs und billigen Trattorias.

Geldautomaten

Auf Sardinien findet man problemlos überall einen Geldautomaten (Italienisch *bancomat*). Mit ihnen kommt man am einfachsten (und sichersten) an Bargeld. Die meisten akzeptieren Visa, Mastercard, Cirrus- und Maestro-Karten; immer gucken, ob das entsprechende Logo am Automaten abgebildet ist! Das Tageslimit für Barabhebungen beträgt 250 €. Es wird eine Transaktionsgebühr erhoben, die gewöhnlich um 1,5 % beträgt.

An Geldautomaten funktionieren nur Kreditkarten mit vierstelliger PIN-Nummer.

Kredit- & Bankkarten

Mit einer Plastikkarte lässt sich die Urlaubskasse am besten verwalten: Man muss keine großen Barbeträge herumschleppen und kann sie so auch nicht verlieren. Außerdem kann man mit Bank- und Kreditkarten auch außerhalb der Geschäftszeiten Geld abheben und der Wechselkurs ist oft der beste.

Die großen Karten wie Visa, Mastercard, Eurocard, Cirrus und Eurocheque werden auf Sardinien allgemein akzeptiert. Es fallen jedoch Gebühren an, die vor Abreise bei der Hausbank erfragt werden können. Die meisten Banken berechnen rund 3 % für jede Transaktion im Ausland und rund 1,5 % für Barabhebungen.

Wenn die Karte abhandenkommt oder der Automat sie nicht mehr hergibt, kann man sie unter folgenden gebührenfreien Rufnummern sperren lassen:

American Express (☎ 0049 69 9797-2000)
Mastercard (☎ 1 636 7227 111)
Visa (☎ 800 81 90 14)

oder bei der zentralen Sperr-Notrufnummer für alle deutschen Bank- und Kreditkarten: 0049 116 116.

Trinkgeld

Wenn die Bedienung in der Restaurantrechnung enthalten ist, wird kein zusätzliches Trinkgeld erwartet. Wer zufrieden war, kann natürlich trotzdem aufrunden oder etwas extra geben – 10 % sind angemessen. In Bars lassen Italiener häufig Kleingeld (0,10/0,20 €) liegen. Taxifahrern Trinkgeld zu geben, ist nicht üblich; Gepäckträger in teuren Hotels hingegen erwarten es.

INTERNETZUGANG

Obwohl der Gründer des Internetproviders Tiscali vor Kurzem noch Präsident der Region Sardinien war, sind die Internetverbindungen auf der Insel nicht gerade die besten. Internetcafés bieten den bequemsten Zugang. Es gibt sie in allen großen Touristenzentren und hier und da über die gesamte Insel verteilt (in diesem Buch aufgelistet). In Dörfern und Kleinstädten gibt es seltener Internetzugang. Die Preise sind mit durchschnittlich 5 € pro

Stunde recht hoch, und auf Sardinien ist jeder Besucher eines Internetcafés gesetzlich verpflichtet, sich auszuweisen.

Viele Hotels bieten Internet und immer mehr auch WLAN-Anschluss.

Für Laptops oder Palmtops gibt's in vielen Mittel- und Spitzenklassehotels Dataports für die Gäste.

Die italienischen Telefongesellschaften **Telecom Italia** (www.tim.it, auf Italienisch) und **Wind** (www.wind.it, auf Italienisch) bieten Drahtlosverbindungen übers Handynetz, die jedoch mit 25 € pro Monat (bei einer Mindestlaufzeit von zwölf Monaten) nicht ganz billig sind.

KARTEN & STADTPLÄNE

Die besten Straßenkarten für Sardinien bieten Michelin (1:200 000; 7 €) und der Touring Club Italiano (1:200 000; 7 €). Regionalkarten gibt's außerdem von Istituto Geografico de Agostini (1:130 000; 7,50 €), Belletti Editore (1:300 000; 6 €) und Litografia Artistica Cartografica (1:250 000; 7,50 €). Wanderkarten und sonstige Spezialkarten kann man schon vor der Reise online beim **Sardinien-Shop** (www.sardinienshop.de) beziehen.

Die Stadtpläne in diesem Buch in Kombination mit denen der Touristeninformationen sind in der Regel vollkommen ausreichend. Detailliertere Pläne gibt es in Buchhandlungen in Cagliari, Olbia und Alghero. Die besten Karten von Cagliari, Nuoro, Oristano und Sassari in großem Maßstab veröffentlicht Litografia Artistica Cartografica. Belletti Editore verkauft Pläne für Alghero (1:5000; 6 €) und die Costa Smeralda & Olbia (1:8000; 6 €). Diese Pläne bietet auch das Studio FMB Bologna, das außerdem die Straßenkarte Nord Sardegna (1:170 000; 7 €) herausgibt.

KINDER

Wie alle Italiener vergöttern auch die Sarden ihren Nachwuchs. Kinder sind fast überall willkommen und in den häufig sehr familienfreundlichen Küstenorten kommen sie gewiss nicht zu kurz. Abseits der Tourismushochburgen, in größeren Städten und im Inneren der Insel gibt es weniger Angebote für Kids.

Essen mit Kindern

Essengehen mit Kindern ist auf Sardinien relativ stressfrei möglich. Vor allem in den Hotelrestaurants der Badeorte sind die lieben Kleinen willkommen. Es gibt dabei nur wenige Dinge, die man falsch machen kann, auch wenn Einheimische mit ihrem Nachwuchs eher in den beliebten Trattorias essen und man in den teureren Etablissements selten auf Familien trifft. Spezielle Angebote für Kinder sind nicht verbreitet, dafür erfüllen die meisten Lokale gerne Sonderwünsche ihrer jungen Kundschaft and servieren *mezzo porzione* (halbe Portionen). In manchen Restaurants gibt's *seggioloni* (Hochstühle), es ist aber ratsam, sich vorher darüber zu informieren.

Praktisch & Konkret

Für Kinder gibt es Ermäßigungen bei öffentlichen Verkehrsmitteln und Sehenswürdigkeiten. Züge und Fähren sind für Kinder bis vier Jahre generell kostenlos, allerdings haben sie dann kein Anrecht auf einen eigenen Sitz- oder Kabinenplatz; zwischen vier und zwölf Jahren fahren sie gewöhnlich zum halben Preis. Sardische Züge sind selten voll, doch in der Hauptsaison ist es ratsam, Sitzplätze zu reservieren. Für Mietfahrzeuge müssen Kindersitze im Voraus gebucht werden.

Milchpulver und Babynahrung gibt's in jeder *farmacie*, wo auch Lösungen zum Sterilisieren (z. B. Milton) und Einmalwindeln zu haben sind. Letztere gibt's auch in Supermärkten in größerer Auswahl. Nicht vergessen: Die Öffnungszeiten können von denen im Heimatland abweichen, und wenn am Samstagabend die Windeln ausgehen, ist der Sonntag im Eimer.

Frische Milch wird in Halbliter- und Literkartons in Supermärkten, *alimentari* (Lebensmittelhandlungen) und in einigen Bars verkauft. Da die meisten allerdings um 20 Uhr schließen, ist eine Notfallpackung *lungo conservazione* (H-Milch) keine schlechte Idee, wenn man auf Milch angewiesen ist.

Praktische Tipps für die Reiseplanung bieten Lonely Planets *Travel with Children* oder der Kinderreiseführer *Italien für Kinder: Spiel, Spaß, Wissenswertes* von Anita van Saan. Die Internetseite http://urlaub.kinder.de bietet allgemeine Reiseinfos und Unterkünfte, wenn auch nicht speziell für Sardinien. **Tots Too** (www.totstoo.com, auf Englisch) ist eine Onlineagentur, die sich auf kinderfreundlichen Luxusurlaub spezialisiert hat.

Sehenswertes & Aktivitäten

Ein rundum gelungener Urlaub mit Kindern erfordert normalerweise etwas mehr Engagement. Man sollte bei der Planung aber lieber nicht übertreiben und sich Aktivitäten vornehmen, die den Nachwuchs mit einbeziehen – je nach Alter kann vielleicht schon gemeinsam geplant werden. Wer ausreichend Zeit zum Spielen veranschlagt, z. B. durch einen einstündigen Abstecher auf einen Spielplatz, wird beim Sightseeing am Nachmittag oft auch geduldigere Kinder haben.

Mit einem Strandnachmittag liegt man immer richtig. Sardinien bietet einige der längsten Sandstrände des Mittelmeers und klares, warmes Wasser. Ältere Kinder können diverse Wassersportarten ausprobieren, vor allem in Porto Pollo (S. 192) und den familienfreundlichen Resorts Cannigione (S. 191) und Cala Gonone (S. 228). Wer nicht seekrank wird, kann einen Bootstrip entlang der Küste unternehmen. Die beliebtesten führen zu spektakulären Meereshöhlen wie der Grotta di Nettuno (S. 174) bei Alghero oder der Grotta del Bue Marino (s. Kasten S. 229) in Cala Gonone.

Abseits der Küste könnten ein Ausritt durch die Provinz Oristano (s. S. 119 und S. 126) oder eine Fahrt mit dem Touristenzug *trenino verde* (s. S. 77) für Abwechslung sorgen.

Viele Resorthotels bieten ausgezeichnete Einrichtungen für Kinder; häufig auch spezielle Programme und einen Babysitterservice, damit Eltern auch mal einen Abend ohne ihre Sprösslinge genießen können.

KLIMA

Auf Sardinien herrscht ein mildes Mittelmeerklima mit trockenen, heißen Sommern und milden Wintern mit relativ wenig Niederschlag. Die Klimabedingungen sind jedoch auch abhängig vom Aufenthaltsort auf der Insel. Am schönsten ist das Wetter gewöhnlich an der Küste. Die exponierte und näher an Nordafrika gelegene Süd- und Westküste bietet die höheren Temperaturen. Das Wetter an der vom Gennargentu-Gebirge abgeschirmten Ostküste ist unbeständiger.

Im Inneren der Insel sieht es anders aus. Die Sommertage sind heiß und trocken. In höheren Lagen kann es allerdings überraschend frisch werden und abends sogar richtig kalt. Auf den höchsten Gipfeln fällt reichlich Schnee – meist im Januar. Regen fällt v. a. im Frühjahr und Herbst.

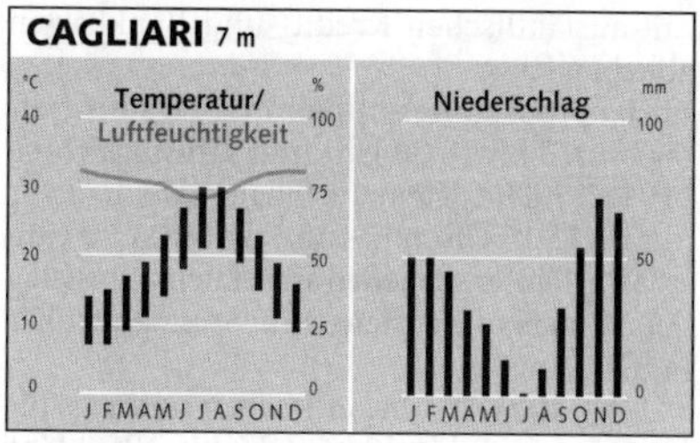

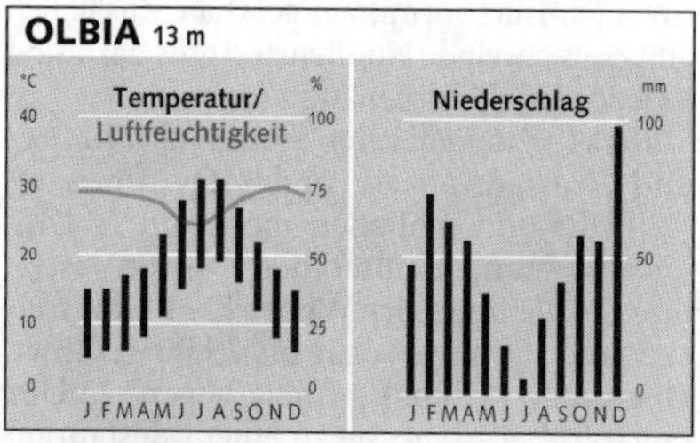

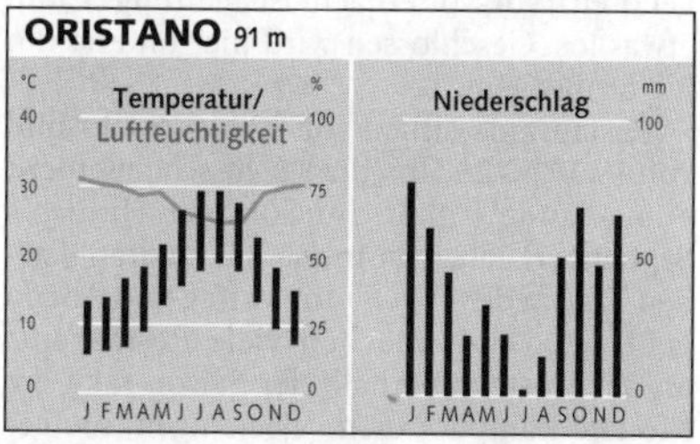

Tipps zur besten Reisezeit auf der Insel stehen auf S. 13.

ÖFFNUNGSZEITEN

Generell haben die Geschäfte auf Sardinien montags bis samstags von 9 bis 16 Uhr geöffnet. In vielen Touristenzentren bleiben sie im Sommer länger geöffnet, zum Teil bis 23 Uhr. Die Mittagspause dauert 3 bis 5 Stunden.

In den großen Städten machen die meisten Kaufhäuser und einige Supermärkte keine Mittagspause; sie öffnen montags bis samstags von 9 (manchmal 10) bis 19.30 Uhr und manche sogar sonntags von 9 bis 13 Uhr. Lebensmittelläden bleiben häufig Donnerstag nachmittags und einige andere Geschäfte Montag morgens geschlossen.

Die Öffnungszeiten von Banken sind normalerweise Montag bis Freitag von 8.30 bis 13.30 und 14.45 bis 16.30 Uhr. Die meisten Filialen bieten Geldautomaten, bei denen man mit ausländischen Kredit- und Bankkarten abheben kann.

Hauptpostämter öffnen montags bis freitags von 8 bis 18.50 Uhr und samstags von 8 bis 13.15 Uhr. Kleinere Filialen wochentags nur bis 13.15 Uhr und samstags bis 11.50 Uhr. Alle Postämter schließen am letzten Arbeitstag des Monats mindestens zwei Stunden früher (außer samstags).

Farmacie (Apotheken) haben montags bis freitags von 9 bis 13 und 16 bis 19.30 Uhr sowie Samstag vormittags geöffnet. Zusätzlich gibt es wechselnde Notdienste; Infos dazu sind in jeder Filiale ausgehängt.

Bars (im italienischen Sinne – also Kaffee- und Croissant-Lokale) und Cafés öffnen um 7.30 Uhr und schließen meist um 20 Uhr. Die Nachteulen unter den Wirten lassen ihre Lokale unter der Woche bis 1 Uhr, freitags und samstags sogar bis 2 Uhr geöffnet. *Discoteche* (Clubs) öffnen gegen 22 Uhr (auch früher, wenn sie zu einem Restaurant gehören), vor Mitternacht ist allerdings kaum etwas los. Geschlossen wird hier oft erst um 5 Uhr morgens.

Restaurants öffnen von 12 bis 15 Uhr und von 19.30 bis 23 Uhr; die Küche schließt meist eine Stunde früher. Im Sommer (Juni bis September) haben die meisten Restaurants sieben Tage in der Woche am Mittag und Abend geöffnet. Dafür machen viele Restaurants an der Küste außerhalb der Saison mehrere Monate komplett dicht. Diejenigen, die geöffnet bleiben, legen meist einen Ruhetag pro Woche ein.

Die Öffnungszeiten von Museen, Galerien und archäologischen Stätten sind sehr unterschiedlich. Oft haben Museen montags geschlossen, zwischen Juni und September verzichten jedoch viele auf einen Ruhetag. Außerhalb der Saison werden die Öffnungszeiten stark gekürzt und entlegenere Sehenswürdigkeiten schließen oft ganz. Die Winteröffnungszeiten gelten von November bis Ende März/Anfang April.

POST

Die italienische – und damit auch sardische – **Post** (☎ 803 160; www.poste.it) ist nicht gerade die effizienteste, hat sich jedoch in den letzten Jahren verbessert. Leider macht die Distanz zwischen Sardinien und dem Festland die Sache nicht besser.

Briefmarken *(francobolli)* gibt's in Postämtern und Tabakgeschäften *(tabacchi)*. Letztere sind an ihrem offiziellen Symbol – einem großen, weißen „T" vor schwarzem Hintergrund – zu erkennen. Da Briefe eigentlich gewogen werden müssen, bezahlt man hier nicht immer die genaue offizielle Luftpostgebühr für internationale Sendungen.

Per Standardservice *(posta prioritaria)* kostet ein 20 g schwerer Brief innerhalb von Europa (Zone 1) 0,65 €, in die USA (Zone 2) 0,85 € und nach Australien oder Neuseeland (Zone 3) 1 €. Die etwas schnelleren *posta raccomandata* (Einschreiben) kosten 3,45/3,65/3,80 €. Als *posta assicurato* (Wertbrief) deklarierte Briefe kosten 18,45 € Porto und sind bis 3000 € versichert.

RECHTSFRAGEN

Wer keinen Diebstahl melden muss, wird mit den sardischen Gesetzeshütern in aller Regel nicht viel zu tun haben.

Die Polizei gliedert sich in drei große Abteilungen: die *polizia* in dunkelblauen Jacken, die *carabinieri* in schwarzer Uniform mit roten Streifen und die grau gekleidete *guardia di finanza,* die für Steuerhinterziehung und Drogenschmuggel zuständig ist. Wer in Schwierigkeiten gerät, wird am ehesten mit der *polizia* oder den *carabinieri* zu tun haben. Für Strafzettel ist eine vierte Einheit zuständig: die örtliche *vigili urbani* (Verkehrspolizei).

Wer einer Straftat bezichtigt wird, muss innerhalb von 24 Stunden mündlich und schriftlich über die Vorwürfe informiert werden. Verdächtige haben bei einer Verhaftung kein Recht zu telefonieren, können jedoch bis zum Eintreffen eines Anwalts jegliche Auskünfte verweigern. Bei Kapitalverbrechen können Verdächtige ohne Prozess bis zu zwei Jahre festgehalten werden.

Seit Februar 2006 gilt in Italien ein strenges Antidrogengesetz, das nicht mehr zwischen harten und weichen Drogen unterscheidet. Somit steht Cannabis auf einer Stufe mit Kokain, Heroin und Ecstasy. Wer mit einer Menge erwischt wird, die die Polizei nicht mehr als Eigenbedarf einstuft, riskiert bis zu 260 000 € Geldstrafe oder 6 bis 20 Jahre Gefängnis.

Das Limit für Alkohol am Steuer liegt bei 0,5 Promille. Als Reaktion auf eine Reihe dramatischer Unfälle 2007 starteten kürzlich die Behörden eine Kampagne gegen Alkohol am Steuer. Stichprobenartige Kontrollen sind nicht ungewöhnlich und derzeit erprobt die italienische Polizei bei diesen Kontrollen auch Drogentests.

REISEN MIT BEHINDERUNG

Sardinien ist auf Reisende mit Behinderungen nicht allzu gut eingestellt. Museen und Denkmäler sind selten rollstuhlgerecht. Eine löbliche Ausnahme ist das Museo Archeologico Nazionale von Cagliari.

Nach europäischem Gesetz sind Flughäfen dazu verpflichtet, Passagieren mit Behinderung Hilfe zu gewähren. Wer also unterwegs oder bei Ankunft Hilfe benötigt, sollte dies beim Ticketkauf angeben. Die Airline leitet diese Infos dann an den Flughafen weiter. Informationen zum Serviceangebot der beiden Flughäfen in Rom gibt's online unter www.adrassistance.it, nur auf Italienisch.

Wer Unterstützung bei Bahnreisen benötigt, kann sich an Trenitalia wenden; die Servicenummer ☎ 199 30 30 60 ist täglich zwischen 7 und 21 Uhr erreichbar.

Die Auslandsfilialen der italienischen Tourismusbehörde kennen Adressen italienischer Behindertenverbände und informieren über die Hilfsangebote.

Unter www.reiselinks.de/behinderten reisen.html finden sich zahlreiche Anbieter spezieller Behindertenreisen in verschiedene Länder.

Folgende Organisationen helfen gerne weiter:

Accessible Italy (☎ 378 94 11 11; www.accessibleitaly.com) In San Marino ansässiges Unternehmen, das auf Behindertenreisen spezialisiert ist (von Touren bis zur Vermietung behindertengerechter Autos).

Associazione Italiana Assistenza Spastici (☎ 070 37 9101; www.aiasnazionale.it, auf Italienisch; Viale Poetto 312, Cagliari) Die Seite der italienischen Spastikerhilfe mit Niederlassung in Cagliari.

Lonely Planet (www.lonelyplanet.com) Im Thorn Tree Forum gibt es auch einen Bereich für Reisende mit Behinderungen.

Reiseservice des BSK (☎ 06294 4281 50; www.bsk-ev.org) Gemeinnütziger Verband, der Reiseangebote für Behinderte sowie Tipps und Information rund ums Reisen mit Behinderung bietet.

SCHWULE & LESBEN

Diskretion ist alles. Obwohl Homosexualität legal ist (mündig wird man mit 16), ist Sardinien kein zweites Mykonos und recht konservativ eingestellt. Es gibt auf der Insel keine offene Schwulenszene und Zärtlichkeiten zwischen gleichgeschlechtlichen Partnern können als provokant empfunden werden, v. a. im ländlichen Inselinneren. Nur in den beiden größten Städten Sassari und Cagliari beginnt sich das derzeit etwas zu ändern.

Die wichtigste Schwulenorganisation ist **Movimento Omosessuale Sardo** (079 21 90 24; www.movimentomosessualesardo.org, auf Italienisch; Via Rockfeller 16/c) in Sassari. Auch Cagliaris **Associazione Arc** (Via Leopardi 3) und der nationale Schwulenverband **Arcigay** (www.arcigay.it/Sardegna, auf Italienisch) sind hilfreiche Anlaufstellen.

Online bietet die mehrsprachige Website www.ourakcha.com weltweite Reisetipps für Schwule.

SHOPPEN

Trotz der lebendigen Tradition im Kunsthandwerksgewerbe ist die Insel als Shoppingziel nicht besonders interessant. Die besten Geschäfte und Feinkostläden gibt es in den Urlaubsorten. Sie sind aber oft unverschämt teuer.

Faire Preise und hohe Qualität bieten hingegen die Geschäfte des Istituto Sardo Organizzazione Lavoro Artigiano (ISOLA). Als offizieller Förderer des traditionellen Handwerks beglaubigt das Institut die Echtheit aller angebotenen Stücke. Es hat Verkaufsstellen in vielen sardischen Städten, die zum Teil auch in diesem Reiseführer genannt sind.

Die einzelnen Regionen sind jeweils für ein ganz bestimmtes Handwerk berühmt. So flechten die Frauen in der Gegend von Castelsardo bis heute traditionelle Körbe aus Zwergpalmenblättern, Affodill-, Binsen-, Weidenzweigen. Aggius und Tempio Pausania sind bekannt für ihre Baumwollindustrie und produzieren Wollteppiche mit traditionellen geometrischen Mustern. Aus Kork werden v. a. in der nördlichen Gallura-Region alle erdenklichen Souvenirs hergestellt und in Nuoro gibt's an jeder Straßenecke Festmasken zu kaufen.

Auch die Töpferkunst spielt in der sardischen Geschichte eine große Rolle. Farbkombinationen und Muster der Töpferwaren sind recht einfach gehalten und das schlichte Blauweiß verleiht den Gefäßen einen griechischen Touch. Da die meisten Touristen im Nordwesten und Nordosten Urlaub machen, findet man die besten Geschäfte an der Costa Smeralda und in Städten wie Santa Teresa di Gallura und Alghero.

Die beiden Städte haben auch eine lange Tradition in der Herstellung von Korallenschmuck. Der hochwertige und streng kontrollierte Rohstoff für dieses Handwerk kommt von der Riviera del Corallo vor Alghero. Häufig werden die Korallen mit den exklusiven *filigrana* (Filigranarbeiten) kombiniert, für die Sardinien so berühmt. Bei regionalen Festen tragen sardische Frauen den reichen Korallenschmuck. Die *filigrana* kauft man am besten in Cagliari oder Alghero.

Sardiniens Männer sind sich einig: Die handgefertigten Taschenmesser sind die besten Erzeugnisse der Insel. Vor allem in Pattada und Arbus werden sie von den letzten Meistern dieses Handwerkszweigs hergestellt. Weitere Informationen siehe Kasten auf S. 154.

TELEFON

Handys

Italien gehört zu den Ländern mit der höchsten Handyverbreitung der Welt – und Sardinien ist keine Ausnahme. Selbst Schafhirten in der tiefsten Einsamkeit haben oft ein Handy dabei, um mit dem heimischen Hof in Verbindung zu bleiben.

Mobiltelefone nutzen das europäische GSM-900/1800-Netz; die Geräte aus anderen europäischen Ländern funktionieren also auch hier.

Wer ein GSM-, Dual- oder Tri-Band-Handy ohne SIM-Lock besitzt (beim Provider erfragen), kann eine italienische *prepagato-* (Prepaid-) Karte nutzen. SIM-Karten verkaufen die inselweit vertretenen Anbieter **TIM** (www.tim.it), **Wind** (www.wind.it) und **Vodafone** (www.vodafone.it). Aufladen kann man die Karten in den Filialen dieser Firmen oder mit einer *ricarica* (Guthabenkarte) vom nächsten *tabacchi*. Die Gebühren variieren je nach Angebot, liegen jedoch für Anrufe ins italienische Festnetz meist um 0,20 € pro Minute und für innereuropäische Verbindungen bei 0,50 bis 3 €.

Beim Kauf der Karten wird manchmal ein Ausweis verlangt.

Münz- & Kartentelefone

Durch die übermächtige Konkurrenz des *cellulare* (Mobiltelefons) werden die öffentlichen Fernsprecher der Telecom Italia immer seltener. An Bahnhöfen und in einigen Bars sind die silberfarbenen Apparate noch zu finden, doch sie sind längst nicht mehr so verbreitet wie früher. Die meisten funktionieren ausschließlich mit *schede telefoniche* (Telefonkarten), einige aber auch mit Münzen oder sogar mit Kreditkarte.

Telefonkarten gibt's in Tabakgeschäften und an Zeitungsständen (meist für 2,50, 5 oder 10 €). Vor Benutzung muss man die perforierte Ecke abbrechen.

Eine günstige Alternative sind die billigen Telefonläden, die in einigen sardischen Großstädten zu finden sind und häufig auch Internet bieten.

Die Auskunft ist unter ☎ 12 54 erreichbar.

Vorwahlen

Die italienische Landesvorwahl ist ☎ 39. Handynummern beginnen mit einer dreistelligen Vorwahl wie 330 oder 339; *numeri verdi* (gebührenfreie Nummern) mit 800 und landesweite Rufnummern mit 848 oder 199.

Alle italienischen Telefonnummern enthalten eine Ortsvorwahl, die auch bei Ortsgesprächen gewählt werden muss.

Internationale Gespräche sind an Fernsprechern oder in Telefonläden problemlos möglich. Wer einen Teilnehmer außerhalb Italiens anrufen möchte, muss zunächst ☎ 00 wählen. Dann folgen Landes- und Ortsvorwahl und schließlich die Rufnummer.

TOURISTENINFORMATION

Touristinformationen gibt es überall auf Sardinien, allerdings sind nicht alle gleich hilfreich. Manche haben engagierte und geduldige Mitarbeiter, die Fragen gerne beantworten und Reisende mit nützlichen Infos regelrecht überhäufen. In anderen sitzen unmotivierte Bürokraten, die nicht helfen wollen oder können. Allgemein kann man sagen, dass die großen Ferienzentren wie Alghero, Cala Gonone, Santa Teresa di Gallura und Villasimius sehr effiziente Touristeninformationen bieten, in denen auch Englisch gesprochen wird.

Neben den „offiziellen", gibt es auch zahllose private Agenturen, die neben Infos auch Touren und Unterkünfte anbieten. In manchen Fällen sind sie sogar hilfreicher als die offiziellen Stellen (und stehen dann auch in diesem Reiseführer).

Wie alles, was sich auf der regionalen Verwaltungsebene abspielt, sind auch die sardischen Touristeninformationen politisch ziemlich kompliziert. Der Einfachheit halber bezeichnen wir in diesem Buch alle Büros als „Touristeninformationen", obwohl sie offiziell weit kompliziertere Titel tragen – je nachdem welchem Dachverband sie unterstehen und wer sie finanziert: Region, Provinz oder Gemeinde.

Büros der Azienda Autonoma di Soggiorno e Turismo (AAST) informieren über örtliche Fragen wie Busfahrpläne oder Museumsöffnungszeiten. Die Einrichtungen von Azienda di Promozione Turistica (APT) oder Ente Provinciale per il Turismo (EPT) bieten ebenfalls Infos zur jeweiligen Stadt, aber auch über die betreffende Provinz. In Kleinstädten und Dörfern gibt es gewöhnlich nur die Pro Loco der Gemeinde, die nur mit begrenzten Lokalinfos dienen kann.

Touristeninformationen haben normalerweise von Montag bis Freitag zwischen 9 und 12.30 oder 13 Uhr sowie von 16 bis 18 Uhr geöffnet, im Sommer aber meist länger. Einige öffnen dann sogar samstags und sonntags. Die meisten Büros beantworten auch telefonische oder schriftliche Anfragen.

Hervorragende Informationen gibt's auch im Internet unter www.sardegnaturismo.it (auch auf Deutsch) oder auf der Website des **Italienischen Fremdenverkehrsamts** (ENIT; www.enit.it, auch auf Deutsch).

UNTERKUNFT

Die schlechte Nachricht zuerst: Zimmer auf Sardinien sind zum Teil unverschämt teuer. Hotelresorts an der Costa Smeralda und in Santa Margherita di Pula verlangen Preise, die – zumindest im Sommer – absolut unbezahlbar sind, wenn man nicht gerade ein russischer Oligarch ist.

Die gute Nachricht lautet aber: Es gibt auch zahlreiche preiswerte Unterkünfte – viele günstige Ferienzentren, einfache Hotels und immer mehr B&Bs. Im Inselinneren findet man zahlreiche *agriturismi* (Unterkünfte in Bauernhöfen), von denen viele ein sehr gutes Preis-Leistungs-Verhältnis bieten.

Allgemein gilt, dass die Zimmer günstiger werden, je weiter man sich von der Küste entfernt. Schon eine Distanz zum Meer von 5 km kann sich entscheidend auf die Preise auswirken. Außerhalb der Sommersaison (Juli und August) und der Osterfeiertage fallen die Preise generell um bis zu 50 %.

In diesem Reiseführer verwenden wir die Kategorien Budgetunterkunft (unter 80 € für ein Doppelzimmer in der Hauptsaison), Mittelklassehotel (80–140 €) und Spitzenklassehotel (ab 140 € aufwärts). Sofern nicht anders angegeben, handelt es sich immer um Zimmer mit Bad. In der Spitzensaison (August) bieten viele Unterkünfte nur Halbpension (Zimmer, Frühstück und Abendessen). In diesen Fällen haben wir Haupt- und Nebensaisonpreise pro Person angegeben, ansonsten Mindest- und Höchstpreise für die Hauptsaison. Wenn nicht anders vermerkt, ist das Frühstück in den Zimmerpreisen enthalten.

In der Hauptsaison (Mitte Juni bis Ende August) geht ohne rechtzeitige Reservierung gar nichts. Die Preise steigen jährlich um 5 bis 10 %. In der Nebensaison fallen sie um 30 bis 40 %.

Im Winter (November bis Ostern) sind viele Hotels geschlossen – vor allem am Meer. In den größeren Städten bleiben die meisten Unterkünfte ganzjährig geöffnet. Außerhalb der Saison sollte es kein Problem sein, ein Zimmer zu finden.

Anders als auf dem italienischen Festland verlangen normale Hotels selten eine schriftliche Reservierungsbestätigung; die populären Resorthotels hingegen schon. Oft muss man auch eine Kreditkartennummer hinterlegen oder eine Anzahlung leisten.

Sardegna Turismo (www.sardegnaturismo.it) bietet inselweite Unterkunftsverzeichnisse.

Agriturismi & B&Bs

Ein Zimmer in einem *agriturismo* (Urlaubsbauernhof) ist eine hervorragende Möglichkeit, das ländliche Sardinien kennenzulernen. Ursprünglich handelte es sich dabei um normale Bauernhöfe mit einem oder zwei Gästezimmern. Einige sind das bis heute geblieben. Viele haben sich aber zu gehobenen ländlichen Ferienzentren entwickelt, auch wenn das sardische Gesetz immer noch vorschreibt, dass die in einem *agriturismo* servierten Speisen zum größten Teil aus eigener Produktion stammen müssen. Die *agriturismi* sind ideal für Familien mit kleinen

UNTERKÜNFTE ONLINE BUCHEN

Auf www.lonelyplanet.com/hotels gibt's noch mehr Tipps zu Unterkünften und Empfehlungen unserer Autoren. Hier stehen echte Insiderinfos, ausführliche Beschreibungen und unabhängige Beurteilungen – und das beste: Die Hotels kann man gleich online buchen.

Kindern (meist gibt's einen großen Garten zum Spielen und Toben), für Gourmets (viele bieten Mittag- und/oder Abendessen) und für alle, die nicht auf den ausgetretenen Pfaden wandeln wollen (viele *agriturismi* liegen mitten im Grünen an einsamen Feldwegen). Der einzige Haken ist die schlechte Erreichbarkeit. Ohne eigenes Fahrzeug ist kaum etwas zu machen.

Websites mit hilfreichen Infos sind z. B. www.agriturismodisardegna.it mit Verzeichnissen und aktuellen Preisen; www.sardiniapoint.it (auch auf Deutsch); www.tuttoagriturismo.net und www.sardegnaturismo.it (auch auf Deutsch).

Eine ebenfalls beliebte Alternative – besonders in Cagliari, Sassari und Alghero – sind B&Bs. Vor allem im Vergleich zu den örtlichen Hotels sind sie meist recht günstig. Es gibt zwar keine inselweite Dachorganisation, die Touristeninformationen können aber in der Regel mit Kontaktinfos dienen. Für Cagliari bietet **Domus Karalitanae** (www.domuskaralitanae.it) ein vollständiges Verzeichnis. Online-Verzeichnisse gibt's unter www.bed-and-breakfast.it (auch auf Deutsch).

Pro Person und Nacht zahlt man im B&B durchschnittlich 25 bis 40 €.

Camping

Bei den schwindelerregenden Preisen der Küstenhotels im Juli und August ist ein Campingurlaub eine interessante Alternative – und Sardinien hat Campern einiges zu bieten. Die meisten Campingplätze sind beeindruckende Anlagen mit Stellplätzen, Bungalows, Pools, Restaurants und Supermärkten.

Zu Spitzenzeiten – v. a. im August – sind allerdings selbst die einfachsten Plätze erschreckend teuer. Ein Erwachsener zahlt einen Grundpreis von 10 bis 20 €; Stellplatz, Parkplatz, Duschen und Strom kosten extra. Die hier angegebenen Preise beziehen sich auf die Hauptsaison.

Auf den meisten Plätzen braucht man Stellplätze nicht zu reservieren. Wer einen Bungalow möchte, sollte für Juli und August – wie bei Hotelzimmern – rechtzeitig buchen. Ein Bungalow für zwei Personen kostet pro Nacht 60 bis 100 €.

Die meisten Campingplätze sind nur in der Saison geöffnet; also etwa von April bis Oktober (zum Teil auch nur von Juni bis September).

Freies Campen ist generell nicht gestattet. Außerhalb der Sommersaison und abseits der großen Resorts wird es trotzdem manchmal toleriert, wenn man keinen Lärm und kein Feuer macht. Auf Privatgrundstücken sollte man aber unbedingt die Zustimmung des Eigentümers einholen.

Der Touring Club Italiano (TCI) veröffentlicht jedes Jahr den Campingführer *Campeggi e Villaggi Turistici* (20 €) und das Istituto Geografico de Agostini die ebenfalls jährlich erscheinende *Guida ai Campeggi in Europa*, zusammen mit der *Guida ai Campeggi in Italia* (21 €). Campingverzeichnisse gibt's auch bei den örtlichen Touristeninformationen oder online unter www.campeggi.com, www.camping.it oder www.touringclub.it.

Ferienhäuser & -wohnungen

Die Suche nach Ferienhäusern oder -wohnungen ist mitunter schwierig und zeitaufwendig. Meist bekommt man *affittacamere* (Privatzimmer) nur über Touristeninformationen; einige stehen aber auch in den Hotelführern. Im Norden sind sie verbreiteter als andernorts auf der Insel.

Die Touristeninformationen und unzählige Mietagenturen führen Verzeichnisse der verfügbaren Apartments und Ferienhäuser in Urlauberzentren wie Santa Teresa di Gallura, Stintino und Alghero. Mietagenturen sind unter anderem:

Ferien in Sardinien (www.ferien-in-sardinien.com, auf Deutsch) Deutscher Anbieter mit vielen verschiedenen Unterkünften.

Private Ferienwohnungen (www.sardinien-private-ferienwohnungen.com, auf Deutsch) Deutsche Website einer gebürtigen Sardin mit Privatunterkünften auf der ganzen Insel.

Sardegna GmbH (www.sardinien.de) Deutscher Sardinien-Reiseveranstalter mit Ferienwohnungen im Norden und Süden der Insel.

Costa Smeralda Holidays (www.costasmeralda-holidays.com) Schicke Villen an der Costa Smeralda.

Cottages to Castles (www.cottagestocastles.com) Immobilien an der Costa Rei.

GULP (www.gulpimmobiliare.it, auf Italienisch) Immobilien im Nordosten.

Hostels

Ostelli per la gioventù (Jugendherbergen), von denen es auf Sardinien nur fünf Stück gibt, unterstehen dem **Italienischen Hostelverband** (Associazione Italiana Alberghi per la Gioventù; ☎ 06 487

11 52; www.ostellionline.org, www.aighostels.com; Via Cavour 44, Rom), der an **Hostelling International** (HI; www.hihostels.com) angegliedert ist. Man braucht eine HI-Karte (18 €), um hier zu übernachten – für eine Sardinienreise allein lohnt sich die Mitgliedschaft aber kaum.

Ein Bett im Schlafsaal mit Frühstück kostet 3 bis 18 €. Alle Hostels bieten auch Privatzimmer für rund 20 € pro Person; ein Essen kostet etwa 10 €.

In den meisten Hostels findet man zwischen 10 und 15.30 Uhr keinen Ansprechpartner. Check-in ist von 18 bis 22.30 Uhr. Gewöhnlich können Gäste aber auch morgens vor Rezeptionsschluss noch einchecken (vorher bestätigen lassen!). Wenn man nicht vor 9 Uhr am Abreisetag bezahlt, wird u. U. eine weitere Nacht in Rechnung gestellt.

Hotels & Pensionen

Die Unterschiede zwischen *pensione* (Gasthaus) und *albergo* (Hotel) sind eigentlich kaum erkennbar. Eine *pensione* ist in der Regel ein Familienbetrieb und mit einem bis drei Sternen ausgezeichnet, ein *albergo* kann bis zu fünf Sterne haben. Ganz innovativ ist ein *albergo diffuso*, ein Hotel in einer historischen Altstadt, das mehrere *palazzi* umfasst.

Die Qualität schwankt enorm und das offizielle Sternesystem bietet nur vage Anhaltspunkte. Hotels oder *pensioni* mit einem Stern sind sehr einfach und haben meist nur ein paar Zimmer mit Bad. Der Standard der Zwei-Sterne-Unterkünfte ist oft kaum besser, doch hier haben alle Zimmer ein eigenes Bad. Hotels mit drei Sternen bieten in der Regel ein ganz annehmbares Niveau und bei vier oder fünf Sternen gibt's Zimmerservice, Wäscherei, Parkplätze und Internet.

Das „Charme e Relax"-Symbol garantiert Komfort und Ambiente. Dieser italienische Verband hat sich auf kleine bis mittlere Hotels spezialisiert, die meist in außergewöhnlichen Gebäuden (Klöster, Schlösser, alte Gasthäuser usw.) untergebracht sind oder an besonderen Orten liegen. Diese Unterkünfte bieten hervorragenden Standard und professionellen Service.

Sardische Hotels sind generell nicht sonderlich aufregend, denn bis in die 1960er-Jahre gab es nur sehr wenige. Die Chancen, in einem charmanten, alten Haus unterzukommen, stehen also schlecht. Ein *Albergo diffuso* bietet ein schönes Ambiente; ansonsten sind die meisten Hotels moderne, phantasielose Kästen, die nur durch ihre Lage (in Küstennähe) und Ausstattung punkten können. Zum Glück sind richtig miese Absteigen noch seltener.

Die Touristeninformationen haben Broschüren über alle örtlichen Unterkünfte mit Preisen.

Resorts

Einige der besten Plätze an Sardiniens Küste haben große Ferienanlagen in Beschlag genommen, die gewöhnlich vier oder fünf Sterne haben. Sie sind zum Teil gigantisch groß – Forte Village an der Südwestküste umfasst 25 000 ha und sieben einzelne Hotels – und bieten meist Restaurants, Pools, Einkaufszentren, Fitnessanlagen und an der Costa Smeralda auch Marinas.

Leider sind die Preise genauso überwältigend wie die Anlagen selbst. Forte Village oder Is Morus an der Südwestküste sowie die großen Starwood-Hotels an der Costa Smeralda verlangen für ein normales Doppelzimmer 1500 € pro Nacht.

Inmitten dieser Luxusbastionen finden sich aber auch erschwinglichere Resorts, vor allem um Villasimius an der Südwestküste, bei Cannigione und Baia Sardinia an der Nordostküste sowie bei Pula und Chia an der Südwestküste. Mit ihrem breiten Angebot an Aktivitäten und Einrichtungen eignen sie sich besonders für Familien.

VERSICHERUNG

Eine Reiseversicherung, die Diebstahl, Verluste und medizinische Versorgung abdeckt, ist dringend zu empfehlen. Manche Versicherungen decken auch Kosten für Reiserücktritte oder -verzögerungen ab. Bei Bezahlung des Flugtickets mit Kreditkarte ist oft eine begrenzte Reiseunfallversicherung enthalten. Außerdem kann man eine Entschädigung fordern, wenn der Veranstalter seine Leistung nicht erbringt.

Die zahlreichen Policen auf dem Markt variieren sehr stark. Man sollte darauf achten, dass sie den individuellen Anforderungen entsprechen. Wichtige Fragen sind u. a.:

- Sind „gefährliche Aktivitäten" (wie Tauchen, Motorradfahren oder Trekking) abgedeckt?
- Werden vor Ort regionale Motorradführerscheine anerkannt?
- Sind Kranken- und Rücktransporte enthalten?

Es kann sinnvoll sein, eine Police zu wählen, bei der die Versicherung Arzt- oder Krankenhauskosten direkt bezahlt und nicht erst nachträglich erstattet. Wer die Behandlungskosten vorstrecken muss, sollte unbedingt alle Belege aufheben! (Im Falle eines Diebstahls gilt dies natürlich auch für das schriftliche Protokoll der Polizei.) Einige Krankenversicherungen verlangen, dass man zunächst (per R-Gespräch) bei einer Vertretung im Heimatland anruft, wo die Situation direkt erfasst und entsprechend eingestuft wird.

Eine weltweit gültige Reiseversicherung gibt es unter www.lonelyplanet.com/travel_services. Sie kann jederzeit – sogar noch von unterwegs – online abgeschlossen, aufgestockt und in Anspruch genommen werden.

Informationen zu Auto- und Motorradversicherungen stehen auf S. 255.

VISA

EU-Bürger und Schweizer benötigen für Italien kein Visum, sondern nur einen gültigen Personalausweis oder Reisepass.

ZEIT

Sardinien gehört zur selben mitteleuropäischen Zeitzone wie Deutschland, Österreich und die Schweiz. Die Sommerzeit gilt vom letzten Sonntag im März bis zum letzten Sonntag im Oktober.

ZOLL

Besucher aus EU-Ländern dürfen 10 l Spirituosen, 90 l Wein und 800 Zigaretten zollfrei nach Italien einführen. Wer aus Ländern kommt, die nicht zur EU gehören, darf 1 l Spirituosen, 2 l Wein, 50 ml Parfüm, 250 ml Eau de Toilette, 200 Zigaretten und weitere Waren bis zu einem Gesamtwert von 175,50 € kostenlos einführen. Alles, was darüber hinausgeht, muss auf jeden Fall angemeldet und verzollt werden. Nicht-EU-Bürger können sich die bezahlte Mehrwertssteuer für größere Anschaffungen beim Verlassen der Union erstatten lassen (Näheres unter www.globalrefund.com). Maximal dürfen 10 000 € in Bargeld nach Italien eingeführt werden.

Verkehrsmittel & -wege

INHALT

AN- & WEITERREISE

Am schnellsten ist Sardinien mit dem Flugzeug zu erreichen. Der Boom der Billigflieger hat viel dazu beigetragen, die Insel näher zu rücken, und es gibt heute viele Direktflüge. Nur wer von weiter her anreist, wird auf dem italienischen Festland umsteigen müssen. Langsamer, aber billiger sind die Fähren von Genua, Livorno, Civitavecchia oder Neapel.

Flüge, Rundreisen und Bahntickets kann man unter www.lonelyplanet.com online reservieren unter Travel services.

EINREISE

Zur Einreise nach Italien benötigen EU-Bürger nur einen gültigen Personalausweis oder Reisepass (auch wenn systematische Kontrollen entfallen). Alle Nicht-EU-Bürger müssen einen gültigen Reisepass dabei haben.

Die Fähren nach Sardinien kann man als Fußpassagier so problemlos nutzen wie einen Bus. In der Hauptsaison sind Reservierungen aber ratsam. Ein Ausweis muss auf den italienischen Binnenrouten nicht vorgelegt werden. Es ist jedoch gut, ihn bereit zu halten.

FLUGZEUG

Die Hauptsaison für Sardinien dauert von Juni bis September. Auch in den Osterferien ziehen die Preise stark an.

Fluglinien & Flughäfen

Die Flüge vom italienischen Festland und von anderen europäischen Städten landen auf einem der drei großen Flughäfen der Insel: **Elmas** (CAG; ☎ 070 211 211; www.sogaer.it) in Cagliari, **Fertilia** (AHO; ☎ 079 93 52 82; www.alghero airport.it) bei Alghero im Nordwesten und **Aeroporto Olbia Costa Smeralda** (OLB; ☎ 0789 56 34 44; www.geasar.it) bei Olbia im Nordosten. Flugpläne sin den Websites aller drei Flughäfen zu entnehmen.

Der kleine **Flugplatz** Arbatax-Tortoli (☎ 0782 62 43 00; www.aeroportotortoliarbatax.it, auf Italienisch), 1,5 km südlich von Tortoli an der Südküste von Nuoro, ist nur für Charterflüge im Sommer geöffnet.

FLUGLINIEN VON/NACH SARDINIEN

Die Zahl der Gesellschaften, die Sardinien anfliegen, ist deutlich gestiegen. Direktflüge gibt es u. a. ab Amsterdam, Barcelona, Brüssel, Birmingham, Dublin, Hamburg, London, Madrid, Manchester, Paris, Prag, Stuttgart und Wien.

Folgende Gesellschaften fliegen von und nach Sardinien:

Air Dolomiti (EN; ☎ 045 288 61 40; www.airdolomiti.it)
Air One (AP; ☎ 199 20 70 80; www.flyairone.it)
Alitalia (code AZ; ☎ 06 22 22; www.alitalia.it)
British Airways (BA; ☎ 199 712 266; www.britishair ways.com)
easyJet (U2; ☎ 899 234 589; www.easyjet.com)
Iberia (IB; ☎ 199 10 11 91; www.iberia.com)
Lufthansa (LH; ☎ 199 400 044; www.lufthansa.com)
Meridiana (IG; ☎ 89 29 28; www.meridiana.it)

DIE DINGE ÄNDERN SICH

Die Informationen in diesem Kapitel sind besonders anfällig für Veränderungen: Am besten Preise (und Fragen zum Ticket) vor der Abreise direkt mit Fluggesellschaft oder Reisebüro klären. Bei internationalen Reisen sind außerdem die Sicherheitsauflagen zu beachten. Vorsicht mit übereilten Buchungen. Die hier angegebenen Details sind lediglich Anhaltspunkte und können eigene, aktuelle Recherchen nicht ersetzen.

MyAir (8I; ☎ 848 868 120; www.myair.com)
Ryanair (FR; ☎ 899 678 910; www.ryanair.com)
Transavia (HV; ☎ 899 009 901; www.transavia.com)
TUIfly (X3; ☎ 199 192 692; www.tuifly.com)

Tickets

Am günstigsten kauft man sein Flugticket nach Sardinien online bei einem der genannten Billigflieger.

Einige Reisebüros und Flugspezialisten erhalten auch ermäßigte Tarife bereit. Die Alternative zu einer Online-Buchung bei einem Billigflieger sind die Internet-Reisebüros:

DEUTSCHLAND

Ebookers (www.ebookers.de)
Expedia (www.expedia.de)
Flug.de (www.flug.de)
Just Travel (www.justtravel.de)
Last Minute (www.de.lastminute.com)
Opodo (www.opodo.de)
Travelchannel (www.travelchannel.de)
Travel-Overland (www.travel-overland.de)

ÖSTERREICH

STA Travel (www.statravel.at)
Urlaub.at (www.urlaub.at)

SCHWEIZ

Reisen.ch (www.reisen.ch)
Travel.ch (www.travel.ch)
Planetholiday (www.planetholiday.ch)

Italienisches Festland

Inlandsflüge vom italienischen Festland aus bieten verschiedene internationale Gesellschaften, darunter Ryanair und easyJet, sowie die drei großen italienischen Gesellschaften Alitalia, Meridiana und Air One.

Flugverbindungen nach Sardinien gibt es ab Bergamo, Bologna, Brescia, Florenz, Neapel, Palermo, Parma, Perugia, Pisa, Rimini, Triest, Turin, Venedig und Verona.

Übriges Europa

Von zahlreichen europäischen Städten gibt es gute Flugverbindungen nach Sardinien – insbesondere nach Alghero und Olbia (im Winter allerdings deutlich weniger).

Besonders von Deutschland aus werden zahlreiche Flüge angeboten. TUIfly steuert Cagliari von Stuttgart, Köln und München aus an und Olbia ab Hamburg, Hannover, Köln, Frankfurt, Stuttgart und München. Im Sommer bietet Ryanair Flüge

KLIMAWANDEL & REISEN

Der Klimawandel stellt eine ernste Bedrohung für unsere Ökosysteme dar. Zu diesem Problem tragen Flugreisen immer stärker bei. Lonely Planet sieht im Reisen grundsätzlich einen Gewinn, ist sich aber der Tatsache bewusst, dass jeder seinen Teil dazu beitragen muss, um die globale Erwärmung zu verringern.

Fliegen & Klimawandel

Fast jede Art der motorisierten Fortbewegung erzeugt CO2 (die Hauptursache für die globale Erwärmung), doch Flugzeuge sind mit Abstand die schlimmsten Klimakiller – nicht nur wegen der großen Entfernungen und der entsprechend großen CO2-Mengen, sondern auch weil sie diese Treibhausgase direkt in hohen Schichten der Atmosphäre freisetzen. Die Zahlen sind erschreckend: Zwei Personen, die von Europa in die USA und wieder zurück fliegen, erhöhen den Treibhauseffekt in demselben Maße wie ein durchschnittlicher Haushalt in einem ganzen Jahr.

Emissionsausgleich

Die englische Website www.climatecare.org und die deutsche Internetseite www.atmosfair.de bieten sogenannte CO2-Rechner. Damit kann jeder ermitteln, wie viel Treibhausgase seine Reise produziert. Das Programm errechnet den zum Ausgleich erforderlichen Betrag, mit dem der Reisende nachhaltige Projekte zur Reduzierung der globalen Erwärmung unterstützen kann, beispielsweise Projekte in Indien, Honduras, Kasachstan und Uganda.

Lonely Planet unterstützt gemeinsam mit Rough Guides und anderen Partnern aus der Reisebranche das CO2-Ausgleichs-Programm von climatecare.org. Alle Reisen von Mitarbeitern und Autoren von Lonely Planet werden ausgeglichen.

Weitere Informationen gibt's auf www.lonelyplanet.com.

nach Alghero ab Bremen, Hamburg und Frankfurt. EasyJet fliegt von Berlin Richtung Olbia und Lufthansa von Frankfurt und Düsseldorf nach Olbia sowie von München nach Cagliari.

Wenn man über das italienische Festland anreisen möchte, hat man die Auswahl zwischen allen nationalen Fluggesellschaften.

AUF DEM LANDWEG

Sardinien liegt knapp 200 km vom Festland entfernt und ist damit eine der abgelegensten Inseln im Mittelmeer. Wer nicht mit dem Flugzeug anreist, braucht daher eine Fähre (Einzelheiten s. rechts). Die kürzeste Passage ist die von Civitavecchia, nördlich von Rom, nach Olbia an der Nordostküste von Sardinien. Aber es gibt auch verschiedene andere Möglichkeiten. Weitere wichtige Häfen zur Einschiffung sind Genua, Livorno und Neapel. Im Sommer fahren auch einige Schiffe ab Marseille in Frankreich.

Die Anfahrt per Fähre ist recht zeitraubend und nicht ganz billig – aber eine interessante Art der Anreise.

Grenzübergänge

Die wichtigsten Zugänge nach Italien sind der Große-Sankt-Bernhard-Tunnel von der Schweiz aus (SS27) mit Anschluss an die A5, der Gotthardtunnel (ebenfalls von der Schweiz) und der Schweizer Lötschbergtunnel mit Anschluss an den hundert Jahre alten Simplontunnel nach Italien, der Brennerpass von Österreich (A13) mit Anschluss an die A22 nach Bologna sowie der Mont-Blanc-Tunnel von Chamonix in Frankreich mit Anschluss an die A5 nach Turin und Mailand. Alle sind ganzjährig geöffnet.

Die Alpenpässe sind im Winter meist geschlossen, oft auch im Frühjahr und Herbst. Die Tunnel sind zwar längst nicht so reizvoll – aber weitaus praktischer. Wer einen Pass fahren will, muss im Winter auf jeden Fall Schneeketten dabei haben.

Auto & Motorrad

Wer auf dem Landweg nach Sardinien reist, kommt meist mit dem eigenen Fahrzeug. Das ist auch eine prima Idee, denn das öffentliche Verkehrssystem der Insel ist nicht eben das beste und Mietfahrzeuge sind recht teuer.

Wer mit Bus oder Zug anreist, muss sich für einen Fährhafen entscheiden. Meist wird das Genua sein, aber es kann sich auch lohnen, noch ein paar Stunden weiter bis Livorno zu fahren, von wo aus die Fährpassage kürzer ist. Wer über Frankreich anreisen möchte, kann auch eine Fähre ab Marseille nehmen.

Einen hilfreichen Routenplaner bietet beispielsweise die Website www.viamichelin.de, die Fahranweisungen und ausdruckbare Karten liefert. Weitere Optionen sind www.falk.de und www.de.map24.com.

Bus

Eurolines (☎ 055 35 70 59; www.eurolines.com) ist ein Zusammenschluss von 32 europäischen Busunternehmen mit Büros in allen größeren Städten und einem europaweiten Netz. In Italien fährt Eurolines zahlreiche Städte an. Die mehrsprachige Website informiert über Routen, Preise, Pässe und Reisebüros, die Tickets verkaufen.

Zug

Die Anreise mit der Bahn ist zwar teurer als mit dem Bus, aber weitaus bequemer und oft auch schneller. Wie beim Bus ist auch hier die Route vom Fährhafen abhängig.

Wer einen Nachtzug nimmt, kann zwischen Schlafwagen, einem Schlafabteil mit bis zu drei Klappbetten und den einfacheren Liegewagen mit sechs Plätzen pro Abteil wählen. Der Schlafwagenzuschlag liegt bei 25 bis 50 € pro Person, im Liegewagen sind es nur etwa 15 €. Für internationale Bahnverbindungen nach Italien sind Platzreservierungen empfehlenswert oder sogar obligatorisch. Einige Züge bieten auch die Möglichkeit, das eigene Fahrzeug mitzunehmen.

Die Publikation *Thomas Cook European Rail Timetable* ist die Bibel der Zugfans. Diese Zusammenstellung aller Fahrpläne wird monatlich aktualisiert und ist von Thomas-Cook-Büros und -Vertretungen in aller Welt erhältlich.

ÜBERS MEER

Fähren verkehren von den italienischen Festlandshäfen Genua, Livorno, Piombino, Civitavecchia, Fiumicino und Neapel sowie von Palermo und Trapani auf Sizilien.

Weitere Verbindungen existieren von Bonifacio und Porto Vecchio auf Korsika. Die französischen Linien von Marseille und Toulon nach Sardinien legen manchmal unterwegs in den korsischen Häfen Ajaccio und Propriano an.

Ankunftshäfen auf Sardinien sind Olbia, Golfo Aranci, Palau, Santa Teresa di Gallura und Porto Torres im Norden sowie Arbatax an der Ostküste und Cagliari im Süden.

Auf diesen Routen verkehren zahlreiche Gesellschaften (Details s. unten) – am häufigsten zwischen Mitte Juni und Mitte September. Für diese Zeit sind rechtzeitige Reservierungen ratsam.

Die Fährpreise sind saisonabhängig und zwischen Juni und September am höchsten. Tickets kann man bei Agenturen in ganz Italien und im Ausland sowie online buchen. Die Büros und Telefonnummern der Fährgesellschaften sind in den Abschnitten zur Anreise in den jeweiligen Kapiteln der Hafenstädte aufgelistet.

Eine nützliche Website ist www.traghettiweb.it mit Infos (auch auf Deutsch) zu allen Fährgesellschaften im Mittelmeer. Www.traghettionline.com listet alle Routen nach Sardinien auf und bietet Links zu den jeweiligen Gesellschaften.

Frankreich

SNCM (☎ France 0825 88 80 88; www.sncm.fr) und **CMN La Méridionale** (☎ France 0810 20 13 20; www.cmn.fr) betreiben eine gemeinsame Fährlinie zwischen Marseille und Porto Torres (über Korsika). Es verkehren zwei bis vier Schiffe täglich, zwischen Juli und August legen manche davon auch von Toulon ab. Die Überfahrt dauert 14½ bis 17½ Stunden (ab Toulon 12½ Stunden) und kostet im Liegesessel 78 € plus 148 € für einen Kleinwagen.

Tickets und Informationen bietet in Porto Torres die **Agenzia Paglietti** (☎ 079 51 44 77; Fax 079 51 40 63; Corso Vittorio Emanuele 19).

Italien

Mehrere Gesellschaften betreiben Fähren unterschiedlicher Art und Geschwindigkeit zwischen Häfen auf dem italienischen Festland und Sardinien.

Infos über die Routen, Preise und Gesellschaften enthält der Kasten auf S. 258. Auf manchen Fahrten gibt es Kabinen, deren Preis je nach Bettenzahl (meist vier) und Lage (mit oder ohne Fenster) variiert. Die meisten Gesellschaften bieten ermäßigte Rückfahrttickets sowie andere Ermäßigungen. Nachfragen lohnt sich auf jeden Fall. Für Nachtfahrten kann ein Schlafabteil interessant sein, das etwa so viel wie ein Doppelzimmer kostet.

Korsika

Es gibt Verbindungen zwischen Santa Teresa di Gallura und Bonifacio auf Korsika. Die Gesellschaft **Saremar** (☎ 892 123; www.saremar.it) der Firma Tirrenia verkehrt dreimal täglich in jede Richtung (zwischen Oktober und Mitte März an den Wochenenden zweimal täglich). Für Erwachsene kostet die einfache Überfahrt in der Saison 10 € und für einen Kleinwagen bis zu 37 €. Für Steuern kommen weitere 8 € hinzu. Die Überfahrt dauert eine Stunde.

Zwischen Ende März und Ende September verkehrt **Moby Lines** (☎ 199 30 30 40; www.mobylines.it) viermal täglich auf dieser Strecke. Erwachsene bezahlen 9 bis 13,50 € plus 4,20 Steuer; ein Auto kostet 22 bis 63 € plus 2,80 Steuer. **Sardinia Ferries** (☎ 199 400 500; www.sardiniaferries.com) verkehrt zwischen April und September dreimal täglich – sonst weniger oft. Erwachsene bezahlen 10 € plus 4,10 € Steuer; für ein Auto kostet die Überfahrt 37 € plus 2,50 € Steuer.

SNCM (☎ in Frankreich 08 91 70 18 01, auf Sardinien ☎ 079 51 44 77; www.sncm.fr) bietet Fährverbindungen zwischen Porto Torres und den französischen Festlandshäfen Marseille und Toulon, die in Propriano und gelegentlich auch in Ajaccio anlegen. Erwachsene bezahlen für die einfache Fahrt nach Propriano 32,30 € bzw. 73,90 € inklusive eines Kleinwagens; nach Ajaccio sind es 33,70 € für Erwachsene und 79 € mit Auto.

UNTERWEGS VOR ORT

Wenn irgend möglich, ist es empfehlenswert, Sardinien mit dem eigenen Fahrzeug zu bereisen. Die Insel mit öffentlichen Transportmitteln zu erkunden, ist zwar machbar, aber zeitraubend und kompliziert. Meist ist der Bus dann der Bahn vorzuziehen, die fast immer langsamer ist und oft langwieriges Umsteigen erfordert.

Die Website www.getaroundsardinia.com bietet hilfreiche Tipps und Routenvorschläge für Sardinienreisen ohne eigenes Fahrzeug.

AUTO & MOTORRAD

Das Fahren auf Sardinien ist recht problemlos. Außerhalb der Stadtzentren (Cagliari, Sassari und besonders Olbia) und der Saison im Sommer ist der Verkehr selten dicht, und die sardischen Autofahrer sind meist rücksichtsvoll. In Bergdörfern veranstaltet die

Entfernungen (km)

	Alghero	Bosa	Cagliari	Iglesias	Nuoro	Olbia	Oristano	Porto Torres	Santa Teresa di Gallura	Sant'Antioco	Sassari
Bosa	45										
Cagliari	247	180									
Iglesias	255	192	58								
Nuoro	155	86	180	193							
Olbia	138	143	265	285	105						
Oristano	155	88	94	110	90	173					
Porto Torres	39	117	230	250	137	120	135				
Santa Teresa di Gallura	196	208	335	345	162	62	243	101			
Sant'Antioco	288	220	84	38	219	315	132	268	375		
Sassari	37	94	217	220	123	106	126	20	100	256	
Tempio Pausania	110	128	256	260	146	46	157	75	58	290	68

Dorfjugend abends manchmal Privatrennen, aber sonst sind die Hauptrisiken Schafherden und die atemberaubende Landschaft.

Die Hauptstraßen sind in der Regel gut ausgebaut, doch um die Insel wirklich kennenzulernen, muss man das Netz der Provinzstraßen *(strade provinciali)* nutzen, die auf den Straßenkarten mit P oder SP gekennzeichnet sind. Manchmal sind das nur schmale Landsträßchen, doch sie erschließen die schönsten Landschaften und viele kleine Städtchen und Dörfer. Die schönsten Strände sind oft nur über unbefestigte Pisten erreichbar.

Das Motorradfieber hat Sardinien zwar noch nicht erfasst, doch die Insel ist bei deutschen und österreichischen Bikern sehr beliebt, die den Reiz der malerischen und kurvenreichen Inselsträßchen entdeckt haben. Mit dem Motorrad muss man Fähren meist nicht vorher reservieren und kann in die beschränkten Verkehrszonen der Innenstädte fahren. Einen Helm zu tragen, ist auch auf Sardinien Pflicht.

Automobilclubs

Der italienische Automobilclub **Automobile Club d'Italia** (ACI; www.aci.it) ist eine hervorragende Informationsquelle und bietet eine Pannenhilfe rund um die Uhr (☎ 803 116 oder ☎ 800 116 800 von einem nicht italienischen Handy aus). Ausländer müssen nicht Mitglied sein, bezahlen aber für die Pannenhilfe eine Gebühr (100 bis 120 €; an Wochenenden und Feiertagen 20 % mehr). Auch die deutschen, österreichischen und schweizerischen Automobilclubs (Adressen s. u.) bieten Pannenhilfe vor Ort, wenn man einen Auslandsschutzbrief hat.

Wer von einem größeren Anbieter ein Auto mietet, erhält gewöhnlich eine eigene Rufnummer der Firma, an die er sich bei einer Panne wenden kann.

ADAC: (Allgemeiner Deutscher Automobil-Club; ☎ 0049 89 76 760, www.adac.de)
ÖAMTC (Österreichischer Automobil-, Motorrad- und Touring Club; ☎ 0043 1 71 19 90, www.oeamtc.at)
ACS (Automobil Club der Schweiz; ☎ 0041 31 32 83 111, www.acs.ch)
AVD (Automobilclub von Deutschland; ☎ 0049 69 66 060, www.avd.de)
ACE (Auto Club Europa; ☎ 0049 711 53 030, www.ace-online.de)

Führerschein

Der nationale Führerschein aller EU-Länder gilt auch in Italien (inklusive Sardinien). Wer keinen EU-Führerschein hat, muss sich zusätzlich eine International Driving Permit (IDP) ausstellen lassen. Er wird von den nationalen Automobilclubs ausgestellt und gilt zwölf Monate lang.

Mietwagen

Seit so viele Billiggesellschaften Sardinien anfliegen, gibt es durch das zunehmende Angebot an Fly-&-Drive-Kombinationen auch einigermaßen preiswerte Mietwagen. Es ist in jedem Fall günstiger, das Fahrzeug von zu Hause aus zu buchen. Die großen Vermietungen haben Büros an den Flughäfen, bei denen man das Fahrzeug in der Regel abholen und wieder abgeben kann.

Zu den günstigsten nationalen und internationalen Anbietern zählen:

Avis (☎ 06 452 10 83 91; www.avis.de)
Budget (☎ 800 283 438; www.budget.de)
Europcar (☎ 199 30 70 30; www.europcar.de)
Hertz (☎ 199 11 22 11; www.hertz.de)
Italy by Car (☎ 091 639 31 20; www.italybycar.it)
Maggiore (☎ 199 151 120; www.maggiore.com)

Wer nur für ein paar Tage vor Ort ein Auto mieten will oder erst unterwegs auf die Idee kommt, findet auch in den meisten Badeorten Vermietungen; die großen internationalen Firmen hingegen haben nur in einigen großen Städten ein Büro. Die Altersgrenze ist von Vermieter zu Vermieter unterschiedlich, liegt aber meistens bei 21 Jahren oder darüber. Wer unter 25 Jahre alt ist, muss manchmal einen Zuschlag für Fahranfänger bezahlen. Für ein Fahrzeug in der Kategorie eines Fiat Punto muss man etwa 55 bis 65 € rechnen. Eine Kreditkarte ist erforderlich.

Ganz gleich, wo man das Auto mietet, ist es wichtig, genau zu verstehen, was im Preis enthalten ist (unbegrenzte Kilometer, Steuer, Haftpflichtversicherung, Kasko etc.) und welche Pflichten der Mieter hat.

Eine Vollkaskoversicherung, die auch Dellen und Kratzer einschließt, ist sehr zu empfehlen.

In Touristenzentren wie Santa Teresa di Gallura und Alghero gibt es meist auch einige Vermietungen, die Motorräder und Roller anbieten. Ein Motorrad mit 600 cm^3 kostet etwa 60 € pro Tag, ein Roller zwischen 25 und 35 €.

Die meisten Anbieter vermieten Motorräder nicht an Personen unter 18 Jahren. In der Regel ist eine beachtliche Kaution zu hinterlegen und bei einem Diebstahl haftet der Mieter für einen Teil des Schadens.

Straßenverhältnisse

Sardiniens Straßennetz ist von der bergigen Geografie der Insel geprägt. Im gebirgigen Inneren der Insel gibt es oft keine Teerstraßen, und in der Regel sind die Strecken in Nord-Süd-Richtung besser als zwischen dem Osten und Westen der Insel.

Hauptverkehrsader ist die überwiegend doppelspurige Schnellstraße SS131 Carlo Felice von Cagliari nach Sassari (und weiter nach Porto Torres) über Oristano und Macomer. Bei Abbasanta zweigt davon die SS131dcn ab, die über Nuoro nach Olbia führt.

Die SS130 führt von Cagliari westwärts nach Iglesias. Die teils doppelspurige Schnellstraße SS291 verbindet Sassari mit Alghero; eine Abzweigung führt nach Porto Torres.

Entlang der Nordküste verläuft die SS200 von Porto Torres nach Santa Teresa di Gallura und nahe Castelsardo. Eine weitere Hauptstrecke ist die SS125 oder Orientale Sarda, die vom nahen Palau auf der Ostseite der Insel nach Cagliari führt.

Diese Strecken und weitere Straßen in touristischen Gegenden sind meist in gutem Zustand, können aber schmal und kurvig sein. Auf vielen davon sind zur Touristenzeit im Sommer Staus an der Tagesordnung. Besonders berüchtigt ist die Gegend zwischen Olbia und Santa Teresa di Gallura. In der Sommerhitze verliert da mancher die Nerven und lässt sich zu gefährlichen Überholmanövern hinreißen. Im Inneren der Insel ist der Straßenzustand sehr unterschiedlich. Die Hauptstrecken sind meist gut, aber eng und kurvenreich. Nebenstraßen sind oft schlechter und voller Schlaglöcher.

Auch der Stadtverkehr – besonders in Cagliari und Sassari – kann die Nerven auf eine harte Probe stellen, wenn alle Zufahrtstraßen mehr oder weniger verstopft sind.

Überraschend ist auch die Zahl ungeteerter Straßen auf der Insel – und wer in seinem teuren Mietwagen so eine Straße hinunterholpert, wird sich nicht sehr wohlfühlen. Doch viele gute *agriturismi* (Unterkünfte auf dem Bauernhof), prähistorische Stätten oder empfehlenswerte Landrestaurants liegen am Ende solcher Erdstraßen.

Treibstoff

Auf Sardinien bezahlt man etwa 1,20 € für einen Liter *benzina senza piombo* (Bleifrei) und etwa 1,05 € pro Liter *gasolio* (Diesel). In den Städten und an Hauptstrecken gibt es genügend Tankstellen.

Unterwegs mit dem eigenen Fahrzeug

Wer mit dem eigenen Fahrzeug nach Italien einreist, braucht ein gültiges internationales Kennzeichen und den Kfz-Schein. Außerdem sollte man stets einen Nachweis darüber bei sich führen, dass man Besitzer des Fahrzeugs ist. Ein Warndreieck ist Pflicht und wer bei einer Panne sein Fahrzeug verlässt, muss eine Schutzweste in fluoreszierendem Orange oder Gelb tragen. Ein Erste-Hilfe-Kasten, ein Feuerlöscher und ein Satz Reserveglühbirnen sind ebenfalls empfehlenswert.

Verkehrsregeln

In Sardinien wird wie auf dem Festland rechts gefahren und links überholt. Wenn nicht anders angegeben, hat rechts Vorfahrt. Es herrscht Gurtpflicht auf den vorderen Sitzen – und auch auf den hinteren, sofern sie mit Gurten ausgestattet sind. Wer nicht angeschnallt erwischt wird, muss auf der Stelle ein Bußgeld entrichten.

Die Polizei führt Alkoholtests durch. Wer unter Alkoholeinfluss an einem Unfall beteiligt ist, muss mit schweren Strafen rechnen. Die Blutalkoholgrenze liegt bei 0,5 ‰.

Die zulässige Höchstgeschwindigkeit auf den Schnellstraßen (*autostrade* gibt es auf Sardinien nicht) liegt bei 110km/h, auf Landstraßen bei 90 km/h und innerhalb von Ortschaften bei 50 km/h. Die Bußen für Verstöße entsprechen den EU-Richtlinien. Sie können bis zu 1433 € und Führerscheinentzug reichen. Seit 2002 muss auf den Schnellstraßen zu jeder Zeit mit Licht gefahren werden.

Krafträder bis 50 cm^3 sind führerscheinfrei, doch der Fahrer muss mindestens 14 Jahre alt sein, er darf niemanden mitnehmen und nicht auf Schnellstraßen fahren. Die Geschwindigkeitsgrenze für diese Zweiräder liegt bei 40 km/h. Wer ein Motorrad oder einen Roller von bis zu 125 cm^3 fahren will, muss mindestens 16 Jahre alt sein und einen entsprechenden Führerschein haben (der Autoführerschein genügt nicht). Für Motorräder über 125 cm^3 ist ein Motorradführerschein erforderlich. Helmpflicht gilt für alle Krafträder.

Mit Krafträdern kann man gewöhnlich in die autofreien Zonen der Innenstadt fahren und die Polizei drückt meist ein Auge zu, wenn Krafträder auf dem Gehsteig geparkt sind. Motorradfahrer sind nicht dazu verpflichtet, am Tag mit Licht zu fahren.

Versicherung

Jedes Fahrzeug in Italien muss eine Haftpflichtversicherung haben. Wer mit dem eigenen Fahrzeug reist, sollte daher die Grüne Versicherungskarte (Carta Verde) bei sich haben. Ein internationaler Unfallbericht (den man von seinem Versicherungsanbieter bekommt) kann bei einem Unfall die Schadensregelung vereinfachen. Im Falle einer Panne ist es gut, einen Auslandsschutzbrief zu haben.

BUS

Auf Sardinien gibt es seine Reihe privater Busgesellschaften, die verschiedenste Verbindungen anbieten: von Lokalrouten zwischen kleinen Dörfern bis zu Intercity-Verbindungen. Mit diesen Bussen sind nahezu alle Orte auf der Insel zu erreichen – doch das erfordert Geduld. Zu abgelegenen Orten geht oft nur ein Bus am Tag. Andererseits sind die Busse meist schneller und zuverlässiger als die Bahn, deren Netz auf der Insel sehr begrenzt ist.

Sardiniens größte Busgesellschaft ist **Azienda Regionale Sarda Trasporti**; (ARST; ☎ 800 865 042; www.arst.sardegna.it, auf Italienisch), die den Großteil der lokalen und Fernstrecken bedient.

Weitere große Gesellschaften sind **Ferrovie Meridionali Sarde** (FMS; ☎ 800 044 553; www.ferroviemeridionalisarde.it, auf Italienisch) und **Ferrovie della Sardegna** (FdS; ☎ 070 34 31 12; www.ferroviesardegna.it, auf Italienisch). Letztere betreibt auch ein kleines Netz privater Schmalspurbahnen, insbesondere den *trenino verde* (s. S. 77).

Bei Drucklegung wurde das Busnetz der Insel gerade neu strukturiert, sodass einige der kleineren Strecken sich ändern können. Alle größeren Städte der Insel haben einen ARST-Busbahnhof, der meist zentral liegt. Manchmal (aber längst nicht immer) wird er auch von anderen Gesellschaften genutzt. Meist haben diese Gesellschaften nur eine Haltestelle (und manchmal ein Ticketbüro) an einem anderen Ort der Stadt. Kleinere Städte besitzen meist lediglich eine *fermata* für Intercity-Busse, die nicht immer gut zu finden ist.

ARST- und FdS-Tickets müssen vor dem Einsteigen im Busbahnhof oder bei bestimmten Bars, *tabacchi* (Tabakläden) oder Zeitschriftenkiosks nahe der Haltestelle, gelöst werden. Andere Gesellschaften verkaufen die Tickets beim Einsteigen. Fahrpläne hängen manchmal an den Haltestellen aus. In größeren Städten halten die Touristeninformationen Fahrpläne der Region bereit. In kleineren Orten kann man sich dort informieren, wo man die Tickets kauft.

Auch auf Strecken, die unter der Woche gut befahren sind, können die Verbindungen an Sonn- und Feiertagen drastisch zurückgehen – manchmal fährt nur noch ein einziger Bus oder gar keiner mehr. Vor allem in kleineren Orten kann man dann leicht einmal festsitzen.

FAHRRAD

Sardinien ist für Radtouren gut geeignet. Außerhalb der Saison sind die Straßen meist schwach befahren, die Landschaft ist großartig und es regnet wenig. Andererseits sind die Bergstrecken oft strapaziös für Rad und Fahrer.

Sein Fahrrad nach Sardinien mitzunehmen, ist kein Problem. Die Vorschriften sind von Fluggesellschaft zu Fluggesellschaft unterschiedlich, doch meist muss das Rad in einem Fahrradsack oder einem Karton verpackt sein, mit flach gelegtem Lenker und Pedalen und ohne Luft in den Reifen. Der Zuschlag für den Fahrradtransport im Flugzeug liegt zwischen 25 und 40 €. Für die Mitnahme auf der Fähre werden meist etwa 3 bis 10 € verlangt.

In den meisten größeren Städten gibt es Fahrradvermieter, so etwa in Alghero, Santa Teresa di Gallura, La Maddalena, Palau und Olbia. Die Preise liegen um 10 € pro Tag für ein normales Rad und reichen bis zu 25 € für Mountainbikes. Weitere Informationen bieten die Abschnitte Unterwegs vor Ort zu der jeweiligen Stadt.

Besondere Verkehrsvorschriften für Radfahrer gibt es nicht – auch keine Helm- oder Lichtpflicht. Dennoch ist beides sehr ratsam. Auf Schnellstraßen sind Fahrräder nicht zugelassen. Mitnehmen sollte man einige Werkzeuge, Ersatzteile und ein sehr solides Radschloss.

Wer im Sommer mit dem Rad unterwegs ist, muss viel Wasser und Sonnencreme einpacken. Die Hitze kann sehr erschöpfend sein.

Fast alle Züge auf Sardinien gestatten die Mitnahme von Fahrrädern. Die Räder werden in separaten Wagen transportiert und der Preis beträgt unabhängig von der Strecke 5 €.

FLUGZEUG

Sardinien ist so klein, dass Binnenflüge eigentlich nicht erforderlich sind. Dennoch bietet **Meridiana** (☎ 89 29 28; www.meridiana.it) tägliche Flüge zwischen Cagliari und Olbia. Auf der Straße ist diese Strecke recht lang; der Flug dauert 35 Minuten und kostet zwischen 30 und 90 €.

GEFÜHRTE TOUREN

Sardinien ist ein hervorragendes Ziel für Naturfreunde und bietet zahlreiche Möglichkeiten sowohl für Sportbegeisterte als auch für weniger Ambitionierte. Überall auf der Insel gibt es örtliche Veranstalter mit den verschiedensten Exkursionen und geführte Touren im Angebot.

Archeo Tours (☎ 329 764 33 43; Via Eleanora D'Arborea, Osini) Diese kleine Gesellschaft organisiert archäologische und Naturexkursionen in der Gegend um Osini und Ulassai.

Atlantikà (☎ 328 972 97 19; www.atlantika.it; Via Lamarmora 195, Dorgali) Eine Vereinigung von Fremdenführern in Dorgali, die ein breites Spektrum von Tageswanderungen bis zu Canyoning und Kajaktouren im Gennargentu veranstalten.

Barbagia No Limits (☎ 0784 5 29 06; www.barbagianolimits.it; Via Cagliari 85, Gavoi) Der Veranstalter von Abenteuerexkursionen organisiert verschiedenste Aktivitäten wie Höhlenerkundungen, Jeeptouren und Survivalkurse.

Esedra Sardegna (☎ 0785 37 42 58; www.esedrasardegna.it; Corso Vittorio Emanuele 64; Bosa) Esedra arrangiert Exkursionen in und um Bosa sowie auf der ganzen Insel.

Gallura Viaggi Avventura (☎ 079 63 12 73; c/o Pro Loco Tourist Office, Piazza Gallura 2, Tempio Pausania) Eine kleine Gruppe, die Wanderungen und Radtouren am Monte Limbara organisiert.

Mare e Natura (☎ 393 985 04 35; www.marenatura.it; Via Sassari 77, Stintino) organisiert Touren im Parco Nazionale dell'Asinara auf einer kleinen Insel vor der Nordwestküste.

Sardinia Hike and Bike (☎ 070 924 32 329; www.sardiniahikeandbike.com; Loc Pixina Manna, Pula) hat seine Zentrale an der Südküste und veranstaltet Wanderungen und Radtouren aller Schwierigkeitsgrade, von leichten Halbtagestouren bis zu anstrengenden, einwöchigen Marathons.

Neben diesen Spezialveranstaltern gibt es Hunderte von Anbietern, die Bootexkursionen vor der sardischen Küste arrangieren. Beliebte Ausgangspunkte dafür sind Alghero, Cala Gonone, Stintino, Santa Maria Navarese und Porto San Paolo.

NAHVERKEHR

Bus

Alle größeren Städte verfügen über recht gute städtische Busverbindungen. Aber meist braucht man sie gar nicht, da in den Orten Sehenswürdigkeiten, Hotels, Restaurants und Busstation oder Bahnhof nicht weit auseinanderliegen. Tickets (um 1 €) muss man an Zeitschriftenkiosks oder *tabacchi* lösen und im Bus abstempeln.

Alle drei Flughäfen der Insel haben Busverbindungen zur nächsten Stadt.

Zug

Bahnreisen auf Sardinien sind langsam, aber problemlos und billig.

Trenitalia (☎ 89 20 21; www.trenitalia.com) ist die staatliche Bahngesellschaft. Sie betreibt den Großteil des begrenzten Schienennetzes auf der Insel. Der Fahrplan *(orario)* hängt an den Bahnhöfen aus. *Partenze* (Abfahrten) und *arrivi* (Ankünfte) sind klar getrennt. Es gibt jedoch zahlreiche Umstellungen, und an Sonntagen verkehren deutlich weniger Züge. Hilfreich sind die Stichworte *feriale* (Montag bis Samstag) und *festivo* (nur an Sonn- und Feiertagen).

Die sardische Hauptstrecke von Trenitalia führt von Cagliari nach Oristano und weiter nach Chilivano-Ozieri, wo sie sich in zwei Linien teilt. Eine führt in Richtung Nordwesten nach Sassari und Porto Torres, die andere nordöstlich nach Olbia und Golfo Aranci. Macomer ist ebenfalls ein wichtiger Knoten und hat Verbindungen nach Nuoro.

Die private Bahngesellschaft **FdS** (☎ 070 34 31 12; www.ferroviesardegna.it, auf Italienisch) hat nur ein kleines Netz. Die Züge sind nicht gerade modern und bestehen oft nur aus einer Handvoll klapperiger Wagen. Sie verkehren auf den Strecken Sassari–Alghero, Sassari–Nulvi, Sassari–Sorso, Macomer–Nuoro und Monserrato–Isili.

Zwischen Mitte Juni und Anfang September betreibt FdS auch eine Touristenbahn, die als **trenino verde** (☎ 800 460 220; www.treninoverde.com) bekannt ist. Sie umfasst vier Strecken: von Arbatax nach Mandas (Anschluss an die Linie Mandas–Cagliari), von Isili nach Sorgono, von Bosa Marina nach Macomer (Anschluss an die Linie Macomer–Nuoro) und von Palau über Tempio Pausania nach Nulvi (Anschluss an die reguläre Bahnstrecke nach Sassari). Als öffentliches Transportmittel ist der *trenino verde* nicht sehr nützlich, denn er ist äußerst langsam und fährt nur wenige wichtige Orte an. Aber er bietet phantastische Möglichkeiten, die spektakulärsten und am schwersten zugänglichen Landschaften der Insel zu entdecken, die man sonst nie zu Gesicht bekäme. Besonders eindrucksvoll ist die Strecke Mandas–Arbatax.

Nähere Infos über Fahrpläne und Preise bieten die Abschnitte Unterwegs vor Ort zu den einzelnen Städten.

Es gibt nur eine Kategorie von Zügen auf der Insel: die einfachen *regionale*. Meist sind es Bummelzüge, die bei jedem Kirchturm halten, sodass Bahnreisen viel Zeit kosten.

Einige Züge bieten Plätze erster und zweiter Klasse, aber es gibt keinen großen Unterschied außer dem, dass nur einige Leute mehr bezahlen.

Als Orientierung können folgende Preise dienen: von Cagliari nach Sassari (13,65 €), nach Oristano (5,15 €) und nach Olbia (14,60 €); von Olbia nach Sassari (6,35 €) und von Sassari nach Alghero (2,20 €).

Ein Eurail- oder InterRail-Pass lohnt sich nicht, wenn man nur Sardinien bereisen will.

SCHIFF

Die regionalen Fährgesellschaften **Enermar** (☎ 899 200 001; www.enermar.it) und **Saremar** (☎ 892 123; www.saremar.it) bieten Verbindungen zwischen Palau und der Isola di La Maddalena. Im Sommer verkehren die Schiffe alle 15 Minuten. Die Fahrt dauert 20 Minuten und kostet 5 € pro Person und 13 € für ein Auto.

Im Südwesten bietet Saremar bis zu 17 Fahrten täglich von Portovesme nach Carloforte auf der Isola di San Pietro. Die Überfahrt dauert etwa 30 Minuten und kostet 5,90/9,80 € pro Person/Auto. Saremar verbindet außerdem Carloforte mit Calasetta auf der Isola di Sant'Antioco. Im Sommer verkehren hier neun Schiffe täglich zwischen 7.35 und 20.20 Uhr. Tickets für die 30-minütige Fahrt kosten 5,30/8,40 € pro Person/Auto. Nachtfahrten bietet **Delcomar** (☎ 0781 85 71 23; www.delcomar.it für 5/15 € pro Person/Auto.

Außerhalb der Saison werden die Verbindungen stark reduziert, sodass es ratsam ist, sich vorher zu informieren. Wer im Sommer mit dem Auto reist, sollte zeitig am Hafen sein, da die Fähren sich rasch füllen.

Im Sommer kann man von verschiedenen Küstenorten aus an Bootexkursionen teilnehmen. Sie sind eine hervorragende Möglichkeit, einige der sonst schwer zugänglichen Attraktionen der Insel zu sehen. Zu den beliebtesten zählen Ausflüge ab Cala Gonone und Santa Maria Navarrese am majestätischen Golfo di Orosei. Ähnlich beliebt ist ein

FÄHREN NACH SARDINIEN

Hier die wichtigsten Fährlinien nach Sardinien mit der jeweiligen Gesellschaft und Infos über Fahrzeiten, Preise etc. Die Preise gelten für *poltrona* (Liegesessel) der 2. Klasse in der Hauptsaison. Kinder zwischen vier und zwölf bezahlen meist die Hälfte; unter vier Jahren reisen sie kostenlos.

Von	Nach	Anbieter	Person	Auto	Dauer (Std.)	Häufigkeit
Civitavecchia	Arbatax	Tirrenia	47 €	94 €	10½	2-mal wöchentl.
Civitavecchia	Cagliari	Tirrenia	56 €	102 €	14½	tgl.
Civitavecchia	Olbia	Moby	60 €	111 €	4½–10	Mitte März–Mai 4-mal wöchentl., Juni–Sept. tgl.
Civitavecchia	Olbia	SNAV	56 €	116 €	7½	tgl.
Civitavecchia	Olbia	Tirrenia	41 €	100 €	7	tgl.
Civitavecchia	Golfo Aranci	Sardinia F	52,50 €	inkl.	6¾	Mitte März–Mai 3-mal wöchentl., Juni–Sept. tgl.
Civitavecchia	Golfo Aranci+	Sardinia F	76,50 €	133 €	3½	Mitte März–Mai 3-mal wöchentl., Juni–Sept. tgl.
Fiumicino	Arbatax+	Tirrenia	60 €	107 €	4½	Ende Juli–Aug. 2-mal wöchentl.
Fiumicino	Golfo Aranci+	Tirrenia	60 €	107 €	4	Ende Juli–Aug.
Genua	Arbatax	Tirrenia	57 €	104 €	18	2-mal wöchentl.
Genua	Olbia	GNV	92,50 €	155 €	8–10	Mitte Mai–Mitte Sept. tgl.
Genua	Olbia	Moby	86 €	132 €	10	Mitte Mai–Mitte Okt. tgl.
Genua	Olbia	Tirrenia	59 €	106 €	13¼	3-mal wöchentl., Juli–Aug. 5-mal wöchentl.
Genua	Palau	Enermar	70,50 €	118,50 €	11	Juni–Sept. 5-mal wöchentl.
Genua	Porto Torres	GNV	89 €	152 €	11	4-mal wöchentl., Mitte Mai–Mitte Sept. tgl.
Genua	Porto Torres	Moby	86 €	132 €	10	Mitte Mai–Mitte Sept. 6-mal wöchentl.
Genua	Porto Torres+	Tirrenia	105 €	179 €	10	tgl.
Livorno	Golfo Aranci	Sardinia F	51,50 €	inkl.	10	März–Okt. tgl.
Livorno	Golfo Aranci+	Sardinia F	73,50 €	131 €	6	März–Okt. tgl.
Livorno	Olbia	Moby	66 €	120 €	7–9	tgl.
Neapel	Cagliari	Tirrenia	52 €	91 €	16¼	1-mal wöchentl., Aug. 2-mal
Palermo	Cagliari	Tirrenia	50 €	90 €	14½	1-mal wöchentl.
Piombino	Olbia	Moby	65 €	118 €	6½	6-mal wöchentl., Mitte Mai–Sept. tgl.
Trapani	Cagliari	Tirrenia	50 €	92,50 €	11	1-mal wöchentl.

+ Schnellfähre

Fähranbieter

Enermar (☎ 899 20 00 01; www.enermar.it) Von Genua nach Palau.
Grandi Navi Veloci (☎ 010 209 45 91; www.gnv.it) Von Genua nach Olbia und Porto Torres.
Moby Lines (☎ 199 30 30 40; www.mobylines.it) Von Civitavecchia, Genua, Livorno & Piombino nach Olbia, von Genua nach Porto Torres.
Sardinia Ferries (☎ 199 400 500; www.sardiniaferries.com) Von Civitavecchia & Livorno nach Golfo Aranci.
SNAV (☎ 081 428 55 55; www.snav.it) Von Civitavecchia nach Olbia.
Tirrenia (☎ 892 123; www.tirrenia.it) Von Civitavecchia, Neapel, Palermo & Trapani nach Cagliari, von Civitavecchia und Genua nach Olbia, von Civitavecchia, Fiumicino & Genua nach Arbatax, von Fiumicino nach Golfo Aranci, von Genua nach Porto Torres.

Schiffsausflug zu den Inseln des Maddalena-Archipels. Von Porto San Paolo (s. S. 182) südlich von Olbia fahren oft Boote zur Isola Tavolara und der nahen Küste. Ab Alghero gibt's Exkursionen zur Sinis-Halbinsel. Meist werden die Ausflüge mit Motorbooten oder kleinen Passagierschiffen durchgeführt, aber es gibt auch ein paar Segelschiffe. Weitere Informationen enthalten die Kapitel zu den jeweiligen Orten.

TRAMPEN

Trampen ist in keinem Land der Welt völlig sicher und wir empfehlen es nicht. Wer per Anhalter reist, muss wissen, dass er damit ein Risiko eingeht.

Zudem ist Trampen auf Sardinien kaum bekannt. Die Sarden zögern, Unbekannte im Auto mitzunehmen, sodass das Reisen per Anhalter recht frustrierend sein kann. Wer es dennoch versucht, sollte Stellen wählen, an denen die Fahrer ihn von Weitem sehen und anhalten können, ohne andere zu behindern. Ordentliche Kleidung, möglichst wenig Gepäck und ein Schild mit dem Zielort können hilfreich sein. Nicht mit dem Daumen winken – das kann als Beleidigung missverstanden werden. Alleinreisende Frauen sollten nicht per Anhalter reisen.

Gesundheit

INHALT

VOR DER REISE

Auch wenn die Gesundheitsversorgung auf Sardinien keine Wünsche offen lässt, ist die richtige Vorsorge bei Auslandsreisen immer noch die beste Medizin. Ein wenig Vorbereitung kann viel Ärger ersparen, besonders dann, wenn man bereits vor der Reise gesundheitliche Probleme hat. Medikamente sollte man stets in eindeutig beschrifteten Originalverpackungen mitnehmen. Hilfreich ist auch ein unterschriebenes und datiertes Schreiben des Arztes über den Gesundheitszustand und die benötigten Medikamente (inklusive Bezeichnung der Wirkstoffe). Wer Spritzen oder Injektionsnadeln bei sich hat, sollte auch dafür eine ärztliche Bescheinigung vorlegen können, die ihre medizinische Notwendigkeit belegt. Vor längeren Reisen ist ein Zahnarztbesuch zu empfehlen (Zahnbehandlungen sind in Italien teuer). Ein Ersatzpaar Kontaktlinsen bzw. eine zweite Brille und den Brillenpass sollte man auch nicht vergessen.

VERSICHERUNGEN

EU-Bürger brauchen innerhalb der EU die Europäische Krankenversicherungskarte (European Health Insurance Card, EHIC). Damit sind die meisten ärztlichen Leistungen abgedeckt. Nicht akute Fälle und Krankenrücktransporte sind damit aber nicht abgedeckt.

Wer eine Reiseversicherung abschließen will, sollte sicherstellen, dass die Police die schlimmsten denkbaren Fälle mit einschließt, wie zum Beispiel einen Unfall, der einen Notrückflug erforderlich macht. Bereits im Vorfeld sollte geklärt werden, ob die Versicherung die ärztliche Versorgung direkt bezahlt, oder erst im Nachhinein die Ausgaben erstattet.

EMPFOHLENE IMPFUNGEN

Für Reisen nach Sardinien sind keine besonderen Impfungen vorgeschrieben. Die Weltgesundheitsorganisation (WHO) empfiehlt jedoch, dass sich Reisende gegen Diphterie, Tetanus, Masern, Mumps, Röteln, Polio und Hepatitis B impfen lassen.

INFOS IM INTERNET

Die WHO-Publikation International Travel and Health wird jedes Jahr aktualisiert und ist unter www.who.int/ith/ (auf Englisch) abrufbar. Weitere nützliche Websites sind www.mdtravelhealth.com (auf Englisch; Empfehlungen zur Reisegesundheit für alle Länder; täglich aktualisiert); www.ageconcern.org.uk (auf Englisch; Reisetipps für Senioren) und www.mariestopes.org.uk (auf Englisch; Information zu den Themen Frauen & Gesundheit und Verhütung).

Deutschsprachige Websites zum Thema Reise und Gesundheit sind zu<m Beispiel: www.fitfortravel.de, www.traveltheglobe.net/Pre/Gesundheit.htm und www.reisemed.com.

Die deutsche Verbindungstelle Krankenversicherung im Ausland (DVKA) bietet Infoblätter zu einzelnen Ländern an, die auch im Internet unter www.dvka.de erhältlich sind.

AUF SARDINIEN

MEDIZINISCHE VERSORGUNG & KOSTEN

Wer auf Sardinien einen Krankenwagen benötigt, muss die Nummer 118 wählen. Für Notfallbehandlungen sind die Abteilungen *pronto soccorso* (Unfallstationen) der öffentlichen Krankenhäuser zuständig. Sie bieten auch Hilfe bei zahnärztlichen Notfällen. Auf ganz Sardinien ist zwar eine hervorragende ärztliche Versorgung gewährleistet, doch das Niveau der medizinischen Leistungen kann durchaus unterschiedlich ausfallen. Bei kleineren Problemchen helfen die Apotheker mit wertvollen Tipps und rezeptfreien Medikamenten. Sie können einem auch sagen, wann ärztliche Hilfe nötig wird und wo sie zu finden ist.

Die Guardia Medica ist ein medizinischer Bereitschaftsdienst, der nachts (von 20 bis 8 Uhr), an Wochenenden und an gesetzlichen Feiertagen Hilfe leistet. Er kümmert sich nicht um Notfälle (dafür ist die Abteilung *pronto soccorso* im nächsten Krankenhaus zuständig), macht jedoch in dringenden Fällen auch Hausbesuche. Dieser Dienst steht in den meisten größeren Städten zu Verfügung.

Die italienischen Krankenhäuser berechnen Pauschalsätze, die den kompletten Service abdecken: alle medizinischen Leistungen, Verpflegung und das Krankenbett (detaillierte Rechnungen sind allerdings nicht üblich). Viele Krankenhäuser willigen einer späteren Abrechnung nach der Entlassung ein, aber nicht alle akzeptieren Kreditkarten. Privatkliniken, die meistens teurer sind und nur selten Notbehandlungen durchführen, bestehen auf Bezahlung vor der Entlassung.

DURCHFALLERKRANKUNGEN

Bei Durchfall sollte man ausreichend Flüssigkeit zu sich zu nehmen, möglichst zusammen mit einer Glukose-Elektrolytmischung wie Elotrans. Wenn die Durchfälle blutig sind, länger als 72 Stunden andauern, oder von Fieber, Zittern, Schüttelfrost oder starken Bauchschmerzen begleitet sind, ist es ratsam, einen Arzt aufzusuchen.

GESUNDHEITSRISIKEN

Hitzschlag

Hitzschläge treten infolge extremen Flüssigkeits- und Salzmangels auf. Symptome sind Kopfschmerzen, Schwindel und Müdigkeit. Wird der Durst spürbar, ist der Körper bereits dehydriert. Daher immer soviel Wasser trinken, dass der Urin hellgelb bleibt. Zur Behandlung von Hitzschlag viel Wasser und/oder Fruchtsäfte trinken und den Körper mit kaltem Wasser oder Ventilatoren kühlen.

Unterkühlung

Man spricht von Unterkühlung, wenn der Körper schneller Wärme verliert, als er produzieren kann. Richtige Vorsorge kann verhindern, dass es so weit kommt. In den Bergen kann das Wetter sogar an heißen Tagen schnell umschlagen. Deshalb stets warme, wasserdichte Kleidung und eine Mütze mitnehmen und Dritte über die geplante Route informieren. Erste Symptome einer Unterkühlung sind Zittern, ungelenke Bewegungen und Benommenheit. Wer seinen Körper nicht rechtzeitig wieder aufwärmen kann, wirkt teilnahmslos, verwirrt und wird schließlich bewusstlos. Um nicht weiter Wärme zu verlieren, sollte man einen Unterschlupf aufsuchen und warme bzw. trockene Kleidung anlegen. Heiße, gesüßte Getränke, gegenseitiges Wärmen oder ein Feuer können den Betroffenen wieder aufwärmen.

Bisse, Stiche & von Insekten übertragene Krankheiten

Jahrhunderte lang war Sardinien eine Brutstätte für Malaria. 1945 waren beinahe 60 % der Bevölkerung betroffen. Nach dem Krieg wurde der Malariamoskito im Zuge eines amerikanischen Gesundheitsprogramms ausgerottet. 1951 galt die Insel als Malaria-frei.

In den tiefer gelegenen, sumpfigen Gebieten wie Cabras und Olbia sind Moskitos noch immer ein echtes Problem; besonders beim Camping ist Vorsicht geboten. Bei Reisen im Sommer sollten Insektenschutzmittel im Gepäck eine Selbstverständlichkeit sein.

Die Strände Sardiniens werden gelegentlich von Quallen überschwemmt, deren Verbrennungen zwar schmerzhaft, aber ungefährlich sind. Essig kann unzerplatzte Nesselzellen hemmen, die ihr Gift noch nicht freigesetzt haben. Galmei(Zinkerz)-Lotion, Antihistamine und Analgetika können die Reaktion abschwächen und den Schmerz lindern. Im Landesinneren ist man vor solch bösen Überraschungen sicher, da es auf Sardinien keine Giftschlangen gibt.

Nach Fußmärschen in Zeckengebieten ist es ratsam, den Körper sorgfältig abzusuchen, da Zecken Hautinfekte verursachen und ernsthaftere Krankheiten wie Lyme-Borreliose und Zeckenenzephalitis (FSME) übertragen können. Wer eine Zecke an seinem Körper entdeckt, sollte ihren Kopf mit einer Pinzette greifen und vorsichtig herausziehen. Dabei ist es wichtig, dass man nicht den hinteren Teil des Körpers erwischt. Sonst könnte der Darminhalt der Zecke über die Mundwerkzeuge in die Haut gedrückt und dadurch das Infektions- und Krankheitsrisiko erhöht werden. Lyme-Borreliose beginnt in der Regel mit einem sich ausbreitenden Hautausschlag an der Bissstelle, der von Fieber, Kopfschmerzen, extremer Müdigkeit, Gelenk- und Muskelschmerzen sowie starker Nackenstarre begleitet wird. Auch ohne Behandlung verschwinden die Symptome für gewöhnlich von alleine, aber später können sich Nerven-, Herz- und Gelenkschäden entwickeln. Im frühen Stadium ist die Krankheit am besten behandelbar – medizinische Hilfe sollte also schnellstmöglich aufgesucht werden. Symptome der Zeckenenzephalitis sind Flecken rund um die Bissstelle, welche im Zentrum manchmal weiß werden kann, sowie Kopfschmerzen, Steifheit und grippeähnliche Symptome (auch starke Müdigkeit), die ein bis zwei Wochen nach der Infektion auftreten. Auch hier ist ärztliche Hilfe erforderlich.

Leishmaniose ist eine parasitäre Erkrankung, die von Sandmücken übertragen wird und in den Küstengebieten Italiens auftritt. Hautleishmaniose betrifft das Gewebe der Haut und führt zu Geschwüren und Entstellungen. Die Innere Leishmaniose befällt die inneren Organe. Das beste Mittel, um sich gegen die Krankheit zu schützen, ist die Vermeidung von Sandmückenstichen, indem man die Haut bedeckt und Insektenschutzmittel verwendet.

REISEN MIT KINDERN

Gerade Kinder sollten, was die Routineimpfungen betrifft, immer auf dem aktuellen Stand sein. Mögliche Impfungen speziell für die Reise sollten rechtzeitig vor Abreise erwogen werden. Einige Impfstoffe sind für Kinder unter einem Jahr nicht geeignet. Das Buch *Travel with Children* von Lonely Planet enthält Hinweise zum Thema Reise und Gesundheit für Kleinkinder. Eine deutschsprachige Informationsquelle ist das Buch *Mit Kindern gesund und sicher Reisen* von Burkhard Stück.

FRAUEN & GESUNDHEIT

Stress, Erschöpfung und Hitze können den Menstruationszyklus durcheinanderbringen. Die Wirksamkeit der Pille kann durch Antibiotika, Durchfall und Erbrechen beeinträchtigt werden. Auf Hormonspritzen (Drei-Monats-Spritzen) haben Antibiotika keinen Einfluss.

Reisen während der Schwangerschaft ist generell kein Problem, aber es ist ratsam, vorher den Arzt zu konsultieren. Am riskantesten ist die Zeit während der ersten zwölf Schwangerschaftswochen und nach der 30. Woche.

SEX & GESUNDHEIT

Kondome sind auf Sardinien problemlos erhältlich, nicht jedoch die „Pille danach“. Deshalb entsprechend vorsorgen und Verhütungsmittel verwenden.

Sprache

INHALT

Der Tourismus hat Sardinien aus seiner Isolation befreit, aber es gibt immer noch kaum Sarden, die eine Fremdsprache fließend beherrschen. Angestellte von Touristeninformationen, Hotels und Restaurants in den wichtigsten Küstenresorts sprechen häufig ein bisschen Englisch und teilweise auch etwas Deutsch, doch im Binnenland wird man selten jemanden finden, der eine dieser Sprachen beherrscht. Ein paar Wörter Italienisch zu lernen, kann ungemein hilfreich sein und die Einheimischen wissen es zu schätzen.

Viele Sarden sind zweisprachig aufgewachsen und können mit Leichtigkeit zwischen Sardisch und Italienisch hin- und herwechseln. Doch eine wachsende Zahl der Einwohner Sardiniens – besonders in den Städten – beherrscht die Inselsprache und ihre Dialekte nicht mehr. In Alghero ist noch eine Form des Katalanischen aus dem 16. Jh. lebendig, doch die Einwohner sind sich selbst nicht einig, wie verbreitet sie tatsächlich ist.

ITALIENISCH

Italienisch ist eine romanische Sprache und verwandt mit Französisch, Spanisch, Portugiesisch und Rumänisch. Diese Sprachen bilden einen Zweig der indoeuropäischen Sprachgruppe, zu der auch Englisch und Deutsch gehören.

Es ist allgemein anerkannt, dass die moderne italienische Sprache auf den toskanischen Dialekt zurückgeht. Historisch lässt sich das durch die einstige politische, kulturelle und finanzielle Machtposition der Toskana erklären.

Die moderne italienische Sprache ist eine Mischung aus verschiedenen Dialekten. Was in Radio und TV gesendet, Schülern im Unterricht beigebracht und im Alltag von vielen Menschen verwendet wird, ist das Resultat einer jahrhundertelangen Dialektvermischung, die in der Nachkriegszeit von den modernen Medien stark beschleunigt wurde.

Wer mehr als nur ein paar Brocken Italienisch kann, sollte beachten, dass Sarden gewöhnlich erwarten, in der dritten Person (*lei* statt *tu*) angesprochen zu werden. Fremde mit dem Wort *ciao* zu begrüßen gilt als unhöflich – zumindest, wenn sie nicht den Ausdruck zuerst verwenden; besser wären *buongiorno* (oder je nach Tageszeit auch *buona sera*) und *arrivederci* (oder die höflichere Ausdrucksweise *arrivederla*). Diese Grundregeln gelten überall in Italien, auf Sardinien könnte eine saloppe Ausdrucksweise jedoch als rüpelhaft und in manchen Fällen sogar als beleidigend aufgefasst werden – besonders im Gespräch mit älteren Personen.

In den meisten nachfolgenden Phrasen haben wir die höflichere Anrede gewählt. Umgangssprachliche Audrücke sind mit „(fam.)“ gekennzeichnet. Das Italienische unterscheidet männliche und weibliche Formen (die in der Einzahl oft auf -o bzw. -a enden), die jeweils beide angegeben sind, in der Reihenfolge männliche/weibliche Form.

Umfassendere Informationen zum Thema bietet der Lonely Planet Sprachführer Italienisch im Taschenbuchformat.

AUSSPRACHE

Die Aussprache der Sarden ist angenehm klar und gut verständlich, selbst wenn man das Italienische nur in Grundzügen beherrscht.

Zudem ist die italienische Aussprache generell nicht besonders kompliziert, wenn man ein paar einfache Regeln beachtet. Ab-

SARDISCH – EINE SPRACHE MIT LATEINISCHEM URSPRUNG & IHRE DIALEKTE

Wer Italienisch kann, wird sich über die Merkwürdigkeiten in der sardischen Sprache wundern. Schilder, Familien- und Ortsnamen oder traditionelle Gerichte beinhalten zahlreiche „uddus" und andere eigenartige Laute und Nachsilben. Hinzu kommen die bestimmten Artikel *su, sa, sus, sos, sas* usw. anstelle der italienischen *il, lo, la, i, gli* und *le*.

Seit der Eroberung der Insel durch die Römer vor über 2000 Jahren kamen und gingen Kolonialisten, Besetzer, Piraten und ausländische Könige. Viele Sarden reagierten darauf mit innerer Abkehr und aus genau dieser passiven Verteidigungshaltung ist der Schlüssel zur Bewahrung ihrer Identität erwachsen: die sardische Sprache.

Die Inselbewohner betonen voller Stolz, dass Sardisch dem lateinischen Ursprung näher ist als alle anderen Sprachen, einschließlich dem Italienischen. Einfache Beispiele bestätigen das. Während etwa das italienische Wort für Haus *casa* ist, behielten die Sarden das lateinische *domus* bei (das italienische Äquivalent *duomo* bedeutet heute „Kathedrale").

Logudoresisch, das im Logudoro, im Norden der Insel gesprochen wird, gilt als die „reinste" Form der sardischen Sprache. Das liegt aber wohl eher in der Anzahl der Sprecher begründet, als in der Qualität der Sprache. Ebenfalls wichtig ist der Campidanesische Dialekt des Südens. Und überall auf der Insel gibt es zahlreiche weitere Dialekte.

Heute ist das Sardische mit dem gleichen Problem konfrontiert wie viele andere Minderheitensprachen: Es ordnet sich immer mehr der Landessprache unter. Viele Sarden verstehen es zwar noch, doch seit der italienischen Einigung im 19. Jh. geht ihre Zahl – vor allem in den Städten – stark zurück. Am ehesten ist die sardische Muttersprache noch in Kleinstädten und Dörfern im Inselinneren zu hören.

Jede Sprache ist für Einflüsse offen, und so hatten die Jahrhunderte katalanischer und spanischer Herrschaft durchaus einen Einfluss auf das Sardische. Fluss heißt in Katalonien und Sardinien *riu* (ähnlich wie im Spanischen *rio*). Gläser heißen auf Katalonisch *ulleres* und auf sardisch *oglieras* – die Schreibweise mag anders sein, doch die Aussprache ist fast gleich.

Einige Bewohner der ehemaligen katalanische Siedlung Alghero sprechen heute eine alte Version des Katalanischen – und lehnen beides ab: Italienisch und Sardisch.

gesehen vom gerollten „r", der Unterscheidung zwischen langen und kurzen Vokalen und der Betonung mancher Doppelkonsonanten ist nicht allzu viel zu beachten.

Vokale

Vokale werden kurz oder lang gesprochen:

a kurz: wie in „Anna" in z. B. *amico/a* (Freund), lang: wie in „Karo", z. B. *caro* (lieb);

e kurz: wie in „Bett", z. B. *mettere* (setzen, stellen, legen); lang: wie in „heben", z. B. *mela* (Apfel)

i kurz: wie in „Witz", z. B. *pino* (Pinie); lang: wie in „Marine", z. B. *vino* (Wein)

o kurz: wie in „Lotto", z. B. *donna* (Frau); lang: wie in „Ofen", z. B. *ora* (Stunde)

u kurz: wie in „Kutter", z. B. *culla* (Wiege), lang: wie in „Fuge", z. B. *puro* (rein)

Konsonanten

Die Aussprache der meisten Konsonanten ist genauso wie im Deutschen. Es gibt aber ein paar Ausnahmen, für die besondere Regeln gelten:

c wird vor **a**, **o** und **u** wie „k" in „Kies" gesprochen, jedoch wie „tsch" vor **e** und **i**

cc wird vor **a**, **o** und **u** wie „k" gesprochen, vor **e** und **i** wie „tsch", jedoch in Verbindung mit „h" (cch) wieder wie „k" (Pinocchio)

ch wie „k"

g vor **a**, **o**, **u** und **h** wie „g" in „gut", jedoch wie „dsch" vor **e** und **i**

gli wie das „lli" in „Million"

gn wie in „Kognak"

h ist immer stumm

r wird gerollt

sc wird vor **e** und **i** wie „sch" in „Schaf" gesprochen, jedoch als „sk" wie „Skelett" vor **a**, **o**, **u** und **h**

z am Wortanfang manchmal wie „ds", meist aber wie das deutsche „z" in „Ziehung".

Folgt auf **ci**, **gi** und **sci** ein **a**, **o** oder **u**, bleibt das „i" stumm, es sei denn, es ist betont. Der Name „Giovanni" z. B. wird Dschovanni ausgesprochen.

Doppelkonsonanten werden etwas länger oder nachdrücklicher ausgesprochen als einfache Konsonanten. Bei einigen Wörtern ist das wichtig, weil sie eine andere Bedeutung annehmen, so z. B. *sono* (ich bin/sie sind) und *sonno* (Schlaf). Meist ergibt sich der Wortsinn aber aus dem Kontext.

Betonung

Die betonte Silbe ist in unserer Aussprachehilfe kursiv wiedergegeben. Normalerweise wird die zweitletzte Silbe betont, wie in spa*ghet*-ti. Hat das Wort allerdings einen Akzent, dann wird diese Silbe betont, z. B. in cit-*tà* (Stadt).

FORMALITÄTEN

Name	*nome*	*no*-me
Staatsangehörigkeit	*nazionalità*	na-tsjo-na-li-*ta*
Geburtsort/-datum	*data/luogo di nascita*	*da*-ta/*luo*-go di *na*-schi-ta
Geschlecht	*sesso*	*se*-sso
Pass	*passaporto*	pa-ssa-*por*-to
Visum	*visto*	*vi*-sto

FRAGEWÖRTER

Wer?	*Chi?*	ki
Was?	*Che?*	ke
Wann?	*Quando?*	*kwan*-do
Wo?	*Dove?*	*do*-ve
Wie?	*Come?*	*ko*-me

GESUNDHEIT

Mir ist nicht gut.	*Mi sento male.*	mi *sen*-to *ma*-le
Mir tut es hier weh.	*Mi fa male qui.*	mi fa *ma*-le *kwi*
Desinfektionsmittel	*antisettico*	an-ti-*se*-tti-ko
Aspirin	*aspirina*	as-pi-*ri*-na
Kondome	*preservativi*	pre-ser-va-*ti*-vi
Verhütungsmittel	*contraccetivo*	kon-tra-tsche-*tti*-vo
Durchfall	*diarrea*	di-a-*re*-a
Medikament	*medicina*	me-di-*tschi*-na
Sonnencreme	*crema solare*	*kre*-ma so-*la*-re
Tampons	*tamponi*	tam-*po*-ni

Ich bin …	*Sono …*	so-no …
Asthmatiker/in	*asmatico/a*	as-*ma*-ti-ko/a
Diabetiker/in	*diabetico/a*	di-a-*be*-ti-ko/a
Epileptiker/in	*epilettico/a*	e-pi-*le*-tti-ko/a

Ich bin allergisch …	*Sono allergico/a …*	so-no a-*ler*-dschi-ko/a …
gegen Antibiotika	*agli antibiotici*	a-lji *an*-ti-bi-*o*-ti-tschi
gegen Aspirin	*all'aspirina*	a-*la*-spi-*ri*-na
gegen Penicillin	*alla penicillina*	a-la *pe*-ni-tschi *li*-na
gegen Walnüsse	*ai noci*	a-i *no*-tschi
gegen Haselnüsse	*alle nocciole*	a-le *no*-tscho-le

MIT KINDERN UNTERWEGS

Gibt es …?	*C'è …?*	tschä …
Ich benötige …	*Ho bisogno di …*	o bi-*so*-njo di …
einen Wickelraum	*un bagno con fasciatoio*	un *ba*-njo kon fa-scha-*to*-jo
einen Kindersitz	*un seggiolino per bambini*	un se-dscho-*li*-no per bam-*bi*-ni
einen Babysitterdienst	*un servizio di babysitter*	un ser-*vi*-tsio di be-bi-*si*-ter
die Kinderkarte	*un menù per bambini*	un me-*nu* per bam-*bi*-ni
(Einmal-) Windeln	*pannolini (usa e getta)*	pa-nno-*li*-ni- (*u*-sa e *dsche*-tta)
Milchpulver	*latte in polvere*	*la*-tte in *pol*-ve-re
einen (Deutsch sprechenden) Babysitter	*un/una babysitter (che parli tedesco)*	un/u-na be-bi-*si*-ter (ke *par*-li te-*des*-co)
einen Kinderhochstuhl	*un seggiolone*	un se-dscho-*lo*-ne
ein Töpfchen	*un vasino*	un va-*si*-no
einen Kinderwagen	*un passeggino*	un pa-sse-*dschi*-no

Stört es Sie, wenn ich mein Baby hier stille?
Le dispiace se allatto il/la bimbo/a qui?
le dis-*pja*-tsche se a-*la*-to il/la *bim*-bo/a kwi

Sind Kinder zugelassen?
I bambini sono ammessi?
i bam-*bi*-ni so-no a-*me*-ssi

NACH DEM WEG FRAGEN

Wo ist …?
Dov'è …? do-*vä* …

Immer geradeaus.
Si va sempre diritto. si va *sem*-pre di-*ri*-tto
Vai sempre diritto. (fam.) *va*-i *sem*-pre di-*ri*-tto

Links abbiegen.
Giri a sinistra. *dschi*-ri a si-*ni*-stra

Rechts abbiegen.
Giri a destra. dschi-ri a de-stra

An der nächsten Ecke
al prossimo angolo al pro-ssi-mo an-go-lo

An der Ampel
al semaforo al se-ma-fo-ro

hinter	*dietro*	dje-tro
vor	*davanti*	da-van-ti
weit weg (von)	*lontano (da)*	lon-ta-no (da)
nahe (bei)	*vicino (di)*	vi-tschi-no (di)
gegenüber	*di fronte a*	di fron-te a

Strand	*la spiaggia*	la spja-dscha
Brücke	*il ponte*	il pon-te
Burg	*il castello*	il kas-te-llo
Schloss	*il palazzo*	il pa-la-tso
Dom	*il duomo*	il duo-mo
Insel	*l'isola*	li-so-la
(großer) Platz	*la piazza (principale)*	la pja-tsa (prin-tschi-pa-le)
Markt(-platz)	*il mercato*	il mer-ka-to
Altstadt	*il centro storico*	il tschen-tro sto-ri-ko
Ruinen	*le rovine*	le ro-vi-ne
Meer	*il mare*	il ma-re
Turm	*la torre*	la to-rre

NOTFÄLLE

Hilfe!
Aiuto! a-ju-to

Es ist ein Unfall passiert!
C'è stato un incidente! tschä sta-to un in-tschi-den-te

Ich habe mich verlaufen.
Mi sono perso/a. mi so-no per-so/a

Lassen Sie mich in Ruhe!
Lasciami in pace! la-scha-mi in paa-tsche
Vai via! (fam.) va-i vi-a

Rufen Sie ...!	*Chiami ...!*	ki-ja-mi ...!
einen Arzt	*un dottore/ un medico*	un do-tto-re/ un me-di-ko
die Polizei	*la polizia*	la po-li-tsi-a

SHOPPEN & DIENSTLEISTUNGEN

Ich möchte ... kaufen
Vorrei comprare ...
vo-rei kom-pra-re ...

SCHILDER

Ingresso/Entrata	Eingang
Uscita	Ausgang
Informazione	Information
Aperto	Offen
Chiuso	Geschlossen
Proibito/Vietato	Eintritt verboten
Camere Libere	Zimmer frei
Completo	Besetzt
Polizia/Carabinieri	Polizei
Questura	Polizeistation
Gabinetti/Bagni	Toiletten
Uomini	Herren
Donne	Damen

Was kostet das?
Quanto costa?
kwan-to ko-sta

Das gefällt mir nicht.
Non mi piace.
non mi pja-tsche

Kann ich mir das einmal ansehen?
Posso dare un'occhiata?
po-sso da-re u-no-kja-ta

Ich schaue nur.
Sto solo guardando.
sto so-lo gwar-dan-do

Das ist preiswert.
Non è caro/cara.
non ä ka-ro/ka-ra

Das ist zu teuer.
È troppo caro/a.
ä tro-ppo ka-ro/ka-ra

Das nehme ich.
Lo/La compro.
lo/la kom-pro

Akzeptieren Sie Kreditkarten?
Accettate carte di credito?
a-tsche-ta-te kar-te di kre-di-to

Ich möchte wechseln ...
Voglio cambiare ...
vo-ljo kam-bja-re ...

Geld	*del denaro*	del de-na-ro
Traveller-schecks	*assegni di viaggio*	a-se-nji di vi-a-dscho

mehr	*più*	pju
weniger	*meno*	me-no
kleiner	*più piccolo/a*	pju pi-ko-lo/la
größer	*più grande*	pju gran-de

Ich suche …	*Cerco …*	*tscher*-ko …
eine Bank	*un banco*	un *ban*-ko
die Kirche	*la chiesa*	la *kje*-sa
das Stadtzentrum	*il centro*	il *tschen*-tro
die … Botschaft	*l'ambasciata di …*	lam-ba-*scha*-ta di
den Markt	*il mercato*	il mer-*ka*-to
das Museum	*il museo*	il mu-*se*-o
das Postamt	*la posta*	la *po*-sta
eine öffentliche Toilette	*un gabinetto*	un ga-bi-*ne*-tto
die Telefonzentrale	*il centro telefonico*	il *tschen*-tro te-le-*fo*-ni-ko
die Touristeninformation	*l'ufficio di turismo*	lu-*fi*-tscho di tu-*ris*-mo

UHRZEIT & DATUM

Wie spät ist es?	*Che ore sono?*	ke *o*-re *so*-no
Es ist (8 Uhr).	*Sono (le otto).*	*so*-no (le *o*-tto)
Morgens	*di mattina*	di ma-*ti*-na
Nachmittags	*di pomeriggio*	di po-me-*ri*-dscho
Abends	*di sera*	di *se*-ra
Wann?	*Quando?*	*kwan*-do
Heute	*oggi*	*o*-dschi
Morgen	*domani*	do-*ma*-ni
Gestern	*ieri*	*je*-ri
Montag	*lunedì*	lu-ne-*di*
Dienstag	*martedì*	mar-te-*di*
Mittwoch	*mercoledì*	mer-ko-le-*di*
Donnerstag	*giovedì*	dscho-ve-*di*
Freitag	*venerdì*	ve-ner-*di*
Samstag	*sabato*	*sa*-ba-to
Sonntag	*domenica*	do-*me*-ni-ka
Januar	*gennaio*	dsche-*na*-jo
Februar	*febbraio*	fe-*bra*-jo
März	*marzo*	*mar*-tso
April	*aprile*	a-*pri*-le
Mai	*maggio*	*ma*-dscho
Juni	*giugno*	*dschu*-njo
Juli	*luglio*	*lu*-ljo
August	*agosto*	a-*gos*-to
September	*settembre*	se-*ttem*-bre
Oktober	*ottobre*	o-*tto*-bre
November	*novembre*	no-*vem*-bre
Dezember	*dicembre*	di-*tschem*-bre

UNTERHALTEN & REDEWENDUNGEN

Guten Tag.	*Buon giorno.*	buon *dschor*-no
	Ciao. (fam.)	tschao
Auf Wiedersehen.	*Arrivederci.*	a-rri-ve-*der*-tschi
	Ciao. (fam.)	tschao
Ja.	*Sì.*	si
Nein.	*No.*	no
Bitte.	*Per favore/ Per piacere.*	per fa-*vo*-re/ per pja-*tsche*-re
Danke.	*Grazie.*	*gra*-zi-e
Bitte sehr/ Gern geschehen.	*Prego.*	*pre*-go
Entschuldigung.	*Mi scusi.*	mi *sku*-si
Es tut mir Leid.	*Mi scusi/ Mi perdoni.*	mi *sku*-si/ mi per-*do*-ni

Wie heißen Sie?
Come si chiama? — *ko*-me si *kja*-ma

Wie heißt du?
Come ti chiami? (fam.) — *ko*-me ti *kja*-mi

Ich heiße …
Mi chiamo … — mi *kja*-mo …

Woher kommen Sie?
Da dove viene? — da *do*-ve *vje*-ne

Woher stammst du?
Di dove sei? (fam.) — di *do*-ve *säi*

Ich komme aus …
Vengo da … — *ven*-go da …

Ich mag (nicht) …
(Non) Mi piace … — (non) mi *pja*-tsche …

Einen Moment.
Un momento. — un mo-*men*-to

UNTERKUNFT

Ich suche …	*Cerco …*	*tscher*-ko …
eine Pension	*una pensione*	*u*-na pen-*sjo*-ne
ein Hotel	*un albergo*	un al-*ber*-go
eine Jugendherberge	*un ostello per la gioventù*	un os-*te*-llo per la dscho-ven-*tu*

Wo finde ich ein preiswertes Hotel?
Dov'è un albergo a buon prezzo?
do-*vä* un al-*ber*-go a buon *pre*-tso

Wie lautet die Adresse?
Qual'è l'indirizzo?
kwa-*lä* lin-di-*ri*-tso

Könnten Sie mir die Adresse bitte aufschreiben?
Può scrivere l'indirizzo, per favore?
puo *skri*-ve-re lin-di-*ri*-tso per fa-*vo*-re

Was kostet das?	*Quanto costa …?*	*kwan*-to *ko*-sta …?
pro Nacht	*per la notte*	per la *no*-tte
pro Person	*per persona*	per per-*so*-na

Haben sie Zimmer frei?
Avete camere libere?
a-*ve*-te *ka*-me-re *li*-be-re

Kann ich (das Zimmer) bitte sehen?
Posso vederla?
po-sso ve-*der*-la

Wo ist das Bad?
Dov'è il bagno?
do-*vä* il *ba*-njo

Ich/ wir reise/n heute ab.
Parto/Partiamo oggi.
par-to/par-*tia*-mo *o*-dschi

EIN ZIMMER RESERVIEREN
(Für Briefe, Faxe und E-Mails)

An ...	A ...
Von ...	Da ...
Datum	Data
Ich möchte buchen ...	Vorrei prenotare ... (Bett-/Zimmeroptionen s. Liste auf dieser Seite)
auf den Namen ...	nel nome di ...
für die Nacht/ Nächte ab ...	per la notte/le notti di ...
Kreditkarte ...	carta di credito ...
Nummer	numero
gültig bis	data di scadenza
Bitte bestätigen Sie Verfügbarkeit und Preis.	Vi prego di confirmare disponibilità e prezzo.

Ich möchte ...	*Vorrei ...*	vo-*rei* ...
ein Bett	*un letto*	un *le*-to
ein Einzelzimmer	*una camera singola*	u-na *ka*-me-ra *sin*-go-la
ein Doppelzimmer	*una camera matrimoniale*	u-na *ka*-me-ra ma-tri-mo-*nja*-le
ein Zweibettzimmer	*una camera doppia*	u-na *ka*-me-ra *do*-ppja
ein Zimmer mit Bad	*una camera con bagno*	u-na *ka*-me-ra kon *ba*-njo
ein Bett in einem Schlafsaal	*un letto in dormitorio*	un *le*-to in dor-mi-*to*-rio

VERKEHRSMITTEL & -WEGE

Öffentliche Verkehrsmittel

Um wie viel Uhr fährt ... ab/ kommt ... an?
A che ora parte/arriva ...?
a ke *o*-ra *par*-te/a-*ri*-va ...?

das Schiff	*la nave*	la *na*-ve
der Bus	*l'autobus*	*lau*-to-bus
der Überlandbus	*il pullman*	il *pul*-man
das Flugzeug	*l'aereo*	la-*e*-re-o
der Zug	*il treno*	il *tre*-no

Der erste ...	*il primo ...*	il *pri*-mo ...
Der letzte ...	*l'ultimo ...*	*lul*-ti-mo ...
Bahnsteig (zwei)	*binario (due)*	bi-*na*-rio (*du*-e)
Fahrkartenschalter	*biglietteria*	bi-lje-tte-*ri*-a
Fahrplan	*orario*	o-*ra*-rio
Bahnhof	*stazione*	sta-*tsjo*-ne

Ich will nach ...
Voglio andare a ...
vo-ljo an-*da*-re a ...

Der Zug wurde gestrichen/ hat Verspätung.
Il treno è soppresso/in ritardo.
il *tre*-no ä so-*pre*-sso/in ri-*tar*-do

Ich möchte ...	*Vorrei ...*	vo-*rei* ...
einen Fahrschein	*un biglietto*	un bi-*lje*-to
nur Hinfahrt	*di solo andata*	di *so*-lo an-*da*-ta
Hin- und Rückfahrt	*di andata e ritorno*	di an-*da*-ta e ri-*tor*-no
1. Klasse	*di prima classe*	di *pri*-ma *kla*-se
2. Klasse	*di seconda classe*	di se-*kon*-da *kla*-se

Private Transportmittel

Ich möchte mieten ...	*Vorrei noleggiare ...*	vo-*rei* no-le-*dscha*-re ...
ein Auto	*una macchina*	u-na *ma*-ki-na
einen Geländewagen	*un fuoristrada*	un fuo-ri-*stra*-da
ein Motorrad	*una moto*	u-na *mo*-to
ein Fahrrad	*una bici(cletta)*	u-na *bi*-tschi-(*kle*-ta)

Führt diese Straße nach ...?
Questa strada porta a ...? *kwe*-sta *stra*-da *por*-ta a ...?

Wo gibt es eine Tankstelle?
Dov'è una stazione di servizio? do-*vä* u-na sta-*tsjo*-ne di ser-*vi*-tsio

Bitte volltanken.
Il pieno, per favore. il *pje*-no per fa-*vo*-re

(30) Liter, bitte.
Vorrei (trenta) litri. vo-*rei* (*tren*-ta) *li*-tri

Diesel	*gasolio/diesel*	ga-*so*-ljo/*di*-sel
Bleifreies Benzin	*benzina senza piombo*	ben-*tzi*-na sentsa *pjom*-bo

(Wie lange) Kann ich hier parken?
(Per quanto tempo) Posso parcheggiare qui?
(per *kwan*-to *tem*-po) *po*-sso par-ke-*dscha*-re kwi

Wo muss ich bezahlen?
Dove si paga?
do-ve si *pa*-ga?

Ich brauche einen Kfz-Mechaniker.
Ho bisogno di un meccanico.
o bi-*so*-njo di un me-*ka*-ni-ko

Der Wagen/das Motorrad hat eine Panne (in ...).
La macchina/moto si è guastata (a ...).
la *ma*-ki-na/*mo*-to si ä gwas-*ta*-ta (a ...)

Der Wagen/das Motorrad springt nicht an.
La macchina/moto non parte.
la *ma*-ki-na/*mo*-to non *par*-te

SPRACHE

STRASSENSCHILDER

Dare la Precedenza	Vorfahrt gewähren
Deviazione	Umleitung
Divieto di Accesso	Durchfahrt verboten
Divieto di Sorpasso	Überholverbot
Divieto di Sosta	Parkverbot
Entrata	Einfahrt
Passo Carrabile	Einfahrt freihalten
Pedaggio	Maut
Pericolo	Gefahr
Rallentare	Langsam fahren
Senso Unico	Einbahnstraße
Uscita	Ausfahrt

Ich habe einen Platten.
Ho una gomma bucata. o u-na *go*-ma bu-*ka*-ta
Der Tank ist leer.
Ho esaurito la benzina. o e-sau-*ri*-to la ben-*tzi*-na
Ich hatte einen Unfall.
Ho avuto un incidente. o a-*vu*-to un in-tschi-*den*-te

VERSTÄNDIGUNGSPROBLEME

Sprechen Sie Deutsch?
Parla tedesco? *par*-la te-*des*-ko
Spricht hier jemand Deutsch?
C'è qualcuno che parla tedesco? tschä kwal-*ku*-no ke *par*-la te-*des*-ko
Wie sagt man… auf Italienisch?
Come si dice … in italiano? *ko*-me si *di*-tsche … in i-ta-*lja*-no

Was bedeutet …?
Che vuol dire …? ke vuol *di*-re …
Ich verstehe.
Capisco. ka-*pi*-sko
Ich verstehe nicht.
Non capisco. non ka-*pi*-sko

Bitte schreiben Sie es auf.
Può scriverlo, per favore? puo *skri*-ver-lo per fa-*vo*-re
Können Sie mir das bitte zeigen (auf der Karte)?
Può mostrarmelo (sulla pianta)? pwo mos-*trar*-me-lo (su-la *pjan*-ta)

ZAHLEN

0	*zero*	*dse*-ro
1	*uno*	*u*-no
2	*due*	*du*-e
3	*tre*	tre
4	*quattro*	*kwa*-tro
5	*cinque*	*tschin*-kwe
6	*sei*	säi
7	*sette*	*se*-tte
8	*otto*	*o*-tto
9	*nove*	*no*-ve
10	*dieci*	*dje*-tschi
11	*undici*	un-*di*-tschi
12	*dodici*	do-*di*-tschi
13	*tredici*	tre-*di*-tschi
14	*quattordici*	kwa-*tor*-di-tschi
15	*quindici*	*kwin*-di-tschi
16	*sedici*	*se*-di-tschi
17	*diciassette*	di-tscha-*se*-tte
18	*diciotto*	di-*tscho*-tto
19	*diciannove*	di-tscha-*no*-ve
20	*venti*	*ven*-ti
21	*ventuno*	ven-*tu*-no
22	*ventidue*	ven-ti-*du*-e
30	*trenta*	*tren*-ta
40	*quaranta*	kwa-*ran*-ta
50	*cinquanta*	tschin-*kwan*-ta
60	*sessanta*	se-*ssan*-ta
70	*settanta*	se-*ttan*-ta
80	*ottanta*	o-*ttan*-ta
90	*novanta*	no-*van*-ta
100	*cento*	*tschen*-to
1000	*mille*	*mi*-lle
2000	*due mila*	*du*-e *mi*-la

Glossar

AAST – Azienda Autonoma di Soggiorno e Turismo (Touristeninformation)
ACI – Automobile Club d'Italia, der italienische Automobilclub
agriturismo – Ferien auf dem Bauernhof
albergo – Hotel (bis fünf Sterne)
albergo diffuso – Hotel mit mehreren Häusern, meist im Altstadtkern
alto – hoch
anfiteatro – Amphitheater
aperitivo – Aperitif
ARST – Azienda Regionale Sarda Transporti (Staatliche Busgesellschaft)
assicurato/a – versichert

bancomat – Geldautomat
benzina – Benzin
benzina senza piombo – bleifreies Benzin
borgo – historisches Städtchen oder Dorf

camera – Zimmer
campanile – Glockenturm
cappella – Kapelle
carabinieri – Polizei mit militärischen und zivilen Aufgaben (s. *polizia*)
Carnevale – Faschingszeit; die Zeit zwischen Dreikönigstag und Aschermittwoch
castello – Burg
cattedrale – Kathedrale
cena – Abendessen
centro – Zentrum
centro storico – wörtlich „historisches Zentrum"; Altstadt
chiesa – Kirche
chiostro – Kreuzgang im Kloster; überdachter Weg mit Säulenreihe um einen viereckigen Innenhof
colazione – Frühstück
comune – Stadt- oder Verwaltungsbezirk; Gemeinde- oder Stadtrat
coperto – Kosten für ein Gedeck
corso – Hauptstraße
cortile – Hof
CTS – Centro Turistico Studentesco e Giovanile, Studenten-/Jugendreisebüro
cumbessias – Pilgerunterkünfte in der Umgebung von Kirchen; traditionell die Schauplätze religiöser Feierlichkeiten (die bis zu neun Tage dauern) zu Ehren eines bestimmten Heiligen
cupola – Kuppel

digestivo – Verdauungsschnaps
dolci – Süßigkeiten
domus de janas – wörtlich „Feenhäuser"; historische Felsgräber
duomo – Kathedrale

ENIT – Ente Nazionale Italiano per il Turismo, Italiens staatliche Touristeninformation
enoteca – Weinbar oder Weinhandlung

farmacia – Apotheke
festa – Fest
fiume – (großer) Fluss
fontana – Brunnen
fregola – grober Grieß

gasolio – Diesel
giudicato – Provinz; im Mittelalter war Sardinien aufgeteilt in die Giudicati Cagliari, Logudoro, Gallura und Arborea
golfo – Golf
grotta – Höhle
guardia medica – Ärztenotruf

isola – Insel

lago – See
largo – (kleiner) Platz
lavanderia – Wäscherei
libreria – Buchhandlung
lido – überwachter Strandabschnitt
lungomare – Promenade

macchia – mediterraner Pflanzenwuchs
mare – Meer
mattanza – wörtlich „Schlachten"; der jährliche Thunfischfang im Südwesten der Insel
mezza pensione – Halbpension
monte – Berg
municipio – Rathaus
muristenes – s. *cumbessias*
murra – beliebtes Spiel in der Region Barbagia, bei dem man erraten muss, welche Zahl der Gegenspieler mit den Fingern anzeigen wird

Natale – Weihnachten
numero verde – gebührenfreie Telefonrufnummern
nuraghe – Steinturm und befestigte Siedlung aus der Bronzezeit

oggetti smarriti – Fundsache
oratorio – Oratorium, Betsaal
ospedale – Krankenhaus
ostello per la gioventù – Jugendherberge, Hostel

palazzo – Palast; auch großes Bauwerk beliebiger Art (z. B. Apartmentblock)
parco – Park
Pasqua – Ostern
passeggiata – traditioneller Abendspaziergang
pasticceria – Konditorei
pensione – kleines Hotel, häufig mit Halb- oder Vollpension
piazza – Platz
pietà – wörtlich „Mitleid"; Skulptur, Zeichnung oder Gemälde des toten Jesus mit der Madonna
pinacoteca – Kunstgalerie
polizia – Polizei
poltrona – wörtlich „Sessel"; mit Flugzeugsitzen vergleichbare Sitzplätze auf einer Fähre
ponte – Brücke
porto – Hafen
pronto soccorso – Erste Hilfe, Unfallstation

questura – Polizeidienststelle

rio – Bach
riserva naturale – Naturreservat
rocca – Festung

sagra – kulinarisches Fest, das meist einem bestimmten Lebensmittel wie *funghi* (Pilze), Wein usw. gewidmet ist
saline – Saline, Salzpfanne
santuario – sakraler Ort, häufig mit eigener Kapelle
scalette – „kleine Treppe" (wie die Scalette di Santa Chiara, eine steile Treppe zu Cagliaris Bezirk Il Castello)
servizio – Servicegebühr
spiaggia – Strand
stagno – Lagune
stazione marittima – Fährhafen
stazzo/u – Gehöft in der Region Gallura
strada – Straße

teatro – Theater
tempio – Tempel
terme – Thermalbad
tholos – die konische Form einer *nuraghe*
tomba di gigante – wörtlich „Gigantengrab"; historisches Massengrab
tonnara – Unternehmen zur Thunfischverarbeitung
tophet – phönizische oder karthagische Begräbnisstätte für Kinder
torre – Turm
tramezzini – Sandwiches
treno – Zug

via – Straße
viale – Allee
vicolo – Gasse

Der Autor

DUNCAN GARWOOD

Mit diesem Buch vervollständigt Duncan seine Italienserie. Er schrieb bereits Reiseführer über Rom, Piemont und Neapel sowie die Amalfiküste und war an den letzten drei Auflagen des Lonely Planet Führers *Italien* beteiligt. Im Süden Englands aufgewachsen, machte er seine ersten Gehversuche als Journalist bei einer Zeitung in Slough, ehe er beim Firmenmagazin eines Versorgungsunternehmens unterkam. Über Leitungs- und Abwasser zu schreiben wurde jedoch schnell langweilig und so ergriff er 1999 die Gelegenheit, nach Italien zu gehen. Heute lebt Duncan mit seiner Frau und zwei Kindern bei Paris. Er verbringt seine Zeit mit Schreiben und gelegentlichen Übersetzungen.

Mein Sardinien

Als ich in Sardinien unterwegs war, wurde ich das Gefühl nicht los, in einer völlig anderen Welt zu sein, obwohl ich mich auf italienischem Boden befand. Ich habe fast ganz Italien bereist und nirgends eine derart vielfältige Landschaft gesehen; so ruhig und von solch unfassbarer Schönheit. Die Küste um Cala Gonone (S. 228) und die bewaldeten Täler bei Tempio Pausania (S. 201), die Sinis-Halbinsel (S. 119) und die wilden Strände der Costa Verde (S. 92) – sie alle waren Highlights meiner Reise. Wo ich hinkam, begegnete man mir mit ausgesprochener Freundlichkeit und in einigen abgelegenen Dörfern wurde ich auf der Straße sogar von Frauen in traditioneller Tracht begrüßt.

DIE LONELY PLANET AUTOREN

Warum unsere Reiseführer die besten der Welt sind? Ganz einfach: Unsere Autoren sind unabhängige und leidenschaftliche Globetrotter. Sie recherchieren nicht einfach nur übers Internet oder Telefon und sie lassen sich nicht mit Werbegeschenken für positive Berichterstattung schmieren. Sie reisen weit – zu touristischen Highlights und entlegenen Orten. Sie schauen sich Tausende von Hotels, Restaurants, Cafés, Bars, Galerien, Schlössern und Museen höchstpersönlich an und beschreiben alles genau so, wie sie es vorfinden. Weitere Infos über die Arbeit der Autoren gibt's auf **www.lonelyplanet.com**.

Hinter den Kulissen

ÜBER DIESES BUCH

Dies ist die 1. deutsche Auflage von Sardinien, basierend auf der mittlerweile 3. englischen Auflage von *Sardinia*, die von Duncan Garwood recherchiert und verfasst wurde. Die vorangegangene Auflage recherchierte und aktualisierte Paula Hardy.

Dieser Reiseführer wurde vom Londoner Büro von Lonely Planet verantwortet und von den folgenden Personen produziert:
Verantwortliche Redakteurin Paula Hardy
Leitende Redakteurin Jessica Crouch
Leitender Kartograf Jolyon Philcox
Leitender Layoutdesigner Nicholas Colicchia
Redaktion Imogen Bannister
Kartografie Mark Griffiths, Herman So
Layoutdesign Sally Darmody
Redaktionsassistenz Rebecca Chau, Charlotte Orr
Umschlagdesigner Brendan Dempsey
Projektmanager Rachel Imeson, Chris Love
Redaktion Sprachführer Quentin Frayne

Dank an Lucy Birchley, Jessica Boland, Michala Green, Paul Iacono, Carol Jackson, Laura Jane, Yvonne Kirk, John Mazzocchi, Lauren Meiklejohn, Clara Monitto, Trent Paton, Jacqui Saunders, Lyahna Spencer, Laura Stansfeld, Branislava Vladisavljevic

DANK DES AUTORS

DUNCAN GARWOOD

Sardinien kann ein recht einsamer Ort sein, aber wohin ich auch ging, stets begegnete man mir gastlich und zuvorkommend. Es gibt viele Menschen, bei denen ich mich bedanken möchte. *Grazie* nach Cagliari an Simone Scalas, Maria Antonietta Goddi und Giulia Fonnesu für die geopferte Zeit und wertvollen Einblicke. In Nuoro unterstützte mich Giancarlo, wo er nur konnte. Dasselbe gilt für Tonino Lai in Ulassai und Zizzu Pirisi in Galtelli; die Familie Marogna klärte mich über die Schmuckszene in Alghero auf. Paola und Andrea informierten mich über Oristano und die Strände von Sinis. Ein großer Dank geht auch

DIE LONELY PLANET STORY

Am Küchentisch fing alles an – nachdem Tony und Maureen Wheeler 1972 eine lange, abenteuerliche Reise durch Europa, Asien und Australien unternommen hatten, trugen sie all ihre Informationen und Notizen zusammen. So entstand der erste Lonely Planet Reiseführer *Across Asia on the Cheap*.

Der Reiseführer wurde von Travellern geradezu verschlugen. Ermutigt durch ihren Erfolg, veröffentlichten die Wheelers weitere Bücher über Südostasien, Indien und andere Länder. Die Nachfrage war so ungeheuerlich groß, dass die Wheelers ihr Untenehmen erweiterten. Über die Jahre deckten sie mit ihrer Reiseliteratur den ganzen Globus ab und sie dehnten ihre Berichterstattung auf die virtuelle Welt von lonelyplanet.com und das Lonely Planet Messageboard Thorn Tree aus.

Lonely Planet wurde ein immer beliebterer Reisebuchverlag und Tony und Maureen konnten sich vor Aufträgen kaum mehr retten. Doch erst 2007 fanden sie einen verlässlichen Partner, bei dem sie sich sicher sein konnten, dass er dem Prinzip abenteuerlustiger, aber umweltbewusster Reisen treu blieb. Im Oktober dieses Jahres erwarb BBC Worldwide 75% der Anteile von Lonely Planet, mit dem Versprechen, die Grundsätze unabhängiges Reisen, vertrauenswürdige Auskünfte und redaktionelle Unabhängigkeit aufrechtzuerhalten.

Heute hat Lonely Planet Büros in Melbourne (Australien), London und Oakland (USA) mit über 500 Mitarbeitern und 300 Autoren. Tony und Maureen engagieren sich immer noch aktiv bei Lonely Planet. Sie reisen mehr als je zuvor und in ihrer Freizeit widmen sie sich wohltätigen Projekten. Das Unternehmen wird nach wie vor von der Philosophie von *Across Asia on the Cheap* getragen: „Wichtig ist, dass du dich entscheidest zu gehen, dann hast du den härtesten Teil geschafft. Also, los geht's!"

WIR FREUEN UNS ÜBER EIN FEEDBACK

Post von Travellern zu bekommen, ist für uns ungemein hilfreich – Kritik und Anregungen halten uns auf dem Laufenden und helfen, unsere Bücher zu verbessern. Unser reiseerfahrenes Team liest alle Zuschriften genau durch, um zu erfahren, was an unseren Reiseführern gut und was schlecht ist. Wir können solche Post zwar nicht individuell beantworten, aber jedes Feedback wird garantiert schnurstracks an die jeweiligen Autoren weitergeleitet, rechtzeitig vor der nächsten Nachauflage.

Wer uns schreiben will, erreicht uns über www.lonelyplanet.de/kontakt.

Hinweis: Da wir Beiträge möglicherweise in Lonely Planet Produkten (Reiseführer, Websites, digitale Medien) veröffentlichen, ggf. auch in gekürzter Form, bitten wir um Mitteilung, falls ein Kommentar nicht veröffentlicht oder ein Name nicht genannt werden soll. Wer Näheres über unsere Datenschutzpolitik wissen will, erfährt das unter www.lonelyplanet.com/privacy.

an die Angestellten der Touristeninformationen, besonders an Adriana in Tempio Pausania, Mariangela Pepetto in Carloforte, Emanuela vom Tourpass-Büro in Santa Maria Navarrese, Francesco und Valeria in Cala Gonone sowie an die Teams in Alghero, Nuoro und Dorgali. Wertvolle Tipps gab's auch von den Travellern Alan Paddison, Alice Grigg, Hema Mistry, Samantha Prymaka, Roberto Milia, Luca Antonelli und Stefania Masella.

Bei Lonely Planet tausend Dank an Paula Hardy für den Auftrag, Michala Green für die Einführung und Mark Griffiths für das Kartenmaterial. Ich hätte die Arbeit nicht geschafft, wären nicht mein Schwager Nello und meine Schwägerin Nicla Salvati und natürlich meine endlos geduldige Frau Lidia und unsere beiden Jungs Ben und Nick gewesen.

UNSERE LESER

Vielen Dank allen Reisenden, die die letzte Auflage benutzt und uns Hinweise, nützliche Tipps und interessante Anekdoten zugesandt haben:

Pia Aeschlimann, Monica Altmann, Simone Assor, Flavia Attardi, Hans-Peter Baertschi, Anne Bartholomew, Anthony Blaschetto, Jan Bryla, Steve Chamberlain, Hanne Kingo Christensen, Marta Coll, E Diengani, Malcolm Dillon, Sandra Duggan, Iris Elliott, Brian Gottesman, Rocio Hernandez Viciana, Peter Herold, John Hurley, Andy Hurst, Christian Huss, Colin Jones, Christoffel Klimbie, Yuri Lipkov, Jenny Lunn, Simonetta Macellari, Helena Mah, Rob Montanari, Serhat Narsap, Marina Nogué Pich, Jess Owens, Gordon Parker, Joe Parlavecchio, Liz Paxton, Mark Poole, David Porter, Crispin Roberts, Mike Rouweler, Laurent Schinckus, Ilene Sterns, GM Stoffel, Jon Turner, José Vieira, Don Weston

QUELLENNACHWEIS

Wir bedanken uns bei folgenden Publikationen, deren Inhalt wir verwenden durften:

Register

REGISTER

000 Verweise auf Karten
000 Verweise auf Fotos

REGISTER

REGISTER

000 Verweise auf Karten
000 Verweise auf Fotos

REGISTER

GreenDex

Leider tragen die großen Badeorte auf Sardinien, die den Touristen so erfolgreich ihr Geld aus der Tasche ziehen, herzlich wenig zum Erhalt der Umwelt bei. Wir sind bemüht, umweltbewusstes Reisen zu unterstützen und haben hier Stätten, Aktivitäten, Unterkünfte, Geschäfte und Festivals zusammengetragen, die sich dem Erhalt alter Traditionen oder dem Umweltschutz verschrieben haben bzw. die Wirtschaft vor Ort unterstützen. Die Auswahl umfasst alles von der *agriturismi*-Unterkunft über *alberghi-diffusi*-Hotels in restaurierten *palazzi* bis hin zu Märkten, kulinarischen Festen und archäologischen Stätten.

Wer findet, dass wir jemanden in unserer Liste vergessen haben, oder mit unserer Auswahl nicht einverstanden ist, kann uns unter www.lonelyplanet.com/feedback kontaktieren. Wir werden diese Tipps bei der nächsten Auflage berücksichtigen. Mehr Infos über nachhaltiges Reisen und Lonely Planet gibt's auf www.lonelyplanet.com/responsibletravel.

CAGLIARI & DAS SARRABUS

NUORO & DER OSTEN

OLBIA & DIE GALLURA

ORISTANO & DER WESTEN

SASSARI & DER NORDWESTEN

SÜDWESTSARDINIEN

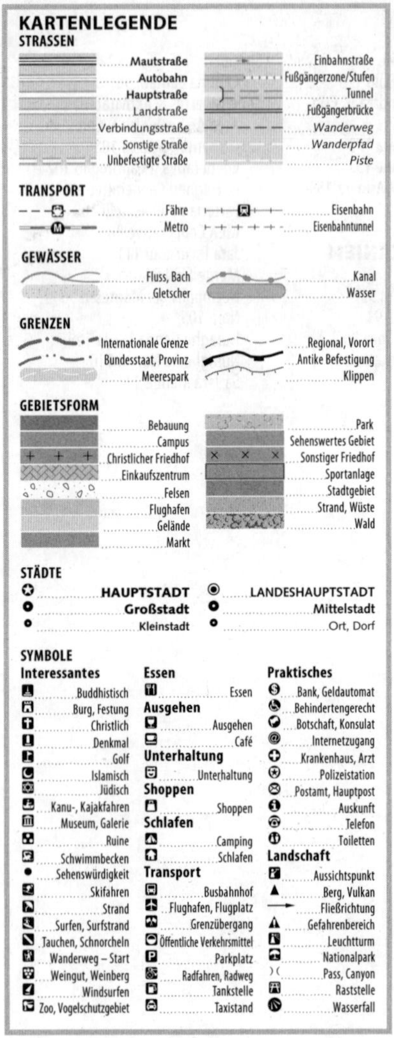

Lonely Planet Publications,
Locked Bag 1, Footscray, Melbourne, Victoria 3011, Australia

Verlag der deutschen Ausgabe:
MAIRDUMONT, Marco-Polo-Str. 1, 73760 Ostfildern,
www.mairdumont.com, lonelyplanet@mairdumont.com

Chefredakteurin deutsche Ausgabe: Birgit Borowski
Redaktion: Bintang Buchservice GmbH, www.bintang-berlin.de
Übersetzung: Silvia Mayer, Rainer Höh, Silvana Höh
Redaktion: Kirsten Gleinig, Oliver Kiesow
Satz: Oliver Kiesow
Technischer Support: Typomedia, Ostfildern/Scharnhausen

Sardinien
1. deutsche Auflage November 2009, übersetzt von *Sardinia* 3rd edition, Mai 2009 Lonely Planet Publications Pty

Umschlagfoto: Bosa, Sardinien, Peter Adams/Photolibrary.

Die meisten Fotos in diesem Reiseführer können bei Lonely Planet Images, www.lonelyplanetimages.com auch lizenziert werden.